WEST-KANADA
UND ALASKA
1
2
3
4
ALASKA
Anchorage
YUKON
Inuvik
Whitehorse
NORTHWEST TERRITORIES
Yellowknife
BRITISH-
COLUMBIA
Edmonton
Calgary
Vancouver
Saskatoon
Regina
Winnipeg
Québec
Montreal
Toronto
New York
Chicago
USA
N

W0345758

Sämtliche Informationen in diesem Reiseführer sind nach bestem Wissen vor Ort recherchiert worden und bei Redaktionsschluß aktuell.
Wir möchten Sie jedoch darauf hinweisen, daß sich Preise, Öffnungszeiten, Verkehrsverbindungen u.ä. konkrete Angaben auch in einem Land wie Kanada von heute auf morgen ändern können, was Sie bei Ihrer Reiseplanung und Reisedurchführung auf jeden Fall beachten sollten. Für jegliche Zuschriften mit Änderungen und Anregungen sind wir stets sehr dankbar.

Ihre Reiseführer-Redaktion
Große Telegraphenstr. 34-36, 50676 Köln, Fax 0221/240 34 09

Der Autor: Jo Bentfeld hat auf ungezählten Reisen, Wanderungen und Touren sein Traumland, den Norden des amerikanischen Kontinents, durchstreift. Den größten Teil des Jahres lebt er in Kanada, die übrige Zeit bringt er seine Erlebnisse zu Papier und unterhält ein breites Publikum mit seinen informativen Dia-Shows.

PREISWERT REISEN
Band 40

Kanada (West) und Alaska

von

Jo Bentfeld

1995

Hayit, Köln

Kartenliste

1. Auflage 1989
2. überarbeitete und aktualisierte Auflage 1993
3. überarbeitete und aktualisierte Auflage 1995
ISBN 3-89607-016-9

© copyright 1995, Hayit Marketing GmbH, Köln
Gesamtherstellung: RUTSKER Verlag GmbH, Köln
Autor: Jo Bentfeld
Foto Cover: Volkmar E. Janicke
Fotos Innenteil: Jo Bentfeld, Volkmar E. Janicke, Kanadisches Fremdenverkehrsamt
Karten: Ralf Tito

10.7/06.5/Ms/Hu//Gj

Alle Rechte vorbehalten All rights reserved
Printed in Germany

Gedruckt auf chlorfrei gebleichtem Papier - der Umwelt zuliebe

Inhalt

Vorwort

Kanada und der US-Bundesstaat Alaska — das ist die volle Hälfte des nordamerikanischen Kontinents! Zwischen Atlantik im Osten und Pazifik nebst Beringsee im Westen, zwischen dem ewigen Eis im Norden und dem 49. Breitengrad sowie den Großen Seen im Süden erstreckt sich ein zusammengehöriges riesiges Stück der Erdoberfläche, über 11,5 Mio. Quadratkilometer Fläche, gut 45mal die Ausdehnung der Bundesrepublik Deutschland, bewohnt von nicht einmal der Hälfte der Zahl an Einwohnern, wie sie Deutschland hat. Von Osten nach Westen dehnt sich das Land über 5500 km Luftlinie und sieben verschiedene Zeitzonen! Ganz genau genommen sind es sogar acht, denn die vier äußersten Aleuteninseln hängen eine weitere Stunde hinter der Alaska-Normalzeit zurück. Wenn also morgens gegen 6.30 Uhr in St. John's, der Hauptstadt von Neufundland, die Wecker rasseln, überlegt sich noch mancher Aleute im westlichen Attu, ob er jetzt, vor Mitternacht, schon zu Bett gehen soll!

Wer diese Distanzen „erfahren" will, hat auf dem Trans-Canada-Highway vom erwähnten St. John's bis nach Victoria, der Hauptstadt von British Columbia im Westen, 7775 km auf Straßen zurückzulegen. Und wenn er hinter Edmonton, der Hauptstadt der Weizenprovinz Alberta, in Richtung Alaska abbiegt, kommt er auf anstrengende und sehr mühevoll bewältigte 9500 km — sofern die Statistiker jeden Straßenkilometer richtig gezählt haben. Er hat dann zwar Autobahnen und asphaltierte Straßen, staubige Schotterpisten und schaukelnde Fähren erlebt, aber nur einen kleinen Einblick in die schier unfaßbare Weite des Erdteiles gewonnen. Klar, daß man dieses unendliche Land nicht in einer einzigen Besichtigungsreise abhaken kann!

Gerade für den äußersten Norden und den Westen Kanadas, denen sich dieses Buch widmet, gilt das oben über die Dimensionen des Landes Gesagte. Doch wer sich die Zeit nimmt, in diesem Land unermeßlicher Weiten auch nur einen vergleichsweise kleinen Bereich zu erkunden, wird mit dem Erlebnis einzigartiger Naturlandschaften und urwüchsiger Wildnis, wie es sie in Europa so nicht mehr gibt, belohnt.

Dieses Buch soll eine Unterstützung bei der Planung und Durchführung einer solchen Reise bieten und dazu beitragen, daß eine Reise in den wilden Westen und Norden des amerikanischen Kontinents nicht nur zu unvergeßlichen Erlebnissen in freier Natur, sondern auch zu einem erholsamen Urlaub von Hektik und Streß verhilft.

In diesem Sinne alles Gute auf Ihrer Reise wünscht Ihnen

im Mai 1995
Jo Bentfeld

Kanada — Land zwischen den Ozeanen

Geographie

Der älteste oder am längsten ausgeformte Teil des Landes ist der kanadische Schild, auch der „präkambrische" oder „Laurentia" geheißen. Hier im Norden und Osten Kanadas liegen die erdgeschichtlich ersten Hebungen der Erdkruste, ein schon vor so langer Zeit aufgefaltetes Gebirge, daß es heute längst zu kleinen Hügeln und Kuppen, zu einem sehr niederen Mittelgebirge erodiert ist. Nur am Rande des Schildes, in Labrador, auf den Inseln im Polarmeer und in den Mackenzie Mountains im Westen ragen Gebirge empor und rahmen den Schild ein.

Nach Süden schließt sich der Bereich der fruchtbaren Niederungen an, jenes weite Becken, das der St. Lawrence Strom durchfließt, der Abfluß der Großen Seen Lake Superior, Lake Michigan, Lake Huron, Lake Erie und Lake Ontario zum Atlantik. Diese Region wird im Osten durch ein weiteres altes Mittelgebirge abgeschirmt, die Appalachen, die über die „Maritimes" — die Provinzen New Brunswick, Nova Scotia, Prince Edward Island und Newfoundland — hinweg ins Meer absinken.

Das nach Westen anschließende Zentrum des Landes wird von einer weiten offenen Binnenebene, einstmals als Teil des Weltmeeres eingeebnet und weithin flach gewellt, gebildet. Hier liegen heute die drei „Weizenprovinzen" Kanadas: Manitoba, Saskatchewan und Alberta. Sie haben den Ruf des Dominions als Farmland und Weizenexporteur begründet.

Im Westen folgt dann ein etwa 600 km breiter Gebirgsstreifen alpinen Zuschnittes, die Verlängerung der von Süden heraufziehenden Kordillere, die erst im Tertiär entstand, dem Beginn der erdgeschichtlichen Neuzeit, als die Erdteile ihre heutige Form erhielten. Zwei deutlich auf Karten ersichtliche Stränge verlaufen vom Süden British Columbias bis zur Küste von Alaska, im Westen als Formation des Küstengebirges bekannt, im Inland die Verlängerung der Rocky Mountains. Dazwischen liegen stark aufgeworfene Plateaus, nach den Flüssen, die sich darin ihren Weg zum Meer gebahnt haben, in Fraser-, Nechako- und Yukonhochplateau unterteilt. In Alaska laufen beide Gebirgszüge noch mehr auseinander. Das Küstengebirge schwenkt nach Süden in die Aleuten ab, im Norden versickern die Rocky Mountains hinter der Brooks Range in der Tschuktschensee, in der auch die frühere Landbrücke von Asien nach Amerika versunken ist. Zwischen beiden Gebirgen öffnet sich nach Westen zum Meer hin ein weites Becken, in dem neben dem Yukon River noch zwei weitere, nur durch niedere Höhenzüge von ihm getrennte Flüsse dahinziehen: Kuskokwim und Nobuk.

Alaska gehörte nicht von Anfang an zu Amerika. Ursprünglich, als die Kontinentalbewegung zur ersten Ausbildung der heutigen Erdteile führte, gab es diese Region noch nicht. Nordamerika hatte seine Westbegrenzung dort, wo heute das Yukon Territorium aufhört. Alaska, British Columbia und die südliche Küstenregion des Yukon Territoriums sind über Jahrmillionen herangedriftete Erdkrustenschollen mächtiger Ausdehnung, die zum Teil aus mehreren tausend Kilometern Entfernung stammen. Sie wurden nacheinander an der Küste aufgefaltet, so erst ist diese Gebirgslandschaft entstanden, mit dem Mount Logan (5954 m.ü.M.) in den St. Elias Mountains als höchster Erhebung Kanadas, und der Alaska Range mit dem Mount Denali (früher Mount McKinley, 6194 m.ü.M.) als höchstem Gipfel in Nordamerika. Dieser Teil des Kontinents ist noch immer in Bewegung, seine Vulkane speien ab und zu Feuer, und manchmal bebt die Erde. Die große Flutwelle nach dem Erdbeben am Karfreitag, dem 27.3.1964, ist unvergessen. Damals stieg das Meer an Land, riß Häuser und Schiffe, aber auch einige hundert Menschen mit. Der Landstrich ist noch immer in Hebung begriffen, steigt allmählich weiter an. Eines Tages mag so der Mount Logan mit seiner küstennahen Umgebung noch höher emporragen als der Mount Denali im Inland.

Eine Eiswüste im Norden?

Kaum ein Menschheitsklischee ist so dauerhaft wie diese Vorstellung von Kanada und Alaska. Einige Dutzend Schriftsteller haben mit Hingabe an diesem Bild gewoben, um ihre Helden besser hervorheben und rühmen zu können. Einer der schlimmsten war Jack London, dem nachträglich am häuslichen Herd im Süden der USA entweder die schriftstellerische Phantasie durchging — oder der im Abstand und in der südlichen Hitze den Norden als besonders kalt schilderte. So unterhaltsam und spannend seine Bücher noch heute sind — man sollte sich klar machen, daß da ein Schriftsteller am Werk war und kein Reiseberichterstatter.

Betrachtet man den nördlichen Teil des Kontinents nach Süden, so kommt man zunächst tatsächlich vom ewigen Eis in Nordpolnähe auf die kalten nördlichen Inseln im Polarmeer. Doch deren Küsten sind im Sommer alle offen. Nur oben in den Gebirgen gibt es Gletscher und dauerhafte Eiszonen — und nach unten in die Erde, wo sich Permafrost (Dauerfrost) unter der Bodendecke hält.

Weiter nach Süden und auf dem Festland gelangt man in eine offene Tundralandschaft, die berüchtigten „Barren Grounds“, die im Sommer wie im Winter ihren schlechten Ruf nicht rechtfertigen. Das weithin gewellte flache Land ohne Bäume und Gesträuche, mit Teichen, Seen, Bächen, Flüssen und Sümpfen: Schwer zu entscheiden, was da im Sommer überwiegt, das Wasser oder die Erde, die auch hier dicht mit niederen Pflanzen bedeckt ist, unter deren Wurzeln das ewige Eis ausharrt. Permafrost taut nie auf, das sagt ja schon sein Name, aber das Wachstum behindert er nicht.

Der hier oben, auf genau 66,33 Grad nördlicher Breite festgelegte Polarkreis oder Arctic Circle stellt keineswegs die Begrenzung der Arktis dar. Diese Landschaftsformation reicht noch viel weiter nach Süden. Der Polarkreis sagt nur eines aus: Auf seiner gedachten Linie ist mindestens einmal im Jahr für 24 Stunden die Sonne zu sehen und einmal für 24 Stunden (oder länger) nicht! Die Tundra im hohen Norden läßt sich im Sommer nicht durchstreifen! und von den wenigen Flüssen aus erschließt sich nicht viel von der Region, die im Winter unter einer geschlossenen,

wenn auch sehr niedrigen Schneedecke von ca. 30 cm liegt.
Aber: Die Flugrouten von Europa nach Alaska und Westkanada führen meist darüber hinweg. Wer also Glück hat, bei Tage dort fliegt und einen sonnigen Sommertag ohne sichtbehindernde Wolken erwischt, erlangt einen unvergeßlichen Eindruck von der rauhen Schönheit auch dieses Bereiches, der unzähligen Wandervögeln ein paradiesisches Sommerrefugium ist.
Weiter gen Süden schließt sich die Busch- und Waldregion an, gebirgig ansteigend. Wir nähern uns schon dem Rand des kanadischen Schildes, wo schroffe Höhen mit ungezählten Tälern und Talzügen wieder Millionen von Gewässern gefangen halten oder ihrem Abfluß den Weg weisen. Zwischen dieser Berglandschaft im Süden und der Tundra im Norden wandern die Karibus, die kanadischen Rentiere, die aber im Gegensatz zu ihren lappländischen Vettern in absoluter Freiheit umherziehen. In mächtigen Herden, einstmals zu Millionen und heute immer noch zu Zehntausenden, pendeln sie im Lauf der Jahreszeiten zwischen den luftigen Zonen der Berge und den offenen Tundraebenen.
Man darf nicht den europäischen Begriff „Wald" hierhin übertragen. Was man in europäischen Breiten als Wald bezeichnet, sind eigentlich Parklandschaften, vom Menschen umgewendet und durchgeformt. Im Grunde gibt es Wald in Europa nur noch in den unzugänglichsten und abgelegensten Winkeln, alles andere ist Forstwirtschaft, also Ackerbau unter Verwendung von Bäumen als Zuchtpflanzen. Der Waldbereich von Alaska/Kanada besteht durchweg aus sich selbst überlassenen Urwäldern, von denen kaum etwas forstwirtschaftlich genutzt wird. Holzeinschlag findet nur in den Randzonen statt, nur da ist der Baumbestand zugänglich und unter ökonomischen Bedingungen zu verwerten.
Bezeichnungen wie „Park" oder „Forest" deuten bei Reservaten nur auf Naturschutzgebiete hin. Der Urwald ist gerade da so geblieben, wie er von den Natureinflüssen gestaltet wird. Solche Landstriche sind zusätzlich gesichert, was in Einzelfällen nicht ausschließt, daß kontrollierter Holzeinschlag stattfindet.
Der Wald im hohen Norden fängt schütter an. Nach Süden zu wird er nahezu undurchdringlich. Er regeneriert sich in unregelmäßigen Abständen durch Waldbrände. Mittlerweile hat man deren wichtige Funktion für die Walderneuerung erkannt und löscht nur noch da, wo Siedlungen in Gefahr geraten. Die übrigen Feuer überläßt man sich selbst.
Das Ergebnis Jahrtausende währenden Wildwuchses, der Klimaeinflüsse und der Feuer ist eine gesunde Mischung vielfältiger Arten und Sorten von Bäumen, Büschen und niedrigen Pflanzen. Eine natürlich entstandene Vielfalt, die sich gegenseitig unterstützt und ergänzt, deren Erscheinungsbild alle 100 m ein anderes ist. Immer aber ein dichtverfilztes Dschungelgebilde, gewoben aus einem Dutzend unterschiedlicher Nadel- und einem weiteren Dutzend verschiedener Laubbaumarten, an feuchten Stellen, in den Niederungen, den Bachtälern und Sumpfstellen durchzogen von zähem Zwergweidengebüsch, engverfilzt aus alten abgestorbenen und jungen grünen Zweigen.
Wo Wasser fehlt, übernehmen Zwergbirkenbüsche deren Funktion. Das Ergebnis ist immer dasselbe: ein undurchdringli-

cher Urwald, im Landesbrauch „bush" oder wortmalerisch „brush", also „Bürste", genannt, der sich nur hangaufwärts etwas lichtet und durchlässig wird. Diese nördliche Waldregion ist nahezu menschenfrei, gebahnte Wege sind da nur selten zu finden. Gebiete von der Größe Österreichs bis hin zu der Ausdehnung der Bundesrepublik Deutschland und darüber hinaus sind ohne jeden Weg und Steg. Wer dahinein eindringen will, muß sich seinen Weg mühsam selbst bahnen, oder — die Millionenzahl der Gewässer macht es möglich — mit einem Buschpiloten und dessen Wasserflugzeug hinausfliegen. Das Flugzeug ist daher das den Norden beherrschende Verkehrsmittel. Dem zünftigen Outdoorsmenschen bleibt noch eine zweite Möglichkeit: das historische Fortbewegungsmittel der Entdecker und Goldsucher, der Trapper und Jäger, der Händler der frühen Jahre und ihrer Gehilfen, den „Coureurs du Bois" oder „Voyageurs": das Boot. Mit diesem gelangt man über Bäche (Brooks), Flüsse (Rivers), Seen (Lakes) und den aus ihnen bestehenden Fließwasserketten (Creeks) mit einigem Wagemut bis in die letzten Winkel der Wildnis. Nur das Wasser bahnt dem Wanderer eine Straße in den Busch, der so unwirtlich auch gar nicht ist. Auf demselben Breitengrad, auf dem weiter im Osten nichts anderes als Buschwald gedeiht, beginnt in Alaska schon die landwirtschaftlich genutzte Fläche. Das Matanuskatal, rundum von hochaufragenden Gebirgszügen der Alaska Range und der Talkeetna Mountains geschützt und nur nach Süden zum Meer hin offen, ist intensiv genutztes Farmland: auf 62 Grad nördlicher Breite! Im Innern Kanadas beginnt der Weizengürtel erst ab dem 56. Breitengrad, je weiter nach Osten, desto tiefer. Aber an der Grenze zu den USA wächst die Weintraube, und das gar nicht schlecht, wie der Besucher mühelos bei einer kleinen Auswahl unter den zahlreichen Angeboten guter Tischweine, gezogen in Kanada, im staatlichen liquor shop nachprüfen kann!

Von Regen, Sonne, Schnee und Eis

Schon der kurze Streifzug durch die verschiedenartigen Regionen dieses Erdteiles dürfte klar gemacht haben, daß man von einem kanadischen oder alaskanischen Klima nicht reden kann. Immerhin lassen sich einige generelle Aussagen machen.

Die gesamte westliche Küstenregion bis jeweils hoch zu den Gipfeln der Coastal Range, dem Küstengebirge, ist sehr niederschlagsreich. Kühle Sommer mit viel Regen und milde Winter mit viel Schnee kennzeichnen die ganze Länge, von British Columbia bis zum Ende Alaskas. Draußen auf den Aleuten kommt noch jede Menge Nebel dazu. Hier prallt der warme Japanstrom, der Kuroschiwo, auf die kalten Gewässer der Beringstraße.

Hinter der Coastal Range im Binnenland herrschen die Gesetze des Kontinentalklimas. Kalte Winter mit — zumindest in den Tälern — nicht viel Schnee und warme Sommer, bis 35 °C und mit wenig Regen, sind das Ergebnis.

Erst in Richtung Atlantik wird es dann ausgeglichener, halten sich Niederschläge und schönes Wetter die Waage, und im Winter kann es ganz schön kalt sein. Das gilt für den Norden erst recht. Je weiter nach Norden, desto später kommt der Sommer, und desto früher ist er wieder auf dem Rückzug.

Vom Reise- und Touristenwetter

Wer eine Reise in den amerikanischen Norden plant, möchte zunächst wissen, wann er sich am besten auf die Reise begibt.

Diese Frage ist nicht so einfach zu beantworten. Jedenfalls trifft zu, daß es auch in Kanada und Alaska einmal im Jahr Winter ist. Der fällt je nach Region höchst unterschiedlich aus. Die Küsten haben gewöhnlich dasselbe Schmuddelwetter, das die Menschen an der Nordseeküste plagt, also unfreundlich und naßkalt.

Je weiter man ins Land eindringt und je weiter man nach Norden kommt, desto früher beginnt und desto später endet der Winter — und desto kälter ist er im Durchschnitt. Hier im Landesinnern und im arktischen Norden macht der Europäer eine überwältigende Erfahrung: die Aussagen des Thermometers sind weitgehend bedeutungslos, sagen nichts über Kälte und Wohlbefinden aus. Die berühmten „Fifty below", die -50 °C gibt es zwar manchmal für einige Tage, die Regel sind aber Temperaturen um -30 °C, und die lassen sich leicht ertragen, weil die Luft knochentrocken ist, im allgemeinen Windstille vorherrscht und aus wolkenlosem Himmel tagsüber ständig die Sonne lacht. In deren 8-10 °C über Null lassen einen die -50 °C im Schatten hinter der Hütte kalt. Jeder kennt doch die Fotos der fast nackten Sonnenanbeterinnen, die sich vor Alpenbauden in den Schnee betten und sich in der Wärme aalen, um braun zu werden. Auch dort ist es im Schatten der Baude mehr als 20 °C kalt, ohne daß dies der Nackten Wohlbefinden beeinträchtigen würde. Für den amerikanischen Norden gilt nichts anderes. In der strahlenden Sonne empfindet man nur deren Wärme. Wer sich bewegt, geht tunlichst nur in leichter Bekleidung, mit offenem Kragen und aufgekrempelten Ärmeln. Die Gefahren gehen am Tage von der Sonne aus und nicht von der Temperatur auf dem Thermometer. Sonnenbrand und Schneeblendung drohen, Cremes, Lotions und vor allem eine gute Schneebrille (enganliegende Sonnenbrille) sind die wichtigsten Ausrüstungsstücke für winterliches Outdoorsdasein.

Anorak und wattierte Hosen kommen auch zu ihrem Recht, wenn man in der sonnenarmen Zeit um Weihnachten herum unterwegs ist oder nach Sonnenuntergang sein Camp im Schnee bezieht. Aber dann übernimmt das richtig angelegte Feuer dieselbe Schutzfunktion, die tagsüber die Sonne hatte. Wirklich ungemütlich wird es nur für den, der im Hochwinter auf einem Zweitausender-Gipfel übernachtet, wo Tiefschnee und eisiger Wind ihren Freiraum haben — und Feuerholz darüber hinaus meist rar ist.

Im Interior dauert dieser recht erträgliche Winter um sechs, im Norden bis acht Monate. Im Herbst nur fällt der Schnee, in den Niederungen bleiben um 30 cm, dann beginnt im Tal die schönste Jahreszeit. Die ständige Windstille am Talgrund, die täglich scheinende Sonne und die trockene Luft schaffen Wohlbehagen. Die fliegenden Plagen halten nun Winterschlaf. Wen wundert es, daß eine ständig zunehmende Zahl von Urlaubern da erst im Winter in den Norden aufbricht, um dort erholsame Tage zu verleben, wo der Winter noch seinen Namen verdient. Schon im Februar werden dann die Tage zusehends länger, sehr viel schneller, als dies im Süden der Fall ist. Im Mai verblassen die Sterne am nordischen Himmel, die bleibende Tageshelle hat sie für Monate unsichtbar gemacht. Anfang Juni sind alle Gewässer bis zum Polarkreis offen, Anfang Juli auch auf Ellesmere Island. Das sind die drei Sommermonate, im Norden zwei, in denen der Wasserwanderer ins Innere und in den Norden des Kontinents hineinpaddeln kann, ohne sich Wettergefahren auszusetzen. Die drohen dann auch, aber mehr von der Unvernunft mancher Touristen ausgelöst. Geeignete Kleidung für plötzliche ein- oder zweitägige Wetterumstürze muß jeder mitführen.

Im allgemeinen ist der Sommer im Innern und bis zum Polarkreis sehr angenehm, die Temperaturen erreichen dann 30 °C und die Sonne scheint ständig, eine richtige Nacht gibt es auch in den südlicheren Provinzen nicht mehr.

Sowohl Kanada wie Alaska, die Küstenregionen wie der hohe Norden, sind in 12 Monaten des Jahres empfehlenswerte Reiseländer. Maßgebend ist nur die Absicht des Touristen, welche Aktivitäten er bevorzugt. Kanu fahren, angeln und jagen kann man nur im Sommer. Aber auch im Winter sind sehr viele Outdoorsaktivitäten im Angebot: Skilanglauf, Fahrten mit dem Schneemobil oder dem Hundeschlitten, Eisangeln und viele andere Eissportarten sind angesagt. Die Bewohner des Landes folgen keinesfalls den Grizzlies in den Winterschlaf. Sie entwickeln vielmehr gerade erst jetzt ein ausgeprägt geselliges Beisammensein, Kulturveranstaltungen und Wettbewerbe werden durchgeführt — und jedesmal wird feste gefeiert!

Und obwohl das Thermometer ja nur ein relativer Maßstab ist — daher operiert man im Norden viel mehr mit dem „Windchillfactor", der Kühlwirkung des hinzutretenden Windes: Erst die Stärke des Windes in Bezug zur gemessenen Temperatur sagt etwas aus über Empfindungen des Unbehagens — zum Vergleich noch ein paar Temperaturangaben:

Die tiefste jemals gemessene Temperatur auf den Kontinent wird mit 72 °C unter Null angegeben. Eines der vielen White Rivers ist der Ort, wo dies gemessen wurde. Er liegt tief im Süden Kanadas, am Ufer des Lake Superior. Die Gegend ist ohnehin als die kälteste im Norden verrufen. Im arktischen Raum treten derartige Tiefsttemperaturen nicht auf. Und was den Reisenden vielleicht auch noch interessiert: die Einwohner von White River haben alle überlebt!

> **Wo es am kältesten ist ...**
> Die kälteste Temperaturüberlieferung aus dem Norden stammt aus Snag, einem Goldgräberdorf, das es heute nicht mehr gibt. Dort, etwas nördlich vom Alaska Highway und fast an der Grenze Kanadas zu Alaska, will man vor gut 50 Jahren -62 °C gemessen haben. Die Siedlung wurde aber nicht deshalb verlassen, sondern weil das Gold ausging.

Und noch etwas Statistik: Die durchschnittlichen Tages*tiefst*werte betragen:

Ort	Januar	Juli	Oktober
Victoria, BC	—	+11	+6
Whitehorse, YT	-25	+8	+1
Fairbanks, AK	-34	+11	+3
Yellowknife, NWT	-33	+12	-4

Und noch ein letztes Wort zum Thema: Jeder Talzug in den Gebirgsgegenden — und das ist fast der gesamte Bereich, den dieser Reiseführer erfaßt — hat sein eigenes Wetter, das ihn vom nächsten Nachbarn unterscheidet. Es ist absolut falsch, aus dem örtlichen Wetter auf das des Nachbartales zu schließen. Die Vorhersagen der Wetterfrösche des Nordens sind dagegen von unglaublicher Präzision. Sie geben täglich zutreffend den Wetterbericht für — beinahe — jeden Talzug extra, und der ist dann auch richtig.

Das ist kein Wunder. Da im Norden jeder fliegt -- in einsameren Regionen parken die Buschflugzeuge wie Autos vor dem Hause — muß auch jeder wissen, worauf er sich einläßt. Ein dichtes Netz von staatlichen Wetterstationen erstreckt sich durch den Norden, ergänzt von der DEW, dem Radarsystem, das Kanada und USA gemeinsam aufgebaut haben. Die Linie der „Distant Early Warning"-Stationen liegt wie eine Perlenkette entlang der Nordküste, von Osten nach Westen ausgebreitet. Deren Wetterbeobachtungen und die von vielen anderen ergeben täglich ein dichtes Netz zutreffender Informationen. Die örtlichen Radiostationen liefern dann täglich sichere Wettermeldungen für ihren Bereich.

Auf den Spuren der Vergangenheit
Peter Lord aus Old Crow, dem einsamen Indianerdorf im Norden des Yukon Territory, gelang 1966 nahe seinem Heimatdorf ein entscheidender Fund. Er war als Helfer einer Forschergruppe tätig, die am Porcupine River nach prähistorischen Resten suchte. Das Fundstück des Kutchin Indianers erwies sich als ein von Menschenhand bearbeiteter Karibuknochen, der zum Schaben von Tierfellen umgearbeitet worden war. Mit Hilfe der heute sehr genauen Altersbestimmung nach der Radio-Carbon-Methode fand man dann heraus: Dieses Werkzeug war ca. 29.000 Jahre alt.
Eine Reihe ähnlicher Funde an anderen Stellen hat mittlerweile bestätigt, daß damals schon Karibujäger in Nordamerika ansässig waren. Sie waren wohl vor ca. 40.000 Jahren der Wanderung der Karibus von Sibirien nach Alaska gefolgt. Aus der folgenden Eiszeit gibt es reichlich Funde, die beweisen, daß die Nomadenvölker nun auch als Bisonjäger lebten. Das weite Yukon Tal und die Mündung des Mackenzie River blieben damals eisfrei und dürften ihr Refugium gewesen sein

Die Menschen im Norden

Millionen Jahre war der amerikanische Kontinent menschenfrei. Zwischen Nordpol und Kap Horn entwickelte sich zwar fast dieselbe Tier- und Pflanzenwelt wie auf dem alten Erdteil. Auch hier lebten Saurier und Mammut, auch hier starben sie wieder aus, aber die Wiege der Menschheit stand hier nicht. Wahrscheinlich lag das daran, daß es hier keine Menschenaffenarten gab. Da blieb Amerika zunächst auch von deren nichtsnutzigen Verwandten namens homo sapiens verschont. Also hatte Darwin doch recht! Lange währte dieser paradiesische Zustand, bis in die frühe Steinzeit hinein, so nahm man lange an. Mittlerweile hat die Zahl der Funde und Ausgrabungen Ergebnisse zutage gebracht, die es rechtfertigen, eine andere Sicht einzuräumen.

Nicht erst das Ende der Eiszeiten vor etwa 12.000 Jahren eröffnete den Zugang, schon weit früher muß es eine Landverbindung zwischen Asien und Amerika gegeben haben, und zwar dort, wo sich der Ostzipfel Sibiriens und die Westecke Alaskas noch heute beinahe berühren. Vielleicht sind die auf der Grenze liegenden Diomedes-Inseln die höchsten Gipfel der versunkenen Landbrücke, über die hinweg vor etwa 40.000 Jahren die ersten Auswanderer in den menschenleeren Erdteil einzogen, der heute Amerika heißt.

Im Gegenzug wanderte das Urpferd, ein rehkleines Wesen, nach Asien hinüber. Seine Nachkommen wuchsen hüben zu den bei uns bekannten Pferdearten heran — während die in Amerika zurückgebliebenen ausstarben und zusammen mit dem Mammut die Erde verließen.

Erst die Spanier brachten das Pferd bei ihren ersten Ausflügen nach drüben zurück, zum nicht geringen Erschrecken der Kaziken (Indianer-Häuptlinge) und zu deren Not und Untergang beitragend. Verwilderte spanische Zuchtpferde verbreiteten sich danach rasch über ganz Amerika, nur nicht bis in den hohen Norden. Das Pferd wurde erst so zum Reittier der Prärie-Indianer. Die dünne Besiedlung Nordamerikas, die für Ausgrabungen unwirtlichen Verhältnisse im hohen Norden und die geringe Zahl der ersten Zuwanderer machen es bis heute schwer, verläßliche Aufschlüsse über die ersten Wanderbewegungen zu finden. Nach wie vor ist die Wissenschaft auf gelegentliche Zufallsfunde angewiesen. Wer solche auf seinen Wanderungen macht, sollte unverzüglich präzise Angaben über den Ort an die nächsterreichbare Behörde geben.

Im Laufe der Jahrtausende folgte Welle um Welle. Die sich ausbreitende Menschheit drängte immer wieder andere Gruppen nach Amerika hinüber. Neue Zuwanderer stießen die Vorhergekommenen weiter oder zogen an ihnen vorbei nach Süden. Nach und nach besiedelten sie von Alaska aus Nord- und dann Südamerika, bis schließlich der ganze Erdteil bis Feuerland hinunter bewohnt war. Die zuletzt Gekommenen dürften die heutigen Eingeborenen des Nordwestens sein; unter den Indianern die in Alaska wie im Nordwesten Kanadas heimischen Völker der Sprachfamilie der Athabaska sowie die Küstenindianer der Tlingit; bei den Inuit ist es die aus den Thule-Eskimos hervorgegangene heutige Inuit-Bevölkerung.

Zum Glück der „Natives“, wie der Sammelbegriff für die Eingeborenen lautet, tauchte der weiße Mann erst recht spät im Nordwesten des Erdteiles auf. Die Ausplünderung, Ausrottung und Vernichtung der südlichen Indianervölker war erst mal vordringlicher und wegen deren Goldschätzen viel interessanter. Die im frühen Mittelalter schon begonnene Besiedlung der amerikanischen Ostküste durch die Normannen blieb im Nordwesten ohne Auswirkungen.

Im Gefolge der Entdeckungen des Kolumbus kamen dann auch einige andere europäische Herrscher auf die Idee, man müsse auf der Westreise, vielleicht am Nordrand des neuen Erdteils vorbei, nach Indien gelangen können. Diese einzelnen Nordlandreisen im Osten Kanadas bewegten nicht viel. John Cabot segelte 1497 und 98, Gaspar Cortreal 1500/1501 und Jacques Cartier 1534/1535 und 1541 an den Ostküsten entlang. Außerdem ist zu vermuten, daß schon vor Kolumbus die

Fischfangflotten der Basken und Portugiesen in den Gewässern Neufundlands tätig waren. Aber die hielten nicht viel von Konkurrenz und schwiegen sich aus. Nur gerüchteweise wurde von reichen Fischgründen gemunkelt.

Auch spätere Fahrten wie die von Martin Frobisher 1576-1578, von John Davis 1585-1587, von George Weymouth 1602, von James Hall und John Knight 1606 blieben ohne tieferreichende Folgen.

Erst mit der intensiven Besiedlung der Ostküste der USA durch auswandernde Briten wandelte sich ab 1620 das Bild. Ein rasch anschwellender Strom zu Hause unbeliebter Engländer drang ins Land. Das nächst dem heutigen Kanada liegende Boston, schon 1630 gegründet, hatte 50 Jahre später mehr weiße Einwohner, als ganz Kanada zusammen beherbergte.

Hier hatte eine begrenzte Anzahl Franzosen im Gefolge Jacques Cartiers und anderer französischer Seefahrer zuerst das St. Lawrence Becken und die Maritimes, „Akadien" genannt, besiedelt. Ihre Zahl stagnierte bald, blieb weit hinter der südlicher englischer Einwanderer zurück.

Von Boston ging dann auch der erste tiefere Einfluß auf die Eismeerregion aus. Wal und Fischfangflotten drangen zu den Inuit vor. Die berüchtigten „Bostonmänner", brutale und rücksichtslose Schnapshändler und Ausbeuter, fuhren die Küsten ab und brachten den Inuit die Segnungen der Zivilisation in Form von Glasperlen, Eisenwaren und jeder Menge wertlosem Schund — insbesondere aber in Form von billigstem Fusel. Schlimmer als die Ausbeutung durch den weißen Mann waren die Folgen der von ihm eingeschleppten Krankheiten. Die Eingeborenen waren gegen die bisher unbekannten Krankheitserreger nicht gefeit. Selbst einfache und in Europa harmlose Kinderkrankheiten lösten tödliche Epidemien aus. Wer von diesen Heimsuchungen verschont blieb oder sie überstand, litt unter Geschlechtskrankheiten.

An der Ostküste und in Alaska bewirkten die aus Sibirien herüberkommenden russischen Händler ähnliches. Erst 1778 hatte James Cook die Westküste Alaskas abgefahren und vermessen. Er fand bereits russische Pelzhändler vor, die nach den Reisen des Vitus Bering ab 1741 an die Küste kamen und die Pelze der Aleuten eintauschten, diese dann versklavten und ausbeuteten.

Die indianische Bevölkerung des Inlandes bemerkte davon wenig. Ab und zu kam auf den interkontinentalen Handelswegen, die es zwischen ihnen und der Küste immer gegeben hatte, Kunde von den dort siedelnden Weißen, und manchmal drang ein Handelsgut der Neuankömmlinge bis ins Herzland im Innern vor, aber in Berührung mit Europäern kam man erst viel später.

Die Goldfunde nahe der Jahrhundertwende zu unserer Zeit führten dann im nennenswerten Umfang Weiße ins Innere Alaskas und Kanadas.

Ihre Zahl ist auch heute im Innern des Nordwestens nicht größer als die der Natives, sieht man ab von den Küstenregionen, wo sich die Weißen drängeln.

Die Indianer

„Die Indianer": Schon diese beiden Worte sind nicht richtig! „Die" Indianer gibt es nicht. Die einheimische Bevölkerung des Kontinents ist alles andere als einheitlich und ist es auch nie gewesen. Und „Indianer", also Bewohner von Indien, sind sie erst recht nicht. Diese Bezeichnung blieb an ihnen kleben, obwohl der Irrtum des Christoph Kolumbus, er sei in Indien gelandet, bald aufgedeckt und korrigiert worden war.

Welcher Rasse die ersten Einwanderer zugehörten, läßt sich nicht mehr ermitteln. Das ist selbst bei deren späteren Nachfolgern unklar. Das unterschiedliche Erscheinungsbild ihrer heutigen Nachkommen läßt darauf schließen, daß mit jeder neuen Zuwanderungswelle auch immer neue und andere Völker kamen, sich vermischten oder nicht, und wieder auseinanderdrifteten. Stolze hochgewachsene Krieger mit mächtigem Römerprofil gibt es auch, aber im Norden nur vereinzelt. Dessen indianische Bevölkerung weist breite, rundliche und flache Gesichter auf und ist von kleiner Statur. Wer sie daher für nahe Verwandte der Inuit hält, hat nur vom Augenschein her richtig getippt. Die Indianer gehören in keinem Fall zur mongolischen Rasse, die dafür typische Lidfalte am Auge fehlt ihnen. Es muß sich um Völker gehandelt haben, die zwischen Mongolen und Kaukasiern (das sind unsere Vorfahren) im asiatischen Raum seßhaft waren, ehe sie es vorzogen, nach Amerika auszuwandern. In Körperbau und Aussehen haben sie von beiden Rassen einiges vorzuweisen.

Und „Rothäute" sind die Indianer alle nicht. Man vermutet, daß die Beothucks, ein von den Weißen schon im 19. Jahrhundert ausgerottetes Indianervolk auf Neufundland, zu diesem ebenso hartnäckig hängengebliebenen Mißverständnis beigetragen haben. Von ihnen berichten die alten Chroniken, daß sie sich von Kopf bis Fuß stets ganzkörperlich rot zu schminken pflegten. Sie trugen sozusagen Rot als Unterbekleidung und erst darüber Felle und anderes. Wenn es also weder „die" noch „Indianer" noch „Rothäute" gibt, wer sind diese Menschen dann?

Die einfachste und heute mögliche Antwort ist: Sie waren und sind die einheimischen Amerikaner, alle von hell- bis mittelbrauner Hautfarbe, verwandt, aber nicht identisch mit den beiden oben genannten Rassen. Und geschlagen mit einer unglaublichen Vielfalt völlig verschiedener, aber stets sehr ausdrucksstarker Sprachen. Der Wortschatz liegt in allen Fällen weit über dem, den wir täglich anzuwenden pflegen, wobei natürlich nur die Umgangs- und Alltagssprache gemeint ist. Die Wissenschaft hat längst registriert und katalogisiert, verglichen und in Schubládchen abgelegt. Daher wissen wir heute, daß es sechs Grundsysteme gibt, die insgesamt 125 Sprachen umfassen. Da trifft es sich gut, daß im Nordwesten nur eines der Grundsysteme zu finden ist. Alle Indianersprachen gehören hier zur Sprachfamilie der Athabaska, wie immer man dieses Wort auch schreibt. Denn es handelt sich paradoxerweise um ein Wort aus einer anderen Sprachfamilie, dem Algonkin, und bedeutet schlicht „Fremde", oder besser: „Die, die nicht sind wie wir". Die Athabaska bezeichnen sich denn auch in ihrer eigenen Sprache als Dené.

Aber dieses Wort beinhaltet wie bei so vielen Naturvölkern nur die Aussage „Wir, die von unserem Stamm". Genau dasselbe sagen die Inuit von sich in ihrer Sprache, dem Inuktiut, wenn sie sich als Inuit bezeichnen.

Die Sprachfamilie der Athabaska läßt sich am besten begreifen, wenn wir sie zu unserem Begriff der „Arier" in Beziehung setzen. Genauso wenig, wie der deutschsprachige Arier den indischsprachigen

Arier versteht, so wenig haben die Sprachen der Athabaska miteinander gemein — oder genau so viel! Selbst die im Yukon Territory ansässigen Dené, keine zehntausend Menschen, sprechen in fünf verschiedenen und untereinander nicht verständlichen Sprachen. Wenn dennoch schon die ersten Weißen in der Lage waren, mittels einheimischer Führer durch den Kontinent zu wandern und sich zu verständigen, so lag das an einer traditionell herausgebildeten, einfachen und ausdrucksstarken Zeichensprache, ähnlich der, mit der sich bei uns Stumme verständlich machen können. In diesen Bereich gehört auch die in jeder Überlieferung auftauchende Telegrafie mittels Rauchfeuer und Qualmwolken.

Trotz Zugehörigkeit zu einer Sprachfamilie und naher Verwandtschaft zum jeweiligen Nachbarn, sahen sich die einzelnen Stämme nie darin gehindert, ihre Nachbarn zu überfallen. Durch die bekannte Geschichte hindurch waren sie emsig damit befaßt, sich gegenseitig auszurotten — aber das soll ja in sogenannten zivilisierten Gegenden der Erdkugel auch heute noch nicht anders sein.

Die Aufteilung nach Sprachen sieht heute im Nordwesten so aus: Im Innern Alaskas und dem nördlichen Yukon Territory wohnen die Kutchin. In den Northwest Territories findet man die Dogrib und die Slavey neben den Kutchin. Im Süden schließen sich Han, Tutchone und Kaska an, und an der Küste wohnen von British Columbia über Yukon Territory bis zu den Aleuten in Kanada die Tlingit und deren Verwandte.

Die Indianer heute

Die Begegnung mit dem weißen Mann verlief im Norden und Nordwesten weitgehend friedlich. Die von Norden aus der Hudson Bay ins Land dringenden Händler waren willkommen und fanden Unterstützung und willige Helfer.

Von Vorteil war hier, daß das karge Land und der weite Raum nur nomadisierende Indianer zugelassen hatte. Man lebte in Familienverbänden und zog durch die vom Clan in Anspruch genommenen Täler. Nur gelegentlich traf man sich an herkömmlichen Sammelplätzen zum „Potlatch", der Clanzusammenkunft mit Feierlichkeiten, Ratsbesprechungen, Handels- und Tauschbörse. Neuigkeiten wurden ausgetauscht und Ehen geschlossen.

Nach dem Eintreffen der russischen Händler an der Westküste und in Alaska begann bald ein reger Handelsverkehr bis ins Innere. Die Küstenindianer, die Tlingit, hatten sich rasch ein Handelsmonopol eingerichtet und versorgten die Inlandsindianer mit den Gütern des weißen Mannes.

Parallel dazu dehnte sich die nach der Vereinigung konkurrenzlose Hudson Bay Company bis ins Innere aus und errichtete ihre Handelsposten auch dort und am Yukon hinunter bis Alaska.

Ganz allmählich änderte sich das Leben in der Wildnis. Die Indianer wurden zunehmend von den Handelsposten abhängig und siedelten sich dort an. Dann schwappte plötzlich ein Goldrausch nach dem anderen über sie hinweg. Die Weißen kamen in Massen und drängten die einheimische Bevölkerung einfach an den Rand. Die Zivilisation zog die Indianer in die Siedlungen, und hier versuchten die Kirchen, ih-

re neuen Gläubigen an sich zu binden und im Einzugsbereich ihres Einflusses zu halten. Rasch entleerte sich der Busch, die Wildnis fiel wieder an die Natur zurück.
Noch immer befindet sich die indianische Bevölkerung im Umbruch, obwohl sie sich schon weit mehr in die Welt des Weißen eingegliedert hat als die Inuit im Norden und Westen des Erdteiles. Wer aus den betrüblichen Bildern eines Abends nahe der Bierquelle in Ross River oder auf der 4th Avenue in Anchorage, mit ihren Natives Kneipen neben den Wolkenkratzern der City, auf einen allgemeinen Verfall der indianischen Kultur und Lebensweise schließt, der irrt. Viel mehr selbstbewußte, gutgebildete und aktive junge Indianer haben sich längst integriert oder sich den vielfältigen Möglichkeiten gewidmet, in Gemeinschaftsarbeit und Räten für die Entwicklung einer neubestimmten indianischen Gemeinschaft zu wirken.
Eingebettet und einbezogen in das Alltagsgeschehen in den meist überwiegend von Weißen bewohnten und gelenkten Städten und Dörfern fällt ihr Wirken dem Touristen weniger auf, man muß schon danach suchen. Da haben es die Inuit in den von ihnen überwiegend oder ausschließlich bewohnten Orten und Städten wesentlich leichter, sich — allen sichtbar — zu verwirklichen.

Die Inuit

Von den äußersten Aleuteninseln im Westen, an der Westküste Alaskas nach Norden und an der gesamten Nordküste des Kontinents bis hin nach Grönland siedeln die Inuit. Sie sind auch die Bewohner der Inselwelt im Polarmeer. Auch dieses Volk von eindeutig mongolischer Herkunft lebt in sprachlicher Vielfalt. Sie gelten als die Spätankömmlinge auf diesem Erdteil und mußten sich mit der baumlosen Küstenregion begnügen. Das hat zu der einzigartigen Ausformung ihrer Kultur geführt.
Die ersten Inuit (dieses Wort bedeutet: „Wir, von unserem Stamm“. Das von den Athabaska für sie verwendete Wort „Eskimo“ bedeutet „Rohfleischesser“ und wird bei Inuit nicht gern gehört) sind vor über 5000 Jahren in Amerika eingewandert. Es folgten noch drei weitere Wanderschübe. Die Vorfahren der heutigen Inuit von der Thule-Kultur kamen erst vor 1000 Jahren. Sie verdrängten ihre Vorgänger oder vermischten sich mit ihnen. Ihre Überlegenheit kommt darin zum Ausdruck, daß sie den Walfang beherrschten, was ihnen ein höheres Maß an Existenzsicherheit bot. Von ihnen stammt auch das bekannte rundliche Frauenmesser, das Ulu, und sie handhabten den Drillbohrer zur Herstellung von Gerätschaften und Waffen.
Ihre Häuser waren nicht die überall bekannten Iglus, selbst wenn man das noch immer in vielen Büchern liest. Der aus Schneeblöcken errichtete Iglu ist nur die vorübergehende Notunterkunft, die Jagdbehausung gewesen. Ihre Dauerwohnungen bauten sie als Erdaushebung, Steinsetzung und unter Verwendung von Treibholz und Rasensoden. Mit ihren südlichen Nachbarn lebten sie in bitterer Dauerfeindschaft. Wo Inuit und Indianer aufeinandertrafen, gab es früher stets Tote.
Der Reisende von heute braucht nicht mehr zu befürchten, daß ihm die Hausherrin zur Nacht ins Bett gelegt wird. Das war auch früher kein Ausdruck loser Sitten. Als Ehemann waren die Inuit nicht weniger eifersüchtig als andere Männer auch. Die Wurzeln jenes überlieferten Brauches wird

man nicht mehr auffinden, aber da viele Überlieferungen davon berichten, muß es ihn früher tatsächlich gegeben haben. Ergänzend paßt hierzu, daß Kindern in dieser Gesellschaft ein besonders hoher Wert beigemessen wurde und wird. Es ist nicht sehr wichtig, wer tatsächlich Vater oder Mutter sind — Kinder werden gern von allen gemeinsam behütet und erzogen. Nicht nur hierbei fällt auf, daß den Inuit eine auf Harmonie angelegte Gemeinschaft mehr wert war als Streit und Auseinandersetzung. Noch heute können Inuit in einer Ratsversammlung den weißen Administrator oder Bürokraten schier zur Verzweiflung bringen, denn nicht der Mehrheitsbeschluß ist gefragt — Einstimmigkeit ist das Ziel. Und so sitzt man lieber stundenlang und mit Pausen innerer Einkehr, bis die gewünschte Übereinstimmung erreicht ist. In diese abgeschiedene Welt harmonischer Ausgewogenheit brachen Anfang bis Mitte des 18. Jahrhunderts die Walfänger ein. Bald folgten ganze Walfangflotten, und ab 1830 begann die Errichtung von ständigen Walfangstationen auf den Inseln im Eismeer. Zu diesem Zeitpunkt waren die schlimmsten Folgen der Berührung mit den Weißen und ihren Krankheiten schon vorüber, die Bevölkerung von Seuchen dezimiert.

Die Inuit von heute

Mit dem Einbruch der Walfänger in die Kulturregion der Inuit begann für viele von ihnen die Einbindung in die Lebensform der Weißen. Bald waren viele Mannschaften und vor allem die Harpuniere der Walfänger Inuit, und weitere Gruppen verdienten sich auf den Walfangstationen als Arbeiter ihren Lebensunterhalt. Als dann Ende des vorigen Jahrhunderts der Walfang nachließ, die Stationen schlossen, blieben die Inuit plötzlich wieder sich selbst überlassen.

Mittlerweile hatten sich die Kirchen eingefunden, das sicherte den Inuit das Überleben, denn der Staat kümmerte sich damals noch wenig um diesen Landstrich. Erst nach dem letzten Weltkrieg nahm das Leben im Eismeer eine entscheidende Wendung. Die Errichtung zahlreicher Wetterstationen sowie der DEW (Distant Early Warning)-Linie brachten intensive Kontakte zur Zivilisation mit sich. Die staatliche Infrastruktur wurde auf- und ausgebaut.

Nachdem die Kirchen und erste Handelsposten gemeinsame Anziehungspunkte geworden waren, die Inuit ihre nomadisierende Lebensweise aufgaben und seßhaft wurden, kam nun zu jeder Siedlung auch die Pflegestation, das Verwaltungsbüro, der Polizeiposten, und das machte den Ausbau des Flugnetzes erforderlich. Jede Siedlung der Inuit hat heute einen Flughafen oder zumindest eine Flugbahn und wird wenigstens zweimal wöchentlich im Linienflug mit den anderen Orten sowie dem Flugnetz in den Süden verbunden. Mittlerweile haben sich die Inuit auch schon weitgehend emanzipiert, haben die weitere Entwicklung in ihre eigenen Hände genommen. Ihre Wirtschaftsform ist die Kooperative. Im Zusammenschluß und gemeinsam errichten sie Supermärkte und Hotels, betreiben Flugunternehmen und führen Besucher durch ihr Land. Sie wirken engagiert in der politischen Selbstverwaltung mit und betreiben auch überregional und sogar in Zusammenarbeit mit den entsprechenden Organisationen ihrer früheren indianischen Feinde die Wahrung ihrer Rechte und die Durchsetzung ihrer Interessen.

Daneben besteht noch immer die alte Lebensart. Gemeinsam ziehen die Männer zur Jagd und zum Fischfang, aber die Abkehr der modern gebildeten Jugend von der alten Lebensweise ist unübersehbar. Sie wollen zwar im angestammten und liebgewonnenen Lebensraum verbleiben, aber nicht mehr als Trapper oder Jäger den Lebensunterhalt erwerben. Da bleiben dann nur die beiden anderen Möglichkeiten: Management und Verwaltung der eigenen Gesellschaft und der aufblühenden Tourismusindustrie sowie die Aus- und Weiterbildung traditioneller handwerklicher Künste und Fertigkeiten. Das Kunsthandwerk, ja die Inuitkunst muß man sagen, haben die Inuit zur Perfektion vervollkommnet und vermarkten bereits auch die Ergebnisse weltweit.

Wer heute zu den Inuit fährt, erhält noch immer einen guten Einblick in den überlieferten alten Kulturkreis, kann an Jagdzügen zu Land und Wasser teilnehmen und wird als Tourist von ihnen gern gesehen und umsorgt — gegen gute Bezahlung natürlich, wie überall auf der Welt.

Wirtschaftsraum Nordwestamerika

Kanada ist unbezweifelbar eine der führenden Industrienationen. Ein hoher Anteil an Güterfertigung und die Einbindung in den internationalen Handel bestimmen das Bild — aber fast nur im Osten. Im Norden und im Nordwesten, in den Territorien und in Alaska kommt wenig davon zum Ausdruck. Am Westhang der Coastal Range, von British Columbia bis Alaska, auf den Aleuten und bis hinauf zur Beringstraße dominieren zwei andere Wirtschaftszweige: Holzabbau und Fischerei.

Der Baumbestand am Pazifik ist ein über Jahrhunderte hinweg natürlich herangewachsener Bestand an Nadelbäumen, die für unsere Vorstellungen einen ungewöhnlichen Riesenwuchs aufweisen. Bäume von 3 m Durchmesser, 10 m Umfang und bis zu 70 m Höhe findet man hier nicht ungewöhnlich. Nach anfangs schädlichen Kahlschlägen ist man längst zu wohlgeordnetem, selektiertem Einschlag übergegangen, der diesem Wirtschaftszweig eine sichere Zukunft bereitet. Nicht anders steht es um den überwältigenden Fischreichtum, der besonders in den großen Fängen von Lachsen, Riesenkrabben und mächtigen Heilbutts hervorsticht. Die verarbeitende Fischindustrie ist in beiden Staaten ein so wichtiger Wirtschaftsfaktor, daß längst vernünftige Regeln und Schutzmaßnahmen deren Zukunft sichern.

Für die nördlichen Küsten und die Inselwelt der Northwest Territories gilt diese Aussage nicht. Dort ist wegen der viel zu hohen Kosten beim Transport die Nutzung der Meeresbewohner auf den Eigenbedarf beschränkt. Nur in sehr geringem Umfang findet kommerzieller Fischfang statt, daher bedarf es auch nicht der sehr engen Schutzbestimmungen des Südens und Westens.

Im Innern der Region ist mit den reichlich vorhandenen und vielfach auch schon erschlossenen Erz- und Mineralienlagerstätten wenig Geld zu machen. Die Euphorie, mit der man früher auf den wirtschaftlichen Aufschwung durch Bergbau und Erdöl setzte, ist verflogen. Auch die Pipeline von der Prudhoe Bay quer durch Alaska nach Valdez im Süden würde heute nie-

Gefahr: Tourismus?

Ein unendlich weiter, aber zugänglicher Raum voller schroffer Gebirge, lieblicher Täler, riesiger Wälder und märchenhafter Seen. Gletscher von ewigem Eis am Fahrbahnrand oder ins Meer sich bewegend, scharf geschnittene langgestreckte Fjorde, das alles zieht seit langem schon die Urlauber an. Wen wundert es, daß man nun daraus eine „Industrie" machen will. Allen Ernstes und voller Unbekümmertheit um den abwertenden Beigeschmack, den diese Bezeichnung für uns hat, managen Staat, Bürgerinstitutionen und Handelskammern die neue „Industrie". Davon sollte man sich nicht beeindrucken lassen. Gewiß hat dies schon in einigen Skigebieten zu abscheulichen Auswüchsen geführt. Gerade in British Columbia, wo der Kommerz schon immer mehr zu bestimmen hatte als Vernunft und Verstand, kann man dies deutlich beobachten, das Stichwort „Helicopter Skiing" möge genügen. Das muß und wird nicht die Richtung sein, in der sich die Tourismusbewegung im Inland entwickelt. Es ist sogar deutlich zu beobachten — und schon so mancher Geschäftemacher, der da mitmischen wollte, mußte es resignierend hinnehmen —, daß die Einheimischen eine sehr eigene Ansicht dazu haben. Sie wirken gern und mit vielen Aktivitäten an der Ausweitung des Fremdenverkehrs mit, aber auf ihre zurückhaltende und schonende Art. Und sie nehmen die Sache heute selbst in die Hand, was beiden Seiten nur recht sein kann.

Für den Besucher von heute ist es jedenfalls wichtig und von Bedeutung, daß der Zugang zu dieser Landschaft bis hinauf in den hohen Norden gefördert und ermöglicht wird.

mand mehr bauen: Sie zahlt sich nicht mehr aus. Die überwiegende Mehrzahl der Bergwerke liegt still, neue werden nicht mehr erschlossen.

Was sich im Bergbau noch lohnt, ist die Gewinnung von Edelmetallen. Noch immer — und mehr denn je — gibt der Boden seine Schätze preis, werden Gold, Silber und mit ihnen verbunden andere Erze abgebaut. Aber solche Minen arbeiten materialintensiv und mit wenigen Menschen.

So fällt dann bei genauer Betrachtung auf, daß die Menschen sich an den südwestlichen und westlichen Küsten ballen. Mit zunehmender Entfernung von dieser Küstenregion werden die Siedlungen zu kleinen Dörfern, schmücken sich Ansammlungen von oft nicht mehr als tausend Einwohnern zu Recht mit dem Titel „Stadt", weil sie Mittelpunkte einer Region sind. Ausnahmen von dieser Regel, richtige Städte mit einem entsprechenden Drumherum, sind dann meist nur künstlich aufgeblähte Verwaltungs- und Schulzentren.

Das einzige, was man wirklich in unbegrenztem Umfang zu bieten hat, ist jene Mangelware, die es in den Ballungsräumen Europas und Asiens nicht mehr gibt: unberührte Natur, ausgedehnte menschenfreie Landschaften, trinkbare Gewässer voller Fische und ein artenreiches Tierleben in freier Wildbahn.

Kanada — der Staat

Die kurze historische Entwicklung hin zum Bundesstaat Kanada begann an der Ostküste. Zwei Voretappen haben maßgeblich die Entstehung des Staatswesens bestimmt. Beide sollte man kennen, um den heutigen Staat und seine gesellschaftlichen Probleme zu verstehen.

Bis zum Siebenjährigen Krieg verlief die Entwicklung an der Ostküste teils friedlich, teils feindselig und kriegerisch, wie das unter Nachbarn auf aller Welt so üblich zu sein scheint. Die französisch geprägte Bevölkerung im Becken des St. Lawrence Stromes sah sich von der benachbarten englischen Umgebung bedrängt. In den Geschichtsbüchern Europas kommt es wenig zum Tragen, daß die kriegerische Auseinandersetzung zwischen Österreich und Preußen von 1756-1763 auch ein kleiner Vorläufer jener späteren „Welt“kriege war. England stand auf der Seite Preußens und schlug sich in Übersee mit Frankreich herum. Am Ende waren England und Preußen die Sieger, und Frankreich mußte seine nordamerikanischen Kolonien an England abtreten, das damit Herr einer Landschaft wurde, die fast ausschließlich von Franzosen bewohnt war.

Mit der „Boston Teaparty“ vom 4. Juli 1774 begann die zweite Entwicklungsphase. Der Ablösungskampf der amerikanischen Kolonien an der Ostküste der heutigen USA fand keineswegs den einmütigen Beifall der Bevölkerung. Es setzte eine regelrechte Völkerwanderung von Royalisten oder Loyalisten nach Norden ein, teils aus eigenem Antrieb, teils von ihrer feindlichen republikanischen Nachbarschaft nachdrücklich gefördert — und von der nördlichen Kolonialverwaltung mit dem Versprechen der finanziellen Entschädigung unterstützt. Das förderte natürlich auch den kulturellen und politischen Gegensatz zwischen beiden Bevölkerungsgruppen, half aber dann England, die Kolonie zu halten, als sich die USA 1812 gewaltsam daran machten, sich auch die beiden Kanadas einzuverleiben.

Zu dieser Zeit unterschied man zwischen Upper und Lower Kanada sowie den maritimen Kolonien. Grob umrissen umfaßte das erstere die heutigen Siedlungsgebiete von Ontario an den Seen, das andere das heutige Quebec am St. Lawrence Strom.

Die nahe Nachbarschaft zu den entstehenden USA ließ zwar die Loyalität zur britischen Krone aufleben, regte aber auch den Wunsch nach mehr Selbständigkeit und weniger Bevormundung vom Mutterland und seiner Regierung. Ernste Unruhen und Ansätze zur Rebellion nötigten dann Queen Victoria zum Handeln. Sie legte 1849 beide Kanadas zusammen und gewährte der Kolonie die Selbstverwaltung sowie eine eigene Regierung mit Parlament. Erste Hauptstadt war bis 1857 Kingston, danach Ottawa.

Am 1. Juli 1867 schloß dann die Queen mit dem „North America Act“ die Maritimes an. Der neue Staat aus fünf Provinzen mit selbständigen Provinzialparlamenten und -regierungen wurde Konföderation, der Name in „Dominion of Canada“ geändert. Die Queen blieb Staatsoberhaupt, wird aber im Land durch einen Generalgouverneur vertreten, der ausschließlich repräsentative Funktion hat. Die Staatsgewalt liegt beim Parlament aus Unter- und Oberhaus sowie beim verantwortlichen Ministerpräsidenten.

Die neue Bundesregierung erwarb von der Hudson Bay Company deren Hoheitsgewalt über die Northwest Territories und zahlte dafür 300.000 britische Pfund. Der Kauf wurde 1870 perfekt und im gleichen Jahr noch daraus die Provinz Manitoba abgelöst. 1871 konnte man British Columbia an der westlichen Pazifikküste zum Beitritt bewegen. Ausschlaggebend war, daß der Bau der Transcanada Bahnlinie als Ost-Westverbindung zugesichert wurde. Aus dem Gebiet der Northwest Territories wurden 1905 zwei weitere Bundesstaaten geschaffen, Saskatchewan und Alberta. Erst 1949 gliederte sich nach einer Volksabstimmung auch Neufundland an. Seither weist der Bundesstaat zehn selbständige Provinzen mit jeweils einer Provinzialregierung auf, die dem jeweiligen freigewählten Parlament verantwortlich ist. Nur das Bundesparlament besteht nach britischem Vorbild aus zwei Kammern.

Die beiden verbliebenen Territorien aus dem Erwerb von der Hudson Bay Company haben zwar eine weitgehende Selbstverwaltung, unterstehen aber nach wie vor direkt der Bundesregierung in Ottawa.

Die Anreise

Da zwischen dem alten und dem neuen Erdteil nun einmal der Atlantik liegt, gibt es nur zwei Möglichkeiten für einen Besucher Nordamerikas: Flug- oder Schiffsreise.

Der Flug

Durch die Liberalisierung des Luftverkehrs seitens der USA und den heftigen Konkurrenzkampf der US-Fluggesellschaften ist es möglich geworden, recht günstig zu einem Flughafen der USA zu gelangen. Kanadas Fluggesellschaften blieben jedoch beim alten und teuren Niveau. Wer aus Zeitgründen unmittelbar nach Kanada und vor Ort fliegen muß, sollte dennoch nach den preiswerteren Charterflügen Ausschau halten. Wichtig für einen preisgünstigen Flug ist die Wahl des richtigen Abflughafens. Man richte sein Augenmerk auf Angebote ab London oder Amsterdam, obwohl sich da für jeden die Frage ergibt, wieviel die Anreise kostet, ob also der Anflug bis London nicht gar teurer ist als der folgende Ozeansprung.

Im allgemeinen gilt die Faustregel, daß man vom nahen heimatlichen Flughafen am besten einen Airport in den USA nahe der kanadischen Grenze oder in Alaska anfliegt. Anchorage ist zwar nicht billig zu erreichen, weil die Flüge über den Pol fest in der Hand der Gesellschaften des IATA Kartells sind — und die sind sich über die Preise einig! Dennoch! Wer Alaskas Wildnis oder die des benachbarten Yukon Territoriums zum Ziel hat, fliegt immer noch am günstigsten nonstop über den Pol und landet dann zwangsläufig in Anchorage. Zum Vergleich: Die Lufthansa fliegt ab Frankfurt im Linienflug ab 2400 DM (je nach Reisezeit kann's auch etwas teurer werden) dorthin, mit Rückflug natürlich. Die günstigsten Flüge über den Ozean gehen nach New York. Es gibt reihenweise günstige Angebote von allen europäischen Flughäfen dorthin. Aber das nützt nur dem etwas, der in das nähere kanadische Ostland reisen will. Die einzige preiswerte Fortsetzung der Reise in weit entfernte Gegenden, die Fahrt mit dem Greyhound Bus, bleibt dem Normalurlauber aus Zeitgründen vorenthalten. Eine Woche hin und eine Woche zurück bis zur

Westküste Kanadas oder Alaskas braucht man dafür, das kostet dann jeweils um je 200 DM! Wer eine Strecke in vier Tagen befahren will, der kommt besonders günstig weg: Mit dem „Ameripass" der US-amerikanischen Greyhound-Gesellschaft kommt man — unter gewissen Einschränkungen — für 140 DM von Ost nach West (→Greyhound). Eine letzte Variante sei hier noch angesprochen: der Flug nach Vancouver oder — weil günstiger zu haben — in das nahe Seattle an der kanadischen Grenze. Wer einen günstigen Charterflug nach Seattle, weil in den USA, ergattert hat, muß dann noch drei Stunden Busfahrt nach Vancouver anhängen.

Auch ganz normale und ansonsten teure Linienflüge lassen sich günstig nutzen, wenn man daran denkt, sich der folgenden Sondervergünstigungen zu bedienen. Allerdings: nicht jede Fluggesellschaft bietet alle Formen, manche bieten gar keine oder nur zu bestimmten Zeiten oder Zielen. Da hilft nur präzises und penetrantes Nachfragen — und die Urlaubsplanung für den danach richtigen Zeitpunkt. So lassen sich im günstigsten Falle einige Hunderter sparen.

Standby ist zweifellos die billigste Art des Linienfluges. Es handelt sich um die Vergabe von bis zuletzt noch nicht verkauften Sitzen in einer Maschine. Um sie doch noch zu besetzen, werden sie kurz vor Abflug des Flugzeuges zu stark ermäßigten Preisen abgegeben. Man muß das Flugticket im Büro oder am Schalter der betreffenden Fluggesellschaft kaufen und kann das frühestens am Tage vor dem Abflug tun. Danach bekommt man seinen Sitzplatz zugewiesen und ist wie jeder andere Fluggast sicher, mit dieser Maschine abfliegen zu können. Die Fristen variieren, auch hier genau nachfragen. Faustregel ist aber, daß man am Vortage des Fluges morgens bei Öffnung der Schalter im Flughafen oder im Stadtbüro buchen kann. Da ist natürlich jeder im Vorteil, der in einer Stadt mit internationalem Airport wohnt. Auch der Rückflug kann sofort zum niedrigen Standbypreis eingekauft werden, aber natürlich nicht mit festem Flugtermin. Der wird nach denselben Spielregeln festgesetzt, wenn man am Schalter des Rückflughafens erscheint. Da kann es dann passieren, daß der Ferienaufenthalt ein wenig länger ausfällt. Man läuft Gefahr, ein paar Tage auf einen freien Platz in einer Maschine für seinen Rückflug warten zu müssen.

Last Minute ist nur eine Variante davon. Auch hier werden die vermutlich nicht zu besetzenden Sitzplätze mit Abschlägen angeboten. Als Faustregel gilt hier, daß man etwa 10 % Preisermäßigung erhält, wenn man sieben Tage vor dem Abflug oder noch knapper bucht. Auch hier muß man zur Fluggesellschaft selbst hingehen, um die Vergünstigung und Einbuchung zu erlangen.

Apex meint dagegen die Vorausbuchung und Vorausbezahlung, meist 21 Tage vor dem Abflug, und führt dann auch zu einem etwa 10 %igen Nachlaß. Dabei sind aber eine ganze Reihe zusätzlicher Bedingungen im Spiel, die man sich bei der erkorenen Fluggesellschaft ganz genau ansehen muß. Es kann sein, daß man den Rückflug sofort und mit unveränderbarem Termin mitbuchen muß! Und es kann sein, daß ein Rücktritt unmöglich ist, das Ticket also samt Geld verfällt, wenn man an der Nutzung gehindert ist!

Billigflüge, angeboten von „Lastminute"-Flug- oder Reisebüros sind im Prinzip die o.a. und auch selbst organisierten Tickets gleichen Namens. Es handelt sich also um ganz normale Linienflugscheine, die wenige Tage vor dem Abflug zu ermäßigtem Preis zu haben sind, weil die Gesellschaft befürchtet, sonst mit leeren Sitzen abfliegen zu müssen. Einige Reisebüros haben sich nun zunutze gemacht, daß sie am Flughafen ansässig sind. Sie können also das Angebot der Fluggesellschaften übernehmen und versuchen, landesweit jemanden zu finden, der noch mitfliegen möchte. Sie ermöglichen also dem nicht im Einzugsbereich des Airports wohnenden Interessenten den Zugang zu solchen Fluggelegenheiten. Wer am Abflugort wohnt, bucht besser selbst bei der Fluggesellschaft. Dabei fährt er meist günstiger, denn auch die Reisebüros wollen mitverdienen. Die Angebote dieser Billigplatzverkäufer findet man in den Anzeigenseiten der Tageszeitungen. Man sollte sich rechtzeitig ein Verzeichnis der für das geplante Flugziel in Frage kommenden Anbieter zusammenstellen. Im Ernstfall ist man dann in der Lage, kurzfristig die Büros abzufragen und zu buchen.

Anchorage und Anschluß

Anchorage International Airport liegt dicht am südwestlichen Stadtrand, nur 10 km vom Stadtzentrum, das daher am günstigsten mit dem öffentlichen Nahverkehrsbus zu erreichen ist. Abfahrt unmittelbar vor dem Terminal, Kosten: 1 US-$. (Man sollte aber nicht zum Ausgang hasten, ohne zuvor die Tierschau in der Halle zu besichtigen. In den Vitrinen in der Ankunftshalle sind die prachtvollsten Exemplare, die je erlegt und präpariert wurden, ausgestellt). Der Terminal für nationale Anschlußflüge liegt sofort neben dem Ankunftsgebäude, die 500 m sind mit dem Flughafenshuttle mühelos zu überbrücken.

Der Wasserflughafen Lake Hood/Lake Spenard liegt an zwei miteinander verbundenen Seen genau gegenüber dem Ausgang aus dem International Airport. Da aber die Hunderte von Flugzeugen an ebenso vielen Anlegern rund um die Seeufer verteilt sind, kann das einen Weg von mehreren Kilometern für den Weiterreisenden bedeuten. Wer nicht abgeholt wird, muß ein Taxi nehmen.

Dasselbe gilt für den, der ab Lake Hood Airstrip einen Charterflug gebucht hat, denn der entsprechende Abflugort liegt vom Ankunftsgebäude aus hinter dem See.

Der eigentliche Flughafen für Privat- und Buschflugzeuge „Merrill Field" liegt mitten in der Stadt, direkt westwärts des Zentrums am Anfang des Glenn Highways, und ist mit dem bereits genannten öffentlichen Nahverkehrsbus am günstigsten zu erreichen.

Der dritte Flughafen für Charterflugtrips ist der Campbell Airstrip, südöstlich der Stadt, Zufahrt von der Abbott Loop Road, etwa 15 km vom International Airport und 10 km von downtown, aber nur per Taxi und teuer zu erreichen.

Der Bahnhof der Alaska Railroad liegt mitten im Zentrum, 1st Avenue West, und ist ebenfalls am günstigsten mit dem öffentlichen Nahverkehrsbus (People Mover) zu erreichen.

Der zentrale Omnibusbahnhof des städtischen Nahverkehrssystems liegt mitten im Zentrum, 6th Avenue Ecke G Street.

Der Terminal für Überlandbusse liegt um den Block herum, 5th Avenue Ecke G Street. Von hier aus starten die Alaska-

Yukon Motor Coaches nach Fairbanks, Tok, Haines und Whitehorse.

New York und Anschluß

Der John F. Kennedy Airport liegt weit im Süden am Stadtrand von Queens, nahe der Küste des Atlantik, an der Jamaika Bucht und dem Ende des Van Wyk Expressways, der Zubringer- und Stadtautobahn zum Flughafen. Er ist der Hauptanflughafen der Atlantikcarrier, aber nicht der einzige, und liegt ca. 25 km vom Zentrum Manhattans.

Der alte La Guardia Airport liegt entgegengesetzt zum ersteren im Norden von Queens, am Central Parkway und der 94th Street, ca. 15 km vom Zentrum Manhattans.

Der dritte schließlich ist der Newark International Airport, der westlich von New York im Bundesstaat New Jersey liegt, ebenfalls ca. 25 km von Manhattan.

Innerhalb eines Flughafens gelangt man kostenfrei mit den gelben Pendelbussen, den Flughafen-„Shuttles", von einem Gebäude zum anderen. Das ist insbesondere im J.F. Kennedy-Flughafen von Bedeutung, dessen insgesamt neun Terminals in einem weiten Oval auf ca. 2 km verteilt liegen — und wer im Inland weiterfliegt, muß zu einem anderen Gebäude — oder zu einem der genannten Flughäfen wechseln! Das kann man teuer (zwischen 40 und 60 US$) per Hubschrauber tun oder preiswert mit dem Express Bus „Carey Coach", der für etwa 8 US$ den ganzen Tag über mit einer Fahrzeit von 30 bzw. 45 Minuten zwischen den Flughäfen pendelt. Die präzise Abfahrtszeit des nächsten Busses erfährt man am Informationsschalter, jeweils in der Ankunftshalle.

Den Port Authority Bus Terminal, 8th Avenue und 42th Street, Abfahrtsort der Überlandbusse (Greyhound, Continental Trailways usw.), im folgenden abgekürzt: PABT, und die Grand Central Station der Amtrak Eisenbahn Richtung Norden, Park Avenue und 42th Street (zwischen beiden Stationen liegen 20 Minuten Fußweg), im folgenden abgekürzt GCST, erreicht man wie folgt:

JFK — PABT: mit dem Bus der Linie Q 10, ab Bahnsteig, Haltestellenschilder 15-17, grünes Bussymbol am Ende des Abflugterminals bis U-Bahn-Station „Lefferts Boulevard" und dann per U-Bahn-Linie „A" zum PABT.

JFK — GCST: genauso, aber aus der „A" in der Station „Broadway und Nassau Street" umsteigen in U 4 oder U 5 bis GCST.

LGA — PABT: mit dem Bus der Linie Q 33 ab Terminal bis 74th Street/Broadway (U-Bahn-Station) und weiter mit der U-Bahn-Linie „E" bis PABT.

LGA — GCST: wie zuvor, aber statt der U-Bahn-Linie „E" mit der U 7 bis GCSt.

NIA — PABT: mit dem öffentlichen Nahverkehrsbus ab NIA Terminal bis PABT.

NIA — GCST: wie zuvor, und weiter mit der U-Bahn-Linie „S" bis GCST.

Warnung noch vor den „Terminalratten" im Port Authority Bus Terminal. In dem ausgedehnten mehrstöckigen Bau wimmelt es von jungen Stadtstreichern, die wie die Ratten in den weitverzweigten Gängen und Winkeln hausen und sich von den Reisenden ernähren. Trotz der ständig im Gebäude patrouillierenden Privatpolizisten sind Gepäck- und Taschendiebstahl an der Tagesordnung. Tagsüber tauchen die Diebe in der wimmelnden Masse unter, nachts „geleiten" sie ortsunkundige Fremde gern in finstere Ecken, wo schon ihre Freunde warten — und dann „spendet" jeder gern!

Warnung vor JFK-Express + Bus!

Die Fahrt mit dem Nahverkehrsbus der Linie Q 10 vom JFK zum PABT kostet 1US$, einen weiteren die Anschlußfahrt mit der U-Bahn, da es zwischen beiden keinen Umsteigetarif gibt. Dann ist man in einer guten Stunde mitten in Manhattan. Dasselbe gibt es als vermeintliche Schnellverbindung, zu der sich die meisten Neulinge verleiten lassen: Ein angeblich kostenloser Bus fährt ab Ausgang Ankunftsterminal im Shuttleverkehr zwischen Airport und U-Bahn-Station. Dort zahlt man dann 7,50 US$ für die sogenannte Expressverbindung JFK nach Manhattan. Da die U-Bahn dann natürlich doch an jeder zweiten Haltestelle hält, dauert die Fahrt 45 Minuten. Weigert man sich, den JFK-Express zu benutzen und verlangt ein Ticket für die Normalverbindung — sie dauert 60 Minuten! — so kostet das den üblichen Preis von 1 US$ plus 2 US$, die nun plötzlich für den Shuttlebus verlangt werden. Ein übler Trick, um unbedarfte Touristen auszunehmen!

Seattle, WA und Anschluß

Der Seattle-Tacoma (Sea-Tac) International Airport liegt unmittelbar südlich von Seattle im Vorort, rund 25 km vom Zentrum.

Vom Terminal aus fährt der Nahverkehrsbus der Linie 174 in 45 Minuten downtown Seattle. Hier liegen alle Anschlüsse für die Weiterreise dicht beieinander und sind durch das Innenstadtbussystem miteinander verbunden. In diesem Bereich fahren die Busse kostenlos.

Airport Shuttle: Ab Ankunftsgebäude Seattle verkehrt ein Pendelbus zum International Airport in Vancouver. Fahrtdauer zwei Stunden. Abfahrtszeiten am Info-Stand im Ankunftsterminal. Kosten ca. 26 US$ einfach, Rundtrip etwa 40 US$.

Greyhound Bus, Tel. 206/624-3456: Central Bus Terminal, Seattle, 8th Avenue Ecke Stewart Street. Von hier aus starten alle Überland-Buslinien.

Wer ohnehin sofort mit Greyhound weiterfahren will, kann das ab dem Flughafen tun. Die Greyhound Linie Portland — Seattle — Vancouver hat eine Haltestelle am Flughafenausgang.

Mehrmals täglich fährt ein Bus nach Norden (Vancouver) und Süden (Portland). Wer den Ameripass mitführt, kann sofort kostenfrei mitfahren. Im anderen Falle fährt man preisgünstiger mit dem öffentlichen Bus (s.o.) zum Central Bus Terminal und nimmt dort den Greyhound Bus.

Amtrak Station, Tel. 206/464-1930 (oder kostenfrei 1-800-421-8320): Seattle, 3rd Avenue/303 South Jackson Street.

Die Züge fahren nur nach Süden und Osten in die USA. Es gibt keine Eisenbahnverbindung nach Vancouver. Wer mit Amtrak ankommt, kann den Anschlußbus nach Vancouver benutzen, ab Amtrak Station bis Vancouver Busterminal, 150 Dunsmuir Street, Vancouver, BC. Fahrtzeit 3,5 Stunden, Fahrpreis ca. 27 US$ einfach, Rundtrip um 51 US$.

Continental Trailways, 1936 Westlake Avenue, Seattle, WA 98104. Tel. 206/624-5955. In Vancouver: 215 E.-1st Avenue, Vancouver, BC V5T 1 A8 und 150 Dunsmuir Street, Tel. 604/662-3222.

Von Seattle gibt es direkte Bootsverbindungen ab Seattle-Hafen per Tragflächenboot nach Victoria, der Hauptstadt von BC auf Vancouver Island. Wer ohne Kraftfahrzeug reist, hat die Schnellverbindung von Seattle, Pier 69 an der Hafenfront bis hinein in den Inner Harbour von Victoria, 1000 A Wharf Street, zur Verfügung. Die Doppelrumpfboote (Katamarane) der Seattle-Victoria Clipper legen die Strecke in drei Stunden zurück. Die Schnellverbindung hat natürlich ihren Preis: Erwachsene zahlen ca. 47 US$, Rundtrip um 77 US$ (bei einem Kauf von 14 Tagen im voraus: 67 US$ für den Rundtrip). Kinder/Senioren (über 65 Jahre): ca. 41 US$ einfach, Rundtrip etwa 67 US$. Es ist keine Vorausbuchung möglich. Für Familien und Gruppen ab 15 Personen gibt es Ermäßigungen, die sich nach der Anzahl der Mitreisenden richten.

Clipper Navigation Inc., 2701 Alaskaway, Pier 69, Seattle WA 98121, Tel. 1-800-888-2535 (kostenfrei), sonst (206) 448-5000, Fax (206) 443-2583. In Victoria: Clipper Navigation Inc., 1000 A Wharf Street, Victoria BC V8W 1T4, Tel. (604) 382-8100.

Die Boote verkehren täglich dreimal in beide Richtungen.

Eine Direktfähre für Fahrzeuge gibt es nicht mehr. Wer mit dem eigenen Fahrzeug unterwegs ist, muß den kleinen Fährhafen Bellingham nahe der kanadischen Grenze ansteuern. Von dort gelangt man samt Auto nach Victoria.

Derselbe Hafen ist heute Start- und Endhafen der berühmten Fährschiffroute durch die Inlandpassage nach Alaska. Wer den Alaska Marine Highway nutzen will, muß also ebenfalls nach Bellingham weiterreisen. Die Greyhound-Busse (US-Gesellschaft) verbinden mit ihrer bereits erwähnten Linie ab Flughafen Seatac Seattle Fährterminal Bellingham und Vancouver miteinander. Dortiger Endpunkt bzw. Startort ist das „Sandman Inn", nur einen Block vom Busbahnhof entfernt.

Reservierungen und Informationen: Alaska Marine Highway, Box R, Juneau AK 99811. Tel. 907/465-3941 (innerhalb USA kostenfrei: 1-800-642-0066)

Preisbeispiel: die Gesamtstrecke nach Skagway kostet um 214 US$ (1 Person, ohne Kabine), Fahrtdauer: 74 Reisestunden.

Icelandair ab Luxemburg

Eine interessante Variante der preiswerten Anreise bietet die isländische Fluglinie Icelandair von Luxemburg nach New York. Es handelt sich um ganz normale Linienflüge mit modernen Großraumjets! die Linie besteht schon seit über 30 Jahren und wird ganzjährig geflogen. Der Vorteil liegt darin, daß die Linie nicht zum IATA Kartell gehört, ab Luxemburg startet und daher kostengünstiger arbeitet.

Die Preisspanne für den Rundflug reicht 1995 von 666 DM bis 1222 DM (abhängig u.a. von Reisezeit und Aufenthaltsdauer). Last-Minute-Angebote können ab 666 DM wahrgenommen werden.

In Deutschland gibt es Buszubringer, die man mit dem Flugticket benutzen kann. Abfahrtsorte sind (jeweils ab Busbahnhof am Hbf.) Düsseldorf, Köln, Koblenz und Stuttgart, Karlsruhe, Mannheim, Saarbrücken. Der Transferpreis für die einfache Fahrt beträgt 20 DM (Saarbrücken 10 DM). Kinder von 2-11 Jahren fahren für 10 DM (Saarbrücken 5 DM), Kinder unter 2 Jahren werden kostenlos befördert. Die Busse fahren bis zum Airport Findel (Flughafen Luxemburg) und entgegengesetzt — jeweils im Anschluß an die Ankunft eines Jets — ab Airport. Wer mit der Bahn anreist, muß zwischen Hbf. Luxemburg und Airport Findel mit dem Nahverkehrsbus

Lukullisches — Essen und Trinken in Kanada

Die „normale“ kanadische Küche entspricht der amerikanischen. In den Durchschnittsrestaurants werden nach wie vor simple Gemüsesuppen, grüne Salate, Beef und Kartoffeln, Obstkuchen und Eis serviert. Doch läßt sich auf diesem Gebiet ein großer Fortschritt verzeichnen!

Kanada bietet eine internationale Küche, die den zahlreichen Gruppen von Einwanderern zu verdanken ist.

Generell sind in Kanada und Alaska alle Lachsgerichte empfehlenswert.

Jede Region ist stolz auf ihre Spezialitäten, die in der Tat wahren Gaumenschmaus darstellen. Entlang der Küste sind natürlich vor allem Meeresfrüchte im Angebot, z. B. Hummergerichte.

Lachsgerichte *muß* man unbedingt in British Columbia und besonders in Vancouver probieren! Ob gebraten oder gegrillt, hier kommen Spezialitäten auf den Tisch.

Die japanischen Restaurants sind wegen ihrer frischen Meeresfrüchte in einer einmaligen Vielfalt bekannt und beliebt.

„Käse schließt den Magen“ — Armstrong-Cheddarkäse nicht vergessen!

Die Kanadier trinken in erster Linie Bier, doch in den letzten Jahren gewinnt der ausgezeichnete kanadische Wein immer mehr Liebhaber. Eines der beiden Weinanbaugebiete liegt in BC, im Okanagan Valley. Kenner empfehlen den Roggen-Whisky, der in erstklassiger Qualität hergestellt wird.

In Lokalen, die keine Alkohol-Ausschanklizenz haben, wird neben kalten Getränken vor allem Tee angeboten.

weiter — oder mit dem Flughafen Expressbus (teurer). Beide starten vom Busbahnhof neben dem Hbf. bzw. dem Vorfeld des Flughafengebäudes.

Wer in der Schweiz oder im grenznahen Deutschland lebt und sein Flugticket bei einem Schweizer Reisebüro gekauft hat, muß für den Zubringerdienst von der Schweiz nach Luxemburg (per Eisenbahn) nichts mehr extra bezahlen. Die Schweizer Tarife schließen die Transferpreise mit ein.

Buchungen: Icelandair Büro:

BRD: 60311 Frankfurt/Main, Roßmarkt 10, Tel. 0 69/29 99 78, Fax 0 69/28 38 72.

Schweiz: 8050 Zürich, Siewerdtstr. 7, Tel. 01/3 12 73 73, Fax 01/3 12 73 74.

Österreich: 1010 Wien, Opernring 1, Stiege R, Telefon 01/5 86 36 74, Fax 01/5 87 17 99.

Und noch zwei **Tips** zum Überdenken: Man kann den Rückflug ebenso als Last-Minute-Buchung kaufen. Dann allerdings kann man das Pech haben, daß man in New York einige Tage auf die Einbuchung warten muß!

Und: Icelandair bietet im Zusammenhang mit der Zwischenlandung in Reykjavik günstige Stopovers an: Kurzaufenthalt mit Übernachtung, um mal Islandluft zu schnuppern!

Praktisches von A — Z

Angeln

Es ist empfehlenswert, sich seine Angelausrüstung mitzubringen. Der Fischreichtum der Bäche, Flüsse und Seen ist unbeschreibbar, und wer gerne einen frischen Fisch in seiner Pfanne hat — hier kommt er auf seine Kosten. Und auch die Fischgründe vor den Küsten Kanadas und Alaskas zählen zu den reichsten und ergiebigsten der Welt.

Für den Fischfang zum Vergnügen oder für die eigene Pfanne gilt, daß im Norden Amerikas jedermann angeln darf. Man benötigt lediglich die Angellizenz, die man in jedem Sport- oder Anglergeschäft kaufen kann. Sie kostet in Alaska 50 US$, in BC 25 Can$, im YT 35 Can$ und in den NWT 15 Can$. Der Tourist muß beachten, daß jede Lizenz ausschließlich in dem betreffenden Gebiet gültig ist. Wer also alle vier Regionen bereist und jeweils angeln möchte, muß sich alle vier Lizenzen zulegen! Weitere Lizenzen sind nur noch beim Angeln innerhalb der Nationalparks nötig. Alaska und BC verlangen Sonderabgaben für spezielle Fischarten, wie z.B. Steelheads, eine Forellenart.

Im Sommer steigen die Lachse in großer Zahl aus dem Meer in die Flüsse hinauf. Empfehlenswert sind die Flüsse, die auf dem kurzen Weg ins Meer münden. Die Lachse, die erst den ganzen Weg den Yukon River heraufgeschwommen kommen, sind doch schon recht am Ende ihrer Kräfte.

Im übrigen handelt es sich um dieselben Arten, die auch in Europas Norden heimisch sind. In den rasch fließenden Gewässern des Yukon Territory stehen die Äschen zuhauf, und in jedem Seewinkel warten Hechte auf Beute. In den tiefen Seen sind verschiedene Forellenarten zu Hause, und in den nördlichen Flüssen steigt der arktische Saibling auf. Wo auch immer in der Wildnis man seinen Haken auswirft, es finden sich stets Interessenten ein.

Die Sportangler schließlich kommen im Pazifik zu ihrem Recht. An der Küste von British Columbia und Südwest Alaska gibt es zentnerschwere Heilbutts! die Fischer an der Küste führen gern zu den Fanggründen.

Arctic Circle

Der Polarkreis ist weder mit dem Beginn der Polarregion noch mit der Arktis gleichzusetzen. Der auf präzise 66 Grad 33 Minuten nördlicher Breite rund um den Globus gedachte Kreis, der also in Nordeuropa wie in Nordamerika derselbe ist, wird auf jeder Landkarte ausgewiesen und bezeichnet jene Linie, auf der im Sommer die Sonne mindestens einen Tag lang für 24 Stunden sichtbar bleibt und im Winter für mindestens 24 Stunden nicht über den Horizont schaut.

Alaskas nördlichste Stadt Barrow liegt zum Beispiel auf 71 Grad 17 Minuten nördlicher Breite erheblich über dem Polarkreis. Hier bleibt im Sommer die Sonne an über achtzig Tagen am Himmel sichtbar, während sie im Winter für mehr als sechzig Tage unter dem Horizont bleibt. Das bedeutet keinesfalls dunkle Nacht, sondern einige Stunden Tageshelle und sonst diffuses Zwielicht, das von Sternen und Mond oh-

ne isolierende Dreckschicht ausgeht, und vom Schnee widergespiegelt wird.
Zum Ausgleich werden die Tage mit abnehmendem Winter sehr viel schneller länger als in Mitteleuropa. Schon Ende April ist es im hohen Norden durchgehend Tag, sind Sterne für Monate nicht mehr sichtbar. Mitte Mai beginnt der Dauertag des Polarsommers mit Sonnenschein rund um die Uhr. Im Prinzip gilt also die Erkenntnis, daß überall auf Erden die jährliche Gesamtzahl der Tageslichtstunden gleich ist. Sie sind nur unterschiedlich auf die Jahreszeiten verteilt.
Die Baumgrenze hat mit dem Polarkreis nichts zu tun. Sie ist von ganz anderen und höchst unterschiedlichen Einflüssen abhängig, der Höhenlage z.B. oder dem Klima. Im Mackenzie-Tal in den NWT reicht die Waldzone bis an die Eismeerküste heran, also beträchtlich über den Polarkreis hinauf. In der Permafrostregion nahe der Westküste der Hudson Bay wachsen schon in Nordmanitoba, der Weizenprovinz, keine Bäume mehr!
Nur zwei Überlandstraßen führen über den Arctic Circle nach Norden: in Kanada der Dempster Highway vom Yukon Territorium in die NWT und (fast) bis Tuktoyaktuk ans Eismeer; in Alaska ist es der Dalton Highway längs der Erdölpipeline zur Prudhoe Bay am Polarmeer. Zwar ist diese Straße nicht bis ans Meer zur Befahrung freigegeben, aber bis weit über den Polarkreis führt sie doch.
An beiden Highways sowie von den Fluglinien, die über den Polarkreis hinauffliegen (und natürlich in jedem Souvenirshop der Siedlungen nördlich des Arctic Circle), bekommt der Reisende eine Urkunde, die ihm seine „Entdeckerfahrt“ bestätigt.

Bedienungs- und Trinkgelder

Was Trinkgelder betrifft, muß der Mitteleuropäer erheblich umdenken. Selbst im „Sozialstaat“ Kanada erhält das Bedienungspersonal in Restaurants und Hotels entweder überhaupt kein Gehalt oder nur ein unbedeutendes Grundgehalt. So unglaublich das in europäischen Ohren klingen mag, das ist dort so der Brauch. Und damit dies nicht mißverstanden wird: Hier ist nicht vom Hotelmanager oder anderen leitenden oder Büroangestellten die Rede. Den Serviermädchen und dem untersten Bedienungspersonal schuldet man ein Trinkgeld — es ist deren Bezahlung! Diese Bedienungsgelder sind auch nie in der Rechnung enthalten! Der Restaurant- oder Hotelgast soll sie zusätzlich und freiwillig, der erhaltenen Leistung angemessen, entrichten. Landesüblich hinterläßt man stillschweigend etwa 10% der Rechnungssumme unter dem Teller oder legt es sofort dem Servierpersonal hin. Denn bezahlt wird meist an der zentralen Kasse. Aus diesem Grund enthält der Abrechnungszettel eines jeden Kreditkartenunternehmens eine entsprechende Rubrik für den bargeldlosen Zahler. Wer das Trinkgeld nicht bar gibt, kann den entsprechenden Betrag auf der Abrechnung eintragen und dem Rechnungsbetrag zurechnen. Daher ist auch die Gesamtsumme bei diesen Zetteln offen.
Eine einzige Abweichung von der beschriebenen Regel gibt es aber doch: die Selbstbedienungsrestaurants der Mac-King-Burger und Co. Hier wird weder Trinkgeld gegeben noch erwartet. Das Personal arbeitet gegen Gehalt. Entsprechend höher sind die Preise gegenüber denen anderer einfacher Restaurants.

Und in allen übrigen Fällen gilt das europäische Prinzip. Der Taxifahrer oder wer auch immer erhält ein Trinkgeld, wenn der Kunde es so will — oder auch keines.

Bekleidung

Es gilt für Nordamerika der Grundsatz, daß man nicht anders gekleidet sein muß als in Europas Norden auch. Wer mit einer Reisegesellschaft von Hotel zu Hotel durch den Norden fährt, kann getrost auf normale Reisekleidung zurückgreifen.

Wer einen Wildnistrip unternimmt, sollte sich anders eindecken. Man muß damit rechnen, daß auch im Sommer im Inland und im hohen Norden Wetterumschwünge möglich sind, einige Tage Regenwetter oder kalte Lüfte sind einzukalkulieren. Wer sich da wohlfühlen möchte und bei beschränktem Tragevolumen nur wenig Kleidung mitführen kann, ist auf eine Standardbekleidung für alle Fälle angewiesen. Das alte Wort, es gibt kein schlechtes Wetter, es gibt nur falsche Bekleidung, gilt nirgends mehr als im nordischen Busch.

Wer Gore-Tex-Bekleidung besitzt, sollte sie auf jeden Fall mitnehmen. Bei anstrengenden Unternehmen ist jedoch eher von ihr abzuraten. Weder diesem noch konkurrierenden Herstellern ist es gelungen, optimalen Schutz gegen Wasser von außen oder von innen (Schwitzen bei großer Anstrengung) zu erreichen. Daher kann bei Wildnisunternehmen nur zur herkömmlichen Kleidung geraten werden, mehrschichtig und leicht, nach dem „Zwiebelprinzip" getragen. Durch das An- und Ausziehen einzelner leichter Kleidungsstücke kann man sich so bestens den äußeren Gegebenheiten anpassen. Eine ultraleichte Regenhaut sollte das Outfit abrunden.

Bingo

Überall, auch im kleinsten Dorf von Nordamerika, stößt der Reisende auf das Wort Bingo.

Es steht für eine Art Lotto mit Sofortgewinn, aber es ist entschieden mehr als nur eine Art von Glücksspiel. Man trifft sich entweder regelmäßig oder auf Einladung in einem Saal und kauft beim Einlaß eine oder mehrere Karten mit aufgedruckten Zahlenkolonnen, die sich von den anderen durch weggelassene Zahlen unterscheiden. Dann werden ähnlich wie beim Zahlenlotto von der Veranstaltungsleitung Zahlen gezogen, aber immer weiter, so lange, bis einer der Teilnehmer „Bingo" brüllt, weil er alle Zahlen seiner Karte ausstreichen konnte.

Der zu erzielende Gewinn ist meist unbedeutend, der Spaß zählt. Die Spieleinnahmen sind denn auch gewöhnlich gemeinnützigen oder sozialen Zwecken gewidmet.

Diese Veranstaltungen ziehen vor allem weibliche Teilnehmer an. Sie ersetzen den Nordamerikanerinnen das Kaffeekränzchen, und die Treffs werden leidenschaftlich wahrgenommen.

Das läßt sich nur vor dem historischen Hintergrund verstehen. Sowohl in den USA als auch in Kanada gelten noch immer die Vorstellungen der Engländer über Gaststättenbesuche oder Clubmitgliedschaften. Inns, Beerparlors, Pubs und Bars gelten noch heute vielfach unschicklich für „anständige" Frauen, nur Männer haben da Zutritt. Ladies sind viel zu fein und zu zart besaitet, als daß man ihnen die derbe alkoholselige Männergesellschaft zumuten könnte. Einzige Ausnahme: die mit „Lounge" bezeichneten Trink-

restaurants erlauben auch Ladies den öffentlichen Schluck.
Das Damentreff zum Bingo ist also das weibliche Gegenstück zum abendlichen Thekenzug des Mannes. Was aber nicht heißen soll, daß beim Bingo keine Männer mitmachen. Auch unter diesen gibt es begeisterte Spieler dieses Lottos, das übrigens immer unter Ausschluß von Alkohol stattfindet!

Boote

Wer nicht gerade nur zu einem Reiter- oder Winterurlaub aufbricht, ist für das Erleben unberührter Natur auf ein Boot angewiesen. Das mit Muskelkraft zu betreibende Wasserfahrzeug ist unerläßliche Voraussetzung, um überhaupt auf einen Wasserweg ins wegelose Innere, in die — noch — heile Wildnis zu gelangen. Ein dem zweckmäßig ausgeformten Birkenrindenkanu der Indianer oder dem Kajak der Inuit nachempfundenes Boot aus Kunststoff, Plastik oder Blech ist wegen seines geringen Tiefganges und Gewichtes ein unentbehrliches Hilfsmittel bei Outdoors-Unternehmungen und daher überall im Norden reichlich anzutreffen. Sofern jemand eine geführte Wasserexpedition ordert, sind die Boote mit Paddeln und Schwimmwesten stets im Pauschalpreis enthalten.
Wer auf eigene Faust auf einen See hinaus oder einen Fluß hinabfahren will, kann am Ort immer ein Boot mieten, oft sogar in Einbahnrichtung. Er muß es nicht zurückbringen, sondern kann es am Ziel bei der vereinbarten Stelle abgeben. Der Verleiher holt sich dann mit dem Transportanhänger seine Boote zurück. Dieser Punkt ist im Norden wichtig! Er erlaubt dem preiswert Reisenden, statt dem teuren Mietauto die billige Mitfahrgelegenheit zu nutzen. Natürlich kann man auch nach Ende der Fahrt zusammen mit dem Boot zurücktransportiert werden.
Billig sind diese Mietboote nicht! Zumeist handelt es sich um die überall bekannten offenen zweisitzigen Kanus, die auch als „Kanadier" bekannt sind! Unter 30 Can$ pro Tag, 150 die Woche oder 250 für 15 Tage bekommt man sie nicht. Ausleihstellen sind (fast) überall die Handelsniederlassungen der Hudson Bay Company, die besonders bei Einweg-Unternehmungen zu empfehlen sind: Man kann das Boot beim nächsten Handelsposten der HBC zurückgeben!
Daneben ist jede Natives Cooperative in der Lage, Boote auszuleihen oder dies zu vermitteln. Ein guter Anlaß, mit Indianern und Inuit ins Gespräch zu kommen!
Und schließlich finden sich überall die gewerblichen Unternehmer. Wer als Outfitter oder Guide geführte Touren veranstaltet, verleiht auch Boote an Reisende, die auf eigene Faust losfahren möchten.
Man sollte sich nicht darauf verlassen, irgendwo billig ein Boot kaufen zu können — es sei denn zum Saisonende oder weit vor Beginn. Dann kann man mühelos für 100-150 Dollar einen guten gebrauchten Zweisitzer bekommen. Angesichts der hohen Mieten ist zu überlegen, ob sich der Kauf eines neuen Bootes mit anschließendem günstigen Weiterverkauf (zur Saisonmitte?) nicht eher lohnt. Jeder Eisenwarenhändler und alle Kaufhäuser, nicht nur der HBC, bieten im Sommer fabrikneue Boote an. Sie werden je nach Länge in Fuß gehandelt. Der normale Wanderzweier hat 19 Fuß, für eine Person mit Gepäck

reichen 17 Fuß aus. Je nach Hersteller gibt es sie zu stark unterschiedlichen Preisen. Am günstigsten ist Woolworth, wo der 17-Fuß-Kanadier unter 500 Can$ zu haben ist.
Verkaufen kann man das Boot am Ende seiner Reise an andere Reisende auf dem Campground, über Kleinanzeige in Zeitung oder Rundfunk, oder über den Zettel an der Anschlagfläche, die es in jedem Postamt oder Kaufhaus gibt. Hier muß sich umgekehrt der Kaufwillige umsehen. Eine ebenso zweckmäßige wie kostengünstige Lösung ist, sich ein zusammenfaltbares oder ein aufblasbares Boot im Reisegepäck mitzubringen. Wer ein Faltboot oder auch ein aufblasbares Kanu besitzt, sollte sich überlegen, ob er es mitnehmen kann. Denn die Begrenzung des Reisegepäcks und die drakonischen Aufschläge der Fluggesellschaften lassen diesen Ausweg nicht immer zu. Dabei ist gerade dies der einzige sichere Weg, sein Boot auch im Buschflugzeug unterzubringen. Wer sich mit einem Boot in den Busch ausfliegen lassen möchte, wird bald feststellen, daß dies mit einem starren Boot nicht so einfach ist. Entsprechend höher sind die Aufschläge, mit denen sich der Buschpilot seine Bedenken abhandeln läßt — so er überhaupt dazu bereit ist.

Buschtaxi

Die Rolle des Taxis fällt im hohen Norden dem Buschflugzeug zu. Man findet selbst im letzten Dorf am Rande der Wildnis noch ein Mietflugzeug, das den Touristen weiterbefördert. Schließlich sind die Einheimischen nicht weniger darauf angewiesen. Gestartet und gelandet wird im Sommer mit Schwimm- und im Winter mit Schneekufen auf jedem Gewässer, wenn es nur groß genug ist.
Unter all den vielen fliegenden Untersätzen gibt es jeden Typ und jede Fabrikmarke, aber am meisten durchgesetzt haben sich zwei Standardmaschinen für den Buschflug, die kleinere Cessna 180/185 für zwei Flugpassagiere und Gepäck sowie die Beaver für vier Passagiere und ihre Habe. Die dabei entstehenden Kosten kann man einigermaßen genau vorher überschlagen. Abgerechnet wird nach Flugmeilen (nicht km!). Um preiswert zu reisen, muß man vorher gut kalkulieren. Gerechnet wird die genaue Entfernung in Luftlinie und Meilen, doppelt! Denn der Leerflug zurück muß ja mitbezahlt werden, und das wird dann multipliziert mit dem Grundpreis von ca. 2,50 bzw. 4,24 Can$ (Beaver) pro Meile. Hoch im Norden muß man 10 % höhere Kosten kalkulieren. Für Alaska gilt dasselbe, nur eben in US$: 1,5 (Cessna) oder 3,10 (Beaver). Bezahlt wird grundsätzlich vor Antritt des Fluges die nach den o.a. Grundsätzen berechnete Summe, die pro Flugzeug gültig ist. Zur Ermittlung der effektiven Kosten pro Passagier kann man sie durch deren Zahl teilen. Gelingt der Flug nicht, braucht man für den zweiten Flug nicht gesondert zu zahlen. Er wird kostenfrei wiederholt, wenn der Pilot aus eigenem Entschluß gestartet war, aber aus irgendwelchen Gründen umkehren mußte, die nicht die Passagiere zu vertreten haben. Und da die Entfernungen in der weiten nordischen Region von Anfängern oft unterschätzt werden, sei noch ausdrücklich darauf hingewiesen, daß man nur dann preiswert fliegt, wenn man den zum Ziel nächstge-

legenen Abflugort aufsucht und dort den Buschpiloten anheuert.
Sein Fluggepäck muß man wegen des geringen Stauraumes vorher möglichst kleingestückelt verpackt haben. Es gilt, im Laderäumchen jeden Winkel zu nutzen und die Last optimal einzustauen.
Sperriges Gepäck außenbord mitzunehmen, wird selten gelingen. Die Beeinträchtigung der Flugeigenschaften ist zu groß und die Versicherung zahlt bei Unfällen nicht bei Mitnahme von Außenlast.

Einfuhrbestimmungen

Gegenstände des persönlichen Bedarfs kann der Besucher Kanadas und Alaskas in der Regel zollfrei einführen. Bei teuren Geräten oder solchen, bei denen nicht offensichtlich ist, daß sie auch wieder mit nach Hause genommen werden, kann es passieren, daß man eine Sicherheitszahlung hinterlegen muß. Die bekommt man natürlich bei Ausreise und gegen Vorzeigen des Gerätes wieder.
Klug ist es, bei neuwertigen Geräten die Rechnung mitzuführen — nicht wegen des kanadischen, sondern wegen des heimatlichen Zolles bei der Rückkehr!
Jagdwaffen darf jeder zum Eigenbedarf mitführen. Sie brauchen nicht vorgezeigt zu werden, sollten aber zerlegt im Gepäck transportiert werden. Erlaubt sind nur reine Jagd-, nicht aber sonstige Waffen. Faustfeuerwaffen sind in Kanada sogar ausdrücklich verboten. Man muß keinerlei Papiere von zu Hause mitbringen, Waffenbesitzscheine oder Jagdscheine sind drüben wertlos. Außerdem ist es erlaubt, sich 200 Schuß Munition mitzubringen.
Funkgeräte (Walkie-Talkies) bis zu einer Eingangsleistung von 100 Milliwatt dürfen zollfrei eingeführt werden, wenn sie im Bereich 26.97 bis 27.27 Mhz betrieben werden. Alle anderen Geräte sind genehmigungspflichtig.
Haustiere können mit Einfuhrgenehmigung eingeführt werden. Hunde und Katzen dürfen mitgebracht werden, wenn durch Impfzeugnis bewiesen werden kann, daß innerhalb der letzten 12 Monate eine mindestens einen Monat zurückliegende Tollwut-Schutzimpfung erfolgte.
Pflanzen dürfen nicht eingeführt werden.
Landwirtschaftliche Produkte müssen bei der Einfuhr gemeldet werden. Zur Einfuhr sind nur solche zugelassen, die steril konserviert sind. Fleischkonserven bis 10 kg dürfen eingeführt werden. Im Zweifelsfalle ist der Zoll befugt, die Mitbringsel zur Untersuchung der Sterilität einzuziehen. Man lasse also seine Schinken und Rauchwürste zu Hause, die bekommt man nie offiziell durch den Zoll.
Alkohol und Tabakwaren dürfen begrenzt ab einem bestimmten Alter eingeführt werden. Zollfrei sind 1,1 l Spirituosen (Alaska: 1,0 l) oder 8 l Bier pro einreisende Person — wenn sie volljährig ist! BC, NWT und YT haben dieses Alter auf 19, Alaska auf 21 Jahre festgesetzt.
Ab 16 Jahren darf jeder 200 Zigaretten oder 50 Zigarren oder 1 kg Pfeifentabak zollfrei mitbringen. In Alaska sind 100 Zigarren erlaubt — aber nicht solche aus Kuba.

Einkauf und Preise

Im allgemeinen liegen die Preise auf europäischem Niveau. Nimmt man den

Wechselkurs einmal mit ca. 1 : 1,5 für US$ zu DM bzw. 1 : 1 für Can$ zu DM an, dann sind sehr viele Lebensmittel in den Supermärkten billiger zu haben als in Europa. Das gilt aber nur im Süden und in Küstennähe. Je weiter man ins Inland kommt und je weiter man nach Norden fährt, umso höher steigen alle Preise. Zum Vergleich hier der Benzinpreis, der längst nicht mehr so günstig ist, wie aus früheren Zeiten berichtet.

An der Küste zahlt man um 50/55 Cents, in Edmonton schon ca. 60 Cents, in Whitehorse etwa 65 Cents und in den abgelegenen Orten, z.B. in Yellowknife, NWT, um 85 Cents per Liter! Genauso verläuft die Entwicklung bei anderen Gütern. Wer also mit dem Fahrzeug den Norden durchkreuzt, muß klugerweise immer rechtzeitig nachtanken und die Vorräte aus dem Süden mitführen, will er preiswert reisen.

Die Öffnungszeiten der Läden sind anders festgelegt als in Europa. In allen größeren Orten findet man Lebensmittelmärkte, die vom 1. Januar bis 31. Dezember durchgehend auch sonntags und nachts geöffnet sind.

Es gibt eine nordamerikanische Ladenkette, die sich auf europäische Lebensmittel und — im Imbiß, der regelmäßig dazugehört — Speisen spezialisiert hat. „DELI“ nennt sich diese Kette von Franchise-Unternehmen. Man findet sie in jeder Stadt. Das Graubrot und die Wurst sind zwar im Lande hergestellt, aber nach europäischen Rezepten. Die Preise sind allerdings beachtlich.

Die einfachen kanadischen Restaurants sind ebenso preiswert wie die in Alaska. Man findet landesweit das Frühstücksangebot von ca. 3 Dollar. Dafür gibt es das Einheitsfrühstück aus zwei gebratenen Eiern, Bratkartoffeln und zwei mit flüssiger Butter bepinselten Toastscheiben. Unentgeltlich dazu gehören der Kaffee in unbegrenzter Menge und das Körbchen mit den auch bei uns bekannten Kleinpackungen Marmelade, Honig, Erdnußbutter. Lunch und Dinner gibt es überall ab 5 bzw. 7 Dollar. Man achte dabei auf zwei landesübliche Angebote: die für einen festen Obolus beliebig zu nutzende Salatbar, eine oftmals üppige Angelegenheit mit vielen anderen Beilagen, auch Suppen usw.; und dann die Restaurants mit dem Einheitspreis: „all you can eat“. Man zahlt z.B. in Anchorage beim Chinesen gegenüber der Post Mall an der Fourth Avenue im Zentrum ca. 5 US$ und darf sich dann, so oft man kann, an der ständig aufgefüllten Speisenbar bedienen, ein Angebot, das es dort aber nur zum Lunch, also mittags bis nachmittags, gibt.

Teuer sind Zigaretten und Alkoholika. Letztere gibt es immer nur im speziellen und meist staatlichen „Liquor shop“. Die sind recht selten außerhalb von Städten anzutreffen und manche Städte, z.B. Bethel und Barrow in Alaska, haben sich der Prohibition verschrieben. Selbst das Mitbringen von alkoholischen Getränken in diese Orte ist — zumindest auf dem Papier — strafbar.

Andererseits bieten sehr viele der Raststätten an den Highways, die eine Ausschankgenehmigung haben, auch alkoholhaltige Getränke zum Mitnehmen an. „Off sales“ heißt das Stichwort, das auch auf Restaurants mit Campingplätzen anwendbar ist.

Da auch die Restaurants aus der allgemein zugänglichen Quelle, dem Liquor Shop, schöpfen müssen, sind die Preise entsprechend hoch. Wegen der von Staat zu Staat unterschiedlichen Preispolitik und Verbrauchssteuern sei als Faustregel genannt, daß eine Büchse 0,33 l Bier im Restaurant landesüblich ca. 4 Dollar, im Liquor shop etwa 1 Dollar kostet und im off sale in der Mitte dazwischen liegt.

Einreiseformalitäten

Bürger der Bundesrepublik Deutschland, Österreichs und der Schweiz können mit einem — mindestens bis zum Ende der Reise — gültigen Reisepaß ohne Visum nach Kanada einreisen.

Die mögliche Aufenthaltsdauer ist für Besucher auf 6 Monate begrenzt. Vor Ablauf der genehmigten Aufenthaltsdauer kann man bei jedem Immigration Office in den Provinzhauptstädten oder einem International Airport um bis zu weitere 6 Monate verlängern lassen. Dieser Antrag kostet in jedem Fall 50 Can$ Bearbeitungsgebühr, egal wie das Ergebnis ausfällt.

Maßgeblich ist bei der Prüfung der Einreise bzw. der Verlängerung ausschließlich die finanzielle Situation und die Absicht des Antragstellers. Wer glaubhaft machen kann, daß er nur besuchshalber ins Land will bzw. im Lande bleiben möchte, bekommt die Genehmigung. Zum Nachweis dient z.B. das bezahlte Rückflugticket. Und eine gute Anzahl Dollar, die man in Travellerschecks, bar oder durch Kreditkarte vorweisen können muß. Die Aufenthaltsdauer wird in den Reisepaß eingestempelt und erlischt automatisch, wenn man die Grenze zu den USA (Alaska) überschreitet. Bei einer Rückkehr vom Tagesausflug nach Skagway z.B. macht man dieselbe Prozedur wieder durch und erhält dann wieder 6 Monate zuerkannt. Personen unter 18 Jahren, die allein reisen, sollten ein Schriftstück der Eltern vorweisen können, daß sie diese Reise unternehmen dürfen.

Wer in die USA (Alaska) einreist, muß nach wie vor ein Visum in seinem Reisepaß haben. Einzige Ausnahme: Man fliegt innerhalb von acht Stunden weiter, bleibt in dieser Zeit innerhalb der Transiträume eines Flughafens und besitzt bereits das Weiterflugticket in einen anderen Staat außerhalb der USA. Alle drei Voraussetzungen müssen präzise eingehalten werden, sonst gibt es Probleme! Die lassen sich nur mit einem Einreisevisum der USA lösen. Für deutsche Staatsangehörige gilt das nicht mehr. Bei ihnen genügt der gültige Reisepaß. Schweizer und Österreicher müssen ein Visum haben, Deutschen ist es sehr hilfreich bei der Einreise — also durchaus weiter zu empfehlen. Das erhält man in Deutschland beim Generalkonsulat der US-Botschaft in 53170 Bonn, Deichmanns Aue 29, Tel. 02 28/33 91, Fax 02 28/33 27 12.

In Österreich: 1091 Wien IX, Boltzmannsgasse 16, Tel. 0043/1/3 13 39.

In der Schweiz: 3005 Bern, Jubiläumstr. 93, Tel. 0041/31/3 57 70 11, Fax 0041/31/3 57 73 36.

Oder bei jedem anderen Konsulat der USA, die es in verschiedenen Großstädten gibt. Dort geht es schneller, insbesondere, wenn man dort wohnt und vorbeigehen kann.

Ein Visum bekommt man auf Antrag, den Vordruck gibt es bei jedem Reisebüro. Den ausgefüllten Antrag auf ein (Besucher-)Visum sendet man mit einem Paßfoto und dem Reisepaß plus beigefügtem Rücksendeumschlag (frankiert und mit Adresse) ein. In etwa 4 — 6 Wochen bekommt man den Paß zugesandt, das Visum für Lebenszeit hinten in den Paß eingestempelt. Es bleibt dauernd gültig! Wenn der Paß abläuft, dann muß man eben künftig zwei Pässe mitführen, den neuen gültigen und den alten ungültigen mit dem Visum.

Achtung: Das Visum im Paß berechtigt nur zur Anreise! Über Einreise und Aufenthaltsdauer entscheidet der Beamte der Immigration-Behörde an der Grenze. Nützlich bei der Genehmigung zur Einreise (und vor allem der Dauer der erteilten Aufenthaltsgenehmigung) sind a) Vorweisen einer Kreditkarte (Visa, Mastercard usw.) oder b) ein Brief mit Einladung eines US-Bürgers. Es genügt aber auch schon die bloße Benennung einer Anschrift eines eingewanderten Verwandten/Bekannten. Das enthebt den Beamten der Prüfung, ob man evtl. dem Staate zur Last fallen könnte, und er wird erleichtert den 6-Monate-Bon in den Paß einheften.

Erhält man in Kanada oder Alaska nur eine kurze Verweildauer zugestanden, hilft protestieren wenig. Besser, man poliert anhand dieser Ratschläge seine Chancen auf und holt sich beim nächsten Immigration Office (s.o.) eine Verlängerung.

Bei einem Ausflug über die Grenzen erlischt in beiden Staaten die erteilte Aufenthaltserlaubnis. Bei der Rückkehr nach Kanada oder Alaska wird wieder völlig neu geprüft und neu entschieden, natürlich anhand der bereits geschilderten Kriterien. In Kanada bleibt dabei völlig außer acht, daß man gerade erst das Land verlassen hat. Man bekommt — so die o.a. Voraussetzungen stimmen — wieder weitere 6 Monate zuerkannt. In den USA und Alaska wird die Vorzeit berücksichtigt. Da trifft es sich gut, daß die nur im Paß eingeklammert ist. Wenn man sie rechtzeitig entfernt hat, gilt man als Neueinreisender und erhält ebenfalls wieder 6 Monate, aber nur, wenn die Voraussetzungen stimmen.

Kinder: Wer seine Kinder mit auf die Reise nimmt, hat in beiden Staaten diverse unterschiedliche Bestimmungen zu beachten, was wegen weiterer Unterschiede zwischen Deutschland, Österreich und der Schweiz noch zusätzlich kompliziert wird. Alle diese Umstände lassen sich schlicht und einfach vermeiden: Wer die USA und Kanada bereisen möchte, lasse seinen Kindern einen Reisepaß mit Lichtbild ausstellen, und im Fall USA/Alaska auch ein Visum.

Einwanderung: Und sollte jemand während der Reise plötzlich entdecken, daß er gerne bleiben möchte, muß er dennoch wieder nach Hause. Einwanderungswünsche werden ausschließlich und nur bei den Konsulaten in Deutschland, Österreich und der Schweiz für die Bürger dieser Staaten bearbeitet, nie in Kanada oder Alaska!

Einreise mit dem Privatfahrzeug: Jeder Europäer darf sein heimatliches Fahrzeug mit hinübernehmen und damit Kanada und Alaska durchstreifen. Für die Dauer bis zu 12 Monaten ist das ohne Zollprobleme möglich, bei Grenzwechseln gibt es keinerlei Umstände. Sowohl die USA wie auch Kanada verlangen, daß zum Seuchenschutz die Fahrzeuge nachweislich spezialgereinigt wurden. Dafür sorgen die Verschiffer, die Reedereien kennen das und erledigen die Arbeit unterwegs. Wer preisgünstig handeln will, versendet sein Fahrzeug mit einem der Massenfrachter, die linienmäßig Neufahrzeuge aus Deutschland nach Nordamerika verschiffen. Er muß sein Fahrzeug dann zum vereinbarten Termin in einem der Nordseehäfen abliefern, fliegt später hinterher und übernimmt sein Auto im Zollfreihafen in Nordamerika. Dort muß er selbst die Zollabfertigung regeln. Auch das ist nur ein Routinefall, da drüben hundertfach geprobt. Es dauert etwa 1 Stunde, dann kann man losfahren.

Zum Versicherungsschutz: →Führerscheine.

Die Kosten für eine Verschiffung wie o.a. belaufen sich auf ca. 2000 DM für einen Pkw oder Kleinbus, hin und zurück doppelt so viel. Wer selbst mitreisen möchte, 7000 DM für hin und zurück, Kleinbus plus eine Person, jede weitere Person um 3000 DM.

Wer sich in den USA ein Fahrzeug von Verwandten leihen kann oder ein Mietauto von den USA aus in Kanada nutzen möchte, kann das problemlos tun. Ein in den USA zugelassenes Fahrzeug ist für Kanada ausreichend versichert. Das einzige, was zusätzlich nötig ist, ist eine schriftiche Vollmacht des Verleihers, daß der Fahrer mit diesem Fahrzeug nach Kanada einreisen darf. Umgekehrt gilt sinngemäß das gleiche für in Kanada zugelassene Fahrzeuge, die man nach Alaska mitnehmen möchte.

Eisenbahnverbindungen

Die wenigen Eisenbahnverbindungen in Kanada sind Privatunternehmen.

Es handelt sich um die einzige Linie in Alaska, die zwischen Fairbanks und Seward verkehrt, dabei Anchorage und den Denali Nationalpark anbindet.

Und in Kanada handelt es sich eigentlich nur um die durchgehende Ost-West-Verbindung zwischen Halifax (Nova Scotia) am Atlantik und Vancouver (British Columbia) am Pazifik. Dabei ist es unerheblich, wem die Schienennetze oder Bahnhöfe gehören. Die Unterscheidung ist für den Reisenden unwichtig, weil der Personenverkehr durch die übergeordnete Gesellschaft „VIA Rail Canada“, 2 Place Ville-Marie, Montréal Québec H3B 2G6, organisiert wird. Verschiedenste regionale Unternehmen, die allerdings nicht VIA Rail angeschlossen sind, bedienen noch einige Nord-Süd-Abzweigungen, von denen hier nur die BC-Railway interessiert. VIA Rail Fahrscheine gelten daher nur auf ihren Strecken.

Für VIA Rail gibt es auch eine Netzkarte, die ausgiebige Rundreisen ermöglicht: Der „Canrailpass“ ist maximal 30 Tage gültig, darf aber nur an 12 dieser Tage benutzt werden. Er kostet in der Hauptsaison (1.6.-30.9.) 535 Can$ (Jugendliche und Senioren 480 Can$), in der Nebensaison 365 Can$ (Jugendliche und Senioren 329 Can$). Zwischen dem 15.12. und dem 6.1. wird er gar nicht erteilt.

Man bekommt ihn drüben in jedem Bahnhof, kann ihn aber auch schon in Europa über jedes Reisebüro oder die Generalvertretungen von VIA Rail in Europa erhalten (dann ist allerdings noch eine Gebühr von 25 DM fällig):

Deutschland: Canada Reisedienst, Rathausplatz 2, 22926 Ahrensburg, Tel. 0 41 02/5 11 67, Fax 0 41 02/3 17 13.

Schweiz: T.C.S. Reisen, 20 Voie de Traz, CH-1211 Genf, Tel. und Fax 0041/22/7 88 36 86.

Österreich: Reisebüro Intropa, Kärntner Str. 38, 1015 Wien, Tel. 0043/1/51 51 40, Fax 0043/1/ 5 12 42 26.

Ermäßigungen bei regulären Fahrkarten: Kleinkinder bis zum 2. Lebensjahr fahren kostenfrei. Kinder im Alter von 2-11 Jahren

erhalten 50 % Ermäßigung. Jugendliche (12-24 Jahre), Studenten (Ausweis) und Senioren (ab 60. Lebensjahr) zahlen 10 % weniger.
Auf alle Eisenbahnpreise kommen noch 7 % GST (Mehrwertsteuer).
Durch die starke Nachfrage gerade in der Hochsaison sind die vorhandenen Kapazitäten schnell ausgebucht. Es empfiehlt sich, rechtzeitig seine Reservierung vorzunehmen.

Elektrischer Strom und Stromspannung

In den USA/Alaska und Kanada gibt es ausschließlich Wechselstrom von 110 Volt Spannung und 60 Hz, im Gegensatz zum europäischen System von 220 Volt und 50 Hz. Das bedeutet, daß man aus Europa mitgebrachte Geräte nicht einfach an das dortige Stromnetz anschließen kann: sie funktionieren nicht! Das gilt ganz besonders für den, der sein Wohnmobil mit nach drüben nimmt!
Für den Anschluß an eine Steckdose benötigt man einen Zwischenstecker, der als „Amerikastecker" im Fachhandel zu bekommen ist. Damit wird aber nur der Stromanschluß an die andersartigen Steckdosen in Nordamerika möglich gemacht. Das elektrische Gerät muß noch auf 110 Volt umgeschaltet werden. Wo das nicht vorgesehen ist — z.B. beim Wohnmobil — benötigt man auch noch einen Transformator (Umformer), der die Stromspannung von 110 auf 220 Volt erhöht. Auch diesen bekommt man im europäischen Fachhandel.

Feiertage

Die Feiertage in Kanada und Alaska sowie die zusätzlichen Feiertage einer jeden Provinz bzw. eines Territoriums in Kanada fallen liebenswürdigerweise (fast) immer auf den nachfolgenden Montag. Selbst die Namenstage von Heiligen folgen dieser Regel, werden also von Jahr zu Jahr auf einen anderen Tag gelegt. Das erschwert es, die Daten genau anzugeben. Das ist aber für den Reisenden wichtig, denn an diesem Tag ist weder eine Bank geöffnet noch eine Behörde.
Auch alle größeren Geschäfte, die Museen und manches Restaurant folgen diesem Beispiel. Nicht aber die kleineren und die auch sonst durchgehend geöffneten Lebensmittelgeschäfte. Der Tourist muß außerdem damit rechnen, daß an solchen Wochenenden viele inländische Ausflügler unterwegs und die Straßenrestaurants und Freizeitparks überfüllt sind.

Alaska

New Year's Day: Neujahrstag! 1. Januar
President's Day: Washingtons Geburtstag, 22. Feburar 1732, Montag nach dem dazu passenden Wochenende
Seward's Day: Tag des Kaufes von AK; letzter Märzmontag
Memorial Day: Gefallenengedenktag; letzter Maimontag
Independence Day: Tag der Unabhängigkeitserklärung der USA; 4. Juli
Labour Day: Tag der Arbeit; 1. Septembermontag
Columbus Day: Entdeckung Amerikas; 2. Oktobermontag
Alaska Day: Übergabe an die USA; 18. Oktober

Entfernungen zwischen wichtigen kanadischen Städten

	St. John's km	Halifax km	Montréal km	Ottawa km	Toronto km	Winnipeg km	Regina km	Edmonton km	Calgary km	Vancouver km	Victoria km	Whitehorse km
Halifax	1349											
Montréal	2448	1318										
Ottawa	2638	1508	190									
Toronto	2987	1857	539	399								
Winnipeg	4855	3726	2408	2218	2099							
Regina	5427	4297	2979	2789	2670	571						
Edmonton	6212	5082	3764	3574	3455	1357	785					
Calgary	6183	5042	3743	3553	3434	1336	764	299				
Vancouver	7248	6119	4801	4611	4492	2393	1822	1244	1057			
Victoria	7314	6185	4867	4677	4558	2459	1818	1310	1123	66		
Whitehorse	8298	7168	5850	5660	5528	3524	2871	2086	2385	2697	2763	
Yellowknife	7723	6593	5275	5086	4966	2868	2297	1511	1811	2411	2477	2704

Veteran's Day: Tag der Kriegsteilnehmer; 2. Novemberfreitag
Thanksgiving Day: Erntedanktag; 4. Novembermontag
Christmas Day: nur 1. Weihnachtstag; 25. Dezember

Kanada
New Year's Day: Neujahrstag; 1. Januar
Good Friday: Karfreitag; beweglich
Easter Monday: Ostermontag; beweglich
Victoria Day: Geburtstag der Queen Victoria, 24. Mai 1819; Montag nach dem vorletzten Maisonntag
Canada Day: Nationalfeiertag; 1. Juli
Labour Day: Tag der Arbeit; 1. Septembermontag
Thanksgiving Day: Erntedanktag; 2. Oktobermontag
Remembrance Day: Gefallenen Gedenktag; 11. November
Christmas Day: 1. Weihnachtstag; 25. Dezember
Boxing Day: 2. Weihnachtstag; 26. Dezember
(nicht in der Provinz Québec!)
British Columbia: BC Day, am 1. Montag im August
NWT: Civic Holiday, 1. Montag/August
YT: Discovery Day, Montag nach dem Wochenende im August, das am nächsten an den 16. August heranreicht.

Führerscheine und Fahrzeugpapiere

Der nationale Führerschein eines Europäers ist sowohl in Alaska als auch in Kanada gültig. Dennoch erleichtert man sich die Überprüfung, wenn man einen internationalen Führerschein mitführt, den man sich bei seiner heimatlichen Verkehrsbehörde für wenig Geld ausstellen lassen kann.
Nimmt man seinen fahrbaren Untersatz aus Europa mit hinüber, so genügt dafür der heimatliche Fahrzeugschein. Anders sieht es mit der Kfz-Versicherung aus. Diese ist drüben genauso Pflicht wie in Europa — aber die europäischen Versicherungsgesellschaften sind (fast) immer nur für Unfälle in Europa zuständig. In außereuropäischen Ländern ist man somit nicht versichert! Daher muß sich jeder rechtzeitig bei seinem Unternehmen erkundigen und den Versicherungsschutz entsprechend erweitern. Andernfalls muß man sich eine nordamerikanische Haftpflichtversicherung auf Zeit zusätzlich zulegen, die man jedoch nur im Heimatland abschließen kann. Die großen amerikanischen und überregionalen Versicherungsfirmen betreiben in Europa hierfür spezielle Büros. Man findet sie in Großstädten im Telefonbuch, z.B. unter „American International Underwriters", oder bekommt die nächstgelegene Anschrift von seiner Kfz-Versicherung mitgeteilt.

Geschwindigkeiten

Wer mit dem Kraftfahrzeug im Norden unterwegs ist, tut gut daran, sich in Kanada wie in Alaska noch genauer an die deutlich sichtbar ausgeschilderten Geschwindigkeitsbeschränkungen zu halten als zu Hause. Einmal wegen des Fahrbahnzustandes, zum anderen wegen der in Stadtnähe intensiven Radarüberwachung und der drastischen Strafgelder.
Zunächst wird jeder schnell feststellen, daß die bestehenden Tempolimits auch

Grundlage des Straßenbaues sind. Eine höhere Geschwindigkeit als die erlaubte bringt den Fahrer schnell in bedrohliche Situationen. Auch die Kraftfahrzeuge werden in Nordamerika so gebaut, daß sie bei höheren Geschwindigkeiten ins „Schwimmen“ geraten.

Außerdem ist man in den dünner besiedelten Gebieten einfach nicht in der Lage, die Fahrbahnen in einem dem europäischen Standard entsprechenden Zustand zu halten. Wenn also Warnzeichen eine Deformation anzeigen, z.B. das Schild „Bump“, so ist das durchaus ernst zu nehmen. Wer da mit dem zulässigen Höchsttempo weitersaust, hebt wenig später ab und beult mit seinem Haupt das Fahrzeugdach aus. Man tut ebenso gut daran, immer nur auf Sichtweite zu fahren. Elche räumen durchaus nicht immer die Vorfahrt ein und tauchen gewöhnlich unverhofft hinter einer Kurve oder Kuppe auf der Straße auf.

Es genügt aber auch ein Felsbrocken, der sich vom Hang neben der Fahrbahn gelöst hat und auf die Trasse gekullert ist. Wer hier nicht achtgibt, muß zumindest mit einer mehrtägigen Unterbrechung der Fahrt und ärgerlichen Reparaturkosten rechnen.

Selbst zunächst gut asphaltierte Fahrbahnen haben ihre Tücken. Frostaufbrüche machen jährlich umfangreiche Reparaturarbeiten erforderlich, und die werden nicht im Winter durchgeführt. Wo das Schild „Road construction“ auftaucht, sollte man langsam und vorsichtig weiterfahren. Innerhalb der Reparaturstellen zieht jedes Fahrzeug eine riesige Staubschleppe hinter sich her. Der Begegnungsverkehr muß anhalten, bis die gegnerische Staubwand wieder durchsichtig wird.

Der mehlfeine Staub dringt durch jede Ritze. Selbst Verkleben hilft da nicht viel. Abends ist das Fahrzeug innen gut durchstaubt, und sogar in Koffern sind die Lagen an der Öffnungsspalte angegraut. Da hilft allerdings das Zukleben vor der Abfahrt. Nachher helfen nur gründliches Ausschütteln, Abstauben — und ein guter Staubsauger. Wasser lasse man weg, das verbindet sich mit dem Staub zu einer innigen Schmiere.

Die Schäden durch Steinschlag sind nicht minder ärgerlich. Wer den Alaska Highway einmal hinauf nach Fairbanks und wieder zurückgefahren ist, hat mindestens einen, eher aber drei „Nordsterne“ vorzuweisen, jene sternförmigen Risse in der Windschutzscheibe, die ein Stein mit richtigem Aufschlagwinkel zu erzeugen vermag. Von hundert Treffern, die von einem ekelhaften Knallen begleitet sind, hinterlassen nur wenige eine sichtbare Aufschlagstelle im Glas. Anders im Lack der Vorderfront eines Kraftfahrzeuges. Diese ist hinterher mit unzähligen winzigen bis groben Schlagstellen und Lackabsplitterungen übersät.

Man sieht unterwegs die exotischsten Vorbeugungsmaßnahmen. Manche versuchen es mit einer Frontverkleidung. Wenn diese aus dickem Polsterstoff besteht, mag sie hilfreich sein, aber Kühler, Windschutzscheibe und Scheinwerfer müssen doch frei bleiben. Letztere mag man mit Klarsichtfolie überkleben und erst nach Abschluß der Fahrt erneuern. Den Kühler kann man mit feinem Maschendraht absichern, aber bei der Windschutzscheibe hilft nichts.

Und überall dort, wo der Highway bestens asphaltiert ist, übersichtlich und gerade verläuft, wo man verschenkte Zeit aufholen könnte, da lauert auch hier im Norden die Polizei, in Kanada die RCMP, in Alaska die State Trooper. Auch im äußersten Winkel der Erde spielt die Polizei das überall beliebte Radarspiel, aber hier auf eine viel tückischere Weise als im alten Kontinent. Die Kontrolle erfolgt im Gegenverkehr. Jedes entgegenkommende Fahrzeug kann ein Polizeiauto mit dem Radargerät hinter der Windschutzscheibe sein. Das niedliche kleine Ding im Innern des Fahrzeugs zeigt dem Beamten das Tempo der ihm entgegenkommenden Pkw an. Wenn es dann plötzlich wie im amerikanischen Fernsehfilm hinter einem aufheult und sich die blaue und die rote Leuchte drehen, dann ist es soweit. Jaulend prescht der Polizeiwagen heran und setzt sich hinter den Sünder. Der Landesbrauch verlangt es, nun anzuhalten und schön im Auto sitzen zu bleiben, die Hände gut sichtbar am Steuer. Was folgt, ist überall auf der Welt dasselbe. Was man dann hinterher in der Hand hält, heißt sinnigerweise „ticket", also „Fahrschein". Das Papierchen hält den Verstoß fest und gibt den Betrag an, mit dem man nun dem betreffenden Staat unter die Arme greifen darf. Das zweite Papierchen — und das stimmt den Touristen wieder fröhlicher — ist ein Freiumschlag, mit dem die paar hundert Dollar Strafe per Verrechnungsscheck eingesendet werden sollen, möglichst innerhalb von vier Wochen. Wer das nicht tut, bekommt irgendwann die höfliche Einladung zu einer Gerichtsverhandlung ins Städtchen nahe dem Ort seines Sündigens. Wer daran nicht teilnehmen möchte, läßt es bleiben — und damit hat es sich für Ausländer. Es sei denn, man führt in Nordamerika eines Tages den Computerspeicher ein und kontrolliert den Wiederholungsurlauber an der Grenze bei der nächsten Einreise — aber das klingt ebenso unwahrscheinlich wie ein Sechser im Lotto.

Goldvorkommen

Gold findet man in Kanada und in Alaska in nahezu jedem Fließgewässer — nur eben in unterschiedlich starker Beimengung. Im allgemeinen lohnt Goldwaschen nicht, hat auch (fast) nie gelohnt, obgleich man immer wieder auf Unentwegte stößt, die ihrem Traum nachjagen. Am Jahresende haben die meisten Goldwäscher mit viel Schinderei weniger Ertrag erwirtschaftet, als sie im Lauf des Jahres für Nahrung und Material ausgegeben haben.

Andererseits riß bis heute und seit mehr als hundert Jahren die Reihe der lohnenden Funde nicht ab, aber lohnend ist eben fast immer nur die industrielle Ausbeutung mit großem Aufwand. Auch in Zukunft wird es noch viele große Funde geben. Die Geologen sind davon überzeugt, daß die meisten großen Goldadern im hohen Norden bisher nicht entdeckt worden sind. Im noch immer menschenleeren Land bleibt das weitgehend dem Zufall überlassen. Die Chancen der Goldsucher sind also durchaus vergleichbar mit denen der Lottospieler: Bei vielen kleinen Einsätzen und meist Verlusten, gelingt ab und zu ein Gewinn und ganz selten der große Wurf.

Alles Gold in Fließgewässern stammt ursprünglich aus einem durch Erosion kleingeschroteten Felsmassiv. Das Metall ist als Ader oder starke Einsprengung im Gestein enthalten. Gesucht wird daher vorwiegend nach den Ursprungsorten. Sofern die nicht schon restlos abgetragen und im dazugehörigen Fließgewässer weggespült wurden, wird dann das Gold im Berg- und Stollenbau aus dem Gestein gebrochen und gesprengt. Hardrock Mining nennt man das, im Unterschied zum Digging nach Placer Gold, dem Schürfen und Waschen in Bachbetten.

Auch auf dem amerikanischen Kontinent haben diverse Eiszeiten mit ihren Gletschermassen das Gebirge abgehobelt und das Land einplaniert. Logisch, daß dabei die Goldadern zu Nuggets und Goldstaub zerkleinert und im Geröll der Fließgewässer verteilt und verstreut wurden. Am erfolgversprechendsten sind also Regionen, die in den Eiszeiten ausgespart blieben. Die bekannteste darunter ist das Fundgebiet am Klondike und rund um Dawson City. Folgerichtig wird auch dort noch heute neben der industriellen Förderung nach Gold gewaschen. Die örtliche Filiale der Imperial Bank of Commerce hat nie aufgehört, wie in den 98ern Staub aufzukaufen.

Die Goldwäscherei ist deshalb so mühsam, weil Gold als eines der schwersten Metalle am tiefsten absinkt. Es findet sich am untersten Grund eines Bachbettes, tief unter Geröll und Gestein, unmittelbar auf dem Fels, wo es vom Fließwasser abgelagert wurde. Was die Strömung wieder aufwühlt und weiterbefördert, findet man an den gravel bars, den Kiesinseln im Bach oder Fluß. Auch hier liegt der Goldstaub an tiefster Stelle, eingebettet in die Schotterlagen der bars.

Wer sich als Amateur ein wenig mit Schaufel und Pfanne betätigen möchte, darf das in beiden Staaten tun. Doch Vorsicht! Auch vermeintlich aufgegebene Claims sind tabu! Jedes abgesteckte Land ist zunächst als Privateigentum zu meiden. Jedes Schürfen — auch nur versuchshalber und zum Spaß — ist zu unterlassen, steht unter Strafe. Der Eigentümer des Schürfrechtes versteht meist wenig „Spaß“ und ist befugt, rigoros sein „Hausrecht“ wahrzunehmen.

Zunächst halte man sich an die allenthalben im Land betriebenen kommerziellen „Übungswäschereien“, wo man gegen eine geringe Gebühr eingewiesen wird und das Waschergebnis behalten darf. Fündig wird man immer, denn es handelt sich durchweg um „Paydirt“, goldhaltigen Sand aus bekannten Fundstellen. Im Reiseteil wird auf solche Gelegenheiten hingewiesen.

Darüber hinaus gibt es reichlich Literatur, die den Amateur informiert. Die Regale der Buchläden im Norden sind damit gefüllt.

Die Bibel der Goldsucher ist der „Bostock Report“, von H.S. Bostock, einem Geologen, zusammengestellt. „Selected Field Reports of the Geological Survey of Canada“ enthält das Verzeichnis der bisherigen Fundorte und ist in den Büchereien einsehbar. Weitere Auskünfte erlangt man bei der Chamber of Mines, Box 4427, Whitehorse YT Y1A 3T5. Diese betreibt auch eine Prospektoren Akademie. Wer genug Zeit hat, kann an einem Lehrgang über Theorie und Praxis des Goldprospectings und des Goldgewinnens teilnehmen.

Für Alaska gibt die kostenlos erhältliche Broschüre „Regulations and Statutes Pertaining to Mining Rights of Alaska Lands“ weitere Auskunft: Department of Natural Resources, Pouch MA, Juneau AK 99811.

Die als Souvenir überall angebotenen Goldwäscherpfannen sind durchaus echt und beim Einstieg in den selbstzuschürfenden Reichtum unverzichtbar. Sie müssen allerdings vorher einsatzfähig gemacht werden, denn man erhält sie mit einem feinen Fettfilm, der vorzeitiges Rosten verhindert. Mit Seife ist dieser nicht abzuwaschen. Das Metall muß leicht rauh sein, um den Goldstaub zurückzuhalten. Das beste ist immer noch die alte und schlichte Golddiggermethode: Am Abend vor dem ersten Einsatz füllt man die Pfanne vollständig mit Glut und heißer Asche aus dem Lagerfeuer und setzt sie in die Feuerstelle, die nur noch Glut und Asche enthalten darf. Am nächsten Morgen ist sie einsatzbereit, wenngleich nicht mehr schön genug, um sie anschließend zu Hause noch als Suppenteller oder Wandzierde einsetzen zu können. Rauh, verfärbt, fleckig und bald auch rostig, eignet sie sich aber fortan hervorragend dazu, glitzernden Goldstaub von Schwarzsand zu trennen.

Greyhound Bus System

Neben dem nur beschränkt vorhandenen Gleisnetz für den Personenverkehr ist der Greyhound Bus das einzige Überlandverkehrsmittel, mit dem man in Kanada zumindest von Stadt zu Stadt gelangt, genauso wie südlicher in den USA. Die Firmen in den USA und Kanada sind nicht miteinander verbunden, auch wenn sie denselben Namen tragen. Sie stehen sogar auf Kriegsfuß miteinander. Ursache ist ein über Jahre in der US-Gesellschaft andauernder Arbeitskampf, in dessen Verlauf es Tote gab und alle Fahrer entlassen wurden. Davon merkt der Reisende in den USA nicht viel, denn alle Busse werden von Streikbrechern gefahren, die sich verpflichtet haben, keiner Gewerkschaft beizutreten. Die straff gewerkschaftlich organisierte Arbeitnehmerschaft der kanadischen Gesellschaft zwang ihre Arbeitgeber zum Abbruch aller Beziehungen zum südlichen Pendant. Seither dürfen US-Busse nicht mehr in kanadische Busterminals, auch Tickets für Reisen in den USA gibt es dort nicht zu kaufen. Kanadische Busse fahren nur noch auf drei Linien in die USA. Und nur auf diesen kurzen Teilstrecken kann man noch mit dem US-amerikanischen „Ameripass“ nach Kanada reisen. Innerhalb Kanadas gelten die Ameripässe nicht mehr.

Die kanadische Gesellschaft bietet den „Greyhound Canada Pass“ an, der als Netzkarte, aber nur westlich von Toronto, gültig ist. Es handelt sich um ein Fahrscheinheft mit Blankofahrscheinen, das präzise auf die Person des Käufers ausgestellt ist. Vor Antritt einer Fahrt muß man den Fahrschein im Busbahnhof ausfüllen lassen. Das ganze Heft beginnt seine Laufzeit mit der ersten Nutzung. Man darf Fahrten beliebig unterbrechen, aber das Heft läuft weiter ab. Es gilt zusätzlich für folgende Strecken: Banff — Jasper, New York — Buffalo (Toronto), New York — Montréal, Toronto — Montréal/Ottawa — Montréal, Alsask — Saskatoon. 1995 kosten 7 Tage 220 DM, 15 Tage 290 DM, 30 Tage 390 DM und 60 Tage 500 DM.

Darüber hinaus wird der „All Canada Pass“ angeboten, der neben dem vorgenannten Bereich auch in Ostkanada gültig ist! er wird von den Linien Acadian in Nova Scotia (Amherst — Halifax), SMT in New Brunswick und Prince Edward Island (Riviere du Loup — Amherst) sowie Orleans Express von Montréal nach Riviere du Loup akzeptiert; der Paß wird für 15 Tage

(350 DM), 30 Tage (470 DM) und 60 Tage (580 Tage) abgegeben.

Wer teilweise in den südlich von Kanada gelegenen US-Staaten reisen will, muß sich den „Ameripass“ (Parallelangebot der US-Gesellschaft) kaufen. Er entspricht dem o.a., gilt aber nur in den USA und auf den drei Teilstrecken von den USA nach Kanada hinein, die es überhaupt noch gibt: Seattle — Vancouver, Boston/New York — Montréal, Buffalo/Detroit — Toronto. Hiervon kosten 7 Tage 240 DM, 15 Tage 350 DM und 30 Tage 480 DM. Außerdem bietet die US-Gesellschaft einen 4-Tage-Paß an, der nur von Montag bis Donnerstag gilt und für 140 DM zu haben ist. Der International Ameripass ist nicht in Nordamerika erhältlich.

Alle drei Pässe können Sie in Deutschland kaufen: ISTS Intercontinental Reisen (80799 München, Türkenstr. 71, Tel. 0 89/27 27 10, Fax 0 89/2 72 37 00).

In den USA fahren Kinder unter 2 Jahren gratis (kein Anspruch auf Sitzplatz). Bei den Canada-Pässen gilt diese Regelung bis 5 Jahre. Ansonsten keine Kinderermäßigung.

Die Busse der Greyhound-Gesellschaft sind mit Air-condition, getönten Fensterscheiben und Chemikalientoiletten ausgestattet. Das Gepäck reist im „Untergeschoß“ mit. Im Fahrgastraum ist das Rauchen verboten.

Auch wenn die Busse in den einzelnen Bundesstaaten Namen führen wie Voyageur, SMT, Acadian etc., sie gehören auf jeden Fall zur Greyhound-Gesellschaft. Die Pässe gelten ebenso wie die Fahrscheine bei allen diesen Unternehmen. Da jedoch auch einige kleine private Buslinien unabhängig Anschlußstrecken befahren, muß man sich vorher informieren.

Eine der Eigenarten des nordamerikanischen Bussystems ist es, daß man überall entlang der Überlandstrecke zusteigen und an jedem beliebigen Punkt aussteigen kann. Wer schon am Stadtrand von Vancouver die „Coach“ verlassen möchte, muß das dem Fahrer rechtzeitig mitteilen. Man muß aber auch vorher dafür gesorgt haben, daß das Reisegepäck des Touristen vorne an der Tür des Laderaumes bereitliegt. Eine entsprechende Absprache mit dem Ladepersonal beim letzten Umsteigen, hier z.B. in Seattle, ist nötig. Und wer beim Zusteigen ohne Ticket ist, wird beim nächsten Busstop dazu angehalten, sich eines zu kaufen.

Highways und Benzin

Der landesübliche Begriff „Highway“ wird gelegentlich mit „Autobahn“ übersetzt, aber das trifft im Norden nicht zu. Im Wörterbuch steht zu lesen, es sei eine Landstraße, aber das ist wieder zu niedrig angesetzt. Richtig scheint dafür die Bezeichnung „Überlandverbindung“ zu sein, denn es handelt sich bei Highways stets um Durchgangsstraßen für den Fern- und Überlandverkehr, egal, in welchem Zustand sie sich befinden. Es kann sich dabei sehr wohl um eine Autobahn im europäischen Sinne handeln, aber auch um eine einfache zweispurige Schotterstraße mit einspurig zu überquerenden Brücken. Andere Bezeichnungen wie „Freeway“ sagen nur aus, ob die Benutzung dieses Highways unentgeltlich ist oder ob er als „Turnpike“, wörtlich: Schlagbaum, nur gegen Zahlung einer Mautgebühr benutzt werden kann, die an einer Kontrollstelle oder an der Auffahrt eingefordert wird. Die

Überlandverbindungen werden auch im hohen Norden mit großem Aufwand gut befahrbar gehalten. Nur in Alaska sind sie durchweg asphaltiert.

Auf zwei Tücken muß sich der Nordlandfahrer einstellen: fliegende Kiesel von entgegenkommenden Fahrzeugen und weiche Trassen bei anhaltendem Regen.

Tankstellen gibt es auch in der Wildnis an jedem Highway genug, um nicht in Verlegenheit zu geraten. Wer aber keinen Reservekanister mitführt, sollte rechtzeitig, das heißt bei noch halbvollem Tank, nachfüllen lassen, sobald er eine Tankstelle sieht. Das ist auch schon aus Kostengründen ratsam, denn je weiter man nach Norden und ins Land hineinfährt, umso teurer wird der Kraftstoff. Beispiel Anchorage: Hier kostet der Liter Benzin etwa 25 USCents, am Dalton Highway nahe dem Yukon River aber um die 60! Kraftstoffe werden in drei verschiedenen Bezeichnungen angeboten (Verbleite Kraftstoffe gibt es nicht mehr!): Regular unleaded = unverbleites Normalbenzin, Premium unleaded = unverbleites Super und Diesel.

Jagdausübung

Für Ausländer ist in Kanada und Alaska die Jagdausübung problemlos möglich. Irgendwelche Papiere und Lizenzen aus Europa sind bedeutungslos und nicht gefragt. Ebenso problemlos ist das Mitbringen der Jagdwaffen zum eigenen Gebrauch (→Einfuhrbestimmungen).

Die Niederwildjagd darf jeder ausüben, der zuvor einen Jagdschein gekauft hat. Den bekommt man bei den Beamten und Ämtern der Jagdverwaltung, aber auch bei jedem Waffenhändler oder Sportausrüster. Es handelt sich um den einfachen Kauf der Lizenz für ein Jahr, die auf den Namen des Käufers ausgestellt wird. Der Schein ist dann bei der Jagdausübung mitzuführen.

Sowohl in Kanada wie Alaska gibt es die üblichen Schonzeiten, in denen die Jagdausübung verboten ist. Sie ist nicht für jedes jagdbare Wild vorgesehen. Das unterscheidet sich von Provinz zu Staat und Territorium. Die entsprechenden Bestimmungen werden beim Kauf der Lizenz kostenlos abgegeben.

Ebenso unterschiedlich sind die Gebühren für die Niederwildjagd.

Alaska: 85 US$, BC: 53 Can$, YT: 20 Can$, NWT: 15 Can$.

Die Hochwildjagd ist ausschließich in Begleitung eines der zugelassenen Jagdführer möglich. Auch hier wird in jeder Region anders verfahren.

Zumeist haben erfahrene und geprüfte Jagdführer ein bestimmtes Gebiet zugeteilt bekommen, in dem sie ausschließlich berechtigt sind, Ausländer zur Hochwildjagd zu führen. Unabhängig davon darf jeder Ortsansässige ohne Jagdführer in genau derselben Gegend jagen, so er das möchte. In den NWT sind meist die örtlichen „Hunting and Trapping Associations“, also die örtlichen Jägervereinigungen der Einheimischen, allein befugt, im Rahmen der ihnen zugestandenen Abschußzahl Ausländer an der Jagd teilhaben zu lassen. Sie stellen dann den Jagdführer. Die Jagd findet unter Anrechnung auf ihr Jahreslimit statt, womit auch die Jagd auf Polarbären, Moschusochsen und Waldbüffel (Bison) möglich wird. Die entsprechende Erlaubnis läßt man daher besser durch den Guide besorgen.

Die Auswahl der richtigen Guides bzw. der richtigen Jagdgenossenschaft ist maßgeblich für den Erfolg. Naturgemäß wird man in der Brooks Range zwar auf Dallschaf, Wolf oder Bär, aber eben nicht auf Bison oder Polarbär zum Schuß kommen. Adressen und Unterlagen über die einzelnen Regionen erhält man bei den Jagdbehörden, Anschriften sind in den Textteilen des Buches zu finden.

Wichtiger aber noch ist die Empfehlung eines Jagdkameraden, der bereits einschlägige Erfahrungen gesammelt hat. Man findet sie über entsprechende Artikel in den Ausgaben von Jagdzeitschriften, wie z.B. „Wild und Hund", oder eine Suchanzeige in einer dieser Zeitschriften. Wer auf einen Braunbären der Sorte Grizzly aus ist, kann sich nur an Kodiak halten. Es ist jedoch ein Irrtum, daß in Alaska die Trophäen am besten seien. Die des Yukon stehen denen von Alaska nicht nach, so man den Rekordverzeichnissen glauben darf. Der zweitgrößte Grizzly aller Zeiten wurde im Yukon Territory erlegt. Daher nachfolgend die Adresse eines bewährten deutschkanadischen Jagdführers aus dem YT, dessen Reviere als exzellente Grizzly-Regionen gelten, aber ebenso gut für Dallschaf, Elch und Karibu sind.

Werner Koser, General Delivery, Ross River YT Y0B 1S0, Tel. 403/969-2210.

Ihm gehört das Gebiet in den Selwyn und Hess Mountains an der Grenze zu den NWT.

Kartenmaterial

Übersichtskarten kann man in Europa kaufen, bei jedem einschlägig orientierten Sortimenter — oder schlicht über jeden Buchhändler bestellen. Das sind dann die gängigen „Rand McNally Karten", die für Autofahrer hervorragend geeignet sind und auch dem Überlandreisenden Aufschluß genug geben. Es gibt sie als Einzelblätter, aber auch als Kartenhefte und Atlanten.

Bei den staatlichen topographischen Detailkarten wird es schwieriger, aber derjenige, der ein bestimmtes Gebiet erwandern will, kommt ohne sie nicht aus. Und für Kanuten, die einen nordischen Fluß befahren wollen, sind sie unerläßlich, weil nur sie die Stromschnellen und Wasserfälle anzeigen. Das sind in Alaska die Karten im Maßstab 1 : 63.360 (manche auch 1 : 62.500 oder 1 : 50.000) und in Kanada die Karten im Maßstab 1 : 50.000. Es sind mehrere tausend, die den Nordteil des Kontinents abdecken! Es gibt sie nicht für jede Ecke, nicht immer sind sie präzise, aber sie erfüllen ihre Aufgabe.

Die nächsten Maßstabsgrößen sind in beiden Staaten die Karten 1 : 250.000 und 1 : 500.000, aber diese sind für Wanderer und Kanuten nur als Übersichtsblätter tauglich.

Für Stadtbereiche und dichtbesiedelte Regionen gibt es noch andere Detailkarten, nicht aber für die Wildnis. Einzige Ausnahme: für Nationalparks gibt es Einzelkarten unterschiedlicher Maßstäbe, die den jeweiligen Park auf einem Blatt erfassen. Diese Karten erhält man käuflich an den Parkzugängen (Rangerstationen) und über das jeweilige Ministerium. Keine dieser Karten kann aber die erwähnten topographischen Detailkarten ersetzen.

Deren Beschaffung ist in Europa langwierig. Egal, ob über den Handel (teurer) oder zu Originalpreisen selbst beschafft, man muß dafür drei Monate ansetzen, denn

auch der Händler in Europa leitet die Bestellung nach drüben weiter. Er nimmt dem Besteller nur die Arbeit ab.
Wer sich Karten selbst beschaffen will, zahlt dafür nur die Originalkosten ab 2,50 US$ in Alaska bzw. 7,50 Can$ in Kanada pro Blatt. Zunächst muß man beim zuständigen staatlichen Versender den kostenlosen Index anfordern. Der geht einem mit Preisliste und Bestellschein zu. Dieser Index ist zwingend erforderlich, denn nur dieser ermöglicht es, die benötigte Karte und deren richtige Bezeichnung zu ermitteln.
Hat man die Bestelliste beisammen, ermittelt man den Gesamtpreis anhand der Preisliste und fügt genau diesen Betrag als Vorauszahlung bei — zuzüglich Portokosten, die bei Bestellungen aus Europa mindestens 3 US$ oder 5 Can$ ausmachen.
Man kann der Bestellung einen Verrechnungsscheck auf US$ bzw. Can$ ausgestellt, beifügen. Es dauert aber etwa 6 Wochen, bis dieser Scheck eingezogen ist, so lange wird der Vorgang nicht bearbeitet! Bei kleinen Beträgen kann man die Summe getrost in Dollar beifügen, in Papierscheinen und bar, das beschleunigt natürlich die Bearbeitung.
Karten für Alaska: Distribution Branch U.S. Geological Survey, Box 25286, Denver Federal Center, Denver Colorado 80225, USA.
Sehr preiswerte Karten für die National Forests in Alaska (Tongass N.F. oder Chugach N. F.) gibt es vor Ort wie per Post zu 3 US$ bei: USDA Forest Service, Suite 105, 605 W 4th Ave., Anchorage AK 99501, Tel. 907/271-2737, Fax 907/271-2744.
Karten für Kanada: Canada Map Office, 615 Booth Street, Ottawa Ontario K1A 0E9.
Am preiswertesten kommt man aber an Karten, wenn man sie vor Ort im Book shop oder auch in Läden fürs Outdoorsgerät usw. kauft. Aber wenn man Pech hat, hat gerade ein anderer genau die Karten abgeräumt, die man selbst benötigt. Wem das passiert: In den Hauptstädten der Provinzen bzw. Alaskas und der Territorien gibt es Verkaufsbüros der staatlichen Organisationen. Sie sind im Reiseteil unter „Nützliche Anschriften“ einer Region aufgeführt. Man bekommt dort die Karten gegen bar — und am preiswertesten.

Kauf eines Fahrzeuges in Nordamerika

Der Kauf eines Fahrzeuges ist eine vielfach genutzte Möglichkeit, um preiswert das Land zu bereisen. Nach abgeschlossenem Urlaub muß man dann sehen, daß man es wieder verkaufen kann. Wichtig ist, daß man ein noch fertig zugelassenes und versichertes Fahrzeug kauft. Denn diese amtlichen Regelungen schafft man ohne festen Wohnsitz drüben nicht! Es gilt also, entweder von privat ein Fahrzeug zu kaufen, dessen Eigentümer die Zulassung und die Versicherung bestehen läßt. Oder man findet einen Händler, der das Auto auf sich zuläßt und versichert, ehe man es übernimmt und bezahlt. In jedem Fall muß man sich zusätzlich die Nutzungserlaubnis des Fahrzeuges schriftlich bestätigen lassen.
Da es in Kanada und Alaska keine Meldepflicht gibt, kann man aber auch mit der Anschrift eines Bekannten oder des Hotels arbeiten, um die Zulassung zu erreichen. Der Haken liegt darin, daß man die Versicherungspolice und die Zulassung an

diese Adresse zugesandt erhält. Direkt ausgehändigt wird nur die für 4 Wochen gültige vorläufige Genehmigung! Die Mindesthaftpflichtversicherung bekommt man mühelos bei jedem Büro. Kosten für ein halbes Jahr (mit Rückabrechnung bei früherer Abmeldung, die man nur bei der Versicherung vornimmt): 371 Can$ über 25 Jahre alt! wer jünger ist, zahlt zusätzlich 159 Can$ „Unerfahrenheitszuschlag", den man bei manchen Versicherungen gegen Vorlage einer amtlich beglaubigten Bescheinigung seiner heimatlichen Versicherung über x Jahre unfallfreies Fahren nicht zahlen muß. In Alaska sind die Sätze fast gleich.

Noch klüger handelt der, der sich von einem Händler im Kaufvertrag gleich die Rücknahmegarantie — z.B. zum halben Kaufpreis — garantieren läßt. Dann muß man allerdings dort wieder hin, wo man gestartet ist.

Wer Vancouver, BC, an den Start seines Urlaubsaufenthaltes setzen kann, hat es noch einfacher. Er kann von einem dortigen Unternehmen den fahrbaren Untersatz übernehmen und bekommt die Rücknahmegarantie für 50 % des Kaufpreises, kann aber auch überall frei das Fahrzeug veräußern. Abschluß in Deutschland über: ELAM, Wahmstr. 57, 23552 Lübeck, Tel. 04 51/7 55 45.

Konsulate

Wer im Ausland in Schwierigkeiten gerät, hat nur eine staatliche Institution im Lande, an die er sich um Hilfe wenden kann: das Konsulat. Ganz egal, welchen Titel eine solche Stelle führt, sie ist zur Hilfe bereit — sofern eine Notlage vorliegt — und das wird natürlich zuerst überprüft.

Leider sind die Konsulate im hohen Norden nur sehr dünn gesät. In Alaska gibt es zum Beispiel kein einziges österreichisches Konsulat. Wem da der Paß verloren gegangen ist — wie kommt der nach Los Angeles in die USA hinunter, um sich dort ein Ersatzpapier ausstellen zu lassen?

Bundesrepublik Deutschland

Zuständig für BC und YT:

Generalkonsulat der BR Deutschland, 325 Howe Street, Vancouver BC V6C 2A2, Tel. 604/684-8377.

Zuständig für NWT:

Generalkonsulat der BR Deutschland, Box 363, Edmonton Alberta T5J 2J6 (oder: 2500 CN Tower, 10004-104th Avenue, Edmonton Alberta T5J 0K1), Tel. 403/422-6175.

Zuständig für Alaska:

Honorarkonsulat der BR Deutschland, 425 G-Street, Suite 650, Anchorage AK 99501, Tel. 907/274-6537.

Generalkonsulat der BR Deutschland, BM Building, 1200 5th Avenue, Seattle WA 98101, Tel. 206/682-4312.

Österreich

Zuständig für Kanada:

Österreichische Botschaft, Generalkonsulat, 445 Wilbrod Street, Ottawa Ont. K1N 6M7, Tel. 613/563-1444.

Zuständig für BC:

Österreichischer Honorarkonsul, 525 Seymour Street, Vancouver BC V6B 3H9, Tel. 604/683-7571.

Zuständig für Alaska:

Österreichisches Generalkonsulat, 11859 Wilshire Boulevard, Suite 501, Los Angeles Cal. 90025, Tel. 213/444-9310.

Schweiz

Botschaft der Schweiz, Generalkonsulat, 5 Avenue Marlborough, Ottawa Ont. K1N 8E6, Tel. 613/235-1837.

Zuständig für BC, YT, NWT:
Generalkonsulat der Schweiz, World Trade Center, 790-999 Canada Place, Vancouver BC V6C 3E1, Tel. 604/684-2231.
Zuständig für Alaska:
Generalkonsulat der Schweiz, 456 Montgomery Street, Suite 1500, San Francisco Cal. 94104-1233, Tel. 415/788-2272.

Krankenversicherung

Die Krankenvorsorge und die medizinische Betreuung ist in Kanada wie Alaska hervorragend organisiert und von hoher Qualität. Entsprechend hoch sind die Kosten. Ein Tagessatz im Krankenhaus liegt bei 1000 DM! Außerdem verlangen die Provinzen noch Aufschläge von Ausländern, die behandelt werden.
Zwar wird kein Notfall jemals wegen fehlenden Geldes abgewiesen, aber die Bezahlung muß dann doch geregelt werden. Daher ist jeder gut beraten, sich vor Antritt seiner Reise bei seiner Krankenkasse zu informieren, ob sie die Behandlungskosten in Alaska oder Kanada voll übernimmt und wie die Bezahlung abgewickelt werden muß. Im übrigen sei zur Ergänzung auf die gängigen Zusatzversicherungen verwiesen, die für wenig Geld das Auslandsrisiko abdecken.

Maße und Gewichte

Kanada hat seine Maßeinheiten längst auf das Dezimalsystem umgestellt. Dennoch sind die alten Bezeichnungen nach wie vor im Gebrauch. Und in Alaska beharrt man fest auf den alten überlieferten Maßeinheiten.

Längenmaße
Mile 1609,3 Meter
= 1 Meile
Kilometre 0,6214 Mile
= 1 Kilometer
Metre 1,0936 Yards
= 1 Meter
Yard (3 feet) 0,9144 Metre
= 1 Yard
Foot 0,3048 Metre
= 1 Fuß
Metre 3,2808 feet
= 1 Meter
Centimetre 0,3936 Inch
= 1 Zentimeter
Inch 2,54 Centimetres
= 1 Zoll
Flächenmaße
Square Mile 2,5900 qkm
= 1 Quadratmeile
Square Kilometre 0,3861 Square Miles
= 1 Quadratkilometer
Square Foot 0,0929 Square Metre
= 1 Quadratfuß
Hectare 2,54 Acres
= 1 Hektar
Acre 0,3937 Hectare
= 1 Morgen
Flüssigkeitsmaße
Imperial Gallon 4,5460 Litres
= 1 kanadische Gallone
US-Gallon 3,7853 Litres
= 1 US-Gallone in Alaska
Litre 0,2201 Imp. Gallon
= 1 Liter
Litre 0,2642 US-Gallon
= 1 Liter
Gewichte
Kilogram 2,2046 Pound (lbs)
= 1 Kilogramm
Pound 0,453 Kilogram
= 1 (angels.) Pfund zu 16 Unzen

Ounce 28,35 Grams
= 1 Unze

Goldgewichte

Grain 64,7989 Milligrams
= 1 Korn
Pennyweight 24 Grains
= 1,5552 Gramm
Ounce troy 20 Pennyweights
= 31,1035 Gramm
Pound troy 12 Ounces troy
= 373,2417 Gramm

Mietwagen

Für einen Mietwagen der bekannten Automobilverleiher — die Ketten heißen in Nordamerika genauso wie in Europa, es sind dieselben — muß man mit etwa täglich 40 Dollar Miete rechnen. Man findet ihre Büros in jedem International Airport und zusätzlich in jeder Stadt. Wer bereits in Europa ein Fahrzeug bucht, kommt entschieden besser weg, als wenn er erst bei seiner Ankunft einen Vertrag abschließt. Ein weiterer Vorteil der Kettenunternehmen liegt darin, daß man deren Fahrzeug an einem Ort übernehmen und an einem anderen zurückgeben kann. Doch Vorsicht: Nicht immer ist dieser Service kostenfrei zu haben, also genau vorher erkundigen!

Wer es preiswerter haben möchte, muß sich an ein Unternehmen der billigeren Altwagen-Verleiher halten. Man findet sie in den gelben Seiten hinten in jedem Telefonbuch. Sie heißen „Rent-a-car" oder „Rent-a-Bargain" oder „Rent-a-Wreck", wobei letzteres nicht wörtlich zu nehmen ist. Sie verleihen gute, aber schon sehr gebrauchte Fahrzeuge. Dafür sind sie billig, manchmal gibt es sie sogar schon für 10 Dollar am Tag. Der Nachteil ist, daß man deren Fahrzeuge immer an den Verleiher zurückgeben muß. Es handelt sich trotz einheitlicher Bezeichnungen nicht um Kettenunternehmen, sondern um sogenannte „Franchise"-Unternehmen, d.h. sie arbeiten nur unter gleichem Namen, um gemeinsam werben zu können. Die meisten Autovermietungen vermieten nicht an Personen unter 25 Jahren. Das gilt auch für Mobilhomes oder andere RV (Recreation Vehicles).

Und noch eins gilt in Nordamerika wie ein Gesetz: Wer keine Kreditkarte vorweisen kann, bekommt auch kein Auto geliehen! Die Verleiher lassen sich auch nicht auf Bargeldhinterlegungen ein.

Camper und andere RV (Recreation Vehicles) findet man reichlich in jeder Stadt. Aber auch hier gilt: besser zu Hause und über ein hiesiges Unternehmen anmieten, drüben nur übernehmen. Das ist a) preisgünstiger, b) sicherer, weil festgebucht, und c) hat man den Vertragspartner hier am Ort, wenn es um Unstimmigkeiten geht.

Im übrigen: genau prüfen! Es gibt drüben keine Einheitspreise! Und sehr häufig trickst man mit niedrigen Angeboten und versteckt die hohen Nebenkosten in einer Fülle nachfolgender Nebenabkommen. Die zusätzliche Vollkaskoversicherung sollte nur ablehnen, wer wirklich gerne risikofreudig lebt. Vorsicht auch bei einer niedrigen Tagesmiete mit zusätzlicher Kilometerabrechnung! Im Regelfall ist für den Touristen als Vielfahrer die Pauschalmiete günstiger, denn die Entfernungen drüben sind enorm und schlagen mächtig zu Buche, zumal man sich als Europäer in den Entfernungen oft täuscht. Da hilft nur genaues Rechnen und Beachtung der Entfernungstabellen!

Moskitos

Es ist nicht zu leugnen, daß in der Wildnis Nordamerikas fünf Jahreszeiten zu bemerken sind. Von Mitte Juni bis zum ersten Nachtfrost etwa Anfang August können einem da die Mücken ganz schön zusetzen.

Zunächst tröste man sich damit, daß sie die Grundlage für den Wildreichtum im Norden sind. Zum anderen sei versichert, daß man in den Siedlungen nicht viel davon merkt. Nur wer sich in die Wildnis hinausbegibt, muß sich darauf einstellen. Es gibt eine Reihe von einfachen Faustregeln, die das Problem beherrschbar machen.

Mücken schwärmen nur dort unglaublich zudringlich, wo es feucht, windstill und schwül ist. Auf windigen Höhen, auf offenem Wasser und auf trockenem Untergrund hat man wenig von ihnen zu befürchten.

Auch ist die richtige Kleidung ein ausschlaggebender Faktor für das Wohlbefinden an mückenreichen Abenden. Wer mit engen Jeans auf die Reise geht, hat es nicht besser verdient, er muß als Mückenfutter herhalten. Sie stechen mit ihren ausreichend langen und stabilen Rüsseln durch jeden auf der Haut anliegenden Stoff hindurch. Man kleidet sich also im Busch mit möglichst weiten und flatternden Kleidungsstücken, die aber überall dicht am Körper abschließen müssen, wo Füße oder Hände hervorragen. Auch den Damen sei zu weiten Hosen statt flatternder Röcke und Shorts geraten. Die Hosenbeine müssen in die Stiefel passen oder dicht am Schuh anliegen. Den Rest kann man dann unter Kontrolle halten.

Wer abends in Ruhe angeln möchte, sollte sich Plastik-Haushaltshandschuhe überstreifen und einen Hut mit Moskitonetz daran aufsetzen. Das Netz sollte man unter dem Kragen zusammenziehen können. Wenn man dann von Tausenden umschwärmt wird, kann man gelassen weiterangeln. Es erübrigt sich, von zu Hause Mückensprays oder derartiges mitzubringen. Wie immer das Zeug angepriesen werden mag — in Nordamerika gibt es besseres. Die dort überall in den Läden vorrätigen Repellents, z.B. Muskol, sind hochwirksam und helfen zuverlässig. Da aber nicht jeder Teint robust genug ist, sollte man sparsam davon Gebrauch machen. Im Notfall aber muß man das kleine Plastikfläschchen zur Hand haben.

Die öfter angepriesenen Geräte mit dem Summton oder die vorbeugende Impfung mit Vitamin B hilft nur den Geschäftsleuten, Gott Mammon sieht's mit Freuden. Für den Reisenden ist es weggeworfenes Geld. Beides hilft nichts bzw. nur dem, der dank göttlicher Vorsehung ohnehin von Natur aus darunter leidet, daß ihn selbst die Moskitos nicht mögen.

Öffentliche Verkehrsmittel

Öffentliche Verkehrsmittel findet man nur innerhalb der Städte als Buslinien im Nahverkehr. In Großstädten treten U-Bahnen ergänzend hinzu. Eine Eigentümlichkeit des nordamerikanischen Kontinents ist es, daß die Fahrer zwar Fahrscheine verkaufen, aber nur gegen abgezähltes Fahrgeld. Wechselgeld wird grundsätzlich nicht mitgeführt, der gezahlte Betrag verschwindet sofort in einem einbruchsicheren Kasten. Da die Fahrtkosten fast immer als Einheitspreis — egal ob Umsteigen oder nicht — für über 1 Dollar zu haben sind, muß man notfalls seinen zweiten Dollarschein einwerfen, um überhaupt mitzukommen. Und wer nur mit großen Scheinen anrückt, muß erst mal nach Kleingeld losgehen und auf die Fahrt bis dahin verzichten. Umsteigen und Anschlußverbindungen sind innerhalb von 2 Stunden ab Fahrtbeginn im Regelfall kostenfrei zu nutzen. Man muß beim Einsteigen aber sofort das „Transferticket" verlangen, das dann zeitlich beschränkt gültig ist, sogar für die Rückfahrt zum Ausgangsort.

Sondertarife gibt es in manchen Provinzen oder Städten für Personen über 65 oder unter 21 Jahren, letztere mit Schüler- oder Studentenausweis. Darüber hinaus gibt es Ermäßigungen an manchen Wochentagen oder zu bestimmten Tageszeiten. In Seattle, WA, fährt der Bus in der Innenstadt sogar kostenfrei! Man sollte sich also am Ort genau informieren.

Der Überlandverkehr wird durch überregionale, aber private Buslinien abgewickelt. Daher sind nur bestimmte Orte so erreichbar. Die privaten Unternehmen verbinden nur große Städte mit entsprechendem Passagieraufkommen — und die kleinen Dörfer, die zufällig an einer solchen Linie liegen. Näheres →Greyhound Bus System, deren Liniensystem maßgeblich ist. Andere kleine Gesellschaften sind regional daran angeschlossen, übernehmen sozusagen den Anschlußdienst. Daneben bleiben nur noch die wenigen Eisenbahnen (→Eisenbahnverbindungen) und die Flugverbindungen. Letztere erlauben es, in Nordamerika jeden Ort zu erreichen, den weder eine Bus- noch eine Bahnlinie anbindet.

Und schließlich sind die beiden Schiffahrtslinien an der Pazifikküste von British Columbia bzw. Alaska eine weitere interessante Möglichkeit, einen sonst schwer erreichbaren Ort anzusteuern.

Wo man die Wahl hat, ist die Busanbindung stets die preiswerte Anreisemöglichkeit. Das Flugzeug ist allemal die teuerste.

Pannenhilfe

Die Automobilclubs der europäischen Länder haben alle ein Gegenseitigkeitsabkommen mit dem Automobilclub der USA/Alaskas, AAA, auch kurz „triple A" genannt, und Kanadas CAA. Ersteres heißt „American Automobile Association" und das andere „Canada Automobile Association", und unter diesen Namen findet man die Geschäftsstellen im Telefonbuch. Das hilft dem Reisenden im hohen Norden nicht viel weiter, denn bei einer Panne ist kein „Gelber" oder sonstiger Engel zu haben. Dafür ist überall im Norden die Polizei in Notfällen aller Art zur Hilfe bereit, nicht nur bei Verkehrsunfällen.

Die polizeiliche Hilfe erreicht man nur per Telefon. Man wählt einfach die „Null" an, dann meldet sich in beiden Ländern der Operator, das „Fräulein vom Amt", und verbindet mit der zuständigen Polizeidienststelle.

Im übrigen ist auf den abgelegenen Straßen des Nordens jedermanns Hilfsbereitschaft ein ungeschriebenes Gesetz, das auch der Europäer einhalten sollte. Im Falle einer Panne ist es üblich, den Hilfswunsch durch ein weißes Tuch zu signalisieren, das man außen am linken Fenster festklemmt. Wenn dann noch ein Hilfesuchender beim Auto steht, wird kaum ein Nordländer achtlos vorbeifahren.

Parks

Um Mißverständnissen vorzubeugen: Was man in europäischen Breiten als „Park" bezeichnet, hat mit den nordamerikanischen gleichlautenden Bezeichnungen nur dann zu tun, wenn es sich um innerstädtische Anlagen handelt. Da kann man genauso erholsam spazierengehen wie in den Parks von Wien, Zürich oder Hamburg. Wo aber in der nordischen Wildnis von einem Park die Rede ist, kommt ein Spaziergang in aller Regel nicht in Betracht. Da handelt es sich um Naturreservate unterschiedlicher Art, die immer nur mit einer entsprechenden Ausrüstung zu erlaufen sind. Denn unter diesem vielfältigen Begriff findet man alles Mögliche vor. Um Enttäuschungen gar nicht erst aufkommen zu lassen: bei Provincial Parks, Territorial Parks, State Parks usw. an einer der Überlandstraßen handelt es sich ausschließlich um Rast- oder Campingplätze einfacher Art, aber immer idyllisch gelegen, und der Besuch von Wildtieren ist dort durchaus möglich. Diese Art „Parks" ist in ganz Nordamerika gleichartig ausgestattet: feste Wege führen zu verstreut unter Bäumen aufgestellten Tisch-/Bankkombinationen mit Feuerstelle und Feuerholz, das man aber erst noch spalten muß. Trinkwasser ist meist dem nahen Bach zu entnehmen und kann auch getrost genutzt werden. Bei stehenden Gewässern ist Abkochen ratsam. Außerdem gehören in der Regel Plumpstoiletten zur Grundausstattung und ein oder mehrere klobige Holzherde zum Kochen. Diese stehen unter einem Dach an zentralem Punkt.

Diese auch als „Wayside" bezeichneten Parks sind staatliche Einrichtungen der jeweiligen Regionalverwaltung. In den beiden Territorien sind sie meist gebührenpflichtig. Es muß einzeln die Übernachtungsgebühr von 5 Can$ gezahlt werden — wenn gerade ein Ranger vorbeikommt. Im Yukon Territory ist man dazu übergegangen, Automaten für die Nutzungsgebühr an der Zufahrt aufzustellen. Wer keinen Permit hat, muß sich dort einen Tagesschein ziehen.

In British Columbia ist man bisher noch nicht so weit. Sofern einer dieser Campingplätze gebührenpflichtig ist, meldet sich morgens ein Ranger und zieht die Gebühr ein — oder auch nicht. In Alaska sind manche Plätze kostenfrei. Oft ist es schwierig zu erkennen, ob man einen gebührenpflichtigen oder einen gebührenfreien Platz vor sich hat. Sind letztere als „picnic"-Platz oder „Day Use Area" ausgeschildert, ist der Fall klar. Im übrigen lasse man den Ranger entscheiden — falls er überhaupt kommt. Falls der Campground gebührenpflichtig ist, erkennt man das schon an der Einfahrt mit der Registrierungskasse. Man füllt seinen Permit aus und wirft den Abriß samt abgezähltem Geld in den Briefkasten. Der Permit muß deutlich sichtbar am Auto oder Zelt angebracht sein.

Nationalparks sind immer das, was man darunter versteht: vom Bundesstaat unter Naturschutz gestellte Regionen von besonderer Art, Schönheit und/oder mit dort lebenden seltenen Tieren und Pflanzen. Einige besonders hervorragende sind sogar zusätzlich unter den Schutz der UNO gestellt und von der UNESCO zu „World Heritage Sites" erklärt worden.

Nicht alle diese meist sehr ausgedehnten Gebiete haben Zuwegungen, andere wieder sind recht gut durch Fahr- und Wanderwege erschlossen. In manchen ist das Angeln, Jagen und sogar die Holzwirtschaft oder der Erzabbau erlaubt. Es kommt im Einzelfall auf das Schutzgut und -ziel an. In den erschlossenen Parks befindet sich stets am Zugang ein Büro der Parkverwaltung. Die Ranger sind gern bei der Besuchsplanung behilflich, haben Informationsmaterial und Karten vorrätig und kassieren die Gebühren ein, die für die Nutzung von Campingplätzen anfallen. Das Ein- und Auschecken ist hier Pflicht.
Neben den Nationalparks gibt es weitere Parks der Provinzen. Sie unterscheiden sich nur im Namen und im Träger, ansonsten sind Bedeutung, Begriff und Vorschriften meist dieselben. Ein Aufenthalt im Park kann problematisch werden. In fast allen ist das Mitführen einer Schußwaffe, auch zum Eigenschutz, verboten und unter Strafe gestellt. Das weiß niemand besser als die Bärenpopulation der Einrichtung. Und leider gibt es trotz aller Warnungen immer wieder unkluge Parkbesucher, die den „putzigen" Grizzlies und Schwarzbären Futter zuwerfen. Das führt dann früher oder später zur Belästigung anderer Parkbesucher — und dann zum frühen Tod des Bären. Die Sünder, die sich gewaltsam an Zelt oder Auto heranmachen, werden per Betäubungsgewehr unschädlich gemacht, markiert und weit ab in die Wildnis transportiert. Beim nächsten Male wird das Tier getötet, wenn es wieder in Erscheinung tritt.

Wer also absichtlich oder unabsichtlich Bären füttert, gefährdet sich und andere Parkbesucher, ganz besonders aber die Bären selbst. Zwischenfälle, bei denen Menschen in Mitleidenschaft gezogen wurden, hatten immer mit Park- oder Zivilisations-(Müllkippen-)bären zu tun. Die kennen die Menschen und assoziieren deren Geruch mit „Futter". Wildnisbären dagegen fürchten den Menschen und weichen ihm aus. Man bekommt sie gar nicht erst zu sehen. Es muß also jeder selbst entscheiden, ob er das Risiko eines Parkbesuches eingehen will. Dort bietet sich eben oft ein so seltenes Bild unberührter Natur, wie man es anderswo nicht findet. Daher ziehen sie Touristen besonders an. Aber der riesige Erdteil bietet im Norden eine solche Auswahl an einmaliger Schönheit und unglaublicher Szenerie auch außerhalb der Parks. Dort kommen Auge und Linse mindestens ebensosehr auf ihre Kosten. Der Vollständigkeit halber sei noch darauf hingewiesen, daß es auch sehr kleine sehenswerte Einrichtungen unter den Parks gibt, „Nationalmonumente" oder „Historic Parks", die nur dem Schutz eines Einzelobjektes dienen. Das können besondere Naturformationen sein oder Gebäude von historischer Bedeutung. Auch die im Yukon Territory an verschiedenen Ufern aufgebahrten alten Heckraddampfer zählen dazu, die man wie Museen besichtigen kann und soll. Man wird ihnen allerdings eher gerecht, wenn man sie als Freilichtmuseum bezeichnet.

Und ein Dutzend weiterer Varianten des Begriffes „Park" sind im Gebrauch, z.B. Reserve, Preserve oder National Forest. Sie haben nur interne Bedeutung, es sind Parks im Sinne der vorstehenden Bemerkungen.

Und noch ein Tip: In den wundervollen gebirgigen Parks an der Pazifikküste Alaskas kann man in über 200 einsam liegenden, romantischen Holzhütten befristet als

„Trapper“ leben — für nur 25 US$ täglich! Tongass: Forest Service Info Center, 101 Egan Drive, Juneau AK 99801, Tel. 907/586-8751, Fax 907/586-7928! Chugach: Chugach National Forest, 3301 C-Street, Suite 300, Anchorage AK 99503, Tel. 907/271-2500, Fax 907/271-3922.

Post

Die sowohl in Kanada als auch in Alaska staatlich geführte Post versieht ausschließlich den Paket- und Briefdienst.

Geldüberweisungen, Telefon- und Telegrammdienst sind nicht Aufgabe der Post. Dafür gibt es private Organisationen, die gewinnorientiert und entsprechend teuer arbeiten. Luftpostbriefe benötigen vom Absender zum Empfänger etwa 7 Tage, Briefe und Pakete auf normalem Wege sind bis zu vier Wochen unterwegs. Postlagernde Sendungen werden zuverlässig aufbewahrt — aber nur für genau 15 Tage, dann gehen sie an den Absender zurück! Die Bezeichnung für „postlagernd“ lautet „General Delivery“. In Kanada besteht die Postleitzahl stets aus der Provinzabkürzung *hinter* dem Ortsnamen und der daran anschließenden sechsstelligen Chiffre in der Folge Buchstabe-Zahl-Buchstabe/Zahl-Buchstabe-Zahl. Die erste Dreierkombination besteht aus der Provinzbezeichnung und dem Postleitweg, die zweite Kombination enthält den Schlüssel für das zuständige Postamt und den Zustellbezirk.

Auch in Alaska wird die Postleitzahl stets *hinter* den Ortsnamen und die Bundesstaatsabkürzung gesetzt, wenngleich das US-Zahlensystem (cip code) weitgehend dem europäischen entspricht. Anchorage z.B. hat AK 99510 als Anschrift für postlagernde Sendungen. AK steht für Alaska und 99 auch, was insofern nur eine Verdopplung darstellt. 500 ist die Schlüsselzahl für Anchorage, die 1 steht für das Hauptpostamt und die 0 für den Zustellbezirk, der ja hier bei „postlagernd“ entfällt.

Radio und Fernsehen

Wer im Auto unterwegs ist und plötzlich bemerkt, daß sein Radio verstummt ist, braucht nicht gleich an einen Defekt zu denken. Er hat vermutlich nur gerade den Empfangsbereich verlassen! Bis zum nächsten Ortsrand einer Siedlung gibt es nun nichts mehr zu hören — jedenfalls nicht im UKW- und Mittelwellenbereich. Es gibt auch in Kanada und Alaska Rundfunksender, die landesweit senden, aber nur auf Langwelle oder Kurzwelle auch landesweit zu empfangen sind, und die sind in Autoradios meist nicht zu finden.

Für UKW- und Mittelwellenempfang benötigt man im Norden des Kontinents den örtlichen Umsetzer einer Siedlung. Daher ist oft auf Hunderten von Kilometern auch auf dem Alaska Highway kein Empfang möglich, von Empfangsmöglichkeiten im Busch ganz zu schweigen. Außerdem gibt es in jeder größeren Siedlung mindestens einen privaten Rundfunksender. Die finanzieren sich durch Werbeeinnahmen. Daher ist ihr Ausstrahlungsbereich auf den Ort begrenzt. Auffällige Tafeln am Straßenrand nennen die einzuschaltende Wellenlänge und kennzeichnen die Empfangsbereiche. Die Programme sind durch Werbespots bestimmt, aber sie enthalten auch die für Touristen interessanten Hinweise.

Morgens bzw. am Vormittag laufen in der Regel die kostenlosen Annoncensendungen, das Radio ersetzt die Anzeigenseiten in den nicht vorhandenen Zeitungen — oder ergänzt diese in Großstädten. Wer etwas auf den Gebrauchtwarenmarkt bringen möchte, ruft einfach an. Der Sender funkt es in den Äther. Wer Kaufinteresse hat, ruft beim Verkäufer an. Umgekehrt geht es genauso: Der Tourist, der ein gebrauchtes Kanu billig kaufen möchte, rufe an und lasse sich Angebote machen.

Vormittags gibt es auch regelmäßig Informationssendungen, lokale Angebote und Ereignisse. Ganz exotisch wird es abends mit dem Buschfunk, „Trapline Chatter" usw. Da folgen lokaler Klatsch, amtliche Durchsagen, persönliche Botschaften und Einladungen von Hörern an Hörer. Wen Zeitung und Telefon per Post nicht erreichen, den erreicht man über den Rundfunk.

Im übrigen wird in allen Medien Nordamerikas vorwiegend Nabelschau betrieben. Der Rest der Welt findet nur bei spektakulären Ereignissen Erwähnung, und auch dann meist nur in einigen Nebensätzen unter „Verschiedenes".

Wer also landesweit auf Empfang bleiben möchte, muß sich ein kleines Radio mitbringen, das ihm Kurzwellenempfang ermöglicht. Damit kann man dann auch Heimatklänge einfangen und erfährt auch noch im hintersten Winkel im Busch, wie der Pokalkick zwischen Austria Wien und Grashoppers Zürich ausgegangen ist.

Fernsehen wird auch im hohen Norden groß geschrieben. Neben den beiden landesweit ausgestrahlten Programmen der CBC in Kanada ist eine Vielzahl örtlicher Privatsender am Werk. Sie kann man überall in den Städten über Kabel empfangen, aber auch im letzten Inuitdorf am Rande des Eismeers. Die neuen Techniken machen es möglich, Satellitenfernsehen aus den USA und Kanada fängt man überall mit den schüsselartigen Empfangsantennen ein. Die sind denn auch das erste, was einem heute an der einsamsten Lodge in der Wildnis auffällt, dieser Kontrast zwischen Holzblockhaus und der Empfangsschüssel des Satellitenfernsehens auf dem Dach.

Für Fernsehübertragungen wird in Nordamerika einheitlich das NTSC-System benutzt. Dessen Bild setzt sich aus 525 Zeilen zusammen und stimmt nicht mit europäischen Systemen überein. Deren Bilder bestehen aus 625 Zeilen. Wer also mit eigenem Mobilhome auf Reisen geht, kann drüben mit seinem Fernseher nichts empfangen. Und die hiesigen Videobänder und -cassetten können drüben nicht auf einem nordamerikanischen Gerät abgespielt werden!

Schußwaffenkauf

Im Gegensatz zu manchen Annahmen ist es in Nordamerika jedoch nicht möglich, so einfach eine Schußwaffe zu kaufen. In den USA/Alaska muß man Bürger des betreffenden Bundesstaates sein. Der Nachweis ist nur durch den jeweiligen Landesführerschein möglich, es gibt ja keine Meldepflicht. Über jeden Kauf muß der Händler mit genauer Angabe der Käuferanschrift die Polizei, also den Sheriff, informieren.

In Kanada ist das Waffenerwerbsrecht per 1.1.1993 neu und erschwerend geregelt worden. Wer eine Jagdwaffe — und nur die kann er so einfach kaufen — haben möchte, benötigt dazu die Waffenerwerbskarte, ob Kanadier oder Europäer. Sie wird beim Sheriff (was hier „Friedensrichter" heißt, er sitzt im jeweiligen Amtsgericht) beantragt und für 5 Jahre Laufzeit ausgestellt.

Neu ist: Es sind zwingend vier Wochen Wartezeit vorgeschrieben. Ein Paßbild muß dem Antrag beigefügt werden. Ausgehändigt wird das Papier nur, wenn man in der Zwischenzeit zwei Leumundszeugen beigebracht hat und den Nachweis, daß man an einem Waffengebrauchskurs erfolgreich teilgenommen hat. Wer es als Europäer überhaupt in der Vier-Wochen-Frist schaffen will, muß von zu Hause das polizeiliche Führungszeugnis und den Strafregisterauszug, beides in jungfräulichem Zustand, mitbringen, dazu die vom Dolmetscher beglaubigte amtliche Übersetzung ins Englische. Hilfreich ist eine europäische Waffenerwerbserlaubnis, ein Waffenschein oder ein Jagdschein, ebenfalls übersetzt.

Zur Beachtung: All das gilt nur für den *Erwerb* von Jagdwaffen. Das Mitbringen aus Europa und das Führen von Jagdwaffen im Land ist völlig problemlos erlaubt. Die Waffen müssen bei der Einreise deklariert werden. Man führt sie zweckmäßig zerlegt im Koffer mit. Für den Zoll halte man einen Zettel bereit, der Typ, Marke (Hersteller) und Fabriknummer enthält. Auf Verlangen muß man diese Angaben hinterlegen — und so erspart man sich das Auspacken.

In den USA (Alaska) kann jeder Staatsbürger sich eine Waffe beliebiger Art kaufen, aber er muß eben nachweisen können, daß er US-Bürger ist. Das wird auf dem Kassenzettel festgehalten. Munition hingegen kann man beliebig viel und ohne irgendeine Erlaubnis kaufen. Sie ist im Durchschnitt doppelt so teuer wie in Europa, ausgenommen die 0.22er. Die kauft man besser drüben.

Städtische Straßensysteme

Die Siedlungen in den USA und Kanada zeigen ein einheitliches Straßenbild, das sich grundsätzlich in jeder Siedlung wiederholt. Der Fremde tut gut daran, sich die drei Grundregeln genau einzuprägen. Dann ist in (fast) allen Orten das Zurechtfinden kein Problem.

Faustregel Nr. 1: Alle „Avenues" verlaufen parallel zueinander in derselben Richtung, alle „Streets" kreuzen die Linien der Avenues. Daraus ergibt sich ein für Nordamerika typisches Rastersystem. Dabei ist es unerheblich, in welcher Himmelsrichtung es angelegt ist, Avenues laufen immer parallel zu Avenues und Streets immer parallel zu Streets.

Faustregel Nr. 2: Die Numerierung der Avenues und Streets beginnt außen am Stadtrand mit der 1st Avenue bzw. 1st Street. Sie sind dann durchlaufend numeriert bis zum jenseitigen Stadtrand. Dabei kommt es vor, daß kleine Großtuer statt mit 1 mit 101 anfangen zu zählen. Die ersten hundert gibt es dann eben nicht.

Gelegentlich wird eine Straße mit einem Eigennamen benannt. In diesem Fall wird die zutreffende Zahl der Durchnumerierung übersprungen.

In Großstädten wird die zentral verlaufende Hauptstraße nochmals zur Orientierungshilfe eingesetzt. Das bekannteste Beispiel dürfte die „Fifth Avenue" in New York sein. Von ihr aus werden die Streets zusätzlich unterteilt, und auch die Haus-

Ungeheuer zahl- und artenreich ist die Tierwelt in der teils von Menschen unberührten Natur im Norden des amerikanischen Kontinents

Gängigstes Fortbewegungsmittel in Kanada und Alaska — das Boot

nummern richten sich danach. Die Anschriften lauten dann „W.1st Street“ und „E.1st Street“, wobei die beiden Abkürzungen für west- bzw. ostwärts der Fifth Avenue stehen. Wer das verinnerlicht hat, vermeidet es, genau am entgegengesetzten Punkt der Stadt aufzukreuzen.

Faustregel Nr. 3: Hausnummern folgen dem Straßenraster, sind also blockweise ausgegeben und beginnen an jeder Kreuzung neu — aber mit vorgesetzter Straßennummer. Das ergibt eine weitere zuverlässige Orientierungshilfe und erlaubt, an der Hausnummer genau zu erkennen, wo in der Siedlung ein Haus zu suchen ist. Den Unkundigen kann diese Eigentümlichkeit aber auch total in die Irre führen. Das Haus Nr. 4101 findet man nicht als viertausendstes weit draußen am Stadtrand — sondern als 1. Haus hinter der 41. Street, im Block zur 42. Street hin. Um beim Beispiel New York zu bleiben, dann liegt sie mitten in Manhattan, als Anschrift geschrieben: 4101-5th Avenue.

Telegramme/ Geldüberweisungen

In Kanada nehmen die örtlichen Büros der Canadian Pacific Railway Corporation sowie die der Canadian National Railway Corporation Telegramme an. In den Territorien ist die halbstaatliche Telefongesellschaft Northwestel dafür zuständig. Ihr einziges Kundenbüro befindet sich 211 Elliot Street, Whitehorse. Es ist von 9 — 16 Uhr geöffnet, aber nicht am Wochenende. In den anderen Orten ist man auf eine telefonische Telegrammaufgabe angewiesen. Der Besitzer eines örtlichen Telefones gibt für den Reisenden das Telegramm fernmündlich auf, läßt sich die Kosten durchsagen und kassiert. Das ist in Hotels möglich und natürlich auch bei jedem Bekannten.

Gleiches gilt für Alaska, wo die Telefongesellschaft Alascom auch den Telegrafendienst versieht. Sie unterhält vier Alascom public counter, also Schalterbüros für den Publikumsverkehr in Anchorage, Bethel, Fairbanks und Juneau, jeweils von 9 — 17 Uhr geöffnet, aber nicht an Wochenenden. Von allen anderen Orten aus kann man über die Nr. 1-800-478-9500 kostenfrei den Alascom Telegrammdienst anrufen. Telegramme werden dann durch Rückruf aufgenommen und über den Teilnehmer abgerechnet.

Ein Telegramm nach Europa — und umgekehrt — benötigt etwa drei Tage bis zum Empfänger!

Telegrafische Geldüberweisungen lassen sich über die genannten Büros der Eisenbahnen und in Alaska über die der Telecom abwickeln, in den Territorien über Northwestel. Dorthin gibt es inzwischen telegrafische Überweisung, weil Northwestel don Geldverkehr jetzt übernimmt.

In allen anderen Orten mit einer Bankfiliale, die zu einem entsprechenden Service Zugang hat, kann man sich behelfen. Man geht so vor: Telefonanruf oder Telegramm nach Hause mit genauer Weisung. Jede europäische Bank übernimmt dann den Auftrag zur telefonischen Geldüberweisung. Formulierung: an Bank ... for pickup by Mr./Mrs. (folgt genauer Name gemäß Paßeintragung).

Wenn der Überweisungsbetrag vormittags bei einer europäischen Bank in Auftrag gegeben wird, kann man den Geldbetrag (abzüglich 10 Dollar Bankgebühren) gegen Vorlage seines Passes nach drei

Werktagen am Bankschalter abholen. In Kanada kommt hierfür die Bank of Montréal in Frage, die auch Filialen in Whitehorse und Yellowknife hat. In Alaska kann man auf diese drei Banken rechnen: National Bank of Alaska, Alaska State Bank, Alaska Bank of the North.

Telefon

In den USA, Kanada und Alaska hat die Post mit dem Telefon nichts zu tun. Weit über tausend private Unternehmen teilen sich den Telefonmarkt. Daraus ergeben sich manche Handhabungsunterschiede. Die sogenannten „Pay Phones", die aluminiumfarbigen Apparate der Münztelefone, findet man überall reichlich, auch abseits im letzten Winkel, meist in einer Ecke des Supermarktes, Hotels oder Restaurants versteckt, aber auch an den Straßenkreuzungen. Die Ortsgespräche sind genauso einfach zu führen wie in Europa. Man beachte einfach die deutlich sichtbaren Gebrauchsanweisungen. Der Rest findet sich im vorderen Teil des Telefonbuches.

Auch das Ferngespräch nach Übersee ist von jedem Münztelefon aus möglich. Da diese aber höchstens Vierteldollars (Quarters) annehmen, gibt das Probleme. Selbst wenn man einige Dutzend Quarters zur Hand hat — bis die eingeworfen sind, hat sich der Teilnehmer längst zum Auflegen entschlossen, und das eingeworfene Geld ist futsch.

Nur in den kanadischen Großstädten kann man (werktags) von der Telefongesellschaft aus gegen nachherige Bezahlung telefonieren. In ganz Alaska gibt es diese Möglichkeit nicht. In den Territorien bietet NorWesTel drei Möglichkeiten in ihren Büros (nur montags bis freitags 9-16 Uhr): Whitehorse, 3rd Avenue Ecke Elliot Street! Hay River, 71 Woodland Drive! Inuvik, 52 Mackenzie Road! nicht aber in Yellowknife! Es bleibt, von einem Hotel aus zu telefonieren und anschließend die Kosten zu tragen.

Wer ohnehin eine Visa Kreditkarte besitzt, hat es einfacher. Man kann damit bereits direkt anrufen. Die AT&T Telefongesellschaft gibt eine kostenfreie Telefonkarte aus und rechnet die Gespräche über das Visa Konto ab. Und schließlich: Man kann sich drüben an jedem Pay Phone von zu Hause anrufen lassen! Die Rufnummer ist deutlich sichtbar am Gerät angebracht.

Die Möglichkeit des R-Gespräches gibt es mit Kanada nicht. Collect Calls, wie der Fachausdruck heißt, sind nur mit den USA möglich. Grundsätzlich konnte und kann man auf dem Umweg über Verwandte/Bekannte eine Botschaft nach Hause übermitteln lassen, auch wenn dies recht umständlich ist.

Eine weitere Besonderheit sind drüben die kostenfreien Telefonate, die über die Vorwahl 1-800 abgewickelt werden. Hier hat die deutsche Telekom eine Lösung parat und kann so eine Alternative zu den „normalen" R-Gesprächen anbieten. Wenn man in den USA und Alaska die 1-800-292-0049 und in Kanada die 1-800-465-0049 wählt, gelangt man kostenfrei in das Operator-Center der Telekom in Frankfurt/Main. Die Vermittlungsstelle verbindet weiter. Der Preis für das zustandegekommene Gespräch beträgt 11 DM. Dazu kommen die Kosten von 2,07 DM pro Gesprächsminute. Das Gute daran ist, daß der Angerufene bezahlt, der Anrufer kommt kostenfrei weg.

Im Umgang mit Unternehmen sollte man in Nordamerika immer von der -800 Nummer Gebrauch machen. Die ist für den Anrufer kostenfrei und insbesondere bei Hotelreservierungen sehr günstig.

Im übrigen beachte man die in ganz Nordamerika einheitliche Telefonzahlenfolge. Sie besteht zunächst immer aus einer dreistelligen Vorwahlnummer der Provinz, des Staates oder des Territoriums. Innerhalb entfällt sie. Danach kommt immer eine dreistellige Ortsvorwahl und dann die immer vierstellige Teilnehmernummer.

Thermometer

Temperaturen werden in Kanada nach Celsius gemessen. Ebenso oft ist aber auch noch die Maßeinheit nach Fahrenheit in Gebrauch, die in Alaska obligatorisch ist. Beim Ablesen der Thermometer macht das wenig aus, die sind durchweg mit beiden Einheiten ausgestattet. Wer aber umrechnen muß, tut sich schwer. Bei der Meßskala nach Fahrenheit kocht Wasser bei 212 °C, aber es gefriert erst bei 32 °C minus. Fahrenheit gibt die Grundlage für die Umrechnungsformel ab.

Celsiusgrade: 0,55 plus 32 = Fahrenheitsgrade.

Fahrenheitsgrade – 32 und danach x 0,55 = Celsiusgrade.

Uhrzeit

In ganz Nordamerika folgt man dem englischen System der Zeiteinteilung in zweimal 12 Stunden täglich. Die ersten 12 Tagesstunden werden mit dem Zusatz a.m. (ante meridiem) = Vormittag kenntlich gemacht, die folgenden 12 Stunden mit p.m. (post meridiem) als Nachmittag verdeutlicht. Die europäische Rechnung mit 13, 14, 15 Uhr usw. ist drüben völlig unbekannt.

Auch drüben ist das Umstellen der Uhren auf Sommerzeit üblich. Am ersten Aprilsonntag werden die Uhren um eine Stunde vor — und am letzten Oktobersonntag wieder zurückgestellt. Da Saskatchewan nicht mitmacht, springt die Zeitgrenze zwischen Zentral- und Mountain-Sommerzeit auf die Grenze von Saskatchewan zu Manitoba.

Die Ausdehnung des Kontinents bringt es mit sich, daß es in Kanada von Westen nach Osten sechs verschiedene Zeitzonen gibt. Alaska hat mittlerweile (bis auf die vier äußersten Aleuten) eine einheitliche Zeit, die um eine Stunde hinter der Pacific Normalzeit des YT nachhinkt. Wer von West nach Ost oder umgekehrt reist, muß also bei seinen Anschlüssen sorgfältig auf den Wechsel der Ortszeit achten.

Unterkünfte

Am günstigsten übernachtet der Einzelreisende in der Jugendherberge, drüben Youth Hostel genannt, aber es gibt nicht sehr viele in Kanada und Alaska. Mitglieder einer europäischen Organisation zahlen in der Regel 2 Dollar weniger als Nichtmitglieder. Es kommt also darauf an, ob man durch entsprechend häufige Nutzung auf seine Kosten kommt, dann sollte man z.B. in der BR Deutschland Mitglied des DJH werden, ehe man abreist. Der Jahresbeitrag beträgt 21 DM, für alle über 27 Jahre 34 DM, und Familienpässe gibt es ebenfalls für 34 DM.

In den beiden Territorien gibt es keine Youth Hostels, in Alaska und BC sind sie

bei der Beschreibung einer Siedlung genannt.
Als zweitgünstigste Lösung bieten sich die Häuser der YMCA/YWCA an, letztere nehmen aber nur Frauen und Kinder auf (Ausnahme: Yellowknife, NWT). Hier muß man nicht Mitglied sein. Preisvergünstigungen gibt es nicht. Auch diese Häuser sind bei den Siedlungen im Buch aufgeführt.
Daneben bleiben Hotels, Motels, Lodges und Bed and Breakfast-Unterkünfte, die man drüben überall findet, wo Menschen gehen oder fahren. Hier gilt es, eine Besonderheit zu beachten! Alle eben genannten Häuser nehmen — abweichend von europäischen Gebräuchen — eine Raummiete. Die im Reiseteil genannten Preise sind immer nur die Raummieten, die ein Einzelreisender zu zahlen hat. Für jede weitere Person wird nur ein Bettzuschlag erhoben, der gewöhnlich 10% des Grundpreises, mindestens aber 5 Dollar beträgt. Im hohen Norden ist man grundsätzlich gehalten, bei Bedarf die wenigen vorhandenen Räume mit anderen zu teilen.
Letzteres gilt ebenso für Youth Hostels und YMCA-Häuser — nicht aber die Preisgestaltung. Es ist also unter Umständen für ein Paar günstiger, statt 2 x 30 Dollar im YMCA, lieber 30 plus 5 Dollar im Zweibettzimmer eines Motels zu zahlen.
Für Bed and Breakfast gilt das gleiche. Diese Art zu übernachten wird erst zu zweien günstig, da die Einzelperson für Raum und Frühstück etwa 45 Dollar zu zahlen hat, für zwei Personen der Raum und zweimal Frühstück aber nur 55 Dollar kosten. Im übrigen muß man Bed and Breakfast anders werten als auf dem alten Kontinent. Dieser Begriff wird drüben auch auf jene Hotels angewendet, die nach Art unserer Pensionen geführt werden. Es gibt zum Beispiel in Anchorage ein großes Haus, sehr komfortabel, das Bed and Breakfast ab 80 US$ anbietet!
In allen Hotels und Motels dagegen ist Frühstück nie im Preis enthalten. Das kann man im Restaurant des Hauses gegen zusätzliche Bezahlung bekommen!

Verkehrsbestimmungen

Die Verkehrsbestimmungen sind in Nordamerika fast dieselben wie in Europa auch. Alkohol im Blut ist beim Autofahren verpönt, die Anschnallpflicht ist auch schon eingeführt und rechts fährt man dort auch. Manche Verkehrszeichen drüben wirken auf den ersten Blick befremdlich, aber die Symbole oder Aufschriften lassen die Anordnung erkennen. Um die Sicherheit auf den Straßen zu verbessern, haben manche Regierungen vorgeschrieben, daß Autofahrer auch am Tage mit eingeschalteten Scheinwerfern fahren müssen. Damit ist Abblendlicht gemeint, Standlicht erfüllt die Anforderung nicht.
Die große Abweichung, die generelle Geschwindigkeitsbegrenzung auf den Highways, kann niemand übersehen. Auch hier sind die Grenzen nicht einheitlich, in Alaska sogar in Meilen statt Kilometern angegeben. Die 55 Miles entsprechen rund 90 km/h, was auch in Kanada ausgeschildert ist, obwohl es dort auch Provinzen gibt, die 100 km/h gestatten. Man halte sich an die Begrenzungen, die auf den großen Tafeln am Highway angegeben sind.

Währungen

Sowohl in Kanada als auch in Alaska heißt die Währungseinheit „Dollar“, und beide beinhalten 100 Cents. Dennoch handelt es sich um zwei sehr verschiedene und voneinander unabhängige Währungen.

In Alaska gilt der bekannte „Greenback“, der tatsächlich nur einfarbig und im Einheitsformat zu haben ist. Dort unterscheiden nur Wertaufdruck und Portrait die Scheine. Das erfordert gerade beim Urlauber erhöhte Aufmerksamkeit, damit keine Verwechslungen unterlaufen. Es gibt die US$ in Noten 1, 2, 5, 10, 20, 50, 100, 500 und 1000 US$. Ganz abgesehen davon, daß man als Reisender gut daran tut, möglichst wenig Bargeld mitzuführen, ist bei Scheinen ab 50 Dollar aufwärts zusätzliche Vorsicht geboten. Man bekommt sie wegen der häufigen Fälschungen mit höherem Nennwert meist nur bei Banken eingetauscht bzw. gewechselt. Als Zahlungsmittel werden hohe Scheine in Geschäften und Restaurants oft nicht akzeptiert!

Der kanadische Dollar (Can$) ist in gleicher Stückelung zu haben, aber durch unterschiedliche Farbe und Gestaltung leichter zu kontrollieren. Beide Währungen sind in Münzen zu 1, 5, 10, 25, 50 Cents und 1 Dollar gestückelt, die oft durch mundartliche Bezeichnungen eingefordert werden. Sie heißen in der o.a. Reihenfolge Copper (oder: Penny), Nickel, Dime, Quarter, Halfdollar und „Buck“ bzw. „Loony“. Die etwas klein ausgefallenen US-Dollarmünzen bekommt man nicht zu sehen. Es ist allgemein üblich, stattdessen eine Rolle von 1- und 2-Dollar-Scheinen mitzuführen. Wichtig ist, daß man fürs Telefonieren und Bezahlen in öffentlichen Verkehrsmitteln Münzen, insbesondere Quarters, bereit hält, sonst kann man weder telefonieren noch mitfahren, denn Wechseln ist nicht vorgesehen.

Die Einfuhr beider Sorten ist in unbegrenzter Höhe zulässig. Der Reisende, der beide Staaten besucht, sollte sich in ausreichendem Maße mit beiden Währungen durch Umtausch aus der einheimischen Währung zu Hause eindecken. Zwar wird in ganz Kanada auch der US$ als Zahlungsmittel akzeptiert, aber der wird beim groben Umrechnen auf die kanadischen Preise tüchtig abgerundet. Und wer erst aus US$ in Can$ umwechselt, zahlt der Bank weitere 10 % Wertverlust als Wechselgebühr, die er schon einmal zu Hause beim Tausch aus der heimatlichen Währung in US$ zu zahlen hatte.

Zahlungsmittel

Man sollte nur Dollar auf die Reise mitnehmen. Niemand, außer einigen Niederlassungen deutscher Banken und der „Royal Bank of Canada“, tauscht DM, Franken oder Schilling gegen nordamerikanische Währung um! Manchmal lassen sich auch Wechselstuben in International Airports zum Tausch überreden, aber das ist bei den dortigen Wechselgebühren ein Minusgeschäft.

Auch Eurocheques und -karte sowie sonstige Schecks läßt man am besten zu Hause. Das europäische Schecksystem wird drüben nicht akzeptiert! Andererseits ist die Mitnahme hoher Barbeträge Leichtsinn. Dafür gibt es das in Nordamerika eingespielte System der Travellerschecks. Die kauft man hier bei einer Bank oder beim Hauptpostamt, gestückelt nach Bedarf. Damit kann man drüben wie mit Bargeld zahlen oder bei jeder Bank Bargeld eintauschen, was man unterlassen sollte. Die Banken kassieren für jeden Scheck 3 Dollar Einlösegebühr! Hingegen nimmt jeder Händler oder jedes Restaurant den Travellerscheck mit seiner Einlösegarantie viel lieber als Bargeld und gibt gerne ohne jeden Abzug 95 Dollar zurück, wenn man für 5 Dollar eingekauft hat! Man sollte aber darauf achten, daß man Travellerschecks von American Express oder Cooks kauft. Das sind die beiden überall akzeptierten Geldersatzmittel. Sie sind zudem gegen Verlust versichert und werden in einem solchen Fall drüben sofort ersetzt. Und immer daran denken: möglichst in der richtigen, der benötigten Dollarart kaufen! Wer erst Can$ wieder in US$ umtauschen muß, verliert weitere 10 % durch Wechselgebühren.

Ebenso gut beraten ist, wer „Plastikgeld" mitführt, also eine der international gültigen Kreditkarten. Wer sich erst noch eine besorgen möchte, sollte nur Visa oder Mastercard (ist in Eurocard enthalten) nehmen. Nur diese beiden Karten werden fast überall in Nordamerika akzeptiert.

Andere Karten sind nur im Hotel oder beim Einkauf von Nutzen. Aber Vorsicht: Die Natives Cooperativen im hohen Norden sind meist nicht gewillt, irgendeine Kreditkarte anzunehmen. Da es dort auch keine Banken gibt, kann man rasch in die Klemme geraten, weil man sein Hotel nicht bezahlen kann bzw. man bekommt erst gar keine Unterkunft, weil man im voraus zu zahlen hat.

Der US-Bundesstaat Alaska

Alaska ist der 49. Bundesstaat der USA
Fläche: 1.518.717 qkm = sechsmal so groß wie die Bundesrepublik Deutschland.
Einwohner: 530.000, darunter 35.000 Inuit, 15.000 Kutchin Dené, 10.000 Tlingit und 8000 Aleuten.
Hauptstadt und Sitz der Bundesstaatsregierung sowie -verwaltung ist Juneau im Panhandle, 30.000 Einwohner.

Geographie

Wie ein scharfer senkrechter Schnitt teilt die Grenze auf dem 141. Längengrad die Westecke des Kontinentes von Kanada ab. Eine rein willkürliche politische Grenzziehung mit dem Lineal, denn beidseitig handelt es sich um dieselbe Landschaft — und die Gebirgszüge sowie zwangsläufig die großen Flüsse dazwischen ziehen von Ost nach West.

Die weitere Begrenzung von Alaska nimmt das Meer vor. Nur der südwestlich anhängende Panhandle, der nach seiner Ausformung sogenannte „Pfannenstiel", hat noch eine in Verträgen festgelegte Grenzziehung, die der Wasserscheide und den Höhenlinien des Küstengebirges folgt.

Draußen im Meer, im äußersten Westen, liegt eine weitere Grenze, unsichtbar und imaginär, aber von geographischer Bedeutung. Zwischen den Diomedes Inseln führt sie hindurch: die Grenze zur ehemaligen Sowjetunion. Hier treffen Ost und West aufeinander, hier enden beide Himmelsrichtungen. Die Inseln sind nur 4 km auseinander, und die beiden Kontinente trennen nur gut 100 km, aber es sind Welten, die hier aneinanderstoßen.

Alaska ist in seiner Gesamtheit Gebirgsland. Selbst die Barren Grounds am Eismeer sind Vorgebirgslandschaft, die in der Brooks Range nach Süden zu auf über 2000 m.ü.M. ansteigt. Dieser letzte Ausläufer der Rocky Mountains, der etwa 20 % von Alaska einnimmt, ist noch immer eine weitgehend menschenfreie Wildnis.

Nach Süden zu schließt sich Inneralaska an, von Ost nach West vom Yukon River durchflossen. Der Unterlauf des mächtigen Stromes passiert ein gebirgiges Plateau mit zahlreichen niedrigen Bergketten und beachtlichen Flüssen.

Ganz im Süden folgt dann der von Kanada her einmündende mächtigste Gebirgszug des Küstengebirges, das sich hier noch einmal breit ausdehnt und hoch auftürmt, mit Gletschern, die bis ans Meer hinabreichen. Dem Inneren zu ragt die Alaska Range auf mit dem Denali, der mit 6194 m.ü.M. höchsten Erhebung Nordamerikas.

Der Südausläufer der Coastal Range läuft noch weit nach Westen, zuerst als geschlossener Gebirgszug der Aleutian Range, begleitet im Südwesten von einem kürzeren zweiten, der Kenai Halbinsel und der daran anschließenden Inselwelt Kodiaks.

Das Aleutengebirge fasert dann aus in einzelne, aus dem Meer hoch aufgebuckelte Gebirgsgipfel, eine insgesamt 1800 km lange Kette von über hundert einzelnen Felseneilanden, jede Höhe im Verdacht stehend, demnächst wieder einmal Feuer zu spucken. An ihrem Ende stößt der Westen ein zweites Mal an den Osten, zwischen Attu und der Bering Insel. An letzterer scheiterte Bering mit seinem Schiff, hier starb er — und sicherte so die äußersten Aleuteninseln für die Sowjetunion. Die unterschiedlichen Klimazonen entsprechen denen in Kanada. Im Süden schirmt das Küstengebirge mit extremen Niederschlagsmengen das Innere ab, es ist ganzjährig mild und regnerisch, Anchorage, das am Cook Inlet liegt, befindet sich nicht weiter nördlich als die Hauptstadt Norwegens auch, und der warme Japanstrom sorgt für Ausgleich — die in der Beringsee nach Süden ziehende kalte Strömung mit ihren Eisbergen andererseits für eine Wetterküche. Die Aleuten sind dazwischen gebettet und für ihren Nebel und ihr Dauerregenwetter verrufen. Hier trieft immer alles, im Sommer etwas wärmer, im Winter etwas kühler. Das niederschlagsarme Innere Alaskas bietet dagegen warme und trockene Sommer sowie kalte, aber durch tägliche Sonnenstunden erträgliche Winter von bis zu fünf Monaten. Nur oben in der Brooks Range mit langanhaltenden harten Sturmwintern kann es richtig ungemütlich werden — aber dort sorgt der mehrmonatige Sommersonnentag mit Dauerlicht ab Mai bis August für einen ebenso angenehmen wie gerechten Ausgleich.

Geschichte

Obwohl leicht zugänglich am Pazifik gelegen, blieb Alaska lange für sich und den zuletzt — vermutlich während der Eiszeiten vor 12.000 bis 8000 Jahren — eingewanderten Völkern der Inuit und der Indianer. Die ersten Weißen fanden an der Südküste die Tlingit und im Innern ihre Vettern, die Kutchin vor, beide von der Sprachgruppe der Athabaska. Auf den Aleuten und der Alaska Halbinsel wohnten die Aleuten-Inuit, entfernte Verwandte der nach Norden zu an der gesamten West- und Nordwestküste und an der Eismeerküste lebenden Inuitstämme.

Spanier kamen als erste die Küste herauf. Schließlich siedelten sie zuerst am Pazifik. Juan de Fuca erforschte die Küste 1596 und hinterließ seinen Namen an der Vancouver Insel. 1774 schaffte es Juan Perez bis zu den Aleuten. 1775 segelte Bruno Hecata in den Prince William Sound, und Francisco de Quadra gelangte 1779 über den 56. Breitengrad. Aber mehr als einige spanisch klingende Namen auf den Landkarten hinterließen sie nicht, wie z.B. Don Salvador Hidalgo für Cordova und Valdez.

Der Däne Vitus Bering hatte da mehr „Erfolg". 1725 sandte ihn Zar Peter von Rußland nach Ostsibirien, um dort ein Schiff zu bauen und damit die Landverbindung im Norden zu erkunden. Ihm ging es also mal nicht um den Seeweg nach Indien. Bering fand heraus, daß Amerika ein eigener Erdteil war und nirgends mit Rußland zusammenhing. Aber das genügte dem Zaren nicht. Bering mußte ein zweites Mal auf die Reise. Nun sollte er Amerikas Küste untersuchen. Diesmal machten sich zwei Schiffe auf den Weg, die „St. Peter" unter Bering und die „St. Paul" unter dem Russen Alexei Chirikof. Letzterer sichtete die Küste des amerikanischen Festlandes am 15. Juli 1741. Da Bering sich mit seinem Schiff im Nebel verirrte und schließlich Schiffbruch erlitt, kehrte Chirikof allein zurück. Die Ladung an See-

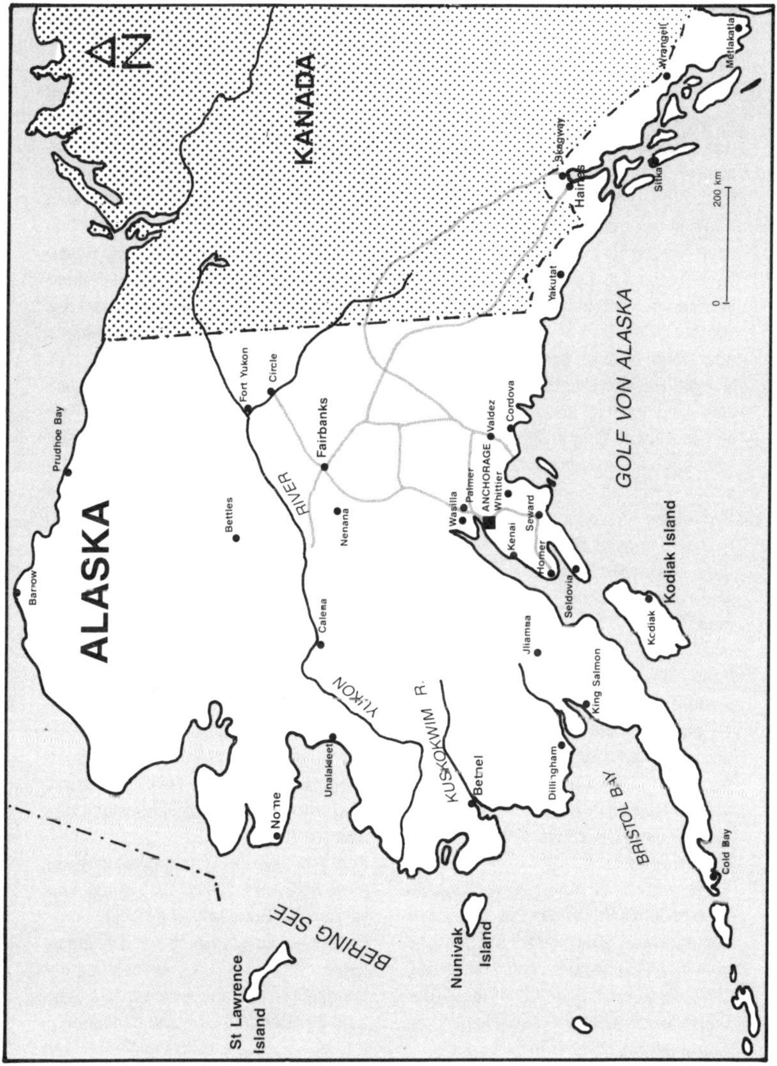
ALASKA
KANADA
N
Barrow
Prudhoe Bay
Bettles
Fort Yukon
Circle
Fairbanks
Nenana
YUKON
RIVER
Calena
KUSKOKWIM R.
Bethel
Unalakleet
Nome
Dillingham
King Salmon
BRISTOL BAY
Cold Bay
Kodiak
Kodiak Island
Seldovia
Homer
Kenai
Seward
Whittier
ANCHORAGE
Wasilla
Palmer
Valdez
Cordova
Yakutat
Haines
Skagway
Sitka
Wrangell
Metlakatla
GOLF VON ALASKA
BERING SEE
Nunivak Island
St Lawrence Island
0
200 km

otterpelzen, die er mitbrachte, löste einen Ansturm der sibirischen Pelzjäger aus. Mit allen möglichen Booten wurde zu den Pelzinseln gesegelt oder gerudert. Binnen weniger Jahrzehnte waren die Seeotter fast ausgerottet — und die Aleuten-Inuit auch.

Erst 1778 segelte Kapitän James Cook für England an der amerikanischen Küste nach Norden bis in die Buchten des heutigen Anchorage. Der ihm folgende Kapitän George Vancouver erkundete mehr von der Küste und ihren Wasserwegen, aber dabei blieb es dann.

Nur die Russen blieben an Alaskas Küsten, siedelten hier und ernteten die Pelze der Region. Grigor Shelikof gründete 1784 auf Kodiak die erste dauerhafte russische Ortschaft in der heutigen Three Saints Bay. Die orthodoxe Kirche folgte nach und begann 1795 mit der Missionierung. Alexander Baranof, erst Verwalter Shelikofs, dann erster russischer Gouverneur des Zaren, verlegte Regierungssitz und Siedlungszentrum der Russen in den Panhandle, nach Sitka. Bald kreuzten US-amerikanische Walfänger und Pelzjäger vor der Küste. Die Russen waren nicht in der Lage, den segelnden Freibeutern zu begegnen. Das 1821 erlassene Gebot, daß nur Russen in russischen Gewässern jagen und Handel treiben dürfen, war nicht durchzusetzen.

Als schließlich der Außenminister der USA Seward dem anhaltenden Drängen seiner beutegierigen Landsleute nachgab und dem Zaren Gold anbot, schlug dieser ein. 1867 wurde Alaska für 7,2 Millionen US-Dollar an die USA verkauft. Der Vertrag wurde am 18. Oktober in Sitka gültig.

Rasch rissen die amerikanischen Händler das Land und den Handel an sich. Die Alaska Trading Company entstand, übernahm den schon 1847 gegründeten Handelsposten Fort Yukon von der HBC (Hudson Bay Company) und legte weitere Niederlassungen an. Ab 1869 fuhren regelmäßig Heckraddampfer von St. Michael den Yukon River hinauf und versorgten die Handelsstationen mit Waren. Den eigentlichen Schwung brachten aber erst die Goldfunde im ganzen Land. Schon 1880 hatte Juneau Tausende mit dem ersten Fund angelockt. Im Inneren warf das Goldfeld am Fortymile River zunehmend Erträge ab, und 1899 folgte — gerade passend für die am Klondike Zukurzgekommenen der Fund bei Nome, dann bei Fairbanks und so fort. Plötzlich schien man überall das Gold in Alaska nur aus den Bächen schöpfen zu können. Dutzende von Siedlungen entstanden über Nacht — und sind längst wieder zerfallen.

Es war ein letztes Aufflammen des Wilden Westens. Im Gegensatz zum Klondike gab es hier noch wenig staatliche Ordnung. Die folgte erst mit zeitlicher Verzögerung der Entwicklung nach. Bis zu ihrem Eintreffen und der Aufrichtung der Staatsgewalt herrschte Faustrecht und Willkür. Mord und Raub waren an der Tagesordnung. Dann kehrte die staatliche Verwaltung ein, es begann die Entwicklung zum eigenen Bundesstaat.

Aber erst nach dem letzten Weltkrieg war es so weit. Am 3. Januar 1959 wurde Alaska zum 49. Bundesstaat erhoben.

Die Entwicklung hat auch hier die langgehegten Träume von der Ausbeutung der unermeßlich reichen Bodenschätze überholt. Der Bergbau ist heute bedeutungslos, und auch die Erdölexploration läuft nur mit geringem Engagement weiter. Die Erdölpipeline von der Prudhoe Bay rechtfertigt ihre Kosten nicht. Alaskas Wirtschaft setzt heute auf zwei andere Entwicklungszweige: Fischfang und Tourismus.

Nützliche Adressen

Geologische Karten kann man bei den staatlichen Verkaufsstellen im Land gegen bar bekommen: Anchorage: Alaska Map Service, 430 West 7th Avenue, Suite 1. Fairbanks: New Federal Building, 101-12th Avenue, Room 126.

Man bekommt die Karten auch in den Hauptorten, im Buchhandel oder im Store — aber eben meist jeweils nur die örtlich gefragten.

Camping Permits: Annual Camping Pass, Box 107001, Anchorage AK 99510-7001. Hier kann man die Camping Permits gegen Zahlung von 75 US$ bestellen. In Alaska sind für alle staatlichen und privaten Campgrounds mindestens 6-12 US$ pro Nacht und Stellplatz zu entrichten. Man kann die Permits natürlich auch im Land bei jedem Park Office kaufen.

Jagd- und Angelinformation: Alaska Department of Fish and Game, Box 3-2000, Juneau AK 99802.

Das „Guide Register" der zugelassenen Jagdführer bekommt man aber nur bei: State of Alaska, Department of Commerce and Economic Development, Division of Occupational Licensing, 3601 C-Street, Anchorage AK 99503. Es kostet 5 US$, die man am besten gleich bar beifügt.

Im Panhandle: Alaskas „Pfannenstiel"

Panhandle nennt man allgemein jene merkwürdige schmale Landzone, die sich von Alaska nach Süden an der Pazifikküste erstreckt, geformt wie der Stiel der Pfanne Alaska, und als dessen Bestandteil nur zu erklären durch den Umstand, daß dies einst Russisch Alaska war. Die „Pfanne", der große Rest, war weder durchgehend von Weißen besiedelt noch eingehend bekannt, als die USA dem Zaren Alaska abkauften. Und so liegt denn hier auch die alte russische Hauptstadt Sitka wie auch die neue amerikanische, Juneau.

Ein Gebirge im Meer — Der Alexander Archipelago

Die Coastal Range ist ein wildes und rauhes, sehr einsames Gebirge. Die tiefen Täler zwischen den einzelnen Höhenzügen liegen im Meer, eine amphibische Welt, in der schwer zu entscheiden ist, was überwiegt, die Wasserflächen oder die Felsklötze. Zahllose Inseln und Schären sind der Festlandküste vorgelagert, tiefe Fjorde greifen weit ins Land, und dunkle Nadelwälder steigen vom Meeressaum die Berge hinauf. Oft liegt der Himmel wolkenverhangen über Gebirge und Wasser. Es ist ganzjährig kühl und feucht. Regenwald nennt man die Vegetation, die üppig und dicht verfilzt das Gebirge bedeckt.

Ein unvorstellbarer Reichtum an Tieren bevölkert die Fjorde, Inlets, Sounds und deren Wasser. Wale, Robben, Seelöwen, Delphine; Dorsche, Lachse, Heilbutte, Heringe; Muscheln, Krabben, Krebse, Langusten ohne Zahl, und in den Flüssen und Seen die ganze Palette der Süßwasserfische. Nicht nur Angler und Gourmets kommen hier zu ihrem Recht, auch der Naturfreund kann Szenen erleben und Bilder

gewinnen, wie kaum woanders am Großen Wasser.
Mit dem Auto ist hier nicht viel anzufangen, es hindert nur. Wer sich diese Inselwelt erschließen möchte, ist auf das Schiff angewiesen. Was den Norwegern die Hurtigruten, ist hier der Alaska Marine Highway, das System der Alaska State Ferries, die den Alexander Archipelagos, so der Name der Inselwelt, erst zugänglich machen.
Die Hauptlinie startet ab Bellingham, WA., und folgt fast ausschließlich der Inside Passage, dem parallel der Küste folgenden und zum Pazifik hin geschützten Wasserweg durch die Fjorde, läuft die fünf wichtigsten Häfen in Alaskas Panhandle an (stoppt in keinem Hafen von British Columbia) und endet in Skagway.
Eine zweite Hauptroute beginnt erst in Prince Rupert (British Columbia) und folgt auf derselben Linie nach Skagway. Einige Querverbindungen ermöglichen es, mit Anschluß an die beiden erstgenannten jeden wesentlichen Ort des Alexander Archipels (nach Alexander Baranoff, dem ersten russischen Gouverneur) zu besuchen.
Leider gibt es hierfür keine Netzkarte. Die Fahrt kann zwar beliebig unterbrochen und wieder fortgesetzt werden — aber nicht mit der durchgehend gelösten Fahrkarte! Man muß jede Teilstrecke gesondert buchen und somit mehr bezahlen, wenn man die Fahrt unterbrechen will. Das Tröstliche daran: Es handelt sich immer nur um 3 US$ Zuschlag, die eine Teilstrecke im Preis von dem der Gesamtbuchung unterscheiden. Und die Fahrtkosten insgesamt sind relativ günstig. Man fährt von Seattle bis Skagway drei volle Tage und Nächte und zahlt dafür 246 US$. Natürlich ist das die nackte Passage, Kabinen kommen extra und Autos kosten im günstigsten Fall 581 US$ — ohne Fahrer! Kabinen muß man nicht nehmen, man darf sogar an Deck sein Zelt aufschlagen, manche Fähren haben gar keine Kabinen zu bieten, nur Deckstühle. Restaurants sind an Bord, aber es empfiehlt sich, einigen Proviant selbst mitzubringen, will man preiswert reisen.

Informationen

Alaska Marine Highway, Box R, Juneau AK 99811, Tel. 907/465-3941 (oder in den USA kostenfrei 1-800-642-0066).
Im übrigen sind alle Orte im Panhandle nur im Linienverkehr per Flugzeug zu erreichen, außer: Skagway und Haines. Die beiden Häfen am Ende des Marine Highways haben Landverbindungen zum Alaska Highway, ins Yukon Territorium.

Ein Urlaubsvorschlag

Südwestalaska, der Panhandle oder Alexander Archipel, wie immer man es nennen mag, ist ein sehr begehrtes Urlaubsland. Entsprechend sind die Preise. Dennoch kann jeder in dieser wundervollen Wald-Gebirgs-Wasserlandschaft preiswert Urlaub machen.
Tongass National Forest heißt das Sesam-öffne-dich. Es handelt sich nicht um einen zusammenhängenden Park, sondern es ist ein bunter „Flickenteppich", der etwa ein Drittel des Archipels umfaßt. Während die dichter besiedelten Partien der Inseln außen bleiben, sind die Wildnisecken der einzelnen Inseln unter Schutz gestellte, romantische Teile oder ganze Inseln, wie z.B. Admirality Island mit 250.000 ha. Insgesamt sind es 14 Landschaftsteile mit zusammen über 1 Million ha!

Und darin verteilt liegen rund 150 Cabins, Hütten der Forstverwaltung mit 4 bzw. 6 Betten, jede einzelne für sich an einem See, Fluß- oder Meeresarm gelegen. Jeder kann sie mieten, und das beste daran ist der Einheitspreis: 20/30 (Saison) US$/Tag. Die Hütten sind nur schlicht möbliert, ohne Matratzen, mit Holz- oder Ölofen, ohne Licht und Strom, keine Kochgeräte. Man muß also Kochutensilien und Schlafsack plus Matratze mitbringen. Ebenso das Öl, Brennholz dagegen ist vorhanden. Hütten an Seen haben in der Regel ein Boot. Keine der Hütten hat einen Straßenanschluß, aber da alle nur wenige Flugminuten von einem der nachfolgend genannten Absprungorte entfernt liegen, ist weder die Organisierung noch der Kostenaufwand des Fluges ein Problem. Wenn sich gar eine Gruppe zusammentut, läßt sich ein zünftiger Wildnis- und Angelurlaub preiswert gestalten. Die Obergrenze von 6 Bettgestellen ist kein Problem. Der Rest der Gruppe biwakiert im Zelt, die Hütte ist der Aufenthaltsraum.

Leider ist die Mietdauer auf 7 Tage beschränkt. Es kann verlängert werden, wenn sich kein Nachfolgemieter angemeldet hat. In der Vor- und Nachsaison sind 10 Tagesmieten zulässig. Auch das ist kein Problem! Wenn es einem gefällt, schlägt man unweit davon anschließend ein Camp auf und bleibt noch länger. Oder schließt eine Tour durch die bewohnte Region im Archipel mit seinen günstigen Jugendherbergen und Zeltplätzen an.

Und so geht man vor:

USDA Forest Service, Alaska Region, Box 1628, Juneau AK 99802, Tel. 907/586-8806, sendet auf Anforderung das Hüttenverzeichnis mit Beschreibung und Lageangaben zu. Man sucht sich „seine" Hütte aus und sendet — frühestens 190 Tage vor Mietbeginn — den vollen Mietbetrag an die angegebene Bank durch Überweisung (keine Verrechnungsschecks). Im Gegenzug erhält man das Permit, die Hütte ist reserviert.

Rechtzeitig zum vereinbarten Zeitpunkt findet man sich beim zuständigen Office in Sitka, Ketchikan oder Petersburg ein, checkt nochmals nach und fliegt hinaus. Zum vereinbarten Zeitpunkt holt der Buschpilot die Wildnisurlauber wieder ab. Die o.a. drei Offices sind in der Städtebeschreibung genannt.

Innerhalb dieser Parkregion darf jeder eine Schußwaffe zur Selbstsicherung mitführen und geladen im Park tragen.

Die Hütten werden stets an eine Einzelperson vermietet, nicht an Gruppen. Die Beschränkung auf 7 bzw. 10 Tage soll verhindern, daß sich jemand für Monate eines der billigen Häuschen zulegt und andere leer ausgehen. Es besteht jedoch die Möglichkeit, daß sich in einer Gruppe die Person A eine Cabin für 7 Tage mietet, B die folgenden und C die letzten. Dann kann die Gruppe sich für drei Wochen dort niederlassen. Wen und wieviele sich jeder Mieter zur Begleitung mitbringt, ist seine Sache.

Und wer die Abwechslung liebt und mehr von der Region erleben möchte, verfährt ähnlich. Wenn A, B, C und D sich jeder eine Hütte mieten, aber im Wochenabstand hintereinander, kann die Vierergruppe einen Monat bleiben und gemeinsam in vier verschiedenen Cabins den Urlaub verbringen. Nutzt man das Angebot eines Gebietes dafür aus, bleiben auch die Kosten des jeweiligen „Umzuges" per Buschflugzeug gering. Und für Abwechslung ist dadurch gesorgt, daß es Hütten an der Küste am

Meer und im Innern einer Insel an Seen und Flüssen gibt — herrlich gelegen sind sie alle.

Ketchikan (14.300 Einwohner)

Info: *Information Center,* Box 131-TP, Ketchikan AK 99901, Tel. 907/225-6166, Fax 907/225-4250. An der Front Street, Nr. 131, weit ab vom Fährterminal, im Südteil des Hafens.

Alaska Marine Highway, Box 3501-TP, Ketchikan AK 99901, Tel. 907/225-6181, North Tongass Avenue.

USDA Forest Service Center, Federal Building, Ketchikan AK 99901, Tel. 907/225-3101.

Die Stadt Ketchikan liegt am Marine Highway, im Süden des Panhandle auf der Insel Revillagigedo, und wird durch die vorgelagerte Gravina Insel gegen den Pazifik abgeschirmt. Der Name ist ein Tlingit Wort für „Lachsfluß", an dessen Mündung die Stadt liegt.

Ursprünglich lag ein Tlingit Dorf an dieser Stelle. Die Entstehung der Stadt mit der Ansiedlung weißer Händler lag um 1887. Die Ursache war die Suche nach Gold, und 1898 wurde es auch in den Bächen nahe der Stadt entdeckt. Aber von Anfang an machte man sich auch den Fischreichtum der Gewässer zunutze. Der geschützte Hafen ließ die Berufsfischerei rasch anwachsen. Schon 1897 entstand die erste Lachskonservenfabrik, und in den 30er Jahren trug die aufgeblühte Stadt den Namen einer „Lachshauptstadt der Welt". Durch Überfischen der Gewässer wurde der Lachsbestand erheblich dezimiert, dafür expandierte die Holzwirtschaft. Sägewerke und Papierholzverarbeitung in den umliegenden ausgedehnten Wäldern der Region fallen kaum auf, sind aber heute der wichtigste Wirtschaftszweig — neben dem Tourismus!

Als Hauptort der Region, vorgelagert liegt die größte Insel des Archipels, hält Ketchikan alle denkbaren Versorgungsdienste bereit. Drei Dutzend Restaurants aller Preislagen liegen downtown und um den Hafen gruppiert. Beachtenswert ist deren Angebot an Meeresfrüchten.

i PRAKTISCHE INFORMATIONEN

Anreise

Der Ort ist der erste Haupthafen am Alaska Marine Highway, 41 Stunden nördlich von Seattle und 6 Stunden von Prince Rupert sowie 6 Stunden südlich von Wrangell.

Von hier aus besteht Fährschiffverbindung mit Hollis, dem Fährhafen der Insel Prince of Wales (4 Stunden), mit Metlakatla (1 Stunde) und Hyder/Stewart (10 Stunden). Das Fährterminal liegt am Nordende des Hafens, North Tongass Avenue, Tel. 907/225-6181.

Ketchikan ist Zwischenlandepunkt der täglichen Linienflugverbindung zwischen Anchorage und Seattle und hat Linienflugverbindungen zu Juneau und Prince Rupert. Der Airport liegt auf der Insel Gravina Island, unmittelbar gegenüber dem Fährterminal des Alaska Marine Highways. Von dort gibt es eine ständige Pendelfähre zum Airport Anleger (2 US$).

Sehenswürdigkeiten

Die Hafenanlagen. Angelehnt an den hinter ein paar Straßenzügen steil aufsteigenden Höhenzug, zieht sich der Hafen mit

Docks, Anlegeplätzen und Wasserflugzeug- wie Bootshäfen scheinbar endlos an der Küste entlang. Ein ständiges An- und Ablegen, Starten und Landen zeugt von der Geschäftigkeit dieses Hafens.

Tongass Historical Museum, im Centennial Building, Dock Street und am Ufer des Ketchikan Creek. Hierbei handelt es sich nicht nur um ein Museum der Tlingit Kultur mit Totempfahl usw., sondern auch um eine Beobachtungsplattform für den Lachsaufstieg im Creek. Eintritt 1 US$.

Creek Street, das auf Pfählen gebaute älteste Viertel der Stadt, war bis 1954 „Rotlichtbezirk", wo Black Mary, Dolly Frenchie und ihre Kolleginnen aktiv waren. „Dollys Haus" ist heute ein Museum, Eintritt 2,5 US$.

Totem Heritage Cultural Center, 601 Deermont Street. Ausstellung von 33 beachtlichen Totempfählen der Tlingit und der Haida. Eintritt 2 US$.

Deer Mountain Hatchery, im City Park an der Fair Street und dem Ketchikan Creek. Lachsaufzuchtanstalt mit jährlich 600.000 Junglachsen.

Saxman Native Village ist ein Freiliohtmuseum eines Tlingit Dorfes, das von den Tlingit selbst zusammengestellt wurde. Es ist mit dem einzigen neuen und prachtvollen Langhaus der jüngeren Zeit, das ganz aus Zedernholz geschnitzt ist, ausgestattet. Auch die Schnitzerwerkstatt und die Tlingit beim Schaffen ihrer Kunstwerke sind zu sehen.

Besichtigungstour mit Cape Fox Tours Inc., Box 8558, Ketchikan AK 99901, Tel. 907/225-5163.

Veranstaltungen

King Salmon Derby, letztes Maiwochenende; Angelwettbewerb mit großem Volksfest.

The Timber Carnival, gehört zum Nationalfeiertag am 4. Juli; großes Volksfest mit Wettbewerben der Lumberjacks, der Holzfäller.

Alaska Seafest, Wochenende Mitte Juli; Volksfest der Fischerei mit abendlichem Kostümball und Tanz auf den Docks.

The Blueberry Festival, zweites Augustwochenende; Musikfestival mit kulinarischem Begleitmarkt, der Waren und Speisen aus Fischerei und Wald einbezieht.

Unternehmungen

Die Stadt ist Sitz von einigen Dutzend Unternehmen, die sich alle der Gestaltung von Outdoors-Trips widmen. Ein Dutzend Wasserflugzeuge werden für Rund- und Ausflüge eingesetzt, dazu unzählige Boote für Angeltrips in Fjord und Meer (die alle nicht sehr preiswert sind, z.B.: bei 2 Teilnehmern, pro Stunde je 60 US$ — oder: Tages-Trip 750 US$ Mindestgebühr für Boot und Führer).

Unterkünfte

„Signal Creek Campground", 13 km nördlich Ketchikan downtown, 25 Stell- und Zeltplätze.

„Three's Campground", 1 km weiter wie o.a., 4 Zeltplätze.

„Last Chance Campground", am Ward Lake, 25 Stell-/Zeltplätze.

„Settler's Cove", 30 km nördlich Ketchikan, 9 Zeltplatze.

Alle vier sind schlichte staatliche bzw. der Jagdbehörde zugehörige Plätze, liegen alle nördlich von Ketchikan am North Tongass Highway und kosten 8 US$/Nacht.

„Ketchikan Youth Hostel", Grant Ecke Main Street, Box 8515, Ketchikan AK 99901, Tel. 907/225-3319, 7 US$, Nichtmitglieder 10 US$.

„Bed and Breakfast"-Unterkünfte über das Information Center zu erhalten, ab 25 US$.

„Rain Forest Inn", 2311-V Hemlock Street, Ketchikan AK 99901, Tel. 907/225-7246, ab 39 US$.

„Gilmore Hotel", 326-V Front Street, Ketchikan AK 99901, Tel. 907/225-9423, ab 60 US$.

„Ingersoll Hotel", 303 Mission Street, Ketchikan AK 99901, Tel. 907/225-2124, ab 80 US$.

„New York Hotel", 207 Stedman Street, Ketchikan AK 99901, Tel. 907/225-0246, ab 69 US$.

„Super 8 Motel", 2151 Sea Level Drive, Ketchikan AK 99901, Tel. 907/225-9088, ab 68 US$.

→(Reservierung kostenlos über Telefon 1-800-843-1991)

Hyder (AK) und Stewart (BC)

Info: *Stewart Historical Society Travel Infocentre,* Box 402, Stewart BC V0T 1W0, Tel. 604/636-2568. In der alten Feuerwehrstation, 6th Avenue Ecke Columbia Street.

Die beiden Orte Hyder und Stewart liegen am Ende des längsten Fjordes im Panhandle, des Portland Channel, rund 150 km vom Meer entfernt. Hyder hat 75 Einwohner, Stewart rund 1500. Beide Orte trennt die Staatsgrenze zwischen Kanada und Alaska, es verbindet sie die Straßenanbindung an den Cassiar Highway, BC Route Nr. 37, die den Hafen Hyder „am Leben erhält". Nur die Straßenverknüpfung macht den Fährverkehr notwendig, ein dritter Weg zum und aus dem Panhandle, der nach Süden und nach British Columbia führt. Beide Orte waren einst Mittelpunkte intensiver und ausgedehnter Bergbauaktivitäten. Gold und Silber wurde gefördert, die beiden Städte schossen empor, jede nach einem der örtlich aktiven Prospektoren benannt. Die Edelmetallförderung erlosch 1956, 1984 schloß das letzte (Kupfer-) Bergwerk. Stewart überlebte als nördlichster eisfreier Hafen von BC mit Straßenanbindung, Hyder lebt nur noch als Fähranleger und Grenzstation für US-Bürger zum Wegeanschluß in den Süden.

Hyder bietet Kaufladen und Postamt sowie drei Bars, was dem Ort den Ruf mit der höchsten Kneipendichte einbrachte.

Stewart bietet alle Versorgungsdienste. In beiden Orten gilt der Can$, Pässe sind nicht erforderlich, die Grenze ist nur symbolisch vorhanden.

i PRAKTISCHE INFORMATIONEN

Anreise

Einmal wöchentlich im Sommerhalbjahr, Fähre von und nach Ketchikan (11 Stunden Fahrtzeit).

Busverbindung, Seaport Limousine Ltd., Box 217, Stewart BC V0T 1W0, Tel. 604/636-2622 unterhält Liniendienst nach Terrace, BC, dort Anschluß an das Greyhound Bus System.

Flugverbindung, Trans-Provincial Airlines, Box 280, Prince Rupert V8J 3P6, Tel. 604/627-1341, unterhält Linienflugverbindung zwischen Prince Rupert und Stewart/Terrace.

Unterkünfte

Hyder (AK)

„Hyder RV Park", im Zentrum am Hafen, komfortabel, ab 8 US$.

Stewart:
„Lions Campgrounds", Stewart, wie o.a. gleiche Qualität, nur größer, ab 10 Can$.
„King Edward Hotel", Box 86, Stewart V0T 1W0, Tel. 604/636-2244, ab 50 Can$.
„Alpine Motel", Conway Ecke 6th Avenue, Stewart V0T 1W0, Tel. 604/636-2445, ab 50 Can$.
„King Edward Motel", Box 86, Stewart V0T 1W0, Tel. 604/636-2244 (Dependance des o.a. Hotels), ab 50 Can$.

Metlakatla (1600 Einwohner)

Metlakatla liegt auf der Annette Insel und ist nur von Ketchikan aus zu erreichen (Bootsfahrt: 1,5 Stunden, Mo./Mi./Sa., Fährpreis 28 US$ Rundtrip! Flug täglich mit Wasserflugzeug, Rundtrip 35 US$). Die Insel war bis 1887 unbesiedelt. Damals entzweite sich der Laienmissionar William Duncan mit seinen Kirchenoberen und zog samt Gemeinde mit seinem „Volk", einer Tsimshian Indianergruppe, aus British Columbia nach Norden und ins ausländische Alaska. Sie ergriffen Besitz von Annette Island. Der Staat Alaska sicherte die gesamte Insel als Reservat zu. Das ist sie noch heute. Wer das Dorf der Tsimshian für länger als eine Stippvisite besuchen möchte, benötigt eine Erlaubnis der Indianerbehörde.

Father Duncan starb 1918. Die Indianergemeinde ist heute eine moderne Siedlung mit allen möglichen Einrichtungen und einer intensiven wirtschaftlichen Aktivität. Fischfang, Holzwirtschaft, Fischverarbeitung und die örtlichen Geschäfte und Anlagen liegen in ihrer Hand und beschäftigen die Stammesangehörigen.

An Attraktionen bietet das Dorf, das nicht auf Tourismus eingerichtet ist, das Duncan Museum zur Dorfhistorie — und die einzigen in Alaska behördlich erlaubten Lachsfang-Wasserräder in den Bächen und Flüssen. Sie schaufeln, von der Strömung angetrieben, Tag und Nacht die aufsteigenden Lachse aus dem Fließwasser in die Verarbeitungsbecken.

Und wer etwas länger unter den Indianern bleiben möchte, findet Aufnahme mit Vollpension in den Familienheimen von Bernita Brendible, Tel. 907/886-7563, oder Jessel Duncan, Tel. 907/886-3200, zu 75 US$. Daneben gibt es ein kleines Restaurant, Einkaufsladen und mehrere Schnellimbisse.

Prince of Wales Island

Die etwa 210 km lange und 50 km breite Gebirgsinsel Prince of Wales Island umfaßt 7100 qkm und ist die drittgrößte Insel der USA. Dennoch ist sie nur eine große Wildnis mit einem Dutzend kleiner und unbedeutender Siedlungen, die Einwohner sind nahezu ausschließlich Haida Athabaska, Verwandte der Tlingit. Sie leben vom althergebrachten Nahrungserwerb, von Fischfang und -verarbeitung sowie von der Holzwirtschaft. Das verästelte dünne Netz schmaler Schotterstraßen erschließt — bis auf den Süden, der zum Tongass National Park gehört — die meisten Orte. Die Insel bietet einige Tourismusattraktionen, wirkt aber weitgehend unberührt und eignet sich hervorragend für einen selbstgestalteten Wildnisurlaub.

i PRAKTISCHE INFORMATIONEN

Anreise: 7mal wöchentlich fährt die Fähre (20 US$ pro Person, PKW 41 US$) von

Ketchikan nach Hollis, 75 km, Fahrtdauer 3 Stunden. Tel. 907/826-3432. Hollis ist nur Fährhafen, bietet keine Versorgungsmöglichkeiten, nur Zugang zum Straßennetz! USDA Forest Service. Linienflugverbindung besteht täglich von Ketchikan nach Klawok.
Versorgungsmöglichkeiten gibt es in:
Craig, 1200 Einwohner, Verwaltungssitz. *Visitor Information:* Craig City Hall, Craig AK 99921, Tel. 907/826-3275. USDA Forest Service Office, Tel. 907/826-3271. Box 500-TP, Craig AK 99921! 2 Tankstellen mit Reparaturdienst, 4 Restaurants, 3 Kaufläden, 3 Bars und eine Bank.
Unterkunft: „Haidaway Lodge", Box 90, Craig AK 99921, Tel. 907/826-3268, ab 60 US$.

Klawok, 900 Einwohner, liegt zwischen Craig und Hollis an der Straßenabzweigung nach Hydaburg im Süden und Thorne Bay sowie Coffman Cove im Norden. Sehenswert ist hier der Totempfahl Park mit 21 Haida Totems. Der Ort hat 2 Supermärkte, eine Tankstelle und einen Münzwaschsalon.
Unterkünfte:
„Klawok City Trailer Park", 5 Stell-/Zeltplätze in der Siedlung, ab 5 US$.
„Prince of Wales Lodge", Box 72-TP, Klawok AK 99925, Tel. 907/755-2227, mit Restaurant, ab 60 US$.
„Fireweed Lodge", Box 116-TP, Klawok AK 99925, Tel. 907/755-2930, ab 74 US$.
„Log Cabin Campground Resort", Box 54-TP Klawok, AK 99925, Tel. 907/755-2205! Hüttenvermietung ab 35 US$, einige Stell-/Zeltplätze.

Hydaburg, 470 Einwohner; hier wurden die früheren Haidadörfer Sukkwan, Howkan und Klinkwan zusammengefaßt. Sehenswert ist der Park mit den Totempfählen der Haida. Das Dorf hat Supermarkt, Tankstelle, Restaurant.
„Fran Sanderson's Boardinghouse", Gasthof mit Restaurant, Zimmer ab 45 US$.
„Tide's Inn", Gasthof, Preis s.o.

Der Ort **Coffman Cove,** 270 Einwohner, ist aus einem Erholungscamp entstanden. Es gibt ein Restaurant, eine Tankstelle, und man kann in einem Laden Lebensmittel einkaufen. Unterkunft in Mobilhomes des Camps: „Coffman Cove Bunkhouse Rental", Box 306-TP, Coffman Cove AK 99950, Tel. 907/329-2219. Unterkunft mit Vollpension pro Person/Nacht 80 US$. Kleiner Bootshafen mit Bootsverleih.

Whale Pass, 90 Einwohner, liegt im Nordosten der Insel, im Fjord „Whale Passage". Der Ort hat einen Lebensmittelladen mit Benzinpumpe.
„Whale Pass Lodge", Box 7975-TP, Ketchikan AK 99901, Tel. 907/225-4412, Vollpension ab 110 US$.

Waterfall Resort, Box 6440-TP, Ketchikan AK 99901, Tel. 907/225-8530. Diese komfortable Anlage an der Westküste von Prince of Wales Island ist nur mit dem Wasserflugzeug zu erreichen, ab 160 US$ (mit Vollpension).
Die restlichen Siedlungen sind winzige Haidadörfchen ohne Versorgungsmöglichkeiten: Port Protection, Point Baker und Kasaan sowie Cape Pole ohne Straßenanschluß.

Tips
USDA Forest Service, Anschriften s.o., bietet 20 Hütten für 25 US$ Miete/Tag an.

Campingplätze
„Lake Nr. 3 Campsite", Abzweigung Lake Ellen Road (7 km) nach Süden von der Thorne Bay Road, ab 10 km westlich Thorne Bay.
„Exchange Cove Campsite", an Stichstraße 26 km nördlich Whale Pass.
„Staney Creek Campsite", an der Stichstraße zur Westküste.
„Horseshoe Hole Campsite", an der Stichstraße zur Westküste.
Alle vier sind Wildnisplätze mit 2 bzw. 3 Stell-/Zeltplätzen, Feuerplatz und Outhouse. Sie gehören der USDA Forstverwaltung und sind kostenfrei. Alle vier haben Zugang zur Meeresküste, die beiden letzten liegen nebeneinander.
Und ein Rat: Vorsicht auf den Straßen! Die Insel lebt vom Holzeinschlag, und die Langholz-Trucks jagen Tag und Nacht im Akkord zur Fähre.

Wrangell (2800 Einwohner)

Info: *Visitors Bureau,* Box 49, Wrangell AK 99929, Tel. 907/874-3901, mitten in downtown, neben dem Rathaus, Outer Drive Ecke Lynch Street.
USDA Forest Service, 525 Bennett Street, Wrangell AK 99929, Tel. 907/874-2323.
Die Stadt Wrangell liegt an der Nordweststrecke der Insel Wrangell Islands.
Die Stadt begann als Tlingit Siedlung. Um 1834 tauchten hier russische Handler auf und bauten einen Handelsposten, Redoubt St. Dionysius, um der Hudson Bay Company am Stikine River entgegenzuwirken. Der mächtige Fluß mündet nordwärts von Wrangell in den Sound, wo er nach langem Lauf durch British Columbia die Coastal Range durchbricht.
Um 1840 überließen die Russen Ort, Handelsposten und Umgebung leihweise der Hudson Bay Company. Bis 1867 war also England hier bis an den Pazifik gelangt. Aber der Verkauf Alaskas brachte die Region 1867 doch an die USA, die eine Militäreinheit ins Dorf legten und es Fort Wrangell nannten, nach dem russischen Namen der Insel, der wiederum von Baron Wrangell, dem Leiter der russischen Handelsgesellschaft, abgeleitet war.
Die ausgesprochen günstige Lage zur Mündung des Stikine River, dem Wasserweg ins nördliche British Columbia, ließ Wrangell aufblühen, als in den Cassiar Mountains Gold entdeckt wurde. Auch der Klondike Rush hatte hier einen Seitenarm. Heute ist der Ort Zentrum der Holzwirtschaft, Versorgungs- und Verkehrsknotenpunkt für viele Outdoors-Aktivitäten. Wie alle Hafenstädte im Panhandle besteht sie aus einem schmalen Küstenstreifen am Fuß der aufragenden Berge im Hinterland und ausgedehnten Hafenanlagen.

i PRAKTISCHE INFORMATIONEN

Veranstaltungen
Neben dem umfangreichen Volksfest in der Woche zum 4. Juli (Nationalfeiertag der USA) ist als „May Derby" der festliche Höhepunkt eines jeden Jahres. Während der beiden letzten Maiwochen, der besten Jahreszeit des Lachsaufstiegs, fischen Menschen aus aller Welt um den Siegespreis von ca. 5000 US$ für den größten Lachsfang, der gewöhnlich auf einen Fisch von ca. 25 kg fällt.

Anreise
Der Fährterminal liegt im Norden des Hafens, am Ende der 2nd Street (auch

Church Street genannt! Telefon 907/874-2021.)
Der Ort ist Zwischenlandepunkt der täglichen Linienflugverbindung zwischen Anchorage und Seattle. Der Airport liegt an der Bennett Street, etwa 2 km nordwestlich vom Hafen.

Sehenswürdigkeiten
Chief Shakes Island, Freilichtmuseum eines Tlingit Langhauses mit Einrichtung auf der Hafeninsel, zugänglich über Fußgängerbrücke am Südende der Front Street. Eintritt: 2 US$.
Wrangell Museum, im ältesten Gebäude der Stadt, ehemals Schulhaus, 122-2nd Street. Eintritt: 2 US$.
Die perfekte Lage auf einer Insel vor dem Festland und der Mündung des Stikine (Endpunkt für Kanuten), geschützt zum Meer durch zahlreiche vorgelagerte Inselberge und Fjorde haben Wrangell zu einem Hauptort für Urlaubserlebnisse im Panhandle werden lassen. Ein breitgefächertes Angebot diverser Unternehmen per Boot und Flugzeug, aufs Wasser und zum Angeln, in die Berge und zu den Gletschern bieten eine Vielfalt ganz unterschiedlicher Erlebnisse. Zwei davon sind Unikate: Die Felsmalereien der Eiszeitmenschen an der Nordwestecke der Insel, 10 km vom Fähranleger, sowie die Edelsteinmine am Stadtrand, die dem Ort auch den Namen einer „Granat-Capitale“ eingebracht hat (10 US$ Gebühr). Die perfekt geschliffenen Kristalle sind die Hauptattraktion der Geschäfte in downtown.

Unterkünfte
„Shumaker Bay Campground“, stadteigener Platz für RV und Zelte am Zimovia Highway, ab 8 US$.
„Pat's Lake Campground“, 10 km weiter stadtauswärts am Zimovia Highway, 8 US$, primitiv.
„First Presbyterian Church Hostel“, Church Street, Tel. 907/874-3534, Jugendherberge zu 10 US$ (nur im Juni und August offen).
„Bed and Breakfast-Unterkünfte“, sind über das Visitors Bureau zu erhalten, s.o., ab 45 US$.
„Thunderbird Hotel“, 223 Front Street, Wrangell AK 99929, Tel. 907/874-3322, ab 55 US$.
„Roadhouse Lodge“, Box 1199-TP, Wrangell AK 99929, Tel. 907/874-2335, ab 55 US$.
„Old Sourdough Lodge“, Box 1062-TP, Wrangell AK 99929, Tel. 907/874-3613, ab 55 US$.
„Stikine Inn“, 107 Front Street, Wrangell AK 99929, Tel. 907/874-3389, ab 55 US$.

Außerdem bietet der Ort sämtliche Versorgungsdienste, darunter 10 *Restaurants* z.T. mit empfehlenswertem Angebot an Meeresfrüchten.

Petersburg (3200 Einwohner)

Info: *Visitor Information,* Box 649-TP, Petersburg AK 99833, Tel. 907/772-3646. Im Hafenmeister-Gebäude am Nordende des Hafens, Nordic Drive Ecke Excel Street.
USDA Forest Service, Box 309-TP, Petersburg AK 99833, Tel. 907/772-3841; im Postamt.
Der Ort Petersburg entstand erst um die Jahrhundertwende, als ein unternehmerischer Norweger hier an der Nordecke der Insel Mitkof einen Fischereistützpunkt anlegte. Nach ihm, Peter Buschmann, und seiner Fischkonservenfabrik ist die Stadt

benannt. Sie ist heute Mittelpunkt der Heilbuttfischerei und -verarbeitung und lebt natürlich auch von der Holzwirtschaft.

PRAKTISCHE INFORMATIONEN

Anreise

Als Knotenpunkt an der Hauptlinie des Alaska Marine Highways liegt die Stadt drei Stunden nördlich von Wrangell und 7,5 Stunden von Juneau. Der Fährschiffterminal liegt im Südteil des Hafens, am Mitkof Highway, Tel. 907/772-3855.

Der Ort ist Zwischenlandepunkt der täglichen Linienflugverbindung nach Anchorage und Seattle. Der Airport liegt am Hougen Drive, etwa 2 km vom Hafen und dem Postamt.

Sehenswürdigkeiten

Clausen Memorial Museum, 2nd Avenue Ecke Fram Street! Ausstellungsstücke aus der Fischereigeschichte, darunter die beiden weltgrößten Lachse. Eintritt frei.

Falls Creek Fish Ladder, südlich der Stadt am Mitkof Highway! Lachsaufstieg unter Umgehung der Wasserfälle des Creeks.

Crystal Lake Fish Hatchery, Lachs- und Forellenaufzuchtanstalt am Mitkof Highway.

LeConte Gletscher, in der LeConte Bay, 40 km ostwärts des Hafens. Südlichster ins Meer kalbender Gletscher, nur mit Boot ab Hafen erreichbar.

Veranstaltungen

Petersburg Salmon Derby, letztes Maiwochenende; Volksfest aus Anlaß der Eröffnung der Lachsfangsaison.

Little Norway Festival, Wochenende am norwegischen Staatsfeiertag (17. Mai), Volksfest zur Erinnerung an den norwegischen Siedlungsauftakt der Stadt mit Betonung der „Wikinger"-Abstammung des Großteils der Bevölkerung.

Unterkünfte

„Van's RV Park", komfortabler Privatplatz, Hougen Drive Ecke 4th Avenue. Ab 8 US$.

„Bed and Breakfast"-Unterkünfte sind durch das Visitor Information Center (s.o.) zu erhalten, ab 45 US$.

„Scandia House", 110 Nordic Drive, Petersburg AK 99838, Tel. 907/772-4281, ab 55 US$.

„Tides Inn", Box 1048-TP, Petersburg AK 99838, Tel. 907/772-4288, ab 65 US$.

„Jewells by the Sea", Box 1027-TP, Petersburg AK 99838, Tel. 772-3620, ab 80 US$.

Sitka (8250 Einwohner)

Info: *Sitka Convention and Visitors Bureau,* Box 1226, Sitka AK 99835, Tel. 907/747-5940. Im Hafen, am Beginn des Harbour Drive zum Japonski Island hinüber, im Centennial Building gelegen.

USDA Forest Service, 204-TP, Siginaka Way, Sitka AK 99835, Tel. 907/747-6671.

Die Stadt Sitka liegt als einzige der große Siedlungen nicht innerhalb des Alexander Archipels, sondern offen an der Pazifikküste der Insel Baranof, dem Meer zugewandt.

Historisch ist es die älteste Siedlung der Weißen im Panhandle. Im Zuge der russischen Durchdringung der nordwestamerikanischen Küste erschien Alexander Baranof, später erster Gouverneur von Russisch-Alaska, 1799 auf der Insel. Es gelang ihm, im Norden der Insel, der durch das vorgelagerte Inselchen Japonski Island geschützt ist, den Handelsposten Redoubt St. Michael anzulegen. Die kriegerischen Tlingit beseitigten 1802 in einer blutigen Auseinandersetzung die Niederlassung. Fast alle Siedler und Händler wurden erschlagen.

1804 kam Baranof mit Geschützen zurück, kämpfte das Tlingit Fort an der Mündung des Indian River nieder und begründete auf deren Trümmern Sitka, seine Hauptstadt, von der aus er als Gouverneur regierte. Hier fand auch später der Kaufakt statt, mit dem die USA Alaska 1867 übernahmen. Die Tlingit waren schon 1821 auf Einladung der Russen auf die Insel zurückgekehrt. Da man sie nicht unterwerfen und versklaven konnte wie die Aleuten, sie aber als Pelzlieferanten und Zwischenhändler zum Inland gewinnbringend nutzen wollte, lebte man von nun an friedlich nebeneinander.

Die mit der Übernahme durch die USA 1867 folgende Flaute, Gold wurde hier nicht zum Boom der Siedlung, und der Verlust der Hauptstadtfunktion haben Sitka das historische Erbe weitgehend erhalten. Hier erinnert noch vieles an die Zeiten russischer Herrschaft.

Wie alle Siedlungen im Archipelagos bilden Holzwirtschaft und Fischfang sowie -verarbeitung die ökonomische Grundlage der örtlichen Industrie.

i PRAKTISCHE INFORMATIONEN

Anreise

Da die Stadt nicht an der Inlandspassage liegt, wird sie nicht auf der Hauptroute des Marine Highways angelaufen. Man muß in Petersburg mit entsprechendem Aufenthalt die Anschlußfähre nehmen, wenn man von Bellingham heraufkommt. Die Fähren von Prince Rupert nach Norden laufen Sitka direkt an.

Die Fähren von Skagway nach Süden fahren über Sitka nach Bellingham, die nach Prince Rupert nur zum Teil. Man muß sich also präzise informieren, damit man das richtige Fährschiff nimmt.

Sitka liegt 9,5 Stunden südlich von Juneau und 10 Stunden nördlich von Petersburg. Der Fährterminal liegt 11 km nördlich des Stadtzentrums an der Halibut Point Road, Tel. 907/747-8737. Linienfluganschluß besteht nach Seattle sowie nach Anchorage, zu den Städten im Panhandle und nach Portland, Oregon.

Der Airport liegt auf der vorgelagerten Insel Japonski Island und ist über die O'Connel Bridge und den Harbour Drive zu erreichen.

Busverkehr besteht nur zwischen dem Stadtzentrum und dem Fährterminal sowie dem Airport, jeweils im Anschluß zur Ankunft bzw. Abfahrt/Abflug.

Sehenswürdigkeiten

Sitka National Historic Park, im Süden der Stadt, auf der Schwemmland-Halbinsel des Indian River gelegen. Hier befinden sich die alten Gebäude aus der russischen Zeit, das Tlingit Fort sowie das Schlachtfeld von 1804 usw. Anfahrt über Lincoln Street.

St. Michael's Cathedral, eine der imposantesten Kirchen von Alaska. Sie wurde 1966 nach dem Brand im alten Stil wieder aufgebaut. Sie befindet sich am anderen Ende der Lincoln Street, am Hafen beim Visitor Bureau.

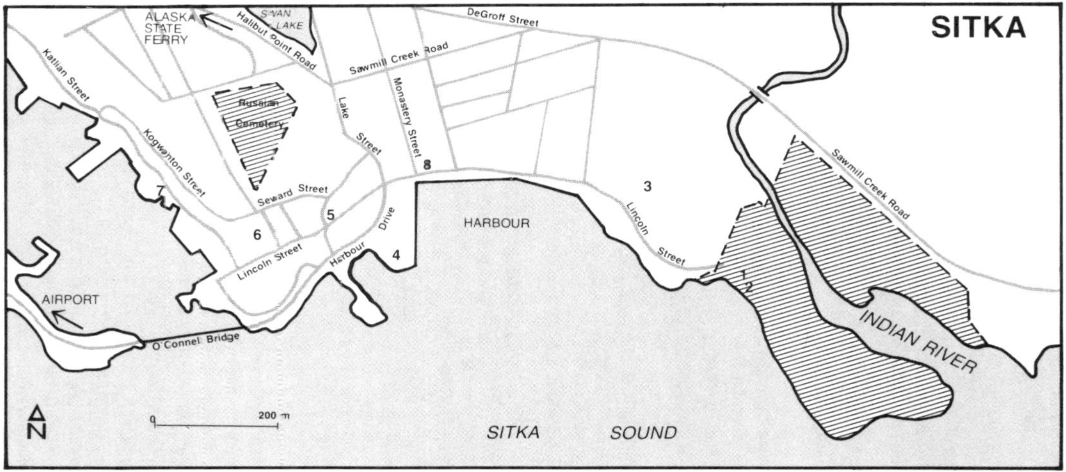

Legende

1. Sitka National Historical Park
2. Visitor Center
3. Sheldon Jackson Museum
4. Centennial Building
5. St. Michael's Cathedral
6. Pioneers' Home
7. Alaska Native Brotherhood Hall
8. Russian Bishops' House

Castle Hill, nahe der Kathedrale an der O'Connell Bridge gelegen, ist das historische Regierungsgebäude.
Sheldon Jackson Museum, Lincoln Street Ecke College Road! völkerkundliches Museum mit einer sehenswerten Sammlung von historischen Stücken. Eintritt 2 US$.

Veranstaltungen
Annual Sitka Summer Music Festival, erstes Juniwochenende und folgende drei Dienstage und Freitage; jeweils in der Centennial Building Hall, die aufgrund ihrer Akustik berühmt ist. Hier werden hauptsächlich Kammermusik und klassische Musik geboten.
All-Alaska Logging Championships, großes Volksfest, das am letzten Juniwochenende stattfindet. Teilnehmer aus Kanada und Alaska zeigen ihre Fähigkeiten in Holzfäller-Wettbewerben.
Alaska Day Celebration, Wochenende nahe dem 18. Oktober, am Tag der Übergabe Alaskas. In Sitka besonders intensiv und prunkvoll in den historischen Kostümen gefeiert. Parade, Volksfest, Ballabend.

Unterkünfte
„Starrigavan Campground" des USDA Forest Service, einfach, 5 US$, an der Halibut Point Road, 1 km nördlich des Fährterminals.
„Sawmill Creek Campground", wie oben, aber kostenfrei an der Blue Lakes Road, 10 km südlich des Stadtzentrums.
„RV Park Sealing Cove", hinter der Brücke auf Japonski Island, am Harbour Drive, 10 US$.
„Bed and Breakfast"-Unterkünfte ab 50 US$ durch Visitor Bureau, Anschrift s.o., erhältlich.
„Sitka Youth Hostel", Jugendherberge, 303 Kimshan Street, 7 US$, Nichtmitglieder 10 US$, Tel. 907/747-6332.
„Sitka Hotel", 118 Lincoln Street, Sitka AK 99835, Tel. 907/747-3288, ab 50 US$.
„Potlach Motel", 713-TP Katlian Street, Sitka AK 99835, Tel. 907/747-8611, ab 65 US$.
„Creek's Edge Guest House", 2941-TP, Sitka AK 99835, ab 55 US$.
„Westmark Shee Atika", 318-TP, 330 Seward Street, Sitka AK 99835, Tel. 907/274-6241 (oder: 1-800-544-0170) ab 98 US$.
„Super 8 Motel", 404 Sawmill Creek Blvd., Sitka AK 99835, Tel. 907/747-8804, ab 65 US$.
„Cascade Inn", 2035 Halibut Point Road, Sitka AK 99835, Tel. 907/747-8354, ab 70 US$.

Orte am Marine Highway

Der Alaska Marine Highway und ergänzende Fähren laufen eine Reihe kleiner Orte an, die Ausgangspunkte für Wildnistouren sind oder als Zugang zu Hütten des Tongass National Forest in Betracht kommen.

Kake, 675 Einwohner, liegt einsam an der Nordweststrecke der Insel Kupreanof, 65 km Luftlinie von Petersburg und 150 km von Juneau entfernt.
Info: City of Kake, Box 500, Kake AK 99830.
Es handelt sich um eine abgeschiedene Siedlung der Tlingit! auf Tourismus ist man nicht eingerichtet. Der Ort hat drei Kaufläden, eine Tankstelle mit Reparaturwerkstatt und die Gaststätte „Newton Inn" mit Restaurant und Übernachtungsmöglichkeit. Polizeiposten und Postamt.

Anreise: je einmal wöchentlich Verbindung durch die Fähre nach Petersburg und Juneau. Einmal wöchentlich Linienflugverbindung von beiden Orten nach Kake.

Angoon, 600 Einwohner, liegt an der Westküste von Admiralty Island, 65 km von Sitka, 100 km Luftlinie von Juneau entfernt.
Info: City of Angoon, Box 189, Angoon AK 99820. USDA Forest Office, Angoon, Tel. 907/788-3166. Diese Siedlung der Tlingit ist der einzige ganzjährig bewohnte Ort der Insel. Man ist ein wenig auf Tourismus eingestellt. Der Ort bietet neben mehreren Kaufläden ein Restaurant, Postamt, ein Gasthaus, die „Favorite Bay Inn", Box 101-TP, Angoon AK 99820, Tel. 907/788-3123, ab 55 US$, und zwei Lodges nahe dem Dorf. Ein USDA Campground, einfach und kostenfrei, liegt gleich neben dem Fährschiffanleger im Dorf.
Anreise: Linienflugverbindung besteht einmal wöchentlich mit Juneau.
Zweimal wöchentlich gibt es eine Fährschiffverbindung mit Juneau, Petersburg und Sitka. Einmal wöchentlich nach bzw. von Haines und Skagway.

Hoonah, 920 Einwohner, liegt an der Nordwestspitze von Chichagof Island, 65 km von Juneau und genau südlich gegenüber von Gustavus an der Icy Street.
Info: City of Hoonah, Box 360, Hoonah AK 99829.
Dieses Dorf der Tlingit ist wirtschaftlich stark in Fischfang und -verarbeitung engagiert. Es bietet ein sehenswertes Museum, Eintritt 2 US$! Supermarkt, Bank, Postamt und Polizeiposten sind vorhanden.
Im Restaurant „Huna Totem Lodge" kann man auch übernachten.
Anreise: Zweimal wöchentlich besteht Verbindung im Linienflug mit Juneau, außerdem täglich durch das Postflugzeug der US-Mail. Wöchentlich viermal besteht Fährschiffverbindung mit Sitka und Juneau, zweimal mit Haines und Skagway.

Tenakee, 150 Einwohner, liegt an der Nordküste des Tenakee Fjords im Osten von Chichagof Island, 80 km von Sitka entfernt.
Info: City of Tenakee Springs, Box 52, Tenakee AK 99841.
Der Ort entstand als Erholungsplatz für Städter an den heißen Thermalquellen. Auch heute sind die meisten Häuser Wochenend- und Ferienwohnungen.
Im Ort gibt es einen Laden, in dem man „alles" kaufen kann, und die „Tenakee Inn", ein Restaurant mit Übernachtungsmöglichkeit. Einige Hütten sind zu mieten, im Kaufladen nachfragen.
Das Badehaus zum Thermalbad befindet sich nahe der Küste am Anleger.
Anreise: Zweimal wöchentlich besteht Fährschiffverbindung mit Sitka und Juneau.
Linienflugverbindung besteht durch das tägliche Postflugzeug der US-Mail nach Sitka, das zwei Mitflugplätze zur Verfügung hat.

Yakutat, 701 Einwohner, liegt einsam und abgeschnitten am Übergang vom Panhandle nach Alaska, zu Füßen der St. Elias Range am Pazifik und dem Eingang zur Yakutat Bay.
Info: City of Yakutat, Box 6, Yakutat AK 99689.

Das Tlingit Dorf bietet an einsamer Küste, 370 km nördlich von Juneau und 360 km südlich von Cordova den einzigen Ausgangspunkt für Outdoors-Unternehmungen in dieser Region. Die Attraktion des Ortes ist der Zugang zum Malaspina Gletscher, dem ausgedehntesten Gletscher des Kontinents, der gegenüber der Siedlung von den Hängen des Mount Cook herabhängt, und dem Hubbard Gletscher, der im hinteren Ende in die Bay kalbt. Außerdem liegt hier das letzte Teilstück des Tongass National Forest, die Russel Fjord Wilderness.

In der Siedlung gibt es Supermarkt und Bank, Postamt und Polizeiposten. Unterkunft bietet der USDA Campground Cannon Beach, ein einfacher Zeltplatz ohne Gebühren.

„Sportsman's Lodge", Box 287-TP, Yakutat AK 99689, Tel. 907/784.3232, ab 80 US$.

„Ponderosa Inn", Box 125-TP, Nome AK 99762, Tel. 907/443-2368 (für Reservationen, das Haus liegt in Yakutat), ab 65 US$, Restaurant.

„Glacier Bear Lodge", Box 303-TP, Yakutat AK 99689, Tel. 907/784-3202, ab 75 US$, Restaurant.

Anreise: Yakutat ist ausschließlich im Luftverkehr zu erreichen. Es besteht täglicher Linienfluganschluß per Jet nach Anchorage und Juneau sowie Cordova. Der Airport liegt 5 km südwestlich vom Zentrum, Taxidienst vorhanden. Es gibt keinen Personenschiffsverkehr, nur gelegentlich Frachtschiffanlandungen und den Stop eines Kreuzfahrtschiffes.

Juneau (30.000 Einwohner)

Info: *Visitor Information Center,* 134-TP, Juneau AK 99801, Tel. 907/586-2201, 134-3rd Street.

USDA Forest Service Information Center, 101-TP Egan Drive, Juneau AK 99801, Tel. 907/586-7151 (in der Centennial Hall).

Die Hauptstadt von Alaska, Juneau, liegt auf dem Festland, zu Füßen der Coastal Range und nördlich des Taku Rivers, eines weiteren Gebirgsdurchbruches mit Fluß aus British Columbia. 1880 schon wurde hier im Gold Creek, der heute mitten durch die Stadt ins Meer mündet, genauer: in den Gastineau Channel des Pazifik, Joe Juneau fündig, wusch Gold und blieb. Nach ihm wurde der Punkt benannt. Er spürte die Goldquelle auf, die mächtigste Hardrock Erzader der Welt.

Schon 1900 wurde in Washington entschieden, die aufstrebende Stadt zum Verwaltungssitz zu machen. 1906 wurden hier die Territorialverwaltungen angesiedelt. Aber erst 1959 wurde Alaska als 49. Bundesstaat der USA zur Selbstverwaltungskörperschaft erhoben, und Juneau blieb Hauptstadt und Regierungssitz, obwohl zwischenzeitlich der Bevölkerungsschwerpunkt längst nicht mehr im Panhandle, sondern in der „Pfanne" selbst lag. Die Bestrebungen, dort eine neue Hauptstadt zwischen Fairbanks und Anchorage zu bauen, wurden bisher zurückgestellt. Während auch hier die Erzbergwerke stillgelegt sind, bildet heute die Staatsverwaltung die Existenzgrundlage von Stadt und Bürgern. Etwa 50 % leben von Verwaltungstätigkeiten, der Rest gleichmäßig vereilt von Tourismus, Verkehrswesen, Güterverteilung und Holzwirtschaft/Fischerei.

PRAKTISCHE INFORMATIONEN

Anreise

Juneau ist einer der Haupthäfen am Alaska Marine Highway, 7,5 Stunden nördlich von Petersburg und 4,5 Stunden südlich von Haines. Der Fährterminal liegt nördlich vom Stadtzentrum, bei km 20 an der Auke Bay und dem Glacier Highway, Tel. 907/465-3941.

Die Stadt ist Zwischenlandepunkt der täglichen Linienflugverbindung zwischen Seattle und Anchorage. Weiterhin ist täglicher Linienfluganschluß nach Whitehorse (YT) und Fairbanks (AK) gegeben. Zu den anderen Städten und Plätzen im Panhandle besteht mehrmals wöchentlich Linienflugverbindung.

Der Airport liegt auf halbem Weg zum o.a. Fährschiffterminal, bei km 13 am Glacier Highway.

Busverkehr: die Stadt hat ein kleines öffentliches Busnetz. Capital Transit System verbindet Auke Bay, aber leider erst 2 km südlich des Marine Highways Terminals, den Flughafen und den Kreuzfahrtschiff-Terminal südlich der Stadt mit dem Stadtzentrum. Innerhalb der City ist der Bus kostenfrei und nur an Haltestellen zugänglich, außerhalb stoppt er nur auf Daumenzeichen und gegen Bezahlung (80 US-Cents).

Das Straßennetz hat nur innerstädtischen Charakter. Eine Brücke erlaubt Straßen- (und dem erwähnten Bus)verkehr, zur gegenüberliegenden Insel Douglas Island zu gelangen.

Sehenswürdigkeiten

Die meisten Sehenswürdigkeiten der Stadt liegen im Zentrum oder in dessen Nähe und sind bequem zu Fuß zu erreichen. Z.B. die aus dem Jahr 1894 stammende St. Nicholas Russian Orthodox Church und das imposante Gebäude der Governor's Mansion.

Juneau Waterfall, oberhalb der Stadt an der Basin Road gelegen.

Mendenhall Glacier, 21 km nördlich des Stadtzentrums. Den Anblick des aus dem riesigen Juneau-Eisfeld fließenden Gletschers sollte man sich nicht entgehen lassen.

Juneau-Douglas City Museum, 291-TP S. Franklin Street; Ausstellungsstücke aus der Goldschürferzeit und der Tlingit Kultur, 2 US$ Eintritt.

Alaska State Museum, 395-TP Whittier Street; historische Sammlung aus der russischen Ära und der Tlingit Kultur, Eintritt 2 US$.

State Capitol Building, 4th Avenue Ecke Main Street; kostenlose Führung durch das Parlamentsgebäude.

Unternehmungen

Besichtigung der Goldminen, die heute alle stillgelegt sind, z.T. nur noch Ruinen.

Flugtour zum Juneau Eisfeld, oberhalb der Stadt in den Bergen, aus dem auch der Mendenhall Gletscher stammt. Andere sind der Taku-, Eagle- und Herbert-Gletscher. Das Feld ist 160 x 65 km groß und wird mit Hubschraubern angeflogen.

Marine Park Konzerte, öffentliche Konzerte im Park an der Seward Street, Freitag abends, Eintritt frei.

The Lady Lou Revue, in der Elks Hall, täglich 20 Uhr; Goldgräber Revue, die auf Gedichten des vor allem in Kanada bekannten Dichters Robert Service basiert. 10 US$, Tel. 907/586-3686.

Gold Nugget Revue, 206-TP Behrends Street; Revue, die sich mit der Geschichte des Goldgräbers Joe Juneau beschäftigt, Tel. 907/586-1462.

Admiralty Island, die zum Tongass National Forest gehörende Insel liegt Juneau vorgelagert. Hier kann man Hütten über den USDA Forest Service mieten.

Daneben bieten sich Dutzende von Outdoors-Unternehmungen an, die auf alle nur denkbaren Arten zu Wasser und in der Luft in die ansonsten unzugänglichen Regionen um die Stadt führen.

Glacier Bay National Park, ein von Juneau aus empfehlenswerter Ausflug führt zu diesem Nationalpark (→Glacier Bay N.P.)

Glacier Bay National Park

Info: Superintendent Glacier Bay National Park, Gustavus AK 99826, Tel. 907/697-2231. Park Office am Bartlett Cove, jenseits der Halbinsel von Gustavus, neben der Glacier Bay Lodge, 15 km von Gustavus entfernt. *Gustavus:* Visitors Association, Box 167, Gustavus AK 99826.

Der Glacier Bay National Park, im Norden des Panhandle auf dem Festland gelegen, umfaßt riesige Gletscherfelder, deren Ausläufer, der Wrangell-, St. Elias und der Kluane Gletscher, nach Südwesten und zum Pazifik verlaufen. Als Kapitän George Vancouver 1794 durch die Icy Street segelte, existierte die Glacier Bay noch nicht. Ein ungeheurer Gletscher bis zu 35 m hoch und 1300 m breit kalbte an dieser Stelle ins Meer, ein Relikt der letzten Eiszeit. 85 Jahre später fand der engagierte Naturforscher John Muir die Bucht offen, der Gletscher hatte sich um 80 km zurückgezogen und ein weites mit Wasser gefülltes Gebirgstal zurückgelassen: die heutige Glacier Bay, deren Nordarm „Muir Inlet“ heißt. Wer in der Bucht den Gletscher erreichen will, muß heute 200 km bis zum Ende des Tarr Inlet vordringen. Insgesamt münden 16 Eiszungen an verschiedenen Fjordenden in die Bucht.

Nicht alle Gletscherzungen befinden sich auf dem Rückmarsch und schmelzen. Andere haben jährlich zugenommen und wachsen weiter an. Die Kombination aus Eisfeldern, freigewordenen Gebirgshöhen, Gletscherzungen in den Talgängen, einer urwelthaften Stein- und Geröllandschaft mit Endmoränen und beginnender Vegetation im Gefolge des Eisrückganges lockt jeden Sommer zahlreiche Besucher an. Beliebt ist das Bootswandern mit Kajak oder Kanadier in der Schärenwelt entlang den Ufern der Glacier Bay. Regelmäßige Fahrten mit Ausflugsbooten ab Glacier Bay Lodge bzw. Rangerposten ermöglichen jedem die Rundtour durch den weiten Fjord.

Anreise:

Linienflugverbindungen gibt es nur ab Juneau. Täglich zweimal im Sommer fliegt Alaska Airlines bzw. Glacier Bay Airways zwischen beiden Orten hin und her, Flugpreis für den Rundtrip: 50 US$. Glacier Bay Airways, Box 1, Gustavus AK 99826, Telefon 907 /697-2249.

Linienbootverbindung von Juneau nach Gustavus unterhält täglich im Sommer die Glacier Bay Yacht Tours, 79 Egan Drive, Suite 110, Juneau AK 99802, Tel. 907/586-6883.

Auf der Insel verkehrt ein Shuttle Bus zwischen Gustavus, jeweils im Anschluß an die Boots- bzw. Flugankunft, und Ranger Posten, Fahrpreis 8 US$.

Unterkünfte
Gustavus (200 Einwohner): bietet drei „Bed and Breakfast" Einrichtungen ab 60 US$.
„Gustavus Inn", Box 60-TP! Gustavus AK 99826, Tel. 907/697-2254. Zimmer ab 125 US$, Restaurant.
„Glacier Bay Country Inn", Box 5-TP, Gustavus AK 99826, Tel. 907/697-2288, Zimmer ab 55 US$, Restaurant.
„Beyond Good River", Hüttenvermietung ab 40 US$, Kajakverleih, Box 37-TP, Gustavus AK 99826, Tel. 907/697-2241.
„Salmon River Rental", Hüttenvermietung ab 40 US$, Box 13-TP, Gustavus AK 99826, Tel. 907/697-2245. Außerdem gibt es in Gustavus einen Lebensmittelladen.
Bartlett Cove Campground, am anderen Ende der einzigen Straße und bereits im Nationalpark liegend, in der Nähe des Ranger Postens.
„Glacier Bay State Campground", schlicht und kostenfrei.
„Alaska's Glacier Bay Lodge", Glacier Bay National Park-J 94, Box 199, Gustavus AK 99826, Tel. (kostenfrei) 1-800-451-5952, Fax 206/623-7809, ab 92 US$, einzige Lodge im Park. Kajakvermietung, Ausflugsbootsfahrten, Film- und Diashow. Die gewünschten oder benötigten Landkarten bekommt man zu Originalpreisen im Informations Center neben der Lodge.

Veranstaltungen in Juneau
Jazz and Classics Festival, letztes Maiwochenende; in verschiedenen Räumlichkeiten stattfindende Musikvorführungen und Wettbewerbe.
Golden North Salmon Derby, Wochenende Mitte August; mit 100.000 US$ Preisgeldern bewerteter Lachsanglerwettbewerb, verbunden mit einem Volksfest in den Straßen am Hafen.
Festtagsparade mit großem Volksfest, an den beiden Staatsfeiertagen bzw. dem dazugehörigen Wochenende plus Montag: 4. Juli = US-Staatsfeiertag Independence Day. 18. Oktober = Alaska Staatsfeiertag Alaska Day.

Unterkünfte in Juneau
„Auke Village Campground", bei km 25 am Glacier Highway, nördlich des Stadtzentrums, einfacher Platz der Forstverwaltung, 5 US$, am Nordausgang des Gastineau Channel.
„Mendenhall Lake Campground", bei km 15 des Glacier Highways rechts ab in die Mendenhall Loop Road und links ab zum See. Jenseits des Sees der Mendenhall Gletscher. Einfacher Platz 5 US$.
„Montana Creek Park", gleich neben dem o.a. Platz der Forstverwaltung an der Montana Creek Road, privater Zeltplatz, 5 US$, Schlafsaal 7 US$ und Cabins 40 US$, komfortabel.
„International Youth Hostel", Jugendherberge, 614-TP Harris Street, Juneau AK 99801, Tel. 907/586-9559, 7,50 US$, 9,50 US$ für Nichtmitglieder.
„Inn at the Waterfront", 455-TP S. Franklin Street, Juneau AK 99801, Tel. 907/586-2050, ab 59 US$.
„Alaskan Hotel", 167-TP, S. Franklin Street, Juneau AK 99801, Tel. 907/586-1000, ab 50 US$.
„Blueberry Lodge", 8187 Threadneedle Street, Juneau AK 99801, Tel. 907/463-5886, ab 75 US$.
„The Driftwood Lodge", 435-TP Willoughby Avenue, Juneau AK 99801, Tel. 907/586-2280, ab 68 US$.

„Bed and Breakfast"-Unterkunft, ab 60 US$, über Visitor Information Center, s.o., erhältlich.

Pelican, (300 Einwohner), liegt am Lisianski Inlet, einem tief an der Nordwestecke der Insel Chichagof ins Innere führenden Fjord und damit gegenüber dem Mund der Glacier Bay.

Info: City of Pelican, Box 737, Pelican AK 99832. Tel. 907/735-2202 und Fax 907/735-2258.

Das erst 1938 als Fischereihafen entstandene Dorf hat sich zum idyllischen Urlaubsort für Angelfans gemausert, die im Sommer in Scharen anreisen, um hier ihrem Hobby zu frönen und die Abgeschiedenheit zu genießen.

Anreise

Nur alle 14 Tage, sonntags um 9 h ab Juneau, fährt eine Fähre, die von 15.30-17.30 h in Pelican liegt, um dann bis 23.45 h nach Juneau zurückzufahren. Die kurze Seereise ist ein Erlebnis! Eine Strecke pro Person 32 US$, Auto ab 70 US$. Täglich besteht Flugverbindung zu Juneau und Sitka.

Unterkunft

„Rosie's Bar & Grill", Box 754, Pelican AK 99832, Tel. 709/735-2265, 4 Zimmer ab 65 US$.

„Harbour Bed & Breakfast", Box 744, Pelican AK 99832, Tel. 907/735-2261, 65 US$.

„Lisianski Lodge", Box 776, Pelican AK 99832, Tel. 907/735-2266, eine Hütte am Stadtrand, 8 Betten, Vollpension 100 US$.

Außerdem Kaufladen für alles, ein Restaurant, zwei Grillimbisse.

Haines (1150 Einwohner)

Info: *Visitor Information Center:* 518-TP, Haines AK 99827, Tel. 907/766-2202. 2nd Avenue Ecke Willard Street.

Das Dorf Haines liegt zusammen mit Fort William H. Seward oder Port Chilkoot am Portage Cove, auf einer Halbinsel, die zwischen dem Chilkat und dem Chilkoot Inlet in den Lynn Canal vorspringt.

Der Ort nahm erst zu Beginn der 80er Jahre des 19. Jahrhunderts mit einem Handelsposten seinen Anfang, dem sich sofort eine Missionsstation anschloß. Daher stammt auch der Name: eine Mrs. Haines machte sich durch Geldsammlungen verdient, und ihr zu Ehren benannte Rev. Hall Young die von ihr auf diese Weise finanzierte Anlage.

Die US-Armee errichtete 1904 Fort Seward, das heute nur noch ein (sehr sehenswertes) Museum ist.

Der Ort blieb ein unbedeutender Hafen, der früher über den Dalton Trail und heute über die Haines Road Anschluß an den Alaska Highway und das Innere des Yukon Territoriums hat.

i PRAKTISCHE INFORMATIONEN

Anreise

Haines ist einer der Endpunkte des Alaska Marine Highways, 4,5 Stunden nördlich von Juneau und 1 Stunde von Skagway entfernt. Der Terminal liegt an der Lutak Road, 6 km nördlich des Stadtzentrums, Tel. 907/766-2111. Ein Kleinbus fährt entsprechend der Abfahrts- und Ankunftszeit ins Stadtzentrum und wieder zurück. Der Haines Airport liegt 6 km westwärts der Stadt an der Haines Road. Von hier aus besteht zweimal wöchentlich Linienflugverbindung mit Juneau und Skagway.

Busverbindung besteht durch Linienbusse und über die Haines Road via Haines

Junction mit Whitehorse *(→Whitehorse, Anreise: Alaska Direct Line)* und Anchorage sowie Fairbanks.

Sehenswürdigkeiten/Unternehmungen

Sheldon Museum, am Ende der Main Street am Hafen! Eintritt 2 US$.

Chilkat Center for the Arts, im alten Fort; zweimal wöchentlich Vorführungen von Tlingit-Tänzen in den historischen Indianerkostümen.

Lust for Dust, das obligatorische Revue-Theater; je Vorstellung 5 US$ Eintritt. Info über Visitor Information Center.

Goldfeldbesuch, im historischen Goldfeld an der Haines Road und dem Porcupine Creek.

Bald Eagle Preserve, bei km 27 an der Haines Road. Ab Oktober versammeln sich hier Tausende von Weißkopfseeadlern. Die Flüsse aus dem Kluane Gebirge rauschen mit viel Gefälle bei Haines in den Pazifik. Durch das warme Klima frieren sie erst spät im Winter — wenn überhaupt — zu. So findet der Lachsaufstieg hier besonders spät statt. Daher ist hier in der futterarmen Jahreszeit ein ergiebiger Futterplatz nicht nur für Seeadler. Diese sitzen zu Dutzenden in den Bäumen an den Flüssen und warten auf die Lachse. Man kann sie bequem vom Highway aus beobachten.

Veranstaltungen

Actfest State Drama Festival, Treffen und Vorführungen von Theatergruppen aus ganz Alaska am 3. Aprilwochenende.

King Salmon Derby, letztes Maiwochenende, Lachsanglerwettbewerb mit Volksfest. Wird am ersten Juniwochenende wiederholt.

Southeast Alaska State Fair, 3. Augustwochenende, fünftägige Messe der Region mit Ausstellungen, Preisverleihungen und Volksfest.

Unterkünfte

Im Zentrum hat Haines vier private Campgrounds mit vollem Service zu bieten, ab 6 US$.

„Chilkat State Park", 10 km südlich der Stadt an der Mud Bay Road, hinter Fort Seward, schlicht und kostenfrei.

„Portage Cove State Campground", an der gleichnamigen Küstenstraße 3 km südlich von Fort Seward.

„Chilkoot Lake State Campground", 13 km nördlich an der Lutak Road, ab Fährterminal noch 8 km dorfauswärts.

„Bear Creek Camp and Haines Youth Hostel", Jugendherberge für jedermann, Small Tracts Road, 5 km südlich der Stadt, 8 US$, Nichtmitglieder 12 US$.

Hütten für vier Personen 50 US$, Tel. 907/766-2259.

„Cache Inn Lodge", 1045-TP, Haines AK 99827, Tel. 907/766-2910, ab 50 US$.

„Fort Seward Lodge", 307 TP, Haines AK 99827, Tel. 907/766-2009, ab 50 US$.

„Hotel Hälsingland", 1589-TP, Haines AK 99827, Tel. 907/766-2000 (kostenfrei Tel. 1-800-478-2525 in AK, von USA/Kanada Tel. 1-800-542-6363)

„Bed and Breakfast"-Unterkünfte, über Visitor-Information, ab 55 US$.

Skagway (600 Einwohner)

Info: *Convention & Visitors Bureau,* Box 415-TP, Skagway AK 99840, Tel. 907/883-2854. Am ostwärtigen Ende der 7th Avenue in der City Hall.

Skagway —
leben wie im Freilichtmuseum

Skagway ist Museumsstadt geblieben, hat ihr altes Gesicht, die Straßenzüge mit den falschen Fassaden im Westernstil und den hölzernen Gehsteigen bewahrt. Und nicht nur die Fähren, auch Kreuzfahrtschiffe legen regelmäßig im Hafen an und sorgen dafür, daß der Tourismus die Einwohner ernährt. Drei Anziehungspunkte tragen dazu bei: die Stadt mit ihrem historischen Aussehen eines Freilichtmuseums, die für Touristenverkehr auf einige 30 km im Sommer in Betrieb gehaltene alte White Pass and Yukon Railroad (WPYR) hinauf zum White Pass nach Fraser und wieder zurück sowie der Klondike Gold Rush National Historic Park, der 1976 eingerichtet wurde, um den Pfad von Dyea über den Chilkoot zu erhalten und Besuchern zugänglich zu machen.

Das Dörfchen Skagway liegt am Lynn Canal, im hintersten Winkel des Taiya Inlet, wo sich der Skagway River in den Fjord ergießt. Der Ort liegt auf dem Schwemmland des Flusses und ist einer der beiden Zugangshäfen zum Alaska Highway und dem Yukon Territorium. 1887 ließ sich hier der Händler William Moore nieder. Zusammen mit Ogilvie erkundete er die beiden Pässe, die von hier aus über die Berge ins Innere führen. Sie waren den Weißen bisher verschlossen geblieben. Die Küstenindianer der Chilkoot Tlingits betrieben Handel mit den Indianern hinter dem Küstengebirge und hielten ihre Pfade über den Chilkoot und den White Pass unter ihrer Kontrolle.
Moore eröffnete einen Handelsposten. Als der Goldrush zum Klondike losbrach, fuhr Ende Juli 1897 ein Schiff nach dem anderen in die Bucht und setzte Passagiere und Fracht an Land. Eine Stadt entstand aus dem Nichts, die im Herbst schon 20.000 Menschen beherbergte. Im zweiten Winkel des Fjordes, da wo der Taiya River vom Chilkoot Pass herab einmündet, entstand genauso plötzlich eine zweite Zeltstadt, Dyea. Von beiden Städten aus stiegen die Menschen zu dem jeweils näher gelegenen Paß hinauf und schafften den Winter über ihre Habe zum Lake Lindeman bzw. Lake Bennett, wo sich beide Pfade an den Quellseen des Yukon River trafen. Als dann im Frühjahr 1898 das Eis brach, fuhren Zehntausende mit ihren Wasserfahrzeugen davon. Zurück blieben zwei leere Städte, die rasch zerfielen, nachdem sie ihre Aufgabe erfüllt hatten. Dyea erlosch schon 1902, von ihr blieb nur der Friedhof mit jenen fünf Dutzend Toten, die eine Lawine am Karfreitag 1898 vom Paß gefegt und verschüttet hatte. Der Friedhof liegt 2 km hinter der Brücke über den Taya River, noch 1 km weiter das ehemalige Stadtgelände auf der anderen Flußseite, gegenüber dem primitiven Campground beim Rangerposten.

Skagway aber hielt sich, da von hier aus die Eisenbahn über den White Pass verlief. Das Dörfchen, eben noch erste Stadt in Alaska, schrumpfte auf seine jetzige „Größe“ zurück. Der Frachtschiffverkehr sorgte für den Erhalt der Siedlung. Dann kam der Erzterminal für das Yukon Territory hinzu, der nun stillgelegt ist. Der Erzbergbau im YT ist erloschen.

1963 wurde die Passagierschiffslinie ab Seattle (heute ab Bellingham) aufgenommen, deren nördlicher Endpunkt Skagway

Ob zu Fuß (auf einem der Trails durch die Nationalparks) oder motorisiert (auf einem der Campgrounds): Das Naturerleben steht für Kanada- und Alaska- Reisende an erster Stelle

Glasklar, eiskalt und sauber, laden die Seen in Kanada weniger zum Baden als zum Wassersport aller Art ein. Bootsanlegestellen sind fast an allen Gewässern vorhanden

ist. 1978 wurde die Landverbindung nach Whitehorse, der Yukon Highway Nr. 2, fertiggestellt.

i PRAKTISCHE INFORMATIONEN

Anreise

Skagway ist ganzjährig Endhafen der Fährschiffslinie von Bellingham herauf, den Alaska State Ferries. Der Hafen wird im Sommer täglich angelaufen, einmal wöchentlich ab Bellingham, an den anderen Tagen von Orten, die dazwischen liegen, wie z.B. Prince Rupert (BC), Sitka oder Juneau. Zweimal wöchentlich besteht Linienflugverbindung mit Juneau.

Außerdem ist Skagway Endpunkt des Yukon Highways Nr. 2, der zum Alaska Highway und nach Whitehorse führt. Über diese Straße besteht ganzjährig an drei Wochentagen eine Linienbusverbindung mit Whitehorse *(→dort, Anreise)*. Die alte nostalgische Eisenbahn WPYR fährt nur noch für Touristen, im Sommer, und nur von Skagway nach Fraser (rd. 30 km bis zur Paßhöhe) und wieder zurück. Abfahrt täglich zweimal: 8.45-11.45 Uhr und 1.15-4.15 Uhr (Rundtrip). Kosten: 69 US$, Kinder die Hälfte. Einfache Fahrt 36 US$.

In Fraser besteht Anschluß an die erwähnte Buslinie nach Whitehorse.

Sehenswürdigkeiten

Trail of 98 Museum, Tel. 907/983-2420, in der City Hall, Ende 7th Avenue, enthält eine Sammlung von Erinnerungsstücken und Fotos aus der Zeit des Goldrauschs, Eintritt 2 US$.

Gold Rush Cemetery, hoch im Nordosten der Siedlung. Eine Stichstraße von der State Street führt dorthin. Hier liegen sie alle begraben, Jefferson Randolph Smith, seine Opfer und sein Richter, nebst anderen historischen Größen aus der Gründerzeit.

„Soapy" Smith hatte in einmaliger Wildwest Manier die Herrschaft in Skagway an sich gerissen, terrorisierte mit seiner Bande die Bürger, stahl, mordete, plünderte — und sprach „Recht". Am 8. Juli 1898 machte Frank Reid dem ein Ende. In klassischem „shoot-out", dem ebenso aus Westernfilmen bekannten Pistolenduell, erledigte er „Soapy", wurde aber selbst tödlich verwundet.

Nur ein kurzer Fußweg führt vom Grab zu den Reid Falls, den hübschen, nach ihm benannten Wasserfällen.

Historical District, ein historischer Park mit sehenswerten Gebäuden aus der Zeit der Jahrhundertwende.

Unternehmungen

Wanderung über den Chilkoot Trail (→Chilkoot Trail)

Zugfahrt mit der historischen Eisenbahn WPYR ab dem alten Bahnhof am Hafen, Broadway Ecke 2nd Avenue, hinauf auf den Whitepass zur Grenz- und Bahnstation Fraser. Dort jeweils Busanschluß nach Whitehorse. Rundtrip 3 Stunden, Erwachsene 72 US$, Kinder bis 12 Jahre zahlen die Hälfte. Abfahrt täglich von Mitte Mai bis Mitte September um 8.50 h und 13.20 h ab Bahnhof Skagway. Ein weiterer Zug fährt vom 1. Juni bis Mitte September ab Skagway 8.05 h zur Bahnstation Lake Bennett, um dort die Erkletterer des Chilkoot Trails abzuholen, die Kanuten abzusetzen, die mit ihren Booten den Yukon hinunterfahren wollen, und den Bahnreisenden den historischen Ausgangspunkt des Goldrushes zu erschließen. Aufenthalt am Lake Bennett mit Bahnhof und Kirche 45 Minuten. Rundtripdauer 5,5 Stunden! 119 US$, Kinder die Hälfte. Dieser Zug fährt ebenfalls täglich — aber nicht an den Samstagen.

Stadtrundfahrt mit einem historischen Bus, Dauer 2,5 Stunden, 16 US$, Kinder die Hälfte.

Stadtrundfahrt mit der Pferdekutsche, Kosten und Dauer nach Vereinbarung, Tel. 907/983-2472.

Stadtrundgang kostenfrei unter Führung eines Parkrangers. Die letzten drei Unternehmungen beginnen ab einem der beiden Touristenbüros, täglich vormittags, die Bustour ab 14 Uhr.

Days of 98-Show, Revueshow, die Ereignisse aus früheren Zeiten zum Thema hat, täglich in der Eagles Hall, 6th Avenue Ecke Broadway Street, Tel. 907/983-2545, Eintritt 10, Kinder 5 US$.

The Gillian Campbell Show, im Arctic Brotherhood Hall Theater, Broadway Street, zwischen 2nd und 3rd Avenue, Tel. 907/893-2291. Tagsüber in demselben Gebäude:

WPYR-Movie, halbstündige Filmvorführung über Bau und Fahrt der Eisenbahn, Eintritt: 2,5 US$.

Unterkünfte

„Pullen Creek RV Park", zwischen 2nd Avenue und Broadway Street, unmittelbar am Hafen. Ab 18 US$.

„Hanousek Park", am ostwärtigen Ende der 14th Avenue, ab 8 US$.

„Back Track Camper Park", Broadway Ecke 12th Avenue, ab 8 US$.

„Garden City Park", an der State Street, zwischen 15th und 17th Avenue, 15 US$.

Ein Zeltplatz, einfach und kostenfrei, liegt in Dyea am Beginn des Chilkoot Trails.

„Mary's Bed and Breakfast", Box 72-TP, Skagway AK 99840, Tel. 907/983-2875, ab 55 US$.

„Irene's Inn", Box 538-TP, Skagway AK 99840, Tel. 907/983-2520, ab 50 US$.

„Golden North Hotel", Box 431-TP, Skagway AK 99840, Tel. 907/983-2294, ab 60 US$.

„Sergeant Preston's Lodge", Box 473-TP, Skagway AK 99804, Tel. 907/983-2521, ab 55 US$.

„Wind Valley Lodge", Box 354-TP, Skagway AK 99840, Tel. 907/983-2236, ab 62 US$.

„Gold Rush Lodge", Box 514-TP, Skagway AK 99840, Tel. 907/983-2831, ab 65 US$.

„Westmark Inn", Box 515-TP, Skagway AK 99840, Tel. 1-800-544-0970 (kostenfrei), ab 99 US$.

Die Stadt hat außerdem und eng beieinander liegend 16 Restaurants aller Kategorien zu bieten, vom Imbiß bis zum Dining Room in der Westmark Inn, s.o., darunter auch ein „Deli" an der Broadway Street.

Der Chilkoot Trail

Info: *Klondike Gold Rush National Historic Park,* Box 517-TP, Skagway AK 99840, Tel. 907/983-2921. Das Parkoffice befindet sich im alten Railroad Depot in Skagway, 2nd Avenue Ecke Broadway Street. Hier sind neben Parkinformationen im Sommer die Film- und Diashow über den Park und seine Geschichte interessant.

Rangerposten sind am Beginn des Trails in Dyea, in Sheep Camp bei 21 km des Trails und auf kanadischer Seite in Lindeman City anzutreffen.

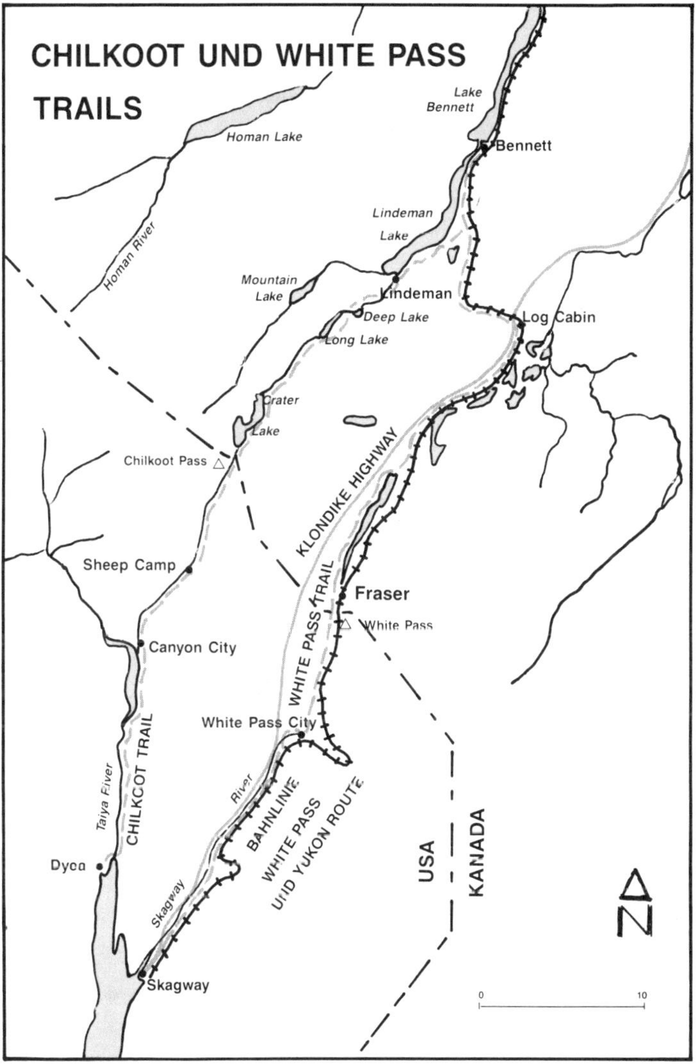
CHILKOOT UND WHITE PASS TRAILS
Lake Bennett
Homan Lake
Bennett
Homan River
Lindeman Lake
Mountain Lake
Lindeman
Deep Lake
Log Cabin
Long Lake
Crater Lake
KLONDIKE HIGHWAY
Chilkoot Pass
Sheep Camp
WHITE PASS TRAIL
Fraser
White Pass
Canyon City
White Pass City
CHILKCOT TRAIL
Taiya River
River
BAHNLINIE WHITE PASS UND YUKON ROUTE
USA
KANADA
Dyea
Skagway
Skagway
N
0
10

Karten:
1 : 63.360 für den US-Teil des Weges, zu bestellen in Denver, USA (s. Karten): Skagway, Blatt B 1 und C 1. 1 : 50.000 für den kanadischen Teil, zu bestellen in Ottawa: Map 104 M (Skagway) Blatt 11 und 14.
Weglänge:
Der Pfad beginnt in Dyea und endet am Lake Bennett nach 53 km Wegstrecke. Man sollte 5 Tage für eine ruhige Wanderung einplanen.

Eigentlich umfaßt der Nationalpark nicht nur den Trail, sondern die gesamte Schiffsreise ab Seattle. Logischerweise liegt dort auch ein Parkoffice, 117 South Main Street, Seattle WA 98104 (im Seattle Center). Auch der Seattle Pioneer Square gehört dazu.

Es gibt eine Reihe von Bestimmungen zu beachten, die unbedingt eingehalten werden müssen. Wer bis Kanada durchwandern will, muß sich vorher beim kanadischen Zoll fernmündlich ankündigen, Tel. 403/821-4111.

Am Pfad liegen große Mengen an Material aus den Tagen des Gold Rushes. Es ist verboten, sie zu verändern oder etwas davon als Souvenir mitzunehmen.

Unterwegs darf nur auf den 11 dafür freigegebenen Arealen gecampt werden. Zwar sind auch Schutzhütten vorhanden, aber bei rund 2000 Menschen, die im Sommer den Trail begehen, ist die Chance, in einer Hütte unterzukommen, recht gering. Es darf kein offenes Feuer entzündet werden. Man muß also einen Kocher mitnehmen und auch den Brennstoff dafür mitschleppen.

Jede Verunreinigung der Natur wird bestraft. Dazu zählt man in dieser empfindlichen Zone und bei 2000 Wanderern jährlich auch das Wegkippen von Seifenwasser u.ä. Schußwaffen dürfen nicht mitgeführt werden. Wichtig ist, sich im vorhinein darüber klar zu sein, daß man zu einer Hochgebirgstour aufbricht. Die Hänge der Coastal Range auf der ersten Teilstrecke bis zum Gipfel sind Regenwaldzone. Plötzliche Wetterumschläge, kühle, regnerische Tage müssen einkalkuliert werden. Eigenes Zelt, Heizung und Heizstoffe sowie die entsprechende Kleidung werden von den Park Rangern empfohlen, wenn auch nicht mehr mit dem unnachsichtigen Zwang, der früher auferlegt wurde. Auch hier gilt, da alles mitgenommen werden muß, daß leichte Allzweckkleidung das beste ist. Um an den Startpunkt zu gelangen, muß man von Skagway aus 15 km zum ehemaligen Dyea zurücklegen. Der Pfad beginnt am dortigen einfachen und kostenfreien staatlichen Campground, auf dem ein Rangerposten stationiert ist. Ein kurzer Fußweg vom Zeltplatz führt zum alten Friedhof, „Slide Cemetery", wo neben anderen Verstorbenen jener Tage auch die fünf Dutzend Lawinenopfer begraben liegen.

Von Dyea blieb nichts erhalten, nur einige Stümpfe ragen aus dem Boden, wo einstmals eine Werft tätig war und einige zehntausend Menschen campierten. Wer von Skagway aus marschieren will, kann 2 km einsparen, wenn er am Westende der 1st Avenue die Fußgängerbrücke über den Skagway River nutzt.

Vom Touristenbüro aus fährt zweimal täglich, am Morgen und am Abend, ein Bus von Skagway nach Dyea und zurück. Auskunft erteilen der Ranger in Dyea und das Touristenbüro. Im übrigen gibt es einige Taxiunternehmen in Skagway. Startpunkt ist die Brücke über den Taya Creek. Ab hier ist der Pfad markiert, und an Bäumen sind Meilenziffern angebracht.

Zunächst geht es in steilem Aufstieg, aber nur gut 100 m, zur ersten Hangschulter hinauf. Der Pfad verläuft immer rechts vom Taya River, dessen zahlreiche Nebenbäche auf einfachen Holzstämmen überquert werden.

Bei km 2: Pfad folgt einem alten Fahrweg bis zu einer ehemaligen Sägemühle.

Bei km 5: am Fluß.

Bei km 8: Finnegan's Point. Pat Finnegan hatte hier mit seinen zwei Söhnen eine Brücke gebaut und kassierte dafür Wegezoll. Als die Massen kamen, war das Geschäft vorbei, denn die Männer stürmten die Brücke. Hier war im Sommer ein kleines Restaurant, das Erfrischungen verkaufte.

Gleich dahinter geht es, noch immer durch Hochwald, kräftiger bergauf, eine richtige Berg- und Talbahn wegen der vielen Quertäler.

Bei km 11: Eine Gletscherzunge reicht fast bis an den Fluß herab.

Bei km 13: Canyon City. Für ein Jahr hatte diese Stadt 7000 Einwohner, Kneipen, Gasthäuser, Bordelle, alles in Zelten untergebracht. Nach einem Jahr war sie verschwunden. Die rustikalen Schutzhütten der Parkverwaltung stehen jedem kostenlos zur Verfügung — wer zuerst kommt, findet einen Schlafplatz unter Dach. Wer zu spät anlangt, muß im mitgebrachten Zelt nächtigen oder sehen, ob er noch ein freies Plätzchen auf dem Fußboden findet. Hinter der Hängebrücke geht es nun steil aufwärts. Eine Kletterpartie! Noch immer durch bewaldetes Terrain.

Bei km 17: Pleasant Camp. Auch hier lag damals eine Zollbrücke und eine kleine Zeltstadt, da der Punkt recht eben liegt.

Bei km 21: Sheep Camp, Rangerposten und Schutzhütte. Hier sollte man zur Nacht bleiben und dann am Folgetage den Paß überqueren.

Bei km 23: Baumgrenze erreicht.

Bei km 24: Stone House, die Talstation einer der einstigen drei Seilzugbahnen zum Paß.

Bei km 26: The Scales, der Wiegeplatz für Tragelasten. Die Chilkoot Tlingit, seit Jahrhunderten erfahrene Träger im Handel mit den Inlandsindianern über diesen Paß, handelten hier die Preise für die Traglasten aus. Reste eines ehemaligen Restaurants, Abfallberge und Material. Es blieb manches liegen, was bis hierher geschleppt worden war. Es folgt der Steilaufstieg, „The Golden Stairs". Im Winter hatte hier ein findiger Mensch Stufen zum Aufstieg in das Eis geschlagen und kassierte für die „Goldenen Treppen" zum Gold im Yukon. Ein Obelisk am Pfad erinnert an den Rush.

Bei km 27: Paßhöhe und Grenze zu Kanada auf 1100 m.ü.M. Von hier aus bietet sich ein herrlicher Ausblick auf Skagway und den Fjord, die Berge und Gletscher rundum. Hier oben warteten 1898 die Beamten der NWMP und kontrollierten jeden, ob er die vorgeschriebene Proviantmenge heraufgeschleppt hatte, nur dann durfte er passieren. Manche stiegen 20mal auf den Paß, um ihre rund 800 kg Ausrüstung hochzubringen.

Bei km 28: Stone Crib, Endstation der Seilbahn, die einstmals im Mai 1898 über 15 km, von Canyon City bis hierher reichte. Als sie starten konnte, war sie bereits überflüssig geworden. Wagemutige Investoren hatten einen Wagenweg bis Canyon City angelegt, den Rest bis zum Gipfel schaffte man per Seilbahn — aber da war der Goldrush schon vorüber, und die Eisenbahn drüben am White Pass erledigte den Rest.

Spätestens im Paß gerät man auch im Sommer in Schnee, der sich hier im Sonnenschatten ewig hält. Selbst auf dem schon ein gutes Stück tiefer liegenden See trifft man bis in den hohen Sommer Eis an, das meist erst im August das Wasser frei gibt. Der Crater Lake ist der erste der Quellseen des Yukon auf der kanadischen Seite des Passes. Der Pfad folgt dem rechten Ufer. Die tiefeingegrabenen Fahrspuren lassen den damaligen Fahrweg erahnen. Er führt am Abfluß des Kraters entlang zum Long Lake, der damals mit Booten befahren wurde, hinab zum dritten, dem Deep Lake.

Bei km 33: Happy Camp. Damals so genannt, weil man es hinter sich hatte. Ab hier war es leichter, das letzte Stück machte wenig Probleme. Über eine Brücke geht es zwischen beiden o.a. Seen zur gegenüberliegenden Seite und nun ostwärts des „Yukon River" über einen Höhenrücken zum Lake Lindeman. Die Baumgrenze beginnt; daß hier nur Krüppelbäume stehen, hat seinen Grund in der damaligen „Holzauktion". Am Lake Lindeman und Lake Bennett wurde alles kahlgeschlagen, um Boote und eine Kirche zu bauen. Der Rest diente als Feuerholz. Der Wald hat sich bis heute nicht erholt — und das ist auch der Grund für das Holznutzungsverbot.

Bei km 37: Deep Lake, am Ende des gleichnamigen Sees, heute Zeltplatz einfacher Art.

Bei km 40: Pfad wechselt zur Ostseite des Rivers, der gleich darauf in den Lake Lindeman einmündet. Der Pfad bleibt am rechten Ufer des Sees.

Bei km 42: Lindeman City. Kanadischer Rangerposten, Zeltplatz und Schutzhütten. Hier lag damals eine Stadt mit 10.000 Menschen, die nur noch auf den Eisbruch warteten. Und hier trafen sich erstmals die Überquerer der verschiedenen Pässe. Beide Wege mündeten am See, der ersten richtig und durchgehend befahrbaren Strecke, in den Wasserweg nach Dawson City ein. Ein kleiner Friedhof höher am Hang birgt die Gräber jener 11 Menschen, die hier während der Wartezeit starben bzw. umkamen.

Bei km 47: Bare Loon Lake, ein weiterer Zeltplatz. Von rechts kommen die Schienen der WPYR heran und folgen jetzt dem Trail am Seeufer.

Bei km 53: Lake Bennett. Hier steht noch die Blockhauskirche St. Andreas der Presbyterianer, die von den Wartenden erbaut wurde. Am Karfreitag 1898, dem 29. Mai, erscholl während des Gottesdienstes der Ruf: „Das Eis bricht!" Blitzartig entleerte sich das Gotteshaus, drei Tage später war auch die Stadt hier erloschen.

Nun muß sich der Wanderer entscheiden. Wer sein Plastik- oder Faltboot mit herübergeschleppt hat, kann den Yukon River hinunterfahren, nach Whitehorse, Dawson City oder bis an die Beringsee. Aber zunächst muß an die Aufenthaltserlaubnis gedacht werden! Vom Kanuten wird nicht erwartet, daß er zur Zollstation zum Highway marschiert, wo er sich zuvor telefonisch ankündigen mußte. Spätestens in Whitehorse muß er zum Immigration Office und seinen Status klären.

Denselben Weg zurück zu wandern wird dringend abgeraten: der steile Abstieg birgt an Regentagen zu viele Gefahren. Auf oder neben den Bahngleisen gelangt man in Nordrichtung nach Carcross, der ersten Siedlung im Yukon Territorium. Das

sind weitere 20 km immer in der bisherigen Richtung am Lake Bennett entlang. Entgegengesetzt sind es etwa 30 km auf den Gleisen bis nach Fraser (BC) und dem Anschluß an die noch betriebene Strecke der WPYR nach Skagway. Auf diesen Gleisen betreibt die WPYR im Sommer eine Motordraisine, die im Anschluß an die Zugfahrten von und nach Skagway verkehrt und sowohl Passagiere als auch Boote zwischen Fraser und Lake Bennett befördert.
Den Klondike Highway erreicht man aber schon nach etwa 20 km, und wer vom Lake Bennett aus strikt hangauf nach Osten und querfeldein geht, erreicht ihn nach etwa 10 km, zweckmäßigerweise rechts am Mount Racine entlang, das ist der Klotz voraus. Hinter dem zieht sich die Straße im Bogen vorbei.

Eine **Warnung** sei den Anglern noch mit auf den Trail gegeben. Was auf Landkarten wenig auffällt und in den Berichten immer unterschlagen wird: Alaska grenzt nirgendwo im Süden an das Yukon Territorium. Dazwischen liegt immer ein Streifen British Columbia, da nun einmal der 60. Breitengrad die künstlich festgelegte Abgrenzung zwischen den beiden kanadischen Territorien bildet.
Die auf der Paßhöhe genannte Grenze ist die zwischen Kanada und den USA, aber auch zwischen Alaska und British Columbia.
Erst am Ende des Trails und des Gold Rush National Parkes folgt die Grenze von BC zum YT. Und da jeder der drei Bezirke sein eigenes Fischrecht hat, muß der Angler sich mit drei Fishing Licences eindecken, wenn er unterwegs in den Gewässern fischen möchte. Und nicht genug damit — er befindet sich in einem Nationalpark und benötigt daher die zusätzliche Parkkarte.
Alle diese Papierchen bekommt man bei den jeweils zuständigen Rangern (Einzelheiten →Stichwort Angeln) und muß sie vor Aufnahme entsprechender Aktivitäten kaufen!

Golfalaska — Cooks Küste

Der Küstenstrich im nördlichen Golf von Alaska ist der am dichtesten besiedelte Teil des US-Bundesstaates. Zwei Drittel seiner Bewohner leben hier. Das hat seinen Grund in der günstigen klimatischen Situation der Region. Der nördliche Pazifik und der warme Japanstrom bergen genug Heizkraft, um die Häfen ganzjährig eisfrei zu halten und die hier vielfach direkt ins Meer kalbenden Gletscherbrocken in Wasser umzuwandeln.
Obwohl schon die russischen Händler vor ihm angelangt waren, hat doch der kurze Besuch des englischen Forschers und Entdeckers James Cook mehr Spuren auf der Karte hinterlassen als deren Siedlungen um Kenai und die Fjorde.
Tief im Innern des Cook Inlet liegt Alaskas größte Stadt, Cooks Anchorage, sein Ankerplatz — obwohl die Siedlung noch lange auf sich warten ließ, der Name hielt sich. Und der Turnagain Arm hat seinen Namen von Cooks aussichtslosem Versuch, durch ihn die Nordwestpassage zu erkunden.
Die Menschen von heute verdanken ihre Existenzgrundlage zum großen Teil einem Phänomen dieser Bucht zwischen Eis und warmem Meer. Hier wimmelt es von Fi-

schen, deren delikateste die Lachse und die Heilbutte sind.

Anchorage (230.000 Einwohner)

Info: *Convention and Visitors Bureau,* 1600 A-Street, Suite 200, Anchorage AK 99501-5162, Tel. 907/276-4118, Fax 907/278-5559. Daneben gibt es vor Ort mehrere „VIC" genannte Infozentren in den verschiedenen Levels des International Airports sowie in Downtown, in der Log Cabin Ecke 4th Avenue/F-Street und in der Valley River Mall (Einkaufszentrum) in North Anchorage/Eagle River.

USDA Forest Service, Chugach National Forest, 3301 C-Street, Suite 300, Anchorage AK 99503, Tel. 907/271-2500, Fax 907/271-3922.

Anchorage liegt zentral an der Südküste Alaskas, im Innern des Cook Inlet, an der Landzunge zwischen den beiden Fjordarmen Knik und Turnagain.

Die größte Stadt Alaskas, sie zählt mit Vororten mehr als die Hälfte der Staatsbevölkerung zu ihren Einwohnern, ist eine junge Neuzeitgründung vom Reißbrett. Anlaß war der Bau der Alaska Railroad. 1914 beschloß der Congress den Bau der Eisenbahnlinie, die den Umweg um Alaska herum zu den Flußmündungen abkürzen sollte. Sie mußte also von einem eisfreien Pazifikhafen zum Inlandsflußweg Tanana/Yukon River führen. Der kürzeste und einfachste Weg war der von Fairbanks nach Süden zur Mündung des Cook Inlet. An der Mündung des Ship Creek in den Fjord entstand daher 1915 ein Baucamp, dem heutigen Hafen von Anchorage. Der Name stammt, wie die Bezeichnungen für die Fjorde und Fjordarme, aus der Zeit von Kapitän Cooks Besuch und bedeutet schlicht Ankerplatz oder Hafen.

Die Stadt nahm rasch als Kopfstation der Eisenbahn einen jähen Aufschwung und wurde schon 1920 selbständige Stadt. Den nächsten Schub brachte der Zustrom von Farmern aus der „Dustbowl", den Präriestaaten im Süden, die infolge der großen Dürre 1934 ihre Farmen aufgaben und im nahen Matanuska Tal angesiedelt wurden. Dieser Raum Alaskas ist heute landwirtschaftliches Zentrum und Versorgungsgebiet für den Staat, eine fruchtbare Garten- und Feldbauregion, die man hier wohl zuletzt suchen würde.

Im letzten Weltkrieg wurde Anchorage ein wichtiger Stützpunkt für die US-Armee und Luftwaffe. Fort Richardson und Elmendorf Field sind heute kleine Städte in der Stadt. Als dann noch Öl gefunden und die Alaska Pipeline konstruiert wurde, boomte die Stadt zum Wirtschaftszentrum des Staates, mit Wolkenkratzer City und endlos in die Landschaft sich erstreckenden Kleinhaussiedlungen und -stadtteilen.

Die Stadt steht auf wackeligem Boden. Noch immer ist es im Erdinnern unruhig, gibt es aktive Vulkane in Sichtweite der Stadt, und 1964, am 27. März, erschütterte ein gewaltiges Erdbeben die Region. Ein Park beim Flughafen draußen und ein Monument an der Ecke 4th Avenue und E-Street halten die Erinnerung zusätzlich wach. Obwohl: die Hauptschäden richtete damals weniger das Beben als die nachfolgende riesige Flutwelle an, mit der das Meer an Land stieg.

Abgerundet wird das großstädtische Bild durch zwei Universitäten und das internationale Verkehrskreuz, das seine Ergänzung in einer einmaligen Dichte des nationalen und privaten Flugverkehrs findet.

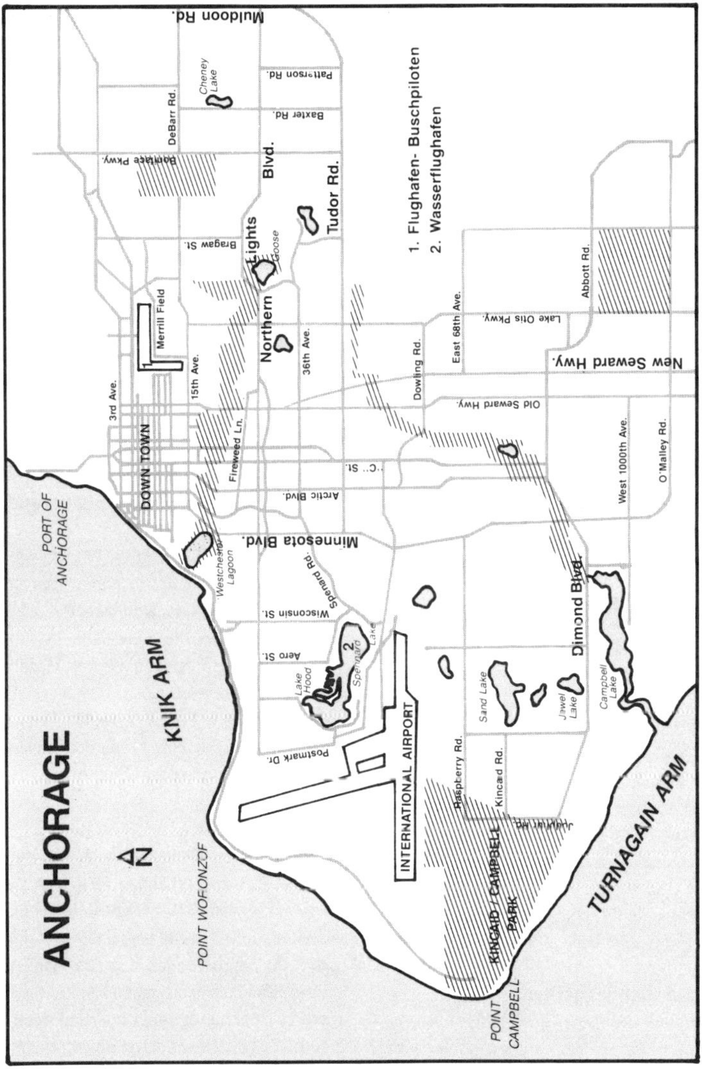
ANCHORAGE
N
KNIK ARM
PORT OF ANCHORAGE
POINT WORONZOF
INTERNATIONAL AIRPORT
TURNAGAIN ARM
POINT CAMPBELL
KINCAID / CAMPBELL PARK
DOWN TOWN
Merrill Field
Westchester Lagoon
Lake Hood
Spenard Lake
Sand Lake
Jewel Lake
Campbell Lake
Cheney Lake
Goose
3rd Ave.
15th Ave.
36th Ave.
East 68th Ave.
West 1000th Ave.
Muldoon Rd.
Patterson Rd.
Baxter Rd.
DeBarr Rd.
Boniface Pkwy.
Bragaw St.
Northern Lights Blvd.
Tudor Rd.
Fireweed Ln.
"C" St.
Arctic Blvd.
Minnesota Blvd.
Spenard Rd.
Wisconsin St.
Aero St.
Postmark Dr.
Dowling Rd.
Old Seward Hwy.
New Seward Hwy.
Lake Otis Pkwy.
Abbott Rd.
O'Malley Rd.
Dimond Blvd.
Raspberry Rd.
Kincaid Rd.
1. Flughafen- Buschpiloten
2. Wasserflughafen

Und durch den krassen Gegensatz der entwurzelten einheimischen Kultur, den man im Zentrum der Stadt, an der 4th Avenue und zu Füßen der Wolkenkratzer nicht übersehen kann.
Und nun strebt man an, Austragungsort Olympischer Spiele zu werden.

PRAKTISCHE INFORMATIONEN

Anreise

Die Einzelheiten hierzu sind im Kapitel „Anreise" ausführlich behandelt.
Es gibt keinerlei Linien- oder Fährschiffanbindung, obwohl Anchorage Überseehafen ist. Die nächste Fährschiffanbindung zu den Häfen in Südalaska bietet Whittier, wohin sowohl Eisenbahn- wie Überland-Busverbindung (bis Portage) besteht. Es gibt eine ganzjährige Busverbindung nach Whitehorse *(→dort)*.
Das ausgedehnte städtische Nahverkehrsnetz läuft im Zentrum 6th Avenue Ecke G-Street zusammen, die Überlandbusse starten um den Block an der 5th Avenue.
DASH (Downtown Anchorage Short Hop): Zwischen 5th Avenue/Denali Street und 6th Avenue/K-Street fahren die Busse am Wochenende bzw. werktags zwischen 9 und 15 Uhr sowie zwischen 18 und 20 Uhr kostenfrei. Ansonsten kostet die Busfahrt 1 US$, mit Transfer aber 1,10 US$. Die Tageskarte für unbegrenztes Busfahren gibt es für 2,50 US$.

Sehenswürdigkeiten

Für eine so junge Großstadt wie Anchorage ist es natürlich unmöglich, großartige historische Baudenkmäler vorzuweisen. Da die Stadt nur in nüchternen Wohnvierteln endlos ins Land greift, läßt sich im Zentrum das Sehenswerte am besten zu Fuß erlaufen. Das Visitors Bureau hält Stadtpläne mit eingezeichneten Rundgängen bereit, die zu den interessanteren Punkten hinführen.
Alaska Wildlife and Natural History Museum, 317 E Street, Eintritt 5 US$. Eine wirklich sehenswerte Zusammenstellung der Tierwelt Alaskas! Vorführung von Tier- und Naturfilmen.
Alaska Heritage Arts, Galerie der Einheimischen Kunst, 400 D-Street; kostenlos.
The Anchorage Museum of History and Arts, 121 W. 7th Avenue, Eintritt 3 US$.
Heritage Library Museum, Northern Lights Boulevard Ecke C-Street, in der Halle der National Bank of Alaska, kostenlos. Interessante Sammlung von Materialien historischer Herkunft.
Elmendorf Air Force Base Wildlife Museum, Zufahrt zur militärischen Anlage am Glenn Highway und Boniface Parkway, vom Posten am Tor einweisen lassen. Sammlung der Trophäen, die von Militärs erlegt wurden; kostenlos.
Fort Richardson Fish and Wildlife Center, Gebäude 600 in Fort Richardson, etwa 250 Ausstellungsstücke. Eintritt frei.

Veranstaltungen

Anchorage Fur Rendezvous, 3. Februarwoche. Ein wochenlanges Fest, das als Pelz- und Fellauktion, -messe, -ausstellung beginnt, den Karneval einbezieht und das jährliche Trappertreffen aus dem ganzen Land. Das Jahresereignis in Anchorage, mit Schlittenhundrennen und Volksfest.
In der Folge ist Anchorage an jedem Wochenende bis zum Herbst Ort irgendwelcher Festlichkeiten (4. Juli, 18. Oktober!)

oder Wettbewerbe und Veranstaltungen, z.B.
Alaska Renaissance Festival am ersten Juniwochenende.
Scottish Highland Games, erstes Augustwochenende.
Crafts Fair at University of Alaska, am zweiten Septemberwochenende.
Man informiert sich am besten anhand des Veranstaltungskalenders des Visitor Bureaus.

Unterkünfte
„Centennial Camper Park", städtischer Platz mit Duschen, am Stadtbeginn, Glenn Highway Ecke Muldoon Road, links vom Highway stadteinwärts.
„Lion's Camper Park", städtischer Platz mit Duschen, weiter zur Innenstadt, links vom Glenn Highway in die Boniface Road, Ecke DeBarr Road. 12 US$/Nacht auf jedem der beiden städtischen Campgrounds.
Günstiger steht man auf den kostenlosen und schlichten Plätzen der Forstverwaltung wie Bird Creek (Seward Highway), Eagle River (Glenn Highway) und andere State Campgrounds mehr, aber sie alle liegen mindestens 25 km außerhalb der Stadt — ohne eigenes Fahrzeug sind sie nicht zu erreichen.
(Jugend-)herbergen:
„Hostelling International Anchorage", 700 H-Street, Anchorage AK 99501-3417, Tel. 907/276-3635, Fax 907/243-3456! Mitglieder zahlen 12 US$, Nichtmitglieder 15 US$. Lage: 32nd Avenue Ecke Minnesota Road.
„Backpackers Inn/Hostel", 3601 Peterkin Avenue, A-VG, Anchorage AK 99508-1130, Tel. 907/274-3870! pro Tag 12 US$, pro Woche 70 US$, im Monat 250 US$.

Hotels/Motels:
„Tradewinds Motel", 4332 Spennard Road-VG, Anchorage AK 99517-2907, Tel. 907/243-0533, ab 25 US$.
„Brown Bear Motel", HC 52, Box 8762-VG, Anchorage AK 99540-9603, Tel. 907/653-7000, ab 38 US$.
„Alaska Budget Motel", 545 E. 4th Avenue, Anchorage AK 99501-2623, Tel. 907/277-0088, Fax 907/277-1517, ab 45 US$.
„Red Ram Motor Lodge", 539 H-Street-VG, Anchorage AK 99501 (Postanschrift), Lage: 642 E. 5th Avenue, Tel. 907/274-1515, ab 50 US$.
„John's Motel & RV Park", 3543 Mountain View Drive-VG, Anchorage AK 99508-1199, Tel. 907/277-4332, Fax 907/272-0739, ab 45 US$.
„Anchor Arms Motel", Box 101958-VG, Anchorage AK 99510-1958 (Postanschrift), Lage: 433 Eagle Street, Tel. 907/272-9619, Fax 907/272-0614, ab 59 US$.
„AAA Mexiko Hotel", 3903 Spennard Road-VG, Anchorage AK 99517-3002, Tel. 907/248-4848, ab 60 US$.
„Alaska's Tudur Motel", 4423 Lake Otis Parkway-VG, Anchorage AK 99507-1471, Lage: Südostecke Lake Otis Road/Tudor Road, Tel. 907/561-2234, ab 60 US$.
Weiterhin findet man 60 weitere Hotels/Motels in downtown Anchorage mit Preisen von 65 bis 200 US$. Bed & Breakfast vermitteln die Visitor-Büros ab 50 US$ aufwärts bis zu 135 US$ pro Bett und Nacht mit Frühstück! Es gibt aber noch sechs bescheidenere Gastgeber zu 25, 35 und 45 US$ aufwärts.

Restaurants
Angesichts der rund 600 Restaurants der Stadt ist weder eine Übersicht möglich noch eine Eingrenzung auf preiswerte

Gaststätten. Die einschlägigen Schnellrestaurants der bekannten Ketten findet der Liebhaber ohnehin ohne fremde Hilfe. Auf drei interessante Lokale sei dennoch hingewiesen:
„The Downtown Deli", 525 W. 4th Avenue, liegt genau gegenüber dem Visitors Bureau und bietet europäische Speisen und Lebensmittel an.
Das „Chinarestaurant" an derselben 4th Avenue, nur ein Stück auswärts vom Zentrum, gegenüber der Post Mall, zwischen F- und G-Street, bietet mittags zum Lunch für 5 US$ ein attraktives Büffet an — „all you can eat"!
„Chilkoot Charlie's", 2435 Spenard Road hingegen ist eine urige Kneipe im Goldrauschstil, mit Westernmusik, erst abends geöffnet.

Unternehmungen

Anchorage ist nicht nur Großstadt mit dem ganzen kulturellen Angebot einer solchen — die Stadt ist auch Siedlung am Rande der Wildnis. Für den Stadtmenschen, der das eine nicht missen möchte und das andere wünscht, ist hier der Absprung für Wildnisausflüge ebenso gegeben wie für nächtliche Stadtabenteuer.
Alaska Heritage Review, die übliche, hier aber professionell aufgezogene historische Show, 20 Uhr täglich im Egan Convention Center, 555 W. 5th Avenue, Tel. 907/278-3831, Eintritt 12 US$, Kinder die Hälfte.
Bore Tide, die zweimal täglich wechselnden Gezeiten des Meeres wirken sich in den engen Fjorden und bei dem beträchtlichen Unterschied (9 m Gezeitenhub) anschaulich aus. Am besten fährt man auf dem Seward Highway aus der Stadt hinaus. Er folgt dem Turnagain Arm des Cook Inlet. Beim Bird Creek State Campground kann man das Naturereignis gut beobachten. Zum guten Schluß der steigenden Flut kehrt das Hochwasser, aufgestaut am Fjordeingang, in etwa 2 m hoher schäumender Welle in den Fjord zurück. Die Schau- und Wartezeit kann man sich durch das Beobachten der Wale im Fjord verkürzen, wozu man jedoch ein gutes Fernglas benötigt.
Outdoors-Unternehmungen bieten sich in Anchorage in besonders großem Maße an. Zahlreiche Veranstaltungen führen die Gäste in die umliegenden Wildnisareale, und auch für Aktivitäten auf eigene Faust gibt es reichlich Raum. Anchorage hat den größten Wasserflughafen und den größten Privatflugzeug-Landeplatz in Nordamerika, da findet sich für jeden der passende Untersatz für den Absprung.

Chugach State Park

Chugach State Park, Pouch 7001, Anchorage AK 99510, Tel. 907/561-2020.
Eagle Visitor Center, das Chugach State Park Office, liegt im Park und ist wie folgt zu erreichen: ab Anchorage über den Glenn Highway stadtauswärts, 19 km ab Highwaybeginn in Richtung Zentrum bis zur Ausfahrt Hiland Road und Eagle River Exit. Die Eagle River Road führt entlang diesem Fluß durch eine schöne Voralpenlandschaft hinauf in die Berge, 29 km bis zum Visitor Center. Vorne an der Abzweigung der Sraße, 2 km vom Highway, liegt der Eagle River Campground, bereits im Park und am Ufer des Flusses, ein einfacher State Park, 5 US$. Im wunderbar gelegenen Park Center erhält man nicht nur alle Informationen und Karten, von hier aus werden im Sommer Führungen der

Ranger in den Park hinein und zu Plätzen mit schöner Aussicht veranstaltet. Die Führungen sind kostenfrei und umfassen Tagestrips wie auch einfache Spazierwanderungen von einigen Stunden. Der Chugach State Park umfaßt rund 170.000 ha Wildnis rund um Anchorage. Obwohl direkt vor den „Toren" der Stadt liegend, ist er doch ein Zugang zur Natur und dem Tierleben in den Bergen. Da Alaskas größte Stadt auf der Spitze einer Halbinsel liegt, ist der in ihrem Hinterland liegende Park von Norden und Osten, von zwei Highways aus zugänglich. Einige Stichstraßen führen hinein, und man kann mit dem Auto zu schönen Aussichtspunkten gelangen. Eine Reihe von Wanderwegen startet von Parkplätzen, die an den Highways liegen. Wer Einsamkeit sucht, ist hier fehl am Platz, wer aber gern auf gebahnten Pfaden schreitet und gern fremden Menschen begegnet, ist hier richtig.

Eklutna Lake erreicht man über den Glenn Highway bei km 42 vom Zentrum Anchorage. Ausfahrt Eklutna Road Exit und 16 km bis zum See mit Campground am Ufer, einfach 6 US$.

Arctic Valley, Ausfahrt vom Glenn Highway bei km 10. Eine Stichstraße von 12 km führt hinauf zum „Alpenglow" in die Chugach Mountains mit wunderbarer Fernsicht auf den Cook Inlet und die Täler.

Der Seward Highway führt südlich von Anchorage zu einer Reihe von Park- und Zeltplätzen, von denen aus Wanderwege den Zugang zu den Chugach Mountains öffnen.

Chugach National Forest

Forest Supervisor, 201-TP E. Fourth Avenue, Anchorage AK 99501, Tel. 907/271-2500.

Begich Boggs Visitor Center, liegt 70 km südostwärts von Anchorage am Seward Highway in Portage, Tel. 907/783-2326.

Der Chugach National Forest schließt sich ostwärts an den State Park an. Beide sind voneinander unabhängig organisiert. Der National Forest umfaßt den weitaus größeren Teil der Wildnis der Chugach Mountains, ungefähr zehnmal so viel wie der kleinere State Park.

Der Chugach National Forest ist dem Tongass National Forest ähnlich, etwas kleiner, aber zusammenhängend auf dem Festland liegend und durch alte Trails erschlossen. Außerdem führen sowohl die Bahnlinie nach Seward hindurch wie auch die Highways nach Seward und nach Soldotna. Das schmälert keinesfalls die Schönheit dieses Gebirges und seiner Täler, es erhöht aber die Leichtigkeit des Zuganges ab Anchorage. Im Park liegen einzeln und verteilt an besonders schönen Gewässern 40 Hütten von derselben Art, wie im Tongass beschrieben. Fast alle sind mit Boot ausgestattet. Verliehen werden sie zu 20/30 (Saison) US$ täglich mit einem Limit von drei Tagen im Sommer. Gruppen sind da wieder im Vorteil, da nur an Einzelpersonen verliehen wird, also jeder nacheinander die Hütte mieten kann. Die Unterlagen zu jeder Hütte erhält man von der zuständigen Forstverwaltung.

Cordova Ranger District, 280-TP, Cordova AK 99574-0280 (Prince William Sound Ost).

Seward Ranger District, 390-TP, Seward AK 99664-0390 (Südteil von Kenai).

Anchorage Ranger District, 129-TP, Girdwood AK 99587 (Nordteil von Kenai und Prince William Sound West).

Der Park beginnt im Anschluß an den State Park, 60 km südostwärts von Anchorage am Seward Highway. Hier zweigt die Alyeska Access Road ab nach Girdwood, 3,5 km vom Highway, mit dem Forest Ranger Office. In der Verlängerung erreicht man nach 1,5 km hinter Girdwood das Wintersportareal am Mount Alyeska (1200 m.ü.M.). Man kann im Sommer mit der Seilbahn zum Skyride Restaurant mit wundervollem Ausblick hinauffahren.

Crow Creek Trail

Die Abzweigung vor Girdwood, die Crow Creek Road, führt an der uralten Crow Creek Goldmine (5 km) vorbei zum Fuß des Crow Passes (weitere 6 km). Von hier aus führt ein Fußpfad zum Raven Gletscher (4 km). Hier steht eine der Hütten der Forstverwaltung. Der Pfad führt als Teil des Old Iditarod Trails in 36 km vom Crow Pass entlang dem Raven Creek zum Eagle River Visitor Center, →*dort,* im State Park.

Iditarod Trail nennt man die Hundeschlittenrennstrecke, die jährlich von Anchorage über die alte Geisterstadt Iditarod nach Nome gelaufen bzw. gefahren wird — unter großer Anteilnahme der Zuschauer und der Medien.

Der Anlaß dafür ist eine historische Begebenheit. Als im Winter 1925 in Nome eine Diphtherie-Epidemie drohte, beförderten hilfsbereite Schlittenhundeführer im Stafettenlauf das Impfserum ab Fairbanks, wohin es die Bahn aus Anchorage befördert hatte, nach Nome. Ursprünglich war der Iditarod Trail eine jeden Winter befahrene Hundeschlitten-Poststafette ab Seward im Süden der Halbinsel Kenai zur Eismeerküste! daher die Bezeichnung „Old Iditarod Trail", der dem anderen nur den Namen gab.

Portage Glacier Road

Die Portage Glacier Road zweigt bei Portage, hinter den Eisenbahngleisen und den beiden Brücken über den Portage Creek, bei km 127 vom Seward Highway nach links ab. Sie führt zum o.a. Begich Boggs Visitor Center, 9 km vom Highway und am Portage Gletscher sowie am Portage Lake gelegen. Auch sind hier Wandertouren mit dem Ranger möglich. Der Pfad zum Gletscher beginnt direkt am Visitor Center und kann auch ohne Begleitung bis zum Gletscher gelaufen werden. An der Portage Glacier Road liegen drei der USDA Campgrounds im Kilometerabstand hintereinander, jeder gleich schlicht und für 6 US$.

Hope Highway

Die Abzweigung bei km 113 vom Seward Highway nach rechts führt am Sixmile Creek zurück zum Turnagain Arm und an diesem entlang zu dem ehemaligen Goldfeld von Hope (27 km), heute 100 Einwohner, sowie zu fünf Campgrounds und dem Startpunkt für den

Resurrection Pass Trail

Der 60 km lange alte Goldgräberweg führt das Tal des Resurrection Creeks hinauf zum Resurrection Pass (780 m.ü.M.) und folgt dann dem Juneau Creek hinunter zum Sterling Highway bei Cooper Landing. Am Pfad liegen sieben der Rangerhütten, zwei weitere befinden sich an zwei Seen, die nur mit einem Boot zu erreichen sind.

Der Pfad zählt wegen seiner Schönheit und der eindrucksvollen Landschaft zu den beliebtesten im Park. Da er eine weite Strecke oberhalb der Baumlinie verläuft, muß man einen Kocher und Heizmaterial mitführen. Eine Abzweigung hiervon ist der

Devil's Pass Trail

Dieser Seitenpfad zweigt bei der Devil's Pass Hütte ab und führt über 16 km, ohne auf eine Hütte zu treffen, zunächst zum Paß (720 m.ü.M.) hinauf und dann hinab zum Seward Highway, den man bei km 141 erreicht.

Russian Lakes Trail

Dieser Pfad von 33 km ist besonders für Angler geeignet. Er ist als Ergänzung zum Resurrection Pass Trail gedacht und führt mit einer weiteren Abzweigung, dem Resurrection River Trail, quer über die Halbinsel Kenai. Der Pfad beginnt am Sterling Highway, beim USDA Campground Russian River und km 171 ab Anchorage. Er folgt dem Russian River, führt an seinen Seen entlang und dann zum Cooper Lake. Von dort aus geht man eine 20 km lange Straße nach Cooper's Landing zum Highway zurück. Es ist ein Pfad zu forellenreichen Seen, und im Fluß steigen die Lachse auf. Zwei Hütten liegen am Pfad.

Resurrection River Trail

Dies ist das letzte Teilstück in der Wanderstrecke Hope — Seward quer durch die Peninsula. Man geht ihn zweckmäßigerweise in Cooper's Landing an, entgegengesetzt zur o.a. Schilderung des Russian Lakes Trail. Von diesem zweigt er nach 8 km südlich des Cooper Lake ab und folgt dem Resurrection River hinab zum Meer und nach Seward. Er endet nach insgesamt 33 km auf einer Gravel Road, die zum Seward Highway kurz vor der Stadt Seward führt. An dieser Strecke liegt eine Hütte auf halbem Weg ab Cooper Lake.

Johnson Pass Trail

Dieser Pfad von 40 km folgt einem Stück des Old Iditarod Trails, dem alten Karrenpfad aus der Goldsucherzeit, der schon um 1890 angelegt wurde und an einigen alten Hütten aus jener Zeit vorbeiführt. Startpunkt ist am Seward Highway, bei km 152 von Anchorage. Der Pfad führt über die Baumlinie hinauf zu den Seen Bench und Johnson Lake und dann hinunter mit wunderbarer Fernsicht am Bench Creek entlang zum Seward Highway zurück, den man bei km 102 ab Anchorage erreicht. Am Pfad gibt es keine Ranger Hütten. Der zu Anfang am wunderschönen Upper Trail Lake entlangführende Pfad ermöglicht hier innerhalb der Baumzone ein längeres Verweilen am See, der für seine Forellen bekannt ist.

Vermerk: Alle Trail-Enden am Seward Highway sind mit dem Bus ab Seward oder Anchorage zu erreichen (→ Seward Anreise). Man braucht dem Fahrer nur rechtzeitig Bescheid zu sagen, er hält präzise am gewünschten Ort auf freier Strecke an.

Columbia Gletscher Tour

Wer sich in Anchorage aufhält, sollte sich den Columbia Gletscher und die spektakuläre Gebirgswelt zwischen Seward, Whittier und Valdez nicht entgehen lassen. Am besten und preiswertesten fährt man mit der Eisenbahn über die Kenai Halbinsel, was bereits ein tolles Erlebnis darstellt. Von Seward oder Whittier geht es dann mit der Fähre nach Valdez, denn die Fähre erschließt ihren Fahrgästen den Gletscherblick in voller Breite. Und ab Valdez muß man sich entscheiden — wieder zurück oder Rundkurs über den Richardson Highway mit Anschluß an die anderen Richtungen in Glennallen.

Informationen: Alaska Railroad, Box 107500, Anchorage AK 99510, Tel. 907/265-2494.

Der Bahnhof in Anchorage liegt im Zentrum, West 1st Avenue, zwischen F-Street (Zufahrt) und E-Street.

Abfahrt Anchorage 7 Uhr, Ankunft Seward 11 Uhr, 35 US$, Rundtrip 80 US$ (Rückfahrt 18 — 22 Uhr).

Abfahrt Anchorage 11.30 Uhr, Ankunft Whittier 13.15 Uhr, 23 US$, Rundtrip 40 US$, Kinder die Hälfte (Rückfahrt 15.30 bis 17.15 Uhr).

Die Strecke nach Whittier führt zunächst am Turnagain Arm bis ins hinterste Ende des Fjordes nach Portage, das nur Bahn-/Straßenknotenpunkt ist. Die Ortschaft wurde beim Good Friday Earthquake weggefegt. An dieser Bahn-Station können auch Reisende mit eigenem PKW zusteigen, was den Kurztrip nach Whittier über die Berge ans Meer (keine Straßenanbindung) ermöglicht und die Zugfahrt auf 35 Minuten verkürzt. Der Rundtrip kostet 16 US$, für Kinder die Hälfte. Fahrer plus Pkw bezahlen 70 US$.

Erheblich interessanter ist das folgende Stück, wenn man nach Seward reist: Ab Portage umrundet die Bahnlinie das Fjordende und steigt dann im Tal des Placer River auf die Höhen der Halbinsel Kenai. Es gibt Tunnels und Kehren, Talblicke und Rundschau: ein Erlebnis. Jenseits geht es den Trail Creek hinunter, mit einer nicht weniger schönen Szenerie, zum wundervollen Upper Trail Lake, dessen Ufer die Gleise folgen und ab Moose Pass an weiteren schönen Seen entlang zusammen mit dem Highway nach Divide die Höhen queren und dann nach Seward hinabsteigen.

Seward (2700 Einwohner)

Info: Visitor Information Center, Box 749-TP, Seward AK 99664, Tel. 907/224-8051, im ausgedienten Eisenbahnwaggon, 3rd Avenue Ecke Jefferson Street.

Die kleine Hafenstadt Seward, benannt nach dem amerikanischen Außenminister William Seward, der 1867 den Verkauf Alaskas an die USA erreichte, liegt an der Resurrection Bay an der Ostküste der Kenai Halbinsel. Auf dem Seward Highway sind es 200 km bis Anchorage. Obwohl schon Baranof hier mit seinem Schiff 1791 Schutz suchte — es war Ostersonntag, und die Bucht erhielt daher den Namen Resurrection Bucht — begann die Geschichte der Siedlung erst mit dem Bau der Eisenbahn. Nach deren Fertigstellung im Jahre 1923 begann der wirtschaftliche Aufschwung der Stadt und ihres ganzjährig eisfreien Hafens.

Anreise

Der Airport liegt im Norden der Stadt zwischen dem Highway und dem Resurrection River. Es besteht täglich Linienflugverbindung mit Anchorage. Der Bahnhof liegt am Stadteingang im Norden, Tel. 907/224-5550.

Der Fährschiffterminal liegt am Ende der Stadt, im Süden der Fourth Avenue. Tel. 907/224-5485.

Die Fähre Tustumena legt hier jeden Freitag abend um 22.30 Uhr ab, passiert den Columbia Gletscher und erreicht am nächsten Nachmittag 13.30 Uhr Valdez. Die Fahrt kostet einfach 58 US$, für Kinder die Hälfte, (Rückfahrt der Fähre ab Valdez 5.30 Uhr, Ankunft Seward 17.15 Uhr).

Der Highway endet in Seward. Er bietet zusätzlich täglich Busverbindung nach Anchorage. Die Busstation liegt am Ende der 6th Avenue im Süden, nahe dem Fährterminal an der Railway Avenue. Seward Bus Line, Box 1338, Seward AK 99664, Tel. 907/224-3608 (in Anchorage: Tel. 278-0800).

Die gesamte Küste ist in diverse Camper- bzw. RV- oder Tagesareas eingeteilt. Man fährt vom Ende des Highways, der Fourth Avenue folgend, den Ballaine Boulevard hinunter und anschließend die Railway Avenue entlang. Bis zum Fährterminal erstreckt sich die Campingzone, die Schilder weisen ein. Die Benutzung der einfachen städtischen Plätze ist gebührenfrei.

Die Stadt hat fünf gleich teure Hotels/Motels, die Preise ab 60 US$ nehmen. Auch die fünf „Bed and Breakfast"-Unterkünfte beginnen erst mit 50 US$!

Ausnahmen: „The White House", Box 1157, Seward AK 99664, Tel. 907/224-3614; weicht vom allgemeinen Nepp ab und bietet ab 40 US$ Bed and Breakfast an.

„New Seward Hotel", Box 670, Seward AK 99664, Tel. 907/224-8001, das Zimmer ab 50 US$.

Der Ort hat alle Versorgungsmöglichkeiten, ein Dutzend Restaurants, die überwiegend hervorragende Meeresfrüchte anbieten. Und natürlich etwa zwei Dutzend Unternehmen, die Schiffstouren zum Gletscher anbieten.

Whittier (310 Einwohner)

Info: Chamber of Commerce, Box 607, Whittier AK 99693, Tel. 907/344-3340, Fax 907/277-8428. Info-Kiosk am Bootshafen.

Der kleine Ort Whittier liegt am hintersten Ende des Passage Canals, einem weitverzweigten Fjord des Prince William Sounds. Er ist nach dem Schriftsteller John Greenleaf Whittier benannt. Der eisfreie Hafen war Anlaß zur Gründung der Siedlung, die erst im letzten Weltkrieg entstand und den Weg per Eisenbahn nach Portage verkürzte, was der Versorgung von Inneralaska diente. Nach dem Krieg erwiesen sich die Investitionen als entbehrlich. Drolligerweise wohnt die gesamte Bevölkerung in zwei — damals übereilig und überdimensional entworfenen — Miethäusern.

Anreise

Es gibt nur die Eisenbahn als einzige Linienverbindung über Land.

Die Fährschifflinie mit der Fähre „Bartlett" pendelt fünfmal wöchentlich nach Valdez und zurück, je Strecke 7 Stunden, und fährt dabei ebenfalls am Columbia Gletscher vorbei. Kosten ebenso 58 US$ bzw. die Hälfte für Kinder für eine Strecke; wie ab Seward! Es bleibt sich also von den Kosten für die Fähre her gleich, von wo aus man startet.

Unterkünfte

„Anchor Inn", Box 746-TP, Whittier AK 99693, Tel. 907/472-2354, ab 50 US$, Restaurant. Es gibt noch mehrere Restaurants und diverse Einkaufsmöglichkeiten.

Columbia Gletscher

Die Hauptattraktion im Prince William Sound, einer weiten Bucht im Nordteil des Golfes von Alaska, ist der Columbia Gletscher, einer der mächtigsten, die ins Meer kalben. Seine Ausdehnung beläuft sich auf 1150 qkm. Auf 10 km Breite schiebt er sich ins Meer, denn seine Sohle liegt um 700 m unter Wasser. Über Wasser erhebt er sich um weitere 50-80 m. Täglich bewegt er sich um 2 m ins Meer vor, wobei mächtige Eisberge abgestoßen werden. Parallel dazu zieht sich auch dieser Gletscher unter Einfluß der weichenden Eiszeit immer mehr ins Land zurück und gibt einen weiten Talzug frei. Man rechnet da-

mit, daß er in den nächsten 50 Jahren auch um annähernd 50 km zurückgewichen sein wird.
Wer nicht mit dem Fährschiff anreist, hat Gelegenheit, sich an Land zu begeben und durch die nachwachsende Waldzone, die kahle Grünregion und die Schotterwüste dahinter bis an das Eis zu wandern. Auf See gilt es, einen größeren Abstand zur Eisfront einzuhalten, denn die abbrechenden Riesenschollen werfen hohe Wellen auf. Aus genügender Entfernung und bei guter Sicht ist seine Quelle sichtbar, die Höhen der Chugach Mountains Mount Eisenstein und Mount Witherspoon, der es auf 3600 m.ü.M. bringt. Das Wasser ist trotz — oder wegen? — des Treibeises ein Tummelplatz für Fische, die wohl von einem Überfluß an Nahrung angezogen werden. Dementsprechend ist die Bucht auch Tummelplatz großer Meerestiere: Robben, Tümmler, Wale finden sich ein, und die zahlreichen Raubvögel kommen offensichtlich auch noch auf ihre Kosten.
Der Name des Gletschers wurde zu Ehren der Columbia Universität in New York ausgewählt, die Harriman Alaska Expedition von 1899 zeichnet dafür verantwortlich.

Valdez (4100 Einwohner)

Info: *Convention & Visitor Bureau,* Box 1603, Valdez AK 99686, Tel. 907/835-2984, Fax 907/835-4845. Es liegt an der Ecke Chenega Avenue und Pioneer Drive.
Die Stadt Valdez liegt tief im Innern des Valdez Arm genannten Fjordes zum Prince William Sound.
In früheren Zeiten lag hier das erste Dorf der Tlingit, mit dessen Häuptling, dem „Großen Tonjon" die Russen recht gute Beziehungen unterhielten. Um 1778 kreuzte Kapitän Cook durch diese Gewässer, und 1780 folgte ihm ein spanischer Forscher. Don Salvador Fidalgo benannte die Bucht nach seinem Chef, dem damaligen Marineminister Spaniens, Don Valdes y Basan. Diese Bezeichnung wurde von den Geographen in die Karten übernommen, und dabei blieb es. Bis in die Klondike Goldrauschzeit blieb Valdez ein einfacher Handelsposten, statt russisch sprach man ab 1867 eben amerikanisch, aber die Handelswege von hier aus ins Innere Alaskas und des Yukon Territoriums blieben in den Händen der Tlingit. 1897 landeten hier einige tausend Goldsucher, die unbedingt auf dem kürzesten und daher schnellsten Wege zu den Goldfeldern bei Eagle am Fortymile und hinüber zum Klondike wollten. Es wurde eine todbringende Route. Die den Tlingit bekannten Pfade fand man nicht, und die Meute stieg im Winter über den Valdez Gletscher Richtung Norden. Einige hundert starben, ehe man den gehbaren Pfad im folgenden Frühjahr erkunden konnte. Wer es bis ins Tal des Copper Rivers geschafft hatte, war noch lange nicht am Yukon River. Doch sie entdeckten die Kupfervorkommen in den Wrangell Mountains, und ein kleiner Kupferboom begann. Die US-Armee richtete sich in Valdez ein und baute den Tlingit Pfad ins Landesinnere zu einer Straße durch Alaska zu den Kupfervorkommen und weiter zu den Goldfeldern bis Eagle aus. Eine Karrenspur, aber ein rein amerikanischer Weg der USA im eigenen Territorium. Schon 1903 lief eine Telegrafenlinie entlang der Karrenspur bis Eagle, zum Yukon River.

Auch der Bau einer Eisenbahn wurde in Angriff genommen, die Damm- und Tunnelarbeiten sind noch heute zu sehen. Aber das Vorhaben mißglückte. Immerhin war 1920 der Karrenpfad bereits zu einer Fahrstraße geworden, die bis nach Fairbanks führte und zum heutigen Richardson Highway wurde. Der eisfreie Hafen nahm tüchtigen Aufschwung.

Am Good Friday 1964 schlugen auch hier das Erdbeben und die nachfolgende Flutwelle zu. Das Stadtzentrum nahmen die Wellen mit. 33 Einwohner dazu. Die Stadt wurde an ihren heutigen Ort verlegt und als Siedlung vom Reißbrett erbaut. Die Kopfstation der Alaska Pipeline ist unübersehbar der Erdölhafen, mit entsprechenden Hochbehältern, Verladeanlagen und vier Piers für Tanker.

„Exxon Valdez" — folgenschwere Katastrophe

Valdez war zu *dem* Erdölhafen geworden. Genau dies war dann wie lange vorhergesagt der Ausgangsort der folgenden Katastrophe. Im April 1989 lief der Riesentanker „Exxon Valdez", gerade erst in Valdez vollgefüllt, vor dem Hafen auf die Klippen. Ein Teil der Ladung floß ungehindert ins Meer, verseuchte Wasser und Strände. Zu Tausenden quälten sich die Robben und Seevögel im Ölschlamm unendlich langsam zu Tode, der Schaden für Lachs und Heringsschwärme ist noch nicht abzusehen. Einmal mehr hat die grenzenlose Gier der Menschen bedenkenlos ein Stück bisher noch heiler Natur geopfert. Der Moloch „Fortschritt" frißt seine Erzeuger leider erst als letzte, wohl erst dann, wenn sie die Natur überall verwüstet haben.

Die Reise zum Columbia Gletscher ist davon nicht betroffen. Der überwältigende Eindruck des direkt ins Meer kalbenden Eises wird nicht beeinträchtigt — und in Valdez muß man ja nicht bleiben ...

i PRAKTISCHE INFORMATIONEN

Anreise

Ihre Bedeutung erlangte die Stadt durch den frühen Bau des Richardson Highways, dessen Endpunkt sie ist. Er führt über 600 km nach Fairbanks und mit Abzweigung in Glennallen über 500 km nach Anchorage.

Nur zu letzterer Stadt besteht eine ganzjährig befahrene Buslinie: Valdez/Anchorage Bus Lines, Box 101388. Anchorage AK 99510, Tel. 907/337-3425.

Der Airport liegt 7 km ostwärts des Zentrums am Richardson Highway. Es besteht tägliche Linienflugverbindung mit Anchorage.

Der Fährterminal liegt am City Dock 5, am Ende des Fidalgo Drive, Tel. 907/835-4436. Wer ohne eigenes Fahrzeug unterwegs ist, kann nun mit dem Bus weiterreisen, um nach Anchorage zurückzufahren — oder in Glennallen in Richtung Yukon Territorium umzusteigen.

Die Rundreise mit Eisenbahn ab Anchorage, der Fähre ab Seward, der Rückreise mit dem Bus ab Valdez, erlaubt die gesamte eindrucksvolle Fahrt zu Fahrtkosten von 170 US$.

Eine Alternative ist die in der Bundesrepublik Deutschland in jedem Reisebüro zu buchende Bus-Schiffsreise Anchorage/

Columbia Gletscher/Haines (oder umgekehrt) für 1500 DM, 4 Tage, 3 Übernachtungen eingeschlossen.

Unterkünfte

Der übliche einfache staatliche Campground liegt 10 km ostwärts der Stadt, am Ende der Airport Road.

„Bear Paw Camper Park“ liegt in Hafennähe am North Harbour Drive Ecke Meals Avenue. Ab 10 US$ für Zelte, 15 für RV. Zwei weitere private RV Parks liegen am Bootshafen.

„Bed and Breakfast“-Unterkünfte gibt es ab 65 US$ beim Visitors Bureau.

Das leichte Abkassieren bei den Ölarbeitern hat nicht nur die Preise verdorben, sondern auch die Menschen. Jetzt versucht man ganz ungeniert, die Touristen auszunehmen. Es gibt in Valdez kein Hotel zu normalen Preisen — mit Ausnahmen des „Westmark“, das ja überall mit 140 US$ als Normalfall anzusehen ist. Die Preise der billigsten Absteigen beginnen bei 100 US$. Das „Totem Inn“ offeriert den Raum ab 50 US$ — aber nur im Winter! Im Sommer und an Touristen will man nur ab 95 US$ vermieten!

Cordova (2600 Einwohner)

Info: *Visitors Center,* 391-TP, Cordova AK 99574, Tel. 907/424-7443. Im Museum an der 1st Street. *USDA Forest Service,* 280-TP, Cordova AK 99574, Tel. 907/424-7661.

Die Stadt Cordova liegt 40 km westlich der Mündung des Copper River, dem bedeutendsten Fluß aus den Wrangell und den Chugach Mountains in den Pazifik, am Orca Inlet, hinter der Inselkette, die den Prince William Sound gegen den Pazifik abschließt.

Obwohl schon in russischen Zeiten und vorher von Tlingit besiedelt, hatten sich die russischen Händler vorsichtshalber mit ihrem Fort Konstantin auf der vorgelagerten großen Insel Hinchinbrook Island niedergelassen. Don Salvador Fidalgo wurde daher auch hier zum Taufpaten der Stadt, deren spanischer Name heute an ihn erinnert. Mit den Kupferfunden in den Wrangell Mountains begann erst die Geschichte der Siedlung. Zunächst lief sie Valdez den Rang ab, die Eisenbahnlinie zu den Gruben wurde nach Cordova gebaut, der Hafen diente der Erzverschiffung. Aber noch vor dem letzten Weltkrieg erlosch die Bergbautätigkeit. Cordova blieb nur die Fischerei. Den Versuch, die Stadt an den Richardson Highway anzuschließen, beendete das Erdbeben von 1964. Es zerstörte nicht nur den Eisenbahndamm und dessen Brücken, die der Highwaytrasse dienten, es ließ auch den Ort 2 m höher zurück und warf 78 km nordostwärts des Zentrums die Millionen-Dollar-Brücke in den Copper River. Dort endet der Copper River Highway, während der zerstörte erste Teil bis zur Brücke ausgebaut wurde. Wer also den Copper River per Boot oder Schlauchboot hinunterfährt — er ist ein sehr beliebtes Kanuwasser — hat an der zweiten Brücke nahe der Mündung gute Chancen, die 40 km bis zum Zentrum per Daumen und über den Highway zurücklegen zu können.

i PRAKTISCHE INFORMATIONEN

Anreise

Es gibt keine Straßenverbindung von Cordova bis ins Landesinnere. Der Highway endet nach 78 km in den Bergen am Copper River.

Der Airport liegt 20 km ostwärts des Zentrums am Copper River Highway. Es gibt täglich Linienflugverbindung nach Seattle und Anchorage sowie Valdez.

Der Fährterminal liegt am Nordende der Stadt, Tel. 907/424-7333, am Ende der Railroad Avenue und 4 km nördlich des Zentrums. Er ist der letzte Hafen am nordostwärtigen Ende der Fährschifflinie und hat nur Anschluß Richtung Valdez, Whittier und Seward, nicht aber entgegengesetzt in den Panhandle. Es gibt keine Fährschiffverbindung zwischen den beiden Systemen.

Wer bis hierher die Fähre benutzt hat, mußte auch nur 58 US$ bezahlen, wie nach dem 6 Fahrstunden entfernteren Valdez. Aber hier ist man am Ende der Welt angelangt, nur Fliegen führt weiter. Ansonsten muß man die Fähren Bartlett oder Tustemena zurück benutzen nach Whittier oder Seward, um wieder an das Fernstraßennetz zu gelangen, das man in Valdez ausgelassen hat.

Unterkünfte

„Cabin Lake State Campground", 20 km ostwärts des Zentrums beim Airport, einfach und gebührenfrei.

„Odiak Camper Park", städtischer Platz 1 km südlich des Zentrums an der Whitshed Road, komfortabel, 8 US$.

„Alaskan Hotel", 364-TP 1st Street, Cordova AK 99574, Tel. 907/424-3288, ab 45 US$.

„Cordova Hotel", 700-TP 1st Street, Cordova AK 99574, Tel. 907/424-3388, ab 45 US$.

„Prince William Motel", 848-TP 2nd Street, Cordova AK 99574, Tel. 907/424-3201, ab 80 US$.

„Reluctant Fisherman", 150-TP, Cordova AK 99574, Tel. 907/424-3272. Am Bootshafen, ab 95 US$.

„Bed and Breakfast"-Unterkunft ab 35 US$, über das Visitors Center, s.o.

Mehr hat die Stadt nicht vorzuweisen, die ohnehin nur aus einigen wenigen Straßen besteht, die restliche Bevölkerung wohnt entlang dem Highway. Der Ort bietet aber alle nötigen Versorgungsdienste und auch neun Restaurants, zwei Münzwäschereien und eine Bank.

Wrangell-St. Elias National Park

Info: 29-TP, Glennallen AK 99588, Tel. 907/822-5234.

Das Besucher-Informationsbüro und die Parkverwaltung liegen am Richardson Highway, 7 km nördlich von Copper Center. Hier gibt es Informationen aller Art, und es werden auch Film- und Diashows vorgeführt.

Der Wrangell-St. Elias National Park von 40.000 qkm liegt im Anschluß an den Kluane Park des Yukon Territoriums und umfaßt die Wrangell Mountains, die St. Elias Mountains und Teile der Chugach Mountains, die sich alle mit schroffen Gebirgszügen und ausgedehnten Gletschern auf den Höhen präsentieren. Der Südostwinkel des Parkes mit dem Malaspinagletscher wurde bereits unter dem Stichwort Yakutat beschrieben.

Die West- und die Nordwestgrenze des Parkes laufen parallel zum Glenn Highway. Zwischen Copper Center (noch am

Richardson Highway) über Glennallen nach Slana (oder umgekehrt) fährt man mit dem Auto 150 km daran entlang, immer wieder mit wundervoller Aussicht über das weite Tal des Copper River, der eigentlichen Parkgrenze, auf die Gebirgswelt im Park. 9 der 15 höchsten Gipfel der USA liegen hier. Der Mount St. Elias als der höchste ragt 5489 m.ü.M. auf.

Der Park wird bewußt nicht für den Tourismus erschlossen, es gibt weder Hütten der Forstverwaltung noch Campgrounds. Er hat aber ein Dutzend verstreut liegender kommerzieller Lodges und Wildniscamps, zu denen man einfliegen und für teures Geld den Park erleben kann. Ein Verzeichnis aller dieser Wildnishotels bekommt man von der Parkverwaltung. Außerdem führen zwei Straßen, zwei Sackgassen, in die Wildnis hinein. Sie wurden nicht zu diesem Zweck angelegt. Es sind Hinterlassenschaften einer wildbewegten Zeit der Region. Auch hier wurde Gold gefunden, wurde das Gebirge mit Trails durchzogen, entstanden Bergwerke. Und von der Kennecott Kupfermine lief eine Eisenbahnlinie über mehrere hundert Kilometer nach Cordova am Pazifik, wo das Erz verschifft wurde. Das ist alles Vergangenheit. Geblieben sind die beiden „Straßen", eine Reihe von Ruinen und Trails, die von der Wildnis zurückerobert werden — und einige Unentwegte, die noch immer nach dem Schatz der Berge suchen.

Das ist so abwegig nicht. Um die Jahrhundertwende lag der Goldpreis tief. Wenn die Pfanne damals nur einige Groschen Gold ausgewaschen hatte, zog man weiter. Heute könnten etliche Dollar erwaschen werden, wären die Fundstellen noch bekannt, die damals zu Tausenden als wertlos abgetan wurden.

Die Nabesna Road

Die Nabesna Road zweigt in Slana vom Glenn Highway ab und führt über 72 km Schotterstraße nach Nabesna (20 Einwohner, keine Versorgung möglich).

Die Straße befindet sich in gutem Zustand und wird von staatlicher Seite gewartet. Sie hat keine Campgrounds (*Info:* Nabesna Ranger Station, 885-TP, Slana AK 99586, Tel. 907/822-5238), aber gute Campmöglichkeiten.

An der Abzweigung: Straßenbaucamp, nur Notfalltelefon.

Gleich daneben: o.a. Ranger Station, Informationen über Park und Straße.

Bei km 2: die Siedlung Slana, 35 Einwohner.

Bei km 6: Parkgrenze

Bei km 10: BG's Lodge, einfache Raststätte mit Tankstelle und Restaurant.

Bei km 41: Silvertip Lodge, Raststätte.

Bei km 46: Sportsmen's Paradise, Raststätte, an der Einmündung der Nabesna Gold Mine Road. Auf der weiteren Strecke müssen mehrere Bäche durchfahren (Furt) werden, daher hier Wasserstand erkunden.

Bei km 66: Trail zum ehemaligen Indianerdorf Khiltat.

Bei km 72: Nabesna. Die Straße steigt bis hier auf 915 m.ü.M. und gibt viele herrliche Blicke in die Täler frei.

Die McCarthy Road

Die McCarthy Road zweigt in Chitina (40 Einwohner, keine Versorgungsmöglichkeiten) vom Ende des Edgerton Highways ab und führt über 95 km nach McCarthy (20 Einwohner, keine Versorgungsmöglichkeiten).

Info: Chitina Ranger Station, 110-TP, Chitina AK 99566, Tel. 907/823-2205. Hier be-

kommt man Park- und Straßenzustands-Informationen.
Bei km 18: Nelson's Lakeside Campground, privat, einfach, Dusche, ab 8 US$.
Bei km 26: Kuskulana River Bridge, eine spektakuläre Sache, alte Eisenbahnbrücke, mit Bohlen ausgelegt, 185 m lang, 75 m über dem Flußbett.
Bei km 42: Brücke, einspurig, Vorsicht bei Auf- und Abfahrt von den Bohlen: Auswaschungen! Das gilt auch für alle folgenden einspurigen Bachbrücken.
Bei km 95: Einfache Raststätte mit Tankstelle. Hier endet die Fahrt. Der nach 200 m folgende Kennicott River hat die Brücken weggespült. Die beiden Flußarme müssen auf zwei Seilzug-Plattformen überquert werden. Am Flußufer ist wegen Flutgefahr das Parken riskant. Unter dem nahen Kennicott Gletscher verbirgt sich der Hidden Lake, der im Sommer ab und zu an warmen Tagen eine Schmelzwasser-Flutwelle entläßt.
Hinter der zweiten Seilbahn geht es zu Fuß weiter, nach 400 m verzweigt sich der Trail. Am rechten Arm liegt McCarthy am Kennicott River. Bis 1938 lebten hier etwa 1000 Menschen. Dann stellte die Kennicott Mine ihre Tätigkeit ein, nachdem man hier 600.000 t Kupfererz abgebaut hatte.
Hior haben sich einige Unternehmen angesiedelt, die mit Hilfe des Tourismus im Park ihr Geld machen wollen. Es gibt zwei im Sommer aktive Lodges und einen Wildnisführer (Floßfahrten auf dem Fluß hinunter!), der auch „Bed and Breakfast" anbietet. Die andere Abzweigung führt nach 10 km zur alten Kennicott Mine, die Anlagen sind Privateigentum!
Es gibt am Ort, der 1910 entstand, eine weitere Lodge mit Restaurant. Sehenswert das Museum im alten Eisenbahnschuppen und der nahegelegene Gletscher, an dessen Ostflanke entlang der Weg nach Kennicott führt.

Unternehmungen

Wer schon einmal in McCathy ist, sollte von hier aus Wanderungen und Flußfahrten in Erwägung ziehen. Je eine davon sei hier erwähnt.

Nicolai Ridge Trail

Er beginnt am Landestreifen in McCathy und führt das Tal des McCathy Creek hinauf. Auf der Tour wird zwangsläufig Privatgelände betreten und man sollte sich entsprechend verhalten.
Der Trail führt zunächst etwa 6 km im Bachtal aufwärts. Mehrfach muß der Bach überquert werden! wenn die Brücken nicht dem Hochwasser stand halten, muß man das Wasser durchfurten. Wenn der Wasserstand zu hoch ist, bleibt man am besten auf der Ostseite. Da das Tal strikt nach Norden führt, sollte man rechts am Ufer aufwärts gehen, auch wenn das beschwerlich ist — anschließend muß man dem von rechts einmündenden Nicolai Creek folgen.
Der Trail ist deutlich zu erkennen und folgt nun dem Nicolai Bach hinauf zur Quelle, etwa 8 km ab McCathy Creek.
Zwei sehenswerte Wasserfälle verschönern das Erlebnis. Gegenüber dem zweiten verläßt man den Trail, wenn man es kurz machen will, und klettert nach rechts zum Berggrat hinauf. Es eröffnet sich eine wundervolle Fernsicht über das Gebirge, die Gletscher, Gipfel, Flüsse und Seen in den Wäldern im Tal.
Wenn man dem Grat noch 2 km aufwärts folgt, gelangt man zum Plateau, das eine noch umfassendere Sicht eröffnet. Hier kann man sein Zelt aufschlagen und am nächsten Morgen beim Talmarsch das

Ganze noch einmal bewundern. Oder wer mehr bergsteigerisch veranlagt ist, geht von hier aus den Gipfel des Nicolai Peak an, 2235 m.ü.M., eine einfache Sache, aber einen Tag hinauf und einen zurück muß man dann doch noch anhängen. Man kalkuliere für den Aufstieg etwa 8 Stunden. Wer vom Plateau aus den kurzen und geraden Abstieg in den Wald nimmt, kommt an der alten Nicolai Mine vorbei. Sie ist noch immer Privatbesitz! Aber am McCathy Creek abwärts muß man dann doch wieder zurück zu Tal. Zweckmäßigerweise geht man die Tour mit geographischen Karten an, obwohl das nicht unbedingt erforderlich ist, die Skizzen der Park Ranger tun es auch.

Karten 1: 63.360 = McCathy, Blatt B5, B6 und C5.

Flußtour McCathy — Cordova

Zumindest der untere Teil ist ein sehr beliebtes Kanuwasser, der obere wird von den beiden Unternehmen in McCathy per Schlauchboot abgefahren. Das ermöglicht auch älteren oder unerfahrenen Touristen dieses unvergeßliche Erlebnis, kostet aber einige Dollar. Je nach Teilnehmerzahl und gewünschter Länge der Flußreise rechne man mit 100 US$ pro Tag pro Person, Verpflegung inbegriffen, Übernachtung im Zelt auch. Näheres:

Bob Jacobs, Box 111241, Anchorage AK 99511, Tel. 907/277-6867 oder Kennicott Glacier Lodge, Box 103940, Anchorage AK 99510, Tel. 907/258-2350.

Die Fahrt mit dem Kajak oder dem Kanadier ist kein Problem, es handelt sich durchweg nur um Wildwasser der Stufe 1 und 2. Es gibt weder Wasserfälle noch besondere Schwierigkeiten. Aber einige Stromschnellen sind, abhängig vom Wasserstand, entweder einfach zu befahren oder erfordern doch einige Erfahrung. Das gilt auch für mehrfach vorhandene Schwälle bzw. kurze Strecken mit hohem Wellengang. Die Fahrt beginnt in McCathy mit dem Kennicott River. Rasches Wasser führt über nur 8 km nach Süden zum Nizina River. Bei niedrigem Wasserstand sind die flachen Wasser ärgerlich, man muß öfter aus dem Boot steigen und überheben.

Der Nizina River hat dann die genannten Rapids. Er führt über nur 15 km zum Chitina River. Das Problem liegt nicht in den Stromschnellen, die lassen sich von geübten Kanuten problemlos durchfahren. Ein Teil aber liegt in einem Canyon mit steilen Wänden, was ein Anlanden erschwert. Der Vorsichtige sehe sich vorher den Zustand an.

Es folgen 100 km zügige Flußfahrt durch eine umwerfend schöne und rauhe Landschaft. Beiderseits begrenzen steile Höhenzüge das breite Flußtal, das die Grenze zu den Chugach Mountains im Süden und den Wrangell Mountains im Norden ist. Von den Hängen beider Gebirge rauschen Nebenbäche und -flüsse herein. Das Bett des Chitina River ist daher von Kiesinseln durchzogen und mehrarmig. Man hat auf den Hauptstrom zu achten, damit man sich nicht festfährt. Aber dafür stehen abends herrliche Camps auf Inseln im Fluß zur Verfügung und eines der besten Äschen-Gewässer der Welt zur Seite. Das Wasser ist sedimentbeladen, schließlich haben es gerade erst die Gletscher entlassen, aber die kleinen Seitengewässer bieten gutes Trinkwasser.

An der Mündung des Chitina River in den Copper River liegt das o.a. Dörfchen Chitina.

Es ermöglicht erstmals, die Bootstour durch Zugang zum Straßensystem zu beenden. Ein kostenfreier einfacher State Campground liegt an der Ecke des Edgerton Highways/McCathy Road. Motel, Restaurant, Tankstelle und Postamt liegen dicht beim Rangerposten. Wer auf dem Fluß bleibt, hat noch 150 km auf dem Copper River nach Süden bis zur Landestelle am Copper River Highway vor sich. Die Brücke über den Fluß ist nicht zu verfehlen. Von hier aus sind es 40 km (→ Cordova) zur Stadt. Es gibt noch zwei Möglichkeiten, seine Flußtour zu beenden. Die erste liegt 40 km flußaufwärts. Hier endet der Highway nach Cordova an einer eingestürzten Brücke über den Fluß. Die Ecke ist nicht zu verfehlen, es ist das Engstück hinter dem Miles Lake, den der Copper River hier durchfließt. Bis zu diesem Punkt gibt es im Sommer immer Fahrzeugverkehr, und man kann nach Cordova trampen.

Die zweite Möglichkeit ist, bis Cordova weiterzufahren. Bei der zweiten Brücke ganz nah am Westufer halten, durch den Westkanal des Copper River in den Golf von Alaska hinaus und an der Golfküste entlang noch 50 km bis Cordova (ab Brücke 80 km). Die Küstentour ist bei gutem Wetter unbedingt zu empfehlen. Sie erlaubt immer wieder einfaches Anlanden, bietet fabelhafte Zeltplätze am Meeresufer, Kontakte zur Tierwelt und exzellentes Angeln im Salzwasser — aber auch in den zahlreichen Bach- und Flußmündungen, die vom Scott und vom Sherman Gletscher aus den Höhen kommen und ins Meer hinabrauschen. Wer in der richtigen Zeit dort ist, erlebt den Lachsaufstieg mit und kann sich sein Abendessen aus dem Bach greifen.

Eine Warnung: Es geht über 50 km durch offenes Meer, an einer Gezeitenküste mit beachtlichem Hub. Es ist erforderlich, daß man sich die Gezeitentabelle von Cordova vorher beschafft und sich im Einklang mit Ebbe und Flut auf die Reise macht. Die Beschaffenheit der Copper River Strecke ist übrigens ein Ebenbild des Chitina-River-Bettes — nur viel breiter und mit noch mehr Inseln und Flußarmen. Es empfiehlt sich, dem linken Ufer zu folgen, an der Parkgrenze entlang. Hier gibt es einige Schutzhütten, aber oft ist es nicht ganz klar, ob man nun vor einer privaten Hütte steht oder eine alte und aufgegebene Cabin vor sich hat.

Karten im Maßstab 1 : 250.000 genügen für Chitina und Copper River. Man benötigt die drei Blätter McCathy, Valdez, Cordova, letztere deckt auch die Küste ab. Für die beiden Flüsse am Beginn der Strecke empfiehlt sich die Detailkarte 1 : 63.360 = McCathy B6. Sie enthält beide Kurzstrecken des Kennicott und des Nizina River.

Und wer den Küstenabschnitt genauer haben möchte: Cordova C 3, B 3, B 4, B 5, B 6 und C 5 sind für diesen Abschnitt detaillierter und führen bis zur Stadt hin.

Katmai National Park

Info: *US Fish & Wildlife Service,* Box 298, King Salmon AK 99613, Tel. 907/246-4250 (zuständig für sämtliche Schutzgebiete der Region).

Das Park Office Brooks Camp liegt innerhalb des Nationalparkes und hat keinen eigenen Zugang.

Mittlerweile wurde der Umfang des Schutzgebietes erheblich erweitert. Der

„Tal der Zehntausend Rauchwolken"
Am 6. Juni 1912 explodierte in der Aleutian Range, am Beginn der Alaska Halbinsel und gegenüber der Insel Kodiak, der Mount Novarupta. In einer der größten Naturkatastrophen der Menschheitsgeschichte spie der Vulkan sieben Kubikmeilen Asche und Glut in die Umwelt. In deren heißem Atem verbrannten die Wälder auf 65 qkm im angrenzenden weiten Tal dreier namenloser Flüsse, die zusammen den Ukak River bilden und heute Lethe, Windy und Knife Creek heißen. Sie und das Tal verschwanden unter einer 2 m dicken Aschenschicht.
Parallel dazu stieß auch der benachbarte Mount Katmai seine Haube ab und sandte Lavaströme aus. Heute liegt ein mächtiger See (Crater Lake) im verbliebenen Krater. Die Vulkane und 13 ihrer Nachbarn sind noch aktiv. 10 mal haben sie ihre Umgebung mit Ausbrüchen verändert. Mit weiteren Aktivitäten wird gerechnet, die dann wohl nicht mehr so glimpflich ausgehen werden wie damals.
Nach dem Ausbruch wurde erstmals 1916 die noch heiße Region untersucht. Unzählige aufsteigende Dampfwolken brachten ihr den Namen „Tal der Zehntausend Rauchwolken" ein. Die rührten zum guten Teil von den gestauten Wassern der Creeks her, die in der Hitze verdampften. Heute haben sie sich wieder ihre Wege freigespült. Die aufsteigenden Dämpfe gibt es nur noch vereinzelt an einem Dutzend Stellen. Die vom Vulkanausbruch betroffene Region wurde 1918 als Katmai National Monument unter Naturschutz gestellt.

Nationalpark umfaßt über 10.000 qkm wilde, herrliche, einsame, aber auch zugängliche Natur.

i PRAKTISCHE INFORMATIONEN

Anreise
Es gibt keine Straßenverbindung, die einen näher an den Park heranbringt: Man muß von Anchorage aus mit Wien Air nach King Salmon fliegen, Rundtrip 320 US$. Von dort aus per Buschpilot in den Park und zum Visitor Center mit kostenlosem Campground im Brooks Camp, Rundtrip 100 US$. Beide Flüge nur im Sommer, aber täglich und mit Anschluß aneinander. Da es sich bei letzterem Flug nur um einen kurzen Hüpfer von 60 km handelt, ist das Fliegen die bequemste Anreisemöglichkeit. Eine Alternative wären 16 km auf der Schotterstraße, die King Salmon mit dem ersten Rangerposten Lake Camp an der Parkgrenze verbindet. Von hier aus mit dem Boot über den Naknek Lake bis Brooks Camp. Das ist mit einem Charterboot möglich, aber auch mit einem in King Salmon gemieteten Kanu — oder dem mitgebrachten Boot.

Unternehmungen
Die Park Ranger in Brooks Camp organisieren im Sommer einige Touren. Darunter die Fahrt über die Schotterstraße von Brooks Camp zum Three Forks Overlook am Tal der Zehntausend Rauchsäulen, 38 km, Rundtrip 50 US$.
Wanderungen: Der Park bietet keine Wege oder Pfade, abgesehen von Wildpfaden oder den Trampelpfaden durch die Aschenwüste. Das soll niemanden davon

abhalten, sich in einer Gruppe zu Wildniswanderungen aufzumachen, denn nur die kurze Besichtigung der Aschenwüste lohnt das Geld wohl kaum.

Kanuwege finden sich reichlich im Park. Das ausgedehnteste Wassersystem liegt um Brooks Camp, wo man sich ebenfalls ein Kanu mieten kann. Die Seen sind mächtige Wasserflächen, auf denen man sich in Ufernähe zu halten hat.

Ein Trip von — je nach Unternehmungsgeist — ca. 150 km Länge geht ab Brooks Camp über den Naknek Lake nach Westen, um die Halbinsel im See nach Norden herum und dann zum Nordostende des North Arm. Hier liegt ein eingelaufener Trail für die Portage von 1,5 km, der einzigen am Wege. Sie führt aus der Bay of Islands zu einem kleinen See auf der Landbrücke. Wer meint, das Fahren lohne nicht, folge dem Trail am Ostufer und gelangt dann zum Lake Grosvenor.

Am Westende des Sees liegt die Grosvenor Lodge. Wer es kurz machen will, biegt nach Osten ein. An diesem See-Ende fließt im Süden der Grosvenor River hinein, ein gemächlich dahinfließender Seitenarm des Savonoski River. Ersteren muß man um 8 km hinauf fahren, um dann nach rechts den zweiten hinabzupaddeln, bis in den Iluk Arm. An dessen Westende beginnt der Naknek Lake und an dessen Südufer liegt Brooks Camp.

Drei weitere große Seen sind im Norden des Parkes der Battle Lake mit einer Lodge, der Kulik Lake mit einer Lodge und der Nunivianuk Lake mit zwei Lodges. Zu allen dreien muß man ein- und wieder ausgeflogen werden. Da kann man auch gleich zum vierten und größten See fliegen, dem Kukaklek Lake. Er liegt mit seinen 25 qkm Wasserfläche völlig einsam in der Preserve des Parks, ganz im Norden und nahe dem Iliamna Lake.

Unterkünfte

King Salmon (450 Einwohner)

Info: Bristol Bay Borrough, 189-TP, Naknek AK 99633.

„King Ko Inn", 346-TP, King Salmon AK 99613, Tel. 907/246-3377. Ab 80 US$.

„Quinnat Landing Hotel", 418-TP, King Salmon AK 99613, Tel. 907/246-3000, ab 85 US$ sowie zwei Gasthäuser, Wood-Z Lodge und Prestage's Fishing Lodge, zwei Restaurants, Kaufläden, Postamt und Bank.

Naknek, 580 Einwohner, ist mit dem Nachbarort King Salmon durch einen Fahrweg verbunden, 35 km.

Zwei Gasthäuser mit Restaurant und Übernachtungsmöglichkeit, Lebensmittel und Kaufladen.

Katmai National Park

Im Park sind sechs Lodges vorhanden, die für viel Geld Besucher aufnehmen und Führungen veranstalten. Es sind dies:

„Brooks Camp Lodge", beim Visitor Center;

„Grosvenor Lodge", in der Ostecke des Sees;

„Nonvianuk Camp Lodge", am Westende des Sees;

„Enchated Lake Lodge", am Südufer des Nonvianuk Lake;

„Kulik Lodge", am Ostufer des Nonvianuk Lake;

„Battle Lake Cabins", am Westende dieses Sees.

Wer darin unterkommen möchte, darf tief in die Tasche greifen, z.B.: 7 Tage für 2000 US$. Und nur nach vorheriger Buchung, denn in der Saison sind die Hütten ausgebucht:

Katmailand Inc., 4700 Aircraft Drive, Anchorage AK 99502, Tel. 907/243-5448 (kostenfrei: 1-800-544-9551).

Kenai Halbinsel

Von Anchorage aus läßt sich in einem Rundkurs die nach Süden anschließende Halbinsel Kenai durchfahren, eine wunderbare Tour über die Berge und entlang dem Cook Inlet bis nach Homer. Dazu braucht man allerdings ein eigenes Fahrzeug und muß von Homer aus mit der Fähre über Seldovia die Südspitze umrunden, ehe man in Seward wieder Anschluß an das Highway-System findet.

Von Anchorage aus folgt man dem Seward Highway um den Turnagain Arm herum und erklimmt dann die Höhen der Kenai Mountains. Nach 145 km erreicht man hoch oben in den Bergen Tern Lake Junction und folgt nun dem Sterling Highway nach Westen, noch immer Alaska Road Nr. 1, denn der Seward Highway führt ab hier als Alaska Road Nr. 9 zu Tal.

Nach weiteren wundervollen und erlebnisreichen 95 km erreicht man

Soldotna, 3600 Einwohner

Info: Soldotna Chamber of Commerce, 236-TP, Soldotna AK 99669, Tel. 907/262-9814. Das Info Center ist im Sommer direkt am Highway im Stadtzentrum angesiedelt.

Die Stadt wurde erst 1940 als Zentrum für die Kenai Halbinsel gegründet und beherbergt vorwiegend Verwaltung, Schulen usw.

„Swiftwater Campground“, 2 km vor der Stadt; wo der Highway vierspurig wird, zweigt eine Stichstraße von 1 km ab. Der Campground liegt am Ende der Straße am Ufer des Kenai River.

„Centennial Park Campground“, an der Kenai River Brücke abbiegen in Kalifornsky Beach Road, am Stadtanfang.

Beide Zeltplätze sind einfach ausgestattet und kosten 5 US$.

„Youth Hostel“, 444-TP W. Riverview Avenue, 10 US$, Nichtmitglieder 13 US$.

„Riverside Inn“, 44611-TP Sterling Highway, Soldotna AK 99669, Tel. 907/262-4451, ab 50 US$.

„Soldotna Inn, 35041-TP Kenai Spur, Soldotna AK 99669, Tel. 907/262-9169, ab 59 US$.

„Kenai River Lodge“, 393-TP W. Riverside Drive, Soldotna AK 99669, Tel. 907/262-4292, ab 65 US$.

„Bunk House Inn“, 3100-TP, Soldotna AK 99669, Tel. 907/262-4584, ab 63 US$.

„Best Western Hotel“, 430-TP, Soldotna AK 99669, Tel. 907/262-4924, ab 75 US$.

Der Ort bietet alle *Versorgungsmöglichkeiten.*

„Bed and Breakfast“-Unterkunftsmöglichkeiten, ab 45 US$ durch Visitor Center.

Der *Airport* liegt 5 km südlich von Soldotna und bietet mehrmals wöchentlich Linienflugverbindungen nach Anchorage.

Kenai National Wildlife Refuge

Die ursprünglich 1941 als Kenai National Moose Range geschaffene Schutzzone umfaßt nahezu den gesamten Rest der Kenai Peninsula, den der Chugach National Forest nicht in Anspruch genommen hat. Diese Region beinhaltet weitere 500.000 ha, von denen zwei Drittel absolute Wildnis sind. Im Nordosten schließt sich nahtlos der Chugach National Forest an, im

Süden bewahren die beiden kleineren Einrichtungen Kachemak Bay State Park und der Kenai Fjords National Park die restliche Wildnis der Halbinsel.
Der Park wird von den drei Highways der Insel „durchschnitten", was den Vorteil hat, daß man an zahlreiche schöne Stellen herankommt, ohne dafür ein Flugzeug in Anspruch nehmen zu müssen. Und von Kenai führt die Kenai Spur Road als Sackgasse 45 km weit an der Küste entlang nach Norden und eröffnet dem Strandläufer weite Strecken.
Hier sei nur auf zwei Wasserwege durch die Wildnis hingewiesen, die das Angebot der Wanderpfade im benachbarten Chugach Forest abrunden. (Auch in diesem Park sind schöne Trails vorhanden.)
Info: Kenai National Wildlife Refuge, 2139-TP, Soldotna AK 99669, Tel. 907/262-7021. Kanuverleih ist in Soldotna und Sterling vorhanden.

Kenai Swanson River Kanuroute

Der gesamte Kanuweg ist 130 km lang. Er besteht aus einer Seenkette und dem daran anschließenden Swanson River, der am Ende der Kenai Spur Road ins Meer, genauer in den Cook Inlet mündet. Der Wasserweg birgt keine Schwierigkeiten. Die Portagen von See zu See sind ohne Mühe zu bewältigen, nur eine ist fast 1,5 km lang, aber bequem zu gehen.
Karten 1 : 63.360 = Kenai C 2 und C 3 sowie D 3. Eingehende Beschreibung und Skizzen erhält man durch das Office in Seward, s.o. Den Startpunkt erreicht man ab Sterling Highway. Bei km 220 ab Anchorage biegt man in Sterling (2000 Einwohner) an der Schule nach rechts in die Swanson River Road ab, einer Schotterstraße (Sackgasse) von 30 km, die in die Wildnis hineinführt. Bei km 23, 25 und am Ende liegt je ein USDA Campground, einfach und gebührenfrei.
Beim ersten Campground kann man direkt in den Swanson River einsetzen. Um den ganzen Trip voll auszukosten, muß man dem Pfad zum Ende folgen. Kurz vor dem dortigen Campground führt ein Pfad vom Parkplatz zum Paddle Lake, wo man einsetzt. Die Portagen sind gekennzeichnet. Von See zu See setzt man über und fährt danach den Fluß hinunter. Am Ende liegt der „Cook State Recreation Campground".

Kenai Swanson Lake Kanuroute

Die beiden Wasserwege, Swanson River und Swanson Lake Kanuroute, haben nur eines gemeinsam: den Startpunkt von der Swanson River Road, die sich — um das Maß an Verwirrung voll zu machen — in ihrem hinteren Teil Swan Lake Road nennt. Die Seentour führt über etwa 30 Seen, zum Schluß den Moose River hinunter zum Sterling Highway und endet beim Dorf. Auch diese rund 100 km sind reines Wasserwandern durch die Wildnis mit gekennzeichneten Portagen, deren längste auch nur 1,5 km Wanderweg sind.
Diese Tour hat zwei Zweigstrecken. Beide sind etwa gleich lang, gleich schön und münden dann in den Moose River ein.
Startpunkt der ersten Zweigstrecke ist an der Swan Lake Road, etwa 4 km hinter dem o.a. ersten Campground, mit einer kurzen Tragestrecke zum Canoe Lake. Etwa 10 km weiter ostwärts an derselben Road startet die zweite Strecke mit dem Portage Lake.
Karte 1 : 63.360 Kenai C 2 deckt beide Routen ab.

Kenai (6500 Einwohner)

Info: *Visitor & Convention Bureau,* 11 471 Kenai Spur Highway, Kenai AK 99611, Tel. 907/283-1991.

Die Stadt liegt an der Westküste der Halbinsel, an der Mündung des Kenai River. Hier lag schon in historischen Zeiten ein Dorf der Tlingit Indianer. Die Russen errichteten hier 1791 eine ihrer ersten Niederlassungen in Alaska, Fort St. Nicholas. Nach der Übernahme durch die USA wurde 1869 eine Garnison stationiert. Zur Boom-Town wurde die Siedlung aber erst mit der Entdeckung der Erdöl- und -gasfelder ab 1957. Vor der Küste stehen Bohr- und Fördertürme im Cook Inlet, der Hafen dient der Erdölverschiffung.

i PRAKTISCHE INFORMATIONEN

Anreise

Die Kenai Spur Road verbindet die Siedlung über 18 km mit Soldotna, wo sie Anschluß an den Sterling Highway hat. Entgegengesetzt läuft die Road noch 45 km an der Küste entlang nach Norden, ehe sie an einem Campground endet, der kostenfrei genutzt werden darf.

Obwohl an der Küste liegend, hat Kenai keinen Fährschiffanschluß oder sonstige Verbindungen auf dem Wasser mit Anchorage oder Homer.

Der *Airport* liegt am Ende des Airport Way, etwa 2 km ostwärts vom Stadtzentrum. Es gibt täglich Linienflugverbindungen mit Anchorage.

Unterkünfte

„Kenai City Park", westlich des Zentrums am Forest Drive, einfach und kostenfrei.

Sechs weitere einfache Campgrounds liegen vor und hinter Kenai an der Kenai Spur Road.

„Kenai Merit Inn", 260-TP S. Willow, Kenai AK 99611, Tel. 907/283-7566, ab 49 US$.

„Uptown Motel", 47-TP Spur View Drive, Kenai AK 99611, Tel. 907/283-3660, ab 50 US$.

„Bed and Breakfast"-Unterkünfte, ab 40 US$ erhält man durch das Visitor Information Center.

Außerdem bietet der Ort noch einige teure Hotels und alle denkbaren Versorgungsdienste.

Nach 40 km in Richtung Süden erreicht man die Küste des Cook Inlet; weiter trifft man nach zusätzlichen 85 km auf die Stadt Homer und das Ende des Highways.

Homer (4000 Einwohner)

Info: *Visitor Information Center,* 541-TP Homer, AK 99603, Tel. 907/235-5300. Am Ende der ausgedehnten schmalen Landspitze Homer Spit, am kleinen Bootshafen.

Der Ort begann als Kohlengrube am Bluff Point. Die Kohlen wurden mit einer Kleinbahn zur Spitze von Homer Spit geliefert und hier verschifft. Heute ist der Ort eine rasch wachsende Siedlung von Ferienhäusern und Erholungsanlagen. Die Einwohner erzielen ihr Einkommen durch Versorgung der Gäste, die zumeist aus dem nahen Anchorage herüberkommen, und den Unternehmen für Outdoorsaktivitäten der Besucher. Die Stadt nennt sich auch zu Recht das Heilbutt-Fischereizentrum in Alaska.

Anreise
Obwohl Endpunkt des Highways gibt es keine Überland-Busverbindung nach Norden.
Der *Airport* liegt an der Nordküste der Kachemak Bay, erreichbar über den Kachemak Drive, und bietet tägliche Linienflugverbindungen nach und von Anchorage.
Der *Fährterminal* liegt an der äußersten Spitze von Homer Spit, Telefon 907 / 235-8449.
Einmal wöchentlich verbindet die Fähre Tustumena die beiden Orte Homer und Seward sowie umgekehrt. Dazwischen läuft sie die Orte Seldovia auf Kenai, Kodiak und Port Lions auf der Insel Kodiak sowie Dutch Harbour auf der Insel Unalaska in den Aleuten an.
Die Strecke von Homer nach Seward kostet 96 US$. Sie führt über Seldovia zum Beginn des Seward Highways, den man dann wieder nach Norden zurückfährt und dabei eine weitere abwechslungsreiche Fahrt durch wunderbare Szenerie erlebt. Ein PKW kostet von Homer nach Seward allerdings zusätzliche 223 US$. Wer die Rundtour ohne PKW unternimmt, erlangt in Seward Anschluß an die Überland-Buslinie nach Anchorage (Seward Anreise). Nach Homer geht es dann per Anhalter oder mit dem Flugzeug.

Unterkünfte
„Homer Spit Campground", liegt direkt auf der Landzunge vor dem Fährterminal. Städtischer Zelt- und Stellplatz mit Duschen und Toiletten, ab 8 US$.
Ebenso dürfen die Küstenstreifen zum Campground hinaus kostenfrei zum Zelten benutzt werden.
„Homer City Campground", liegt auf einem Hügel über der Stadt, Zufahrt über Bartlett Street. Einfacher städtischer Zeltplatz, gebührenfrei.
„Driftwood Inn", 135-TP W. Bunnell Avenue, Homer AK 99603, Tel. 907/235-8019, ab 45 US$.
„Heritage Hotel", 147-TP E. Pioneer Avenue, Homer AK 99603, Tel. 907/235-7787, ab 56 US$.
„Lakewood Inn", 984-TP Ocean Drive, Homer AK 99603, Tel. 907/235-6144, ab 60 US$.
„Baycrest Hotel", 804-TP, Homer AK 99603, Tel. 907/235-8485, ab 65 US$.
„Ocean Shors Motel", 3500-TP Crittenden Drive, Homer AK 99603, Tel. 907/235-7775, ab 70 US$.
„Land's End Resort", 4786-TP Homer Spit Road, Homer AK 99603, Tel. 907/235-2525, ab 65 US$, im Hafen am Fährterminal gelegen, mit Restaurant, das auch dem o.a. Campground nahe liegt.
„Bed and Breakfast"-Unterkünfte, ab 50 US$ durch Visitor Information Center.
Außerdem verfügt Homer noch über ein Dutzend teurer Unterkünfte und über 30 Restaurants.

Seldovia (600 Einwohner)
Info: Seldovia Chamber of Commerce, Drawer F, Seldovia AK 99663, Tel. 907/234-7625. Am Ort bietet die Galerie „Synergie Artworks" im Zentrum dem Besucher ihre Dienste an, Tel. 907/234-7625.
Das Dörfchen liegt Homer gegenüber am Südausgang der Kachemak Bay. Obwohl schon zu russischen Zeiten als Fort Alexandrowsk bekannt — auch der Name Seldovia stammt aus jener Zeit, denn die Russen bezeichneten die Kachemak Bay als „Heringsbucht" = Seldovia — blieb dem Ort jede Form des Aufschwunges erspart. Es ist ein kleines und schlecht zu-

gängliches Refugium für Urlauber und Outdoors-Menschen, die es gern ruhig haben.

Anreise

Der *Airport* liegt jenseits vom Zentrum an der Seldovia Slough. Die Airport Avenue führt über die einzige Brücke zum Landestreifen hin. Es besteht täglich Linienfluganschluß mit Anchorage.

Der *Fährschiffterminal* liegt unmittelbar nördlich vom Zentrum. Tel. 907/234-7868. Die Fähre Homer — Seward läuft je einmal wöchentlich in jeder Richtung das Dorf an. Von Homer ist es eine Stunde Fahrtzeit.

Von Homer fahren täglich Charterboote nach und von Seldovia, so daß auch auf diesem Wege problemlos Kurztrips möglich sind.

Unterkünfte

Ein einfacher staatlicher Campground liegt an der Küste nordwestlich vom Zentrum, Zufahrt über Seldovia Street, gebührenfrei.

„Annie McKennzie's Boardwalk Hotel", 72-TP, Seldovia AK 99663, Tel. 907/234-7816, ab 68 US$.

„High Tide Originals", 2112-TP, Homer AK 99603, Tel. 907/234-7850, ab 55 US$ (Anschrift Homer, die Pension liegt in Seldovia).

„Seldovia Lodge", 136-TP, Seldovia AK 99663, Tel. 907/234-7654, ab 55 US$.

„Stampers Bayview Lodge", Drawer A-TP, Seldovia AK 99663, Tel. 907/234-7633, ab 55 US$.

„Bed and Breakfast" — Unterkünfte, ab 45 US$, durch Visitor Information, siehe oben.

Der Ort bietet die nötigen Versorgungsmöglichkeiten, zwei Supermärkte, vier Restaurants, Postamt.

Insel Kodiak

Die größte Insel Alaskas, Kodiak, liegt südlich der Halbinsel Kenai und ostwärts der Alaska Halbinsel, die in den Aleuten ausläuft. Dieses Gebirge im Meer mit ungezählten Fjorden umfaßt 200 Inseln und Klippen und 20.000 qkm Land, aber im wesentlichen die 165 km lange Hauptinsel. Die geschützten Fjorde sind Basis eines unbeschreiblichen Fischreichtums, in jedem Bach steigen jährlich Millionen von Lachsen auf. Gottlob ist es den Menschen bisher noch nicht gelungen, auch diese Fließgewässer zu verunreinigen, das Wasser ungenießbar zu machen und die Natur zu stören. Und so fischt man hier die größten Lachse, und die Königskrabben erreichen Monsterformat. Kein Wunder, daß hier an diesem reichgedeckten Tisch die Seeadler zu Hause sind. Und auch den Grizzlies geht es hier so gut, daß sie kaum Winterschlaf halten und daher größer als ihre Artgenossen in anderen Gegenden werden. Man unterscheidet sie vom gemeinen Grizzly durch den Namen „Braunbär", aber auch „Kodiakbär" ist eine übliche Bezeichnung.

Die Inseln sind seit mindestens 6000 Jahren bewohnt. Als die russischen Händler hier 1762 eintrafen, fanden sie die Kodiak-Inuit vor, deren Namen die Insel beibehielt. Ihre Nachkommen leben noch heute hier. Sie sind aber verwandtschaftlich mit den nördlichen Inuit verbunden und nicht mit den benachbarten Aleuten. 1784 gründete einer der führenden russischen Händler namens Grigori Shelikof die erste ständige Siedlung von Weißen in Alaska hier auf Kodiak, im Süden der Insel in der Three Saints Bay. Shelikof Strait heißt

Alaskas Natur schlägt Besucher in ihren Bann: Cathedral Creek in der Alaska Range

Über ein Drittel der Landfläche von Alaska erstreckt sich die vulkanisch aktive Alaska Range

Wood Buffalo National Park - Kanadas Natur ist immer wieder überwältigend

nach ihm die Wasserstraße zwischen der Insel und dem Aleuten Festland.
Sein Geschäftsführer in Alaska, Baranof, verlegte 1792 die Siedlung nach Norden in die geschützte Chiniak Bay und nannte sie St. Paul. Daraus entstand die heutige Stadt Kodiak. Die Verlagerung der russischen Aktivitäten 1804 nach Sitka ließ die Insel wieder in Vergessenheit geraten.
1912 wurde die Insel unter einer Aschendecke von 50 cm begraben, als Mount Novarupta nebenan auf dem Festland explodierte (→Katmai).
1939 ließ sich die US-Armee mit ihrem Stützpunkt Fort Abercrombie bei Kodiak nieder, der inzwischen jedoch aufgegeben ist. Heute ist die Fischerei die wirtschaftliche Basis und Grundlage des Wohlstandes der 14.000 Einwohner, die fast ausschließlich in und um Kodiak leben, in dessen Hafen zur Saison 2000 Fischerboote ein- und auslaufen. Die Fischerei und die Kodiakbären standen lange Zeit auf Kriegsfuß miteinander. Man gönnte den Bären ihren Anteil an den Lachsen nicht. Als die blindwütige Abschießerei den Bestand bedrohte, stellte die Regierung zwei Drittel der Insel unter Naturschutz und schuf mit dem Kodiak National Wildlife Refuge den Braunbären eine sichere Heimat.

Kodiak (7000 Einwohner)

Info: *Visitor Information Center,* 100-TP Marine Way, Kodiak AK 99615, Tel. 907/486-4070, Ecke Marine Way und Center Avenue.
Kodiak National Wildlife Refuge Visitor Center, 1390-TP Buskin River Road, Kodiak AK 99615, Tel. 907/487-2600.
Die Stadt liegt an der Ostküste der Insel, am Ausgang der Chiniak Bay und dem Golf von Alaska zugewandt, gegen den sie die vorgelagerte Insel Near Island etwas schützt.

PRAKTISCHE INFORMATIONEN

Anreise
Der *Airport* liegt 8 km südlich vom Zentrum an der Chiniak Road. Es besteht täglich Linienflugverbindung mit Anchorage (Buszubringer von und nach Kodiak).
Der *Fährschiffterminal* liegt im Zentrum am Ende der Center Avenue, Tel. 907/486-3800. Die Fähre verkehrt dreimal wöchentlich nach Homer und zweimal nach Seward.
Die übrigen Orte der Insel sind bedeutungslos und nur im Charterflug erreichbar. Nur Port Lions wird im Sommer auch von der Fähre angelaufen.
Es gibt keine Straßenverbindung von Kodiak zu anderen Orten.
Das 150 km lange Straßennetz rund um Kodiak-Stadt sind zwar Wege in eine sehenswerte Natur, aber da leiht man sich besser für einen Tag einen Mietwagen bei einer der fünf Verleihfirmen in Kodiak.

Kodiak National Wildlife Refuge

Der Park birgt die Landschaftsformen, für die der Norden bekannt ist: Gebirge, Seen, Bäche, Flüsse, weite Täler, auf den Höhen Tundra und Taiga, wilde Felsenküsten und weite Sandstrände unten am Meer. Der Park ist durch keinerlei Wege oder Pfade erschlossen. Es gibt auch keine Lodges. Man kann sich hineinfliegen lassen und beliebig wandern oder campen. Die Forstverwaltung hält neun Hütten bereit, einzeln verteilt an Seen in der Wildnis. Einfach möbliert wie im Tongass National Park (→dort). Die Anschrift für Information und Miete →unter Kodiak-Stadt.

Im Park findet man Bären, Adler und Lachse als einheimische Bewohner und an den Küsten alle Arten von Robben. Von der Parkverwaltung wurden zusätzlich zahlreiche Wildtierarten wie z.B. Hirscharten und Biber angesiedelt.

Im Parkt gibt es keine Ranger Posten. Die Parkverwaltung in Kodiak, →dort, hält Karten für Besucher bereit und zeigt Film- und Diavorträge über den Park und seine Tierwelt.

Unterkünfte (Kodiak)

„Buskin River State Park", einfacher Zeltplatz 7 km südlich des Zentrums, an der Chiniak Road, gebührenfrei.

„Fort Abercrombie State Park", genauso einfach, aber 5 US$! 6 km nördlich vom Zentrum, Rezanof Drive stadtauswärts.

„Roads End", am Chiniak Highway, 65 km südwestlich vom Zentrum, 5629-TP, Kodiak AK 99615, Tel. 907/486-2885, ab 40 US$.

„Kalsin Inn Ranch", 45 km südlich vom Zentrum, am Chiniak Highway, 1696-TP, Kodiak AK 99615, Tel. 907/486-2659, ab 50 US$.

„Shelikof Lodge", 774-TP 211 Thorsheim, Kodiak AK 99615, Tel. 907/486-4141, ab 65 US$.

„Kodiak Star Motel", 553-TP, Kodiak AK 99615, Tel. 907/486-5657, ab 68 US$.

Und ein halbes Dutzend weiterer Hotels ab 75 US$ aufwärts.

„Bed and Breakfast"-Unterkunft, ab 44 US$, durch Visitor Information Center.

Die Aleuten

In Verlängerung der Alaska Peninsula erstreckt sich sichelförmig die Inselkette der Aleuten, erst nach Südwesten und dann im Halbkreis nach Nordwesten abschwenkend. Ein im Meer ertrunkenes Gebirge, dessen Gipfel, alle vulkanverdächtig, mehr oder minder breit aus der See ragen. Die Kette ist von ihrer ersten Insel, Unimak, an ca. 1600 km lang bis zu ihrer letzten, Attu, auseinandergezogen. Und sogar noch etwas länger, denn die letzten zählen schon zu Rußland, die Bering Insel z.B., auf der jener Entdecker und erste Erforscher der Meeresstraße den Tod fand.

Während die Halbinsel Alaska bewaldet ist, liegen die Inseln auch am Meeressaum baumlos da. Ein dichter grüner Teppich aus Buschwerk und Gras bedeckt das Land, soweit nicht der bloße Fels zu Tage tritt.

Es ist eine einsame und trostlose Landschaft. Als Trennmauer im Meer mit den Durchlässen zwischen den 125 Inseln, trennt sie das Eismeer vom eigentlichen Pazifik, der mit dem warmen Japanstrom gegen die andere Seite driftet. Das Ergebnis ist leicht zu sehen: Ständig liegt Nebel über dem Gebirge, und wenn ihn der Sturm wegfegt, stürzen Wassermassen vom Himmel. Der „Geburtsplatz der Winde" liege hier, meinten die Einheimischen, und niemand mag ihnen widersprechen. Hier ist wirklich der Ort, wo die Kinder mit einer Regenhaut zur Welt kommen und die Menschen im Verdacht stehen, sie hätten Schwimmhäute zwischen den Fingern. Die jährliche Niederschlagsmenge liegt bei 8 m Höhe! Es regnet an über 200 Tagen, an den übrigen sucht man die Inseln im Nebel.

Und dennoch lebten hier Menschen, als die ersten Weißen um 1741 hier eintrafen. Die Aleuten sind das am weitesten nach Süden vorgewanderte Eskimo-Volk, von ihrem Namen stammt die Bezeichnung der Inseln. Ihre Sprache unterscheidet sich von der der anderen Inuit, aber sie sind zweifellos von derselben Abstammung wie die Inuit im Norden, und sie sind wie diese ein Mongolenvolk. Charakteristisch sind ihre Erdhügelwohnungen, die Barabara, und ihre ganz speziell geformten Einbäume, die Bidarka. Daß sie sich gerade hier wohl fühlen, wird auf das milde Klima ohne richtigen Winter und den unermeßlichen Reichtum des Meeres an Fischen und Robben zurückzuführen sein. Nach der Ausplünderung der Region durch russische Pelzhändler hat sich der Robbenbestand wieder erholt. Die Bevölkerung hat ihre Existenzbasis im Fischfang. Bergbau hat es nur kurzfristig nach einem Goldfund auf Unga Island in der Shumagin Gruppe gegeben.

Große Teile der Inselwelt sind heute ebenfalls geschützte Gebiete. Grizzlies oder Braunbären gibt es hier nicht, nur auf der ersten Insel, Unimak, kommen sie noch vor. Auf einigen Inseln wurden Rentiere ausgesetzt.

Tourismus gibt es hier nicht. Wer dennoch die Inseln besuchen will, muß hinfliegen und sehen, was er dort unternimmt. Teile der Inseln und die dazugehörigen Siedlungen sind aus militärischen Gründen nicht zugänglich.

Zur präzisen Verdeutlichung der Situation: Es gibt ganze 6 Siedlungen auf den Inseln, läßt man die beiden nahe zur Alaska Peninsula liegenden außer Betracht:

Attu, 30 Einwohner, liegt am äußersten Ende auf der gleichnamigen Insel und war seinerzeit von den Japanern besetzt.

Shemya, 580 Einwohner, liegt auf der gleichnamigen winzigen Insel bei Attu und ist militärisches Sperrgebiet.

Adak, liegt 700 km weiter östlich und ist ebenfalls Sperrgebiet. Hier sind rund 5000 Soldaten stationiert.

Atka, 80 Einwohner, liegt in der Mitte der Aleutenkette auf der gleichnamigen Insel. Der Ort wird im Sommer von der Fähre Homer-Kodiak einige Male angelaufen. Im übrigen besteht mehrmals wöchentlich Linienflugverbindung mit Anchorage. Es gibt alle Versorgungsmöglichkeiten bis hin zur Bank und fünf Restaurants. Um Unterkünfte ist es schlecht bestellt; es gibt einige Lodges und *„Carl's Motel",* 12 Räume, mit Restaurant, ab 70 US$. 109-TP, Unalaska AK 99685, Tel. 907/581-1234.

Nikolski, 55 Einwohner, liegt auf Umnak Island, noch 190 km bis Dutch Harbour.

Akutan, 190 Einwohner, liegt auf der gleichnamigen Insel, schon 80 km nordostwärts von Dutch Harbour.

Das ist alles, mehr haben die Aleuten nur noch auf den beiden größeren und vor allem nahe an der Alaska Halbinsel liegenden Inseln zu bieten. Der Rest ist menschenfreie Wildnis, Robbeneilande in Sturm, Regen oder Nebel. Nur ein Ort ist von verkehrstechnischer Bedeutung, obgleich man auch hier nicht auf Fremdenverkehr eingestellt ist.

Dutch Harbour, 2 000 Einwohner
Info: City of Unalaska, 89-TP, Unalaska AK 99685. Der Ort liegt auf der Insel Unalaska und war in russischen Zeiten Mittelpunkt der Pelzhandelsaktivitäten der Region. Zwei sehenswerte Relikte jener Zeit sind die 1825 erbaute russisch-orthodoxe Kirche und — sechs Sitka Fichten! Sie wurden von den russischen Händlern versuchsweise angepflanzt und gelten als die einzigen Bäume der Inselkette der Aleuten.
Neben Kodiak ist Dutch Harbour der wichtigste Hafen der Region. Als solcher war er Basis der US-Armee im letzten Weltkrieg. Heute ist er durch Fischerei und Fischverarbeitung wirtschaftlich gesichert.

Die Pribilofs

Einsam und abseits liegen die Pribilofs nördlich der Aleuten in der Bering See. 400 km nördlich von Dutch Harbour und 1300 km westlich von Anchorage.
Wie die Aleuten-Inseln sind sie unbewaldet, aber im Gegensatz zu diesen waren die Inseln nie bewohnt — abgesehen von einigen Millionen Robben und vor allem Seeottern. Die führten selbst das Ende ihres friedlichen und menschenfreien Daseins herbei. Ihr Geschrei führte Gavrill Pribilof, einen russischen Kapitän, im Juli 1786 an die Küste von St. George. So nannte er die Insel, nach dem Namen seines Schiffes. Als sich der Nebel lichtete, fand er nahebei noch drei kleinere Inseln und ein großes Eiland, das er St. Paul taufte. Der Reichtum an Pelzrobben verführte die russischen Herren dazu, eine Gruppe ihrer aleutischen Arbeitssklaven hier auszusetzen. Gegen jährliche Ablieferung großer Pelzmengen bekamen sie einige Waren zugeteilt. Es dauert dann nicht sehr lange, bis die Robben nahezu ausgerottet waren. Da überließ man die Insel und ihre Bewohner wieder sich selbst. Welcher Raubbau hier stattfand, verdeutlichen die Zahlen: bis 1832 waren drei Millionen Pelze von den Pribilofs geschleppt worden! Ironie der Geschichte: Das führte zum Verkauf Alaskas an die USA. Die stellten die Robben unter Schutz — und müssen heute einige hunderttausend Weibchen jährlich erschlagen lassen, um die schlimmste Seuchengefahr durch die Überpopulation zu verhüten. Anfangs wurden die Pelze nicht verwertet und die Kadaver den Vögeln überlassen. Man wollte keinen Markt ins Leben rufen, aber das ist heute vorbei. Die Pelze werden verkauft, die Tierkörper bleiben den Vögeln.
1942 wurden beide Inseln evakuiert. Man befürchtete eine japanische Invasion. Nach dem Krieg kehrten die Einwohner zurück. Man kann heute die beiden Inseln mit den beiden Siedlungen besuchen.
Das Campen ist auf den Inseln untersagt! Wer hierher fliegt, muß im Hotel übernachten. Die Inseln haben zweimal wöchentlich Anschluß im Linienflugverkehr mit Anchorage über Dutch Harbour.
Die Attraktion der Inseln ist ihre Tierwelt. Und zwar längst nicht nur die etwa zwei Millionen Robben und Otter, die sich jährlich hier im Sommer zur Fortpflanzung einfinden, sondern ebenso viele Vögel brüten hier, Rentiere weiden an den Hängen, und alle diese Tiere lassen sich bereitwillig beobachten und fotografieren.
Man ist daher auf den Pribilofs auf Besucher eingestellt.

St. George, 216 Einwohner
Info: City of St. George, Box 929, St. George AK 99591, Tel. 907/859-2263.
In dieser kleinen Siedlung findet man nur zwei Kaufläden und das Hotel/Restaurant „Tanaq Hotel", St. George AK 99660, Tel. 907/859-2255, ab 89 US$.
Der Hafen bietet Besuchern Touren mit Booten zu den Otterinseln und um St. George an. Veranstalter: St. George Tanaq Corporation, Tel. 907/859-2242.

St. Paul, 600 Einwohner
Info: City of St. Paul, Pouch 1, St. Paul Island AK 99660, Tel. 907/546-2331.
Der Ort hat vier Restaurants und zwei Kaufläden, einen Polizeiposten und eine Gesundheitsstation — aber keine Bank!
„King Eider Hotel", 88-TP, St. Paul Island AK 99660, Tel. 907/561-3243, ab 89 US$.

Alaska Interior

Das Landesinnere ist eine Region der Superlative, der höchsten Berge, der längsten Flüsse, der größten Täler und Becken dazwischen. Hier gibt es noch ausgedehnte Wildnis, unzugängliche Wälder, schroffe Gebirgszüge, die von keinem Menschen je betreten worden sind. Und doch erstaunt es immer wieder, in welche unwegsamen letzten Winkel die Goldsucher vorgedrungen sind. Die meisten Siedlungen in dieser Region nahmen dadurch ihren Ursprung. Andere wie Iditarod oder Ophir und hundert weniger bekannte sind aufgeblüht und längst wieder vergangen. Gehalten haben sich die Orte an den Kreuzwegen der Überlandstraßen, die Versorgungs- und Transportzentren. Vom Golde allein lebt heute keine Ortschaft mehr, aber Gold wird noch in jeder Ecke geschürft und gewaschen.
Kennzeichen dieser Landschaft im Innern sind die klimatischen Gegensätze, die kalten Winter und die heißen Sommer — und im Boden bleibt der Permafrost.

Top of the World

AK Route Nr. 5/YT Highway Nr. 9

18 km ostwärts von Tok zweigt bei Tetlin Junction der Taylor Highway (Alaska Route Nr. 5) nach Norden vom Alaska Highway ab. Er läuft über staubige — und bei Regen schlammige — 260 km bis zum Dörfchen Eagle und endet hier als Sackgasse am Yukon River.
Vorher, bei km 154, zweigt in der Siedlung Jack Wade der Yukon Highway Nr. 9 ab, der nach Dawson City führt. Aber nur vom 15. Mai bis 15. September eines jeden Jahres ist er benutzbar, denn dann verkehrt die kostenlose Regierungsfähre über den Yukon River. Mit ihr gewinnt man in Dawson City Anschluß an das YT Highway System.
Auch der Grenzübergang, 20 km hinter Jack Wade Junction, ist nur in der o.a. Zeit geöffnet, und auch dann nur von 9 — 21 Uhr. In der übrigen Tages- und Jahreszeit ist die Grenze geschlossen und unpassierbar.
Die Grenzformalitäten sind die üblichen, aber: Wer Alaska verläßt, sollte vorher sicherstellen, daß er im Rahmen des ihm genehmigten Besuchszeitraumes auch wirklich zurückkehren darf. Das stellt man durch einen kurzen Besuch in der US-Grenzstation fest, an der man ansonsten bei der Ausreise ohne Halt vorbeifährt.

Im umgekehrten Falle liegt die Sachlage anders. Wer von einer Stippvisite in Alaska zurückkehrt, wird ohnehin als Neueinreisender behandelt. Er muß die ganze Einreiseprozedur nach Kanada wiederholen, als ob er noch nie dort gewesen wäre — und hat dann wieder sechs Monate Zeit, sofern die Voraussetzungen stimmen. Beide Highways stellen hohe Anforderungen an die Aufmerksamkeit des Fahrers. Schmale Fahrspuren, Rollsplitt, einspurige Bachbrücken, steile Abfahrten und ebensolche Anstiege erschweren die Fahrt, aber die Mühe lohnt sich!

Über weite Meilen folgt die Trasse der Höhenlinie des Plateaus zwischen dem Yukon River und seinen beiden Zuflüssen Fortymile und Sixtymile River, pendelt mehrfach über der Baumgrenze und eröffnet weite und atemberaubende Blicke über das Land. Daher auch der Name „Top of the World" für die beiden Straßen. Zum andern führen beide Highways durch das alte historische Goldland, das noch heute — genauer: heute wieder — ausgebeutet wird. Rund 200 km führt die Straße an immer wieder anderen Goldgewinnungsanlagen vorbei, kann man hier und dort Digger und Maschinen bei der Arbeit sehen. Für den Besucher gilt hier überall: Finger weg! Jeder Bach und jeder Fuß Land ist Privateigentum, zumeist größerer Bergwerksunternehmen, die nicht ständig jedes Grundstück zugleich umwühlen. Auch scheinbar brachliegende und verlassene Claims sind geschützt. Die Eigentümer verstehen wenig Spaß, wenn jemand schürft und machen rigoros von ihrem Hausrecht Gebrauch. Selbst das bloße neugierige Betreten ist unerwünscht und kann üble Folgen haben.

Aber: Nirgendwo anders im Norden kann man so unmittelbar Einblick in das Geschehen auf einem Goldfeld erhalten und sich so umfassend über die Gewinnungsmethoden informieren.

Das Goldfeld am Fortymile ist Teil jener Region, die während der Eiszeiten verschont blieb. Schon in den 80er Jahren des vorigen Jahrhunderts wurde hier nach Gold gesucht. Nachdem Dutzende von Prospektoren jahrelang durch kleine Funde genarrt, aber auch bei Laune gehalten worden waren, gelang 1886 — 10 Jahre vor dem Goldrush zum Klondike — der entscheidende Fund in der Franklin Gulch, einem kleinen Nebenbach des Fortymile River. Und dann stellte sich Schlag um Schlag heraus, daß sowohl der Fluß wie auch alle seine unteren Nebenbäche das Schürfen und Waschen lohnten, wenngleich keine überdimensionalen Funde gemacht wurden.

Das war die eigentliche Geburtsstunde des Yukon Territory. Kanada mußte Flagge zeigen, mußte die Verwaltung aufbauen und die staatliche Ordnung herstellen — sonst wäre bei der bisher ungeklärten Grenzlage die Region möglicherweise an Alaska und die USA gefallen. Bestrebungen hierzu gab es mehrfach, waren die Zuwanderer doch meist aus den USA heraufgekommen, um hier ihr Glück zu versuchen.

Die Digger strömten herbei, in den nächsten Jahren folgten einige tausend auch von außerhalb. Siedlungen schossen aus dem Boden und Eagle, der bisher unbedeutende Handelsposten am Yukon River, wuchs rasch zum Zentrum für Alaskas Anteil an diesem ausgedehnten Goldfeld.

Hier landeten die Flußdampfer, die ersten, die regelmäßig den Yukon heraufkamen, um im Sommer Waren anzulanden und die Ausbeute abzutransportieren. Auf dem Höhepunkt der Aktivitäten lebten rund 1700 Menschen in Eagle. Kirchen und Kaufhäuser waren entstanden, ein Armeefort und ein Gerichtsgebäude gebaut. Die Bundesregierung im fernen Washington entsandte Judge Wickersham, der sich später in Fairbanks einen Namen machen sollte, mit umfassenden Vollmachten und erhob das Dorf zur ersten selbständigen Stadt im Innern Alaskas. Ein Stück flußaufwärts von Eagle, an der Mündung des Flusses in den Yukon River, entstand zugleich die kanadische Stadt Fortymile, das Versorgungs- und Verwaltungszentrum der kanadischen Seite des Goldfeldes. Dies nahm einen noch mächtigeren Aufschwung, war bald doppelt so groß wie die Konkurrentin in Alaska und Sitz eines anglikanischen Bischofs, Bompas, als Ende August 1896 ein gewisser George Washington Carmack in der Stadt erschien, um für sich und seine Schwager die Claims am Rabbit River registrieren zu lassen. Seine Schilderungen brachten ihm nur die Bestätigung seines Spitznamens „Lying George", George der Schwindler, bei den Diggern vom Fortymile ein. Die mochten ihren Spatzen am Fortymile nicht gegen Lügen-Georges Tauben am Rabbit Creek eintauschen. Andere, Leichtgläubigere und vor allem die Zukurzgekommenen, folgten Carmack und steckten ebenfalls Claims am Bonanza Creek ab, wie er bald hieß, und der Goldrush nahm seinen Anfang. Fortymile gibt es heute nicht mehr. Nur noch unbedeutende Relikte zeugen am Fluß von der kurzlebigen ersten Yukon Metropole. Dawson City, gegenüber und über 40 Meilen flußauf, lief ihr den Rang ab. Eagle aber überlebte und stellt heute ein Dorf von 200 Einwohnern dar.

Die Namensbezeichnung der Flüsse mit der Endung „mile" leitet sich aus der Tatsache her, daß sie in den Yukon münden — und der ungefähren Entfernung dieser Stelle vom ursprünglichen Handelsposten am Fluß, dem HBC-Warenhaus „Fort Reliance", das unterhalb von Dawson City lag. Man machte es sich mit der Namensfindung leicht, erschwerte aber damit auch den Überblick. Was leicht zu Irrtümern führte und noch immer führt: Zwischen den Mündungen des Fortymile und des Sixtymile liegen nicht etwa 20 sondern 100 Meilen! Die eine liegt unterhalb, die andere oberhalb des alten Forts oder — heute in etwa — Dawson City.

Der Highway

Auch der Ausgangspunkt der Straße ist ein wenig irreführend benannt. Sie beginnt in Tetlin Junction und dem historischen „Fortymile Roadhouse" einer zünftigen Raststätte im alten Blockhausstil. Das alte Indianerdörfchen Tetlin sucht man hier vergebens. Das liegt etwa 20 km südostwärts von der Abzweigung und etwa 15 km südlich des Alaska Highways am Ufer eines Zuflusses zum Tanana River. Es ist eine der wenigen Siedlungen, die noch ohne Fahrweg in der Wildnis liegen. Nur ein Fußpfad und der Wasserweg den Fluß hinauf führen hin.

Bei km 15: Es folgen rund 40 km Aufstieg zum Mount Fairplay (1689 m.ü.M.).

Bei km 56: Ein einfacher Rastplatz erlaubt einen weiten Überblick über das Land. Im Frühjahr und im Herbst kreuzt hier eine der großen Karibuherden hindurch. Sie pendelt zwischen ihren Endpunkten bei Fairbanks, AK, und Whitehorse, YT, im

Jahresrhythmus hin und her. Die Größe der Fortymile-Herde ist von einer Million Tiere auf noch etwa 20.000 abgesunken. Dank staatlicher Schutzmaßnahmen erholt sie sich wieder. Gegen Ende August kann man die Tiere hier treffen.

Die Straße windet sich nun etwa 40 km durch stark bewaldetes Terrain bergab. Sie folgt den beiden Quellarmen Dennison Fork und South Fork des Fortymile und kreuzt eine Reihe weiterer „Forks", die ihnen zufließen.

Bei km 79: einfacher staatlicher und kostenfreier Campingplatz.

Bei km 108: das Dörfchen „Chicken". Sein Name ist auf die vielen Ptarmigan, Schneehühner, dieses Gebietes zurückzuführen. Als man einst das Dorfschild fertigte, konnten sich die Digger nicht auf die Schreibweise des Wortes einigen, und so kam es zu Chicken, was ja auch „Huhn" bedeutet.

Die Siedlung hat ca. 40 Einwohner, Tankstelle mit Reparaturdienst, Kaufladen, Restaurant und das einzige Postamt weit und breit.

Gleich hinter dem Dorf kann man ab der Brücke über den Chicken Creek das ehemalige — nicht zugängliche — Dorf und eine alte „Dredge", einen Goldbagger sehen. Von nun an folgen entlang der Straße in loser Reihenfolge Goldminen, -waschanlagen und -fundstellen, die zu betreten nicht erlaubt ist.

Bei km 120: Straßenbaucamp, nur Notfalltelefon.

Bei km 122: South Fork Bridge. Die Straße steigt hinauf auf das Hochplateau über den beiden Flüssen Fortymile und Sixtymile.

Bei km 132: Brücke über die Walker Fork. Einfacher staatlicher Campground, gebührenfrei.

Bei km 138: Dredge neben der Fahrbahn zu sehen, im Einschnitt des Baches. Das folgende historische Dörfchen Jack Wade, etwas abseits der Trasse, ist Privatgrund, nicht zu besichtigen und ohne Versorgungsmöglichkeiten.

Bei km 154: Jack Wade Junction. Abzweigung rechts nach Dawson City.

Es folgt eine Strecke mit wunderbarer Aussicht nach Nordosten. Die Gipfel in der Ferne gehören zu den Ogilvie Mountains. Die Fahrbahn windet sich hinauf zum Steele Creek Dome (1124 m.ü.M.), umrundet den Gipfel und senkt sich danach auf 12 km mit steilem Gefälle und engen Kurven ins Tal des Fortymile.

Bei km 182: Brücke über den Fortymile River. Rechts in der Talwand sind Streifen von weißem Marmor sichtbar. Gleich hinter der Brücke Straßenbaucamp, nur Notfalltelefon. Regierungsflugzeuge nutzen hier die Fahrbahn gelegentlich als Landestreifen. Dahinter schwingt sich die Fahrbahn noch einmal bis über die Baumlinie hinauf. Sie folgt dem O'Brian Creek durch ein romantisches Tal bis auf die Höhe.

Bei km 212: Brücke über den Liberty Creek mit dem dritten und letzten der einfachen und kostenfreien staatlichen Campgrounds. Länger als 10 Tage darf man jedoch nicht bleiben.

Bei km 230: Ein letzter weiter Blick über das Land, die Tundra an der Baumgrenze. Der auffallende hohe Buckel ist der Glacier Mountain (1803 m.ü.M.). Von jetzt ab geht es hinunter ins Tal des Yukon River, der hier auf 250 m.ü.M. fließt.

Bei km 245: Brücke über den American Creek, an dessen Uferwänden man graue

und grüne Asbesteinlagerungen erkennen kann.
Bei km 258: Abzweigung der 4th Avenue von Eagle. Sie führt zum historischen (in Teilen: wiederhergestellten) Fort Egbert (1,5 km) und dem kurz davor liegenden Eagle State Campground, 13 Stellplätze, einfach und kostenfrei.
Bei km 260: Das Dorf Eagle am Yukon Ufer. Zum Dorf der Han Dené, Eagle Village, führt eine Stichstraße von 5 km am Ufer rechts ab.

Eagle (200 Einwohner)
Info: Eagle Historic Society, Box 23, Eagle AK 99738.
Anfang der 80er Jahre sandte die Alaska Commercial Company ihren Angestellten François Mercier den Yukon River hinauf, damit er an der Grenze der kanadischen HBC einen Handelsposten entgegensetze. Noch ging es nur um Pelze und noch nicht um Gold. Mercier wählte die kleine Indianersiedlung Eagle Village aus, errichtete nahebei und flußaufwärts ein Blockhaus und ließ sich mit den Heckraddampfern Waren zustellen.
Der später folgende Goldrush brachte dann den Aufschwung.
1898 taten sich 28 Golddigger zusammen und organisierten die Besiedlung und die Gemeindeverwaltung. Im gleichen Jahr wurde ein Postamt eingerichtet. 1899 etablierte die US-Armee mit Fort Egbert eine ausgedehnte Kasernenanlage, die bis 1911 belegt war und heute als Freilichtmuseum erhalten bleibt.
Im Juli 1900 traf Judge Wickersham ein, übernahm die Rechtsprechung und mit großen Vollmachten auch die Regulierung der Ordnung im Innern Alaskas. Er war von der US-Bundesregierung in Washington entsandt worden, blieb im Land und machte sich in den nachfolgenden Goldruns nach Nome und Fairbanks einen Namen. Das historische Gerichtsgebäude dient heute als Museum.
1901 wurde Eagle zur Stadt erhoben, mit damals 1700 Einwohnern war es die größte Siedlung im Innern des Landes. Sie erhielt 1903 Anschluß an die Telegrafenlinie nach Valdez an der Südküste Alaskas. Das versetzte Amundsen in die Lage, seine Erstumschiffung des Kontinentes der Welt per Telegramm mitzuteilen. 400 Jahre hatte es gedauert, die Zahl der Mißerfolge und der verlorenen Menschenleben war nicht mehr zu zählen, als es Amundsen erstmals gelang, die Nordwest Passage auf dem Seeweg zu befahren. Von Hershel Island, der heute unbewohnten Insel vor der Eismeerküste des Yukon Territory, eilte er im Winter 1905 per Hundeschlitten nach Eagle, gut 600 km Luftlinie durch wegelose winterliche Wildnis, um der staunenden Welt Mitteilung zu machen. Am 5. Dezember 1905 erreichte er das damals nördlichste Telegrafenamt des Kontinentes und gab auf dem Postamt von Eagle die Botschaft auf. Der Amundsen Park im Dorf und das Monument in Form eines Globusses neben der Post erinnern daran.
Für die Flußwanderer von heute ist das Postamt bei Grenzüberschreitungen Pflichtstation. Hier muß man die Grenzformalitäten abwickeln und sich die Einreiseerlaubnis ausstellen lassen.
Auch Eagle wäre beinahe erloschen, sieht man vom Dorf der Natives ab. Nach dem Weltkrieg lebten gerade noch 9 Menschen in der „Stadt". Erst die Einrichtung des Yukon-Charley Rivers National Park und Ansiedlung der Parkverwaltung in Eagle, die Aufnahme der staatlichen Bemühun-

gen um die Erhaltung der alten Gebäude im Dorf als Freilichtmuseum und die Anbindung durch den Taylor Highway Anfang der 50er Jahre bewirkten den Umschwung. Heute ist Eagle ein im Sommer rege besuchter Ort, der Tourismus belebt ihn täglich neu. Im Ort gibt es zwei Tankstellen mit Reparaturdienst, Kaufläden, Restaurant, Duschen und Waschsalon. Neben dem Campingplatz an der 4th Avenue hält die Gemeinde eine Übernachtungsmöglichkeit bereit. Informationen: Eagle Historical Society, Eagle AK 99738.

Anreise

Eagle ist im Sommer als Endpunkt des Taylor Highways über diese Straße zu erreichen. Es gibt keine öffentliche Verkehrsmöglichkeit dorthin.

Im Winter ist Eagle abgeschnitten, der Highway wird nicht geräumt. Doch wird gerade in dieser Zeit Bedarfsverkehr mit Tok über Hundeschlitten- und Schneemobiltouren abgewickelt.

Linienflugverbindung besteht ganzjährig. Zweimal wöchentlich fliegt „40 Mile Air" den Ort an und verbindet ihn mit Tok und Dawson City (→Tok).

Auf dem Yukon River wird Eagle in der Sommerzeit täglich mit Dawson City durch Schiffsverkehr verbunden (→Dawson City).

Ebenfalls im Sommer ist Eagle Besucherziel einer organisierten Busreise. Wer ohne eigenes Fahrzeug unterwegs ist, für den bietet sich diese Tour an:

6 Tage / 5 Nächte, Start in Skagway mit der WPYR Eisenbahn nach Fraser; weiter per Bus über Whitehorse nach Dawson City; mit dem Schiff nach Eagle; mit dem Bus durch die Goldfelder und über den Taylor Highway nach Tok; Ende der Reise in Fairbanks. Kosten: 1650 US$ (für Transporte und 5 Übernachtungen).

Buchung: Canada Reisedienst, Rathausplatz 2, 22926 Ahrensburg, Tel. 0 41 02/5 11 67, Fax 0 41 02/3 17 13.

Sehenswürdigkeiten

Besichtigung der historischen Bauten und des Dorfmuseums (Fort Egbert, ehemaliges Wickersham Courthouse, ehemalige Zollstation, die Windmühle, die heute noch für die Wasserversorgung zuständig ist). Täglich ab 10 Uhr kostenlose Führung ab Gerichtsgebäude.

Tour mit dem Flußboot nach Dawson City. Einzelheiten →dort. Das bietet die Möglichkeit, sein Fahrzeug in Eagle für einen Rundtrip stehen zu lassen, oder die Beifahrer nutzen das Boot, während der Fahrer mit dem PKW nach Dawson fährt. Wer dann nach Süden ins YT weiterreist, verzichtet auf die schöne Wegstrecke über den „Top of the World" ab Jack Wade bis Dawson City.

Tages- oder Wochentrips in den Yukon-Charley Rivers National Park. Einzelheiten dazu: Superintendent, Box 64, Eagle AK 99738. Tel. 907/547-2233. Das Office liegt am Ende der 1st Street, beim Flugfeld.

Top of the World, AK Route Nr. 5/YT: Highway Nr. 9 (ab Dawson City)

Von Dawson City aus sind es 285 km bis zum Alaska Highway bei Tetlin Junction. Auch dieses Straßenstück ist eine Schotterstraße, die oft schwierig zu befahren ist, und es empfiehlt sich, ein mäßiges Tempo einzuhalten.

Ab Dawson City setzt man mit der kostenfreien Regierungsfähre über den Fluß. Die verkehrt zwar im Sommer rund um die Uhr, die Grenze nach Alaska ist aber zwischen 21 und 9 Uhr geschlossen!

Jenseits am Ufer liegt der „Yukon River YT Campground", einfach und gebührenpflichtig. Daneben befindet sich der Schiffsfriedhof der Heckraddampfer. Die Fahrbahn führt sofort bergan.
Bei km 5: Einfacher Rastplatz mit Picknickgruppe. Herrlicher Blick über das Yukon Valley mit dem Klondike River gegenüber — und einigen Farmen im Flußtal!
Bei km 15: Weiterer einfacher und kostenfreier Picknickplatz.
Bei km 17: Baumgrenze überschritten.
Bei km 56: Sehenswerte Felsformation „Castle Rock" mit Haltestreifen und Erklärungstafel über die durch Erosion verursachte geologische Ausformung.
Bei km 60: Stichstraße rechts ab, die seit 1979 nicht mehr gewartet wird. Sie führt über 40 km zu der stillgelegten Asbestmine Clinton Creek am Ufer des Yukon River. Vierradantrieb für die Rückfahrt unerläßlich! An dieser Seitenstraße wohnt kein Mensch, daher ist auch keine Hilfe erreichbar, wenn man unterwegs liegenbleibt.
Über diese Stichstraße kann man auch zur ehemaligen Stadt Fortymile gelangen, von der nur noch ein paar Ruinen übriggeblieben sind.
Bei km 86: Abzweigung links führt ins Goldgebiet am Sixtymile River. Sie endet nach 17 km am Fluß. Sie ist in befahrbarem Zustand, im Flußtal wird wieder Gold gefördert. Besucher sind willkommen, Versorgungsmöglichkeiten gibt es dort keine.
Bei km 106: Grenze Kanada/USA. Die beiden Grenzposten liegen zwar beieinander, aber jeder hat seinen eigenen Namen, der in Kanada heißt Little Gold Creek Office, der in Alaska Poker Creek Office. Hier benötigt man für einen Schritt eine Stunde: Wechsel der Zeitzonen. Wer erst nach 21 Uhr eintrifft, muß bis zum nächsten Morgen warten. Keine Versorgungsdienste.
Bei km 112: Boundary, Raststätte im alten Roadhousestil, Tankstelle mit Reparaturdienst, Campingstreifen und Hüttenvermietung.
Bei km 126: Parkstreifen mit Info-Tafel zum Goldfeld.
Bei km 127: Straße mündet in den Taylor Highway, nach links sind es 154 km zum Alaska Highway, nach rechts 106 km nach Eagle.

Fairbanks (27.000 Einwohner)

Info: *Convention & Visitor Bureau,* 550 First Avenue, Fairbanks AK 99701-4790, Tel. 907/456-5774, Fax 907/452-4190. Das Office liegt zentral in downtown, am Ufer des Chena River.
Die Stadt liegt am Chena River und dessen Mündung in den Tanana, einem wichtigen Zufluß des Yukon River, zu Füßen der White Mountains in der weiten Talsenke des Tanana, nur noch 130 m.ü.M. Die Stadt entstand im Jahre 1901 zufällig, als der Kapitän E.T. Barnette hier unfreiwillig an Land gesetzt wurde. Er hatte eine Ladung Waren an Bord der „Lavelle" gebracht und wollte zum oberen Tanana, um dort Handel zu treiben. Aber der Kapitän des Flußschiffes setzte ihn wegen widriger Wasserverhältnisse schon an der Einmündung des Chena River an Land.
Zu seinem Glück, denn kurz darauf fand ein italienischer Einwanderer, Felix Pedro, Gold an einem der Bäche. Einer der üblichen Rushes begann. Vom ausgewaschenen Klondike setzte ein Zustrom von zukurzgekommenen Goldsuchern und ebenso aus Nome ein, weitere Funde an

Bächen in der ganzen Region ließen die Stadt am Chena River aufschießen.

Eine Reihe von weiteren Schüben erlaubte der Siedlung, zur wichtigsten und größten Stadt im Innern zu werden. Zunächst verlegt Judge James Wickersham seinen Gerichtshof hierher und begründete damit den Zuzug weiterer Bundesbehörden. Von ihm stammt auch die Namensidee. Einer seiner Gönner, der Senator und spätere Vizepräsident der USA, Charles Fairbanks aus Indiana, wurde damit geehrt. Der günstige Ort, Mittelpunkt eines Fluß- und später Landstraßennetzes, Endpunkt der Alaska Railroad, zog die US-Armee an, die hier ihren zentralen Standort aufbaute. Es folgten die Errichtung der Universität und der Bau der Erdöl-Pipeline vom Eismeer. Das verleiht Fairbanks heute ein seltsames Flair, eine Mischung von Pionier- und Universitätsstadt, Militärstandort und Wolkenkratzercity. Eine (fast) großstädtische Oase an Kultur und Historie, wie sie nur unter diesen Umständen zustandekommen kann.

Die Stadt hat sämtliche Versorgungseinrichtungen zu bieten und ist — wie alle Orte im Norden — stark auf Tourismus ausgerichtet. Über 100 Restaurants aller Preislagen warten auf Besucher. Eine klimatische Besonderheit muß der Reisende beachten: Im Sommer sind die Temperaturen angenehm, und es gibt 21 Tagesstunden Licht.

Im Winter aber ist die Stadt für ihre Eisnebel berüchtigt. Es schaukeln sich Kälte und Eispartikelchen in der Luft manchmal zu Temperaturabfällen um 60 °C auf. Da macht sich die sonst so erfreuliche Windstille des Interior störend bemerkbar: Es fehlt am Luftzug, der den Vorhang wegfegen und den Sonnenstrahlen zum ungehinderten Durchbruch verhelfen könnte.

i PRAKTISCHE INFORMATIONEN

Anreise

Obwohl die „heimliche Hauptstadt" von Alaska genannt, hat Fairbanks keinen nennenswerten internationalen Direktanschluß im Linienflugverkehr. Der fliegt Anchorage an, wo man vom benachbarten Gebäude für Inlandsflüge Anschluß u.a. nach Fairbanks hat. Der Flughafen von Fairbanks darf sich dennoch zu Recht International Airport nennen, denn er hat Linienflugverbindung nach Whitehorse, Kanada. Fairbanks International Airport liegt 5 km westlich vom Zentrum am Ende des Airport Way und ist mit dem städtischen Bus erreichbar. Fairbanks ist Endpunkt der einzigen Eisenbahnlinie, die nach Süden den Denali National Park, Anchorage und Seward miteinander verbindet. Der Brandt Alaska Railroad Terminal liegt 280 N. Cushman Street, Fairbanks AK 99701, Tel. 907/265-2685, jenseits der Brücke über den Chena River.

Überlandbusse verbinden Fairbanks mit Anchorage sowie Whitehorse *(→dort, Anreise).* Leider gibt es keinen zentralen Busterminal.

Metropolitan Area Commuter System heißt das örtliche Busnetz, das die Stadtteile mit dem Zentrum verbindet. Es basiert auf Münzsystem, der „Token" zu 1 US$. Die Tokens erhält man im MACS Office, 6th Avenue Ecke Cushmann Street.

Sehenswürdigkeiten

Fairbanks hat im Zentrum eine Reihe sehenswerter historischer Bauten zu bieten. Die kann man auf einem Spaziergang anhand des kostenlosen Prospektes, den man im Visitors Bureau, s.o., erhält, selbst erkunden. Empfehlenswerter ist die tägliche Führung ab Bureau, kostenfrei, mit Führer, ab 10 und 15 Uhr.

Sightseeing Tours, die auch außerhalb des Zentrums liegende Objekte erfassen, sind per Bus und mit kommerziellen Unternehmen ab Visitors Bureau möglich. Kosten: 25 US$.

Desgleichen gibt es verschiedene Ausflugsfahrten mit Flußbooten, die per Rundfahrt historische Sehenswürdigkeiten vom Wasser aus erschließen.

University of Alaska Museum, 907 Yukon Drive, Tel. 907/474-7505, Eintritt 3 US$.

Animal Research Station: Moschusochsen, Karibu- und Rentierherde der Universität, Eintritt 3 US$. Tel. 907/474-7640. (5 km nördlich der Uni an der Yankovich Road gelegen.)

Pioneer Museum und *Palace Theatre* im *Alaskaland,* Airport Way Ecke Peger Road, Tel. 907/452-4244. Eine Kombination von Freilichtmuseum und Vergnügungspark, Eintritt frei.

Gold Dredge Nr. 8 Meile 9 am Old Steese Highway, Tel. 907/457-6058. Eine jener riesigen Goldbagger/-waschanlagen. Eintritt 5 US$.

Bank Displays , 3 Banken bieten sehenswerte und kostenlose Ausstellungen über das Tierleben und die Zeit des Goldrushes: Alaska National Bank of the North, 3rd. Avenue Ecke Lacey Street;

First National Bank of Fairbanks, 1st Avenue Ecke Cushman Street;

Mt. McKinley Mutual Savings Bank, 531-3rd Avenue.

Außerdem bietet die Stadt ein Dutzend Galerien, Denkmale, Monumente usw., Information gibt das Visitors Bureau, s.o.

Veranstaltungen

Auch Fairbanks ist ein Zentrum der Schlittenhundzucht. Im Winter werden eine Reihe von Rennen, Wettbewerben und Veranstaltungen durchgeführt. Alaska Dog Mushers Ass., Box 662 FCVB Fairbanks AK 99707, Tel. 907/457-MUSH.

Fairbanks Renaissance Fair, Mitte Juli, Messe mit Volksfest und Wettbewerben.

Summer Arts Festival, Musik-, Tanz- und Theaterfestival am vorletzten Wochenende im Juli.

World Eskimo Indian Olympics, Olympiade der Ureinwohner; regelmäßig zum Sommerausklang, aber mit ständig wechselnden Terminen Ende Juli/Anfang August.

Oktoberfest, genauso geschrieben – Stadtfest des German Club of Fairbanks mit den einschlägigen Darbietungen, erstes Oktoberwochenende.

Athabaskan Old-Time Fiddling Festival, Tanz- und Musikwettbewerbe der Indianer vom Institut of Alaska Native Arts, Novembermitte eines jeden Jahres.

Unterkünfte

Die drei folgenden Campgrounds liegen innerhalb der Stadt, aber immer noch weit ab vom Zentrum:

„Tanana Valley Campground", 1800-TP College Road, halbwegs zwischen Zentrum und Universität, mit Bushaltestelle des MACS, komfortabel, ab 10 US$.

„Norlite Campground", 1660-TP Peger Road, halbwegs zwischen Zentrum und

Flughafen, komfortabel mit Supermarkt und Liquor store, ab 12 US$. Kurzer Fußweg zur Bushaltestelle.

„Chena River State Campground", an der South University Avenue, beim Chena River, der einfache staatliche Zeltplatz, nur für 5 Tage, 5 US$/Nacht. Kurzer Fußweg zur Bushaltestelle.

„Youth Hostel", neben dem o.a. Tanana Valley Campground, 8 US$, Nichtmitglieder 10 US$.

„Billie's Backpacker Hostel, 2895 Mack Road, Fairbanks AK 99709, Tel. 907/479-2034, Herberge nahe der Uni, 15 US$ im Schlafsaal.

„Fairbanks College Bunkhouse", 1541 Westwood Way, Fairbanks AK 99709, Tel. 907/479-2627, Herberge zu 15 US$ im Schlafsaal.

„North Woods Lodge", Box 83615, Fairbanks AK 99708, Tel. 907/479-5300, Fax 907/479-6888, Zeltplatz zu 10 US$, Bett im Schlafsaal 15 US$, im Blockhaus 25 US$. Die urige Lodge liegt am Chena Hills Drive, zwischen Gulkana und Roland Road am westlichen Stadtrand.

Die drei letztgenannten Häuser bieten kostenlosen Fahrdienst von und zum Bahnhof/Flughafen.

„Monson Motel", 1321-TP Karen Street, Fairbanks AK 99709, Tel. 907/479-6770, ab 40 US$.

„Alaskan Motor Inn", 419-4th Avenue, Fairbanks AK 99701, Tel. 907/456-4800, ab 45 US$.

„Fairbanks Hotel", 517-3rd Avenue, Fairbanks AK 99701, Tel. 907/456-6440, ab 48 US$.

„Pioneer Hotel", 401-1st Avenue, Fairbanks AK 99701, Tel. 907/456-2600, ab 55 US$.

„Tamarack Inn", 252 Minnie Street, Fairbanks AK 99701, Tel. 907/456-6406, ab 50 US$.

„Frontier Lodge", 440-TP Old Richardson Highway, Fairbanks, AK 99701, Tel. 907/456-4733, ab 50 US$.

Und weitere zwei Dutzend Hotels/Motels zwischen 60 und 200 US$.

„Bed and Breakfast"-Unterkunft, über Visitors Bureau, ab 45 US$.

Unternehmungen

Goldcamps: Cripple Creek Resort, Meile 8 am Parks Highway, mit dem „Malemute Saloon".

Little Eldorado Gold Camp, Meile 1 am Elliot Highway.

Old F.E.Co. Gold Camp, Meile 27,5 am Steese Highway.

Diese dem Publikum zugänglichen Goldsucher-Siedlungen werden als Freilichtmuseum betrieben und sind gegen Eintritt von 5 US$ zu besichtigen. Goldwaschen und Anleitung natürlich inbegriffen.

Chena Hotsprings, Thermalbad 90 km ostwärts von Fairbanks im Quellgebiet des Chena River. Die landschaftlich sehr schöne Strecke führt durch Chena River Recreation Area, ein Erholungsgebiet mit zahlreichen Campingplätzen und jeweiligem Zugang zum Chena River, der ein leichtes Bootswasser und ein sehr gutes Fischwasser ist. Auch hier gibt es Hütten der Parkverwaltung zu mieten, 25 US$.

Division of Parks, 4418 Airport Way, Fairbanks AK 99709, Tel. 907/479-4114.

Palace Theatre & Saloon, im Alaskaland, s.o., die übliche Goldzeit-Revue, Eintritt 5 US$. Als zentraler Knotenpunkt des Verkehrs in Alaska bietet Fairbanks einige Dutzend Outdoorsunternehmen, die Flüge in den Busch, zum Angeln oder auch nur als Ausflug organisieren, Bootsfahrten auf den Flüssen veranstalten und Touristen auf Wunsch führen. Visitors Bureau hilft beim Arrangement.

Steese Highway / Circle

Ein sehr empfehlenswerter Seitentrip, eine ruhige und wenig befahrene Straße durch die White Mountains, führt nach Circle am Ufer des Yukon River und Circle Hot Springs, einer weiteren der zahlreichen Thermalquellen Alaskas. Ab Fairbanks sind die ersten 70 km asphaltiert, die restlichen 190 km sind Schotterstraße. Es ist nicht nur eine romantische Fahrt durchs Gebirge, sondern auch durch das Goldfeld bei Fairbanks.

Informationen über Seitentrails, Karten und Hütten: Bureau of Land Management (BLM), 1541 Gaffney Road, Fairbanks AK 99703, Tel. 907/356-5337. Die Straße ist auch im Winter durchgehend befahrbar. Startpunkt ist das Straßenkreuz International Airport von Fairbanks/Parks Highway.

Bei km 7: Abzweigung der Chena Hot Springs Road (→oben).

Bei km 16: Abzweigung der Goldstream Road, Zufahrt zur Dredge Nr. 8 (→oben).

Bei km 18: Abzweigung des Steese Highway als Alaska Route Nr. 6 nach rechts, geradeaus führt der Elliott Highway als Alaska Route Nr. 2 zum Dalton Highway und nach Manley Hot Springs.

Bei km 27: Pedro Denkmal, zur Erinnerung an den ersten Goldfund 1902 und die Gründung von Fairbanks.

Bei km 45: Old F.E. Co. Gold Camp (→Unternehmungen, Goldcamps).

Bei km 46: „Chatanika Lodge", Rasthaus mit Tankstelle, Restaurant. Die Straße folgt jetzt dem Chatanika River und seinen Quellbächen hinauf zur Wasserscheide Yukon/Tanana River, dem Eagle Summit (1105 m.ü.M.) bei km 174.

Bei km 63: Chatanika River Wayside, einfacher staatlicher Campground, gebührenfrei.

Bei km 67: Miner's Ed, Rasthaus mit Restaurant und Tankstelle.

Bei km 92: US-Creek, Abzweigung der ehemaligen Road, heute Wanderpfad. Die ersten 12 km bis zum Nome Creek sind mit PKW befahrbar, aber auf schlechter Fahrbahn. Weitere Strecke bis zur Schutzhütte am Beaver Creek, 13 km, und von dort noch 35 km bis zum Elliott Highway (→dort), Details BLM (→oben).

Bei km 97: „Cripple Creek BLM Campground", einfach und gebührenfrei. BLM Hütte neben dem Platz, 15 US$, muß wie o.a. beim BLM in Fairbanks gemietet werden.

Von hier aus abwärts ist der Chatanika River ein beliebter Kanuweg, der Fluß macht keine Schwierigkeiten, Wildwasser Kl. 2.

Bei km 106: „Hendrikson Miracle Lodge", Raststätte mit Restaurant und Tankstelle.

Bei km 138: Pinnel Trail, 43 km durch alpine Tundra, im Bogen zur Straße zurück, die bei km 174 (Eagle Summit) erreicht wird. Er führt bis auf 1450 m hoch und hat nach etwa 17 und 28 km je eine Schutzhütte zu bieten. Info s.o. BLM.

Bei km 163: Raststätte mit Restaurant und Tankstelle.

Bei km 174: Eagle Summit. Es geht hinunter ins Birch Creek Tal und über einen Höhenrücken ins Yukon Valley. Wer den Pinnell Pfad geht, stößt hier wieder auf den Highway — oder kann den Pfad nun umgekehrt beginnen, am Parkstreifen vor dem Paß.

Bei km 192: „Bedrock Creek BLM Campground", einfach und kostenfrei. Die bisher gekreuzten Bäche (Mammut Creek, Mastodon Creek) haben ihren Namen von

tatsächlichen Funden, die man in Fairbanks' Museen findet.
Bei km 205: Ortschaft Central, mit Raststätte, Tankstelle, Post, BLM Station und BLM Campground. Circle Region Museum. Hinter dem Ort Abzweigung zu Circle Hot Springs, (14 km) mit Motel ab 48 US$, Bad im heißen Pool, Kaufladen. Restaurant. Campingplatz des BLM bei km 10.
Bei km 260: Circle, 75 Einwohner. Raststätte mit Restaurant und Tankstelle, Postamt.
Der BLM Campground liegt am Ufer des Yukon, am Ende des Highways. Im Sommer ist es hier lebhaft, auf dem Yukon kommen die Bootswanderer heran, Flugzeuge wassern auf dem Yukonarm und die modernen Flußfrachter legen zur Nacht an.
Sehenswert ist der alte Friedhof, der in 10 Minuten Fußweg zu erreichen ist. Die Grabinschriften belegen die Historie ab 1800. Um 1893, also noch vor dem Klondike Fund, wurde schon am Birch Creek Gold gewaschen. Der Name der Ortschaft Circle, damals mehrere hundert Einwohner beherbergend, rührt von der Annahme, sie liege am Polarkreis. Aber der befindet sich um 120 km flußabwärts, am hier nach Norden fließenden Yukon River, nahe Fort Yukon. Und da man in Circle am Ende der befahrbaren Welt angelangt ist, muß man nun irgendwann dieselbe Strecke zurückfahren — oder überläßt dies dem Fahrer und fährt mit dem Boot den Yukon River hinunter.
Manley Hot Springs / Elliott Highway, AK Route Nr. 2
Auch dieser empfehlenswerte Seitentrip führt durch landschaftlich reizvolle Gegend und einige Goldfelder. Außerdem ist die Straße die Zuwegung zum Dalton Highway.
Startpunkt ist wie beim Steese Highway das Straßenkreuz am International Airport. Die folgende Kilometereinteilung beginnt aber erst an der Abzweigung des Steese Highways, Fox Junction.
Bei km 2: „Little Eldorado Gold Camp", (→oben).
Bei km 18: Brücke über den Chatanika River mit BLM Campground.
Die nun folgenden Gold Camps und Seitenstraßen dürfen nicht befahren oder betreten werden.
Bei km 45: Startpunkt des Wanderpfades zum Beaver Creek (35 km) und weiter (25 km) zum Steese Highway (→dort), km 92. 500 m weiter endet die asphaltierte Fahrbahn, jetzt nur noch Schotterbelag.
Bei km 80: Einzige Raststätte mit Tankstelle und Restaurant.
Bei km 114: Siedlung Livengood mit Straßenbaucamp, nur Notfalltelefon.
Bei km 118: Abzweigung des Dalton Highways (→dort).
Bei km 121: „Tolovana River Campground", einfach und gebührenfrei.
Während bisher die Road in ständigem Auf und Ab die trennenden Höhenzüge zwischen den zahlreichen Quellflüssen des Tolovana River überquerte und am Amy Dome kurz vor Livengood den höchsten Punkt erreichte, folgt sie nun talab zum Tanana River, auf dessen Uferhöhe Manley liegt.
Bei km 176: Abzweigung links zum Indianerdorf Minto, 250 Einwohner. Besucher sind willkommen. Am Ende der 18 km Stichstraße Kaufladen und Raststätte.
Bei km 212: Eureka Creek, ein Pfad führt zur alten Goldgräber-Siedlung, etwa 5 km nach Süden. Man sollte ihn nicht alleine

Die Alaska Railroad — Gründerjahre-Atmosphäre

Info: *Alaska Railroad Corp.*, Box 107500, Anchorage AK 99510.

Die 1915 erbaute Eisenbahnlinie besteht eigentlich aus zwei Strecken, der von Anchorage nach Süden bis Seward bzw. Whittier, die bereits im Kapitel „Columbia Gletscher Tour" aufgezeigt wurde, und der Nordstrecke nach Fairbanks.

Der im Sommer interessante Expresszug von Fairbanks über den Denali National Park nach Anchorage bewältigt die 580 km lange Strecke in 11 Stunden Tagesfahrt. Die entgegengesetzte Reise verläuft genauso. Die Kosten: 135 US$ für eine Strecke! die Strecke Fairbanks — Denali kostet 47 US$, von Anchorage nach Denali 88 US$. Die komfortable Tour mit Aussichtswaggon und Speisewagen führt durch wunderschöne Landschaft.

Von Anchorage aus folgt die Eisenbahnlinie zunächst dem Knik Fjord bis zu dessen Nordende und durchquert dann das fruchtbare Matanuska Valley. Hier befindet sich der Garten Alaskas. Als 1934 eine verheerende Dürre im Weizengürtel der USA zahlreiche Farmer zur Aufgabe zwang, siedelte der Staat hier die daran interessierten Bauern an. Heute steht die Region am Matanuska und Susitna River im krassen Gegensatz zur sonstigen Wildnis Alaskas, man muß sie gesehen haben, um es zu glauben. Hier liegt eine Gartenregion, die nur noch im Okanagan Valley von British Columbia eine Parallele in Nordamerika hat — aber das liegt 1500 km weiter im Süden! Im Matsu Valley, wie das Tal in Verkürzung der beiden Flußnamen genannt wird, sind die hochaufragenden Gebirge im Norden, Osten und Westen für diese Bedingungen verantwortlich, während das weite Stromtal nach Süden zum Pazifik hin für die warme Luftströmung offen ist.

Palmer, 3000 Einwohner, ist der rührige Mittelpunkt der Region, eine typische, landwirtschaftlich orientierte Kleinstadt mit einem Hauch von „Gründerjahre-Atmosphäre". Die Stadt ist Haltepunkt der Bahn. Die schwenkt hinter Palmer wieder nach Norden und folgt dem Susitna River flußauf durch das allmählich enger werdende Tal, das sie hinter Gold Creek nach Überquerung des hier bereits schmalen Flusses verläßt. Nach links kommt dann die Grenze des Denali in Sicht. Bei klarem Wetter ist der Berg zu sehen, der unbeschreibbar majestätisch über sein niedriges Umland aufragt.

Die Bahnlinie führt in den Park hinein und hält unmittelbar am Eingang und beim Visitor Center.

Die weitere Fahrt folgt dem Tal des Nenana River zum Tanana River und dann nach Osten und Fairbanks. Wer hier den Zug verläßt, wird beipflichten, daß die Alaska Railroad ein Gewinn für den Besucher des Landes ist.

gehen, er führt durch aktives Schürfgebiet.

Bei km 243: Abzweigung der Tofty Road ins aktive Tofty Goldfeld und 26 km zur alten Goldgräber-Siedlung, wie oben angegeben.

Bei km 244: Manley Hot Springs, 150 Einwohner; Schwimmen im Thermalpool, Restaurant, Tankstelle, Münzwaschautomat und Campground mit Duschen, ab 8 US$. „Manley Hot Springs Roadhouse", historischer Gasthof von 1906, Motel mit Cabins ab 65 US$, Zimmer im Gasthof ab 40 US$. 100-TP Front Street, Manley Hot Springs AK 99756, Telefon 907/672-3161. Von hier aus geführte Touren in die genannten Goldfelder und zu den alten Goldgräber-Siedlungen.

Touren zum nahen Tanana River und anderen Fishcamps. Nach einem Bad in den Thermalquellen und abgeschlossenen sonstigen Unternehmungen bleibt nur der Weg zurück und die Freude an der herrlichen Natur aus entgegengesetzter Richtung.

Denali National Park

Info: Box 9-TP, Denali Park AK 99755.

Das Park Office liegt im Park, hinter dem Riley Creek Information Center, das am George Parks Highway, der Alaska Route Nr. 3, liegt, 195 km südlich von Fairbanks und 380 km nördlich von Anchorage. Im Gegensatz zu anderen Parks wird der Denali stark vermarktet und ist extrem überlaufen. Wer im Park wandern will, muß in der Saison mit Wartezeiten rechnen: es werden nur begrenzte Besucherzahlen zugelassen. Für jeden, der den Park verläßt, darf dann ein neuer Besucher hinein. Kurzbesucher, die nur die ca. 7stündige Busrundfahrt absolvieren möchten, können vorab einen Platz im Bus reservieren lassen: Tel. 1-800-622-7275, oder 907/683-2215.

Der Zutritt zum Park kostet 3 US$ (Familien 5 US$). Die Nutzung eines Campgrounds im Park pro Nacht 6 bzw. 12 US$. Eine Reservierung zusätzlich 4 US$ (Tel. 1-800-622-7275).

Selbst das Informationsmaterial zum Park muß bezahlt werden. Man bekommt es bei: Alaska Natural History Association, Box 230, Denali National Park AK 99755, Tel. 907/683-1258, Fax 907/683-1418, entweder vorab durch Anforderung oder durch Kauf im Park Office.

Karten: 1 : 250.000 = Mount McKinley, 1 Blatt und Healey, 1 Blatt. Im Maßstab 1 : 63.360 sind 20 Blätter erforderlich, um den gesamten Park dokumentiert zu haben.

i PRAKTISCHE INFORMATIONEN

Anreise

Mit dem PKW fährt man durch die beiden o.a. Städte und den sie verbindenden George Parks Highway.

Weitere Anreisemöglichkeiten sind mit dem Überland-Bus, der ebenfalls zwischen beiden Städten verkehrt, und mit der Alaska Railroad (→oben). Es besteht eine ganzjährige Busverbindung nach Whitehorse (→dort).

Sehenswertes

Der Denali National Park wurde 1917 eingerichtet und war zunächst nach dem höchsten Berg in Nordamerika, dem Mt. McKinley, um den er sich erstreckt, benannt. 1980 wurde er zu seiner heutigen Ausdehnung von 7846 qkm erweitert, und man benannte von nun an sowohl den Berg wie den Park mit der ursprünglichen Bezeichnung Denali, das Athabaskawort für „Der Große". Die Attraktion des Parkes ist sicherlich der Berg. Weniger, weil er der höchste in Amerika ist, sondern weil er so einmalig hoch seine Umgebung überragt. Von seinen 6194 m.ü.M. ragen ca. 4500 m frei über die Umgebung empor. Man kann das am besten erkennen, wenn man bei guter Sicht aus der Ferne, z.B. vom Aussichtspunkt bei der UNI in Fairbanks, herübersieht.

Weiterhin birgt er den Gletscher um den Mount Denali, der mit zahlreichen Zungen in die Täler kriecht und dort Flüsse entläßt. Und nicht zuletzt die Tierwelt ganz Alaskas, die sich unglaublich zahlreich im Park tummelt, zieht die Besucher an.

Ein weiterer Anziehungspunkt ist die leichte Zugänglichkeit des Parkes, s.o., der noch durch eine Fahrstraße von 145 km bis Kantishna erschlossen ist. Dies ist ein Goldsucherdorf von 1906, aber noch heute wird hier geschürft, die Umgebung ist Privateigentum.

Unternehmungen

Die Parkverwaltung unterhält am Straßeneingang das Information Center mit entsprechender Informationsshow. Von der Eisenbahnstation, die Eisenbahn hält im Park, ist es ein kurzer Spaziergang dorthin.

Die Fahrstraße darf nur von Fahrzeugen benutzt werden, deren Fahrer zuvor einen Platz auf einem der Campgrounds im Park ergattert hat — und auch nur bis dorthin. Die Parkverwaltung läßt im Sommer Busse stündlich in den Park hinein pendeln. Man kann mit diesen die Fahrt hin und zurück unternehmen, aber auch zu jedem beliebigen Ort im Park. Der Fahrer hält auf Anforderung, man kann sich dann später am Tag oder nach Wochen wieder mit hinausnehmen lassen. Diese Touren müssen ebenfalls der Parkverwaltung gemeldet und mit ihr abgesprochen werden — die Rückmeldung muß natürlich auch erfolgen!

Sehenswert sind die Naturformationen im Park: der Wonder Lake (mit Campground)

Hinauf auf den Mount Denali,
6194 m.ü.M.

Der Mount McKinley erhielt seinen ersten Namen von einem Weißen. Ein Goldsucher hatte ihn besucht und benannte ihn nach dem damaligen Präsidentschaftsbewerber der USA. 1910 wurde erstmals eine Expedition zum Berg unternommen. Drei ihrer Mitglieder bestiegen über den Muldrow Gletscher und die Karstens Ridge den etwas niedrigen Nordgipfel. Eben dieser Harry Karsten erstieg 1913 als erster im Zuge einer weiteren Expedition den Hauptgipfel, auf derselben Route wie die 1910er. Seither sind ihm über 15.000 andere Wanderer gefolgt. Bis zum Gipfel schaffte es aber nur die Hälfte. Das liegt weniger an der Schwierigkeit des Bergsteigens als an den Wetterbedingungen. Die meisten Gruppen mußten wegen anhaltend schlechten Wetters aufgeben. Der populärste Weg zum Gipfel ist der zur West Buttress. Man benötigt etwa 3 Wochen für die Tour, und beste körperliche Fitness ist Voraussetzung.

Die Parkverwaltung hat sieben ausgebildete und erfahrene Bergführer, die im Sommer die Gruppen auf den Berg leiten, aber natürlich kann es jeder auf eigene Faust versuchen. Die Parkverwaltung hält für Interessenten eine genaue hektographierte Wegbeschreibung und Kletteranleitung bereit. Anschrift hierfür: Talkeetna Ranger Station, 327-TP, Talkeetna AK 99676, Tel. 907/733-2231.

fast am Ende der Straße, die Outer Range mit den ältesten Gesteinsformationen in Alaska, gut sichtbar in den Wänden des Savage River Canyon, der Muldrow Gletscher, die Kantishna Hills, der Sanctuary River und die Grizzlies neben anderen Tierarten an der Fahrbahn, alles ist vom Bus aus zu sehen und zu genießen.

Im Park gibt es eine Reihe ausgedehnter Wanderpfade, die aber alle keine Schutzhütten zu bieten haben. Die Trails sind die einzigen Wege, die in die Landschaft und weg von den Massen führen. Trailbeschreibungen und -karten gibt es kostenlos bei der Parkverwaltung.

Unterkünfte

Insgesamt sechs Campgrounds hält die Parkverwaltung im Park bereit. Es sind die üblichen schlichten Plätze. Ein siebter Platz befindet sich abseits am Morino Loop Trail. Man darf bis zu 7 Tage im Park zelten.

„Denali Youth Hostel", liegt im Bahnhofsgelände. Es ist ein alter Eisenbahnzug, der zur Jugendherberge hergerichtet wurde. 10 US$, Nichtmitglieder 13 US$.

„Denali Bed and Breakfast", ab 55 US$, vermittelt 90-TP, Denali National Park AK 99755, Tel. 907/683-2258.

Ein Dutzend Lodges mit Räumen ab 65 US$ liegen im Park und werden vermittelt durch: Denali National Park Central Reservation, 200984-TP, Anchorage AK 99520, Tel. 907/274-5366 (kostenfrei: Tel. 1-800-344-8485).

Zwei Dutzend Lodges, Motels und Hotels liegen außerhalb des Parkes längs dem Parks Highway, ab 50 US$.

Am Bahnhof im Park liegt das „Denali National Park Hotel", ab 140 US$. 825-TP, W. 8th Avenue, Anchorage AK 99501, Tel. 907/276-7234.

Einkauf

Man bekommt alle Lebensmittel in Läden nahe dem Parkeingang angeboten.

Alaskas einsamer Westen

Eine fischreiche Bucht im Süden, die Bristol Bay, sammelt noch einige Häfen und kleine Siedlungen an ihren Küsten, aber dann wird es nach Norden hin einsamer. Es ist das Küstenland der Inuit, Indianer haben hier nie Fuß gefaßt. Und der Weiße Mann beschränkte sich auf die paar Orte, wo auch hier noch Gold zu finden war.

Nach Norden hin schließt an die Bristol Bay der balkonartige Vorsprung des Schwemmlandes der beiden großen Flüsse aus dem inneren Becken Alaskas an. Der Kuskokwim und der Yukon River haben in Millionen von Jahren ihre Geröll-, Gestein- und Schlammfracht hier abgeladen. Im Deltagebiet beider Flüsse dehnt sich Marschland aus — ein Vogelparadies. Nördlich davon schaufelt der Yukon seine Fracht in den Norton Sound, der nach Norden durch ein aufgefaltetes Gebirge, die Seward Peninsula, abgeschlossen wird. Hier liegt Nome und auf der anderen, nördlicheren Küste Kotzebue, jenseits des Kotzebue Sounds. Die Peninsula ist es, die im Verdacht steht, sich einst mit der nur 80 km entfernten Sowjetunion verbrüdert zu haben. Von der Landbrücke nach Asien blieben nur die Diomedes-Inseln in der Mitte der Bering Straße, die kleinen hüben, die großen Diomedes-Inseln drüben,

jenseits der Trennlinie zwischen zwei Kontinenten und zwei Ideologien.
Die Küstenzone nördlich der Aleuten, am Beringmeer und an der Beringstraße zieht wenige Besucher an. Tourismus gibt es hier nicht. Einige Kanuten nutzen die großen Flüsse zur Wasserwanderung bis an die Mündung. Daher sei hier kurz aufgelistet, wo man am Kuskokwim, am Yukon und am Kobuk River anlandet.

Dillingham (2100 Einwohner)

Info: *Dillingham Chamber of Commerce,* 348-TP, Dillingham AK 99576.
Der Hauptort der Fischereiaktivitäten an der Bristol Bay liegt im Norden der Bucht an der Mündung des Wood und des Nushagak River in die Nushagak Bay.
Die Stadt ist nur auf dem Luftwege erreichbar und hat fünfmal wöchentlich Linienflugverbindung mit Anchorage. Der Flughafen liegt 3 km westlich des Zentrums und wirkt übergroß. Dillingham ist eine russische Gründung. Baranof ließ hier den Handelsposten Alexandrowski um 1818 errichten. 1837 folgte die russisch-orthodoxe Mission. 1881 etablierte sich hier ein Standort der US-Armee, und schon 1884 begann die Fischindustrie mit der ersten Lachskonservenfabrik. Heute ist der Ort, 1904 nach dem ihn besuchenden US-Senator Dillingham benannt, Zentrum des Lachsfanges und der Verarbeitung der Fische in der Bucht.
Sehenswert ist das Dillingham Heritage Museum, das zusammen mit der Stadtbibliothek im Zentrum liegt. Es zeigt eine Sammlung zum Thema Inuitkultur.
Weite Teile der Ländereien an der Bristol Bay und am Iliamna Lake sind Eigentum der Native Cooperative. Die Inuit verlangen von jedem Landbenutzer, daß er sich ein Permit kauft, ehe er irgendwo sein Zelt aufschlägt oder seinen Campingbus über Nacht abstellt. Die Kosten sind mit 15 US$ so abschreckend hoch angesetzt, um Besucher dieser Art möglichst fern zu halten. Wer schon hierher kommt, soll wenigstens dafür zahlen.

Unterkünfte
„Bristol Inn", 330-TP, Dillingham AK 99576, Tel. 907/842-5218, ab 80 US$.
„Dillingham Hotel", 550-TP, Dillingham AK 99576, Tel. 907/842-5316, ab 80 US$.
Außerdem liegen rund um die Stadt zwei Dutzend Lodges, die für viel Geld Unterkunft und Führungen zu Angelplätzen anbieten.
In der Stadt gibt es alle Versorgungsmöglichkeiten und fünf Restaurants.

Bethel (4500 Einwohner)

Info: *Bethel Visitor Center,* 388-TP, Bethel AK 99559, Tel. 907/543-2798, im Zentrum im Yugtarvik Museum.
Die Stadt liegt am Nordufer des Kuskokwim River, noch 120 km vor seiner Mündung in die Beringsee. Sie begann als Handelsposten um 1870, der nach und nach die Inuit aus der Umgebung an sich zog. 1885 ließ sich hier die Mission der Moravia Kirche nieder. Nach ihr und einem Bibelvers nennt sich die Stadt. Sie entwickelte sich im Laufe der 100 Jahre ihres Bestehens zum Zentrum für die umliegenden 60 Inuit-Siedlungen mit etwa 20.000 Menschen, zu denen sich etwa 2000 Weiße — vorwiegend im staatlichen Auftrag — in der Stadt gesellen.
Bethel ist die größte Siedlung an der Küste. Sie hat einen Kai für Hochseefrach-

ter, deren Ladung hier auf Flußkähne umgeschlagen wird.
Sie ist nur per Flugzeug zu erreichen. Der moderne Flughafen, er ist der dritthäufigst angeflogene in Alaska, hat mehrfach täglich Linienflugverbindung mit Anchorage und liegt 4 km westlich vom Zentrum am Ende des State Highway.
Westlich der Stadt erstreckt sich das Yukon Delta Wildlife Refuge, 5 Millionen Hektar einer amphibischen Landschaft mit unzählbaren Vogelschwärmen, aber auch einem ungeheuren Fischreichtum. Zahlreiche Unternehmen in der Stadt veranstalten Bootstouren ins Delta.
Die Stadt ist einen Besuch wert, wenn man mit ursprünglicher Inuit-Kultur in der gemäßigten klimatischen Zone in Berührung kommen möchte. Bethel ist auf Tourismus eingestellt und gibt sich sehr gastfreundlich. Es sei aber darauf hingewiesen, daß es sich hier um eine der wenigen „trockenen" Oasen in Alaska handelt. Der Gemeinderat hat die Stadt zur alkoholfreien Zone erklärt. Selbst wer seinen eigenen Seelentröster mitbringt, macht sich strafbar!

i PRAKTISCHE INFORMATIONEN

Sehenswürdigkeiten
Sehenswert sind das Yugtarvik Museum im historischen Kilbuck Gebäude mit seiner ausgedehnten Sammlung an Relikten aus der Inuit-Zeit und moderner Inuit-Kunst.
Außerdem unterhält USDA Office des Fish and Wildlife Service ein Visitor Center mit Filmen und Schaustücken über die Tiere im Delta und die herkömmlichen Inuit-Jagdmethoden.

Unterkünfte
„Bethel Inn", Bethel AK 99559, Tel. 907/543-3204, ab 45 US$.
„Kuskokwim Inn", Bethel AK 99559, Tel. 907/543-2207, ab 55 US$.
„Village Inn", Bethel AK 99559, Tel. 907/543-2371, ab 50 US$.
„Delta Cottages", Bethel AK 99559, Tel. 907/543-2387, komplett eingerichtete Hütten ab 55 US$.
„Eneput Hostel", Bethel AK 99559, Tel. 907/543-3444, ab 50 US$, nur für weibliche Gäste. Daneben gibt es zwei Häuser mit „Bed and Breakfast" in der Stadt. 15 Restaurants, von der Pizzeria bis hin zum China-Restaurant, bieten ihre Speisen an. Der Besucher findet alle Versorgungsdienste vor.

Nunivak Island

Die Insel Nunivak Island vor dem Schwemmland des Yukon und des Kuskokwim River ist Bestandteil des Wildlife Refuges. Sie mißt 100 x 65 km und beherbergt die einzige domestizierte Rentier-Herde in Alaska. Die importierten Tiere werden wie in Lappland überwacht. Die Herde umfaßt heute etwa 3000 Tiere. Außerdem leben hier rund 400 Moschusochsen, die ebenfalls importiert wurden. Bären kommen nicht auf der Insel vor.
Die 200 Bewohner der Insel leben nach Altväterart von der Robbenjagd und verwerten neben Rentieren den jährlichen Moschusochsenabschuß. Im Herbst finden stets Jagdinteressierte aus allen Ländern hierher. Aber auch die Jäger mit der

Linse finden sich ein, obwohl es hier keine Tourismus-Organisation gibt. Die Einheimischen sind sehr hilfsbereit und um den Besucher bemüht. Die Insel ist „trocken", wer Bier o.ä. alkoholische Getränke mitbringt, macht sich strafbar!

Mekoryuk (180 Einwohner)
Mekoryuk ist der einzige Siedlungsort auf der Insel. Er liegt im Norden und hat keine Unterkünfte kommerzieller Art zu bieten. Die Einwohner nehmen Gäste bei sich auf oder bringen sie in der Schule unter. Die einzige Versorgungseinrichtung ist der örtliche Kaufladen.
Mekoryuk erreicht man mit dem Linienflug ab Bethel.
Wer einen Trip auf die Insel unternehmen möchte, muß sich vorher anmelden, damit er eine Unterkunft bekommt. Zelten ist natürlich überall auf der Insel möglich. Die meisten Besucher erscheinen zu zwei jährlichen Höhepunkten, dem Rentier Roundup im Juli und der Jagd auf Moschusochsen im Herbst.
Info: City of Mekoryuk, Box 29-TP, Mekoryuk AK 99630, Tel. 907/827-8314.

Nome

(4500 Einwohner, zu 60 % Eskimos)
Info: *Convention & Visitor Bureau,* Box 240, Nome AK 99762, Tel. 907/443-5535, Fax 907/443-5832. Das Office liegt Front Street Ecke Bering Street am Meer.
Die Stadt liegt an der Südküste der Seward Halbinsel, am Norton Sound.
1898 fanden hier einige Digger Gold am Snake River und gründeten den „Cape Nome Mining District". Es folgten die Funde am Anvil Creek und schließlich an der Sandküste vor dem heutigen Stadtzentrum. Eine Stadt schoß empor, und um 1900 strömten die Goldsucher den Yukon herunter und per Schiff von Seattle herauf. Ende 1900 lebten 20.000 Menschen hier. 1901 wurde die Siedlung zur selbständigen Stadt erhoben.
Als der Goldrausch verflogen war, blieb das Versorgungs- und Dienstleistungszentrum für die Halbinsel bestehen. Drei längere Straßen führen nach Norden, Osten und Westen ins Innere der Halbinsel, verbinden auf jeweils 130 km Strecke die verschiedenen Dörfer und verlassenen Goldcamps mit der Stadt.
Das Hauptereignis der Stadt ist das jährliche Iditarod-Rennen, ein Schlittenhunderennen, das von Anchorage heraufführt. Einen Monat lang wird gefeiert, mit allen nur denkbaren Veranstaltungen, bis die Läufer mit ihren Schlittenhundgespannen ins Ziel laufen. Und dann wird erst recht gefeiert.

i PRAKTISCHE INFORMATIONEN

Anreise
Nome Airport liegt 3 km westlich vom Zentrum und bietet tägliche Linienflugverbindung mit Anchorage.
Da von Nome aus die umliegenden Dörfer und Siedlungen mit dem Postflugzeug täglich angesteuert werden, bietet die Mitfluggelegenheit die Chance, in einem Rundflug die Region zu besichtigen. Die kurzen Zwischenstopps reichen zu keiner Kontaktaufnahme aus, aber die baumlose Landschaft zeigt ihre Reize offen her — und diese Art des Fliegens ist im Norden

allemal billiger als die teuren Charterflüge. Auskunft im Postamt.
Im übrigen ist Nome auf keinem anderen Weg zu erreichen.

Unterkünfte
„Bed and Breakfast-Unterkünfte", ab 40 US$, durch Visitor-Bureau.
„Polaris Hotel", 741-TP, Nome AK 99762, Tel. 907/443-2000, ab 40 US$.
„Nome Nugget Inn", 430-TP, Nome AK 99762, Tel. 907/443-2323, ab 85 US$.
„Ponderosa Inn", 125-TP, Nome AK 99762, Tel. 907/443-2368, ab 65 US$.
„Nanuaq Manor", 905-TP, Nome AK 99762, Tel. 907/443-5296, ab 85 US$.
„The Polar Arms", 880-TP, Nome AK 99762, Tel. 907/443-5191, ab 88 US$.
Obwohl sonst alle Versorgungsdienste reichlich vorhanden sind und die Stadt dem Alkoholgenuß keine Grenze setzt, gibt es nur sechs Restaurants und drei Schnellimbiß-Buden in der Stadt.

Kotzebue (3600 Einwohner)

Info: *City of Kotzebue,* 49-TP, Kotzebue AK 99752.
Die Stadt liegt im gleichnamigen Sound an der Nordspitze der Baldwin Halbinsel, durch den Hotham Inlet von der gegenüberliegenden Mündung des Noatak River getrennt, und der Kobuk River mündet 50 km westlich in diesen Fjord, genau oberhalb des Polarkreises. Die Stadt trägt ihren Namen nach einem der russischen Erkunder der Nordwest Passage. Als 1899 das Postamt in der schon seit Hunderten von Jahren besiedelten Ortschaft eingerichtet wurde, benannte man dieses nach der Lage an der Bucht. Die überwiegend aus Inuit bestehende Bevölkerung nennt den Ort noch immer Kikiktagruk.
Die Stadt ist lediglich eine Ansammlung von Inuit, die an diesem Versorgungsschwerpunkt ansässig wurden, der nur Schul- und Verwaltungszentrum für die Region ist. Etwa 10 Inuit-Dörfer rundum beherbergen weitere 6000 Einheimische. Die Stadt ist nur auf dem Luftwege erreichbar. Der Flughafen liegt am südlichen Ortsrand und hat täglich Linienflugverbindung via Nome nach Anchorage.
„Nullagvik Hotel", 336-TP, Kotzebue AK 99752, Tel. 907/442-3331, ab 85 US$, ist das einzige Hotel am Ort, der aber sonst alle Versorgungsdienste hat und auch vier Restaurants aufweist. Auch hier ist die Einfuhr und der Genuß alkoholhaltiger Getränke verboten und unter Strafe gestellt.

Zwischen Polarkreis und Eismeer

Nördlich des Porcupine River und des Polarkreises ragt ein durchgehender Gebirgszug gen Himmel und sperrt in der gesamten Breite das Innere Alaskas gegen den Norden und die Arktis ab. Das ist Ultima Thule, einsame äußerste Wildnis, die nur wenige Besucher anzieht. Etwa 8000 Inuit leben hier in den wenigen Siedlungen. Einige Erdölfirmen entsenden Zeitarbeiter hinauf an die Eismeerküste, wo ein weiteres Relikt des stürmischen Aufbruchsgeistes der 70er Jahre nicht sterben, aber auch nicht so recht leben kann: die Erdölgewinnung aus dem Eismeergrund. Sie ist die einzige Durchbrechung der Wildnis, ihre Lebensader zieht sich von der Nord Slope durch die Brooks Range nach Valdez. Die sie begleitende Straße ist der einzige Zugang nach Norden über den Yukon River hinauf. Der Dalton Highway ist nur zur Hälfte befahrbar, und die Wildnis bleibt unberührt.

Die Brooks Range westlich der Trans Alaska Pipeline ist bis zur Tschuktschensee ein durchgehend unter Naturschutz gestelltes Gebiet. Von Osten nach Westen erstrecken sich darin der „Gates of the Arctic National Park", der „Kobuk Valley National Park", die „Noatak National Preserve" und der „Cap Krusenstern National Park". Sie alle sind völlig unerschlossen, es gibt weder Tourismusangebote noch Pfade oder gar Hütten in der Wildnis. Und die nach Norden bis zum Eismeer sich anschließende weite Tundra der Barren Grounds ist auch nicht einladender ausgestattet. Baumlosigkeit, Permafrost, langanhaltender Winter sind die Stichworte für das Flachland nördlich der Brooks Range. Aber in den Sommerwochen und im immerwahrenden Licht der Mittsommertage erstreckt sich hier ein grünbunter Teppich aus Gräsern und Blüten, durchzogen von ungezählten Bächen, die alle nach Norden zum Eismeer streben. Wen der Zauber dieser Region einmal eingefangen hat, den läßt er selten wieder los. Und niemand sollte glauben, daß die harsche klimatische Lage die Tierwelt beeinträchtigt. Das Gegenteil ist der Fall. Ungestört tummelt sich die ganze Bandbreite der nordischen Tierwelt in den bewaldeten Gebirgstälern der Brooks Berge, in den Seen und Flüssen zappeln nicht weniger Forellen und Hechte, Äschen und nordische Verwandte wie Shee- und Whitefish, und aus der Beaufortsee steigen die arktischen Saiblinge jeden Bach hinauf, wenn der vierwöchige Sommertag angebrochen ist.

Wer das selbst einmal erleben möchte, muß intensive Vorbereitungen treffen und tief in die Tasche greifen, denn hier geht nichts mehr ohne ausgedehnte Hin- und Rückflüge. Es ist eine Expedition vorzubereiten, durchdacht und perfekt ausgestattet, dann ist der Aufenthalt dort oben ein Vergnügen, auch wenn es einmal für drei Tage schneit. Und auch ein eisiger Sturm läßt sich im gutgesicherten und geheizten Zelt mühelos aussitzen. Natürlich gibt es auch hier „Outfitter", die dem Touristen die Mühe abnehmen, die Ausrüstung stellen und ihn auf seiner Wanderung begleiten. Drei Ausgangsorte bieten sich an, weil sie für derartige Unternehmen optimale Voraussetzungen vorweisen können: Bettles, Anaktuvuk Pass und Barrow (→dort). Ein vierter, Kotzebue (→dort), wurde bereits genannt.

Von Deutschland aus veranstalten diverse Reisedienste eine Reihe von Touren in die arktischen Regionen: zu den Pribilofs, nach Nome, Kotzebue, Barrow und Prudhoe Bay.

Bettles (100 Einwohner)

Info: *City of Bettles,* Box 26023, Bettles AK 99726, Tel. 907/692-5191.

Die Siedlung liegt am Koyukuk River, Südufer der Middle Fork, und zu Füßen der Brooks Range, dem wildesten, ausgedehntesten und einsamsten Gebirgszug der Rocky Mountains in Alaska. Vom Dalton Highway ist sie nur 60 km entfernt. Im Sommer kann man ab Coldfoot per Kanu anreisen, im Winter führt eine Winterroad von Prospect Creek heran.

Die Siedlung begann als Handelsposten, gegründet von Wilfried Evans, zur Versorgung der Goldsuchercamps in der Umgebung. Bis Bettles konnten die Waren auf dem Fluß mit Dampfern herantransportiert werden. Benannt wurde der Posten nach dem Eigentümer Gordon C. Bettles, aber im Volksmund bekam der Ort den Namen des Gründers: Evansville.

1945 errichtete die US-Armee das Flugfeld, das nun tatsächlich „Evansville" getauft wurde. So besteht Bettles heute aus drei Ortsteilen: im Süden „Old Bettles", der Gründungsort! 10 km nördlich der Flughafen mit Servicediensten und weitere 2 km nördlich die Verwaltungsdienste.

Der Flughafen ist mittlerweile der zivile Verkehrsknoten zur Umwelt. Er hat täglich Linienflugverbindung zu Fairbanks, und täglich kommt das Postflugzeug, das ebenfalls Personen befördert. Beide Flüge transportieren auch alles Wichtige für die tägliche Versorgung.

Die überragende Bedeutung des Minidorfes, das sich zutreffend „Gate to the Arctic" nennt, liegt in seiner Funktion als Drehscheibe für Absprünge in die nördliche Gebirgswildnis, in der es zwei bewohnte „Oasen" gibt: Anaktuvuk Pass (180 km nördlich) und „Gates of the Arctic" (150 km nördlich), wo im gleichnamigen Nationalpark im Sommer ein Rangerposten besetzt ist. Und wer die mächtigen „Brüder" des Yukon River paddeln will, findet hier den Zugang zum Koyukuk und den Hinflug zum Noatak River. Wer solche Unternehmungen plant, sollte möglichst seine Lebensmittel mitbringen, weil diese vor Ort knapp und teuer sind!

i PRAKTISCHE INFORMATIONEN

Unterkunft

„Bettles Lodge", Box 27, Bettles AK 99726, Tel. 907/692-5111. 6 Zimmer und Herberge (15 US$) ab 60 US$. Mit Restaurant und Bar, Hüttenvermietung, Vermittlung von Buschtaxis, Bootsverleih.

„Arctic Roost Guest House", Box 15, Bettles AK 99726, Tel. 907/692-5738, ab 60 US$.

Unternehmungen

„Sourdough Outfitters", Box 90, Bettles AK 99726, Tel. 907/692-5252, organisieren jede nur denkbare Tour in die Wildnis, Hüttenvermietung.

„Brooks Range Aviation", Box 10, Bettles AK 99726, Tel. 907/692-5444, Fax 907/692-2185, bietet mit zwei Flugzeugen Flüge in die Berge an.

„Frontier Flying Service", 3820 University Ave., Fairbanks AK 99701, Tel. 907/474-0014, Fax 907/474-0774, fliegt nach und von Bettles alle denkbaren Buschtaxiflüge.

Anaktuvuk Pass (260 Einwohner)

Info: *City of Anaktuvuk Pass,* Box 21030, Anaktuvuk Pass AK 99721.

Die Siedlung Anaktuvuk Pass liegt genau auf der Wasserscheide in den Höhen der Brooks Range. Es handelt sich hierbei um die letzte Siedlung der Inland-Inuit. Die seit über 2000 Jahren in der Brooks Range überdauernden Nunamiut-Inuit sind nicht mit den Thule-Inuit an der Küste verwandt. Sie waren immer Karibujäger und haben daraus eine besondere Kultur entwickelt, die im örtlichen Museum nachvollzogen werden kann. Der Ort liegt auf dem Paß, der ein alter Karibu-Wanderweg ist, war aber zeitweilig aufgegeben.

Die Siedlung hat weder ein Hotel noch ein Restaurant, es ist ein Ort mit selbstbestimmter Prohibition. Also ist das Mitbringen von Bier u.ä. mit Strafe bedroht! Für den Zugang zur Brooks Range bietet er sich nur an, weil er einen Lebensmittel- und Kramladen hat, einen Rangerposten aufweist und bereits im Gebirge liegt. Von hier aus sind viele Wanderungen in die Wildnis möglich, die man aber mit dem Ranger absprechen muß. Outfitter gibt es nicht, Charterflüge sind nicht möglich, Tourenbegleiter kann man über den Supermarkt aus der Inuit-Cooperative vermittelt bekommen. Auch die Ranger vermitteln Führer.

Anreise
Der Ort hat einen Landestreifen, der im Linienflug von Fairbanks aus angeflogen wird.
Außerdem besteht täglich Flugverbindung durch das Postflugzeug, das ebenfalls Passagiere mitnimmt.

Unterkunft
bietet nur der Campground der Parkverwaltung im Dorf; einfach; Preis 5 US$; der Parkranger ist zuständig für den Platz.

Info
Superintendent Gates of the Arctic National Park and Preserve, Box 74680-TP, Fairbanks AK 99707.

Barrow (3100 Einwohner)
Info: *Barrow Convention and Visitors Assoc.*, Box 1060-TP, Barrow AK 99723, Tel. 907/852-8687.
Die Stadt Barrow liegt an der Nordspitze des Kontinents, die Point Barrow genannt wird. Diese wird von der Tschuktschensee auf der einen und dem Eismeer auf der anderen Seite, gemeinhin als Beaufortsee bekannt, eingegrenzt.

Der Ort hat als Inuit-Siedlung eine uralte Tradition. Seinen Aufschwung nahm er durch den Walfang und die Walfangstationen, die im vorigen Jahrhundert hier entstanden. Die fast ganz von Inuit besiedelte Stadt ist das Verwaltungs- und Schulzentrum der arktischen Region von Alaska.
Die Inuit leben auch hier in der Stadt noch ihren traditionellen Lebensstil, obgleich so mancher als Arbeiter der Erdölfirmen tätig ist.
Der Besucher findet alle Versorgungseinrichtungen vor. Sieben Restaurants sorgen für das leibliche Wohl. Ein Dutzend Outfitter bieten sich mit Charterflugzeugen und -booten zu Führungen auf die See und in die Berge an. Eigentlicher Anziehungspunkt für Outdoorsunternehmungen ist aber die endlose sommerliche Taiga, eine der trockensten Landschaften der Welt, mit weniger Niederschlag als die Sahara durchschnittlich aufweist — und dennoch im dreimonatigen Sommertag eine einzige grüne Wiese, über Fluß- und Seensysteme überall zugänglich. Der Ort selbst liegt malerisch unmittelbar an der Küste um einen mächtigen See, die Isatkoak Lagune, gruppiert. Im Zentrum sind eine Reihe von Sehenswürdigkeiten jeweils nach beiden Seiten der Lagune orientiert, so daß man ohnehin zum Rundgang gezwungen wird. Neben anderen Anstrengungen um die Besucher bietet das Visitor Information Center Pläne für Rundwanderungen an, die zu allen historisch interessanten Punkten hinleiten.

Anreise
Der Airport liegt direkt südostwärts vom Zentrum und hat täglich Linienflugverbindung mit Anchorage via Fairbanks.

Es gibt keine andere Anreisemöglichkeit.

Unterkünfte

„UIC-Narl Hotel", Pouch UIC-Narl-TP, Barrow AK 99723, Tel. 907/852-7800, ab 75 US$.

„Top of the World Hotel", Box 189-TP, Barrow AK 99723, Tel. 907/852-3900, ab 85 US$.

„Barrow Airport Inn", Box 933-TP, Barrow AK 99723, Tel. 907/852-2525, ab 90 US$.

Dalton Highway

Der 670 km lange Dalton Highway ist neben dem Dempster Highway in Kanada die zweite Straße, die bis zum Eismeer führt. Sie ist jedoch nicht durchgehend für den privaten Verkehr freigegeben. Noch endet dieser nach 340 km am Disaster Creek. Um das letzte Stück wird noch gestritten. Es gibt im Parlament Bestrebungen, auch diesen Teil der Straße zu öffnen. Der Bau dieser Road begann im Frühjahr 1974 als Versorgungs- und Baustraße für die Erdölpipeline, die das Erdöl aus dem Eismeer durch ganz Alaska nach Süden zum eisfreien Hafen Valdez bringt. Von dort aus wird es in die Lower Fortyeight mit Tankern weiterbefördert. Obwohl also die Strecke bis zum Disaster Creek nur hin und wieder zurückbefahren werden kann, lockt sie wegen ihres Zuganges zum Yukon und Koyukuk River, der wundervollen und einsamen Landschaft sowie des ungestörten Tierlebens manchen Besucher an. Die Jagd am Highway ist generell verboten! Geländefahrzeuge sind nicht zugelassen. Die Geschwindigkeit ist auf 45 m/h begrenzt, also etwa 75 km/h.

Startpunkt ist die Abzweigung vom Elliott Highway, Alaska Route Nr. 2.

Bei km 4: Fahrbahn überquert die Pipeline.

Bei km 9: Seitenstraße zur Pipeline. Es folgen noch eine ganze Reihe, die aber nicht benutzt werden dürfen.

Bei km 38: Hess Creek Bridge mit einfachem staatlichen Campground. Es ist kostenfrei benutzbar.

Bei km 66: Herrlicher Rundblick über das unbewohnte Land ringsum.

Bei km 77: Fahrbahn senkt sich von den Höhen hinab ins Yukon Tal.

Bei km 82: Abzweigung einer schlechten Seitenstraße, die ebenfalls zum Yukon führt und nach 8 km am Ufer unten endet. Benutzung erlaubt.

Bei km 90: Yukon River Bridge, die 700 m lange Brücke wird von der Pipeline rechts flankiert.

Bei km 91: Hinter der Yukon Brücke Tankstelle, Reparaturdienst und Restaurant. Einfacher Campground rechts vom Highway.

„Yukon Ventures Motel", Mile 56, Dalton Highway, Tel. 907/452-0218, ab 50 US$.

Bei km 101: Straßenbaucamp, nur Notfalltelefon.

Bei km 114: Raststreifen am Ufer des Ray River. Angeln empfohlen.

Bei km 120: Raststreifen beiderseits der Fahrbahn. Die nun tüchtig ansteigende Fahrbahn klimmt über die Baumgrenze hinauf.

Bei km 155: Baumgrenze für 8 km erreicht.

Bei km 160: Raststreifen am Finger Rock, einem durch Erosion gestalteten Felsen. Die Fahrbahn senkt sich nach Norden, mit großartiger Aussicht voraus, auf die Berge der Brooks Range.

Bei km 172: Kanuti River mit Raststreifen.

Bei km 174: Straßenbaucamp, nur Notfalltelefon.
Bei km 185: Fish Creek mit Raststreifen.
Bei km 186: Arctic Circle. Einfacher staatlicher Campingplatz.
Bei km 198: Raststreifen am South Bonanza Creek.
Bei km 201: Raststreifen am North Fork Bonanza Creek.
Bei km 222: Straßenbaucamp, nur Notfalltelefon.
Bei km 234: Brooks Range voraus. Die Straße steigt nun in ständigem Auf und Ab bei der Querung der Bach- und Flußtäler immer höher und folgt dem Koyukuk Flußtal hinauf in die Berge. Von den Höhen öffnet sich immer wieder ein weiter Blick über die Gebirgswelt.
Bei km 252: South Fork des Koyukuk River. An diesem Fluß liegen die Siedlungen Bettles, Allakaket, Hughes und Huslia. Bei Koyukuk mündet er in den Yukon River. Er führt diesem die Wasser der Brooks Range zu und ist ein interessanter Wasserlauf für Kanutouren.
Bei km 279: Siedlung Coldfoot, ein altes Goldschürferdorf. Hier am Koyukuk River wurde ab 1900 Gold gewaschen. Übrig blieb der alte Friedhof des Miningcamps. „Coldfoot Services Motel“, Coldfoot AK 99701, Tel. 907/678-9301. Ab 60 US$. Restaurant, Tankstelle, Reparaturdienst. Lebensmittelladen und Postamt. Posten der State Trooper und Office der Jagdbehörde (Angellizenzen!).
Bei km 288: Staatlicher Campground, einfach.
Bei km 298: Raststreifen am Koyukuk River. Gegenüber am anderen Ufer befinden sich die Blockhäuser der alten Goldsuchersiedlung Wiseman von 1910. Einige sind noch heute bewohnt. Betreten der Siedlung unerwünscht. Keine Versorgungsdienste.
Bei km 301: Raststreifen am Koyukuk River. Die meisten der rundum sichtbaren Gipfel sind namenlos. Man befindet sich hier bereits mitten in der Brooks Range. Links der Fahrbahn liegt der „Gates of the Arctic National Park and Preserve“, der die gesamte Brooks Range links der Straße bis nach Kotzebue an der Tschuktschensee umfaßt.
Bei km 315: Blockhaus auf der linken Seite der Straße stammt von 1910, aus der Zeit des Goldfundes in Wiseman.
Bei km 325: Raststreifen mit Fußpfad zum Sukakpak Mountain. Die sichtbaren Erdaufwölbungen sind Palsas, Erdanhebungen durch Permafrost und Eis.
Bei km 336: Straßenbaucamp, nur Notfalltelefon.
Bei km 340: Disaster Creek mit Kontrollstation. Wer weiter nach Norden will, muß eine Erlaubnis haben. Der Permit wird nur in begründeten Fällen ausgestellt. Am Ende der Straße, noch 330 km weiter nördlich, liegt das Eismeer.

Prudhoe Bay (3000 Einwohner)
Die Siedlung besteht nur aus Bau- und Versorgungscamps der Erdölindustrie, der dieser Ort auch seine Entstehung verdankt.
Zwar ist die Fahrt über den Highway für Privatpersonen nicht möglich, aber zweimal wöchentlich wird der Ort von Anchorage aus mit Zwischenlandung in Fairbanks angeflogen.
Im Ort gibt es aber nur Privatstraßen, Benutzung für Besucher aus Sicherheitsgründen verboten. Bleibt nur noch der Supermarkt zu erwähnen und das Hotel mit Zimmerpreisen ab 90 US$. Da alles per

Schiff aus Seattle, WA, herangeschafft wird, sind die Preise im Supermarkt tatsächlich auch super. Im übrigen hat der Ort den Besuchern kaum etwas zu bieten. Selbst das Hafengelände ist nicht zugänglich. Es ist eine reine Zweckeinrichtung für Mitarbeiter der Erdölfirmen und deren Zubringerdienste.

Flußtour Kobuk River

Info: *National Park Service,* Box 1029, Kotzebue AK 99752, und: City of Kobuk, Box 20, Kobuk AK 99751.

Der 560 km lange Fluß ist ein sehr beliebter Kanuwanderweg. Er führt durch ein weites Tal mit üppigem Baumbestand und großartiger Sicht auf die beiden Gebirgszüge, im Norden die Baird Mountains und die Schwatka Mountains, im Süden die mehr mittelgebirgige Zone und die Waring Mountains.

Der Zugang aus Bettles per Charterflug dürfte die günstigste Anreisemöglichkeit zum mächtigen Walker Lake sein, dem schönsten Startpunkt am Oberlauf, der im Gates of the Arctic National Park liegt. Im gebirgigen Anfang der Strecke folgen zwei Stromschnellen, die man befahren kann, aber die man sich unbedingt vorher ansehen muß. Umtragen ist kein Problem. Die folgenden beiden Canyons sind normales Wasser, Stufe 1, und dann folgt das offene Tal bis zum Hotham Inlet. Der Wanderer wird hier mit Sicherheit im Sommer auf Inuit stoßen. Sie benutzen den Fluß noch immer, um im Sommerlager Fischfang und Karibujagd zu betreiben. Nach etwa 200 km flußabwärts vom Walker Lake trifft man auf die erste Siedlung der Inuit, die ständig bewohnt ist. Die etwa 100 Einwohner von Kobuk, am Nordufer, verfügen über Kaufladen, Krankenstation, Postamt und Flugplatz mit wöchentlich zweimal Linienflugverbindung mit Kotzebue. Außerdem fliegt das Postflugzeug von Kotzebue täglich den Ort an. Nur 5 km entfernt, im Vorgebirge, ist eine Jademine, die man besuchen kann. Man darf im Sommer dort im Bunkhouse übernachten, braucht aber einen Schlafsack. Im Dorf bietet das „Hotel Kobuk" Unterkunft (25 US$).

Nur weitere 20 km flußabwärts gelangt man zur größeren Inuit-Siedlung **Shungnak** mit 230 Einwohnern. Hier befindet sich neben dem Supermarkt auch ein Polizeiposten, der Landestreifen wird von demselben Linienverkehr ab Kotzebue angeflogen wie o.a. Unterkunft bietet hier das „Commack Roadhouse", das auch über ein Restaurant verfügt (30 US$).

60 km flußabwärts gelangt man zur Onion Portage, einem alten Karibu-Übergang, den die Herde noch heute benutzt — und die Inuit legen sich hier zur Jagd auf die Lauer. An diesem Ort liegen Ausgrabungsstätten, die den Nachweis einer vieltausendjährigen Besiedlung erbrachten.

Etwa 20 km vorher passiert man den von Norden her zufließenden Ambler River, an dessen Ufern liegt nördlich des Kobuk die Siedlung **Ambler** mit 75 Einwohnern. Auch hier ist die notwendige Versorgung gesichert, Unterkunft gewährt die „Kobuk River Lodge". Auch hier gibt es Linienfluganschluß nach Kotzebue. Etwa 15 km flußabwärts von Ambler River gelangt man in den zweiten Nationalpark am Kobuk, den nach ihm benannten. Gleich 5 km hinter der Parkgrenze stößt man auf die erwähnte Onion Portage der Karibus. Und nach ca. weiteren 20 km gelangt man im wahrsten Sinne des Wortes in die Wüste. Die Great Kobuk Sand Dunes beidseits des Flusses sind Sandwüste innerhalb der Grünzone, die Sandstrände laden zum Baden ein, obgleich das Wasser hier auch im Sommer kalt ist.

90 km flußabwärts von den Dünen liegt **Kiana** am Nordufer, eine Siedlung von 400 Inuit. Nach Kotzebue gelangt man von hier mit dem Postflugzeug, täglich, oder zweimal wöchentlich per Linienflug. Im Ort gibt es einen Supermarkt, aber weder Unterkunft noch Restaurant. Daneben ist der Ort aber moderner Mittelpunkt der Behörden für die Region am Kobuk mit Gemeindeverwaltung, Polizeiposten, Klinik. Der Ort liegt bereits außerhalb des Nationalparkes. Auf dem weiteren Weg nach Kotzebue eröffnet er einen bequemen Ausweg: Wer zu müde ist, die restlichen 90 km zu paddeln, denn das muß man von jetzt an, weil das Wasser kaum noch fließt, kann im „Hafen" an Bord einer Barge gehen. Flußschiffe versorgen den Ort im Sommer mit Waren — aber zu unregelmäßigen Zeiten, ein Fahrplan liegt nicht vor. Und Personenverkehr ist nicht vorgesehen, es gibt also keine Kabine, nur Deckplätze.

Weitere 20 km flußabwärts trifft man auf die letzte Siedlung am Fluß, **Noorvik,** mit 520 Einwohnern. Sie liegt bereits im Mündungsdelta, am Nordufer des Nazuruk Channel. Es gibt die üblichen Versorgungsmöglichkeiten einer solchen Siedlung. Unterkunft und Restaurant gibt es im „Morris Hotel". Es besteht dieselbe Fluganbindung wie bei den anderen Orten. Nach 30 km, an der Mündung des Flusses, gelangt man in den Hotham Inlet. Es empfiehlt sich, diesen an der Engstelle vor dem südlichsten Mündungskanal im Delta zu überqueren und dann am Westufer der Baldwin Halbinsel nach Kotzebue zu paddeln. Das sind weitere 100 km Muskeltraining, aber unerläßlich. Nur lebensmüde Kanuten fahren vom Nordkanal aus die kurze Route mit 30 km offener Wasserfläche über den Inlet. Hier befindet man sich wieder in der gemäßigten Meeresklimazone mit Wind und Regenfällen.

Karten 1 : 250.000 = Kotzebue, Selawik, Baird MTS, Ambler River, Shungnak, Hughes und Survey Pass. Karten im Maßstab 1 : 63.360 gibt es für den Oberlauf noch nicht, nur Shungnak D 2 — D 4 (drei Blatt) und ein Blatt Ambler River A 4. Der Rest ist Unterlauf, und da genügen die o.a. Karten, obgleich der Maßstab 1 : 63.360 verfügbar ist.

Flußtour Noatak River

Ein anderer alter Wanderweg der Inuit war seit vielen tausend Jahren der Noatak. Er ist wirklich ein einsamer Wildnisfluß, die einzige Inuit-Siedlung Noatak liegt am Ende des Weges, da wo das Delta beginnt. Im Herzen der Brooks Range, in den Gletschern der Schwatka Mountains, macht sich der Fluß auf den Weg nach Westen. Nach etwa zwei Dritteln seines Laufes durch die nach ihm benannte Schutzzone der Noatak National Preserve überlegt er es sich anders, wendet sich nach Süden und fließt als gemächlicher Strom, vielfach durch Kiesinseln aufgefächert, seinem Mündungsdelta zu und erreicht nach 680 km langer Reise gegenüber Kotzebue den Sound. Auch hier fliegt man am besten per Charter von Bettles her ein, das ist um 150 km kürzer (und billiger) als von Barrow. Startpunkt ist einer der zahlreichen landefähigen Seen am Oberlauf. In der wundervollen Szenerie der Gebirge, am Oberlauf in der Noatak National Preserve, rauscht das schönste Stück der Flußstrecke. Die Schwierigkeiten der rund 15 Stromschnellen im Park halten sich in Grenzen, Wildwasser sind — je nach Wasserstand — alle befahrbar. Da man sie sich ohnehin vorher ansehen muß, kann man von Fall zu Fall entscheiden, ob man fahren oder umtragen will. Der einzige Canyon ist ohnehin befahrbar, das erleichtert die Sache. Die steilen Wände zwängen den jungen Fluß zwar ein, bergen aber keine großen Schwierigkeiten. Es kommt darauf an, sich im nicht übermäßig raschen Wasser von den seitlichen Schwällen freizuhalten, also die Biegungen innen zu fahren.

Was dann folgt, ist bequemes Wasserwandern. Der Fluß wird nach und nach zum Strom, dem die von Norden einmündenden Nebenflüsse beträchtlich Wasser zuführen. Das mächtige Urstromtal mit Tundra und dann borealem Forst läßt immer wieder herrliche Ausblicke auf die umgebenden Gebirgszüge zu. Hier kann man Einsamkeit bewußt erleben. Die fast unberührte Urlandschaft teilt man nur mit den Tieren des Nordens, vor allem Flugwild trifft man in jedem Flußarm, geruhsames Angeln in der Strömung auf Äschen und Whitefish, die taghellen „Nächte" und der ewige Sonnenschein zaubern unwirkliche Stimmungen herauf. Auf der Fahrt im Unterlauf gibt es nur zwei Dinge, die man beachten muß: Die haushohen unterspülten Kiesbänke der Steilufer meiden — und dennoch den richtigen Flußarm finden. In den seeartigen Erweiterungen sollte man sich immer nahe einem Ufer voranbewegen. Offene Flächen meidet der Kanute wegen der Gefahren durch Wind und Wellen. Ist genug Strömung vorhanden, binde man lieber einen grünen Stamm von 1,50 m quer vor das Boot und lasse sich ziehen, das bringt mehr, als gegen den Wind anzupaddeln.

Am Beginn des Mündungsdeltas am Westufer liegt **Noatak** mit 360 Einwohnern. Von hier aus sind es noch 90 km bis Kotzebue. Entweder man gibt hier auf und fliegt aus — oder man muß die letzten 90 km paddeln.

Der Ort hat nur einen Supermarkt anzubieten, das ist alles an Versorgungsmöglichkeit. Die vielleicht nötige Unterkunft kann man in der Schule organisieren.

Da der Ort im Sommer per Frachtschute mit Waren versorgt wird, besteht die Möglichkeit, als Deckspassagier mit nach Kotzebue zurückzufahren.

Und: Noatak ist auch ein trockener Ort, wer Bier oder sonstige Spirituosen mit sich führt, muß sie vorher austrinken. Die Einfuhr in die Gemeinde ist auch im Falle der Absicht, nur sich selbst zu versorgen, strafbar!

Am Ende der Flußfahrt durch das Mündungsdelta sollte man den Hotham Inlet zum gegenüberliegenden Kotzebue nur bei stiller See und schönem Wetter mit klarer Sicht an der ostwärtigen Engstelle von etwa 20 km queren. Karten 1: 250.000 = Kotzebue, Noatak, Baird MTS, Misheguk, Howard Pass, Ambler River. Karten 1 : 63.360 gibt es erst für Baird MTS, Blatt D 3 bis D 6 (Vier Karten) für Misheguk MTN die beiden Blätter A 4 und A 5. Sonst

Ein unvergleichliches Abenteuer: die unberührte Wildnis des Nahanni Nationalparks (NWT)
Knallrot sind ihre Uniformen und knallhart ist ihre Ausbildung: die RCMP (Royal Canadian Mounted Police)

Bequemer geht´s nicht! Reise mit der Eisenbahn durch die atemberaubende Landschaft Kanadas
Hier kann man ungestört genießen: Ruhepause mit Blick auf die wunderschönen Alexandra-Fälle (NWT)

ist der Oberlauf nur in 1 : 250.000 zu haben. Für den Unterlauf sind alle Karten verfügbar, aber da genügen die im Maßstab 1 : 250.000 völlig.

Diomedes Inseln

Info: *City of Diomede,* General Delivery, Diomede AK 99762.

Die oftmals auch in westlichen Medien genannten Diomedes Inseln haben nur dadurch Beachtung verdient, daß hier ein weiteres kleines Stückchen des Eisernen Vorhanges wehte. Die kleine Diomedes Insel liegt mitten in der engen Beringstraße, 210 km nordwestlich von Nome. Sie gehört zu Alaska. Eine enge Meeresstraße von nur 4 km trennt sie von der großen Diomedes Insel — und die ist russischer Militärstützpunkt. Die beiden Inseln, Überbleibsel der einstigen Landbrücke von Asien nach Nordamerika, über die wohl alle Indianer- und Inuitvorfahren herüberkamen, waren immer besiedelt. Als am 16. August 1728 Kapitän Vitus Bering sie für unsere Landkarte entdeckte, traf er die Vorfahren der heutigen Inuit-Bewohner an. Und da Bering im Auftrage des Zarenhofes in Petersburg unterwegs war, besiegelte er unwissend das Schicksal der Inuit der großen Diomedes Insel. Sie fiel bei der Grenzziehung an Rußland, und die Sowjets räumten nach dem Weltkrieg die Inuit von ihrer Insel, transportierten sie nach Sibirien und verwandelten ihre Felsen in eine schwerbewaffnete Horchanlage. Die Inuit in Alaska hörten nie wieder von diesen Verwandten.

Die einzige Siedlung auf Diomedes trägt den Namen ihrer Insel und hat knapp 200 Einwohner. Der Name stammt auch von Bering. Viele Entdecker scheinen als einzige Lektüre den Heiligenkalender an Bord gehabt zu haben, und so erging es Diomedes wie z.B. den St. Elias Mountains am Golf von Alaska: der jeweilige Tagesheilige gab den neuen Namen her, in unserem Fall St. Diomedes.

Diomede und die Insel können jederzeit besucht werden. Einzige Flugverbindung ist das Postflugzeug von Nome, aber auch das startet nur, wenn die Insel gerade sichtbar ist. Das Klima schlägt hier einige Kapriolen. Im Winter ist es ordentlich kalt, Schnee fällt durchschnittlich einen Meter, und bei 30 °C unter Null im Wind ist es hier nicht sehr angenehm — aber dann ist immer gutes Flugwetter. Im Frühjahr schlägt das maritime Klima durch, aber es dauert bis Ende Juni, ehe sich erweist, daß aus dem zweimonatigen Nebelgewaber ein Sommer geboren wurde. Dann

Alaska-Tip: Besuch in der Geisterstadt
Im Wrangell-St. Elias Park (→dort) liegt der kleine Ort *Kennicott,* die größte Geisterstadt der Welt — und eines der sehenswertesten Kulturdenkmäler der USA. Die Minenstadt wurde 1938 verlassen, fluchtartig meint man, sieht man die hinterlassenen Zeugnisse des Aufbruchs. Wo einst Eisenbahnwaggons fuhren, wächst heute Gras auf den Schienen. Transportbänder liegen verwaist, ebenso die imposante Gesteinsmühle. Häuser wurden in aller Eile verlassen, Familien rafften ihr Hab und Gut zusammen, nachdem Kupferfunde in Afrika den Preis des Erzes auf dem Weltmarkt rekordartig purzeln ließen. Rund 40 Gebäude warten auf den Besucher — eines der interessantesten Zeugnisse der Geschichte Alaskas!

folgt der polare Dauersonnentag, und die empfohlene Reisezeit ist August. In Diomede gibt es nur den Kaufladen für alles, keine Hotels oder Restaurants. Das Mitbringen von alkoholhaltigen Getränken ist hier ebenfalls unter Strafe gestellt. Unterkunft findet man durch Vermittlung der Gemeindeverwaltung entweder bei Einheimischen oder im Schulhaus. Wie alle Kleingemeinden mit Schulgebäude in Alaskas Außenposten hält man dort zwei Räume für Besucher der übergeordneten Verwaltung bereit, die man von der Gemeinde mieten kann — sofern kein VIP aus den Behörden angesagt ist. Das Arrangement muß also vorab getroffen werden, Postanschrift →oben. Die Einheimischen sind im übrigen sehr hilfsbereit und Besucher herzlich willkommen. Man kann an Jagdzügen teilhaben, Boote mieten usw.

Die Northwest Territories

Größe: 3.376.698 qkm, etwa 13mal so groß wie die Bundesrepublik Deutschland.
Einwohnerzahl: 51.000, zu etwa je einem Drittel Inuit, Indianer und Weiße (Meti).
Hauptstadt, Verwaltungs- und Versorgungszentrum ist Yellowknife, am gleichnamigen Fluß, 12.000 Einwohner.

Geographie

Die heutigen Northwest Territories, kurz NWT genannt, umfassen die Landschaft zwischen dem 60. Breitengrad und dem ewigen Eis im Norden sowie zwischen den Mackenzie Mountains im Westen und der Hudson Bay im Osten. Außerdem zählen sämtliche nördlichen Inseln, in der Hudson, James und Ungava Bay dazu. Im hohen Norden bildet die schmale Meeresstraße (am engsten Punkt gut 300 km) zu Grönland die Begrenzung. Insgesamt eine Ausdehnung von 4300 km in Ost-Westrichtung und rund 3000 km in Nord-Südausdehnung. In den Eiszeiten bis zuletzt vor rund 10.000 Jahren lag das gesamte Gebiet unter einer ähnlichen Eismasse wie heute noch Grönland. Die Gletscher gestalteten die Landschaft, ebneten ein und hobelten weg, was vom Gebirge des kanadischen Schildes noch aufragte. Als das Eis endgültig gewichen war, blieb ein weites, flaches und welliges Becken knapp über Meeresniveau zurück, das nur an den Rändern, insbesondere den Inseln im Nordosten, von Gebirgszügen alpinen Zuschnitts bis knapp unter 3000 m Höhe umgeben ist.

Zwei mächtige Seen stechen im Becken hervor: 1 Great Slave und *Great Bear Lake,* ersterer mit über 600 m Tiefe und der andere mit 31.400 qkm Ausdehnung. Zwei ertrunkene Gebirgstäler, zwei Binnenmeere, jedes 50mal so groß wie der Bodensee! Der Rest der Fläche ist von niederen Bergen und Moränenhügeln durchzogen, die ungezählte Zehntausende von Seen gefangen halten und ebenso vielen Bächen und Flüssen den Weg weisen, der aus der endlosen Weite der Waldregion nach Norden in die Tundra und letztlich immer ins Eismeer führt. Seit dem Wegschmelzen der Eismassen ist auch hier eine allmähliche und anhaltende Landhebung zu beobachten, die im Nordosten schon um 200 m ausmacht.

Die Felsengebirge der Inselwelt im Polarmeer sind zwischen 2000 m und unter 3000 m hoch und bergen nur busch- und baumlose Schluchten. Die Vegetation ist auf Bodenbedecker beschränkt, die in manchen ausgedehnten Niederungen selbst Großtieren wie Karibus und Moschusochsen ein auskömmliches Dasein ermöglichen, überwiegend aber Brutstätte und Sommersitze von Millionen Zugvögeln sind, was wieder den zahlreichen gefiederten und vierfüßigen Räubern zum Überleben hilft.

Nach Süden und der Mitte des großen Beckens zu ist vorherrschend offene Taiga und übersichtliche Tundra, gemeinhin mit „Barren Grounds" umschrieben, anzutreffen, obwohl sie keineswegs so „barren", also unfruchtbar oder öd sind. Im Osten zieht sich die Baumgrenze sogar in einer schrägen Linie vom Südende des

Great Bear Lake bis an die Grenze von Manitoba hinab. Dafür ist das westliche Viertel des Landes und längs des Mackenzie Tales bis hinauf zum Eismeer dicht bewaldet. Die Winter in den offenen Ebenen der Barren Grounds sind hart. Zwar fällt nur wenig Schnee, doch die Durchschnittstemperaturen im Januar liegen um -30 °C. Aber gerade dies hält die Region am Leben und macht sie bewohnbar, so unglaublich das auch klingt. Der sehr geringe jährliche Gesamtniederschlag wird konserviert, Permafrost hält große Wassermassen gebunden und selbst im Hochsommer zurück, sonst gäbe es hier nur Wüste, eine weitere Sahara.

Im Sommer entschädigen drei Monate Dauertag mit Sonnenschein reichlich für die harten Wintermonate. Die dauernde Helle und der offene weite Raum nördlich der Baumgrenze sind es, was immer mehr Besucher anlockt und so den Inuit an der Küste und auf den Inseln im Polarmeer wie auch den Indianern im Busch- und Baumland des Innern eine zusätzliche Einkommensmöglichkeit eröffnet. Die Tourismusangebote kommen in den NWT weitgehend aus der Hand von Native Cooperativen, die den Besuchern nicht nur als Führer für Wander-, Angel- oder Jagdtouren zur Verfügung stehen, sondern auch die Hotels und Supermärkte unterhalten.

Im übrigen birgt auch hier der Boden mächtige Edelmetall-, Erz- und Mineralienvorkommen, die aber nur in Ausnahmefällen zu wirtschaftlichen Bedingungen abzubauen sind. Viele frühere Erzminen liegen heute still. Nur Uran, das am Great Bear Lake in großem Maße abgebaut wird, lohnt — noch — den industriellen Einsatz. Daneben sind fast nur noch Edelmetall-Bergwerke tätig. Die einstmalige Euphorie einer raschen Erschließung von Kanadas Norden über den Abbau der unbegrenzt auffindbaren Erzvorkommen ist längst geschwunden. Selbst Erdöl, am Mackenzie River schon seit 1920 gefördert und von Mackenzie schon bei seiner Reise 1779 aufgefunden, lohnt den Einsatz nicht mehr. Die Behörden und die Einwohner der NWT setzen ihre Hoffnungen auf den Tourismus als der wichtigsten und zuverlässig zu erschließenden Zukunftsindustrie. Woher man sich die Besucher erhofft, kommt indirekt aber deutlich zum Ausdruck, wenn die amtliche Informationsbroschüre erläutert, die NWT seien 13mal so groß wie „West Germany“ oder der Wood Buffalo National Park allein größer als „Switzerland“!

Am Eismeer Urlaub machen?

Es gibt tatsächlich für Europäer vielfältige Gründe, gerade in den teuren und abgelegenen hohen Norden zu reisen bzw. zu fliegen, denn ohne Flug kommt man dort nicht hin. Die ferne arktische Region mit ihrer ebenso einmalig unberührten Lage wie auch rauhen Natur ist hier einigermaßen zugänglich. Im Sommer sichert die Mitternachtssonne einen drei Monate währenden Tag. Die ausbleibende Nacht macht Outdoorserlebnisse möglich, wie sonst nirgends auf der Erde. Der Ruf des Landes als der „Last Frontier“, der letzten Grenze der Zivilisation, an der die Natur — noch — im Urzustand zu finden ist, besteht zu Recht. Und nicht zuletzt die hervorragenden Fisch- und Jagdgründe an den ungezählten Gewässern (hier in den NWT liegen 10 % des Weltfrischwasser-

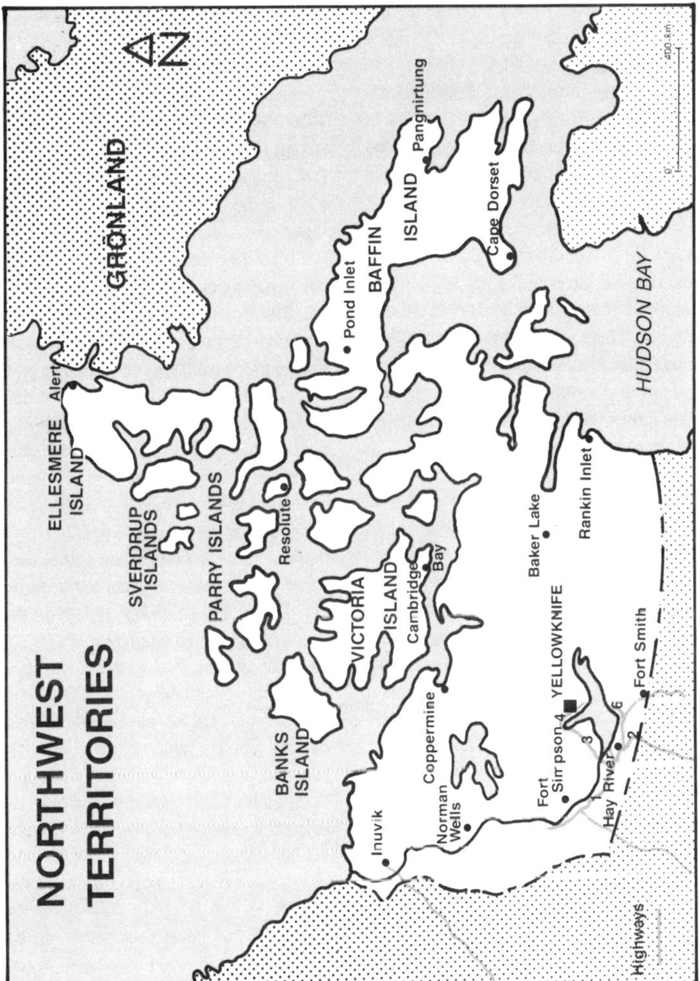
NORTHWEST
TERRITORIES
GRÖNLAND
N
ELLESMERE
ISLAND
Alert
SVERDRUP
ISLANDS
PARRY ISLANDS
Resolute
BANKS
ISLAND
VICTORIA
ISLAND
Cambridge
Bay
Pond Inlet
BAFFIN
ISLAND
Pangnirtung
Cape Dorset
HUDSON BAY
Rankin Inlet
Baker Lake
YELLOWKNIFE
Fort Smith
Hay River
Fort
Simpson
Coppermine
Norman
Wells
Inuvik
Highways
1
2
3
4
6
0
400 km

vorrates) ziehen sowohl Petrijünger wie Nimrode an. Selbst die Jagd auf Bison und auf Eisbären ist (aber in beiden Fällen nur über die Native Cooperativen) möglich. Und die Rekorde bei Seeforellen (35 kg), Arktischem Saibling (13,5 kg) und Arktischem Greyling (Äsche, 2,6 kg) lassen Anglerherzen höher schlagen. Ganz gleich, wie man zu Jagd und Angelei steht, für die uralten Kulturen der Inuit und der Dené ist die Führung von Anglern und Jägern neben dem Fallenstellen die einzige denkbare Überlebensgrundlage. Niemand muß in dieser Form daran teilhaben; auch wer nur mit der Kamera „jagt", hilft den Einheimischen, ihre Kultur im Norden zu bewahren. Denn nur hier oben am Rand der Erde leben Inuit und Dené noch immer weitgehend im traditionellen und überlieferten Sinne, wenngleich nicht mehr als Vollnomaden.

Durch Weiterentwicklung und Ausformung früherer handwerklicher Fähigkeiten sind vielerorts spezifische Künstlergemeinschaften entstanden, deren Kunstwerke heute in Galerien aller Industriestaaten ausgestellt werden. Einen besonderen Ruf besitzen die Künstler von Cape Dorset in Skulptur und Grafik. Steindrucke sind in Baker Lake und Holman besonders beachtlich, Pelly Bay ist durch hervorragende Stücke kunsthandwerklicher Weberei bekannt; Pangnirtung steht für ausgezeichnete Gobelins in hohem Ansehen; Iqaliut weist Elfenbeinschnitzereien und Silberschmiedearbeiten von großer Qualität auf, und Fort Liard glänzt mit feinen Birkenrindenwerkstücken. Dies sind mittlerweile Anziehungspunkte für manchen Besucher, der den Künstlern bei der Arbeit über die Schulter sehen und am Ort ein Kunstwerk seiner Wahl aussuchen möchte.

Von Normannen, Inuit und der HBC

Die neuere historische Entwicklung der NWT ist die Geschichte der Hudson Bay Company. Zuvor aber kamen hier in den NWT vor etwa 10.000 Jahren, im Gefolge des zurückweichenden Eises, die Indianer an. Erst vor etwa 4000 Jahren folgten längs der Küste die Inuit. Beide Wanderbewegungen verliefen von Westen, von Alaska her nach Osten. Und erst in den letzten 1000 Jahren zogen die Vorfahren der heutigen Inuit herbei, die Thule-Kultur, wie sie nach ihrem ersten Ausgrabungsort auf Nordgrönland genannt wird. Sie trafen auf ihrer Wanderung ihre Vorgänger nicht mehr an, sie schienen schon vorher ausgestorben zu sein. Vielleicht waren sie einer ersten Seuchenwelle erlegen, die schon die allerersten Weißen, die Normannen, mitbrachten. Die hatten sich um 1000 n. Chr. über Island hinweg nach Grönland ausgebreitet. Da konnte es nicht lange dauern, bis sie auch die nur 300 km schmale Meerenge zwischen Grönland und Baffinland überwanden. Die alten isländischen Sagen berichten, daß es dann ein Zufall war, der die erste Einwanderung von Weißen nach Nordamerika auslöste. Bjarne Herjulfson, ein normannischer Handelsfahrer, geriet auf seiner ersten Grönlandfahrt in einen Sturm und wurde schließlich an eine fremde Küste gespült, ohne sich jedoch an Land zu wagen. Sein Bericht auf Grönland führte zur Expedition eines anderen. Leif Erikson, der Sohn Eriks des Roten, segelte mit wagemutigen

Männern hinüber. Sie stießen auf das heutige Baffinland, das sie „Helluland" nannten, was zutreffend „Steinland" bedeutet. Sie segelten nach Süden und siedelten dann auf Neufundland, das sie „Vinland" nannten, ein Wort von unbekannter Bedeutung. In der Folgezeit kamen noch viele, segelten die Küsten ab und siedelten sich an der Nord- und Ostküste Amerikas und Kanadas an. In Ausnutzung der kürzesten Strecke und der vorherrschenden günstigen Meeresströmungen segelten sie dabei jeweils an Grönland entlang nach Norden, überquerten das offene Meer nach Baffinland und segelten an der amerikanischen Küste entlang nach Süden. Nach den bisherigen Funden gelangten sie dabei bis in die südlichen Breiten der US-amerikanischen Küste. Von ihnen wie den grönländischen Wikingern künden nur noch Ausgrabungsfunde. Es gibt keine genaue Kunde von ihrem Verbleib. Man nimmt an, daß die rund 5000 Menschen, die im Mittelalter noch an beiden Küsten lebten, von einem Klimasturz vertrieben wurden und in verschiedene Richtungen abwanderten. Ein Teil ist wohl in der Inuitbevölkerung Nordkanadas aufgegangen. Alte Überlieferungen von „weißen" Inuit deuten darauf hin, daß die ersten Fischfangflotten an den nordischen Küsten Kanadas noch auf ihre Nachfahren gestoßen sind.

Lange nach den Normannen erschienen die ersten Engländer im hohen Norden. Das aufstrebende Land entsandte immer wieder neue Forschungsexpeditionen. Noch immer benebelte das Kolumbussyndrom die Gehirne. Auch hier war die Triebkraft die Hoffnung auf den Westweg nach Indien, zu seinen Gewürzen und Reichtümern.

John Cabot eröffnete die Nordlandfahrten mit einem kleinen Schiff. Er gelangte 1497 schon an die Nordostecke von (später) Nova Scotia und nahm auf Cape Breton Besitz von diesem Land für die englische Krone. Die Nordwest Passage fand er nicht. Auch alle Nachfolger blieben erfolglos. Viele verschwanden spurlos mit den sie begleitenden Männern im Polarmeer. Von manchen hörte man nie wieder, von anderen fanden sich später letzte Hinterlassenschaften oder Spuren. Erst Roald Amundsen schaffte 1903 bis 1906 mit seinem kleinen Motorsegler „Gjöa" die Passage des Kontinents — aber da hatte sie nur noch wissenschaftlichen Wert. Die anderen hinterließen nur ihre Namen auf der Landkarte, wie z.B. Martin Frobisher, der für Königin Elisabeth I. 1576 die Durchfahrt nach Indien suchte. Auf Baffinland ließ er seine Mannschaft in mühsamer Arbeit 700 Tonnen Goldglimmer an Bord schaffen und segelte stolz damit nach London zurück, wo seine Herrin aber wenig Gefallen an seinem „Katzengold" fand. Noch im Auftrage der Holländer segelte Henry Hudson nach Norden. Auch die Handelsherren in Amsterdam hätten gerne den Nordwestweg nach Indien gefunden. Er fand aber nur in den nach ihm benannten Fluß hinein. Die Holländer gründeten auf dessen Insel Manhattan eine Siedlung, Neu Amsterdam, die ihnen die Engländer dann wegnahmen und das Dörfchen von da ab New York nannten. Derselbe Henry Hudson segelte 1610 im Auftrage Englands erneut nach Norden. Diesmal fand er den Weg in die nach ihm benannte Bay und traf hier auf Belcher Island erstmals mit den Inuit zusammen. Die Siedlung besteht noch heute und heißt Sanikiluaq. Wenig später meuterte seine Besatzung, setzte ihn mit seinem Sohn und einigen Getreuen in ein Boot und überließ sie alle einem unbekannten Schicksal. Niemand weiß, wo sie abgeblieben sind. Irgendwo in der Hudson Bay sind sie umgekommen. Die Meuterer fuhren nach Hause und erhielten dort ihre gerechte Strafe.

Die Hudson Bay war nun bekannt. Die Zufahrt war ein Weg in eine Sackgasse, aus der niemand den Weg nach Indien fand. Weiter südlich, im fruchtbaren Becken des St. Lawrence Stromes, hatten sich inzwischen die Franzosen festgesetzt. Jacques Cartier hatte 1535 im Auftrage des französischen Königs die Nordwestpassage gesucht und zunächst den Fluß für den Durchfahrtkanal gehalten. Mit den Indianern von Hochelaga, dem heutigen Montréal, schloß er einen Freundschaftspakt. Entscheidend wurde der hier entdeckte Pelzreichtum. Bald entstanden am St. Lawrence Strom einige französische Handelsniederlassungen, darunter Québec und Montréal. Frankreich begründete ein Pelzhandelsmonopol, das eifersüchtig gehütet wurde.

Zu den neuen Abenteurern, die sich hier schnell ein großes Vermögen verdienen wollten, stieß auch Medard Chouart, Sieur des Groseilliers, mit seinem Schwiegersohn Pierre Esprit Radisson. Durch enge und gute Beziehungen zu Land und Indianern gelangen ihnen beträchtliche Erfolge. Die brachten jedoch nicht den erhofften Reichtum, sondern den Neid der Kolonialverwalter ein. Der Gouverneur, ein kleiner Sonnenkönig weit weg von der Aufsicht durch den Hof seines Königs, fand rasch einen Vorwand und beschlagnahmte die Pelzladung. Der Reichtum floß unversehens in ganz andere Taschen.

Das hätte er besser nicht getan. Zwar durfte er sich auf seine nicht minder korrupten Kumpane am Hof zu Versailles verlassen, aber nicht auf die resignierende Hinnahme seines Vorgehens durch die Betrogenen. Die fanden am englischen Königshof zu London die Helfer für ihre Rache. Nach einigem Zögern gewährte man ihnen zwei Schiffe, mit denen sie zurückreisen und den behaupteten Pelzreichtum beweisen sollten. Obwohl die „Eaglet“ von einem Sturm zur Umkehr gezwungen wurde, gelang den beiden Franzosen ihr Vorhaben. Mit der Besatzung der „Nonsuch“ umsegelten sie die riskante Herrschaftszone der Franzosen und stießen bis ans Südufer der Hudson Bay vor. Am 29. September 1668 warfen sie Anker in der James Bay und bauten an der Mündung eines großen Flusses ein Fort, zunächst nach dem König „Fort Charles“ getauft, heute Fort Rupert.

Die Heimkehr der „Nonsuch“, gefüllt mit einer Ladung Pelze, übertraf alle Erwartungen, und ihr bester Helfer, der deusche Prinz Rupert von der Pfalz, hatte im Nu ein Konsortium von 17 Adligen beisammen, die bereit waren, weitere Fahrten zu finanzieren.

Prinz Rupert war nun nicht nur irgendein Höfling. Er hatte seinem Vetter, König Charles II., sowohl als Heerführer wie als Flottenadmiral, besondere Dienste erwiesen und viele Erfolge erfochten. Der König wußte sich in seiner Schuld. Und als er erfuhr, auf welch billige Weise er die abtragen konnte, war er sofort bereit, dem Prinzen Rupert eine pompöse Urkunde ausstellen zu lassen. Er schenkte ihm darin überaus großzügig alles Land, das er ohnehin nicht besaß: die Glimmerländer am Nordpol nämlich. Die Einwohner des

Zeit der Voyageure

Nun erst, gegen Ende des 18. Jahrhunderts, folgte die hohe Zeit der Voyageure, auch als „Coureur du Bois" bezeichnet. Ohne sie hätten die Handelsgesellschaften die Durchdringung des Landes nie geschafft. So aber, mit Hilfe der zähen französischstämmigen Waldläufer gelang es, im Verlaufe einer Saison die Waren bis in die äußerste Wildnis zu verschiffen und mit den erhandelten Pelzbündeln wieder zurückzukehren.

Mit dem Eisbruch im Frühjahr brachen sie auf, ganze Flottillen an leichten Birkenrindenkanus, hochbeladen mit den Warenbündeln. Im Bug und im Heck knieten die Voyageure, stachen die Paddel ins Wasser und jagten die Boote voran. Vom Morgengrauen bis in den Abend wurde gereist. Stromschnellen und Landbrücken mußten umtragen werden. Nur kurze Pausen dienten der Erholung, sie waren nach Pfeifenlängen bemessen. Sowie die Pfeife ausgeraucht war, hetzte man weiter, voran, voran, die kurze Saison mußte genutzt werden. Hin- und Rückreise mußten vor dem ersten Zufrieren beendet sein. Die tägliche Pflichtstrecke wurde nach Pipes bemessen, nach den Pfeifenpausen, und mußte unbedingt eingehalten werden. Erst dann folgte das am Lagerfeuer zubereitete deftige Mahl mit nachfolgender Nachtruhe. Nur unglaublich zähe und harte Männer konnten jene Leistungen erbringen, die den Voyageuren abgefordert wurden und von denen heute nur noch die romantischen Lieder jener Zeit geblieben sind, die ihnen einstmals die Fron erleichterten.

Die Reisen waren auf die Saison zugeschnitten, aber die Packen wanderten oftmals in Etappen und über mehrere Jahre, ehe sie am Endziel eintrafen. Das machte eine fortlaufende Kette von Niederlassungen erforderlich, die entlang der Wasserwege angelegt wurden: die „Forts". Sie waren die Ursprünge für die meisten heutigen Siedlungen in Kanada wie Alaska, weil erst ihr Entstehen die nomadisierenden Indianer und Inuit seßhaft werden ließ.

Landes vergaß man zu fragen, was sie wohl davon hielten.

Am 2. Mai 1670 unterzeichnete König Charles II. jene Schutzurkunde, in der er seinem Vetter Rupert und dessen 17 Mitgenossen „The Governor and Company of Adventures of England trading into Hudson's Bay" die Besitzrechte und die Hoheit über alle Länder an jenen Flüssen übertrug, die in die Bay einmünden. Niemand vermochte sich damals vorzustellen, welchen Umfang dieser Landstrich in Wirklichkeit hatte: etwa 40 % des heutigen Kanada, den Kern der späteren NWT, hatte der König mit einem Federstrich an eine private Gesellschaft verschenkt. Damit war der Grundstein für eine weitere hundertjährige Auseinandersetzung zwischen England und der HBC auf der einen und Frankreich auf der anderen Seite gelegt. Nicht gerade ein Krieg im herkömmlichen Sinne, dafür waren die Entfernungen zu groß und die beteiligten Menschen zu wenige, aber wo man aufeinanderstieß, wurde gefochten und getötet, sehr bald mit tatkräftiger Unterstützung „seiner" Indianer auf jeder Seite. Die jeweiligen Sieger zerstörten die Siedlungen und Forts und zogen mit der Pelzernte der Verlierer davon. Gelegentlich nahm der

Streit martialische Züge an. So in der Seeschlacht vom Sommer 1697 in der Hudson Bay, die ganz à la Nelson ausgetragen wurde.

Vier französische Kriegsschiffe fochten bei Fort York gegen drei englische. Die Franzosen verloren ihr Schlachtschiff, vernichteten aber zwei der englischen Kreuzer. Hunderte von Matrosen fielen den Kugeln zum Opfer oder ertranken in den eisigen Fluten des Polarmeeres. Die Engländer durften schließlich mit dem letzten verbliebenen Schiff nach Hause segeln.

Erst als Frankreich und England im Frieden von Utrecht 1713 ihren Streit beilegten und ihre Interessenzonen gegeneinander abgegrenzt hatten, konnte sich die HBC ausbreiten und die NWT erschließen. In rascher Folge entstanden Handelsposten entlang der Küste der Hudson Bay, die man zwar wegen ihrer Palisadenzäune als „Forts" bezeichnete, aber keine militärische Besatzung hatten.

Doch schon im Gefolge des späteren endgültigen Sieges über die Franzosen, die Kanada 1763 ganz aufgaben, erwuchs der HBC ein neuer Gegner. Eine Gruppe freier und zumeist schottischer Händler, die zunächst in den nicht der HBC gehörenden Gebieten arbeiteten, gründeten 1784 in Montréal die genossenschaftlich organisierte NWC, die „North West Company". Bald stießen deren Handelsreisende, die Voyageure, vom Inland aus entlang dem St. Lawrence Einzugsgebiet in die Region der HBC nach Norden vor. Es begann die Erschließung der Kanuwege vom St. Lawrence Becken bis hinauf ans Eismeer. Ein verwirrendes und zahlreiche Zugänge ermöglichendes, zusammenhängendes System von Wasserwegen machte es möglich, mit dem Kanu bis in die letzten Winkel des Kontinents vorzudringen. Aber dazu mußten erst mal die Wasserläufe erkundet, mußten Stützpunkte und Handelsposten angelegt werden.

Im Jahre 1771 war es erstmals einem Weißen gelungen, auf einer Expedition für die HBC aus dem Innern kommend bis an die Eismeerküste vorzustoßen. Samuel Hearne erreichte von Süden her durch die NWT und dem Coopermine River folgend das Meer. 1789 folgte ihm Alexander Mackenzie für die NWC. Er fuhr jenen Fluß hinunter, der heute seinen Namen trägt. In nur 102 Tagen bewältigte er mit seinen Begleitern im Kanu die Reise und legte über 5000 km zurück, vom Lake Athabasca bis zur Mündung des Mackenzie River und wieder nach Hause, nach Fort Chipewyan im heutigen Alberta. Er war aufs tiefste enttäuscht, hatte er doch gehofft, an den Pazifik zu gelangen. So unbekannt waren noch immer die riesige Ausdehnung und die Weite des Kontinents, so mangelhaft das Vermögen, sich richtig zu orientieren. Erst auf seiner nächsten Reise fand er 1793 über den Peace River zur Westküste, die Händler hatten auf dem Wasserwege den Erdteil durchquert und ins spätere British Columbia gefunden.

Schon 1786 errichtete die NWC das Fort Resolution am Südufer des Great Slave Lake. In rascher Folge entstanden dann Fort Simpson (1804) an der Liard-/Mackenzie River Mündung, Fort Good Hope (1805) am Unterlauf des Mackenzie River, Fort Liard (1807) am gleichnamigen Fluß nahe der Grenze zu den NWT, und Fort Norman (1810) zur Unterteilung der Strecke zwischen den Forts am Mackenzie. Sie alle liegen bezeichnenderweise an den Ufern der damaligen großen Überlandverbindung, dem Liard-/Mackenzieflußsystem. Diese wie auch die späteren Gründungen in den NWT bestehen noch heute als Dörfer des Landes. Die neue Konkurrenz fand man in der HBC nicht sonderlich erfreulich. Rasch entwickelte sich eine ebenso hartnäckig wie hinterhältig geführte Auseinandersetzung darüber, wer nun eigentlich den Natives die Segnungen der Zivilisation zu vielfach überhöhten Preisen verhökern dürfe. Keine staatliche Institution war in der Lage, in den noch weitgehend unerforschten und kaum zugänglichen Gebieten im hohen Norden Ordnung zu halten. Noch im Jahre 1816 überfiel zum Beispiel ein Trupp der NWC die Handelsniederlassung „Seven Oaks“ der HBC, massakrierte Händler, Angehörige und Personal, insgesamt 20 an der Zahl, und brannte das Fort nieder. Dann kam man doch endlich zur Einsicht, daß es ökonomischer sei, sich zu einigen. Wie bei Wirtschaftshändeln üblich, arrangierte man sich, die Gesellschaften wurden zusammengelegt. Ab 1821 trat nur noch die HBC im Norden auf. Sie hatte damit ein Handelsmonopol in fast ganz Kanada erlangt. Nach der Verschmelzung beider Unternehmen bestätigte das Parlament in London noch einmal die Privilegien und den erlangten Besitzstand der Gesellschaft. Damit übertrugen die Abgeordneten zu Westminster der HBC 1821 die Herrschaft über den größten Teil der kanadischen Kolonien, nur die Maritimes und das Becken des St. Lawrence River blieben davon ausgenommen.

Zu dieser Zeit war es gebräuchlich geworden, vom Gebiet der HBC als den „Northwest Territories“ zu sprechen. Bei dieser Bezeichnung blieb es dann für den heutigen Rest, der nach Abtrennung der drei Weizenprovinzen, British Columbias und des Yukon Territory übrig war. 1870 verkaufte die HBC ihre Hoheitsrechte über sämtliche Besitzungen an den drei Jahre zuvor gegründeten kanadischen Bundesstaat. Ganze 300.000 £ waren der Kaufpreis.

Heute ist die HBC oder „The Bay“ noch immer mit zahlreichen Niederlassungen in Kanadas Siedlungen vertreten, bis hinauf zu den Inseln im Polarmeer findet der Reisende ihre Supermärkte vor. Deren neue Konkurrenz sind die Cooperativen der Natives. Inuit und Dené setzen in allen größeren Siedlungen ihre eigenen Kaufläden dagegen. Die HBC zieht ihren Hauptumsatz auch nicht mehr aus dem Handel, sondern aus Industriebeteiligungen und Produktion.

In den heutigen NWT führten erst die Gold- und Radiumfunde zur Zuwanderung weißer Einwohner. Ab den dreißiger Jahren dieses Jahrhunderts zogen rund 16.000 in die Region. Anfang 1960 gestand die Bundesregierung in Ottawa dem Territorium als letztem Teil Kanadas die Selbstverwaltung zu. In Fort Smith etablierte sich die Territorialverwaltung, die nach Fertigstellung des imposanten Regierungsgebäudes 1967 nach Yellowknife umzog.

An ihrer Spitze steht der „Commissioner“ genannte und von der Bundesregierung bestellte Gouverneur. Ein in freien Wahlen von der Bevölkerung gestellter Beirat wirkt als Selbstverwaltungskörperschaft mit. Die Mehrheit der Sitze entfällt regelmäßig auf Natives. Die Sitzungen muten denn auch an wie eine UNO-Versammlung im kleinen: Simultanübersetzerinnen sind das Wichtigste, sie erst ermöglichen dem Gremium, in den acht verschiedenen Sprachen der Mitglieder zu diskutieren.

Die Anreise

Mehr als in jeder anderen nördlichen Region ist in den NWT das Flugzeug die Basis jeden Verkehrs. Die endlosen Entfernungen von Ort zu Ort und in jede Richtung lassen es gar nicht anders zu. Der weite und hohe Norden Kanadas ist so gering bevölkert, daß ein Straßenbau sich in keiner Hinsicht rentieren kann. Schon die vorhandenen Überlandverbindungen zahlen sich nicht aus, sind nur erfolgt, weil man seinerzeit noch an die ökonomische Erschließung der überaus reichen Bodenschätze glaubte. Das hat sich längst als leere Hoffnung erwiesen, die tatsächlich erschlossenen Vorkommen des Landes sind zumeist stillgelegt.

Umso auffälliger ist der Kontrast der modernen Flughafenanlagen zu den jeweils wenigen Häusern einer Siedlung, der den Reisenden immer wieder befremdet. Hier schmücken sich Dörfer, denen es gerade zu einem Handelsposten der HBC als einziger Infrastruktur gereicht, mit perfekt organisierten und komplett ausgestatteten Flughäfen vom Zuschnitt einer mitteleuropäischen Großstadt. Moderne Großraumjets düsen im Linienflug bis hinauf nach Ranklin Inlet (1400 Einwohner), Iqaluit (3000 Einwohner) und Resolute Bay (200 Einwohner). Sechs Fluglinien verbinden diese Knotenpunkte und natürlich die Hauptstadt Yellowknife mit allen anderen Gemeinden, die mindestens zweimal wöchentlich im Linienflug zu erreichen sind. Mit anderen Worten: von den Internationalen Airports Kanadas erreicht man mit Anschlußflügen jede Gemeinde in den NWT per Linienflug. Dreißig weitere Flugunternehmen, zum Teil Eigentum der Natives Cooperativen, ermöglichen darüber hinaus jedermann im Charterflug die Reise an ein beliebiges Gewässer. Fliegen ist also in aller Regel unerläßlich, wenn man etwas tiefer in diesen faszinierenden Raum eindringen will. Und warten muß man! Nicht jeder Flug kann planmäßig durchgeführt werden, manchmal dauert es, bis die Wetterbedingungen den Start erlauben. Das nahezu perfekte und äußerst umfangreiche System an meteorologischen Stationen ermöglicht präzise Vorausbestimmung.

Fahrwege gibt es nur einige wenige im Süden der NWT, im „Ballungsgebiet", wo zwei Überlandverbindungen, überwiegend Schotterpisten, Kanada im Süden mit den NWT im Norden verbinden. Die Hauptlinie beginnt ab Edmonton, Alberta, und wird als NWT Highway Nr. 1 bis Fort Simpson weitergeführt.

Die zweite Strecke ist eine Nebenstraße des Alaska Highways, zweigt hinter Fort Nelson, BC, von diesem ab und läuft als NWT Highway Nr. 7 bis nahe Fort Simpson.

Noch eine dritte Straßenanbindung zu den NWT muß erwähnt werden. Der Dempster Highway startet unweit von Dawson City im Yukon Territory und führt in den Nordwestwinkel der NWT, nach Inuvik. Es ist die einzige Straße, die in Kanada über den Polarkreis hinauf und ans Eismeer führt — wenngleich so richtig nur im Winter, wenn der Highway über eine Winterpiste bis Tuktoyaktuk reicht. Eine Eisenbahnverbindung führt von Roma, Alberta, herauf. Sie dient ausschließlich dem Güterverkehr und endet im Hafen von Hay River am Ufer des Great Slave Lake. Hier wird der größere Teil der antransportierten Güter auf flachgehende Motorfrachter umgeladen, in die anderen Gemeinden am See und den Mackenzie River hinunter bis zu den Küstenorten im Eismeer befördert. Wer preiswert in die NWT reisen will, muß Zeit mitbringen, dann kann er auch hier das System der Greyhound Busse nutzen. Mit der Netzkarte der Gesellschaft erreicht man via Edmonton „kostenlos" — weil im Paßpreis enthalten — Yellowknife und die anderen Orte am Highwaysystem — aber nicht Fort Simpson oder Orte entlang der NWT Route Nr. 7. Hierher führt keine Buslinie.

Mit dem Greyhoundbus gelangt man nur bis zum Knotenpunkt Enterprise. Hier verzweigt sich der Highway aus dem Süden, und hier gibt Greyhound auf. Die im Anschluß fahrenden Buslinien der NWT akzeptieren den Paß nicht, es muß eine besondere Fahrkarte gelöst werden.

Für alle Straßenreisenden gilt es zu beachten, daß die Flußfähren in den NWT nur im Sommer verkehren können. Im Wintor wird der Verkehr — auch die Busse — über Schneeaufschüttungen und das Eis geführt. Während der Zeiten des Zufrierens oder des Auftauens, also etwa Anfang Mai und Ende Oktober, endet jeder Fahrzeugverkehr in Enterprise bzw. Hay River. Die kostenlose Regierungsfähre verkehrt dann nicht. Und über den NWT Highway Nr. 7 kommt man nur per Privatfahrzeug herauf, im Winter auch nur bis Enterprise, Hay River oder Fort Smith.

Innerhalb der NWT bleiben dann nur noch Flugunternehmungen oder im Sommer die Fortbewegungsweise der Voyageure. Mit Booten, die man sich in jeder Ausführung mieten kann, kommt man hinaus in den letzten Winkel der Wildnis, obgleich wohl kaum einer zu den Inseln im hohen Norden paddeln wird. Auf dem Great Slave Lake kann man im gemieteten Segel-, Motor- oder Hausboot bis in die letzte Bucht kreuzen. Wem das Geld für solche Fahrten nicht so einfach aus der Tasche quillt, der sollte sich sein faltbares oder aufblasbares Boot lieber mitbringen. Denn ein Kanu für zwei Personen kostet 200 Can$ pro Woche — und das Hausboot gibt es für dieselbe Summe pro Tag!

Nützliche Adressen in den NWT

Telefon 1-800-661-0788, gibt innerhalb Nordamerikas (auch in Alaska) kostenfrei alle Tourismusinformationen über NWT und beantwortet alle Spezialfragen.

Yellowknife Touristenbüro, Chamber of Commerce Information Cabin, 49th Avenue, neben der City Hall, geöffnet von Mai bis einschließlich September, 8 — 20 Uhr. Postanschrift: Box 906, Yellowknife NWT X1A 2N7, Telefon 403/ 920-4944.

Travel Arctic, NWT-Tourismuszentrale, Yellowknife NWT X1A 2L9 (genügt als Postanschrift), versendet kostenfrei Informationsmaterial über die NWT. Tel. 403/873-7200.

Anglerinformationen erhält man vom Department of Renewable Resources, Government of the NWT, Box 1320, Yellowknife NWT X1A 2L9, Tel. 403/873-6443.

Jagdinformationen, wie vorher, aber Tel. 403/920-8716.

Landkarten der NWT kann man kaufen bei: Map Sales Office, 8th Floor, Bellanca Building, Yellowknife. (Aber: Postzusendung nur von Ottawa, →Kartenmaterial).

Kanuwanderfahrten: Travel Arctic versendet auf genaue Anforderung eingehende (kopierte) Flußbeschreibungen, z.B.: Yellowknife, Camsell, Snare/Peel, Dubawnt,

Cameron, Burnside, Anderson, Thelon, Hanbury River usw. — aber ohne Landkarten.

Highways in den NWT

Es gibt drei Überlandverbindungen zwischen dem kanadischen Süden und den NWT. Nur einer dieser Highways hat wirklich eine wirtschaftliche Bedeutung, ist die eigentliche Versorgungs- und Zugangsstrecke in das „Ballungsgebiet" rund um den Great Slave Lake, wo die Hälfte der Einwohner der NWT ansässig ist. Die von Edmonton, der Hauptstadt der Provinz Alberta, in die NWT verlaufende Strecke wird nach dem Erstbefahrer, der allerdings 1779 noch die parallel verlaufenden Wasserwege nutzen mußte, als „Mackenzie Route" bezeichnet. Ab Grimshaw, Alberta, heißt sie dann offiziell „Mackenzie Highway". Der aus Bruchsteinen gemauerte „Milepost Zero" vor dem Visitor Information Centre, einem ausgedienten Eisenbahnwaggon, bezeichnet den Beginn.

Der Mackenzie Highway, NWT Nr. 1

Hier in Grimshaw, einer Großsiedlung von 2700 Einwohnern, laufen alle Straßenzüge aus dem Süden, Osten und Westen zusammen und münden in den Alberta Highway Nr. 35, den Mackenzie Highway. Das Dorf bietet alle nötigen Dienste, die ein Knotenpunkt gemeinhin für Überlandreisende bereithält. Der kostenfreie städtische Campingplatz liegt bereits 21 km nördlich der Siedlung, ein einfacher Platz mit Mindestservice. Zusammen mit der Eisenbahnlinie in die NWT, die in Hay River endet, folgt die Straße im Hügelland links des Peace River dem Fluß nach Norden. Zunächst geht es durch relativ dichtbesiedeltes Farmland.

Bei km 40: *Dixonville,* 200 Einwohner, Post und Tankstelle.

Bei km 82: *Manning,* 1300 Einwohner, alle Versorgungsmöglichkeiten, Campground beim Information Centre, am Ufer des Notikewin River, einfach und kostenfrei.

Bei km 100: *Hotchkiss Provincial Park,* kostenloser, einfacher Campingplatz.

Bei km 120: *Notikewin Provincial Park,* an der Mündung in den Peace River, knapp 30 km über Stichstraße vom Highway. Einfacher, kostenfreier Campingplatz, gutes Angeln in beiden Flüssen.

Bei km 143: Twin Lakes Campground, kostenfrei, schlicht, gleich rechts am Highway. Der See ist ein gutes Forellengewässer.

Bei km 180: *Keg River,* das Dorf hat Tankstelle, Post, einen kleinen Lebensmittelladen.

Bei km 218: Boyer River Campground links des Highways, einfach, kostenfrei.

Bei km 280: *High Level,* 2800 Einwohner, Straßenkreuz! der Highway 58 führt nach Osten und Westen als Sackgasse in die Wildnis. Der Ort bietet auch sämtliche Versorgungsdienste. Der kostenlose städtische Campground liegt am ostwärtigen Dorfrand an der 58.

Bei km 360: Meander River Campground, kostenfrei und schlicht. Brücke über den Hay River, dem der Highway von jetzt ab folgt.

Bei km 423: Steen River Campground, einfach, keine Gebühr.

Bei km 457: Indian Cabins, einfaches Rasthaus mit Tankstelle, nächste Tankmöglichkeit in 100 km.

Bei km 473: Grenze Alberta/NWT. Das NWT-Information Centre hält alle Auskünfte bereit, offen 15.5. — 15.9. jeden Jahres. Campgroundpermit mitnehmen! Kosten: 25 Can$/Jahr. 60th Parallel Campground am Hay River, einfach, unentgeltlich.

Ab hier NWT Nr. 1, km Null:
Bei km 13: Asphaltstraße endet an dieser Stelle! von hier ab Schotterfahrbahn mit gelegentlichen asphaltierten Wegstrecken.
Bei km 73: *Alexandra Falls.* Parkplatz neben dem Highway ist Startpunkt des kurzen Pfades zum Wasserfall. Der Hay River fällt hier über eine gerade Abbruchkante 33 m in die Tiefe.
Bei km 75: Louise Falls Campground am Hay River, der hier in Stufen um weitere 15 m abfällt.
Bei km 78: Escarpment Site, Picknickplatz, Blick in die 52 m tiefe Schlucht des Flusses mit Stromschnellen.
Bei km 83: *Enterprise,* 60 Einwohner. Straßenkreuz der Highways NWT Nr. 1 und NWT Nr. 2 sowie weiter nördlich Abzweigung des NWT Nr. 5. Der Knotenpunkt im NWT Straßensystem hält alle Serviceleistungen bereit.
„Ed's Place Motel", Box 1612, Enterprise, Hay River NWT X0E 0R0, Tel. 403/984-3181, ab 45 Can$
Bei km 84: Abzweigung des NWT Highways Nr. 2 nach Hay River.
Bei km 169: Lady Evelyn Falls Campground. Erreichbar über 6,5 km Stichstraße. Von dort aus Fußpfad zu den *Kakisa Fällen* (15 m).
Die Straße führt noch um 6,5 km weiter bis zum *Kakisa Lake* und dem gleichnamigen Indianerdorf der Slaveys, 30 Einwohner. Die pittoreske Blockhaussiedlung enthält keine Servicemöglichkeiten, aber die Dené führen gerne Gäste mit ihren Booten zu den Fanggründen im See.
Bei km 184: Pineview Services. Tankstelle mit Reparaturdienst und Café.
Bei km 189: Abzweigung des NWT Highways Nr. 3 nach Yellowknife.
Bei km 233: links am Straßenrand Notfallhütte, darf keinesfalls als Wohnhütte mißbraucht werden.
Bei km 280: nächste Notfallhütte.
Bei km 295: Straßenbaucamp. Keine Serviceleistungen, aber Notfalltelefon.
Bei km 325: Trout River Campground. Einfacher Platz der Territorialverwaltung. Permit erforderlich. Whittaker Falls, hübsche Wasserfälle, etwa 1 km bachauf die Coral Falls, ebenso sehenswert, unterwegs gute Angelmöglichkeiten auf Regenbogenforellen.
Bei km 414: Einmündung des Liard Highways NWT Nr. 7, von links. Tankstelle mit Reparaturdienst und Café.
Bei km 458: Liard River Campground. Einfacher, kostenfreier Rastplatz für den Fährbetrieb über den Liard, der von 22 — 8 Uhr ruht. Die Fähre verkehrt ab Eisbruch im Frühjahr, etwa Mai, bis zur Eisbildung im Oktober. Ab November, wenn das Eis trägt, läuft der Verkehr auf einer Schneeaufschüttung über den Fluß, bis zur zweiten Zwangspause Ende April/Anfang Mai.
Bei km 474: Abzweigung nach Fort Simpson. Der Highway läuft noch 80 km weiter nach Westen und endet erst am Mackenzie River-Ufer. Dieses schlecht gewartete Straßenstück weist keinerlei Dienste auf. Eine Fähre setzt hinüber auf das andere Mackenzie-Ufer. Die neue Schotterstraße führt drüben ohne irgendwelche Dienste weiter zum Indianerdorf Wrighley, insgesamt ab Fort Simpson 230 staubige Kilo-

meter, eine Sackgasse in die Wildnis. In Wrighley gibt es Kaufladen, Tankstelle und Hotel und 180 Einwohner.

Fort Simpson (1000 Einwohner), an der Mündung des Liard in den Mackenzie River, ist aber gemeinhin Endpunkt einer Straßenfahrt auf dem NWT Highway Nr. 1. Die Siedlung führt ihren Ursprung auf das Jahr 1804 zurück. Damals baute die NWC hier einen Handelsposten, zunächst „Fort of the Forks" genannt. Nach dem Zusammenschluß beider Gesellschaften erhielt das Fort den heutigen Namen, benannt nach dem ersten Governor der HBC nach der Vereinigung.

Im Zuge der entstandenen Handelslinie den Mackenzie hinunter und hinüber zum Porcupine River wurden ab 1828 von Fort Simpson aus die „York Boote" eingesetzt, große Fracht-Kanadier, die von hier aus den Fluß hinunter fuhren. Einen weiteren Schub erfuhr die Stadt durch die Einrichtung der Heckraddampferlinie von Hay River den Mackenzie hinauf und hinunter, die heute durch motorisierte Frachtschuten ersetzt ist. Dabei blieb es im Grunde bis heute. Der Ort ist Verkehrsknotenpunkt des Fluß- und Straßensystems und bietet im Luftverkehr Linienanschluß nach Yellowknife. Daneben dient er als Verwaltungssitz und Ausgangspunkt für unbegrenzte Outdoorsaktivitäten, z.B. Boots- und Floßfahrten den Mackenzie hinunter, oder Flugunternehmungen zum Nahanni National Park, aber auch an jeden beliebigen Wasserungsplatz in der rundum liegenden Wildnis.

Die Siedlung bietet alle notwendigen Versorgungsdienste an.

Campingplatz am Stadtrand, einfache Grundausstattung, keine Gebühr.

„Maroda Motel", 8 Appartements mit Küche und Bad, plus 7 Zimmer, ab 65 Can$. Box 67, Fort Simpson NWT X0E 0N0, Tel. 403/2602.

„Nahanni Inn", 35 Zimmer mit Doppelbetten und Bad, TV und Tel. ab 59 Can$. Box 248, Fort Simpson NWT X0E 0N0, Tel. 403/695-2201 (bietet kompletten Hotelservice einschließlich Bar, Speiseraum).

Außerdem vier weitere Restaurants, zwei Supermärkte, diverse Läden, Tankstellen, Gewerbebetriebe, Post und Bank, Krankenhaus und Waschsalon usw.

Der NWT Highway Nr. 2

Bei km 84 zweigt nördlich von Enterprise der NWT Highway Nr. 2 vom Mackenzie Highway ab und führt über 38 km nach Hay River am Ufer des Great Slave Lake. Dieser Straßenzug ist voll asphaltiert.

Bei km 14: Paradise Gardens Campground, privater Campingplatz mit Duschen und elektrischem Strom. 8 Can$. Geöffnet vom 15.5. — 30.9.

Bei km 33: Abzweigung des Highways NWT Nr. 5 nach Fort Smith.

Bei km 38: Hay River, rechts am Ortseingang Visitor Information Centre, geöffnet ab Mitte Juni bis Anfang September von 10 — 20 Uhr.

Hay River, an der Mündung des gleichnamigen Flusses in den Great Slave Lake, hat 3000 Einwohner und alle denkbaren Versorgungsdienste. 1868 erstellte die HBC hier einen Handelsposten. Die 1962 gebaute Eisenbahnlinie nach dem Süden sicherte der Stadt endgültig die Stellung als Transportzentrum für alle Güter, die per Motorschuten über den Great Slave Lake und den Mackenzie River bis an die Eismeerküste verfrachtet werden. Die heute im Hafen endende und ausschließlich dem Güterverkehr dienende Bahn hatte früher noch eine Fortsetzung um 100 km nach Pine Point. Diese einst größte Bleizinkmine des Kontinents liegt still, das Erz ist nicht mehr kostendeckend abzutransportieren. Damit erlosch auch der Ort, der heute unbewohnt ist, die Seitenlinie ist seit 1987 stillgelegt.

Der Campingplatz in Hay River liegt auf der vorgelagerten Insel Vale Island, etwa noch 10 km vom Information Centre. Recht komfortabel, elektrischen Strom und Duschen, 5 Can$.

„Caribou Motor Inn", 90 Betten in 29 Zimmern, teils mit Küche und Bad, Restaurant, Bar. Ab 65 Can$. Box 1114, Hay River NWT X0E 0R0. Tel. 403/874-6706.

„Cedar Rest Motel", 60 Betten in 31 Zimmern, teils mit Küche und Bad. Ab 55 Can$. Box 540, Hay River NWT X0E 0R0, Tel. 403/874-3732.

„Migrator Motel", 96 Betten in 24 Zimmern, teils mit Küche und Bad. Ab 42 Can$. Box 1847, Hay River NWT X0E 0R0, Tel. 403/874-6792.

„Ptarmigan Inn", 164 Betten in 41 Zimmern, Restaurant, Bar. Ab 90 Can$. Box 1000, Hay River NWT X0E 0R0, Tel. 403/874-6781.

„Hay River Hotel", 32 Betten in 16 Zimmern. Ab 85 Can$. Box 487, Hay River NWT X0E 0R0, Tel. 403/874-2951.

„Mackenzie Place", Appartementhaus, im Hochhaus von Hay River (17 Stockwerke). Ab 59 Can$. Box 1880, Hay River NWT X0E 0R0, Tel. 403/874-2535.

„Bed and Breakfast", 12 Betten in 6 Zimmern. 35 Can$ Bett mit Frühstück, jede weitere Person plus 10 Can$.

„Harbour House", Box 54, Hay River NWT X0E 0R0, Tel. 403/874-2233.

Außerdem hat das Städtchen 10 weitere Restaurants, zwei Banken und einen Golfplatz von neun Löchern zu bieten.

Der Ort ist Basis der Berufsfischerei im Great Slave Lake und bietet den Besuchern exzellentes Sportfischen im See auf Seeforelle und Hecht (Trout und Northern Pike). Mietboote im Hafen und durch Vermittlung des Visitor Information Centre.

Tägliche Linienflüge von und nach Edmonton und Calgary bieten mit einfachem Umsteigen auf Charterflugzeuge leichten Zugang zu den meisten der 60 Fishing Lodges in der abgelegenen Wildnis der NWT.

Landa Aviation, Box 183, Hay River NWT X0E 0R0, Tel. 403/874-3500.

Carter Air Services Ltd., Box 510, Hay River NWT X0E 0R0, Tel. 403/874-2281.

Der Yellowknife Highway NWT Nr. 3

Bei km 189 zweigt die NWT Nr. 3 vom Mackenzie Highway ab und führt über 342 km nach Yellowknife.

Bei km 15: Straßenbaucamp, keine Dienste, allenfalls Notfalltelefon.

Bei km 21: Dory Point, Picknickplatz am Ufer des Mackenzie River, einfach, gebührenfrei. Rastplatz vor der Fähre.

Gleich dahinter: Spruce Services, Tankstelle mit Reparaturdienst, Restaurant und Bar sowie privatem Campingplatz mit Duschen und elektrischem Strom, 8 Can$.

Bei km 24: Kostenfreie Regierungsfähre über den Fluß, von 6 — 24 Uhr. Im Winter Eisbrücke, in der Übergangszeit kein Verkehr möglich, gewöhnlich Anfang Mai und Ende Oktober.

Bei km 31: Tankstelle mit Reparaturdienst.

Bei km 32: Abzweigung ins Dorf **Fort Providence,** 600 Einwohner, alle Dienste.

Campingplatz an der Zufahrt zum Ort, schlicht, Permit erforderlich.
„Big River Motel“, 22 Betten in 6 Zimmern. Ab 55 Can$. Post: Big River Service Centre, Fort Providence NWT X0E 0L0, Tel. 403/669-4301. An der Abzweigung!
„Snowshoe Inn“, 63 Betten in 35 Zimmern, liegt im Dorf am Flußufer, Restaurant, Appartements mit Küche und Bad, ab 70 Can$. Zwei weitere Restaurants, Supermarkt, Stores, Tankstellen im Dorf. Das Indianerdorf entstand erst 1861 durch Bau einer katholischen Missionsstation, der noch im selben Jahr ein Handelsposten der HBC folgte. Diese beiden Magneten zogen die Dené-Indianer an. Das Dorf und seine Bewohner sind auf Touristen angewiesen. Ihre Spezialität sind Boots- und Angelfahrten auf dem Fluß. Nördlich der Siedlung grenzt zudem ein weiteres Waldbüffel-Schutzgebiet an, Führung täglich.
Aurora Sport Fishing, Fort Providence NWT X0E 0L0, Tel. 403/699-4321

Bei km 122: Chan Lake, Picknickplatz, einfach und gebührenfrei.
Bei km 232: North Arm Territorial Park, einfacher Campingplatz an der Küste des Great Slave Lake mit Sandstrand, keine Gebühr.
Bei km 239: Abzweigung nach Edzo, 12 km. Gleich danach Edzo Campground am West Channel, einfach und ohne Gebühr.
Bei km 244: Brücke über den Frank Channel. Diese Bucht des Great Slave Lake greift noch 50 km tiefer ins Land. Beiderseits liegt die Doppelgemeinde Rae-Edzo.

Bei km 245: Abzweigung der Seitenstraße nach **Rae.** Die Doppelgemeinde hat 1400 Einwohner und gilt daher als größte Siedlung der Dené. Fort Rae entstand 1904 als HBC-Handelsposten, der vom ursprünglichen Sitz, gegründet 1852, hierher verlegt wurde. 1960 versuchte die Territorialverwaltung, Rae durch die Neugründung Edzo zu ersetzen. Da die Dené nicht umziehen mochten, gibt es heute die Doppelsiedlung. Rae blieb das Zentrum mit zwei Restaurants, vier Kaufläden und einer Tankstelle sowie Sozialstation. Keine Unterkünfte außer dem Campground. Weitere Tank- und Servicestation an der Abzweigung. Von hier aus folgt der Highway dem Ufer der Seebucht nach Süden bis Yellowknife.

Bei km 335: Beginn der Asphaltfahrbahn.
Bei km 336: Yellowknife Golfplatz.
Bei km 337: Yellowknife Airport.
Bei km 338: Fred Henne Park, städtischer Campingplatz am Sandstrand vom Long Lake mit einigem Komfort, 85 Plätze, Duschen, elektrischem Strom, Schnellimbiß, 12 Can$.
Bei km 339: Old Airport Road rechts, Kurzverbindung zum Zentrum von Yellowknife. Der Highway umrundet das Zentrum im Westen und wendet sich dann erst nach Süden der Innenstadt zu.
Bei km 341: Abzweigung des Ingraham Trail, NWT Highway Nr. 4.
Bei km 342: Stadtrand Yellowknife, Hauptstadt der NWT.

Yellowknife (12.000 Einwohner)

Die Yellowknife-Indianer siedelten früher in der Nähe der Stadt, am gleichnamigen Fluß. Der Name rührt von den Kupfermessern her, die sie trugen, als die ersten Weißen mit ihnen zusammentrafen. Das Material dafür gewannen sie nördlich am

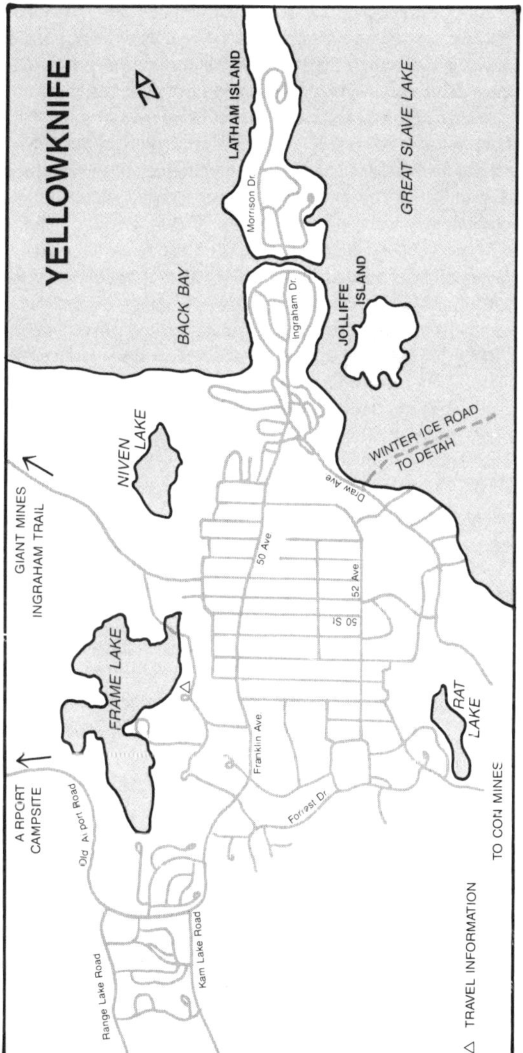
YELLOWKNIFE
LATHAM ISLAND
GREAT SLAVE LAKE
Morrison Dr.
BACK BAY
Ingraham Dr.
JOLLIFFE ISLAND
NIVEN LAKE
WINTER ICE ROAD TO DETAH
Draw Ave
GIANT MINES
INGRAHAM TRAIL
50 Ave
52 Ave
50 St
FRAME LAKE
RAT LAKE
Franklin Ave.
AIRPORT
CAMPSITE
Old Airport Road
Forrest Dr.
TO CON MINES
Range Lake Road
Kam Lake Road
△ TRAVEL INFORMATION

Coppermine River. Das hier offen zu Tage tretende Kupfervorkommen wurde bis weit ins Landesinnere gehandelt. Erst die Weißen brachten das Eisen nach Amerika. Die Einheimischen hatten es zuvor weder fördern noch verarbeiten gelernt.
Die Yellowknife waren ebenfalls Dené von der Sprachgruppe der Athabasca. Um 1820 kam John Franklin auf seiner Forschungsreise in den Norden als vermutlich erster Weißer zu ihnen an den Fluß. Ihr Häuptling Akaitscho führte ihn mit seiner Gruppe zum Coppermine und ans Eismeer. Der Stamm ist inzwischen erloschen, seine Reste gingen in der heutigen Bevölkerung auf, die zu den Dogrib-Indianern gehört, ebenfalls Dené, aber von anderem Stamm und anderer Sprache.
Die Hauptstadt der NWT ist gerade erst 50 Jahre alt. Zuvor war die Bucht an der Mündung des Yellowknife in den Great Slave Lake nicht besiedelt. Die Yellowknife und später die Dogribs fanden den Platz wohl nicht sonderlich attraktiv.
Das änderte sich erst Anfang der dreißiger Jahre, obwohl schon seit 1895 in der Region nach Gold gesucht wurde. Auch von dem Aufbruch im Jahre 1898 zum Klondike über Mackenzie und Porcupine River blieben reichlich Fußkranke zurück. Fort Simpson am Ausfluß des Mackenzie River aus dem Great Slave Lake diente ihnen als Basis und Versorgungsstützpunkt. Es gab auch hier immer wieder kleine Funde, aber wer im Winter nicht beim Trappen das Notwendige zum Lebensunterhalt erwarb, kam im Sommer beim Golddiggen nicht über die Runden.
Es dauerte bis 1934, dann gelang der erste ertragreiche Fund am Rand der späteren Siedlung. Weitere folgten, und ab 1936 wurden die Vorkommen industriell von der Cominco Ltd. ausgebeutet. Eine Siedlung schoß aus dem Boden, Zeltstadt zunächst, aber das im Sommer noch immer als „Wild Cat Café“ bewirtschaftete Restaurant stammt aus jenen Gründerwochen. Die Blockhauskneipe wird von der historischen Gesellschaft in Yellowknife, der „Old Stope Association“, als historisches Baudenkmal erhalten.
Ein weiterer beachtlicher Fund brachte 1948 die „Giant Yellowknife Mine“ ins Geschäft und boomte die Siedlung weiter voran. 1960 wurde — nach einem vorausgegangenen Fehlschlag in östlicher Richtung, der heute als „Ingraham Trail“ einen Teil der umliegenden Wildnis erschließt — die Straßenverbindung um das Westufer des Great Slave Lake herum nach Süden gebaut.
1967 wurde Yellowknife zur Hauptstadt der NWT erhoben, die Territorialverwaltung zog hierher um.
Von fern bietet die Kleinstadt beinahe den Anblick einer City mit Skyline. Einige „Wolkenkratzer“ von 12 Stockwerken täuschen mehr vor, als die Siedlung baulich hält. Sie besteht aus der üblichen Ansammlung einfacher Zweckbauten, umrahmt von einigen Straßen mit kleinen Siedlungshäuschen.
Der Ort ist nicht nur Verwaltungs-, sondern auch Versorgungszentrum der NWT, wenn auch nicht im Sinne des Güterumschlages. Der erfolgt gegenüber am See in Hay River. Aber Yellowknife hält alle handwerklichen Dienste bereit, die man hier oben benötigt.
Vier Hotels, zwei Motels, das YWCA-Hotel (für jedermann offen), 14 Restaurants und drei Speisegaststätten sowie drei Malls (Einkaufszentren unter Dach) sorgen für

das leibliche Wohl. Auch sonst entsprechen die Infrastruktur, das moderne Krankenhaus, die diversen Heim- und höheren Schulen eher dem Traum von der großen Mittelstadt, die man einst zu werden hoffte, als daß sie zu dürftig ausgefallen wären. Offensichtlich ist, daß auch hier auf Vorrat, auf Zuwachs gebaut wurde, als man noch an die Entwicklung und den Aufschwung im Norden über Erzabbau und Erdölgewinnung glaubte. Aber neben den paar Goldminen sind heute nur Handel, Verwaltung und Transport sowie Tourismus das wirtschaftliche Rückgrat der Stadt.

i PRAKTISCHE INFORMATIONEN

Unterkünfte

Wie überall in den NWT sind auch die Preise der Hotelunterkünfte beträchtlich höher als Vergleichbares im Süden. Wer im Reisemobil anreist, hat damit keine Sorgen. Wer preiswert reisen will, sollte sein Zelt mitbringen. Auch die Campingplätze in oder nahe Yellowknife sind gebührenpflichtig.

„Fred Honne Park, Campground", an der NWT Nr. 3, gegenüber dem Airport am Strand des Long Lake. 85 Stellplätze, Duschen, Strom, Schnellimbiß; die sonst üblichen Einrichtungen,12 Can$.

Weitere Campingplätze einfacherer Art am Ingraham Trail NWT Nr. 4: Prelude Lake, 28 km, und Reid Lake, 61 km vom Zentrum entfernt, permitpflichtig.

„Bed and Breakfast"-Unterkunft, fünf Häuser, ab 40 Can$, vermittelt das Touristenbüro.

„YWCA" (für jedermann), 5004 54th Street, Yellowknife NWT Y1A 2R6, Tel. 403/920-2777, 33 Zimmer sowie Schlafsaal, ab 20 Can$/Person/Nacht. Die als „Jugendherberge" gedachte Einrichtung für jedermann steht nur für drei Übernachtungen im Jahr pro Person offen. Ansonsten wird das Haus als Hotel geführt. Zimmer ab 59 Can$, zu zweit: 64 Can$ (also: noch 32 Can$/Person).

„Discovery Inn", 82 Betten in 41 Zimmern, Konferenzräume, Restaurant, Bar, ab 95 Can$. Box 784, Yellowknife NWT X1A 2N6, Tel. 403/873-2789.

„Executive House Apartment Hotel", 84 Apartments ab 84 Can$, Box 1960, Yellowknife NWT X1A 2P5, Tel. 403/873-5710.

„Explorer Hotel", 220 Betten in 110 Zimmern, komfortabel, 1. Haus am Platz, ab 130 Can$. Postal Service 7000, Yellowknife NWT X1A 2R3, Tel. 403/873.3531.

„Gold Range Hotel", 72 Betten in 42 Zimmern, Restaurant, Box 689, Yellowknife NWT X1A 2N5.

„Northern Lights Motel", 29 Betten in 20 Zimmern, ab 55 Can$. Box 2532, Yellowknife NWT X1A 2P8, Tel. 403/873-6023.

„Twin Pine Motor Inn", 100 Betten in 44 Zimmern, Restaurant, ab 45 Can. Box 596, Yellowknife NWT X1A 2N4, Tel. 403/873-8511.

„Yellowknife Inn", 300 Betten in 150 Zimmern, Konferenzräume, Restaurant, Bar, ab 110 Can$. Box 490, Yellowknife NWT X1A 2N4, Tel. 403/873-2601.

Veranstaltungen

März, letztes Wochenende: *Caribou Carnival,* lustiges Treiben mit diversen Wettbewerben und Meisterschaften im Schlittenhundrennen.

Mai, Wochenende in der Monatsmitte: *Spring Trade Fair,* Frühjahrsmesse der örtlichen Wirtschaft, Ausstellungen und diverse Unterhaltungsveranstaltungen.
Juni, Wochenende in der Monatsmitte: *Raven Mad Daze,* jährliches Kulturfestival auf den Straßen der Stadt, diverse Wettbewerbe.
Juli, Wochenende in der Monatsmitte: *Folk on the Rocks,* Natives Festival, Kunst- und Musikdarbietungen der Inuit und Dené.
August, letztes Wochenende: *Fall Fair,* ausgelassenes Erntedankfest und Markt unter freiem Himmel.

Unternehmungen

Prince of Wales Northern Heritage Centre: Großer Museumskomplex mit zwei Galerien am Westrand der Stadt, am Ufer des Frame Lake. Zufahrt über die NWT Nr. 3 (48th Street) oder Fußweg ab City Hall, 49th Avenue. Eintritt 3 Can$. Enthält die Ausgrabungsergebnisse aus der Geschichte der NWT und eine Sammlung historischer Relikte aus der Besiedlung durch Weiße. Außerdem umfassende und repräsentative Ausstellung von Kunsterzeugnissen der Native-Künstler der NWT.
Geführte Stadttouren:
a) Stadtrundgang,
b) Führung durch die Giant Yellowknife Mine.
Jeweils 2 Std. Dauer. Ab Visitor Centre, 48th Avenue, unmittelbar neben der City Hall. Tel. 403/920-4944.
Outdoorsunternehmungen: Weit über hundert verschiedene und oft nicht billige Touren hinaus in die Wildnis oder aufs Wasser werden am Ort angeboten. Ob man sich ein Segel- oder Wohnboot mietet (ab 200 Can$/Tag), sich bei einem der zwei Dutzend Verleiher ein Kanu leiht (ab 200 Can$/Woche) oder sich an einen einsamen See hinausfliegen lassen möchte, jeweils mit oder ohne Führer, kann man in aller Ruhe vor Ort entscheiden. Möglich ist nahezu alles, was man sich denken kann, wenn es nur mit Natur und Wildnis in Zusammenhang zu bringen ist. Informationen und Einzelheiten erfährt man jeweils aktuell über das Visitor Centre, s.o.

Der Ingraham Trail, NWT Nr. 4

Die rund 70 km lange Allwetterstraße, eine Sackgasse in die Wildnis hinaus, ermöglicht den freien Zugang zur Natur auf eigene Faust. Wer sich in Yellowknife aufhält, sollte sich diese Chance nicht entgehen lassen.
Die Straße entstand beim ersten Versuch, Yellowknife an das südliche Highwaynetz anzuschließen. Aber nach 70 km Bau war kein Geld mehr aufzutreiben, das Projekt wurde aufgegeben. Die vollausgebaute Fahrbahn, gut 20 km Asphalt, dann Schotterpiste, wird auch von den Einwohnern Yellowknifes gern am Wochenende genutzt, um hinaus in die Natur zu gelangen. Dem Besucher wird daher empfohlen, sich möglichst innerhalb der Woche auf den Weg zu machen.
Der Name bewahrt die Erinnerung an einen der ersten weißen Zuwanderer und Geschäftsleute der entstehenden Stadt, Vic Ingraham. Die Road ist aber auch als Highway NWT Nr. 4 Teil des NWT Straßennetzes. Startpunkt ist die Abzweigung vom NWT Highway Nr. 3 am westlichen Stadtrand.
Bei km 3: Giant Yellowknife Mines Ltd. Die Goldmine kann besichtigt werden.

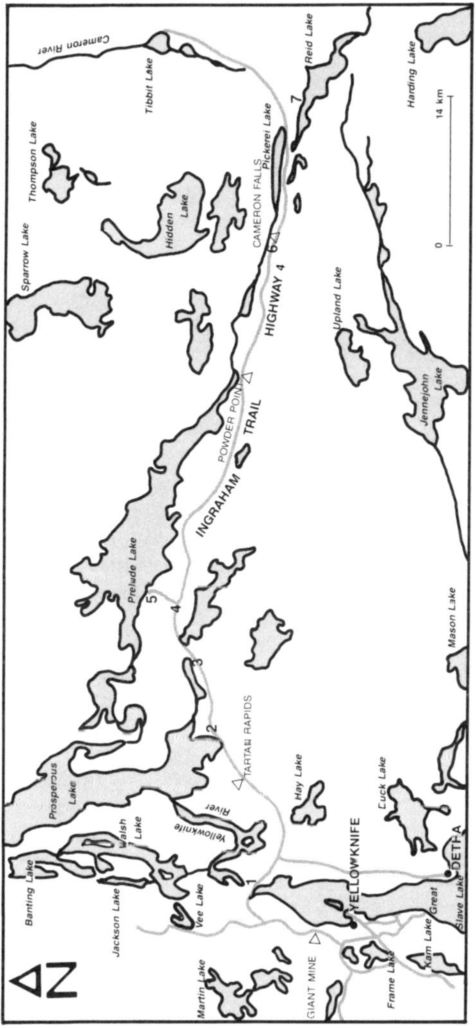

INGRAHAM TRAIL

Legende:

1. Yellowknife River, Picknickplatz
2. Prosperous Lake, Einbootplatz
3. Madelaine Lake, Einbootplatz
4. Ponton Lake, Picknick- u. Einbootplatz
5. Prelude Lake Territorial Park
6. Cameron Falls Wanderpfad
7. Reid Lake Territorial Park

Bei km 5: Seitenstraße zum Vee Lake, etwa 10 km nach Norden. Von dieser zweigt nach 5 km ein Wanderpfad (ebenfalls 5 km lang) zum Martin Lake.
Bei km 7: Einspurige Brücke über den Yellowknife River, der von Norden her ein zugängliches Seensystem durchfließt. Der Trail folgt einer anderen Seenkette nach Osten, die der Cameron River durchfließt. Picknickplatz am Ufer. Sehr gutes Fischgewässer. Schautafel über den Verlauf des Trails.
Bei km 10: Einmündung einer 11 km langen Fahrstraße zum Indianerdorf Detah. Die beiden Gittermasten tragen Rundfunkübermittler.
Bei km 19: *Prosperous Lake.* Ausgedehntes Seengebiet von 10 km Länge, ideal für Tagesausflüge mit dem Boot. Gutes Fischwasser. Picknickplatz mit Bootseinsetzplatz.
Bei km 24: *Madelaine Lake,* Picknickplatz.
Bei km 27: *Ponton Lake,* Picknickplatz.
Bei km 28: Abzweigung der Zufahrt zum „Territorial Campground Prelude Lake" (1,6 km), mit Restaurant, Bootsverleih und Hüttenvermietung. „Prelude Lake Lodge" 15 Betten in Hütten am See, Restaurant, Café, Bar. Box 2548, Yellowknife NWT X1A 2P8, Tel. 403/920-2525, ab 60 Can$/Tag/Person.

Auch dieser weitverzweigte See eignet sich sehr für Tagesausflüge. Vom Campingplatz aus führt ein Rundwanderweg (zwei Stunden) durch idyllisches Gelände am See mit 15 Schautafeln zum Wildtierbestand.

Bei km 46: Powder Point Parkplatz, das Südende des Prelude Lake mit Bootseinsetzplatz. Von hier aus ist es eine sehr schöne Bootstour, in etwa vier Tagen zur Stadt zurückzupaddeln, über das erwähnte Wassersystem des Cameron River. Keine besonderen Probleme, dafür einsame Fahrt durch großartige Landschaft mit herrlichen Wäldern rundum.
Bei km 48: Abzweigung eines Fußpfades nach Norden (2 km) zum Canyon des Cameron River und seinen Wasserfällen (bis 14 m Höhe). Ein sehr gutes Fotomotiv, aber auch sonst sehenswert.
Bei km 57: Cameron River Brücke. Ein kurzer Pfad führt zum Beginn der hier noch geringen Gefällestufen.
Bei km 61: „Territorial Campground Reid Lake" am Ufer dieses Sees, Bootseinsetzplatz. Permit erforderlich.
Bei km 71: Tibbet Lake und Ende der Fahrstraße. Der Bootseinsetzplatz erlaubt erfahrenen Wildniscampern den Zugang zum starkverzweigten Seensystem der Terry Lakes im Norden. Auch dies ist eine hochromantische Tour in unberührte Wildnis hinein. Die Wasserwanderung zurück nach Yellowknife ist von hier aus nur umständlich (Umtragung der Fälle des Cameron River) möglich.
Karten: 1 : 50.000 = 85 J, Blatt 8 und 9; 85 i, Blatt 5, 6, 11 und 12. Sie sind in Yellowknife erhältlich beim „Map Sales Office", 8th Floor, Bellanca Building.
Vorausbestellungen mit Postzusendung ist jedoch nur über Ottawa möglich →Kartenmaterial.

Fort Smith Highway, NWT Nr. 5

An dieser Straße gibt es keinerlei Benzinstation bis Fort Smith (267 km). Der Fort Smith Highway beginnt als Abzweigung von der NWT Nr. 2 bei km 33, kurz vor Hay River.
Bei km 49: „Polar Lake Campground", etwa 1,5 km Zufahrt links ab. Einfacher Zelt-

platz am See, der gutes Fischgewässer ist (Regenbogenforellen). Keine Gebühren.
Bei km 60: Abzweigung der NWT Route Nr. 6 nach Fort Resolution (90 km).
Bei km 61: Ende der asphaltierten Fahrbahn, ab hier Schotterstraße.
Bei km 87: Abzweigung nach rechts zum Sandy Lake, Sandstrand, gutes Lagern und Fischen (13 km).
Bei km 96: Einfahrt in den *Wood Buffalo National Park.* Schußwaffen dürfen nicht mitgeführt werden!
Bei km 106: Picknickplatz mit anschaulichem Karsteinsturz-Loch, der typischen Folge von Karstauswaschungen.
Bei km 119: Brücke über den Nyarling River. Das Trockenbett täuscht — der Fluß fließt darunter her im Karst.
Bei km 160: Straßenbaucamp, allenfalls Nottelefon.
Bei km 180: Abzweigung (1 km) zum Picknickplatz.
Bei km 195: 1981 brannte dieses Waldgebiet ab. Auch im Nationalpark werden Waldfeuer grundsätzlich nicht gelöscht.
Bei km 210: Der Highway verläßt den Nationalpark wieder.
Bei km 215: *Little Buffalo River Falls.* Abzweigung der Stichstraße von 2 km zu den Fällen und einem Picknickplatz.
Bei km 230: Stichstraße von 11 km, Parsons Lake Road, führt zum Picknickplatz an der Salzebene. Die Salzquelle hat mit ihrer Sole das Land zur Wüste gemacht. Wanderung über die Salzebene empfohlen.
Bei km 244: „Thebacha Campground", erreichbar über Stichstraße von 16 km nach Norden.
Bei km 263: *Queen Elisabeth Park,* guter Campingplatz mit Duschen am Stadtrand von Fort Smith, nahe dem Slave River mit den „Rapids of the Drowned". Gebührenpflichtig! 10 Can$ pro Stellplatz/Nacht.

Bei km 267: **Fort Smith,** 2500 Einwohner
Die Siedlung stammt aus der Zeit der HBC und ihrer Voyageurs, die wegen der Stromschnellen gezwungen waren, hier zu umtragen und zu lagern. Die Tragestrecke entlang der Rapids beträgt immerhin 25 km, die mit ca. einem Zentner Gewicht auf dem Rücken so oft durchmessen werden mußten, bis Ladung und Boot am Ende der Rapids wieder aufs Wasser gebracht werden konnten.
Dennoch wurde erst 1874 hier ein Handelsposten eingerichtet. 1876 folgte die katholische Mission und baute eine Kirche. Die Siedlung wurde Sammelpunkt für die zur Algonkin-Sprachfamilie gehörenden Chipewyan und Cree Indianer — und für die Meti, jene Halbindianer mit frankokanadischer Abstammung, die der HBC als Voyageure dienten. In dieser Siedlung ist daher auch Französisch Amtssprache!
Der Nationalpark wurde 1922 eingerichtet und machte den Ort zur Verwaltungsstadt. Anfang 1960 wurde hier die erste Selbstverwaltung der NWT ins Leben gerufen, Fort Smith war Hauptstadt der NWT, verlor diese Funktion aber schon 1967 an das viel jüngere, aber viel schneller zur fünffachen Größe herangewachsene Yellowknife.
Die Stadt bietet sämtliche Versorgungsdienste, unter anderem vier Tankstellen mit Reparaturdiensten, zwei Supermärkte, diverse Läden, ein Krankenhaus und hat eine Festhalle, die natürlich „Roaring Rapids Hall" heißt.
Flugverbindung täglich mit Yellowknife und Edmonton, Alberta.

Unterkünfte
Campingplatz am Fluß, s.o.
„Pelican Rapids Inn“, 50 Zimmer mit Bad, ab 80 Can$. Darunter Appartements mit Küche. Restaurant, Bar.
Box 52, Fort Smith NWT X0E 0P0, Tel. 403/872-2789.
„Pinecrest Hotel“, 48 Betten in 28 Zimmern, ab 75 Can$. Restaurant. Box 127, Fort Smith NWT X0E 0P0, Tel. 403/872-2104.
„Fort Smith Guest Homes“, Bed and Breakfast in 18 Privathäusern mit insgesamt 40 Betten. Ab 35 Can$.
Vermittlung: Subarctic Wilderness Adventures Ltd., Box 685, Fort Smith NWT X0E 0P0, Tel. 403/872-2467.
Veranstaltungen/Unternehmungen
„Old Fashioned Pine Lake Piknik“; Juli, zweiter Sonntag, Volksfest unter freiem Himmel mit einem Dutzend origineller Wettbewerbe usw.
„Paddle through the Rapids Tour“; August, erstes Wochenende, Kanuwettbewerbe auf dem Slave River, Volksfest.
„Northern Life Museum and National Exhibition“; Funde und Ausstellungsstücke über das frühere Leben in der Gegend, Ausstellung von Kunstwerken einheimischer Künstler. Kein Eintritt, ganzjährig geöffnet.
„Wood Buffalo National Park“, →dort.
„Rapidsrafting“: Fahrt mit schweren Schlauchbooten durch die Slave River Stromschnellen. „Subarctic Wilderness Adventures Ltd., Box 685, Fort Smith NWT X0E 0P0, Tel. 403/872-2467. Halbtagestour 55 Can$.
Sowie die gesamte Skala der Outdoorsunternehmungen. Nützliche weitere Informationen hierzu erteilt:
Economic Development and Tourism Office. Box 390, Fort Smith NWT X0E 0P0. Im Ort: von Juni bis September der Informationskiosk im Conibear Park, der an der Hauptkreuzung im Zentrum liegt, Portage Avenue Ecke McDougal Road.

Fort Resolution Highway, NWT Nr. 6

Der Fort Resolution Highway beginnt als Abzweigung von Fort Smith Highway Nr. 5 bei km 60 und führt als Sackgasse von 90 km nach Fort Resolution am Ufer des Great Slave Lake. Nur die ersten 25 km sind asphaltiert, der Rest ist Schotterstraße.
Bei km 15: Private Stichstraße zur stillgelegten (1987) Erzmine von Pine Point.
Bei km 22: Abzweigung zur Siedlung Pine Point, die nach Stillegung der Mine erlosch. Die früheren 1800 Einwohner haben die Siedlung verlassen. Keinerlei Versorgungsmöglichkeit!
Bei km 24: Abzweigung einer zweiten Stichstraße nach Pine Point.
Bei km 52: Abzweigung einer Stichstraße von 40 km zum Ufer des Great Slave Lake. Der Uferstreifen „Dawson Landing“ ist felsig und bietet Möglichkeiten zum Angeln sowie einen herrlichen Ausblick auf die Inseln vor der Küste. Straße kann nur bei gutem Wetter risikolos befahren werden, Vierradantrieb nützlich!
Bei km 89: „Fort Resolution Campground“, schlicht, keine Gebühren.

Bei km 90: **Fort Resolution,** 450 Einwohner.
Die Siedlung liegt kurz vor der Einmündung des Great Slave River und hat ihren

Ursprung daher als Handelsposten und Stützpunkt an der alten NWC Handelslinie, die vom Süden Kanadas ab Fort McMurray über 2600 km Wasserwege zum Eismeer führte. Sie wurde schon 1786 als erste der nördlichen Niederlassungen begründet. Ihre Bevölkerung besteht neben Chipewyan-Indianern auch aus Meti, die ihre frankokanadische Kultur aus jener Zeit bewahrt haben. Das Dorf gilt als das älteste in den NWT. Der Besucher wird rasch feststellen, daß er ins Land der Schlittenhunde gekommen ist. Hunderte von diesen Tieren liegen im Sommer angekettet neben den Häusern.

Die wirtschaftliche Grundlage ist noch immer Jagd, Fischfang, Fallenstellen, außerdem etwas Holzeinschlag und -verarbeitung. Zwei Supermärkte, eine Tankstelle mit Reparaturdienst, zwei Restaurants, Krankenhaus, Post und Polizeiposten.

Bootsverleih: im Supermarkt der HBC.

Unterkünfte: bekommt man über die Gemeindeverwaltung vermittelt. Ebenso kann man Bootstouren mit Angelmöglichkeit buchen.

Liard Highway, NWT Nr. 7

Der Liard Highway beginnt in British Columbia, als Abzweigung vom Alaska Highway, nahe Fort Nelson, und führt von dort aus über insgesamt 430 km durch einsame Wildnis zum Anschluß an den NWT Highway Nr. 1 unweit von Fort Simpson. In British Columbia ist er als BC Highway Nr. 77 ausgeschildert. Auf der gesamten Strecke gibt es nur eine Einfachsttankstelle mit allen Treibstoffarten bei km 208 (ab Fort Nelson!).

Fort Nelson (3700 Einwohner) → „Alaska Highway“

35 km westlich von Fort Nelson zweigt die Schotterstraße nach rechts vom Alaska Highway ab.

Bei km 34: Gaspipeline kreuzt die Straße.

Bei km 39: Gefälle ins Tal des Fort Nelson River beginnt.

Bei km 43: Einspurige Brücke über den Fluß, 430 m Länge, Gegenverkehr abwarten. Jenseits Parkplatz mit Toilette.

Bei km 95: Betonteile einer Brücke links vom Fahrdamm, die bei einem Verkehrsunfall im Busch landeten und nicht mehr geborgen werden konnten. Diverse Schneisen und Seitenwege in diesem Gebiet dienen der Ölexploration und sind Privateigentum.

Bei km 122: Die Straße verläßt den Wald und eröffnet von der Höhe einen weiten Rundblick, die Kotaneelee Range mit Mount Martin links der Straße (1360 m.ü.M.).

Bei km 131: Steiler Abstieg ins Tal des Petitot River, der ein von warmen Quellen gespeister Fluß ist. Sein Wasser soll hier immer 21 °C haben.

Bei km 133: Brücke über den Petitot River. Deren Teile liegen bei km 95 im Graben. Da sie neu gefertigt werden mußten, konnte die Straße erst mit erheblicher Verspätung am 23. Juni 1984 — und dann natürlich hier — eröffnet werden. Jenseits steiler Anstieg von 10 % aus dem Flußtal.

Bei km 137: Grenze BC/NWT. Uhr eine Stunde weiter drehen: Wechsel der Zeitzone. Wer entgegengesetzt fährt, gewinnt eine Stunde hinzu. Ab hier NWT Highway Nr. 7 und km Null.

Bei km 38: „Hay Lakes Campground“, schlicht und gebührenfrei.

Bei der Gewichtsprüfstation liegt die einzige Tankstelle am Highway! Abzweigung der Stichstraße (7 km) nach

Fort Liard, 400 Einwohner. Das Dorf der Slavey liegt am Ufer des Liard River, zu dem hier der Highway aufschließt und ihm fortan folgt. Der Name des Flusses bedeutet „Schwarzpappel" und ist französischen Ursprungs. Fort Liard wurde 1805 als Handelsposten der NWC gegründet, aber kurz danach von Indianern abgebrannt und die Besatzung, mehr als ein Dutzend Menschen, ermordet. Die HBC gründete den Posten 1821 neu. Es entwickelte sich die übliche Indianersiedlung mit katholischer Kirche, zwei Supermärkten, Sozialstation und Polizeiposten. Im Sommer fahren die Motorschuten von Hay River den Fluß herauf bzw. von Fort Nelson herunter und versorgen die Siedlung. Sie gilt als einer der wärmsten Punkte, ohne Permafrost, was mit den umliegenden warmen Quellen (am Nahanni River) und dem Warmwasser führenden Petitot River zusammenhängt, der hier in den Liard mündet. Die Bevölkerung hat sich auf feine Birkenrindenarbeiten spezialisiert. Das Geschäft der Indianercooperative, die auch zwei Charterflugunternehmen unterhält, führt eine große und sehenswerte Auswahl davon.

Auch dieser Ort ist zweimal wöchentlich im Linienflug mit Yellowknife verbunden. Das einzige Hotel/Motel im Dorf:

„Liard Valley Motel", 12 Betten in 8 Zimmern, ab 80 Can$. General Delivery, Fort Liard NWT X0G 0A0, Tel. 403/770-4441, bietet auch die einzige Restauration an. Der Ort eignet sich insgesamt hervorragend als Stützpunkt für beliebige Trips in die Umgebung, auf den Flüssen oder zum Nahanni National Park. Obwohl keine kommerziellen Unternehmen vorhanden sind, ist über die Indianer-Cooperative leicht ein Führer anzuheuern oder ein Boot zu mieten. Der HBC-Supermarkt verleiht Kanus zu 35 Can$/Tag.

Bei km 78: Links führt eine Stichstraße zum Liard River. Vorsicht! Schlechter Zustand: aufgegebene Bergwerkszufahrt zu einer jenseits des Flusses liegenden Erzlagerstätte.

Bei km 151: Blackstone Territorial Park. Campingplatz, permitpflichtig. Informationskiosk für Touristen. Der Platz ist Ausgangspunkt zum Nahanni National Park. Das Dock für Wasserflugzeuge am Liardufer folgt:

Bei km 157: Zugwegung zum Liard River und Cadillac Landing Landungsbrücke. Sie diente früher der Cadillac Mine als Anleger für die Motorschuten zum Erztransport. Heute Anleger des Flugdienstes zum Nahanni Park, der Liard Tours Ltd. aus Fort Nelson (→Nahanni National Park).

Bei km 222: Abzweigung links führt über schlechte Strecke von 7 km zum Liardufer.

Bei km 257: Ende des Highways, Einmündung in den Mackenzie Highway NWT Nr. 1. Tankstelle mit Reparaturdienst und Café.

Dempster Highway

Dempster Highway ist wohl die Straße, die die meisten positiven Adjektive zuerkannt bekommt, wenn Touristen sich an ihren Kanada-Aufenthalt erinnern. Wer diese einmalige Straße gefahren ist, durch großartige und wechselnde Natur, durch grüne Wildnis hinauf ins Gebirge, durch wei-

te Ebenen über der Baumgrenze und dann hinab in die Tundra am Eismeer, in die Barren Grounds und weit über den Polarkreis, wird sie nie mehr vergessen.
Ursprünglich sollte sie eine Erschließungsstraße werden, als man sie 1959 in Angriff nahm, denn die kanadische Bundesregierung wollte sich einen Weg in die Wildnis zu deren reichen Naturschätzen verschaffen. Noch träumte man von einer Belebung des Nordens durch Aufspüren und Ausbeuten reicher Bodenschätze. Die Straße sollte Exploration und Abtransport der Reichtümer möglich machen. Als sie dann 1979 fertig war, waren die Träume verflogen. Dem Besucher, der einsame und wunderschöne Natur erleben möchte, erfüllt sie dagegen die Wünsche. Obwohl — wer diese 743 km bis ans Ende des Kontinents gefahren ist, muß auf demselben Weg wieder zurück, oder zurückfliegen. Es ist eine einmalige Sackgasse zu ursprünglicher und unversehrter Naturlandschaft, und das ist es wert, sie auch noch zurück zu befahren.
Eine einzige Tankstelle mit Reparaturwerkstatt liegt auf halber Strecke, zusammen mit dem schier luxuriösen Hotel „Eagle Plains". Sonst gibt es keinerlei Versorgungsdienste am Weg. Erst am Ende, in den Natives-Siedlungen vor der Beaufort See, sind wieder Serviceleistungen zu haben.
Der Name der Straße, die dem ehemaligen Post- und Hundeschlittenpfad ans Eismeer folgt, bewahrt den Namen des RCMP Corporals Dempster, der eine verlorene Schlittenhundepatrouille im Winter 1911 suchte — und seine Kameraden nahe Fort McPherson erfroren fand.
Die Fahrbahn besteht auf der gesamten Strecke aus Schotter, ist leider auch an manchen Stellen stark mit Lehm durchsetzt, was bei Regen die Sache schlüpfrig macht. Bei nasser Fahrbahn ist also besondere Vorsicht angebracht.
Zwei kostenlose Fähren queren Peel und Mackenzie River. Die ganzjährig befahrbare Strecke wird daher in Zeiten des Eisaufbruches im Frühjahr (Anfang Mai) und des herbstlichen Zufrierens (Ende Oktober) gesperrt. Im Winter verläuft der Verkehr dann über das Eis der zugefrorenen Flüsse — und dann reicht die Straße tatsächlich bis ans Eismeer; über eine Winterroad wird sie bis Tuktoyaktuk an der Kugmallik Bay verlängert.
Noch einmal im Frühjahr und im Spätherbst wird die Straße gesperrt, wenn der Hauptteil der Porcupine Karibu Herde auf seiner jährlichen Wanderung von West nach Ost und wieder zurück die Fahrbahn zu Zehntausenden kreuzt. Der Zeitpunkt ist unbestimmt, weil von der Entwicklung der Jahreszeiten abhängig, aber der mögliche zweitägige Aufenthalt bietet reichlich Entschädigung durch das einmalige Bild von Tier und Landschaft. Die Jagd ist übrigens zum Schutz der Tiere an der Straße und in einem breiten Korridor daneben verboten. Der Highway quert zu zwei Dritteln das Yukon Territory und führt dann in die NWT. Gemeinsam ist beiden Territorien der Name „Dempster Highway", ihren jeweiligen Anteil schildern sie unterschiedlich als Yukon Highway Nr. 5 bzw. NWT Highway Nr. 8 aus.
Die manchmal berichteten Schwierigkeiten beruhen entweder auf Übertreibung oder Angeberei — oder beidem! Die Fahrbahn unterscheidet sich nicht von der anderer Schotterstraßen (Gravelroads) wie z.B. dem Alaska Highway in seinem letzten nichtasphaltierten Teil. Nur irre Raser

müssen einen Satz Bereifung zur Reserve mitführen. Lebensmittel kann man sowohl auf halber Strecke im Eagle Plains Hotel Store sowie in den diversen Supermärkten von Inuvik kaufen. Daß man sich dennoch reichlich eingedeckt auf den Trail macht, hat ökonomische Gründe: je weiter nach Norden, umso höher die Kosten. Die Preise in Inuvik liegen doppelt und manche dreimal so hoch wie in Whitehorse! Und wer die Strecke in zwei Tagen abfahren will, ist hier ohnehin am falschen Platz. Diese Tour lohnt sich, wenn man mindestens eine Woche dafür ansetzt, langsam und genießerisch fährt und sich unterwegs Zeit läßt. Daß es auch anders geht und daß die Strecke wirklich nicht zum Fürchten ist, beweisen die Bustouren. Große Überlandbusse fahren in zwei Tagen, mit Stop im Eagle Plains Hotel, nach Inuvik und in zwei Tagen zurück, erlauben so auch demjenigen dieses eindrucksvolle Erlebnis, der nicht mit dem eigenen fahrbaren Untersatz unterwegs ist:
Rainbow Adventure Tours Ltd., 3089 3rd. Avenue, Whitehorse YT Y1A 5B3, Tel. 403/668-5599.
Die Rundtour ab und bis Whitehorse, YT, mit zweitägigem Aufenthalt in Dawson City und Inuvik, dauert insgesamt 11 Tage.
Im Preis von 1500 Can$ sind 10 Übernachtungen enthalten. Mahlzeiten müssen gesondert gezahlt werden. Unterbringung in Doppelzimmern, Einzelzimmeraufschlag: 210 Can$. Dieselbe Fahrt kann auch nur in einer Richtung gebucht werden, 880 Can$: Dauer sechs Tage, fünf Übernachtungen. Dann muß aber der Flug von Whitehorse nach Inuvik (oder umgekehrt) zusätzlich getragen werden: 340 Can$. Ein Rundflug Whitehorse — Inuvik — Whitehorse kostet 510 Can$ (Linienflugkosten!) Alkan Air, Box 4008, Whitehorse YT Y1A 3S9, Tel. 403/668-2197 (oder im Inland kostenfrei: 1-800-661-0432, Reservierung: 1-88-668-6616). Flugverbindung nur montags, dienstags, donnerstags und freitags. Flugdauer je 3 Stunden.
Diese Tour kann man in jedem deutschen Reisebüro buchen. Daneben gibt es eine Busverbindung zwischen Inuvik und Dawson City: Gold City Tours, Box 960, Dawson City YT Y0B 1G0, Tel. 403/993-5175, Fax 403/993-5261. Das Büro liegt an der Front Street in Dawson City, gegenüber dem Sternwheeler. Die Fahrt dauert 12 Stunden (eine Richtung!) und kostet 198 Can$, Rundtrip 350 Can$, plus GST! Start ist dienstags und donnerstags ab 8 Uhr in Dawson und an denselben Tagen ab Inuvik mit dem Gegenbus um 9 Uhr, aber nur von Mitte Juni bis Ende August.

Die Straße beginnt als Abzweigung vom Klondike Highway YT Nr. 2, 40 km ostwärts von Dawson City. Unmittelbar an der Abzweigung liegt die „Klondike River Lodge", 10 Zimmer, ab 50 Can$. Raststätte mit Tankstelle und Restaurant, Reparaturen. Letzte Möglichkeit, vollzutanken und Einkäufe im Store zu erledigen.
Post: General Delivery, Dawson City YT Y0K 1G0, Tel. 403/993-6892.
Bei km 0,3: einspurige Holzbrücke über den berühmten Klondike River. Die Fahrbahn folgt dem Tal den Nordarmes hinauf zur Wasserscheide.
Bei km 6,5: Seitenstraße (nur Fußweg) führt zum alten Staudamm, der das erste Elektrizitätswerk bediente.
Bei km 66: Nach einem halben Dutzend Brücken über Zuflüsse zum Klondike River folgt ein Straßenbaucamp: nur Notfalltelefon, keine Hilfsdienste.

Bei km 68: Brücke über den North Klondike River, dahinter klettert die Straße bis über die Baumgrenze.
Bei km 73: „Tombstone Mountain Campground", permitpflichtig, schlicht am Fuß des gleichnamigen Gebirges gelegen.
Bei km 74: Paßhöhe (1220 m.ü.M.). Herrlicher Blick ins folgende Tal des Blackstone River, Ostarm und die umgebenden Ogilvie Mountains, die bis zu 2100 m.ü.M. aufragen.
Bei km 80: Schutzstand für Notfälle, darf nicht zum Übernachten genutzt werden!
Bei km 126: Landestreifen für Regierungsflugzeuge, die Highwayfahrbahn gehört hier dazu!
Bei km 170 und folgende: rotfarbiges Eisenerzgestein, an manchen Stellen Schwefeladern.
Bei km 194: „Engineer Creek Campground", permitpflichtig, einfach.
Bei km 197: Brücke über den Ogilvie River, dem auch der Blackstone River zufließt.
Der Highway folgt nun dem Ogilvie River, der wie das Gebirge rundum den Namen des ersten Commissioners (Gouverneurs) des Yukon Territory erhielt. Der Ogilvie River wird hier von erfahrenen Kanuten als Wasserstraße in den Norden genutzt, um über den Peel zum Mackenzie hinunter zu fahren.
Eine der herrlichsten Wildwasserstrecken durch unverfälschte Einsamkeit, zumindest in der ersten Hälfte. Aber auch mit erheblichen Hindernissen und daher nur etwas für erfahrene Wildwasserfahrer.
Bei km 198: Straßenbaucamp, Notfalltelefon.
Bei km 200: für rd. 40 km folgen pittoreske Felsformen, Auswaschungen des Gesteines.
Bei km 246: verläßt die Straße das Ogilvie Valley und klettert hinauf auf die Hochfläche der Eagle Plains, einem der wenigen Gebiete, die in Kanada nie von den Eiszeiten erfaßt wurden.
Die Hochfläche gehört zur Tundraregion, erlaubt weite Wanderungen und großartige Rundblicke auf die nach rechts und links ansteigenden Gebirgszüge, letztere noch immer die Ogilvies, rechts beginnen die Richardson Mountains.
Auf dem Plateau wurde ausgiebig exploriert, nach Erzen und Erdöl gesucht.
Bei km 283: weiteres Straßenbaucamp mit Notfalltelefon.
Bei km 373: „Eagle Plains Hotel", 32 Zimmer ab 100 Can$. Restaurant, Bar, kleiner Kaufladen, Campingplatz, komfortabel mit Duschen und Münzwaschmaschinen. Ganzjährig und 24 Std. täglich geöffnet! Campinggebühr: 12 Can$. Restaurantpreise ungewöhnlich günstig: Frühstück ab 4, Lunch ab 5 und Dinner ab 8 Can$.
Außerdem: Tankstelle mit Reparaturdienst!
Bei km 383: Eagle River Bridge, Einsetzpunkt für Kanuten, die zum Porcupine River und nach Old Crow paddeln.
Bei km 403: Polarkreis, neben der Straße dreieckiges Schaubild hierzu.
Bei km 448: „Cornwall River Campground", permitpflichtig, schlicht.
Bei km 456: Highway wendet sich den Richardson Mountains zu und steigt hinauf zum George's Gap, der Paßlücke in dem Gebirgszug.
Bei km 471: Grenze YT/NWT und Wasserscheide. Von hier ab fließen alle Wasser zum Eismeer.
Gute Wandergelegenheit, Fotoapparat nicht vergessen. Wechsel der Zeitzone, Uhr muß eine Stunde weiter gestellt werden.

Bei km 486: James Creek, Straßenbaucamp mit Nottelefon.
Bei km 514: Seitenstraße zum Midway Lake.
Bei km 546: Peel River Fähre, verkehrt im Sommer von 9 — 24 Uhr täglich.
Bei km 548: jenseits des Flusses „Nutuiluie Territorial Campground“, NWT-Campground Permit erforderlich, schlicht.
Bei km 555: Zufahrt rechts zum Airport von Fort McPherson.
Von hier aus besteht zweimal wöchentlich Linienflugverbindung mit Inuvik.
Bei km 557: Abzweigung nach links zur Siedlung.

Fort McPherson (760 Einwohner) ist eine Siedlung der Kutchin Dené und liegt auf einem Hügel über dem Peel River. Als 1789 Alexander Mackenzie hier eintraf, fand er die Indianer bereits im Besitz von Eisenwaren vor, russischem Handelsgut, das von den Tlingit im Süden bis hier hinauf gehandelt wurde.
Den hiesigen Bewohnern hängten die Voyageure die Bezeichnung „Loucheux“ an, was „Schieler“ heißt. Die Bezeichnung wurde auf alle Kutchin übertragen, als zweiter Volksname, sollte aber ihnen gegenüber nicht angewandt werden — obgleich ihre Sprache hochoffiziell so heißt. Es finden sich weniger Schieler unter ihnen, als vermutlich unter den Voyageuren anzutreffen waren. Liebe Nachbarn erklären denn auch, die Bezeichnung rühre nicht von einer Behinderung, sondern daher, daß die Kutchin zunächst unauffällig Gepäck und Taschen der Reisenden mustern, ob sich ein Diebstahl wohl lohne. Aber auch das ist nur eine üble Nachrede und entbehrt jeder Grundlage.
Das Dorf wurde durch einen Handelsposten der HBC gegründet, der ursprünglich 1840 unterhalb am Peel River gebaut und 1852 hierher umgesiedelt wurde.
1897 strömten hier einige hundert Goldhungrige auf dem Weg über den Porcupine hinunter zum Klondike hindurch. Die Kutchin begleiteten viele der Gruppen bis an den Yukon River.
Der Name der Siedlung bewahrt den Namen des Postenführers der HBC, der die erste und noch heute bestehende Niederlassung der HBC aufbaute.
Auf dem Friedhof neben der Anglikanischen Kirche liegen Inspektor Fitzgerald und seine drei Begleiter, die 1910 von hier aufbrachen, um im Winter per Hundeschlitten die übliche Patrouille und Postfahrt nach Dawson City zu unternehmen. Durch einen Schneesturm und folgende widrige Wegverhältnisse aufgehalten, versuchten sie wegen zu geringem Lebensmittelvorrat nach Fort McPherson zurückzukehren. Sie schafften es nicht mehr ganz. Corporal Dempster, der sie von Dawson City aus suchte, fand seine Kameraden von der RCMP erst kurz vor der Siedlung — erfroren.
Das Dorf hat zwei Supermärkte und eine Tankstelle mit Reparaturdienst, Krankenstation, Polizeiposten, Postamt, eine Segeltuchweberei mit Zeltfabrikation und -verkauf. Die Indianer-Cooperative bietet geführte Flußtouren über Peel und Mackenzie River nach Inuvik und Tuktoyaktuk an sowie jede Outdoorsaktivität.
Unterkunft, Restaurant, Café
„Tetlit Service Co-op“, 18 Betten in 9 Zimmern, ab 100 Can$! Box 27, Fort McPherson NWT C0E 0J0, Tel. 403/952-2417, Fax 403/952-2602 (zugleich die Tankstelle). Im Schulgebäude ist ein kleines Museum un-

tergebracht, in dem die kurze Historie des Dorfes archiviert ist.

Veranstaltungen

Im Sommer, vom 24.-26. Juni, Openair Musikfestival am Midway Lake (→dort) mit beachtlicher Beteiligung und großem Volksfest, zu dem auch die Nachbarn, die Inuit nördlich von Fort McPherson, zu Gast sind.

Bei km 613: Fähre über den Mackenzie River, ebenfalls kostenlos, fährt auch nur von 9-24 Uhr. Wer das abseits am Arctic Red River liegende gleichnamige Dorf ohne Straßenanschluß besuchen möchte, muß dies vorher dem Fährmann mitteilen. Er muß dann als letzter und rückwärts auf die Fähre rangieren, die anschließend den Umweg zum Dorf fährt und den Besucher dort zur abgesprochenen Zeit wieder abholt.

Arctic Red River, 110 Einwohner. Hier am Zusammenfluß der beiden Flüsse befand sich früher ein Fischcamp der Kutchin. Die mit den Anglikanern konkurrierenden Oblaten-Brüder errichteten hier ihre katholische Mission. 1868 und 1870 folgte der HBC-Store, der heute noch den Ort versorgt. Auch dieser Punkt wird zweimal wöchentlich im Linienflug von Inuvik aus angeflogen. Die Indianer-Cooperative unterhält eine Lodge: „Sunshine Inn", Arctic Red River NWT X0E 0B0, 8 Betten in 2 Zimmern, ab 75 Can$, Tel. 403/953-3003, Fax 403/953-3302 (mit Küchenbenutzung). Ganzjährig geöffnet! geführte Touren jeder Art möglich. Kein Restaurant.

Bei km 731: Zufahrt zum Airport von Inuvik. Tägliche Jet-Liniendienste nach Yellowknife, Whitehorse, Edmonton und dem Süden.

Bei km 733: Inuvik Inn, Tankstelle, Reparaturdienst, Schnellimbiß.

Bei km 738: „Chuk Park Territorial Campground", komfortabel, Duschen, elektrischer Strom, Info-Center und Aussichtsturm. Gebühr: 12 Can$ pro Stell- oder Zeltplatz, empfehlenswert.

Bei km 740: Kreuzung, nach links ins Zentrum von Inuvik, nach rechts zum Mackenzie River Ostkanal.

Bei km 742: „Happy Valley Campground", am Twin Lake und Ostkanal, nicht so komfortabel wie der o.a., viele Mücken, sehr teuer.

Inuvik (3400 Einwohner): die Stadt wurde 1954 vom Staat gegründet, um hier einen Siedlungsschwerpunkt für die im Mackenziedelta verstreut lebenden Inuitgruppen zu schaffen. Es war geplant, alle Inuitsiedlungen im Delta, das aus mehreren hundert einzelnen Wasserwegen, Kanälen und Inseln besteht, an einem Ort zusammenzufassen. Daher wurde die Stadt aus der Retorte auf dem sicheren Ostufer und im Anschluß an den Highway geplant. Je 100 km, nach Süden bis zur Peel River Mündung, nach Norden bis zum Eismeer und nach Westen bis zum Fuß der Richardson Mountains erstreckt sich von hier aus das Wasserstraßensystem im Delta. In dessen Westrand eingebettet liegt die frühere Hauptsiedlung Aklavik, die sich hartnäckig weigert, den Plänen gehorchend zu erlöschen.

Inuvik, was im hiesigen Dialekt nur „Ort der Inuit" bedeutet, wuchs rasch, in den 70er Jahren vorangeboomt durch Erdölexploration vor der Küste und im Delta. Heute spricht man bereits davon, dem vorzüg-

lichen Schul- und Collegesystem eine nordische Universität anzugliedern. Bekannt ist die Stadt durch ihr überirdisches Versorgungssystem, alle Leitungen sind in aufgeständerten (und beheizten) Röhren verlegt, um den Permafrost nicht zu beeinträchtigen. Noch bekannter ist die im Iglu-Stil gebaute Kirche der Inuitstadt.
Inuvik ist Schul-, Verwaltungs- und Versorgungszentrum der Region, sämtliche Dienstleistungs- und Hilfseinrichtungen sind vorhanden. Daneben sind eine ganze Reihe von Flug- und Wildnisführungen durch Inuitunternehmungen vom Ort aus möglich, das Mackenziedelta, die Eismeerküste und die Inseln im Polarmeer laden dazu ein.

Veranstaltungen

Juni, Wochenende in der Monatsmitte: „Midnight Madness", Volksfest und ausgelassenes Feiern anläßlich der Sommersonnenwende.

August, letztes Wochenende: „Happy Valley Community Picnic", Native-Fest mit Wettkämpfen traditioneller Inuit- und Dené-Sportarten sowie Darbietungen überlieferter Künste.

August, letztes Wochenende: „NWT-Fiddle Championship", Musikwettbewerbe und Darbietungen in den Straßen der Stadt, Tanzdarbietungen, Volksfest.

Oktober, letztes Wochenende: „Delta Daze", ausgelassenes Erntedankfest mit Parade, Wettspielen, Volksfest.

Unterkünfte

„Eskimo Inn", 156 Betten in 78 Zimmern, ab 110 Can$, im Zentrum, Restaurant und Bar, Box 1740, Inuvik NWT X0E 0T0, Tel. 403/979-2801.

„Mackenzie Hotel", 60 Betten in 32 Zimmern, ab 100 Can$, im Zentrum, Restaurant, zwei Bars und Nachtclub mit 150 Plätzen. Box 1618, Inuvik NWT X0E 0T0, Tel. 403/979-2861.

„Finto Motor Inn", 70 Betten in 40 Zimmern, ab 115 Can$, mit Restaurant, an der Kreuzung bei km 740, s.o., Box 1925, Inuvik NWT X0E 0T0. Tel. 403/979-2647.

„Inuvik Inn, Esso Service", 10 Betten in 5 Zimmern, ab 80 Can$, an der Flughafenstraße, einfaches Restaurant. Box 1557, Inuvik NWT X0E 0T0, Tel. 403/979-2631.

Die Nationalparks der NWT

Die NWT haben vier Nationalparks vorzuweisen, die so einmalig in ihrer Art sind, was Naturwunder, Landschaft und die jeweiligen Tierarten angeht, daß jährlich im Sommer wie im Winter eine recht beachtliche Zahl von Besuchern in den hohen Norden aufbricht, um unter Inkaufnahme der beträchtlichen Kosten einen bleibenden Eindruck mit nach Hause zu nehmen. Denn ebenso spektakulär wie die naturbelassenen Landschaften sind auch die Preise dort oben. Schließlich muß ja nicht nur jeder Besucher, sondern auch alles, was er benötigt, eingeflogen werden — und in einigen Fällen seine menschlichen und sonstigen Hinterlassenschaften auch zurück.

Eingehende Auskünfte und kostenfreie Informationen erhält man bei der jeweiligen Parkverwaltung. Es muß jedoch schon im ersten Anschreiben sehr präzise das Anliegen formuliert werden, sonst erhält man nur die gängigen Hochglanzbroschüren und muß noch ein weiteres Mal schreiben. Die benötigten Landkarten gibt es bei der genannten Stelle in Ottawa (→Kartenmaterial), wo sie gegen Bezahlung gesondert bestellt werden müssen. Bei den Fristen, die so ein mehrfacher Schriftwechsel beinhaltet, sind Vorbereitungszeiten bis zu einem Jahr einzukalkulieren, ehe man starten kann.

Adressen

Auyuittuq National Park Reserve, Pangnirtung NWT X0A 0R0, Telefon 819/473-8962.
Ellesmere National Park Reserve, Tel. und Anschrift wie vorgenannte.
Nahanni National Park Reserve, Superintendent, Post Bag 300, Fort Simpson NWT X0E 0N0, Tel. 403/695-3151.
Wood Buffalo National Park, Superintendent, Box 750, Fort Smith NWT X0E 0P0, Tel. 403/872-2349.
Historic Parks
Weitere Auskünfte nur über: Travel Arctic, Yellowknife NWT X1A 2L9, Tel. 403/873-7200.

Auyuittuq National Park Reserve

Anschrift und Auskünfte: Superintendent Auyuittuq National Park Reserve, Pangnirtung NWT X0A 0R0, Tel. 819/473-8962.
Parkoffice: in der Siedlung Pangnirtung.
Ausdehnung: 21.471 qkm
Karten gibt es auch im Maßstab 1 : 50.000, aber es genügen die im Maßstab 1 : 250.000 = 16 L/K (Cape Dyer) 1 Blatt; 16 M/N (Padloping Island) 1 Blatt; 26 i (Pangnirtung); 26 J (Clearwater Fjord); 26 O (Nedlukseak Fjord); 26 P (Okoa Bay); 27 A (Home Bay); 27 B (Ekalugad Fjord). Der Wanderer kommt mit 26 i (Pangnirtung) aus, denn diese deckt den einzigen Wanderpfad ab.

Anreise

In diesen Park führt nur der Luftweg. Die Insel Baffin Island ist durch den Flughafen des Hauptortes Iqaluit an das kontinentale Linienflugnetz angeschlossen.
Zwischen Winnipeg und Iqaluit sowie Yellowknife besteht tägliche Verbindung.
Von Iqaluit nach Pangnirtung gibt es ebenfalls täglich einen Anschlußflug.

Allgemeines

Der 1972 eingerichtete Park ist sehr wenig erschlossen. Er umfaßt im wesentlichen eine einzige geschlossene Eiskappe, Reste der letzten Eiszeit, vor ca. 18.000 Jahren entstanden, die mit zahlreichen Gletscherzungen in ebenso viele scharfgeschnittene Fjorde mündet. Der Name des Parkes trägt dem Rechnung: Auquittuq stammt aus dem Inuktiut und bedeutet „Land, das nie schmilzt".
Der eisfreie Teil der Region, die im Nordwesten von Baffin Island liegt und zur Cumberland Halbinsel gehört, hat nicht nur alpinen Zuschnitt, er wird auch gern als die Schweiz Kanadas beschrieben. Schroffe Gebirgstäler mit steil aufragenden Gipfeln sind mehr für Bergsteiger denn für wanderfrohe Touristen geeignet. Mount Asgard, Mount Thor und ein Dutzend anderer Gipfel bieten alpines Klettervergnügen über 2000 m hinauf.

Unternehmungen

Der Park läßt nur eine Unternehmung zu. Ein 100 km Wanderweg führt quer über die Halbinsel, vom Ende des Pangnirtung Fjords bis zum Beginn des jenseitigen Nord Pangnirtung Fjords — oder umgekehrt.
Am Startpunkt liegt der einzige reguläre Campingplatz, „Overlord", mit 12 Zeltplät-

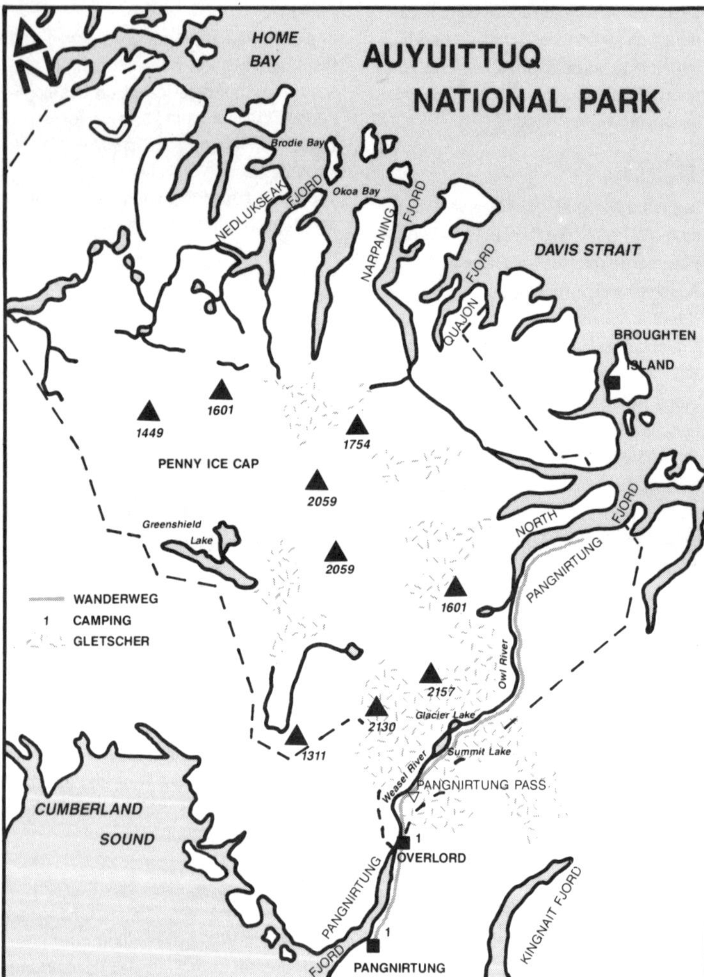

zen, Primitivtoilette, Feuerstellen und Feuerholz, ganzjährig geöffnet, 8 Can$ pro Übernachtung.

Der Wanderweg führt durch ein tiefeingeschnittenes Gebirgstal entlang dem Weasel River und über den Polarkreis hinauf

auf die Paßhöhe, die nach 32 km am Summit Lake erreicht wird. Am gleich dahinter anschließenden Glacier Lake führt das Tal des Owl River über 60 km weit hinunter auf Meereshöhe. Hier, wie auch viermal am Wege verteilt, bieten einfache Unterstände Wetterschutz, sind aber nicht als Übernachtungshütte geeignet.

Am Summit Lake befindet sich ein einfacher Picknickplatz mit Toilette, aber ohne Feuerholz. Kochgelegenheit muß mitgeführt werden. Die einzige Versorgungsmöglichkeit ist in Pangnirtung. Ab dort ist man völlig auf sich selbst angewiesen. Auch wer sich zu einer Bergsteigertour aufmacht, muß sich darüber im klaren sein, daß Hilfsaktionen seitens der Parkverwaltung nicht möglich sind. Wer sich hier in Gefahr begibt, muß sich selbst zu helfen wissen.

Alle weiteren Touren wie Gletscherwanderungen, Bootstouren in die Fjorde und zu den Gletscherabbrüchen sowie Jagdunternehmungen mit Inuit und im Winter per Schneemobil sind problemlos möglich, aber nur in Begleitung erfahrener Führer. Die Inuitcooperative von Pangnirtung offeriert ein Dutzend zuverlässiger Führer, ebenso die Parkverwaltung in Pangnirtung.

Wer schon einmal in Pangnirtung ist, sollte auch die Besichtigung des historischen „Kekerten Park" nicht auslassen (→Historics Parks).

Pangnirtung (1005 Einwohner) liegt am Eingang des gleichnamigen Fjordes an der Südostküste von Baffin Island und dem Cumberland Sound. Die Siedlung ist außerdem Verwaltungssitz und Zugangsort zum nördlichen Auyuittuq National Park.

Das Dorf ist auf uraltem historischem Boden angelegt, war Walfängerstützpunkt, Sommer- und Fischfanglager der Inuit seit alters her. Heute sind hier die früher verstreut in der Umgebung lebenden Inuit am Versorgungs- und Schulort zusammengefaßt. Neben dem HBC-Handelsposten sind mehrere weitere Läden vorhanden.

Unterkünfte

„Overlord Territorial Campground", schlicht, liegt 25 km nördlich des Dorfes am Parkeingang, →oben.

„Auyuittuq Lodge", 33 Betten in 17 Zimmern, Restaurant, ab 200 Can$ (mit Vollpension). Pangnirtung NWT X0A 0R0, Tel. 819/473-8955. Zwei weitere Lodges liegen ganz hinten am Ende des Cumberland Sounds und bieten im Sommer kombinierte Touren in den Park sowie Anglerfreuden im Sound.

„Tongait Arctic Sports Fishing Camp", 12 Betten in 6 Hütten am Kingnait Fjord. Offen 5. Juli bis 25. August. Anschrift: Canada North Outfitting Inc., Box 1230, Waterdown Ontario L0R 2H0, Tel. 416/689-7925.

„Kikertaluk Camp", 16-Personen-Unterkunft und Verpflegung im Camp, geöffnet von Mitte Juli bis Ende August. Anschrift: Ken Brown, Corbet Sports Ltd., 120 Steers Road, Oakville, Ontario L6K 2E7, Tel. 416/844-8077.

Ellesmere Island National Park Reserve

Anschrift und Auskünfte: Superintendent Ellesmere Island National Park Reserve, Canadian Park Service, Pangnirtung, NWT X0A 0R0, Tel. 819/473-8828.

Parkoffice: Tanquary Camp am Ende des gleichnamigen Fjords an der südlichen Parkgrenze. Ganzjährig geöffnet.

Cape Columbus — der nördlichste Punkt Amerikas

Dieser Park ist nicht nur der nördlichste der Erde, er schließt auch den nördlichsten Punkt von Amerika ein, *Cape Columbus.* Jenseits des 80. Breitengrades gelegen, enthält er die letzte bewohnbare Landschaft des Kontinents vor dem ewigen Eis. Nur Grönlands Nordkap liegt noch etwas näher zum Nordpol, Spitzbergen und Severnaja Semlja liegen weit südlicher, über den Pol hinweg gegenüber. Von der nördlichen Parkgrenze aus muß der Fußgänger noch 750 km zurücklegen, dann steht er auf dem geographischen Nordpol. Der magnetische Pol, jener Punkt, der die Kompaßnadel anzieht, liegt schon 400 km südwestlich zurück. Im Park hat man also eine Abweichung um über 100 Grad auf der Windrose zwischen tatsächlichem und vermeintlichem Nordpol. Die „Mißweisung" verdient sich hier also ihren Namen zu Recht, und mit dem Kompaß ist hier oben wenig anzufangen, da er wegen des nahen Magnetpols meist nur kreiselt. Wer nun meint, da sei eine landschaftserhaltende Maßnahme überflüssig, der irrt. Auch hier oben wurde schon nach Erzen geschürft und nach Erdöl gesucht. Nur die Parkzone, das nördliche Fünftel der Ellesmere Insel, ist davon nun ausgenommen.

Ausdehnung: 39.500 qkm, umfaßt die nördlichste Ecke des Kontinents.

Karten: Es gibt sie nur im Maßstab 1 : 250.000 120 C/D (Lady Franklin Bay) 1 Blatt, 120 F/G (Clements Markham Inlet) 1 Blatt; 340 D (Tanquary Fjord); 340 E/H (McClintock Inlet) 1 Blatt. Die Parkverwaltung hat zwei Fotokarten erstellt, Maßstab 1 : 64.000. Sie decken den Flachlandbereich zwischen Tanquary Fjord und Lake Hazen ab. Diese Karten werden beim Einchecken in Tanquary Camp an Besucher ausgegeben.

Die Landschaft ist im Nordosten des Parkes unbeschreiblich spektakulär. Ein schroffes hochaufgesteiltes Gebirge birgt ein zentrales Eisfeld, aus dem der Turm des *Mount Barbeau,* der höchste Gipfel der Insel, auf 2600 m.ü.M emporragt. Mehr als hundert Gletscherzungen schieben sich bergab durch kantige Gebirgstäler der British Empire Range und kalben zum Teil erst nach 50 km Wegstrecke ins Meer. Steile Felswände von manchmal 800 m Höhe senken sich in tiefeingeschnittenen Fjorden in tiefe Meeresschluchten ab. Im Sommer liegen die geologischen Schichtungen frei und lassen sich von den Besuchern bewundern. Die Südosthälfte des Parks besteht aus einem weiten, beckenartig geformten Plateau mit dem *Lake Hazen* in seiner Mitte, über 50 km lang und bis zu 10 km breit, der größte See nördlich des Polarkreises, so groß wie der Bodensee! Diese flache Landschaftszone wird gegen Nordwesten durch das steil aufragende, bereits beschriebene Massiv der *British Empire Range* geschützt. Dieselbe Funktion übernimmt gen Norden die *Unites State Range.* Diese geschützte Lage und die vom südlich einfallenden Sonnenschein ständig aufgewärmten Gebirgsflanken machen mit ihren klimatischen Einflüssen den Aufenthalt auf dem Flachland zu jeder Jahreszeit angenehm. Der Park ist dann auch ganzjährig geöffnet.

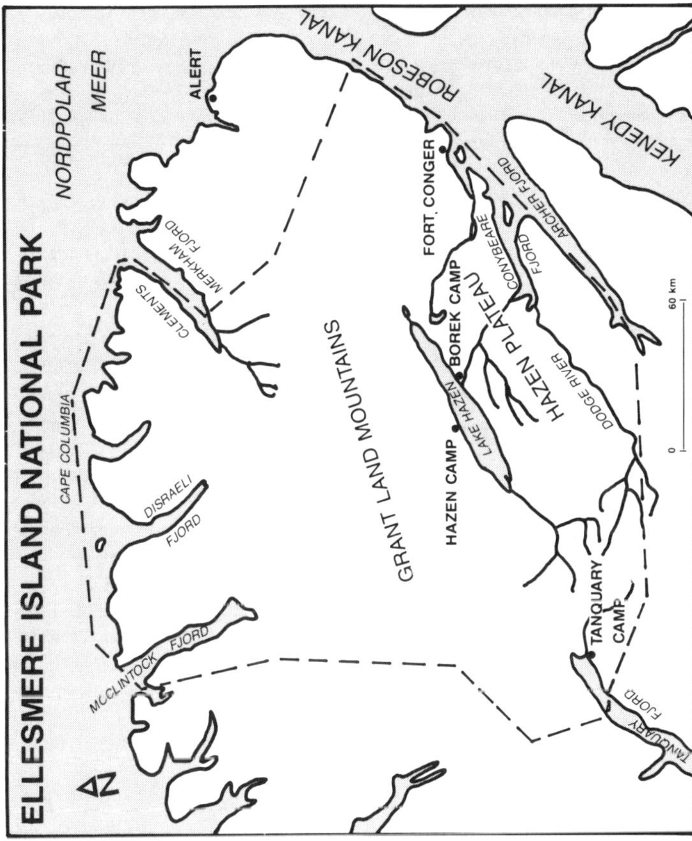

Rund um Lake Hazen breitet sich die im Sommer dicht begrünte Schotterlandschaft der Barren Grounds aus, mit vier Touristencamps, die weit voneinander entfernt liegen. Denn diese wunderbare hochnordische Gebirgslandschaft mit ihrem rauhen Charme wird Besuchern gern zugänglich gemacht. Und der Zusatz „Reserve" macht deutlich, daß die im Süden der Insel, in Grise Fjord, beheimateten Inuit im Park nach wie vor die Jagd ausüben. So wird es den Besuchern möglich, eine Gruppe der einheimischen Jäger zu begleiten, wenn sie nach Altväterart auf Moschusochsen oder Karibu jagen. Denn die Inuit leben hier oben noch immer in der überlieferten Weise von Jagd und Fallenstellen an Land, vom Fischen und Robbenjagen im Meer. Natürlich auch hier längst mit der Gewißheit, daß staatliche Hilfe eingreift, wenn man es selbst nicht mehr schafft. Auch in Grise Fjord verzichtet man nicht auf Rundfunk und Fernsehen, besitzt Schule, Krankenstation, Polizeiposten und Supermarkt.

Hochwachsende Pflanzen gibt es hier nicht mehr, und Bäume kommen nur als Treibholz vor. Aber fast 500 verschiedene Flechten, Moose und einfache Bodenbedecker wollen die Gelehrten im Sommer gezählt haben. Sie erlauben Karibu und Moschusochsen ein Auskommen, was auch Fuchs und Wolf leben läßt und hin und wieder einen vorbeiwandernden Eis- oder Polarbären anlockt. Die Zahl der hier im Sommer lebenden Vogelarten hat niemand gezählt und die Mücken im Juli auch nicht.

Im Park sind zahlreiche Fundstellen von Wohnplätzen aus Thule- und Vorthule-Zeiten zu besichtigen. Ihre große Zahl beweist, daß die günstige klimatische Situation früher in großem Umfang Siedler anlockte. Zumindest in den letzten 2000 Jahren hatten hier Menschen eine friedliche Heimat.

Außerdem haben diverse Polarexpeditionen hier ihr festes Basiscamp gehabt. Schon Nares war 1875 hier, Greely 1881/83, und auch Peary lagerte hier. Wer zum Nordpol unterwegs war, legte auf Ellesmere seine Versorgungsbasis an oder machte hier zumindest Halt, um zu rasten.

Anreise

Wer in arktische Gefilde aufbrechen möchte, kann das nur mit einer wohl gefüllten Geldbörse tun. Billigangebote gibt es nicht, alles wird eingeflogen und kostet dementsprechend. Für einen Kurzurlaub oder eine Spritztour sind die Kosten zu hoch und für einen lohnenden Aufenthalt von mindestens drei Wochen muß man etwa 5000 DM rechnen. Dennoch ist Vorbuchung unerläßlich. Kurz vor Saison im Sommer ist die Insel bereits ausgebucht.

Resolute Bay, 200 Einwohner, liegt im Herzen der arktischen Inselwelt, an der Südküste von Cornwallis Island. Obwohl nach den Funden ein seit Beginn der Inuiteinwanderung besiedelter Platz, blieb er nur ein Wandercamp. Der Name erinnert an die Suche nach der verschwundenen Franklin Expedition. Eines der Suchschiffe, die „Resolute“, unterhielt hier ein Lager.

Erst 1947, als hier eine Wetterstation gebaut wurde und die Polaris Mine erschlossen wurde, bekam die Siedlung eine Infrastruktur. Aus Québec wurde eine Inuitgruppe hierher umgesiedelt. Das kleine Bergwerk ist ohne Bedeutung, die Bevölkerung hat neben den herkömmlichen Unterhaltsquellen nur die Bedienung des Verkehrsstützpunktes als wirtschaftliche Grundlage.

Es besteht eine Jetflugverbindung mit Yellowknife, Montréal und Edmonton. Zweimal wöchentlich wird Resolute Bay im Linienflug bedient. Der für Düsenjets ausgelegte Flughafen von Resolute Bay liegt aber weit südlich auf Cornwallis Island. Von dort sind es noch 350 km Luftlinie bis Grise Fjord bzw. 900 km bis in den Park. Wer den Park besucht, fliegt besser gleich dorthin. Dazu ist ein Charterflug nötig, während Grise Fjord im Linienflug zweimal wöchentlich ab Resolute Bay angeflogen wird. Charterunternehmen gibt es aber nur in Resolute Bay!

Bradley Air Services Ltd., Resolute Bay NWT X0A 0V0, Tel. 819/252-3981.
Kenn Borek Air Ltd., Resolute Bay NWT X0A 0V0, Tel. 819/252-3845.

PRAKTISCHE INFORMATIONEN

Unterkünfte

Resolute Bay

„International Explorers Home“, 10 Betten in 6 Zimmern, ab 85 Can$. Mahlzeiten extra. Box 200, Resolute Bay NWT X0A 0V0, Tel. 819/252-3875.

„Narwhal Arctic Services“, 48 Zimmer mit Doppelbetten, Vollpension Pflicht, ab 175 Can$. Box 88, Resolute Bay X0Y 0V0, Tel. 819/252-3968. Beide Häuser bieten kostenfreien Flughafen-Transfer und die einzige Restauration am Ort, die auch ohne Zimmermiete angeboten wird.

Außerdem hat der Ort nur noch einen Supermarkt und die übliche staatliche Infrastruktur. Kein Campground vorhanden, aber campen ist überall am Dorfrand möglich und gestattet.

Grise Fjord

„Grise Fjord Lodge“, 15 Betten in 9 Zimmern, Küchenbenutzung möglich. Vollpension ab 175 Can$, Grise Fjord NWT X0A 0J0, Tel. 819/980-9913.

Auch für Grise Fjord gilt derselbe Nachtrag wie unter Resulute Bay bezügl. sonstiger Dienste.

Die beiden weiteren Orte auf Ellesmere Island, *Eureka* und *Alert,* sind lediglich Wetterstationen, bieten weder Unterkunft noch Dienstleistungen und helfen nur in Notfällen weiter. Im Nationalpark gibt es weder feste Unterkünfte noch einen Campground. Es ist jedem erlaubt, überall im Park sein Zelt aufzuschlagen.

Im Park sind vier private Unternehmen mit je einem Camp ansässig:

- Blackfeather, 40 Wellington St. East, Toronto, Ontario MSE 1C7, Tel. 416/862-0881.
- Canada North Outfitting Inc., P.O. Box 1230, Waterdown, Ontario L0R 2H0, Tel. 416/689-7925.

Preisbeispiel:

14 Tage ab Edmonton oder Montréal, eine Person, alles inbegriffen: Anflug, Unterkunft, Verpflegung: Can$ 4285, oder: 11 Tage ab Edmonton, eine Person, alles inbegriffen: Anflug bis Grise Fjord, Schiffstour zum Park, Wanderung im Park, Rückreise ebenso, Can$ 5 735.

- Ecosummer Canada Expeditions Ltd., 1516-E Duranleau Street, Vancouver BC V6H 3S4, Tel. 604/669-7741 o. 559-4681.
- High Arctic International Explorer Services Ltd., Box 200, Resoulute Bay NWT X0A 0V0, Tel. 819/252-3875. Dieses Unternehmen ist identisch mit dem Hotel in Resolute Bay; es bietet zusätzlich ab Resolute Bay den Verleih von Camping-Ausrüstung einschließlich Nahrungsmitteln und Heizöl für den Zeltofen. Außerdem verleiht dieses Unternehmen die im Park vorgeschriebenen Walkie-Talkies, die Notfunkgeräte mit der vorgeschriebenen Funkfrequenz 5281,5 und 5031 Megahertz.

Letzteres Unternehmen bietet den Parkbesuchern an, nur Unterkunft in ihrem Camp am Lake Hazen zu bezahlen, sich ansonsten auf eigene Faust zu verpflegen und im Park umzusehen.

Unternehmungen

Zunächst sei noch einmal nachdrücklich darauf hingewiesen, daß man sich hier im

Land der Mitternachtssonne befindet. Der Tag dauert hier im Sommer drei Monate lang. Das hat zur Folge, daß die für Juli angegebene Durchschnittstemperatur von 7 °C nur wenigen Schwankungen unterliegt. Wenige und geringe Niederschläge versprechen im Sommer wochenlange Dauersonnentage, was jeder denkbaren Outdoorsunternehmung förderlich ist. Die Parkverwaltung weist dennoch darauf hin, daß nach ihrer (maßgeblichen) Ansicht Bekleidung auf der Basis von Gore-Tex unerläßlich ist, will man einen angenehmen Aufenthalt genießen.

Begleitung von Inuit bei Wanderungen, Jagdzügen usw. ist nur über die Inuit-Cooperative Grise Fjord, NWT X0A 0J0, Tel. 819/980-9913 möglich. Dies ist dieselbe Telefonnummer wie für die Lodge in Grise Fjord, denn auch die wird von der Cooperative der Inuit betrieben. Wer dort Station machen, kann sich am Ort verabreden.

Tageswanderungen mit oder ohne Führung, von einem der Camps ausgehend.

Rundwanderungen mit oder ohne Führung.

Angeltouren auf dem Lake Hazen, der besonders für seine Seesaiblinge bekannt ist (Arctic Char).

Im Winter: Skilanglauf-Touren ab Camp Lake Hazen oder eine Fahrt mit dem Schneemobil durch den Park.

Zu jeder Jahreszeit: Rundflüge in Absprache mit dem einfliegenden Charterflugzeug.

Bergsteiger finden in der hochalpinen Gebirgswelt eine Fülle anspruchsvoller Herausforderungen.

Sonstiges

Eine Tour in den Ellesmere National Park benötigt präzise Vorbereitungen. Was einem fehlt, kann im Park entweder gar nicht oder zu horrenden Preise beschafft werden. Es gibt weder in Resolute Bay noch in Grise Fjord eine Bank, vom Park ganz zu schweigen. Wer also nicht in Schwierigkeiten geraten will, muß mit einem Sack Dollar anreisen. Die führt man zweckmäßigerweise in Traveller Cheques mit oder in Form einer Visa Card. Selbst die wird nicht von jedem, auch nicht von jedem Hotel, akzeptiert. Bargeld in einer gewissen Menge ist daher unerläßlich!

Der Nahanni National Park Reserve

Anschrift und Auskünfte: Superintendent Nahanni National Park Reserve, Postal Bag 300, Fort Simpson NWT X0E 0N0, Tel. 403/695-3151.

Parkoffice: Nahanni Butte, am Nahanni River, SSTI Nordufer (rechts) vor dessen Einmündung in den Liard River. Ab 01.07. bis 31.08. sind vier Rangerposten im Park besetzt, u.a. nahe der Virginia Falls und am Ufer des Rabbitkettle Lake.

Ausdehnung: 4766 qkm! sie umfassen nur ca. 300 km des Nahanni River Mittellaufes.

Karten: 1 : 250.000 = 95 E (Flat Lake); 95 F (Virginia Falls); 95 G (Sibbestone Lake); 95 L (Glacier Lake).

Kanuten müssen unbedingt die Karten 1 : 50.000 haben. Nur diese zeigen präzise den Flußlauf, die Hindernisse und die Stromschnellen auf.

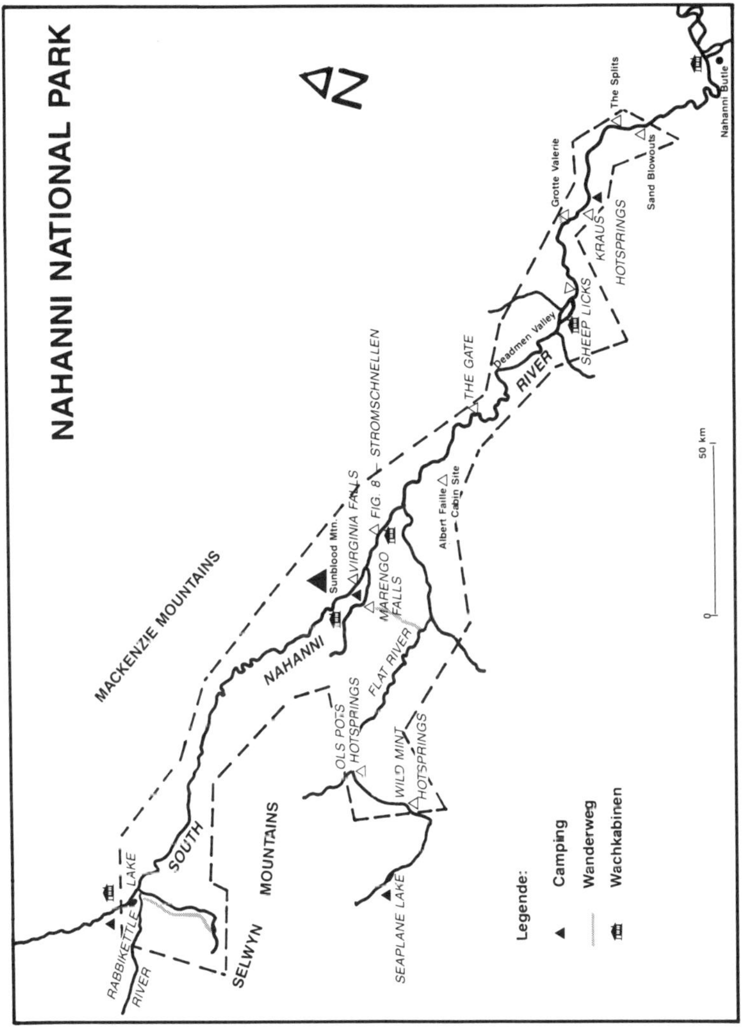
NAHANNI NATIONAL PARK
N
MACKENZIE MOUNTAINS
SELWYN
MOUNTAINS
SOUTH
NAHANNI
RIVER
RABBIKETTLE
LAKE
RIVER
SEAPLANE LAKE
WILD MINT
HOTSPRINGS
OLS POTS
HOTSPRINGS
FLAT RIVER
MARENGO
FALLS
Sunblood Mtn.
VIRGINIA FALLS
FIG. 8
STROMSCHNELLEN
Albert Faille
Cabin Site
THE GATE
Deadmen Valley
SHEEP LICKS
KRAUS
HOTSPRINGS
Grotte Valerie
Sand Blowouts
The Splits
Nahanni Butte
0
50 km
Legende:
Camping
Wanderweg
Wachkabinen

Mythen und Mord — zweifelhafter Ruhm des Nahanni Parks

Nicht nur spektakuläre Naturformationen haben gerade diesen Park so bekannt gemacht. Der Ruf der Region war jahrzehntelang vom rätselhaften Verschwinden vieler Männer und den daran anknüpfenden Sagen geprägt.

Es begann damit, daß die Nahanni Indianer nicht nur selbst den Flußlauf mieden, sondern auch zu den weißen Neubürgern von ihrer Tabuzone sprachen. Angeblich sollten große Ungeheuer das Tal bewachen und jeden Eindringling töten.

Außerdem kamen Gerüchte von einer tropischen Region auf, in der womöglich Urwelttiere überlebt hatten und noch immer ihr Unwesen trieben. Der Nahanni Talzug galt demnach als eine Art kanadisches Loch Ness des Nordens, der Yeti ging dort um und riß den Besuchern die Köpfe ab. Anscheinend war in grauen Vorzeiten eine Gruppe der Monster aus dem Himalaja herabgestiegen und den Urindianern nach Nordamerika gefolgt, lange bevor Reinhold Messner ihre verbliebenen Genossen zu jagen begann. Wie auch immer: Als erster bekannter Weißer drang Willie McLeod, der Sohn eines HBC-Händlers in Fort Liard, in das Tal vor. Er hatte von Indianern Goldnuggets gezeigt bekommen und messerscharf geschlossen, daß diese nur aus dem tabuisierten Tale kommen konnten, in das sich wegen seines Rufes niemand hineinwagte. Sein Wagemut wurde belohnt, er fand angeblich reichlich Gold, irgendwo zwischen dem ersten und dem zweiten Canyon. Und da ihn auch der Yeti verschonte, kehrte er mit einem dicken „Poke“, dem Ledersack mit Gold, nach Hause zurück.

Im folgenden Jahr überredete er seinen Bruder Frank und einen Dritten, von dem nur der Name Wade überliefert ist, mit an den Nahanni zu kommen, um die Goldmine gründlich anzugehen. Dann hörte man nichts mehr von ihnen. Bis eines Tages und ein Jahr später eine Gruppe Nahanni zum Einkauf in Fort Liard erschien. Sie berichteten, daß sie vor einigen Wochen Wade getroffen hatten, hoch in den Mackenzies und auf dem Weg nach Westen, nach British Columbia.

Ein dritter McLeod-Bruder, Charly, machte sich auf die Suche nach seinen Brüdern. Er fand ein Camp am Ufer des Unterlaufes des Nahanni — und darin zwei Skelette ohne Kopf! Die Kleidungsreste erkannte er als die seiner Brüder. Sie waren offenkundig im Schlaf erschossen worden. Ihre Köpfe blieben ebenso unauffindbar wie ihr Gold. Auch den Fundort kannte nun niemand mehr. Der Mokassin Telegraf verbreitete die Kunde vom Geschehen rasch im Land. Immer wieder brachen Propektoren auf und drangen zum Nahanni vor, um die sagenhafte McLeod-Mine zu suchen. Nur wenige von ihnen kehrten wieder. Das Register der Getöteten brachte es nach und nach auf 21 Tote. Manche waren und blieben spurlos verschwunden, von anderen fand man Überreste, darunter so manches Skelett ohne Kopf. Martin Jorgensen, Bill Eppler, Jack Mulholland, Phil Powers, Ollie Holmberg zählten dazu.

Die angeblich so tüchtige RCMP untersuchte jeden der Fälle, kam in den mei-

sten zum Urteil, daß gemordet worden war, aber einen Täter fand sie in keinem Fall. Die anderen Verschwundenen erklärte man zu Unglücksopfern, sie wurden als Unfälle abgeschrieben. Der Theorien und Erklärungen gibt es genug, aber es ist keine stichhaltige Aufklärung auch nur eines der Vorfälle erfolgt.
Und die mysteriöse McLeod-Mine hat bis heute niemand entdeckt. Die Ungeheuer vom Nahanni jedoch scheinen vor dem aufkommenden Tourismus in eine andere Ecke des Gebirges geflüchtet zu sein. Seit 50 Jahren bleiben die Besucher des Flusses verschont, kopflose Skelette findet man heute nicht mehr im Tal. Einige amtliche Namen halten am Nahanni die Erinnerung an die geschilderten Ereignisse wach. Da gibt es ein „Tal der toten Männer", und den „Höhenzug der Kopflosen", auf daß der Wanderer sich grusele.

95 E, Blatt 15 und 16; 95 F, Blatt 1, 2, 5, 6, 7, 8, 9, 11, 12; 95 G, Blatt 3 und 4. Für den Oberlauf außerhalb des Parks: 95 E, Blatt 14; 95 L, Blatt 3, 4 und 5; 105 i, Blatt 7, 8, 10, 11.

Beschreibung

Der Park liegt einsam und ohne eine Zuwegung in der höheren Region der Mackenzie Mountains. Er umfaßt im Prinzip nur den Hauptlauf des gleichnamigen Flusses. Der bildet auf ca. 300 km Länge das Herz des Schutzgebietes. Der Zusatz „Reserve" verdeutlicht, daß die Nahanni Indianer vom Stamm der Kaska Dené (Athabasca), heute ansässig im Dorf Nahanni Butte (außerhalb des Parkes, unmittelbar bei der Ranger Station, 80 Einwohner), noch immer die herkömmlichen Jagdrechte im Park besitzen und ausüben.

Dieser Park ist ein unvergleichliches Abenteuer, ein wirklich einmaliges Erlebnis für jeden. Wer sich in dieser unberührten Wildnis bewegen will, ist auf die Wasser des Flusses angewiesen. Diese sind im Unterlauf nicht ganz ungefährlich, also nur erfahrenen Kanuten empfohlen. Im ansonsten wegelosen Park (einige sehr empfehlenswerte Seitentrips sind möglich, weg vom Fluß in romantische Seitentäler und hinauf auf die Höhen, aber kein Pfad folgt dem Fluß) finden sich in der Saison bemannte Rangerstationen, Schutzhütten und einige primitive Campingplätze.

Auf halber Länge befindet sich einer der schönsten Wasserfälle der Welt, *Virginia Falls*. Durch einen pyramidenförmig hoch aufragenden Pfeiler geteilt, stürzt sich der Fluß in voller Breite über eine Steilwand in die Tiefe, an höchster Stelle um 91 m, also fast anderthalbmal soviel wie die Niagara Fälle vorzuweisen haben. Unterhalb der Fälle bildet sich eine Kette atemberaubender Stromschnellen, mit denen der Fluß sich nun in die Canyons zwängt, mit steil aufragenden Felswänden von mehreren hundert Metern Höhe, in Millionen Jahren von dem Fluß in den Fels gesägt. Es handelt sich um eine Reihe einzelner Schluchten, immer wieder unterbochen von Strecken mit ruhigem Wasser oder weiten Becken mit lieblichen, sanft ansteigenden und dicht bewaldeten Hängen. Ein Dutzend unterschiedlicher heißer Mi-

neralquellen verwöhnen den Wanderer, erlauben ein warmes Bad in der Sole.
Wer sich auch nur ein wenig naturverbunden fühlt, der kommt hier auf seine Kosten. Das hat auch die UNO bewogen, diesen Park mit auf die Liste der weltweit geschützten Naturdenkmale aufzunehmen: auf die UNESCO World Heritage List.

Anreise
Die abseitige Lage in einem Hochtal der Mackenzie Mountains trägt dazu bei, daß die noch immer weitgehend unberührte Landschaft einigermaßen heil der Nachwelt erhalten blieb. Andererseits — was nützt die Erhaltung des Naturzustandes, wenn niemand die Schönheiten dieses Hochgebirgstales erleben kann? Daher hat die Parkverwaltung einige Unternehmen autorisiert, die nun Besucher in den Park bringen dürfen. Außerdem ist es jedem erlaubt, auf eigene Faust das Tal zu durchstreifen, aber nur nach dem Einchecken bei der Parkverwaltung! Dorthin muß man erst einmal gelangen. Der Liard Highway gibt die einzige Straßenzufahrt in die Nähe her. Der Highway NWT Nr. 7 verläuft aber auf dem gegenseitigen Ufer des Liard und weit ab von der Einmündung des Nahanni River. Erst 25 km flußabwärts, bei Highway km 284, trifft die Road auf die Einmündung des Blackstone River und kommt hier an den Liard heran. Hier liegt der Blackstone Territorial Park mit Informationsbüro, einfachem Campingplatz und Landesteg am Liard River für Boote und Wasserflugzeuge. Hier liegt der mögliche Start- und/oder Endpunkt für Parkbesucher. Zufahrt zum Anlegeplatz 6 km nördlich der Campgroundeinfahrt. Liard Tours Ltd., Box 3190, Fort Nelson, BC V0C 1R0, Tel. 604/774-2909, unterhalten hier im Sommer einen Flugdienst zu jedem Punkt im Park, an dem das Flugzeug wassern kann. Preisbeispiel: 2 Personen plus Kanu zum Rabbitkettle Lake am Oberlauf und Beginn des Parkes: 730 Can$.
Einfacher Besichtigungsflug mit Landung und Spaziergang zu den Virgina Falls: 495 Can$. Da es sich jeweils um den Flugzeug-Charterpreis handelt, sind das bei vier Personen rund 125 Can$ pro Teilnehmer.
Weitere — und wegen der Entfernung teurere — Besichtigungsflüge kann man täglich von Yellowknife aus machen. Je nach Absicht kommen auch folgende Abflugorte/Flugunternehmen in Betracht:
Deh Cho Air, General Delivery, Fort Liard NWT X0G A0A, Tel. 403/770-4103, für Besichtigungsflüge zu den Fällen und dem Unterlauf, ca. 250 Can$ für Cessna 185 (zwei Personen).
Wolverine Air Ltd., Box 316, Fort Simpson NWT X0E 0N0, Tel. 403/695-2263, Ziele wie oben, Fälle und Unterlauf, ca. 350 Can$.
Watson Lake Flying Services, Box 7, Watson Lake YT Y0A 1C0, Tel. 403/536-2231, am günstigsten für Flüge zum Rabbitkettle Lake und zum Oberlauf, ca. 300 Can$ für zwei Personen plus Kanu.
Der Anflug von Watson Lake bzw. Fort Nelson ist Kanuten deshalb zu empfehlen, weil sie nur diese Orte mit Greyhound Bussen erreichen können. Es fallen also weniger zusätzliche Kosten an.
Die Flugpreise ergeben sich aus dem Basispreis von 2,10 Can$ für eine Cessna 185 (zwei Personen/Gepäck/Kanu) oder 4,25 Can$ für eine sechssitzige Otter, multipliziert mit der jeweiligen Entfernung in Luftlinie zwischen Startort und Ziel. Aber immer daran denken: Der Leerflug zurück

muß dem Piloten ebenfalls bezahlt werden, und zwar Meile für Meile, darauf beziehen sich die Preisangaben! Vermerk: Die vermeintlich günstige Anreisemöglichkeit für Kanuten zum Oberlauf des Nahanni über die Nahanni Range Road, NWT Nr. 10, und den Flat River hinunter zum Nahanni kann sich leicht zu einem Fehlschlag entwickeln. Am Ende der 310 Straßenkilometer von Watson Lake aus liegt heute die längst stillgelegte Wolfram Erzmine Tungsten. Die Siedlung ist aufgegeben, die private Straße am Ende gesperrt, zwei Wächter sorgen für Sicherheit und lassen niemanden aufs Gelände. Die Fahrbahn wird seit der Minenstillegung nicht mehr gewartet. Es gibt keinerlei Service an der Nahanni Range Road. Immerhin, die wunderschöne und ruhige Gebirgswelt der Logan Mountains entschädigt für die Mühe. Mit Vierradantrieb ist die Fahrt sogar empfehlenswert — aber eben nur als Ausflug in die Wildnis! Ein primitiver Campground liegt bei km 190 ab Watson Lake und bietet kostenfrei mit zehn Zeltplätzen Aufenthalt in der Wildnis. Der Flat River macht im allgemeinen seinem Namen Ehre. Nur bei Frühjahrshochwasser oder nach andauernden Regenfällen führt er genug Wasser im Oberlauf, um ihn flußabwärts zu befahren. In den anderen Zeiten ist eine 100 km Trage- und Treidelstrecke angesagt. Kurzum: erfahrenen Wildniswanderern und hartgesottenen Outdoormenschen bietet der Zugang über die NWT Nr. 10 und den Flat River den einzigen preiswerten Zugang zum Nahanni, einen Sack voller vergnüglicher Abenteuer und harter Arbeit inbegriffen. Alle anderen sollten sich hier nicht auf ein für Anfänger aussichtsloses Unternehmen einlassen. Dafür ist diese Ecke der Wildnis zu einsam und der Weg zu gefährlich.

Unternehmungen

Neben den bereits geschilderten Besichtigungsflügen in den Park kann man sich natürlich auch in Nähe eines der Campgrounds absetzen lassen und von hier aus Wandertouren auf die Höhen hinauf unternehmen. Es gibt eine Reihe von besuchenswerten Plätzen im Tal und an den Hängen. Da sind die bereits genannten heißen Quellen, Höhlen und Fundstätten, reizvolle Seen und mehr als ein Dutzend hübscher Wasserfälle. Die Parkverwaltung offeriert Kurzbeschreibungen für ein Dutzend Wandertrails.

Flußbefahrungen sind für Kanuten gut möglich. Aber auch ältere oder unerfahrene Besucher des Parkes kommen zu ihrem Recht. Es ist jedermann möglich, die Wildwasser von den Virginia Falls aus abwärts zu erleben. Mit schweren Schlauchbooten wird der Fluß gefahrlos befahrbar. Zwei renommierte Unternehmen sind von der Parkverwaltung autorisiert und veranstalten mit geschultem Personal die Fahrten:

Whitewater Adventures, 1616 Durnleau Street, Granville Island, Vancouver BC V6H 3S4, Tel. 604/669-1100.

Nahanni Rafting and Wilderness, Box 879, Nanton, Alberta TOL IRO, Tel. 403/646-5768.

Parkaufenthalte macht außerdem die Nahanni Mountain Lodge möglich. Sie liegt knapp außerhalb des Parkes am Little Doctor Lake. Sie gewährt Unterkunft in zwei Blockhütten mit insgesamt acht Betten, Holzöfen, Selbstverpflegung und Kochen auf Propanherd. Die Lodge ist ganzjährig geöffnet und ermöglicht Winterauf-

enthalte mit Skilanglauf. Kosten mit Flug, aber ohne Verpflegung, 500 Can$ pro Person/Woche, sofern das Flugzeug ausgebucht ist. Flug ab Fort Simpson.
Simpson Air, Box 260, Fort Simpson NWT X0E 0N0, Tel. 403/695-2505.

Nahanni River per Kanu
Für Kanufreunde und Wassersportler bietet der Nahanni ein einmaliges Erlebnis. Die nur im Unterlauf vorhandenen Schwierigkeiten bereiten erfahrenen Kanuten keine Probleme, sie entsprechen der Wildwasserqualifikation 2, an einigen wenigen Stellen auch 3, mehr ist da nicht zu erwarten. Bei Hochwasser allerdings gilt der Nahanni als unbefahrbar, Stufe 5-6.
Die Probleme liegen denn auch nicht in unfahrbaren Schnellen oder Fällen, sondern in der Linienführung. Der Fluß ist von Steilwänden gerahmt, die ihm an verschiedenen Punkten den Lauf verlegen. Der Fluß biegt dann abrupt fast rechtwinkelig ab. Bei allzu niedrigem Wasserstand werden zu viele Hindernisse frei, bei zu hohem Wasserstand ist die Strömungsgeschwindigkeit zu hoch, um das Fahrzeug unter Kontrolle zu halten. Und der Wasserstand wechselt in den Canyons beträchtlich, wenn Gewittertage in den Bergen oder mehrere Regentage hintereinander ordentlich was abgeladen haben.
Es versteht sich von selbst, daß hier nur von geschlossenen Booten ausgegangen wird, dichtschließende Spritzdecken also Pflicht sind. Ebenso selbstverständlich sind Schwimmwesten. Dennoch hat der Fluß schon manches Menschenleben gefordert: Das Wasser ist auch im Hochsommer zu kalt, um länger darin zu verweilen. Wer aber am Anfang eines Canyons aussteigen muß, treibt lange den Fluß hinunter, ehe er an Land krabbeln kann. Die Steilhänge lassen ein Anlanden nicht zu. Glücklicherweise sind die drei Canyons alle durch gemächliche Flußstücke getrennt. Und: es fahren jedes Jahr rund 500 Kanuten den Fluß im Sommer hinunter, der Ruf des „furchtbaren" Nahanni ist mehr in der Nähe des „Yeti" zu suchen — und schließlich ist jeder „Mann" verpflichtet, seinen Ruf zu mehren und den Nahanni so schlimm wie möglich zu beschreiben, wenn er ihn im winzigen Kajak „bezwungen" hat. Anfänger aber seien gründlich gewarnt: Finger weg! Der Norden bietet so viele romantische Wildnisflüsse fürs Erlernen und Erleben, die meisten davon leicht zu befahren. Der Nahanni ist nur oberhalb der Fälle einfaches Kanuwasser, und auch dort nur ab der Parkgrenze.
Nachfolgend eine kurze Flußskizze zum „Appetitanregen". Wer dann eine Kanuwanderung planen möchte, kann sich die präzise Flußbeschreibung durch Travel Arctic zusenden lassen: „NWT River Profiles, The South Nahanni River". Empfohlen sei die preiswerte Anreise nach Watson Lake. Von dort aus Flug mit Watson Lake Flying Service (→oben Anreise) zum Rabbitkettle Lake. Erfahrene Wildwasserspezialisten können auch noch den Oberlauf außerhalb des Parkes dazunehmen, Wildwasser Stufe 3-4. Dann Anflug zu den Moose Ponds.
Der Rabbitkettle Lake liegt am Parkbeginn, ist aber kein Bestandteil des Flußlaufes. Daher ist eine kurze Portage zum Einsetzen nötig. Am See befindet sich ein Rangerposten fürs Einchecken und der einfache Campground. Ein Wanderpfad von knapp 2 km führt zur Rabbitkettle Thermalquelle. Dabei muß der Hole-in-the-Wall-Creek durchfurtet werden, was bei

voller Wasserführung schwierig ist. Man schließe sich der täglichen Führung durch den Ranger an (kostenfrei). Der führt ein kleines Schlauchboot zum Übersetzen mit. Die beiden Quelltöpfe werfen auch Mineralien aus. Im Laufe der Jahrtausende haben sich die Ablagerungen zu Kaminen aufgetürmt. Der größere mit 70 m Durchmesser ragt 28 m über die Umgebung.

Vom Rabbitkettle Lake mit seiner tundraartigen Umgebung, gerahmt von einigen Dutzend Schneegipfeln der umliegenden Gebirgszüge, führt ein Trail zum Fluß. Der mäandert von hier aus gemächliche 118 km durch weithin offenes Land und gelangt allmählich unter die Baumgrenze.

Die Virginia Falls sind nicht zu überhören, ihr donnernder Lärm kündigt sie lange vorher an. In Fließrichtung rechts oberhalb ist eine Landungsbrücke angebracht. Die folgende Portage (Tragestrecke) beträgt ungefähr 1200 m und folgt einem früheren Fall, der in der letzten Eiszeit austrocknete. Es geht daher ziemlich steil hinunter. Unten im Tal liegt unweit der Fälle ein einfacher Campground mit einigen einfachen Schutzhütten, die nicht zum Übernachten geeignet und zugelassen sind. Die eng von Wald eingefaßte Campstelle ist im Sommer sehr überlaufen, ein Ausweichen in den Busch kaum besser. Aber nur gut 6 km flußab, an der Einmündung des Marengo Creek, läßt sich in herrlicher und offener Tallandschaft trefflich lagern. Also weg von der Meute und den hier landenden Flugzeugen.

Dazu muß das erste kritische Flußstück abgefahren werden, das auch als „Five Mile Canyon" bekannt ist, obwohl es nicht zu „den" Canyons gezählt wird. Steile Flußufer und hohe Wellen, aber keine besonders kritischen Punkte. Genau am Ende der Rapids mündet der Marengo Creek ein, einfaches Anlanden rechts am Fluß. Es folgen 5 km ruhigen Wassers, und dann kommt das gefährlichste Flußstück, die „Figur Eight Rapids". Der Fluß rennt hier gegen eine Steilwand an und wendet sich um 90 nach rechts. Es gilt, dem Rückstau und dem Schwall auszuweichen, aber wer sich scharf links hält, kommt sofort in die nächste Problemstelle, denn dem Namen gemäß passiert nun umgekehrt dasselbe; der Fluß wendet in scharfer Kurve nach links zurück, rennt gegen die Felswand an und wird zurückgeworfen. Dieses Flußstück muß unbedingt vor dem Befahren genauestens eingesehen werden. Noch besser ist, es auf der rechten Seite zu umtragen, der Pfad ist nicht zu verfehlen.

Es folgen 45 problemlos zu befahrende Flußkilometer, dann geht es hinein in die Canyons, wobei der erste der „Third Canyon" ist. Wie auch die beiden noch folgenden sind die Canyons eigentlich problemlos zu befahrende Engpässe.

Diese federn mit ihrer Wassertiefe das Fahrwasser ab, das quirlend und kreiselnd hindurcheilt.

Zwischen dem dritten und dem zweiten Canyon liegt ein besonderer Engpaß mit Steilwänden von 460 m Höhe: *The Gate*, dessen Schwierigkeit wieder in einer gleichzeitigen 90-Grad-Kurve nach rechts und dem Anrennen der Wasser gegen die Steilwand, Schwällen, Querwellen usw. besteht. Wer sich in der Mitte des Wasserlaufs hält, hat nichts zu befürchten. Bei km 218 beginnt der kurze Canyon mit dem Flußdurchbruch durch die *Funeral Range*. Dahinter folgt die *Headless Range* und dann das *Deadmen Valley*. Das folgende weite Talbecken mit 15 km ruhigen Flußlaufes und mehreren toten und Nebenarmen ist der Ort des damaligen dramatischen Geschehens. Hier bietet sich die Chance zu erholsamen Campen und Wanderungen hinauf in die Berge. Der folgende „First Canyon" ist nur durch seine Steilwände und rasches Wasser gekennzeichnet.

Am Ausgang stürzt ein Bach von der Höhe, links, „White Spray Spring", sein Wasser gilt als das beste Trinkwasser im Park. 4 km weiter folgt ein letztes kleines Hindernis, eine deftige Walze am rechten Ufer, die von Kiesablagerungen des hier einmündenden *Laferty Creek* herrührt und daher als „Laferty's Riffle" bezeichnet wird. 2 km weiter flußab erreicht man *Krause Hotsprings.* Die 300 m vom Fluß auf dem Hochufer liegenden Thermalquellen verpaßt man nicht! man riecht sie. Es sind stark schwefelhaltige Wasser. Ihren Namen haben sie von dem früher hier ansässigen deutschstämmigen Trapper, der die heißen Wasser zum Gemüseanbau nutzte. Etwa 20 km weiter flußab teilt sich der gemächlich fließende River in diverse tote und Nebenarme auf, dazwischen liegen langgestreckte Kiesbänke. Es gilt, ständig auf die Strömung zu achten, mancher Um- und Rückweg bleibt dann erspart.

Etwa 70 km flußab mündet der Nahanni dann in den Liard River. Kurz vorher links auf dem Ufer liegt die Rangerstation *Nahanni Butte,* wo man auschecken muß. Campground direkt daneben, schlicht, feucht und mückenreich. Ein Fußpfad führt vom Fluß zum nahen Indianerdorf Nahanni Butte (80 Einwohner). Man mag es dort nicht, bestaunt und angegafft zu werden. Der Gang ist nur zu empfehlen, wenn man dort im kleinen Laden einkaufen oder einen Führer anheuern will.

Das Reise-Ende kann unterschiedlich arrangiert werden. Entweder läßt man sich ab Nahanni Butte ausfliegen, dann ordern die Ranger ein Flugzeug herbei. Oder man paddelt den Liard die 35 km zum Blackstone Campground mit seinem Zugang zum NWT Highway Nr. 7 hinab. Zu übersehen ist er nicht, der Anleger zum Ausbooten liegt breit am rechten Flußufer. Von hier aus kann über den Highway abgereist oder mit dem Flugzeug ausgeflogen werden, →Liard Tours im Abschnitt „Anreise"! Vermittlung im Info Centre des Campgrounds möglich.

Wood Buffalo National Park

Anschrift und Auskünfte: Superintendent Wood Buffalo National Park, Postal Box 750, Fort Smith NWT X0E 0P0, Tel. 403/872-2349.

Parkoffice: Fort Smith, im Verwaltungsgebäude an der McDougal Road (auch Postamt).

Im Park sind ein knappes Dutzend Rangerposten verteilt, darunter je einer am Ende der beiden Sommerfahrstraßen in den Park und einer am Platz des alten Forts Chipewyan (Alberta), unmittelbar am Ufer des Lake Athabasca.

Ausdehnung: 44.807 qkm — mehr als die Schweiz!

Karten: 1 : 250.000 = 74 M (Fitzgerald); 74 L (Fort Chipewyan); 84 P (Peace Point); 84 i (Lake Clair).

Auch Kanuten benötigen keine besseren Karten, da die Wasserwege im Park keine Schwierigkeiten bieten — wohl aber der Slave River außerhalb!

WOOD BUFFALO NATIONAL PARK

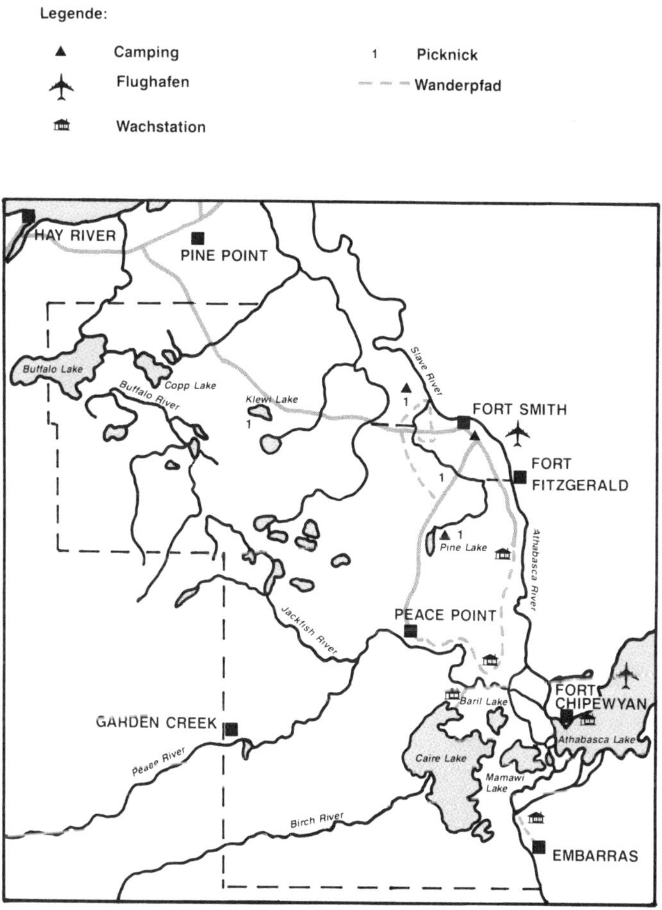

Anreise

Fort Smith hat tägliche Flugverbindung im Linienflug mit Yellowknife und nach Edmonton. Sieht man von den Stichstraßen in den Park ab, ist Fort Smith Endknotenpunkt des NWT Straßensystems im Südosten, NWT Highway Nr. 5. Über diesen Straßenzug ist eine Anreise mit dem Bus täglich möglich, außer an Sonn- und Feiertagen. Die Busse der „North of 60 Bus Line" haben in Hay River Anschluß an die Greyhound Linie nach Edmonton. Und der zünftige Kanute kann Fort Smith auf dem traditionellen Wasserweg der Voyageure erreichen, via Lake Athabasca und Slave River.

Allgemeines

Diese weltweit zweitgrößte geschützte Region ist ebenfalls in die World Heritage List der UNO aufgenommen worden. Zum einen wegen der verschiedenen und seltenen Landschaftsformen, zum anderen wegen der einmaligen Tierwelt, die hier ein Refugium hat.

Der Park erstreckt sich von den NWT aus weit nach Süden und liegt zum größten Teil in Alberta, von wo aus er jedoch allenfalls per Kanu zugänglich ist. Auch im Norden, von Fort Smith aus, gibt es nur zwei Stichstraßen in den Park hinein, 80 bzw. 120 km weit. Im Winter — der Park ist ganzjährig geöffnet — verbindet eine Winterfahrspur die beiden Wegenden zu einem Rundfahrweg, der dann auch eine Winterfahrstrecke über Eis und Schnee bis Fort Chipewyan aufweist. Im übrigen ist der Park einsamste Wildnis und nur per Kanu zugänglich. Man kann sich auch in den Park einfliegen lassen, Wasser für Landungen finden sich genug.

Adresse: Loon Air Ltd., Bill Bourque, Box 688, Fort Smith NWT X0E 0P0, Tel. 403/872-3030.

Landschaftsformation

Der Park liegt im inneren Becken des kanadischen Schildes. Die *Caribou Hochfläche* im Westen und das *Birch Plateau* im Süden des Parks sind die Überreste des ehemaligen Gebirges mit heute nur noch 420 m.ü.M. Die beiden ausgedehnten Mittelgebirgszüge liegen zum größten Teil außerhalb des Parks, sind wilde unzugängliche Buschregionen mit zahlreichen Gewässern. Von ihnen aus fällt das Land allmählich ab zum Talzug des Peace River und seinem Mündungsdelta am Lake Athabasca. Der von Westen her einmündende Peace und der von Süden kommende Athabasca River haben in Zehntausenden von Jahren ihre Schlamm- und Geröllfrachten am Ostwinkel des Lake Athabasca abgeladen. Es entstand eine um 250 qkm große amphibische Landschaft, das größte Binnendelta der Welt, das die Heimat von Millionen Wasser- und Zugvögeln ist. Dutzende von Gänse- und Entenarten und selbst seltene Kranichvögel, haben hier ihre menschenfreie Sommerzuflucht. An die endlosen Sumpfflächen rund um den Lake Claire (halb so groß wie der Bodensee) schließt sich Marschland an, die Heimat der Waldbüffel. Offene ausgedehnte Wiesen, naturerhaltene letzte echte Prärieflächen, von losen Baumbeständen durchzogen, erlauben ihnen im alten überlieferten Lebensraum die Erhaltung ihrer Art.

Ein ausgedehnter Teil des Parkes besteht aus dem weltgrößten zusammenhängenden Karstgebiet. Auswaschungen, eingestürzte Höhlungen und unterirdisch fließende Bäche kennzeichnen die vegetationsarme Landschaft.

Nach Osten und Norden schließen sich die Salzebenen an. Hunderte von salzhaltigen Quellen, aus Töpfen von mineralischer Ablagerung bis zu 2 m Höhe, ließen ausgedehnte Wüstenflächen entstehen, die der Slave River begrenzt, der Abfluß des Lake Athabasca zum Great Slave Lake.

Historischer Hintergrund
Die durchgehende Umwandlung der Prärieregionen Albertas, Saskatchewans und Manitobas in Acker- und Weideland ließ auch die im Norden noch verbliebenen Büffelherden aussterben. Von einstmals rund 50 Millionen Büffeln in Nordamerika waren um 1920 nur noch wenige tausend frei umherschweifende Tier übrig. Um ihnen ein Schutzgebiet zu schaffen und ihre Art zu erhalten, gründete die kanadische Bundesregierung schon 1922 diesen Park und stellte die hier noch frei umherziehenden rund 500 Waldbüffel von jeder Verfolgung frei. Danach transportierten die Naturschutzbehörden einige Tausend Präriebüffel per Eisenbahn heran. Sie hatten bis dahin nahe Wainwright, Alberta überlebt. Die Büffelherden im Park bestehen heute also nicht mehr aus reinrassigen Waldland-Büffeln, sondern stellen eine Mischung beider Arten dar.
Ihre Zahl hat sich infolge der Schutzmaßnahmen so sehr erholt, daß nicht nur weitere Umsiedlungen möglich wurden, auch die beschränkte Bejagung. Nur ein einziger einheimischer Jagdführer hat das Recht, ausländischen Jagdgästen gegen Bezahlung den genau kontrollierten Abschuß zu ermöglichen.

Unternehmungen
Der Park ist zu jeder Jahreszeit für Besucher offen. Nach Anmeldung bei der Parkverwaltung in Fort Smith darf jeder auf eigene Faust den Park durchstreifen.
Über die Parkverwaltung und über den lokalen Outfitter, Northern Lights Outfitters, John Tourangeau, General Delivery, Fort Smith, NWT X0E 0P0, Tel. 403/872-3723, können Tagestrips und geführte Touren im Park arrangiert werden.
Die beiden Stichstraßen in den Park erlauben im Sommer wie im Winter die motorisierte Fahrt in den Park und bis an den Peace River. Am Pine Lake, 60 km südlich von Fort Smith, findet sich der einzige Campingplatz im Park. Der Rangerposten informiert eingehend und veranstaltet kostenlose Gruppenführungen.
Im übrigen ist der Park für freies Campen zugelassen. Wanderer können die verschiedenen Picknickareas zum Übernachten nutzen.
Auch hier gilt, daß Kanuten am ehesten in die Wildnis vordringen können, zumal die beiden Fahrstraßen weitgehend reizlose Zonen durchlaufen. Es ist relativ einfach möglich, die vorhandenen Wasserläufe, Bach- und Seensysteme von Norden nach Süden mit einigen wenigen Portagen zu verbinden und bis zum hier wirklich friedlichen Peace River vorzudringen, der einem wieder den Slave River abwärts zur Rückfahrt verhilft.
Hier, auf dem letzten Stück, wird es kritisch. Nacheinander folgen die Stromschnellen der Casette Rapids, Pelican Rapids, Montain Rapids und der Rapids of the Drowned, deren Name bereits die Unbefahrbarkeit ausdrückt — aber dann ist man sowieso schon vor Fort Smith, wo diese sich umgehen lassen.
Im Winter bietet der bereits genannte Outfitter interessante Schlittentouren in den Park an.

Historic Parks

In den NWT werden drei historische Parks bewahrt, Ruinen, Ausgrabungen oder Hinterlassenschaften früherer Siedler. Es wird kaum jemand auf die Idee kommen, wegen einer dieser historischen Stätten die NWT aufzusuchen, aber wer schon einmal in deren Nähe geraten ist, sollte sich den Besuch eines dieser Plätze nicht entgehen lassen.

Der **Kekerten Historic Park** bewahrt die Relikte einer alten Walfangstation auf Baffin Island, 50 km von Pangnirtung, ein Tagestrip, am Cumberland Sound. 1857 gegründet und bis 1921 betrieben, half die ganzjährig aktive Siedlung den schottischen und Neuengland-Walfängern beim Leerfischen der Gewässer um Baffinland. Mit Unterstützung der zahlreich mitwirkenden Inuit als Bootsbesatzung und vor allem als Harpuniere wurden hier Millionenwerte und Vermögen erworben, aber beides nur für die weißen Aktionäre im Süden. Den Inuit blieb nicht viel, und nach dem Erlöschen der Station mußten sie sich wieder allein durchschlagen. Neben dem Freilichtmuseum zeigt eine Ausstellung von Hinterlassenschaften und Fotos aus jener Zeit, wie damals im Norden gelebt und gejagt wurde.

Der **Qaummaarviit Historic Park** umfaßt eine kleine Insel in der Frobisher Bay von Baffinland, nur 12 km von Iqaluit. Sie war in den letzten 2600 Jahren sehr dicht und von verschiedenen Inuit-Kulturen besiedelt gewesen. Das heute verlassene Eiland bot sich daher für Ausgrabungen geradezu an. Ein sehenswerter Querschnitt durch die Entwicklungsstufen dieses Volkes fand sich dabei, von diversen Siedlungen, über 3000 Funde von Waffen und Werkzeugen bis hin zur bildlich dokumentierten früheren Lebensweise.

Der **Northwest Passage Historic Park** liegt im südlichsten Zipfel von King William Island, der südlichsten Insel der NWT vor der Nordküste des Festlandes. Hier überwinterte Roald Amundsen während seiner Erstpassage durch die nordische Inselwelt und errichtete an diesem Punkt ein kleines Observatorium. Nach seinem damaligen Schiff „Gjöa“ ist der Ort benannt: Gjoa Haven, heute Heimat von 650 Inuit. Der Ort bewahrt in einem Freilichtmuseum die Erinnerungsstücke und Hinterlassenschaften verschiedener Expeditionen. Eine umfassende Ausstellung von Fotos und Übersichten dokumentiert die Reisen.
„Amundsen Hotel“, 18 Betten in 6 Zimmern, ab 120 Can$. Vollpension: 45 Can$, Restaurant. Anschrift: Kekertak Co-op, Gjoa Haven NWT X0E 1J0, Tel. 403/360-6176.

Reiseziele in den NWT

Die meisten Siedlungen der NWT haben keine Straßenanbindung, sind nur aus der Luft erreichbar oder für Kanuten anhand der Wasserwege. Alle sind auf Tourismus ausgerichtet, haben — durchweg als Cooperative der Natives — Angebote für Outdoorsunternehmungen und bieten im begrenzten Umfang Versorgung und Hilfe. Jede hat zumindest einen Kaufladen, eine Erstehilfestation und einen Flughafen, der im Linienflug mindestens zweimal wöchentlich bedient wird. Radio- und Fernsehempfang, Post und Telefonanbindung sind garantiert. Um die Orte besser für den Tourismus zu organisieren, haben sie sich zu regionalen Bünden zusammengeschlossen, sechs an der Zahl. Das jeweilige regionale Tourismusbüro erteilt Informationen und Auskünfte.

Arctic Coast

Info: *Arctic Coast Tourist Association,* Box 91, Cambridge Bay NWT X0E 0C0, Tel. 403/983-2224 (innerhalb kostenfrei 1-800-661-0788).
Umfaßt die Orte in den Barren Grounds an der Küste und auf den ihr vorgelagerten Inseln.

Umingmaktok (Chimo Bay) 80 Einwohner, liegt an der Eismeerküste, geschützt in der Bathurst Bucht. Der Ort entstand 1929 als Stützpunkt für Erzprospektoren, 1934 wurde ein HBC-Handelsposten eingerichtet, der *Bathurst Inlet* heißt und heute als Lodge mit Restauration dient. Der heutige HBC-Laden liegt gegenüber auf dem Festland. Hier besteht nur Bedarfsfluganbindung, die über den Bayposten oder die Lodge angefordert wird (ab Yellowknife).
„Bathurst Inlet Lodge", 20 Betten in zwei Hütten, Restaurant, Mahlzeiten, Duschen. Nur von Juni bis 15. August geöffnet! Box 820, Yellowknife NWT X1A 2N6, Tel. 403/873-2595. Paketpreis (Flug, Unterkunft, Verpflegung, nur wochenweise) teilnehmerabhängig.

Cambridge Bay, 1000 Einwohner, liegt an der Südküste der Victoria Insel und dem Festland gegenüber, Hauptort und Verwaltungsmittelpunkt der Region, bietet alle Versorgungsdienste. Er entstand als Handelsposten um 1839, im Hafen liegt das Wrack von Amundsens Schiff „Maud". Durch eine 1950 errichtete Wetter- und Fluglenkungsstation sowie eine Station der DEW wurde der Ort zum Mittelzentrum an der Polarmeerküste.
„Ikaluktutiak Hotel", 40 Betten in 20 Zimmern, ab 120 Can$. Vollpension 50 Can$, Restaurant. Box 38, Cambridge Bay NWT X0E, 0C0, Tel. 403/983-2215.

Coppermine, 890 Einwohner, liegt an der Mündung des Coppermine River in die Coronation Bucht, an der Eismeerküste. 1771 erreichte Samuel Hearne hier die Eismeerküste, auf seiner Expedition vom Inland her und auf der Suche nach der sagenhafte Kupfermine. Er kam in Begleitung des Chipewyan Häuptlings Matonabbee den Fluß herunter. Bei den letzten Rapids trafen sie auf eine Gruppe der Inuit, die hier ein Fischcamp errichtet hatten. Alle 40, Männer, Frauen und Kinder, wurden von ihren indianischen Feinden, den Männern Hearnes und Matonabbees, massakriert, ohne daß Hearne den Häuptling hätte zurückhalten können. Die Stromschnellen tragen daher heute den Namen „Bloody Fall". Der Fluß bietet eine interessante 640 km lange Anfahrt zu dieser Siedlung, die ebenfalls um Handelsposten und Kirche entstand und alle Dienste anbietet.
„Coppermine Inn", 38 Betten in 11 Zimmern, ab 120 Can$, Restaurant. Coppermine NWT X0E 0E0, Tel 403/982-3333.

Gjoa Haven, 650 Einwohner (→Historic Parks).

Holman, 300 Einwohner, liegt auf Victoria Island an der Westküste. Bekannt durch Steindrucke von hoher künstlerischer Aussage, sonst ruhige Inuitsiedlung mit traditionellem Lebensstil.

„Arctic Char Inn“, 16 Betten in 8 Zimmern, ab 100 Can$. Restaurant. Holman NWT X0E 0S0, Tel 403/396-3705.

Pelly Bay, 300 Einwohner, liegt an der gleichnamigen Bucht an der Festlandküste im Osten der NWT. Auch diese Inuitsiedlung entstand als Missions- und Handelsniederlassung ab den 30er Jahren. Hier wurden in den 60er Jahren etliche Filme über das Inuitleben aufgenommen, die heute noch in Schulen in aller Welt als Lehr- und Anschauungsmaterial über das Dasein der Inuit verwendet werden.
„Inukshuk Inn“, 18 Betten in 6 Zimmern, Restaurant, ab 120 Can$, Vollpension: 60 Can$. Koomiut Co-op, Pelly Bay NWT X0E 1K0, Tel. 403/769-7211.

Spence Bay, 490 Einwohner, liegt sehr geschützt im hintersten Winkel der gleichnamigen Bucht und am engen Hals der nordwärts ragenden Boothia Halbinsel im Osten des Territory. Umrundet von einem halben Dutzend mächtiger Süßwasserseen und mit Zugang zu zwei Meeresarmen, war dies ein seit Jahrtausenden in Anspruch genommener Wohnplatz der Inuit. Sowohl die Ross- wie die so tragisch untergegangene Franklin Expedition hatte hier ein Lager. Zum Sammelplatz wurde der Ort aber erst durch die Missionsniederlassung und den Handelsposten der HBC. Die hier kunstvoll gefertigten Anoraks nach überlieferter Inuit-Art sind so berühmt, daß der Bundesstaat Kanada je einen davon als offizielles Hochzeitsgeschenk dem englischen Prinzen Andrew und seiner Frau Sarah überreichte.
„Paleajook Hotel“, 7 Betten in 4 Zimmern, ab 120 Can$, Vollpension 50 Can$. Restaurant. Paleajook Co-op, Spence Bay NWT X0E 1B0 Tel. 403/561-5803.

Baffin

Info: *Baffin Tourism Association,* Box 820, Iqaluit NWT X0A 0H0, Tel. 819/979-6551 (oder innerhalb kostenfrei: 1-800-661-0788), umfaßt die Orte auf den ostwärtigen Inseln, sowohl im Norden wie innerhalb der Hudson Bay im Süden. Alle sind mit Iqaluit im Linienflug verbunden.
Sämtliche Dörfer und Städte liegen in der Zone der arktischen Barren Grounds, ausschließlich auf den Inseln im Polarmeer und zumeist umringt von alpiner Gebirgswelt. Während oben in den Bergen die Gletscher des ewigen Eises verharren, liegen die Siedlungen allesamt auf Meereshöhe und gut geschützt in Fjorden, Sunden und Buchten. Die Bevölkerung der Inuit lebt noch sehr weitgehend im überlieferten Sinne von Jagd, Fisch- und Walfang sowie der Fallenstellerei. Das zweite Standbein ist der Tourismus. Die Besucher werden angezogen von zwei Motiven: dem in jedem Ort unterschiedlich ausgeprägten Kunsthandwerk und seinen Künstlern sowie dem Erleben des nordischen Alltags an der Seite der Inuitjäger und -Outdoorsführer in diesem einmaligen Naturpanorama.
Die Inuit eines jeden Dorfes haben sich zur Co-operative zusammengeschlossen, was ohnehin ihrem überlieferten Gemeinschaftsverständnis entspricht. Sie unterhalten die Hotels und in jeder größeren Siedlung den mit der HBC konkurrierenden Supermarkt. Sie organisieren den Kunsthandel, den Tourismus und die Führung von Besuchern. Auch hier wird die

Touristenmelkmaschine kräftig angesetzt; wer hierher kommt, muß tief in die Tasche greifen. Niemand muß jedoch die oft überhöhten Preise akzeptieren. Alternative zum Hotel ist das freie Campen am Dorfrand, überall erlaubt (an Zeltheizung und Kochtreibstoff denken!).

Arctic Bay, 480 Einwohner, liegt im Norden von Baffin Island, gut geschützt in der Bucht des Admiralty Inlet. Der Ort ist sehr jungen Datums. Nachdem zunächst die HBC hier einen Handelsposten für die nördlichen Inuit der Insel angelegt hatte, ergänzte die Staatsverwaltung um 1950 den Punkt mit der üblichen staatlichen Infrastruktur, was alsbald die bisher nomadisierenden Inuit ansässig werden ließ.
„Enukseot Hotel“, 16 Betten in 8 Zimmern, ab 175 Can$, Vollpension enthalten. Restaurant, Taxidienst, Leihwagen. Arctic Bay NWT X0A 0A0, Tel. 819/439-8811.

Broughton Island, 440 Einwohner, liegt im Osten auf der Grönland zugewandten Küste von Baffin Island an der Davis Street. Der Ort kann auch als Ausgangspunkt für Wanderungen im Auyuittuq National Park genutzt werden, die Inuit-Coop stellt Führer. Die Siedlung ist, obwohl auf historischen Grund gebaut, allerneueste Gründung. Erst als die DEW Linie in den 50ern gebaut wurde, siedelten sich die helfenden Inuit mit ihren Familien hier an. Wie üblich folgte der Staat mit seinen Einrichtungen und siedelte dann weitere Familien hierher um, die HBC gesellte ihren Kaufladen dazu.
„Tulugak Co-op Hotel“, 12 Betten in 8 Zimmern, mit Vollpension ab 135 Can$. Tulugak Co-op, Broughton Island NWT X0A 0B0, Tel. 819/927-8833.

Cape Dorset, 875 Einwohner, liegt im Süden von Baffin Island, gegenüber Neufundland/Québec, am Ende der Hudson Street. An diesem Punkt grub 1925 der Anthropologe Diamond Jenness erstmals Reste einer versunkenen Inuit-Kultur aus, die nach dem Fundort benannte Dorsetkultur, die bis vor rund 1000 Jahren Bestand hatte.
Die Siedlung ist also uralter Herkunft. Die Region um das Cape hat mittlerweile eine große Zahl von Relikten aus allen Zeiten der Besiedlung freigegeben, die beweisen, daß hier immer Inuit ansässig waren. Die an der Foxe Halbinsel nomadisierenden Natives wurden aber erst hier ansässig, als HBC und Staat eine Infrastruktur schufen und obendrein einige Sozialhelfer eingesetzt wurden, die bei der Entwicklung und Vermarktung der handwerklichen Künste sehr aktiv waren. Seit 1950 hat sich das Dorf zu einer Künstlerkolonie von hohem Ruf gemausert, die Kunstwerke werden in alle Welt exportiert, die örtliche Co-op hat das Management. Unabhängig davon lebt die Bevölkerung noch in sehr hohem Maße von Jagd, Fischfang und Fallenstellerei sowie von der Führung von Touristen und Jagdurlaubern.
„Kingnait Inn“, 38 Betten in 19 Zimmern, Restaurant, ab 200 Can$ mit Vollpension. Cape Dorset NWT X0A 0C0, Tel. 819/897-8863.

Clyde River, 470 Einwohner, liegt in der Mitte der Ostküste von Baffin Island, gegenüber Grönland an der Baffin Bay (dem nördlichen Teil der Davis Street) und an der Mündung des gleichnamigen Flusses in die Clyde Bucht. Die Gründung eines HBC-Handelspostens 1923 führte zur Ent-

wicklung einer Siedlung, die durch eine US-Wetterstation 1942, eine Station der DEW 1955 und zugleich durch die üblichen staatlichen Dienste ergänzt wurde.
„Qammaq Hotel", 12 Betten in 6 Zimmern, Restaurant, mit Vollpension ab 180 Can$. Clyde River NWT X0A 0E0, Tel. 819/924-6222.

Grise Fjord
(→Ellesmere Island National Park).

Hall Beach, 450 Einwohner, liegt an der Ostküste des Festlandes, hoch im Norden und Baffin Island gegenüber. Der Ort entstand erst 1955 mit dem Bau der DEW-Station.
„Hall Beach Hotel", 15 Betten in 6 Zimmern, Restaurant, ab 135 Can$, Vollpension + 45 Can$. Hall Beach Co-op, NWT X0A 0K0, Tel. 819/928-8876.

Igloolik, 860 Einwohner. Das Wort bedeutet auf Inuktiut einfach Siedlung, und diese liegt nur 50 km weiter nördlich von Hall Beach an der Ostküste des Festlandes und ist dessen nördlichstes Dorf. Dieser historische Wohnplatz der Inuit diente 1822 schon der Überwinterung der Expedition der Royal Navy-Kapitäne Pery und Lyon. Missionare und die HBC machten den Ort zum Mittelpunkt, die staatliche Infrastruktur folgte. Auf dem Flughafen am Dorfrand landen heute die Linienjets, auf ihrem Flug von Iqaluit oder Repulse Bay nach Süden oder umgekehrt.
„Tujormivik Hotel", 15 Betten in 8 Zimmern, Restaurant, ab 145 Can$. Igloolik NWT X0A 0L0, Tel. 819/934-8823.

Iqaluit, 3000 Einwohner, liegt im Süden von Baffin Island, am inneren Ende der Frobisher Bay, die früher auch den Namen der Siedlung bestimmte. Der heutige bedeutet: Ort der Fische.
1576 fand Martin Frobisher die nach ihm benannte Bucht, die er für die Durchfahrt nach Indien hielt. Als er seinen Irrtum erkannte, überwand er seine Enttäuschung durch den Goldfund, den er vermeintlich machte. Das von ihm nach England transportierte Eisenpyrit, sogenanntes Katzengold, brachte ihm eine weitere Enttäuschung und den Spott ganz Englands ein. Die Siedlung wuchs schon sehr früh heran, wurde immer wieder von Forschern und Seefahrern als Stützpunkt genutzt, wurde Walfangstation und Stützpunkt für Fischerei, es folgten Mission und HBC-Handelsposten. Den entscheidenden Impuls bekam die Siedlung aber erst 1942 durch den Bau eines US-Flugstützpunktes. Heute ist die Stadt Verkehrsknotenpunkt und Verwaltungszentrum für die Region. Die Stadt bietet alle Versorgungsdienste und Einkaufsmöglichkeiten.
Veranstaltungen
April, dritte volle Woche: „Toonik Time", ein wochenlanges Festival mit Spielen, Wettbewerben und Schauveranstaltungen, Tanz- und Gesangsdarbietungen sowie großer Abschlußparade.
„Nunatta Sunaqutangit Museum", im alten und restaurierten HBC-Handelshaus an der Küste, mit Sammlung lokaler Ausgrabungsfunde und Schautafeln zur Historie des Ortes. Eintritt: 3 Can$.
Unterkünfte in Iqaluit
„Territorial Campground", direkt am Stadtrand, einfacher Campingplatz, permitpflichtig.
„Mariner Lodge", General Delivery, Iqaluit NWT X0A 0H0, 30 Betten in 22 Zimmern,

ab 55 Can$, Vollpension ab 110 Can$, Tel. 819/979-0344.
„Discovery Lodge Hotel", 60 Betten in 36 Zimmern, ab 155 Can$, Vollpension + 50 Can$. Restaurant. Box 387, Iqaluit NET X0A 0H0, Tel. 819/979-4433.
„Frobisher Inn", 100 Betten in 50 Zimmern, Konferenzsäle, Restaurant, Bar, ab 170 Can$. Box 610, Iqaluit NWT X0A 0H0, Tel. 819/979-5241 (oder im Inland kostenfrei: 1-800-263-6425).
„The Navigator Inn", 70 Betten in 35 Zimmern, Konferenzsaal, Restaurant, Bar, ab 150 Can$. Box 158, Iqaluit NWT X0A 0H0, Tel. 819/979-6201.

Lake Harbour, 325 Einwohner, liegt an der Südküste von Baffin Island und an der Hudson Street. Auch dieser kleine Ort wurde schon seit dem späten Mittelalter von vielen Expeditionen angelaufen, wurde Walfangstation und Missionsort mit HBC-Handelsposten.
Die Gemeinde erlaubt die Nutzung von zwei Räumen mit je 2 Betten und Küche durch Touristen, die eigentlich für durchreisende Behördenbedienstete bereitgehalten werden. Es gibt kein Restaurant am Ort, nur der Supermarkt der HBC ermöglicht Selbstverpflegung.
Lake Harbour Hamlet Council, Lake Harbour NWT X0A 0H0.

Nanisivik, 315 Einwohner, liegt nördlich von Arctic Bay auf Baffin Island und ist mit dem Nachbarort über eine 25 km lange Schotterpiste verbunden. Diese Siedlung ist ausschließlich ein Bergwerksdorf, das die Beschäftigten des einzigen aktiven Bergwerkes auf Baffin Island beherbergt. Das 1974 erschlossene Blei-Zinkerz wird von der Nanisivik Mines Ltd. im Untertagebau gefördert. Zwar hat auch diese Siedlung Linienfluganschluß an Iqaluit, aber keine Infrastruktur. Es wird die des Nachbarortes gemeinsam und dort genutzt.

Pangnirtung (→Auyuittuq National Park)

Pond Inlet, 800 Einwohner, liegt im Nordosten von Baffin Island am gleichnamigen Fjord und geschützt durch die nach Norden vorgelagerte Insel Bylot Island. Es ist ein uralter Siedlungsplatz der Inuit. Schon der Entdeckungsreisende Lt. W.E. Parry berichtet von seinem Besuch in der Siedlung im Jahre 1820. Walfänger, Missionare, Händler und schließlich der Staat folgten. Der Name wurde dem Ort schon 1888 zur Erinnerung an den Astronomen und Entdecker John Pond zuerkannt, aber die Inuit benutzen noch immer den historischen: Mittimatalik, etwa: Mittimas Wohnplatz. Seine Sippe war hier also über Generationen hinweg wohnberechtigt, die anderen Einwohner sind erst in der Neuzeit vom Zivilisationsangebot angezogen worden. Eine kleine Gruppe ist sogar vom gegenüberliegenden Grönland herübergezogen.
„Sauniq Hotel", 24 Betten in 12 Zimmern, Vollpension ab 190 Can$, Konferenzräume, Restaurant, Bar. Anschrift: Toonoonik Sahoonik Co-op, Pond Inlet NWT X0A 0S0, Tel. 819/899-8928.

Resolute Bay (→Ellesmere National Park)

Sanikiluaq, 425 Einwohner, liegt ganz abseits von den nördlichen NWT, tief im südöstlichen Winkel der Hudson Bay, am Mund der James Bay und vor der Küste von Québec auf den Belcher Islands. Das

Dorf ist daher nur per Flug von Québec aus zu erreichen. Die Air Inuit Ltd. unterhält die Linienflugverbindung von Québec City über Sanikiluaq nach Cape Dorset — und zurück.
„Amaulik Motel“, 24 Betten in 7 Zimmern, mit Vollpension ab 160 Can$. Restaurant. Anschrift: Mitiq Co-op Ass., Sanikiluaq NWT X0A 0W0, Tel. 819/266-8860.

Big River

Big River Tourism Association, Box 185, Hay River NWT X0E 0R0, Tel. 403/874-2422 (oder im Inland kostenfrei: 1-800-661-0788) umfaßt die Südwestecke der NWT mit der entsprechenden Hälfte des Great Slave Lake und dem folgenden Lauf des Mackenzie River. Die gesamte Region liegt in der dichtbewaldeten Zone, die wenigen Highways machen sie zugänglich. Fast alle Orte sind an Straßen angebunden und bereits im Zuge der Fahrwege beschrieben.

Enterprise →Mackenzie Highway
Fort Liard →Liard Highway
Fort Providence →Yellowknife Highway
Fort Resolution →Fort Resolution Highway
Fort Simpson →Mackenzie Highway
Fort Smith →Fort Smith Highway
Hay River →NWT Highway Nr. 2
Jean Marie River →Tourbeschreibung NWT Kanutour
Kakisa →Mackenzie Highway
Nahanni Butte →Nahanni National Park
Pine Point →Fort Resolution Highway

Trout Lake, 55 Einwohner, liegt am gleichnamigen See, der etwas größer als der Bodensee ist, und völlig abseits in der Waldeinsamkeit nahe der Grenze zu British Columbia. Obwohl historisches Siedlungsgebiet der Dené, lag der See in den letzten 100 Jahren unbeachtet und verlassen. Erst 1960 entschloß sich eine kleine Gruppe der Slavey Indianer, sich hier dauernd anzusiedeln und die Region dem Tourismus zugänglich zu machen.
Der in herrlicher, echter und unberührter Wildnis ruhende See bietet romantisch angehauchten Outdoorsmenschen ein unvergeßliches Urlaubserlebnis. Man könnte ein Leben lang die einsamen und malerischen Buchten am Wasser erforschen, ehe man alles gesehen hat. Neben den mächtigen Seeforellen, denen das Gewässer den Namen verdankt, bietet es auch andere regionale Fischarten zur Genüge. Die Dené sind den Besuchern gegenüber aufgeschlossen und lassen sie gerne am Leben der Siedlung teilhaben, das noch völlig auf das überlieferte Dasein der Indianer ausgerichtet ist. Sie unterhalten einen kleinen Einkaufsladen, verkaufen ihre Naturprodukte, vermieten Boote und führen Angler zu den Fischgründen im See. Ihre rustikale Blockhauslodge ist ganzjährig geöffnet.
Erreichbar ist die Siedlung am Südende des Sees nur durch Charterflug; ab Fort Liard oder Fort Simpson ist es am günstigsten, jeweils rd. 400 Can$ für eine Cessna mit zwei Personen.
„Trout Lake Dené Lodge“, 14 Betten in Blockhaus, 160 Can$ für Unterkunft mit Vollpension und Führung (8 Std.) täglich. 60 Can$/Person/Tag für Unterkunft und Küchenselbstbenutzung, ohne Service.

Tungsten →Nahanni Range Road
Wrighley →Tourbeschreibung NWT Kanutour

Keewatin

Info: *Travel Keewatin,* Box 328, Rankin Inlet NWT X0C 0G0, Tel. 819/645-2618 (oder im Inland kostenfrei: 1-800-661-0788) umfaßt die sieben Orte an der Ostküste der NWT zur Hudson Bay sowie das angrenzende Inland, das Einzugsgebiet der großen Flüsse und Kanuwanderwege Thelon, Hanbury, Back, Dubawnt und Kazan River, das Abflußsystem jener riesigen Seenplatte, die sich ostwärts des Great Slave Lake von den Präriestaaten bis ans Eismeer erstreckt. Ein einsames, menschenfreies und von Karibuherden durchzogenes Refugium für Millionen von Wasser- und Zugvögeln.

Die gesamte Region liegt nördlich der Baumgrenze und zählt zu den Barren Grounds. Das heißt nicht, daß hier nichts wächst. Im Gegenteil, im Sommer erinnert diese Zone eher an eine Steppenlandschaft, dicht bedeckt mit niederem Gesträuch, Bodenbedeckern und Moosen. Überraschend wirkt oft das sich zum Horizont dehnende Blumenmeer der Tundra, und in geschützten Flußtälern und Seebecken des flachen und weithin gewellten, übersichtlichen Landes trifft man auch noch karge Baumgruppen an.

Die Orte sind nur auf dem Luftwege erreichbar. Luftkreuz ist hier Rankin Inlet, das mit dem Süden durch Linienflug täglich ab Winnipeg verbunden ist. Ebenso mit Yellowknife, Iqaluit und Churchill, Manitoba. Die anderen sechs Orte werden von Rankin Inlet aus mindestens zweimal wöchentlich im Linienflug bedient.

Baker Lake, 1000 Einwohner, liegt als einziger Ort des Keewatin nicht an der Küste, sondern am gleichnamigen See, der zum Thelon-Wassersystem gehört und über Chesterfield Inlet mit der Hudson Bay verbunden ist. Allein der See ist doppelt so groß wie der Bodensee!

Hier leben die Inland- oder Caribou-Inuit, die sich aber nur vom Wohnort her von den Küsteninuit unterscheiden. Wie alle Inuit-Siedlungen nahm Baker Lake als Sammelplatz seinen Aufschwung, der sich aus der besonderen Lage dieses früher unbedeutenden Fischcamps ergab. Als erst einmal Mission und HBC am alten Wasserweg zur Küste ansässig geworden waren, folgten die restlichen Inland-Inuit, gaben ihre alten Siedlungen auf und zogen hierher. Die staatliche Infrastruktur besiegelte dann den Konzentrationsprozeß.

„Baker Lake Lodge“, 20 Betten in 5 Hütten. Nur im Sommer geöffnet, ab 110 Can$. Anschrift: Baker Lake NWT X0C 0A0, Tel. 819/793-2905. Obwohl mitten in der Siedlung gelegen, handelt es sich hier mehr um eine Angler- und Touristenlodge als ein Hotel. Ziel ist die Beherbergung und Führung von Anglern und Naturfotografen.

„Iglu Hotel“, 55 Betten in 30 Zimmern, Konferenzraum, Restaurant, Bar. Anschrift: Baker Lake NWT X0C 0A0, Tel. 819/793-2801, ab 140 Can$.

Baker Lake verfügt im übrigen über 2 Supermärkte, 2 Restaurants und ein knappes Dutzend Shops.

Chesterfield Inlet, 294 Einwohner, liegt an der flachen Küste der Hudson Bay und an der Mündung des Fjordes. Obwohl die älteste Gemeinde im Keewatin — schon Sir Thomas Button, der 1612 die Bucht auf der Suche nach Indien ansteuerte, fand sie vor — blieb sie unbedeutend. Später war hier einer der ersten Handelsstütz-

punkte der HBC. Erst 1900 fanden sich Mission und Kirche hier ein.
„Igalaaq Hotel“, 12 Betten in 4 Zimmern, Restaurant, ab 90 Can$.

Coral Harbour, 480 Einwohner, liegt in der geschützten South Bay von Southampton Island. Die Insel ist den NWT vorgelagert und liegt wie ein Korken im Hals der Hudson Bay.
Die gesamte Inselbevölkerung starb 1902 — 1903 an einer Seuche. Erst 1910 wurde sie von Inuit, den Vorfahren der heutigen Dorfbewohner, neu besiedelt. Die Jagd auf Walrosse und Polarbären lockte sie an und beschäftigt auch heute noch die Dorfbewohner.
„Esunqarq Motel“, 12 Betten in 5 Zimmern, ab 150 Can$, Vollpension. Restaurant. Katudgevik Co-op, Coral Harbour NWT X0C 0C0, Tel. 819/925-9969.
„Leonie's Place“, 10 Betten in 5 Zimmern, Restaurant, Vollpension, ab 150 Can$. Coral Harbour NWT X0C 0C0, Tel. 819/925-9751.

Eskimo Point, 1200 Einwohner, liegt am weitesten südlich an der Hudson Bay-Küste der NWT, einige 150 km nördlich von Manitobas Grenze. Trotz seiner großen Einwohnerzahl hat der Ort kein besonderes wirtschaftliches Fundament. Von den anderen Inuit-Gemeinden unterscheidet ihn das „Inuit Cultural Institute“, eine Kunsthochschule zur Bewahrung und Förderung der traditionellen Künste.
„Ootakevik Motel“, 12 Betten in 4 Zimmern, ab 85 Can$ (Frühstück inbegriffen!), Restaurant. Anschrift: Padei Co-op, Eskimo Point NWT X0C 0E0, Tel 819/857-2933.
„Tugalik Inn“, 22 Betten in 10 Zimmern, Konferenzraum, Restaurant, Bar, ab 115 Can$: Eskimo Point NWT X0C 0E0, Tel. 819/857-2919.

Rankin Inlet, 1400 Einwohner, liegt in der gleichnamigen Bucht, etwa in der Mitte der NWT Ostküste an der Hudson Bay. Der Ort ist das Verkehrs- und Versorgungszentrum des Keewatin.
Als einziger Ort der Region entsprang er einer industriellen Erschließung. Ein 1929 entdecktes Nickelvorkommen ließ die Bergwerkssiedlung entstehen, die dann rasch zum Aufbau des staatlich organisierten Mittelpunktes führte, obwohl auch dieses Bergwerk schon 1962 erlosch.
„Keewatin Guest Lodge“, 16 Betten in 7 Zimmern, mit Frühstück, ab 85 Can$; eine Unterkunft für Outdoorsunternehmungen, geführte Touren etc. Box 20, Rankin Inlet NWT X0C 0G0, Tel. 819/645-2402.
„Rankin Inlet Lodge“, 60 Betten in 30 Zimmern, ab 110 Can$, Konferenzräume, Restaurant, Bar. Vollpension + 45 Can$. Box 190, Rankin Inlet NWT X0C 0G0, Tel. 819/645-2807.

Repulse Bay, 420 Einwohner, liegt hoch im Norden der Küste an der gleichnamigen Bucht und im Süden der Melville Halbinsel. Noch heute ist die Bucht ein bevorzugter Sommeraufenthalt für Beluga, Buckel- und Narwale. Seit Anfang 1800 zog die Bucht die Walfänger aus dem Süden an, die Inuit aus dem Norden halfen beim Fang. Einer Walfangstation folgten mehrere andere, bis dann der kommerzielle Fang aufgegeben wurde. Heute werden die Wale nur zur Eigenversorgung erlegt.
„Aivilik Lodge“, 15 Betten in 7 Räumen, nur Vollpension, 160 Can$. Die Lodge befindet sich im historischen Missionshaus.

Anschrift: Repulse Bay NWT X0C 0H0, Tel. 819/462-4009.
„Naujat Co-op Hotel", 13 Betten in 5 Zimmern, nur Vollpension, 145 Can$. Anschrift: Naujat Co-op, Repulse Bay NWT X0C 0H0, Tel. 819/462-9921.

Whale Cove, 210 Einwohner; diese Siedlung liegt nur 75 km südlich von Rankin Inlet an der Küste und ist erst 1959 von den Behörden zur Ansiedlung von Inland-Inuit gegründet worden.
„Whale Cove Inn", 5 Betten in 3 Zimmern, Restaurant, ab 85 Can$. Whale Cove, NWT X0C 0J0, Tel. 819/896-9958.

Northern Frontier

Info: *Northern Frontier Visitors Association,* Box 1107, Yellowknife, NWT X1A 2N8, Tel. 403/873-3131 (oder im Inland kostenfrei: 1-800-661-0788).
Diese Region umfaßt im wesentlichen nur die Hauptstadt Yellowknife, die Nordhälfte des Great Slave Lake sowie den Great Bear Lake und die Landbrücke zwischen beiden Seen. Es handelt sich um die Waldregion der Großen Seen, die nach Nordosten ins baumlose Buschland vor der Tundralandschaft des Keewatin übergeht. Nicht weniger als 20 Lodges liegen weit voneinander verstreut an den Ufern der Gewässer und ermöglichen es Anglern und Naturenthusiasten, problemlos — aber auch nicht billig — in die wegelose einsame Landschaft vorzustoßen.
Verzeichnis kostenlos bei Travel Arctic, →oben.

Lac La Martre, 345 Einwohner, liegt am gleichnamigen See (doppelt so groß wie der Bodensee) auf der Landbrücke zwischen den beiden Großen Seen.
Diese Siedlung der Dogrib-Indianer entstand um den hier schon 1793 gegründeten Handelsposten der NWC, blieb aber immer das kleine und der alten Lebensart verhaftete Indianerdörfchen, zumal der Handelsweg bald dem Mackenzie River folgte.
„Meni Khon Hotel", 8 Betten in 4 Zimmern, Restaurant, ab 150 Can$ (Vollpension inkl.). Bootsverleih und Gästeführung.

Detah →Ingraham Trail
Rae Lakes →Tourbeschreibung NWT Kanutour
Rae-Edzo →Yellowknife Highway

Reliance, 11 Einwohner, nur Charterflug möglich, liegt im Nordostwinkel des Great Slave Lake. Neben einer Wetterstation steht hier eine Angler-Lodge, mehr blieb nicht von der ursprünglichen Handelsstation Fort Reliance und dem früheren Dorf der Chipewyan-Indianer übrig.
„Trophy Lodge", 16 Betten in 4 einfachen Hütten. Offen vom 25. Juni bis Ende August. Box 670, Yellowknife NWT X1A 2N5, Tel. 403/873-5420.

Snare Lake, 120 Einwohner, liegt am gleichnamigen See, ca. 80 km südostwärts von Rae Lakes, →oben. Diese abseits liegende Siedlung der Dogrib-Indianer war schon in alten Zeiten ein Jagdlager der Dené an der Waldgrenze. Sir John Franklin lagerte hier auf seiner Überlandreise zum Polarmeer, damals weder Sir noch Flottenkapitän, sondern ein kleiner Leutnant der Royal Navy. Die Indianer führen hier das alte Leben als Jäger und Trapper. Nur ein Handelsstore der

HBC ist vorhanden. Auch diese Siedlung hat nur Charterfluganschluß.

Snowdrift, 275 Einwohner, liegt im Nordosten des Great Slave Lake am Südufer der Christie Bay. Die HBC errichtete hier 1925 einen Handelsposten für die Chipewyan-Indianer und bewirkte damit den Zuzug der Bevölkerung aus der umliegenden Region. Das tiefe und kristallklare Wasser beherbergt die beste Fischpopulation am See. Zweimal wöchentlich besteht Linienflugverbindung mit Yellowknife.

„Snowdrift Cooperative Motel", 6 Betten in 3 Zimmern, Küchenmitbenutzung, Bootsverleih. Ab 65 Can$. Anschrift: Snowdrift NWT X0E 1A0, Tel. 403/370-3581.

„Frontier Fishing Lodge", 24 Betten in Lodge und mehreren Cabins am Dorfrand von Snowdrift. Offen vom 15. Juni bis 15. September. Restaurant und Bar. Anschrift: Box 4550, Edmonton Alberta T6E 5G4, Tel. 403/433-4914.

Yellowknife →Endpunkt Yellowknife Highway.

Western Arctic

Info: *Western Arctic Visitors Association,* Box 1525, Inuvik NWT X0E 0T0, Tel. 403/979-3756 (oder im Inland kostenfrei: 1-800-661-0788).

Aklavik, 770 Einwohner, liegt am Westrand des Mackenzie Deltas, etwa 80 km südlich der Mündung ins Eismeer. Die Siedlung wurde 1918 als Mittelpunkt der Inuit im Mündungsdelta gegründet. Infolge der anhaltenden Bodenerosion durch Fluß und Gezeiten beschlossen die Behörden, die Stadt wieder aufzugeben und am Ostrand Inuvik zu bauen. Letzteres erfolgte ab 1954, aber die meisten Einwohner von Aklavik halten an dem gerade erst von ihren Vätern eingenommenen Siedlungspunkt fest: Aklavik, die Stadt, die nicht sterben will, ist ihr Motto.

Aklavik ist zweimal wöchentlich im Linienflug mit Inuvik verbunden. Neben der staatlichen Infrastruktur gibt es nur einen Einkaufsladen der HBC und eine kleine, einfache Lodge mit Restauration:

„Daadzaii Lodge", 10 Betten im Blockhaus, ab 90 Can$. Box 127, Aklavik NWT X0E 0A0. Tel. 403/978-2252.

Der Ort eignet sich nicht nur als Urlaubsstandort für ausgedehnte Boots- und Angeltouren im System der Deltakanäle des Mackenzie und in der Mackenzie Bay an der Beaufort Sea, sondern auch für weite Touren in die westwärts ansteigenden Richardson Mountains.

Die Legende vom „Mad Trapper"

Auf dem Friedhof von Aklavik liegt — früher namenlos verscharrt, heute mit einer Gedenktafel — das Grab des „Mad Trapper". Eine bewegende und geheimnisvolle Story liegt hier zugrunde, die Sage vom unbekannten Trapper, der sich mit der Obrigkeit anlegte. Die jagte ihn in 48 Tagen des ausgehenden Winters von 1932 in einer der letzten Menschenjagden zu Tode.

Arctic Red River →Dempster Highway

Colville Lake, 50 Einwohner, liegt am gleichnamigen See (schon wieder einer von Bodenseeformat, und umrundet von mindestens vier gleich großen Seen) nord-

westlich des Great Bear Lake und nördlich des Polarkreises in Innern. Diese Siedlung der Slavey Dené wurde erst 1962 in die Wildnis gesetzt, um ihnen eine touristische Erschließung der Region zu ermöglichen. Das von der Verwaltung im einheitlichen Blockhausstil bis hin zur Kirche und dem Glockenturm in die Wildnis geschlagene Dorf wirkt malerisch und einladend. Es hat nur Charterflugverbindung, am günstigsten von Norman Wells aus.
„Colville Lake Lodge", 10 Betten in 2 Blockhütten, Restaurant und Lebensmittelstore. Colville Lake NWT X0E 0H0, kein Telefon. Funkverbindung über Radio SR 1113.
Die Siedlung eignet sich auch sehr gut als Stützpunkt für Unternehmungen auf eigene Faust und liegt in der Waldregion, die hier aber schon recht offen ist.

Fort Franklin →Tourbeschreibung NWT Kanutour

Fort Good Hope, 360 Einwohner, liegt am Unterlauf des Mackenzie River und am Ende der Stromschnellen, die hier in einer Schlucht von über 80 m hohen Seitenwänden den Strom bei nur noch 500 m Breite aufwühlen und den Kanuten von heute ein wenig Wildwasserspaß bereiten. Gefährlich sind die Rapids nicht, die mächtigen Motorschubschiffe fahren sie mühelos stromauf wie stromab.
Schon 1805 errichtete die NWC ihren Handelsposten, der bald die Slavey anzog, die sich hier niederließen. 1860 wurde die katholische Mission eingerichtet, die heute als Museum dient.
„Ramparts Hotel", 12 Betten in 4 Zimmern, ab 120 Can$. Restaurant. Fort Good Hope NWT X0E 0H0, Tel. 403/589-2500.

Fort McPherson →Dempster Highway
Fort Norman →Tourbeschreibung NWT Kanutour
Inuvik →Dempster Highway, Endpunkt
Norman Wells →Canol Heritage Trail, Endpunkt

Paulatuk, 190 Einwohner, liegt an der Küste, im Südwinkel der Darnley Bay und am Fuß der Party Halbinsel. Diese Inuitsiedlung wurde durch die katholische Mission und deren Handelsposten 1935 gegründet und zog die Küsteninuit an. Der Ort hat heute, neben einem Laden, in dem man alles kaufen kann, keinerlei Restauration, wohl aber das „Paulatuk Hotel", 12 Betten in 6 Zimmern, gemeinsame Küchenbenutzung. Vollpension 180 Can$. Anschrift: General Delivery, Paulatuk NWT X0E 1N0, Tel. 403/580-3027.

Sachs Harbour, 160 Einwohner, liegt an der Südwestküste der Insel Banks Island. Der Name rührt vom Namen des Expeditionsschiffes „Mary Sachs" her, mit dem die Canadian Arctic Expedition unter Stefanson von 1913-1918 unterwegs war und in dieser Bucht überwinterte.
1920 wanderten Inuit vom Festland her zu und siedelten sich hier an. Nach dem letzten Weltkrieg etablierte die Verwaltung die üblichen Mindestdienste.
„Icicle Inn", 24 Betten in 12 Zimmern, Restaurant, Vollpension 190 Can$.
Anschrift: General Delivery, Sachs Harbour NWT X0E 0Z0, Tel. 403/690-4444.
Außerdem hat das Dorf noch einen Kramladen zu bieten.

Tuktoyaktuk, 930 Einwohner, liegt an der Eismeerküste in der Kugmallit Bay und östlich des Mackenzie Deltas. Es ist der aufgrund seiner Mittelpunktfunktion wohl bekannteste Ort für die Missionstätigkeit wie ärztliche Versorgung der Küsteninuit, dem erst die Gründung von Inuvik den Rang ablief. Der Missionsschoner „Our Lady of Lourdes" wird heute ebenso als Museum gepflegt wie die alte Missionskirche.

Um 1890 bis 1910 war Herschel Island vor der nördlichen Küste des benachbarten Yukon Territory ein Zentrum der Walfangflotte, die nun, nach Entdeckung der Nordwestpassage, vom Pazifik heraufkam. Als der Walfang abflaute, verließen die Inuit die Insel und zogen nach „Tuk", wie die Kurzform der Siedlung lautet.

„Hotel Tuk Inn", 33 Betten in 14 Zimmern, Restaurant, ab 120 Can$.

Box 193, Tuktoyaktuk NWT X0E 1C0, Tel. 403/977-2381.

„Pingo Park Lodge Ltd.", 60 Betten in 24 Zimmern, Restaurant, ab 110 Can$. Anschrift: Bag 6000, Tuktoyaktuk NWT X0E 1C0, Tel. 403/977-2155.

Der Canol Heritage Trail

Ab MacMillan Pass, dem Ende der ausgebauten Fahrstraße des Yukon Highways Nr. 6, der North Canol Road, und ab der Grenze des Yukon Territory zu den NWT, verläuft der Canol Heritage Trail durch die Wildnis der Mackenzie Mountains nach Norman Wells, NWT. Insgesamt ist die Strecke ca. 375 km lang. Abstieg aus Paßhöhe 1365 m.ü.M. um 1100 m bis hinab ans Ufer des Mackenzie River.

Karten: sind nicht unbedingt erforderlich, aber im Maßstab 1 : 250.000 doch empfohlen, da sie dem Wanderer Aufschluß über benachbartes Gelände und eventuelle Abstecher geben. 105 P (Sekwo Mountain); 106 A (Mount Eduni); 96 D (Carcajou Canyon); 96 C (Norman Wells). Nächste und letzte Einkaufs- und Versorgungsmöglichkeiten: Ross River, YT, am einen Ende, (255 km vom Pfadbeginn) Norman Wells am anderen.

Vorgeschichte

Als am Morgen des 7. Dezember 1941 der Tag ergraute, spie der sonst so friedliche Himmel über Hawaii plötzlich Feuer auf Pearl Harbour. Japanische Flugzeugträger hatten sich angeschlichen, ihre Bomber versenkten in wenigen Stunden die überraschte Pazifikflotte der amerikanischen Kriegsmarine.

Und dann begann das Inselhüpfen. Die japanische Armee arbeitete sich auf den amerikanischen Kontinent zu. Am 3. Juni 1942 fielen Bomben auf Dutch Harbour und dann besetzten japanische Landungstruppen Attu und Kiska, die äußersten der Aleuten Inseln. Japanische Soldaten standen auf amerikanischem Boden in Alaska.

Inzwischen war man in Washington nicht untätig. Um der erwarteten Invasion begegnen zu können, beschloß man im März einvernehmlich mit dem kanadischen Nachbarn den Bau der ersten Überlandstraße von den USA durch Kanada nach Alaska. Im April 1942 begannen die Arbeiten am heutigen Alaska Highway, der die Lücke zwischen den bestehenden Straßensystemen im Süden bis Dawson Creek und in Alaska ab Fairbanks schließen sollte. In einer gewaltigen Kraftanstrengung, mit einem enormen Aufwand an Menschen und Material sowie in mehreren gleichzeitig in Angriff genommenen Teilabschnitten, die durch Luftbrücken versorgt werden mußten, wurde die erste Piste in nur sechs Monaten in die Wildnis gestanzt.

Das Hauptproblem war die Kraftstoffversorgung. Fast die Hälfte der Lufttransporte waren erforderlich, um die benötigten Treibstoffe heranzuschaffen, um die Flugzeuge in der Luft und die Maschinen am Boden in Betrieb zu halten. Außerdem verschlang das parallel dazu ablaufende Hinüberfliegen von Flugzeugen aus den USA in die Sowjetunion im Rahmen des Pacht-/Leihabkommens weitere Treibstoffmengen.

Die heute bekannten Erdölfelder waren noch nicht aufgefunden. Nur im Mackenzie-Tal sprudelte schon seit 1920 eine Erdölquelle. Norman Wells heißt der Ort. Schon Mackenzie hatte die Petroleumvorkommen hier entdeckt, als er 1779 bei seiner Erstbefahrung des Flusses vorbeikam.

Da man schon einmal dabei war, wurde gleich eine zweite Straße durch die bisher unwegsame Wildnis in Angriff genommen, die Canol Road von Whitehorse nach Norman Wells in den NWT. Eine Erdölpipeline parallel zur Straße sollte das Öl nach Whitehorse transportieren. Eine vorhandene Erdölraffinerie wurde in den USA abgebaut und in Whitehorse wieder zusammengesetzt.

Kaum waren die ersten Arbeitskolonnen am Alaska Highway frei geworden, da nahm man das nächste Projekt in Angriff. Im Frühjahr 1943 und wieder in mehreren Abschnitten zugleich wurde zunächst ein Trail gebrochen und die Pipeline gebaut. Danach machte man sich an den Straßenbau. Weitere 134 Millionen Dollar wurden ausgegeben, 30.000 Menschen eingesetzt und das Projekt in knapp zwei Jahren gebaut. Zumindest die Pipeline kam noch voll zum Tragen und lieferte bis Kriegsende eine Million Barrel Erdöl nach Whitehorse. Dann war die 10-cm-Röhre nicht mehr rentabel. Im Friedenszeiten war das Benzin billiger in Tankern aus dem Süden heranzuschiffen. Die Raffinerie und die Pipeline wurden stillgelegt, der Straßenbau aufgegeben. Selbst der Abtransport des Materials und der Fuhrparks unterblieb. Man ließ die Fahrzeuge und Maschinen einfach an den Sammelplätzen im Busch zurück. Ihre Wracks stehen noch heute, nach Vordermann und Seitenrichtung geordnet, auf Parkplätzen neben der — damals noch nicht befahrbaren — Straße, rosten vor sich hin, demoliert von zerstörungswütigen Touristen und andenkenplündernden Wanderern. Das Öl von Norman Wells aber fließt heute durch eine andere und weit größere Pipeline in den Süden nach Alberta.

Die Straße wurde später dann doch noch gebaut. In den 60er Jahren war man auch hier der Meinung, die reichen Erzreserven im Norden müßten unbedingt ausgebeutet werden. Die Schotterpiste wurde mit einspurigen Brücken bis an die Grenze des Yukon Territory zu den NWT fertiggestellt. Aber die Bergwerke, denen die Straße dienen sollte, liegen allesamt still, niemand will die Preise bezahlen, die wegen der hohen Transportkosten gefordert werden müssen. Und so gehört die Straße, eine Sackgasse in die Wildnis, in den vier Sommermonaten nur den Touristen, Jägern und Prospektoren.

Den abenteuerlustigen Europäern bietet sie einen einmaligen Zugang zur abgelegenen einsamen Natur und zur men-

Canol Heritage Trail — einzigartige Flora und Fauna

Am Weg sind alle Formen der nordischen Landschaft auf engem Raum vorhanden und zu durchqueren, vom kahlen Hochgebirgstal über Barren Grounds und die Tundra in die Wald- und Buschlandschaft jenseits der Berge. Ebenso vielfältig und abwechslungsreich ist das noch weitgehend ungestörte Tierleben am Trail. Zugvögel aller Arten halten sich hier im Sommer auf, Enten, Gänse, Schwäne und Kraniche ohne Zahl. Steinadler und alle möglichen Raubvogelarten kreisen in der Luft, und am Boden finden sich Vertreter fast jeder nordischen Tierart, von Grizzly, Schwarzbär, Elch und Karibu zu Wildschaf, Wolf, Vielfraß und Fuchs: Alle sind am Trail zu beobachten. Wer ruhig seines Weges zieht und ein Fernglas bereit hat, bekommt sie ausgiebig zu Gesicht. Aber: Diese Tour ist eigentlich eine kleine Expedition. Es verbietet sich, sie allein anzugehen. Eingehende Vorbereitung ist Pflicht.

schenfreien Wildnis. Und ab dem MacMillan Pass, ab der Grenze zu den NWT, bildet die restliche, ursprüngliche und nicht ausgebaute Piste eine Herausforderung für den Wildnisfan. Rund 370 km eines noch weitgehend brauchbaren Dammes führen den unternehmungslustigen Wanderer von den baumlosen Höhen und einsamen Gebirgstälern der Mackenzie Mountains hinunter ins Flußtal des Mackenzie River. Das einzige Problem sind die fehlenden Brücken. Die Überquerung der meisten Bäche kann bei Hochwasser schwierig werden, und da reicht ein tüchtiger Gewitterguß in den Bergen aus, um den Wasserspiegel über die erträgliche Grenze zu heben. Und Hilfen, Raststätten und dergleichen gibt es natürlich nicht. Es ist nichts als die seltene Möglichkeit, auf einem gebahnten Weg durch die einsame Wildnis zu wandern, hinauf in die Berge und hinab durch deren romantische Täler.

Vorbemerkungen

Die Attraktivität des Canol Heritage Trails liegt in seiner absoluten Abgeschiedenheit, der geringen Benutzung, der eindrucksvollen Landschaft und der artenreichen Tierwelt. Vom MacMillan Pass aus (1365 m.ü.M.) führt der Weg zunächst hoch in den Mackenzie Mountains durch breite Trogtäler und dann um 1100 m hinunter ins Mackenzie-Tal.

Obwohl der Fahrdamm durchaus befahrbar ist, fehlen sämtliche Brücken. Flüsse und Bäche müssen durchfurtet oder durchschwommen werden. Bei Niedrigwasser bieten nur die drei letzten Probleme: Twitya, Carcajou und Little Keele River. Mitführen eines aufblasbaren kleinen Billigschlauchbootes löst das Problem. Das gleiche gilt auch für den Mackenzie River, der das Ende des Trails bedeutet. Wer den Fluß hier durchschwimmen will, um nach dem drüben liegenden Norman Wells zu gelangen, muß schon ein guter Kaltwasserschwimmer sein! Da Norman Wells keinen Straßenanschluß besitzt, muß vorher überlegt werden, ob man die Strecke hin und zurück bewältigt — oder von Norman Wells zurück fliegt.

In diesem Fall muß man sich über den Verbleib seines eventuell benutzten Fahrzeuges klar sein. Norman Wells bietet keinen Markt dafür.

Trinkwasser kann unbeschadet den Bächen entnommen werden. In den sumpfigen Strecken am Mackenzie muß aber vorsichtshalber Wasser mitgeführt werden. Im Winter lassen sich Schnee und Eis mühelos in Trinkwasser verwandeln, dem aber eine Prise Salz zugesetzt werden muß.

Ab MacMillan Pass bewegt man sich durch hochalpines Gelände oberhalb der Baumgrenze. Brennholz ist hier nicht verfügbar. Ein Esbitkocher o.a. muß mitgeführt werden.

Ebenso ist im Winter eine Heizmöglichkeit für das Zelt — oder eine entsprechende Menge Brennholz für den Kocher — notwendig.

Im Winter variiert die Schneehöhe sehr stark (Verwehungen!), obwohl die normale Schneelage nicht mehr als 0,5 m sein dürfte. Für Schneemobile kein Problem, aber mit Pferden kann das beträchtliche Verzögerungen in den Gebirgstälern des oberen Stückes bedeuten: Mehr Futter und mehr Lebensmittel sind mitzuführen.

Jedes Mitnehmen von Relikten als Souvenir ist strikt verboten und wird mit deftigen Strafen geahndet!

Am Pfad befinden sich zwei Camps, die aber nur im Spätsommer/Frühherbst belebt und sonst unbewohnt sind. Unterwegs gibt es weder Hilfsmöglichkeiten noch Raststätten oder Einkaufsmöglichkeiten. Alles, was man benötigt, muß mitgeführt werden. Erst in Norman Wells bietet der (teure) Supermarkt Gelegenheit zur Ergänzung der Vorräte. Entlang der Strecke stehen noch in unregelmäßigen Abständen die alten Schutzhäuschen, zum Teil auf den Kufen, auf denen sie früher per Trekker durchs Gelände gezogen wurden. Sie sind längst vom Zahn der Zeit angenagt und befinden sich in unterschiedlichen Stadien des Verfalles. Keine davon ist als Nachtquartier geeignet! Als Windschutz oder als Unterschlupf bei plötzlich hereinbrechenden Gewittern bieten sie doch einige Hilfe, zumal wenn man seine Zeltplane noch ergänzend hinzunehmen kann.

Vor Antritt der Tour sollte man sich jeweils über deren aktuellen Zustand erkundigen, bei: Department of Economic Development and Tourism, Tel. 403/587-2543, Yellowknife, NWT.

Anreise

Der Trail läßt sich naturgemäß von beiden Richtungen angehen. Wer Norman Wells als Startpunkt wählt, muß erst einmal dorthin fliegen. Linienflugverbindung besteht zweimal wöchentlich ab Yellowknife. Dorthin gelangt man preiswert mit dem öffentlichen Bussystem und dem Canadapass von Greyhound. Die der Trailbeschreibung zugrundeliegenden Angaben schildern den Pfad entgegengesetzt ab MacMillan Pass.

Mit dem Greyhoundbus erreicht man sowohl Watson Lake wie auch Whitehorse. Näher führt eine öffentliche Verkehrsverbindung heran: 2 x Bus Whitehorse/Ross River/Whitehorse, 65 Can$ einf. Fahrt.

Ein Charterflug kostet von beiden Orten zum MacMillan Pass für eine Cessna, die zwei Personen mit Gepäck fassen kann, rund 1200 Can$.

Preiswert reist, wer sich auf dem Robert-Service-Campground im Sommer eine Mitfahrgelegenheit organisiert. Unter dem Dutzend Europäer, die täglich den Platz neu ansteuern, findet sich immer jemand, der den Abstecher gegen Spritbeteiligung

fährt. So läßt sich auch der Fahrzeugtransport organisieren, falls geplant.
Im übrigen kommt man auch mühelos per Daumen nach Ross River und sogar die Canol Road hinauf zum MacMillan Pass — aber natürlich nur im Sommer, zwischen dem 15. Mai frühestens und dem 15. Oktober spätestens, denn nur in dieser Zeit verkehrt die kostenlose Regierungsfähre über den Pelly River im Dorf Ross River.
Für Anhalter kommt nur die Strecke über Carmacks in Frage! auf der Canol Road ist man in ihrem Südteil chancenlos, weil diese nur von Touristen genutzt wird, und die nehmen Anhalter selten mit. Und schließlich finden sich in Whitehorse reichlich Unternehmen, gut zwei Dutzend Tourenausrichter, die gerne den Transport zum Paß erledigen. Man sollte diese Überlegung ruhig anstellen, wenn man in einer größeren Gruppe den Fahrpreis (für acht Fahrgäste und Gepäck etwa 2500 Can$) teilen kann. Billiger: Simon, Suite 15, Camp. 125, RR2 Whitehorse YT, Y1A 5A5, Tel. 403/633-3566.

Unternehmungen

Neben der Fußwanderung erlaubt der Fahrdamm, verschiedene Fahrzeuge und auch Pferde einzusetzen.
Motorrad/Motordreirad: Mit diesen Fahrzeugen gehen im Sommer immer einige Gruppen den Pfad an. Letztere sind in Europa weitgehend unbekannt, im Norden aber gern und viel genutzte Motorräder, die meist japanischer Bauart sind und drei dicke Ballonreifen aufweisen.
Da es bisher keine Leihmöglichkeiten bzw. geführte Touren gibt, müssen die Beschaffung und der spätere Verkauf selbst organisiert werden. Dafür ist dann die Anreise ab Whitehorse kein Problem mehr.
Mountainbike: Diese auch in Nordamerika beliebten und belastbaren Fahrräder sind eigentlich der beste und der Natur angemessenste fahrbare Untersatz, der auch den Gepäcktransport erleichtert.
Snowmobil: Ganz harte Wandervögel gehen die Strecke im Winter an, mit dem Snowmobil oder Ski-doo genannten Motorschlitten. Er sieht wie ein doppelsitziger Motorroller aus, nur daß er auf einem Gleitband voranrollt, mit Skistufen abgestützt und vorne gelenkt wird. Im Norden besitzt jeder mindestens einen davon, denn er ist das einzige Fahrzeug, mit dem man im Winter in den Busch gelangen kann und mit dem man überall durchkommt. Snowmobile sind am leichtesten zu beschaffen, da im großen Maße zu niedrigen Preisen am Gebrauchtmarkt zu haben — wo man sie allerdings hinterher auch wieder veräußern muß. Sie befördern mühelos zwei Personen und ziehen auch willig den Gepäckschlitten hinterher. Auch sie sind nirgends leihweise zu haben.
Zu Pferd: Andere mieten sich die geduldigen Buschpferde, die jeder Outfitter (Jagdführer) im Dutzend hält und außerhalb der herbstlichen Jagdsaison gerne verleiht. Damit kann man zu Pferd den Pfad abreiten, bequem die Bäche und Flüsse furten, und das Gepäck trägt das Packpferd hinterher.
Anschrift: Werner Koser, General Delivery, Ross River YT Y0B IS0, Tel. 403/969-2210.
Oldsquaw Lodge: Wer es gerne bequem angehen läßt, kann dennoch die Landschaft erleben. In Paßnähe liegt die Lodge, die im Sommer Gäste aufnimmt. Old

Squaw Lodge, Bag Service 2711, Whitehorse YT Y1A 4K8, Tel. 403/668-6732. Kosten: 1585 Can$ pro Person für 1 Woche, darin enthalten: Flug ab/bis Whitehorse, Unterkunft, Verpflegung und Führung ins Gelände zum Fotografieren und Beobachten des Wildes, keine Jagdausübung!

Tourbeschreibung

Am MacMillan Pass liegen mehrere Bergwerke, die früher die Erzvorkommen Blei, Zink, Silber, Wolfram und Barit abbauten. Sie liegen alle still, nur noch Wächter sind anzutreffen. Es handelt sich um Privateigentum, dem man fernzubleiben hat, damit kein nervöser Wachmann vom Hausrecht Gebrauch machen muß. Die Piste beginnt an der Grenztafel auf der Höhe des Passes, der die kontinentale Wasserscheide ist. Von hier aus laufen alle Wasser mit dem Wanderer zum Mackenzie hin. Der Trail verläuft zunächst über noch gut fahrbares Gelände, das sich durch ein Hochgebirgstal zieht und dann allmählich ins Tal des Tsichu River neigt, der bei km 15 überquert werden muß. Vor dem Bach liegt rechts ein alter Fuhrpark und links eine Schutzhütte, dahinter befindet sich ein ehemaliges Straßenbaucamp links am Weg. Ab hier steigt der Trail allmählich an. Mehrmals müssen auf den folgenden 25 km Quellbäche des Tsichu River durchfurtet werden.

Bei km 30: „Oldsquaw Lodge", Blockhaus rechts am Weg. Oldsquaws sind eine Vogelart der Barren Grounds, die hier häufig beobachtet werden kann.

Bei km 40: Furt durch den Intga River. Der Pfad folgt nun dem Bach bis hinauf zur Quelle am Caribou Pass.

Bei km 60: Paßhöhe erreicht. Hinter der Paßhöhe trifft man auf den Quellbach des Ekwi River, der rechts von der Höhe herankommt. Entlang des Baches geht es zu Tal. Er muß mehrfach gequert werden, keine Probleme.

Bei km 100: Ehemalige Pumpstation mit sehr viel zurückgelassenem Material. Hier verläßt der Pfad das Flußtal und läuft über einen flachen Höhenzug zum Godlin River Tal hinüber. Dessen Erweiterung, die Godlin Lakes, sind gute Fischgewässer. Am Ufer liegt das Camp des Outfitters aus den NWT, das nur in der Jagdsaison besetzt ist. Die nächsten 50 km folgt der Trail dem Lauf des Godlin River durch ein breites Trogtal hinab mit gletschergeformten Steilwänden, Felsformationen und Moränen. Dann klettert die Straße in weitausholenden Serpentinen hinüber ins Tal des Twitja River.

Bei km 160: Nacheinander müssen der Twitja River und sein Zufluß Deca Creek durchfurtet werden. Nahe dessen Mündung gibt es eine kleine heiße Quelle am Südhang.

Ab hier folgt die Straße auf der linken Hangschulter dem weiten Talzug bergab. In sich ständig wiederholendem Auf- und Abstieg müssen die Höhenzüge zwischen den nach rechts wegfließenden Bächen überstiegen und diese durchfurtet werden.

Bei km 180: rechts der *Mount Eduni* (2352 m.ü.M.), der höchste Gipfel am Trail.

Bei km 195: Oberlauf des Bolstead Creek, Pumpstation, Materiallager.

Bei km 210: Mündung des Baches in den Carcajou River, der hier überquert werden muß. Ehemaliges Baucamp.

Bei km 225: Querung des Andy Creek. Dahinter steiler Aufstieg zum Abraham Plateau, einer weiten, offenen Hochebene, einem Geröllsteinmeer mit herrlicher Weitsicht.

Bei km 240: Mitten auf der Ebene ehemaliges Baucamp mit Gerätepark.
Bei km 250: Alte Pumpstation mit Gerätepark. Ab hier steiler Abstieg vom Plateau ins Tal des Little Keele River, dem der Trail für 10 km folgt.
Bei km 267: Straße biegt rechtwinkelig ab und folgt nun dem rechten Talhang.
Bei km 285: Abzweigung eines winzigen Fußpfades nach rechts. Er führt zum Carcajou River (5 km), der hier sehenswert über eine Gebirgsschwelle stürzt: *Carcajou Falls.*
Bei km 290: Der Trail trifft wieder auf das Tal des Little Keele River, der hier überquert werden muß. Jenseits steiler Anstieg aus dem Flußtal und über die Wasserscheide hinweg zum Dodo Creek.
Bei km 300: Tal des Dodo Creek, dem man nun zum Tal des Carcajou River hinab folgen muß.
Bei km 315: Von links Einmündung des Echo Creek, enger Canyon, lohnender Kurztrip entlang dem Bach hinauf führt zu zwei kleinen Wasserfällen, in enger Schlucht mit 150 m hohen Seitenwänden. Wer hier entgegengesetzt noch einmal zum Carcajou River hinüber aufsteigt (7 km), gelangt auf das Plateau, in dem tief eingeschnitten der Fluß zu Tal gischtet und über Stufen hinunterspringt. Wieder herrlicher Rundblick von der Höhe.
Bei km 325: Trail taucht in den Dodo Canyon, der tief eingeschnitten zum Carcajou River hinabrauscht. Die Trasse ist hier im schlechtesten Zustand. Die Frühjahrshochwasser haben sie zerstört und mit Geröll zugeschüttet.
Bei km 335: Überquerung des jetzt friedlich dem Mackenzie zumäandernden Carcajou River. Biberbauten. Die letzten rund 40 km verlaufen durch das Sumpfland des Mackenzietales. Sumpf und Ried bestimmen das Bild.
Bei km 368: *Camp Canol,* frühere Lager- und Versorgungsstadt für die 30.000 Bauarbeiter an der Trasse. Heute gibt es nur noch unbedeutende Relikte zu sehen.
Bei km 372: Ufer des Mackenzie River. Hier endet der Trail. Der breite und von langen Kiesinseln unterbrochene Strom muß überquert werden, will man nach Norman Wells.

Norman Wells, 630 Einwohner, liegt am rechten Ufer des Mackenzie River. Der Ort ist keine sehr alte Gründung, obwohl schon Mackenzie berichtete, daß er bei der Erstbefahrung des Flusses 1789 hier offen austretendes Erdöl bemerkt hatte. Erst 1919 nahm die Imperial Oil Ltd. die ersten Bohrungen vor und erstellte eine kleine Raffinerie. Im Zusammenhang mit dem 2. Weltkrieg und dem Bau der Canol Road und Pipeline boomte die Siedlung auf, weitere Bohrungen wurden vorgenommen. Heute fördern nicht weniger als 64 Erdölquellen rund 3000 Barrel pro Tag, die per Pipeline nach Süden bis Zama in Alberta fließen.
Das Dorf ist also eine reine Industriesiedlung. Sie weist alle Dienste und Versorgungsmöglichkeiten auf.
Einfacher Campground am Dorfrand, keine Gebühren.
„Mackenzie Valley Hotel“, 33 Betten in 21 Zimmern. Ab 80 Can$. Mit Restaurant und Bar. Weg zum Airport. Bag Service 1250, Norman Wells NWT X0E 0V0, Tel. 403/587-2511.
„Normann Wells Inn“, 32 Betten in 24 Zimmern. Ab 80 Can$. Restaurant, Bar. Box 268, Norman Wells NWT X0E 0V0, Tel. 403/587-2744.

„Rayuka Inn“, 20 Betten in 10 Zimmern. Ab 60 Can$. Einfaches Restaurant. Box 308, Norman Wells NWT X0E 0V0, Tel. 403/587-2354.

Zwei Firmen bieten geführte Unternehmungen hinaus in die Wildnis oder auf dem Fluß an, per Boot oder Flugzeug — oder auf Schusters Rappen. Kanuverleih 35 Can$/Tag (mit 2 Schwimmwesten) für ungeführte eigene Trips.

Winter Lennie Outfitters, Box 391, Norman Wells X0E 0N0, Tel. 403/587-2959.

Mountain River Outfitters, Box 449, Norman Wells NWT X0E 0V0, Tel. 403/587-2324.

NWT Kanu-Rundtour

Einführung

Das unendliche System aus Seen und Flüssen im Norden und Osten der NWT bietet ungezählte Möglichkeiten, sich auf beliebig ausgedehnte Fahrten in und durch die Wildnis zu begeben. Aber sie alle sind wegen ihrer einsamen und abgelegenen Lage eher für Könner und Kenner der Wildnis geeignet.

Eine von jedermann zu bewältigende Tour bietet sich im Westen und auf der alten Wanderstrecke der Indianer zwischen den beiden Großen Seen an. Diese Tour von rund 1500 km Wasserwanderung muß man nicht komplett durchziehen. Da sie immer wieder zu Flugplätzen führt, kann sie beliebig abgebrochen werden. Sie bietet unterwegs Versorgungs- und Entspannungsmöglichkeiten, ist nicht sehr schwer und bietet doch jedem den Zugang zu einsamster Natur innerhalb der Waldzone.

Sie umfaßt zunächst den Mackenzie River bis Fort Norman, folgt dem Great Bear River zum Great Bear Lake und geht von diesem nach Süden über ein ausgedehntes Seensystem an den Great Slave Lake zurück. Sie erlaubt es also, den Mackenzie River, die wundervoll klaren Wasser des Great Bear Lake und die nordische Waldeinsamkeit auf dem Rest der Strecke zu erleben. Und dennoch ist stets Hilfe in Notfällen zu erhalten, und wegen der gelegentlichen Versorgungsmöglichkeiten muß man nicht übermäßig viel Last mitführen. Die Strecke fordert nicht allzuviel Kraft und bietet ein umwerfendes Erleben von Natur und Wildnis in großer Vielfalt, so man sie gemächlich fährt.

Karten sind lediglich für das Stück zwischen den Großen Seen erforderlich. Auch hier genügt der Maßstab 1 : 250.000, sonst muß man einen Sack voll kleinerer Karten mitführen, die hier wegen fehlender Problemwasser nicht erforderlich sind. Die folgenden Karten decken dieses Wegstück ab:

85 F (Calder River); 86 E (Leith Peninsula); 86 D (Riviere Grandin); 86 C (Hardisty Lake); 85 N (Marian River).

Vorbemerkungen

Die Fahrt führt von Siedlung zu Siedlung, und dazwischen gibt es nichts als Natur. Die Tour muß intensiv vorbereitet sein und sollte nur in einer Gruppe angegangen werden.

Auf dem Mackenzie River ist es nicht ratsam, Flußwasser zu genießen, auch nicht abgekocht! Trinkwasser bester Qualität bietet sich aus den reichlich zufließenden Bächen, je kleiner, umso empfehlenswerter.

Auf dem Fluß muß mit Schubschiffen gerechnet werden, die im Sommer mit hoher Fahrt in beiden Richtungen verkehren.

Auch hier sei empfohlen, sich in Ufernähe zu halten. Der Tag hat im Sommer 24 Stunden Sonnenlicht. Es ist ratsam, die wenigen Tage schlechten Wetters — insbesondere am Great Bear Lake und so solche anfallen — lieber im Zelt oder Camp abzuwarten oder in einer Siedlung Rast zu machen, bis das Wetter die Weiterfahrt erlaubt.
Der Mackenzie River hat keinerlei Stromschnellen, Wasserfälle oder dergleichen zu bieten, die gibt es — auch nicht sehr beachtlich — erst weiter flußabwärts. Dasselbe gilt für alle Flüsse dieser Strecke. Aber der Mackenzie fließt recht gemächlich. Um bei Gegenwind dennoch ohne viel Arbeit voranzukommen, spanne man einen Holzklotz vors Boot, grünes Holz, das tiefer im Wasser liegt und quer mit ca. 1,5 m Länge vors Boot gebunden wird. Dann übernimmt der Strom die Arbeit, die man sonst mühsam erbringen muß.
Schon der Great Bear River ist ein vorzügliches Fischwasser, der Great Bear Lake erst recht. Das muß man nutzen! Aber nie weit auf den See hinausfahren. Immer im Uferbereich bleiben, das ist bei allen ausgedehnten Gewässern Pflicht. Diejenigen Kanuten, die tödlich verunglücken — und da ließe sich eine lange Liste von übermütigen Urlaubern aufstellen — sind meist nicht ertrunken, sie fielen der Unterkühlung zum Opfer. Vor ihr als der allergrößten Gefahr in der Wildnis warnen die Behörden in jeder Broschüre — zu Recht. Man erfriert nicht im Walde und nicht im Winter, da kann man immer mit einem guten Feuer die Gefahr abwehren; man stirbt im Sommer an Auskühlung, weil die Seen so kühles Wasser haben!
Die gesamte Fahrt führt durch Waldregion, Brennholz steht überall reichlich zur Verfügung, es muß daher nicht unbedingt ein Koch- oder Heizgerät mitgeführt werden.

Tourbeschreibung

Das Einbooten am Fähranleger an der NWT Nr. 3 bei Fort Providence ist am einfachsten. Wer sich bis in die Siedlung begibt, kann auch dort bequem einsetzen. Es folgen gut 100 km ruhiger Flußfahrt den Mackenzie hinunter, dann wird links am Ufer *Jean Marie River* erreicht, eine kleine Siedlung (70 Einwohner) der Slavey Dené, an der Mündung des gleichnamigen Flusses. Das in der Abgeschiedenheit liegende Dörfchen bietet keinerlei Dienstleistungen. Es kann jedoch bei den nach Altväterart von Jagd, Fischfang und Trappen lebenden Indianern einiges an Lebensmitteln wie Wildfleisch oder Räucherfisch erstanden werden. Weitere 35 km stromab mündet von links der Liard River ein (weitere Einsetzmöglichkeit an dessen Fähre, NWT Nr. 7, 25 km oberhalb der Einmündung). Wegen der bei flachem Wasser hinderlichen Kiesablagerungen des Liard möglichst rechts fahren. Wer gleich dahinter in Fort Simpson anlegen möchte, sollte sich aber links halten.

Fort Simpson →NWT Highway Nr. 1: Endpunkt. Bis zum nächsten Ort Wrighley folgen einsame 250 Flußkilometer. Nur einmal, etwa bei km 80 ab Fort Simpson, mündet links ein schlechter Fahrweg ein, der auf dem rechten Ufer weiter bis Wrighley führt. Hier ist im Notfall Hilfe möglich, wenn zufällig jemand einen Ausflug unternommen hat.

Wrighley bietet nur einen Kramladen, sonst keine Versorgungsmöglichkeiten; aber auch hier ist der Einkauf von Naturprodukten bei den Slaveys möglich (160 Einwohner).

Das Dorf entstand aus einem 1810 errichteten Handelsposten an der Einmündung des Great Bear River. Supermarkt, Store, Polizeiposten und Krankenstation, zwei Restaurants.

„Petanea Co-op Hotel", Wrighley NWT X0E 1E0, Tel. 403/581-3102, Fax 403/581-3113, 5 Zimmer ab 110 Can$, Restaurant. Küchenbenutzung möglich.

Die Wanderung führt jetzt flußauf, 130 km auf dem Great Bear River zum Great Bear Lake. Der Fluß hat nur mäßige Strömung. Seine einzige Schwierigkeit liegt in der Wasserführung. Der breite und von zahlreichen Kiesbänken durchzogene Fluß ist im Grunde nur ein flacher Überlaufkanal des Great Bear Lake. Wenn der in trockenen Sommern zu wenig Wasser abgibt, muß man an Flachstellen aus dem Boot steigen.

Fort Franklin (535 Einwohner) liegt links am See, 15 km nach Norden. Wer dorthin paddelt, muß anschließend wieder zurück, denn auf dem Great Bear Lake darf aus Sicherheitsgründen nur in Ufernähe gepaddelt werden. Dieses Binnenmeer, über 50mal so groß wie der Bodensee, kann bei Wind sehr ungemütlich werden. Die Kälte des wundervoll klaren Seewassers läßt dem Gekenterten keine großen Überlebenschancen, wenn er weit vom Ufer weg ist. Fort Franklin hat seinen Namen nach dem englischen Marineleutnant, der 1825/27 einen Erkundungsmarsch zum Polarmeer unternahm und hier gelagert hat. Später, bei einer Schiffsexpedition zur Entdeckung der Nordwestpassage, kam er mit allen Männern im Eismeer um.

Die Siedlung entstand erst 1949, als die kanadische Regierung den hiesigen nomadisierenden Slaveys ein Versorgungs- und Schulzentrum schuf. Es ist die einzige Siedlung am See (Port Radium ist nur Erzmine und Privatgelände).

Die Indianersiedlung bietet zwar zwei Supermärkte, aber sonst kaum Versorgungsdienste. Polizeiposten und Krankenstation sind vorhanden. Zweimal wöchentlich Linienflugverbindung mit Yellowknife.

„Great Bear Lake Motel", 12 Betten in 4 Zimmern, Restaurant. Ab 85 Can$. Fort Franklin NWT X0E 0G0, Tel. 403/589-3705. Bootsverleih: Great Bear Coop, Supermarkt ab 35 Can$/Tag.

Von nun an muß der Paddler dem Südufer des Sees nach Osten folgen. Es empfiehlt sich, eine Schleppangel zu ziehen, der See mit seinem glasklaren und überall trinkbaren Wasser beherbergt neben reichlich anderen Fischen beachtliche Seeforellen, die bis zu 50 Pfund wiegen können! Es gibt daher im Osten des Sees ein halbes Dutzend Anglerlodges.

Nach rund 80 km entlang dem Südufer geht es für weitere 100 km nach Nordosten, dann muß die Buchtmündung des McVikar Arm überquert werden. Das sind fast 20 km offenes Wasser, die nur bei gutem Wetter und ruhigem Wasser angegangen werden dürfen. Eine Menge Inseln macht die Querung etwas sicherer.

Nach weiteren 50 km geht es südlich in die Sawmill Bay. In der ersten tiefeingeschnittenen Fjordbucht befindet sich eine Wetterstation gleichen Namens, die im Notfall Hilfe ermöglicht.

Im westlichen Ende der Sawmill Bay, auf der Leith Peninsula, liegt am See die „Great Bear Lodge", nur Juli/August geöffnet.

54 Betten in drei Häusern, Restaurant, Duschen, Landepisten für größere Flugzeuge, Notfalltelefon. Für Urlaubsaufenthalte: Box 2555, Yellowknife NWT X1A 2P9, Tel. 403/920-2023.

Wer die Lodge erreicht, ist nahe an der Wasserstraße nach Süden.

Von hier aus geht es den Camsell River hinauf. Keine sehr schwere Aufgabe, da er gemächlich fließt und eigentlich mehr eine Kette von ausgedehnten Seen darstellt. Eine ganze Reihe von kurzen Tragstrecken sind alles, was sich auf diesem Wegstück von gut 200 km bis zur Wasserscheide als beschwerlich erweist. Gleich in der Mitte des ersten großen Sees, am Westufer des Hottah Lake, liegt eine weitere Angler Lodge:

„Hottah Lake Lodge", einfaches Wildniscamp für acht Personen, Vollverpflegung, Boote. Notfalltelefon.

Post: Rae Lakes NWT X0E 1R0, Tel. 403/997-3281.

Nach den besagten 200 km ab Great Bear Lake findet man die Dogrib Dené Siedlung Rae Lakes am Ostufer des Rae Lake (185 Einwohner).

Rae Lakes bietet nur einen Gemischtwarenladen, sonst keinerlei Versorgungsdienste. Das einsame Indianerdorf hält engen Kontakt über den folgenden Wasserweg zum Great Slave Lake. Außerdem wird es zweimal wöchentlich im Linienflug mit Yellowknife verbunden.

Von hier aus etwas beschwerliche Umtragung der Landbrücke auf dem alten Indianerwanderweg. Eingehende Erkundung und Übertragung in die Karte sehr sinnvoll, die Dogribs von Rae Lakes sind gern behilflich, stellen auch Führer oder — wenn es sich anbietet — wandern mit nach Rae-Edzo am Great Slave Lake. Dorthin fürht mit weiteren 100 km ein anderes Fluß-Seen-System. An der Einmündung des Marian River in die Marian Bucht des Great Slave Lake eine kleine Indianersiedlung ohne Versorgungsdienste. Die finden sich erst nach zusätzlichen 30 km Wasserwanderung in Rae-Edzo, Beschreibung →NWT Route Nr. 3.

Ob man von Edzo aus noch die etwa 400 km nach Fort Simpson paddelt, dem Nordufer von Rae aus um 100 km nach Yellowknife folgt oder schon in Rae-Edzo sein Boot an Land nimmt, muß dann jeder selbst entscheiden.

Yukon Territory

Einwohner: 27.000
Größe: 482.000 qkm
Hauptstadt ist Whitehorse am Yukon River mit 22.000 Einwohnern.

Geographie

Das nahezu in Form eines rechtwinkligen Dreiecks im äußersten Nordwesten Kanadas liegende Gebiet Yukon Territory reicht vom Eismeer im Norden, hier Beaufort Sea geheißen, bis (fast) an den Pazifik im Süden. Die schnurgerade Grenze im Süden folgt strikt dem 60. Breitengrad als Abgrenzung zur kanadischen Nachbarprovinz British Columbia. Dies, wie auch die ebenso präzise dem 141. Längengrad folgende West- und kanadische Staatsgrenze zum US-Bundesstaat Alaska, läßt klar erkennen, daß hier sehr künstlich eine Landfläche politisch abgesondert wurde, als es dem Staat nützlich erschien.

Nur im Osten folgt die Trennlinie zu den NWT unregelmäßig entlang der Gipfellinie, auf der Wasserscheide zwischen den beiden großen Strömen der Region, dem Yukon und dem Mackenzie River! und in der Südwestecke folgt sie ein kurzes Stück der Kammhöhe des Küstengebirges durch die St. Elias Mountains und den Kluane National Park.

Wie ein Rahmen zu dieser Zone sind die Gebirge längs der Ostgrenze und die Coastal Range im Süden am höchsten aufgetürmt worden, letztere mit ausgedehnten Gletschermassen in der Gipfelregion. Zwischen beiden ziehen sich niedrigere Gebirgsformationen in alle Richtungen, umrahmen in der Mitte das Becken des Yukon River und fallen nach Norden zu immer weiter ab, um in hügelige Tundra am Meer auszulaufen. Sie bergen einige hunderttausend Quadratkilometer nahezu unberührter Waldwildnis, durchfurcht von ungezählten Bächen und Flüssen, die fast ausschließlich dem Yukon River zustreben und zuvor in den Tälern Seenkette um Seenkette durchfließen. Nur hoch im Norden, am Eismeer, liegt eine kleine und unbewohnte Ecke des Territoriums jenseits der Baumgrenze, mit dem neu eingerichteten Ivvavik National Park, der nur per Flugzeug erreichbar und sonst unerschlossen diese arktische Region bewahren soll. Die nördlich daran angrenzende Insel Herschel Island bewahrt als erster Provincial Park des YT die Überreste des einstigen Walfangzentrums des vorigen Jahrhunderts.

Das Land umfaßt in seiner Ausdehnung die doppelte Fläche der alten Bundesrepublik Deutschland — aber statt deren 60 Millionen leben hier nur 27.000 Menschen. Damit ist hinlänglich begründet, warum dieser Landstrich einen unübersehbaren Reichtum an Fischen im und Vögeln am Wasser vorzuweisen hat — und in den unzugänglichen Bergwäldern Hoch- und Niederwild ein sicheres Refugium besitzen, in dem sie von menschlicher Belästigung fast ganz verschont bleiben. Nur ganz wenige Fahrstraßen durchziehen das Gebiet und machen es ein wenig zugänglich.

Im Prinzip handelt es sich nur um zwei Überlandstraßen, die parallel zueinander in Nordwestrichtung verlaufen. Der Alaska Highway verzweigt sich am Beginn des

Territoriums in Watson Lake und schließt sich gleich hinter der Grenze zu Alaska, vor Tok, wieder zu einem Fahrstrang zusammen.

Ungefähr in Nord-Südrichtung kreuzen zwei weitere Straßenzüge die beiden erwähnten. Aber diese sind nur in den vier Sommermonaten ganz befahrbar. Im Winter bleibt es für acht Monate beim einzigen offenen und durchgängig befahrbaren Straßenzug, dem in seiner ganzen Länge asphaltierten Alaska Highway.

Der Rest sind Stichstraßen, Zuwegungen, Waldwege, die manchmal ein kurzes Stück in die Wildnis führen, ehe sie darin verschwinden. Das Yukon Territory wäre ein weitgehend verschlossenes Land — gäbe es die Gewässer nicht.

Geschichte

Die Geschichte des Yukon Territory ist nicht sehr umfangreich, dafür verlief sie höchst dramatisch.

Die als letzte hier zugewanderten Indianer aus der Sprachgruppe der Athabaska blieben lange unbehelligt. Selbst die unersättliche Hudson Bay Company (HBC) blieb fern. Nach Süden zu schirmten die Tlingits des Küstengebirges das Land ab und hüteten ebenso unnachsichtig wie kriegerisch ihr Handelsmonopol zum Inneren. Und da im Norden keine Inuit am Eismeer siedelten, blieb auch von dort her der Einfluß oder das Eindringen der Weißen aus. Alexander Mackenzies Fahrt den nach ihm benannten Fluß hinab blieb ohne Folgen für die Yukon Region. Als die HBC mit der NWC zusammengeschlossen worden war, drangen die Händler allmählich weiter nach Westen vor. Erst Robert Campbell kam 1840 auf der Suche nach neuen Handelswegen in das heutige Territorium. Er folgte mit seinen Voyageurs natürlich den damaligen Wasserwegen, vom Liard River aufwärts, über Frances und Finlay River bis zur Wasserscheide und dann den Pelly River hinunter bis zu seiner Mündung in den Yukon River. Alle Namen-, Seen- und Flußbezeichnungen stammen von ihm, nur den Namen „Yukon" übernahm er von den Dené, in deren Sprache dieses Wort etwa „Großes Wasser" bedeutet. Und hier unterlief ihm ein kleiner Fehler. Er hielt den Oberlauf des Yukon für einen Nebenfluß, der hier in den Pelly einmündet und mit diesem gemeinsam erst flußab als Yukon River weiterfließt. Er benannte den Yukon Oberlauf „Lewes River", nach dem Namen eines der HBC-Vorgesetzten, und dabei blieb es bis heute, obwohl der Irrtum schon bald durch Lt. Schwatka aufgeklärt wurde. In der Umgangssprache heißt der obere Yukon — neben einigen Bezeichnungen für Teilstrecken — noch immer Lewes River.

Der heutige Robert Campbell Highway folgt genau dem Weg, den dieser Entdecker damals etwas weiter nördlich auf dem Wasser zurücklegten. Entlang diesem Wasserweg entstand nun in rascher Folge eine Reihe der üblichen Handelsposten der HBC, die aber allesamt wieder untergingen. Keiner entwickelte sich zu einem Siedlungspunkt.

Am Ende seiner Reise, die ihn als ersten Weißen in das spätere Yukon Territory geführt hatte, gründete er 1848 Fort Selkirk am Yukon River. Chief Kohklux von den Küstentlingit nahe dem heutigen Haines zerstörte es bald wieder, um die lästige Konkurrenz aus dem Land zu jagen. Aber das hielt die HBC nicht auf.

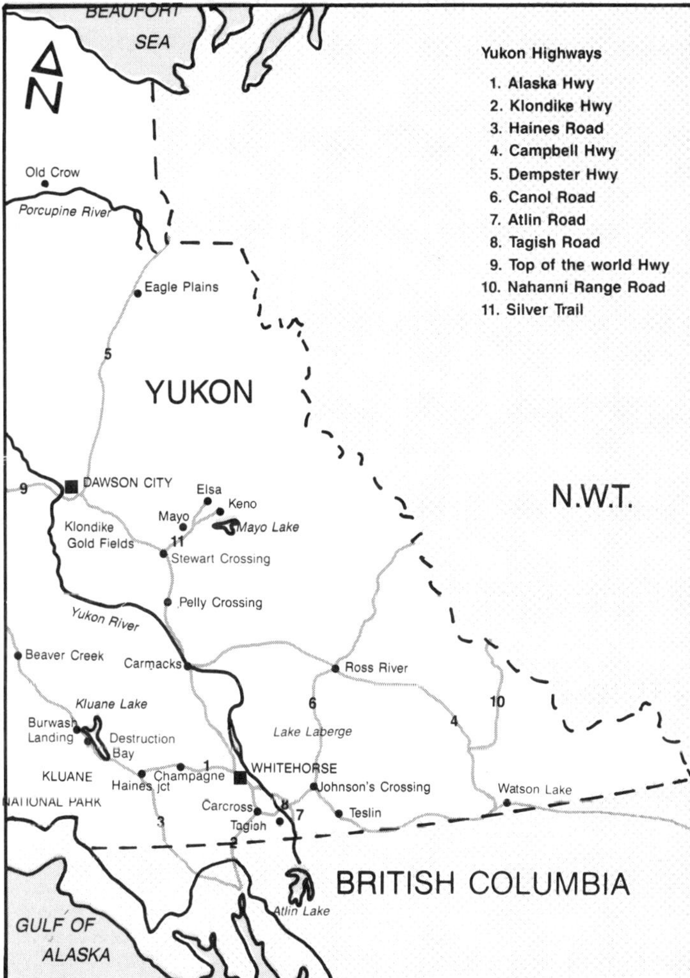

Ein weiterer Händler der HBC hatte vom Peel River Post in den NWT aus die Porcupine Route zum Yukon erkundet. Über den nach ihm benannten Fluß stieg John Bell zur Wasserscheide auf und fuhr über den Porcupine zum Yukon River hinunter.

Gold am Yukon
Das gelbe Edelmetall hatte seit Columbus und Cortez die Geschichte und die Entwicklung des amerikanischen Kontinents bestimmt, hatte wirtschaftlichen Aufschwung, Besiedlung und die Dezimierung der eingeborenen Bevölkerung ausgelöst. Der kalifornische Goldrush von 1848 hatte bewiesen, daß auch weiter nördlich Gold zu finden war. Von nun an suchte jeder und überall nach dem großen „strike", der ihn reich machen würde. Zwar mußte man, um seinen Lebensunterhalt zu verdienen, im hohen Norden erst einmal Fallensteller sein, aber das war ohnehin auf den Winter beschränkt. Im Sommer war man dann frei, sich im Lande umzusehen. Bald stellte sich heraus, daß in fast jedem Fließgewässer zumindest Spuren von Gold vorhanden waren. Das feuerte an und hielt die Trapper auch am Yukon bei der Suche. Nach einigen nicht sehr ergiebigen, aber dennoch interessanten Funden im Einzugsebiet des Fortymile Rivers versammelte sich hier die Menge und fieberte dem ersten großen Fund entgegen. Den gab es 1886 in der Franklin Gulch, der Schlucht eines winzigen Nebenbaches zum Fortymile River. Einige weitere interessante Funde folgten in kurzen Abständen. Ein kleiner Run setzte ein, die Stadt Fortymile wuchs nahezu über Nacht aus dem Boden.

La Pierre House (1845) und einige weitere Handelsposten entstanden an dieser Route. 1847 begründete Alexander Murray Fort Yukon an der Mündung des Porcupine in den Yukon River, den einzigen HBC-Handelsposten, der zu einer dauerhaften Siedlung wurde. Das wesentlich bedeutsamere Fort Reliance, wenige Meilen unterhalb des heutigen Dawson City, bestand nur kurze Zeit.

Ab hier etwa waren die Handelswege ins Innere erkundet und erschlossen, erste Sternwheeler, die für das amerikanische Flußsystem so typischen Heckraddampfer, brachten regelmäßig Waren den Yukon River herauf und versorgten die Handelsniederlassungen am Fluß weit kostengünstiger als vordem die Coureurs du Bois. Die wurden arbeitslos und wandten sich anderen Tätigkeiten zu, bevorzugt dem Fallenstellen und der Goldsuche. Einige Dutzend abenteuerlustiger Weißer folgten nach. Es entstand nach kleinen Funden die etwas dichter besiedelte Region am Fortymile River, einem Nebenfluß, der gegenüber und etwas unterhalb des späteren Dawson City in den Yukon River mündet. Hier entstand die erste Siedlung im Territorium, benannt nach dem Fluß: Fortymile.

Das rief die junge Bundesregierung in Ottawa auf den Plan. Bekanntlich hatte im Jahre 1867 Alaska den Eigentümer gewechselt, und im gleichen Jahr hatte Kanada sich als Bundesstaat im britischen Empire etabliert. Ihm war es 1870 gelungen, der HBC ihre Hoheitsrechte abzukaufen und die NWT unter kanadische Gewalt zu bekommen. In Fortymile wurde rasch die kanadische Verwaltung eingerichtet. Jetzt mußte nur noch die Abgrenzung zu den USA in Alaska gefunden werden.

Es dauerte bis 1898, dann hatte sich die gemeinsame Grenzkommission auf den heutigen Verlauf geeinigt. Der Goldrush zum Klondike River gab den Anstoß, nunmehr eine selbstverwaltete Gebietskörperschaft einzurichten. Die Bundesregierung

Spuren der Indianer-Kultur finden sich in großer Zahl: Totem-Pfahl im Stanley Park in Vancouver

Auf den Spuren der Vergangenheit: das MacBride-Freilichtmuseum in Whitehorse macht es möglich
Relikt aus alten Zeiten: Yukon-Railway-Lok im Freilichtmuseum von Whitehorse

trennte das Yukon Territory aus der Landmasse der NWT ab und setzte das prominente Mitglied der Grenzkommission William Ogilvie als ersten Commissioner (Gouverneur) ein.
An dieser Konstruktion hat sich bis heute nichts geändert. Der von der Bundesregierung ernannte Commissioner verwaltet das Territorium, als Selbstverwaltungskörperschaft steht ihm der in freien Wahlen bestimmte Rat des Territoriums zur Seite. Neben diesen 16 von der Gesamtbevölkerung gewählten Räten steht ihm heute auch der fünfköpfige „Council for Yukon Indians" beratend bei, der von den ca. 7000 Indianern zusätzlich gewählt wird.

Die Rolle der Kirchen

Zusammen mit den ersten Trappern und Goldsuchern trat auch die Kirche im Yukon auf. Die Anglikaner entsandten den Reverend William Kirkby aus Fort Simpson. Er ließ sich von einer angeheuerten Mannschaft aus Voyageurs den Mackenzie River hinunter paddeln, folgte dem Rat River hinauf zur Wasserscheide und fuhr jenseits über Bell und Porcupine zum Yukon River hinunter.
Unterwegs hielten sie Rast in Old Crow, dem nach einem Häuptling benannten nördlichsten Indianerdort des Yukon Territory, das auch heute noch keinen Straßenanschluß hat und von den modernen Voyageurs auch heute noch auf demselben Weg angesteuert wird. Man kann allerdings auch hinfliegen. Auch in Fort Yukon blieb der Reverend nur zur kurzen Erkundung. Den Indianern war er willkommen, die Konkurrenz noch nicht am Ort, und flugs eilte er nach nur zwei Wochen auf derselben Strecke zurück, um seinen Oberen zu berichten.
Gleich im folgenden Jahr machte er dieselbe Reise noch einmal, diesmal in Begleitung eines weiteren Missionars, Reverend MacDonald, der in Old Crow blieb und die Kutchin Dené dort missionierte.
Nun hörten auch die katholischen Missionare von den Erfolgen der Konkurrenz und entsandten die Oblatenbrüder zum Religionswettkampf an den Yukon. Bald erwies sich, daß dabei jeweils die Oberhand behielt, wer zuerst am Platz erschien.
Den Indianern war die Anwesenheit der Kirchen allemal von Nutzen. Im hereinbrandenden Goldrush mit all seinen negativen Begleiterscheinungen, boten nur die Kirchen den Einheimischen Schutz vor Ausbeutung, bauten Schulen und sorgten für Gesundheit und Erziehung. Eifersüchtig bewahrten die Kirchen ihre Schäfchen vor der Ausplünderung durch gierige Schnapshändler und geleiteten sie einigermaßen heil über den Goldrush hinweg.
Andererseits kam nun der Umschwung in das bisherige Nomadendasein der Indianer des Innern. Zum Magneten „Handelsposten" gesellte sich die Kirche mit der Schule. In ihrer Sogwirkung verließen die Dené die Wälder und siedelten sich an, es entstanden die heutigen Dörfer. Die Wildnis aber wurde nach und nach menschenfrei und blieb wieder mehr sich selbst überlassen.

„Im roten Rock"

Die Beamten der Royal Canadian Mounted Police oder der „Gendarmerie Royale du Canada", wie sie im streng zweisprachigen Reglement der Bundesregierung

Heute nur noch Nostalgie — die Sternwheeler

Whitehorse, die Hauptstadt des Yukon Territory, hat, wie auch jedes Dorf am Wasser, das etwas auf sich hält, einen Heckraddampfer als Denkmal an jene Zeit an Land gesetzt und konserviert. In Whitehorse ist es die „Klondike", die als letzte ihrer Art den Fluß hinauffuhr, um am heutigen Platz neben der Yukon Brücke festgemacht zu werden. In Dawson City ruht die „Keno" an der Frontstreet, in Carcross liegt die „Tutshi" am Ufer, und im nahen Atlin ist es die „Tarahne".

Das hat seinen Grund. Dieser merkwürdige Schiffstyp mit dem Paddelrad am Heck, das ihm den Namen gab, hatte sich schon lange auf den unregulierten Flüssen des Erdteiles bewährt. Die Vorzüge liegen auf der Hand: die Dampfmaschine ließ die wesentlich schmalere Silhouette leichter durch Engpässe schlüpfen und erlaubte es, einfach am Ufer in der Wildnis anzulegen. Und bei Niedrigwasser war das flachgehende Boot noch immer bewegungsfähig, während die Hochseedampfer jener Zeit schnell aufgelaufen wären und festgesessen hätten. Schon vor dem Goldrush fuhr jährlich eine beträchtliche Zahl den Yukon River hinauf und versorgte die Handelsposten der HBC wie der freien Konkurrenz mit Handelsware. Im Gegenzuge beförderten sie Menschen, Gold und Pelze an die Yukon-Mündung. In St. Michael an der Beringsee, im Norton Sound, fand das Umladen statt, bestieg man die Hochseefrachter und dampfte mit ihnen nach Süden. Seattle im US-Bundesstaat Washington und San Francisco in Kalifornien waren die wichtigsten Anlauf- und Ausgangshäfen jener Zeit.

Die 2000-Meilen-Flußreise war auch später im Goldrush die leichteste, sicherste und schnellste Möglichkeit der Anreise, aber auch die teuerste! Daher wurde sie nur wenig genutzt. Hunderten von Zukurzgekommenen boten die Heckraddampfer dann ein gutes Auskommen als Holzfäller und Feuerholzlieferanten. Die am Fluß entlang eingerichteten Camps stellten riesige Holzstapel ans Ufer, damit die mit immerhungrigen Kesselmäulern herandampfenden Sternwheeler eine neue Decklast Brennholz fassen konnten. Schließlich waren es um die 250 Schiffe dieser Art, die auf dem Yukon River und seinen Nebenflüssen, z.B. dem Stewart und dem Pelly River, verkehrten. Als dann auch noch die ostwärtige Passage der Five Finger Rapids bei Carmacks von störenden Unterwasserhindernissen freigesprengt war und eine Dampfwinde die Schiffe aufwärts durch die Rapids zog, war die Flußfahrt bis und von Whitehorse problemlos möglich.

auch heißen, tragen noch heute den roten Uniformrock, allerdings nur zu festlichen Anlässen. Der kühne Stetson aber gehörte damals noch nicht dazu, als diese Polizeitruppe als „Northwest Mounted Police" in Fort Garry, dem heutigen Winnipeg, gegründet und aufgestellt wurde, und nur damals waren die Beamten beritten (Mounted). Auch der ihnen angedichtete überragende Ruf, jenes martialische „Go — and get your man", erweist sich bei näherer Betrachtung als Eigenlob und Kintoppromantik. Dennoch muß ihnen fairerweise bestätigt werden, daß sie in der jungen Geschichte des Yukon Territorys eine bedeutende, wohltuend ordnende Rolle gespielt haben. Nur ihnen ist zu verdanken, daß der Goldrush zum Klondike nicht nach jener Wildwestmanier verlief, die auf den danach folgenden Goldfeldern Alaskas den Ton angab. Als der Goldfund am Fortymile ab 1886 einen größeren Zustrom von Abenteurern auslöste, die sofort versuchten, das „Recht" in ihre eigenen Hände zu nehmen und vor allem die indianische Bevölkerung der Region malträtierten, rief die anglikanische Kirche lautstark und wirkungsvoll um Hilfe nach Ottawa. Die Bundesregierung entsandte den Inspektor Constantine von der NWMP. Es dauerte bis zum 7. August 1894, ehe er nach beschwerlicher Reise zu Fuß und zu Pferd, per Boot und über die Berge, in Fortymile eintraf. Nach kurzer Inaugenscheinnahme der anarchischen Szene eilte er sofort wieder zurück. Mit insgesamt 19 Beamten reiste er ein zweites Mal herbei. Am 24. Juli 1895 begann das Aufräumen am Fortymile. Bis zur Mitte des folgenden Jahres war die Ordnung hergestellt, die Verwaltung eingerichtet und der staatliche Machtanspruch durchgesetzt. Die Claims, die Schürfgrundstücke der einzelnen Digger, waren einheitlich zugeschnitten, vermessen und registriert.

Die Beamten der NWMP fungierten als Behörde für alles, entschieden die Streitfragen, führten das Postamt, handelten als Zollbeamte und als Indianeragentur. Sie sprachen Recht, und wo es an Gesetzen fehlte, machten sie ihre eigenen und erzwangen deren Einhaltung.

Der Fund am Rabbit Creek

Die in der Coastal Range und am Pazifik lebenden Tlingit-Indianer hielten die in ihrer Hand befindlichen Pässe über die Berge und in den Yukon eisern gesperrt. Erst ab etwa 1880 erlaubten sie Trappern und Goldsuchern die Einreise über Haines, Dyea und Skagway, wie sie später hießen, über den Dalton Trail, den White und den Chilkoot Pass — nicht aber den Händlern. Jedoch ab 1890 setzten sich auch Männer wie Dalton und Moore durch, die von der Küste aus versuchten, das Handelsmonopol der HBC zu durchbrechen und sich auf deren Territorium zu bereichern. Diese gespannte Lage fand William Ogilvie vor, der mit dem Auftrag des kanadischen Innenministers White kam, den Weg über die Berge und zu den Goldfeldern am Fortymile zu erkunden.

Nach anfänglichem Scheitern stieß er auf einen Trapper und Geschäftemacher namens George Washington Carmack. Der lebte mit einem Mädchen aus dem Stamm der Tagish zusammen, die jenseits der Küstenberge im Yukon ansässig waren und sind. Kate, so hieß die junge Indianerin, überredete ihre beiden Brüder Charly und Jim, und diese ihre Stammesgenossen, und so fand Ogilvie doch noch Träger für seine Expedition und Führer über die Berge. Er benannte den Paß nach seinem Dienstherren „White Pass".

Nach dieser Episode, Carmack war längst aus Ogilvies Diensten ausgeschieden, stromerte er mit seinen beiden „Schwägern" von einem Wohnsitz nahe dem Indianerdorf, das heute seinen Namen trägt, auf Goldsuche umher. Sie fristeten ein Dasein, das damals hier üblich war: Im Winter beim Fallenstellen erbeutete Felle ver-

kauften sie an die HBC und sicherten sich auf diese Weise ihren Lebensunterhalt. Im Sommer suchten sie nach dem Reichtum, der am Forty- und Sixtymile River nicht so mühelos zu erreichen war, wie sich das Carmack erträumte.
Im Sommer 1896 nahmen sich die drei Männer die Gegend am Klondike River vor. Am Gold Bottom Creek stießen sie auf einen Schotten, Robert Henderson, der hier Gold wusch. Er berichtet ihnen von einem Fund am unweit gelegenen Rabbit Creek, den er kürzlich gemacht hatte. Aber erst wolle er den vielversprechenden Bach hier gründlich absuchen. Carmack zog mit seinen Begleitern hinüber zum Rabbit Creek. Sie schlugen dort ihr Lager auf und wuschen etwas Gold. Aber erst am Abend des 16. August 1896, als Tagish Charly den Kochtopf im Bach mit Sand schrubbte, fand dieser die „Tasche", ein Nest von Goldnuggets, am Bachufer. Die drei steckten sich ihre Claims ab, und Carmack eilte zur Behörde in Fortymile, wo er sie registrieren ließ. Der 16. August ist seither „Discovery Day", ein Feiertag mit Fest und Spielen in Dawson City.
Da George Carmack als großmäulig bekannt war, glaubte ihm am Fortymile niemand so recht diesen „strike". Sie mochten den Spatzen in der Hand nicht für „Lying Georges", für Lügengeorges goldene Tauben auf dem Dach aufgeben. Nur einige Dutzend Leichtgläubige und vor allem die am Fortymile Zukurzgekommenen versuchten ihr Glück — und wurden reich. Jeder Claim im Bach, der alsbald in „Bonanza Creek" umgetauft wurde, warf seinem Besitzer ein Vermögen ab, Carmack und seine „Schwäger" Skookum Jim und Tagish Charly waren reiche Leute. Auch die anderen Bäche am Klondike und der Fluß selbst erwiesen sich als ertragreicher als ein Claim am Fortymile River.
Ironie der Geschichte: Robert Henderson, der eigentliche Entdecker, ging leer aus. Carmack dachte gar nicht daran, den Tipgeber zu beteiligen oder zu benachrichtigen. Der suchte später am Rande des Goldfeldes sein Glück, mußte aber wegen Krankheit aufgeben und verkaufen. Der Käufer förderte dann Gold für eine halbe Million Dollar! Henderson aber blieb ein armer Schlucker.

Goldrush

Am Morgen des 17. Juli 1897 lief die „Portland" durch den Pudget Sound in den Hafen von Seattle im US-Bundesstaat Washington ein. Niemand sah dem schon etwas altersschwachen Dampfer an, welche Last er diesmal von St. Michael mitbrachte und nun anlandete: Rund zwei Tonnen pures Gold — und ein Dutzend frischgebackener Millionäre kamen von Bord. Wenige Stunden später schrien es die Zeitungsjungen des „Seattle Post Intelligencer" durch die Straßen der kleinen Hafenstadt, und der bereits bestehende Telegrafendienst meldete es in alle Welt: Am Yukon liegt das Gold herum, haufenweise, man muß es nur noch in die Säcke schaufeln.
Kein Wunder, daß diese und andere ebenso maßlos aufgeblasenen Übertreibungen in kürzester Zeit den größten Ansturm auslösten, den die Geschichte bisher kannte. Mehr als 100.000 Menschen brachen auf, um an den Yukon zu reisen und sich einen Sack Gold abzufüllen. Da wundert schon eher, daß es nicht viel mehr waren, die rasch mal eben reichwerden wollten.

Des Rätsels Lösung liegt in der alten Weisheit: Wer reich werden will, muß erst mal Geld haben! Für Arme war der Weg zu weit und zu teuer. Da waren nicht nur die Reisekosten, auch eine Ausrüstung mußte her und für ein Jahr Lebensmittel waren auch noch anzuschaffen und hinzutransportieren. Das alles konnte ein Einzelner nicht über Land schleppen, also mußten die Träger bezahlt werden. Nur wenige Mittellose waren dabei und schafften die Reise durch Arbeit für andere.

Ab Herbst 1897 fuhr Schiff um Schiff in die beiden Hafenbuchten und setzte Menschen, Fracht und Waren an Land. Im Nu schossen an beiden Fjorden Städte aus dem Boden. Während des Winters schleppten die Menschen ihre Habe über die Pässe. Andere siedelten sich am Weg an, um die Wanderer zu bedienen, gegen gutes Geld natürlich. Mehrere Zeltstädte entstanden am Pfad, die letzten jenseits, am Lake Bennett, wo diejenigen, die es geschafft hatten, auf das Frühjahr und die Eisschmelze warteten, um die Weiterfahrt auf den Yukon Quellflüssen anzutreten. Als es dann am 29. Mai 1898 so weit war, gab es ringsum keinen Baum mehr. Jedes Stück Holz am Lake Lindeman und Lake Bennett war zu schwimmenden Untersätzen verarbeitet worden, hatte als Heizmaterial gedient oder steckte in der nebenbei entstandenen Kirche der Zeltstadt. Einer hatte eine Sägemühle über den Paß gewuchtet, die hatte ihn reich gemacht und den Baumbestand in Balken und Bretter verwandelt.

Am Trail über die Berge hatte sich Unbeschreibliches abgespielt. Die Reihe der auf- und absteigenden Gestalten ist Geschichte. Pferde, Maultiere und sogar Lastziegen wurden auf Teilstrecken eingesetzt und vermietet, litten und starben aufgrund der Fron. Ganze Berge an Knochengerippen sind noch heute am Pfad zu besichtigen.

Findige Leute wußten auch hier schon zu Geld zu kommen. Da waren Indianer, die sich für immer höhere Preise als Träger verdingten. Einige der Goldhungrigen bauten Brücken über Bäche und Schluchten und kassierten dann Wegzoll. Einer schlug Stufen für den Aufstieg zur Paßhöhe ins Eis und kassierte für deren Benutzung. Und bald zogen drei einfache Seilwinden Männer und Gepäck zum Paß hinauf, sofern sie dafür bezahlen konnten.

Die kanadische Regierung hatte rechtzeitig auf der kanadischen Seite einen Grenzposten der NWMP eingerichtet. Wer nicht ausreichend Lebensmittel für ein Jahr mitführte, wurde unnachsichtig zurückgewiesen. Das allein schon waren an die 500 kg an Vorräten, die man vorzuweisen hatte.

Am 28. Mai 1898 brach das Eis auf dem Lake Bennett. Alles stürmte in die Boote, und die Fahrt begann. Am ersten Tage passierten über 800 „Schiffe“ das See-Ende — und am darauffolgenden 29. Mai zählt der NWMP-Posten 7124 Wasserfahrzeuge aller Arten, die den Fluß nun hinunterschwammen.

Wer unterwegs war, hatte noch längst keinen Freifahrschein nach Dawson City in der Tasche. Die Gräber jener fünf Dutzend, die am Karfreitag 1898 von einer Lawine am Chilkoot zu Tal und in den Tod gerissen wurden, findet man noch heute auf dem Friedhof zu Dyea — die der am Dawson Trail Ertrunkenen und Verbliebenen hat niemand gezählt.

Zurück blieb ein endloses Trümmerfeld mit Bergen von zerbrochenen und weggeworfenen Gegenständen links und rechts von den Pfaden zum Paß. Wer dann den Fluß hinunterschwamm, den erwarteten zwei weitere böse Hindernisse, zwar für Wasserkundige keine großen Probleme, aber das waren die wenigsten. Und so verschlangen die Whitehorse Rapids noch manches Floß. Über hundert Menschen sollen hier ihr Ende gefunden haben. Noch eine letzte Prüfung war zu bestehen, die Five Finger Rapids, die damals noch nicht entschärft waren. Sie forderten den letzten Zoll ein. Dann schwappte im Sommer 1898 eine Welle von etwa 30.000 Goldhungrigen ins Städtchen Dawson City.

Wer von ihnen einen Claim am Klondike und in seiner Nähe angestrebt hatte, kam vergebens. Den hatten längst andere abgesteckt, die schneller zum Goldfeld hingeeilt waren. Wer jetzt kam, mußte die Grundlagen für eine selbständige Tätigkeit mitgebracht haben oder für andere „diggen". So schnell wie der Boom über Dawson City gekommen war, so schnell verlief er sich auch wieder. An die 50.000 Menschen lebten 1899 in der Stadt und einem Dutzend Dörfern in der Umgebung. Kurz nach 1900 war der Boom vorbei, die Goldfelder waren abgeschöpft und die Massen weitergewandert. Den Zuspätgekommenen boten neue Funde in Nome an der Beringküste und in Fairbanks in Alaska eine weitere Chance. Sie strömten den Yukon River hinunter, und am Klondike begann die maschinelle Schürfung der großen Gesellschaften. Riesige Schwimmbagger, dredges genannt, wurden gebaut, mit integrierter Goldwaschanlage. Sie wendeten noch einmal jeden Kiesel und baggerten das Gestein bis auf den Felsen weg. Und die Unternehmer kamen bis heute auf ihre Kosten. Zwar liegen die Schwimmbagger alle still, aber mit modernen Maschinen wird in der Region noch heute Gold gewonnen, und auch der Digger mit der Schaufel und der Waschpfanne ist noch aktiv. Das alte Gerücht von der Mutterader all dieser Funde geht weiter um und lockt den Abenteurer an.

Nahezu jeder am Goldrush Beteiligte war sicher, daß die Funde bei Dawson City eine dauerhafte, auf viele Jahre angelegte und prosperierende Sache seien. Dementsprechend wurde investiert. Niemand dachte auch nur im Traume daran, daß es sich nur um einen Dreijahresboom handeln könnte.

Ein ganz Zuversichtlicher baute oben am Bennett Lake sogar ein zweistöckiges „Hotel Dawson", eine kleine Siedlung entstand und erlosch umgehend wieder, wie ein Dutzend andere auch.

Ähnlich war es mit dem Bau der Eisenbahnlinie über den White Pass. Noch bevor das Eis brach, hatte der Bau begonnen. Gleich zwei unternehmungslustige Männer, Thomas Tanerde und Michael Heney, hatten unabhängig voneinander die technischen Möglichkeiten erkundet. Der Zufall führte sie zueinander, und gemeinsam brachten sie ein Konsortium zusammen. Am 27. Mai 1898 begann die Ausführung. Insgesamt 35.000 Menschen faßten mit an, froh darüber, sich vor der Weiterreise etwas zu verdienen.

Ein kleiner Goldrush in der Nachbarschaft bedrohte im Spätsommer den Weiterbau. Am 8. August 1898 fand man gleich jenseits der beiden Pässe am Atlin Lake Gold. Viele schulterten die Schaufel und stürmten hin. Der Fund war eng begrenzt und längst nicht so ergiebig wie am Klondike, aber noch heute wird in kleinem Umfang und maschinell bei Atlin Gold geschürft. Der Bau der Bahn ging mit den üblichen Schwierigkeiten weiter, die ein Gebirge nun einmal in den Weg legt. Schließlich wurde die gesamte Trasse ausschließlich mit Manneskraft, mit Hacke und Schaufel, mit Pferd und Wagen bewältigt — und natürlich auch mit Dynamit. Schon während der ersten Bauphase eröffnete die „White Pass and Yukon Railroad" mit einer Tochtergesellschaft, der „Red Lines Transportation Ltd." eine pferdegezogene Frachtroute über den Paß, die im Winter mit Schlitten und über die zugefrorenen Seen aufrechterhalten wurde.

Welch rauhe Sitten damals herrschten, zeigt ein historisch verbürgter Vorfall. Soapy Smith, der Gewalthaber in Skagway, ließ am Paß eine Zeltkneipe errichten, um die Arbeiter mit Schnaps versorgen — sprich ausnehmen zu können. Die Aufforderung des Bahnbaumanagers Heney, sofort wieder zu verschwinden, wiesen Soapy's Gehilfen höhnisch zurück, wie üblich mit dem Hinweis auf freie Männer in einem freien Land. Heney ließ kurzerhand am nächsten Morgen um fünf einen Felsbrocken aus dem Hang sprengen, der Zelt und Schnaps zermalmte. Großzügigerweise hatte man die Zeltinhaber eine Minute vorher geweckt, so daß sie noch eben ins Freie stürzen konnten und anschließend ins Tal abziehen durften. Die Bahn wurde dann zügig fertiggestellt und sofort von Station zu Station eröffnet. Am 1. Oktober 1900 war es soweit, der erste Zug fuhr in den hölzernen Bahnhof am Yukon-Ufer in Whitehorse, pünktlich zum Ende der Aktivitäten in Dawson City. Der geplante Weiterbau fiel dann auch dem Rotstift zum Opfer. Dennoch blieb das Unternehmen bis zum 8. Oktober 1982 im Rennen, aber dann kam das Aus. Der 1981 fertiggestellte Klondike Highway, YT Nr. 2, nahm der Bahn Fracht und Passagiere, und der Niedergang des Bergbaues brachte die Bahn um die Erztransporte nach Skagway.

Nach langem Bemühen ist es dann 1988 gelungen, wenigstens ein Teilstück von Skagway bis hinauf zum Paß wieder zu eröffnen. Im Sommer bietet diese Touristenattraktion eine bequeme Möglichkeit, das herrliche Gebirgspanorama zu genießen. Die Bahn startet mit einer der historischen Loks in Skagway. Am Fuß des Aufstieges wird sie gegen eine moderne Lok ausgewechselt, die den nostalgischen Zug zum Paß hoch zieht. Jenseits der Grenze, an der Station Fraser in British Columbia, ist die Fahrt zu Ende. Entweder man fährt wieder mit ins Tal zurück, was sich wegen der wunderbaren Sicht bei schönem Wetter allemal lohnt, oder man begibt sich per Bus weiter nach Whitehorse. Busabfahrt immer im Anschluß an die Zugankunft zweimal täglich. Der Zug fährt noch weiter, bis zur Station Lake Bennett, der Endstation, mit 45 Minuten Aufenthalt am Startpunkt des Goldrushs von 1898, um dort die Erkletterer des Chilkoot Trails aufzunehmen (Bahnticket muß mitgebracht werden!) oder die Kanuten mit ihren Booten abzusetzen, die von hier aus den Yukon hinunterpaddeln.

Die Wirtschaftslage des Yukon Territory

Als der Goldrausch im Yukon Territory verebbt war, blieben einige tausend Menschen zurück. Für Einheimische und Zu-

wanderer begann mit der Jahrhundertwende wieder der normale Alltag. Was blieb, war ein weitgehend selbstverwaltetes Gebilde, dessen Bewohner nun um ihren Weg in die Zukunft rangen.
Basis der Wirtschaft blieb die winterliche Pelzernte der Trapper und auf einem gleichbleibend geringen Beschäftigungsniveau die Ausbeutung der Goldlagerstätten sowie der Silberabbau am Stewart River. Gelegentliche neue Funde von Golderzadern halten den Abbau in Gang. Hardrockmining bringt nach wie vor gute Erträge, benötigt aber nur wenige Arbeitskräfte, um die Maschinen zu bedienen. Ein drittes wirtschaftliches Bein blieb der Gütertransport. Eisenbahn und die anschließende Flußschiffahrt verteilten die Güter entlang dem Yukon River bis nach Alaska hinab. Handel und vor allem die Verwaltung boten noch einige weitere Arbeitsplätze.
Einige Zeit schien es, als ob die nach und nach in großer Zahl und ausbeutungsfähigem Umfang entdeckten Erzlagerstätten und Mineralienlager einen neuen Aufschwung auslösen könnten. Dieser Traum ist vorläufig ausgeträumt. Die Bodenschätze schlummern weiter in der Erde, die Bergwerke zur Kupfer-, Wolfram-, Barit- und Kohlengewinnung sind aus Kostengründen stillgelegt. Die mit den endlos langen Transportwegen verbundenen Kosten machen den Abbau im hohen Norden konkurrenzunfähig. Es gibt kein Bergwerk mehr.
Ganz hat man die Hoffnung auf eine bessere Zukunft nicht aufgegeben. Die Bergwerkskammer in Whitehorse unterhält eine Akademie für Prospektoren, und jeden Sommer schwärmen einige Dutzend von ihnen aus, um in der vielfältigen Bergwelt des Yukon Territory doch noch den großen Fund und die Wende aufzuspüren.
Der Krieg, so sagt man, ist der Vater aller Dinge. Für den Yukon von heute war er es bestimmt. Als die Japaner am 7. Dezember 1941 den USA den Krieg erklärten und sich 1942 vorübergehend als Weltmeister im Inselhüpfen erwiesen, gelangten sie auch auf die äußeren Aleuten und hatten damit einen Fuß auf den amerikanischen Kontinent gesetzt. Seit der historischen Erkundungsfahrt des US-Leutnants Frederic Schwatka im Jahre 1883 hatten die USA nichts mehr unternommen, um den Bundesstaat Alaska besser an die „Lower Fortyeight“ anzubinden. Noch immer gab es keinen Landweg von den USA nach Alaska. Das wurde nun mit einer mächtigen Kraftanstrengung nachgeholt.
Im Februar 1942 begannen die Planungen, im April die Ausführung, und im November war der Alaska Highway „fertig„gestellt. Zunächst als einfache Piste für Militärtransporte, ab 1948 auch für den allgemeinen Verkehr freigegeben und seither unentwegt zu einer guten und durchgehend asphaltierten Überlandstraße ausgebaut, die jene Zustände aus der Anfangszeit längst überwunden hat.
Damit brach am Yukon River die Neuzeit an. Das Dörfchen Whitehorse, eben noch ein unbedeutender Verkehrsknotenpunkt von 500 Einwohnern, bekam jetzt Straßen- und Luftverkehrsanbindung. Dawson City hingegen lag nun wieder völlig abseits. Schon 1953 verließ auch die Territoriumsverwaltung die sterbende Siedlung und zog ins aufstrebende Whitehorse.
Dort setzt man nun nach dem Niedergang der Bergbauindustrie und der Einstellung der Flußschiffahrt wie der Eisenbahnlinie auf den Tourismus als letzte Hoffnung der

Region. Die scheint sich zu erfüllen. Der Alaska Highway und die Anbindung an das internationale Flugnetz führen jedes Jahr Zehntausende in die Stadt und ins Territorium: Durchreisende, Transporteure, Touristen — und noch immer sind auch Abenteurer dabei. Tourismus, Verwaltung, etwas Gold-Bergbau und nach wie vor das Trapping und der Handel sind zu etwa gleichen Teilen die — unzulänglichen — Stützen des Erwerbsdaseins. Im Winter sind denn auch bis zu 40 % der erwerbsfähigen Bevölkerung arbeitslos und auf die — guten — staatlichen Hilfen angewiesen. Ein bitterer Witz der Einheimischen lautet so: Wenn man sich im Winter unverhofft trifft, fragt man den alten Freund zur Begrüßung:„Are you on Government or on unemployment?“ Eine rein rhetorische Frage, denn in beiden Fällen zahlt der Staat den Lebensunterhalt.

Nützliche Anschriften und Infos im Yukon Territory

Tourism Yukon, P.O. Box 2703, Whitehorse, YT Y1A 2C6, Tel. 403/667-5340: allgemeine Informationen über das Yukon Territory.

UKW Radio 96.1, gibt täglich die neuesten Reiseinformationen, kann aber nur innerhalb der Orte empfangen werden. Jedes Visitor Information Centre im YT ist angeschlossen und gibt dieselben Infos weiter.

Whitehorse Immigration Office, im Bankgebäude an der Main Street Ecke 4th. Avenue, erteilt Aufenthaltsverlängerungen für Kanada.

Jagd- und Anglerinformationen, erhält man durch Tourism Yukon, →oben, aber nur auf genaue Anforderung!

Banken: In Whitehorse liegen die fünf Bankinstitute allesamt an der Main Street, zwischen 2nd und 4th Avenue.

Daneben gibt es in folgenden Siedlungen Bankdienste:

Canadian Imperial Bank of Commerce, Dawson City, Tel. 403/993-5447; Faro, Tel. 403/994-2521! Watson Lake, Tel. 403/536-7495.

In Carmacks (donnerstags 12 — 15 Uhr), Haines Junction (dienstags und freitags 12 — 15 Uhr), Teslin (mittwochs 12 — 15 Uhr) gibt es wöchentlich stundenweise einen Bankservice. Das ist alles.

Landkarten: Jim's Toy and Gift Ltd., 208 Main Street, Whitehorse. Der kleine Laden im Zentrum von Whitehorse hat alle Karten für das Yukon Territory vorrätig, ab 1 : 50 000 aufwärts. Die Preise sind dieselben wie beim Staatskartendienst: ab 7,50 Can$ das Blatt.

Die zweite Möglichkeit, sich innerhalb des YT Karten zu beschaffen, ist der Verkaufsdienst (nur Schalterservice gegen bar) des Geological Service, in Whitehorse, im neuen Verwaltungsgebäude an der Main Street/Ecke 3rd Avenue.

Für Bestellung ab Europa mit Zusendung: →Stichwort Karten.

Kanuflüsse: Yukon Conversation Society, Box 4163, Whitehorse YT Y1A 3T3, sendet gegen Einsendung von 3 Can$ jedem eine detaillierte Karte der fahrbaren Kanuflüsse zu. Eingehende Flußbeschreibung des Yukon River gibt es fotokopiert preiswert im Buchhandel.

In dem Buchladen Mac's Fireweed in der Main Street kann man für 10 Can$ Einzelbeschreibungen einiger Kanuflüsse (hektographiert) kaufen.

Whitehorse (22.000 Einwohner)

Info: *Visitor Reception Centre,* 302 Steele Street, Whitehorse YT Y1A 2C5, Tel. 403/668-2915.

Die Hauptstadt des Yukon Territory liegt auf einem ausgedehnten Schwemmlandstreifen unmittelbar am Yukon River, knapp über Flußniveau. Hochwasser verhindert der Staudamm des Schwatka Lake oberhalb des Zentrums. Hier unten am Fluß liegt nur das Zentrum mit Handel, Verwaltung, Immigration Office, einem ausgedehnten Industriegebiet. Das Indianerviertel liegt im Vorort McIntyre.

Ein knappes Dutzend Vororte, zum Teil erst im Entstehen begriffen, nimmt die Mehrzahl der Wohnviertel auf. Die einzige Flußbrücke führt zum ausgedehntesten unter ihnen, *Riverdale,* das sich auf einer ähnlichen Schwemmlandablagerung gegenüber und unterhalb des Staudammes ausgebreitet hat. Hier liegen auch, gleich hinter der Brücke, die Schulen und das Krankenhaus.

Der Rest von Whitehorse liegt oben auf dem Hochplateau, längs dem Alaska Highway über zwei Dutzend Kilometer hinweg aufgereiht, wie die Perlen an einer Kette. Direkt über dem Zentrum, zwischen Abbruchkante und Alaska Highway, erstrecken sich der internationale und der private Flughafen. Und der Schwatka Lake ist nicht nur Trinkwasserreservoir, Flußregulierung, Erholungsgewässer und Stromproduzent, er dient an seinem Westufer auch als Wasserflughafen.

Als im Sommer 1898 eine Flut von Goldsuchern ankam, blieb sie zunächst weit oberhalb der heutigen Stadt, am Beginn der Schlucht des Miles Canyon, der von Schwatka nach seinem General und Auftraggeber benannt wurde. Hier entstand die erste Zeltstadt, Canyon City, von der heute nichts mehr übrig ist als der freie Platz über dem Fluß. Bis hierhin führt heute noch der Wanderpfad von Riverdale herauf. Eine Fußgängerbrücke führt an markanter Stelle über die Schlucht.

Rasch fanden sich die in der Region heimischen Dené ein. Eine weitere Siedlung der Kwanlin Dun (Flußmenschen) entstand weiter unten am Ende des Schwemmlandes und hieß „Moccassin Flats“. Um 1950 wurden beide Orte umgesiedelt. Die zwischen ihnen liegende Stadt der Weißen benötigte weiteren Raum.

Die Indianer landeten im „Reservat“, dem Grundstück (lot) 226, einem sumpfigen Rest im letzten Winkel des Schwemmlandes und am Yukon River. Dieser „Stadtteil“ Kwanlin (sarkastische Menschen nennen ihn „Harlem“) hat noch heute weder

---

Legende:

1. Visitor Information
2. Immigration Office
3. Yukon Territory Govt. Bldg.
4. Library
5. City Hall
6. S.S. Klondike
7. Rotary Park
8. zum Miles Canyon
9. zum M.V. Schwatka
10. Log Sky Scrapers
11. Log Church Museum
12. White Pass Depot
13. McBride Museum
14. Bus-Depot Greyhound
15. Krankenhaus
16. Yukon College
17. RCMP
18. Campground
19. Justice Building
20. Fußgängerbrücke nach Kishwood Isl.

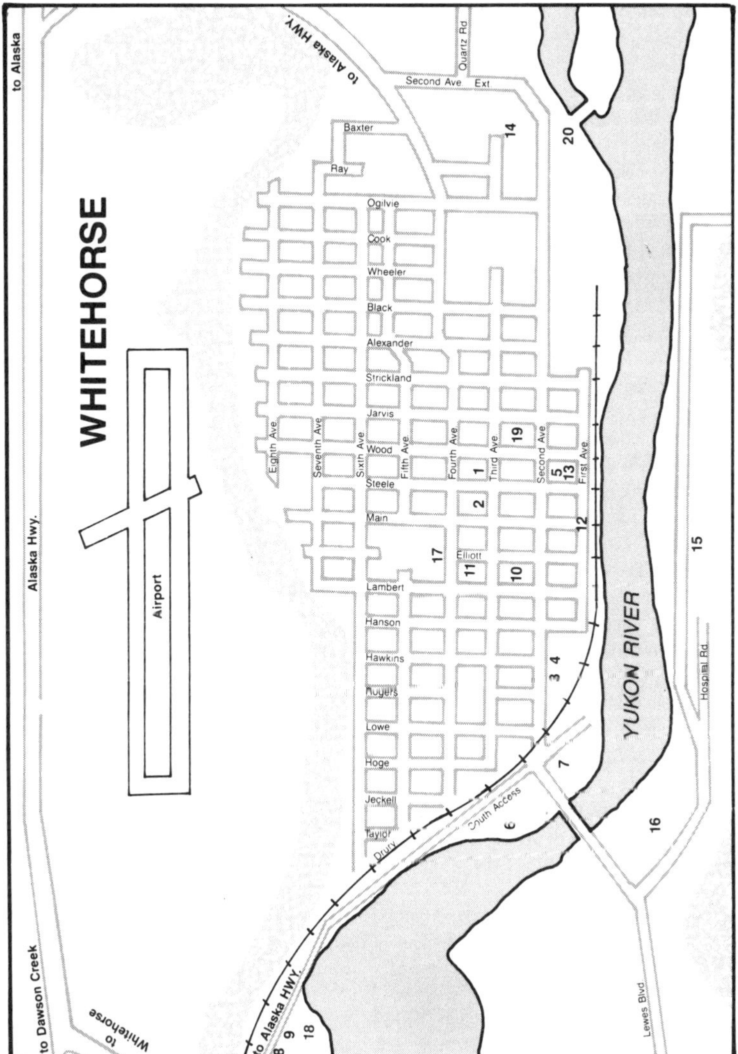
WHITEHORSE
Airport
to Alaska
Alaska Hwy.
to Dawson Creek
to Whitehorse
to Alaska HWY.
to Alaska HWY.
Second Ave Ext
Quartz Rd
Baxter
Ray
Ogilvie
Cook
Wheeler
Black
Alexander
Strickland
Jarvis
Wood
Steele
Main
Elliott
Lambert
Hanson
Hawkins
Lowe
Hoge
Jeckell
Drury
South Access
Eighth Ave
Seventh Ave
Sixth Ave
Fifth Ave
Fourth Ave
Third Ave
Second Ave
First Ave
YUKON RIVER
Hospital Rd
Lewes Blvd
1
2
3 4
5 13
6
7
8 9 18
10
11
12
14
15
16
17
19
20

Anhöhe

Kanalisation noch Busanbindung. Mit Beginn des Jahres 1988 entstand dann der moderne Vorort McIntyre Subdivision als neue Siedlung der Dené.

Lange Jahre blieb Whitehorse ein winziges Dorf im nordischen Busch. Dann brach der Heerwurm der Amerikaner und der kanadischen Armee herein. Über Nacht schnellte eine Boomtown empor, um die 15 000 Soldaten und Hilfskräfte zu bedienen und zu unterhalten. Als sie 1942 wieder abzogen, blieben viele der Hilfskräfte und Neugekommenen zurück. 1953 wurde der futuristische und überdimensional angelegte Verwaltungsblock am Yukon Ufer fertiggestellt, und die Territorialverwaltung zog um, Whitehorse wurde vorangepuscht und Dawson City sank in den Dornröschenschlaf einer Museumsstadt, aus dem es nur im Sommer zu kurzem hektischen Leben erwacht, um eifrig Touristen auszunehmen.

Whitehorse ist heute das Versorgungszentrum der Region. Die Hauptstadt der Wildnis ist eine Mischung von eigenartigem Reiz, ein Zwitter aus Dorf und Weltstadt, wie sie nur am Rande der bewohnten Welt zustandekommen kann. Indianerdorf und modernes Regierungsviertel, zwei Dutzend Hotels, günstige, elegante und solche, die bloß teuer sind! ebensoviele Kirchen für ebensoviele Sekten, einige Supermärkte, Saloons, Bars, Discos, Trailerparks und das Präsidium der RCMP, Wohnblöcke neben Blockhäusern aus der Gründerzeit, zwei Theater, zwei Fernsehanstalten, vier Rundfunksender — und das alles im Zentrum auf dem Schwemmlandstreifen am berühmten Yukon River, an dem auch noch ein ausgedehntes Industriegebiet alle notwendigen Betriebe und Gewerbeunternehmen bereithält.

Wichtig für den Tourismus ist der städtische Zeltplatz, benannt nach dem Yukon Barden Robert Service. Er liegt zehn Minuten zu Fuß von der Stadtmitte, draußen im Wald an der South Access Road, eingeklemmt zwischen Yukon River und den toten Gleisen der früheren Eisenbahnlinie nach Skagway.

Hier trifft sich alles, was im Sommer durchzieht! hier werden Informationen ausgetauscht und Tips aus erster Hand weitergereicht! hier kann von Heimreisenden ein Fahrzeug oder manches Ausrüstungsstück günstig erworben werden. Und: Hier kann man sich seine Transportfahrt oder eine Mitreisemöglichkeit organisieren.

i PRAKTISCHE INFORMATIONEN

Anreise

Der Whitehorse International Airport ist Glied des kanadischen Flugnetzes. Er wird täglich von Edmonton und Vancouver sowie mehrmals wöchentlich von Anchorage, AK, und Fairbanks, AK, angeflogen. Die Eisenbahnlinie von Skagway nach Whitehorse ist stillgelegt. Sie verkehrt nur noch als Touristenunterhaltung von Skagway einige 30 km bis Fraser, BC.

Die Anreise mit dem Schiff auf dem Yukon River ist ebenfalls nicht mehr möglich. Es gibt keine Flußschiffahrt mehr — ausgenommen kurze lokale Ausflugsfahrten. Bleibt noch das Highwaysystem, das dem Autofahrer dienen kann. Da sich der Alaska Highway an der Grenze des Yukon Territorys in Watson Lake teilt, kann man auf zwei verschiedenen Wegen von Süden herauf nach Whitehorse fahren. Dasselbe

gilt für die Anfahrt von Alaska her, zumindest im Sommer, wenn die Fähre in Dawson City den Yukon River quert. Dann kann man sich in Tok, AK, entscheiden, ob man dem Alaska Highway folgt oder den romantischeren Top of the World Highway über Dawson City vorzieht.
Für die Anreise mit dem Greyhound Bus ist in Whitehorse Endstation. Von hier aus kann man mit anderen Gesellschaften und besonders zu lösenden Fahrscheinen nach Alaska weiterreisen.
Die Strecke Edmonton — Whitehorse wird im Sommer an sechs Tagen gefahren. Der Busterminal liegt im Zentrum von Whitehorse — 2nd Avenue, Whitehorse YT Y1A 1G6, Tel. 403/667-2223. Von hier aus starten bzw. enden auch alle anderen Überland-Buslinien. Dreimal wöchentlich geht der Bus nach Haines Junction mit Anschlüssen nach Haines, Anchorage und Fairbanks, Alaska. Im Sommer besteht dreimal wöchentlich Anschluß an die Linienverbindung nach Dawson City. Die Linie nach Skagway wird täglich gefahren. Dienstags und freitags pendelt ein Bus über Carmacks, Faro nach Ross River und zurück. Ganzjährig ist ein Busdienst in Betrieb, der die Verbindung vom Greyhound Terminal Whitehorse (Endstation der Greyhound Linie in Kanada) mit Alaska verbindet. Diese Linie ist für Nordlandreisende von großer Bedeutung. Von Whitehorse geht es über Haines Junction, Burwash Landing, Beaver Creek (alle Orte noch YK) nach Tok, Delta Junction, Fairbanks, Denali Park und Anchorage. Diese Strecke wird dienstags, freitags und sonntags ab 11.30 Uhr von Whitehorse bedient, Ankunft in Anchorage ist einen Tag später um 11.30 Uhr. Rückfahrt aus Anchorage ist montags, mittwochs und samstags. Preise von Whitehorse nach (in US$): Anchorage 145, Beaver Creek 65, Burwash Landing 40, Delta Junction 100, Denali Park 150, Fairbanks 120, Glennallen 107, Haines Junction 20, Northway 75, Palmer 136, Skagway 35 und Tok 80. Pickup-Points (Haltestellen) sind Anchorage Bus Depot; Beaver Creek, White River First Nation; Burwash Landing Resort; Fairbanks, Captain Bartlett Hotel; Denali Park; Glennallen, Caribou Café; Haines Ferry Terminal und Visitors Center; Haines Junction, Mountain View Motor Inn; Palmer, Carrs Shopping Center; Skagway Ferry Terminal und Visitors Center; Tok, Northstar Truck Stop; Whitehorse Greyhound Bus Depot und Hotel Regina. „Alaska Direct Bus Line“, Whitehorse, Yukon Territory, Telefon 800/288-1305 und 403/668-4833. Innerhalb von Whitehorse verkehrt man mit den städtischen Linienbussen, die alle Vororte sowie den Flughafen mit dem Zentrum verbinden. Fahrpreis einheitlich 1,50 Can$. Zentraler Knotenpunkt für das Umsteigen ist der Platz unmittelbar vor dem Einkaufszentrum „Canada Tire“.

Sehenswürdigkeiten

Whitehorse Visitor Reception Centre, 302 Steele Street, Tel. 403/667-2915.
Untergebracht in einem historischen Gebäude. Geöffnet täglich von 8 — 20 Uhr, ab 15. Mai bis 15. September. Hier erhält man nicht nur alle Auskünfte und Tourberatungen, Bed and Breakfast-Unterkunft und den täglichen Veranstaltungskalender, sondern hier gibt es auch sehenswerte Filme über Historisches.
Eldorado, Musical über die Goldrushzeit, täglich außer montags im Pioneer Trailer Park, 20 Uhr, Eintritt 10 Can$, Kinder 5 Can$.

Frantic Follies Vaudeville Revue, Revue über die Goldrushzeit, Westmark Hotel, 2nd Avenue Ecke Wood Street, Eintritt 14 Can$, Kinder 7 Can$. Vom 11. Juni bis 10. September täglich zwei Vorstellungen, Beginn 19 und 21.15 Uhr, vom 29. Mai bis 10. Juni Beginn 21.15 Uhr.

S.S. Klondike Sternwheeler, zu besichtigen an der Brücke über den Yukon River. Täglich Führung durch das Schiff, ab 16. Mai bis 23. Juni von 9 — 18 Uhr, vom 24. Juni bis 13. August von 9 — 19.30 Uhr, vom 14. August bis 10. September von 9 — 18 Uhr. Eintritt und Führung 3 Can$.

MacBride Museum, 1st Avenue Ecke Wood Street, Freilichtmuseum mit interessanter Ausstellungshalle im Blockhausstil, Ausstellung von Relikten und Funden. Eintritt 3 Can$, Kinder 50 Cents, geöffnet vom 15. Mai bis 15. September, 10 — 19 Uhr.

Takhini Hot Springs, Freiluft Thermalbad, Restaurant, ganzjährig geöffnet von 8 bis 20 Uhr. Eintritt 3,50 Can$, Kinder 2,50 Can$. Das 36 C heiße Thermalbad liegt am Ende einer 10 km langen Stichstraße vom Klondike Highway, rund 30 km vom Zentrum von Whitehorse und ist nicht mit öffentlichen Verkehrsmitteln zu erreichen.

Whitehorse Staudamm mit Fischleiter in Riverdale, etwa 5 km von der Yukon Brücke flußaufwärts. Sehenswert die aufsteigenden Lachse, von denen immer Anschauungsexemplare festgehalten werden. Eintritt frei!

Yukon Garden, eine Art botanischer Garten, am Alaska Highway, gegenüber der South Access Road. Geöffnet täglich von Juni bis September. Eintritt 4,75 Can$, Kinder 1 Can$.

Unternehmungen

Whitehorse ist das Zentrum des Wasserwanderns, sowohl auf dem Yukon River als auf seinen prominenten Nebenflüssen Teslin, Nisutlin usw. Sie alle bieten den Zugang zur menschenfreien Wildnis, sind einfach befahrbar, vermitteln hautnahe Naturerlebnisse und unvergeßliche Begegnungen mit der bisher ungeschändeten Landschaft und ihrer Tierwelt. Zwei Dutzend Bootsvermieter in Whitehorse verleihen die bekannten Zweierkanadier zu Tagespreisen (um 20 Can$), Wochenpreisen (120 Can$) oder tripgebundenen Mietpreisen. Es besteht ein beträchtliches Preisgefälle, das insbesondere bei den Transport- und Rückholkosten durchschlägt, denn nur der Yukon River ist direkt erreichbar, alle Nebenflüsse nur mit teilweise recht weiten Anfahrten. Wer es einfach (aber teuer) haben will, läuft zum Vermieten am Ufer direkt, dabei gibt es gegenüber einen weit preiswerteren Verleiher.

Empfehlenswerte Verleiher (beide deutsche Einwanderer):

Up North, Eiko Stenzig, 86 Wickstrom Road, P.O. Box 5418 Whitehorse YT Y1A 5H4, Tel. 403/667-7905, Fax 403/667-6334.

Blockhütten Abenteuer, Michael und Jessica Simon, Site 15, Comp. 125, R.R. 2, Whitehorse YT Y1A 5W9, Tel. 403/633-3566, Fax 403/668-7526.

Anruf in Whitehorse genügt, und man wird vom Campground oder Hotel kostenfrei abgeholt. Die Trippreise enthalten Boot, Paddel, Schwimmwesten und Transport, z.B. Dawson City, 16 Tage, 750 km, 300 Can$ pro Boot. Oder wer einfach mal schnuppern möchte: Von Whitehorse den Yukon hinunter zum Campground am

Lake Laberge, ca. 65 km, pro Person 75 Can$ (mit Rückholservice!).

Für diejenigen, die es bequemer schätzen, bieten motorisierte Trips auf dem Fluß ähnliche Erlebnisse. „River Raft Yukon" (Joe Cormier, P.O. Box 5254, Whitehorse YT, Y1A 4Z1, Tel 403/633-4767, Fax 403/668-7953) vermietet originelle selbstgebaute Plattformen mit Zeltaufbau an Gruppen (4-7 Personen), mit oder ohne Begleiter, für beliebige Touren auf dem Yukon River. Die absolut zuverlässigen „Hausboote" im Katamaran-Stil sind voll motorisiert und ausgerüstet. Sie erlauben auch Fahrten flußauf in die Quellseen des Yukon River (z.B. 5 Tage für 1500 Can$ pro Person alles inklusive).

Mit denselben Booten bietet das Unternehmen Ausflugsfahrten flußab an (4 Stunden für 29 Can$ pro Person).

Oberhalb des Yukon Staudammes startet ein richtiges Ausflugsboot unromantischen Aussehens eine dennoch romantische Flußtour aufwärts durch den wilden Miles Canyon (Dauer 4 Std., Erwachsene 15 Can$, Kinder bis 12 Jahre zahlen die Hälfte).

Alle Ausflugsboote fahren nur zwischen dem 1. Juni und Mitte September. Wer ohne eigenes Fahrzeug unterwegs ist, muß im Falle der M.V. Schwatka zum gleichnamigen Stausee noch die Anfahrt mit dem Bus einbeziehen (Kosten 5 Can$, ab Hotel Westmark).

Fahrradverleih

The Bike Shop, 2157 A 2nd Avenue, Whitehorse, Tel. 403/667-6501

Trailreiten

Wem es auf dem Rücken eines Pferdes wohler ergeht als in einem Boot auf dem Yukon River, dem bieten einige Reiterfarmen Mietpferde, Tages- und längere Reittouren in die Wildnis an, geführt oder auf eigene Faust (z.B. pro Stunde und Pferd 10 Can$, Wochentrip alles inklusive für 1150 Can$).

J.C. Trails, P.O. Box 4465, Whitehorse YT Y1A 2R6, Tel. und Fax 403/667-4169.

Whitehorse Riding Stables, P.O. Box 4434, Whitehorse YT Y1A 3Y5, Tel. 403/633-3086, Fax 403/667-2843.

Sky High Wilderness Ranches, P.O. Box 4482, Whitehorse YT Y1A 2R8, Tel. Mobile 403/667-4321, Fax 403/668-7953 (Mobile = Funktelefon, nur durch die Vermittlungsstelle erreichbar).

Veranstaltungen

Frostbite Music Festival, Wochenende Mitte Februar, Auftakt zum Sourdough Rendezvous. Dreitägiger Musik-Workshop, Teilnehmer aus USA, Alaska, Kanada im Wettbewerb. Abends gesellige Feierlichkeiten mit Tanz.

Yukon Sourdough Rendezvous, Folgewoche einschließlich Folgewochenende zum o.a. Music Festival. Karnevalistisches Treiben mit täglich anderen „Trapper"-Wettbewerben wie Mehlsäcke tragen und Bartwettbewerb usw. Eine ausgelassene Woche mit allabendlichen Festen, Tanz und Kostümwettbewerben. Man geht in der Kleidung der Goldrush-Ära und amüsiert sich.

Annual Yukon Quest, Schlittenhundrennen von Whitehorse 1000 Meilen nach Fairbanks, AK. Siegprämie 50 000 Dollar. Start ist am dritten Februarsonntag in Whitehorse bzw. Fairbanks. Man kann dem Rennen folgen und in Carmacks und Dawson City am Yukon Ufer zuschauen.

Sourdough Stompers Square and Round Dance Jamboree, Wochenende Mitte Mai, Treffen von Tanzgruppen aus USA und Ka-

nada zum Wettbewerb im Gruppentanz der alten Tanzarten.
Northern Story Telling Festival, Wochenende Mitte Juni, Erzähler, meist Einheimische, von allen Regionen entlang dem Polarkreis, tragen vor. Selbst Sibirier, Finnen, Isländer, Grönländer usw. nehmen teil.
Yukon Indian Days, Wochenende Anfang Juli, Treffen aller Yukon Einheimischen mit Vorführungen ihrer Kultur, Tänze, Kunstfertigkeiten, Kunsthandwerk usw.
Fireweed Summer Festival, Wochenende Anfang August, Yukons Künstler und Artisten zeigen ihr Können.
Spruce Bog Craft Fair and Sale, Ausstellung und Verkaufsmesse von Yukons Künstlern und Kunsthandwerkern. Wochenende Mitte November.

Unterkünfte
„Robert Service Campground", guter Zeltplatz, 10 Can$, am Stadtrand an der South Access Road, mit Duschen und WC.
„Downtown Sourdough RV Park", 2nd Avenue/Ogilvie Street, Tel. 403/668-7938, 150 Mobilheime (15 Can$), Zelte (10 Can$), Dusche inkl., Münzwaschautomaten.
„Trail of 98 RV Park", Two Mile Hill/Jasper Road, Tel. 403/668-3768, nur Mobilheime (18 Can$), Dusche inkl., Restaurant, Münzwaschautomaten.
„Hi-Country RV Park", Alaska Highway/South Access Road, Tel. 403/667-7445, für Mobilheime (16 Can$) und Zelte (11 Can$), Dusche inkl., Münzwaschautomaten, Besonderheit: Original Indianer Tipi zum Übernachten (15-20 Can$).
Neben diesen vier Campingplätzen/RV Parks in downtown gibt es noch drei weitere am Alaska Highway, aber (8-15 km) außerhalb für Mobilheime (14 Can$), mit Münzduschen und -waschautomaten.
„The 98", Hotel, 110 Wood Street, Whitehorse YT Y1A 2E3, Tel. 403/667-2641, ab 30 Can$, 15 Räume, Restaurant.
„Casa Loma Motel", am Alaska Highway 8 km nördlich downtown, Tel. 403/633-2266, 28 Räume ab 42 Can$, Restaurant.
„High Country Inn" (früher: Fourth Avenue Residence), 4051-4th Avenue, Tel. 403/667-4471, Fax 403/667-6457, Telefon in Kanada kostenfrei: 1-800-554-4471. 110 Zimmer ab 50 Can$, gutes Restaurant, gemütlichstes Haus am Platz. Wer einen Jugendherbergsausweis besitzt, erhält auf alle Zimmerpreise 10 % Rabatt, auch auf das 4-Personen-Appartement mit Küche zu 95 Can$!
„Chilkoot Trail Hotel", 4190-4th Avenue, Whitehorse YT Y1A 1H5, Tel. 403/668-4190, 45 Räume ab 50 Can$.
„Airline Inn Hotel", am Alaska Highway gegenüber dem Airport, 16 Burns Road, Tel. 403/668-4400, Fax 403/668-2641, 30 Räume ab 50 Can$, Restaurant.
Daneben gibt es noch eine ganze Reihe weiterer Hotels und Motels, fast alle in downtown, von 60-120 Can$ der Raum.
B & B vermittelt das Visitor Receptions Centre, 302 Steele Street, ab 50 Can$ aufwärts pro Person.

Restaurants
Whitehorse bietet über 50 Restaurants aller Preislagen, darunter nicht weniger als 11 Chinarestaurants. Außerdem verfügt jedes Hotel über ein oder mehrere Restaurants im jeweiligen Haus.
Als preiswert zu empfehlen sind:
„The Deli", 203 Hanson Street, europäische Küche.

„Capt'n Subs", 2074-2nd Avenue, gegenüber dem Regierungsgebäude; Lunchimbiß.
„Mom's Kitchen", 2157-2nd Avenue, kanadische Hausmannskost; sehr gut und teurer.
„Pandas", 212 Main Street, europäische Küche mit kanadischen Spezialitäten (Lachs, Saibling, Lamm, Steaks).
„The Cellar", 101 Main Street, vorwiegend kanadisch (Prime Rips, Steaks, Hummer, Lachs).
„Angelo's", 202 Strickland Street, exzellente kretische Küche, aber auch italienische und kanadische Gerichte.
„Parthenon Restaurant", 204 B Main Street, Balkangerichte und kanadische Küche.

Klondike Highway, YT Highway Nr. 2

Skagway, AK, ist der Ausgangspunkt dieses Highways, der die Hafenstadt mit dem Alaska Highway verbindet. Die Fahrbahn ist gut ausgebaut und asphaltiert. Sie wurde erst 1978 gebaut und 1981 förmlich übergeben, obwohl schon im Zuge des Baues des Alaska Highways 1942 eine Stichstraße bis Carcross planiert worden war und zugleich eine Pipeline von Skagway bis Whitehorse fertiggestellt wurde. Die Fertigstellung des Highways bedeutete das finanzielle Aus für die berühmte White Pass and Yukon Railroad, die von 1900 bis 1982 das Transportmonopol zwischen Skagway und Whitehorse besaß. Die Bahn verkehrt seit 1988 wieder als Touristenattraktion von Skagway bis zum White Pass, einige 30 km zur alten Station Fraser, BC, wo sich Bahn und Highway treffen.
Startpunkt der Straße ist der Fährterminal am Dock des Taya Inlet.
Bei km 3: Brücke über den Skagway River.
Bei km 4: Abzweigung der Straße nach Dyea und zum Chilcoot Pass Trail.
Bei km 4: Straßenbaucamp.
Bei km 5: Tafel rechts der Straße erinnert an den Goldrush. Hier beginnt der steile Anstieg der Straße, in 18 km von Meereshöhe hinauf zum Paß auf 1004 m.ü.M.
Bei km 8: Ausfahrt nach rechts. Blick über den Flußcanyon und die Bahnlinie.
Bei km 10: US-Zollstation und Grenzposten. Die Grenze ist ganzjährig und rund um die Uhr passierbar.
Bei km 12: Pitchfork Falls, einer der vielen malerischen Wasserfälle, die von den Höhen herunterstürzen, aber dieser ist wohl der interessanteste.
Bei km 15: Ausfahrt nach rechts mit Schautafel zum Goldrush und Blick in die Schlucht und auf die Bahn.
Bei km 18: William Moore Bridge über den Moore Creek in der Schlucht und einem weiteren Wasserfall. Moore war der erste weiße Siedler in Skagway, er erkundete und erschloß den White Pass.
Bei km 19: typischer „Truck runout", wie an steil abfallenden Straßen üblich, um bei Bremsenausfall den Truck hangauf abzufangen. Hier fuhren einst die überschweren Trucks von der Cyprus Anvil Mine in Faro herab.
Bei km 23: White Pass, Ausfahrt nach rechts. Hier war in der Goldrush-Ära der Kontrollposten der NWMP, die keinen ohne seinen Jahresbedarf an Lebensmitteln durchließ.

Bei km 24: Kanadische Grenze, Uhr muß um eine Stunde auf Pacific Time voraus- bzw. zurückgestellt werden.
Bei km 26: Fahrbahn windet sich durchs Felstal des Summit Lake, der rechts von der Straße sichtbar ist.
Bei km 31: Nordende des Summit Lake.
Bei km 36: Fraser, Zollstation Kanadas und Einreisekontrolle. Der Ort hat keine Versorgungsdienste.
Bei km 44: Log Cabin, ein späterer Grenzposten, Railway kreuzt und führt zum Lake Bennett. Die früheren Baulichkeiten sind alle verschwunden!
Bei km 50: von rechts kommt der Tutshi River heran, einer der Quellflüsse des Yukon River.
Bei km 57: Der Fluß weitet sich zum ersten See, dem Tutshi Lake. Noch immer BC, wer hier angeln will, muß die Angellizenz von BC kaufen, die des Yukon gilt hier nicht!
Bei km 65: Picknickplatz am Seeufer.
Bei km 75: rechts stillgelegte Silbermine. Die Venus Mine stellte 1981 die Förderung ein — gerade als die Straße fertig war.
Bei km 81: Grenze BC/Yukon Territorium. Picknickplatz am „Windy Arm", einer Bucht des Tagish Lake. Von hier aus startet man am besten seine Bootstour den Yukon River hinunter bis zur Beringsee — so es denn der ganze Yukon sein soll. Ein Teil davon genügt den meisten Kanuten, denn wer hat schon die Zeit, die gesamte 3000 km lange Strecke abzufahren. Da ist die Reise hier im Oberlauf bis Whitehorse am ehesten anzupacken. Zwar ebenso problemlos, wie im Mittel- und Unterlauf zu befahren, dafür aber in einer alpinen Szenerie, die dem Auge mehr zu bieten hat.
Die historischen Seen Lake Lindeman und Lake Bennett erreicht man nicht von der Straße aus, um sie auf den Spuren der Goldsucher zu befahren. Dazu muß man ab Log Cabin etwa 8 km den alten Gleisen der Bahn folgen — oder ab Carcross entgegengesetzt über die Seen kreuzen. Auch das ist ein eindrucksvolles Erlebnis. Wer dem Ufer folgend eine Rundtour auf den endlos langen und einsamen Wassern unternimmt, kann rund 150 km an romantischen Flecken, umwerfender Gebirgskulisse und historischen Orten erleben.
Die Fahrbahn folgt dem Westufer des Tagish Lake, dem Windy Arm und dem Nares Lake nach Carcross.
Bei km 84: Rastplatz rechts und Information über Venus Mines. Die Anlagen, Gebäude und Ruinen aus den folgenden 20 km rühren aus einer Boomperiode, die sich im Anschluß an den Goldrausch von 1898 ergab. W.R.Young fand 1899 Gold im Gestein. Riesige Investitionen wurden getätigt, die Landschaft erschlossen, Schienenbahnen gebaut, Tunnels gebohrt und Stollen in die Berge gebrochen. Die Region hatte um 1911 fast tausend Bewohner — da war das Unternehmen bankrott. Die Ausbeute an Gold deckte die Kosten nicht!
Es verbietet sich von selbst, hier Souvenirs einzusammeln. Das ganze Gelände ist nach wie vor Privateigentum. Es gehört den United Keno Hill Mines, die in Elsa im Silberbergbau prosperierten. Außerdem wird davor gewarnt, hier Beeren zu pflücken usw., weil eine Reihe von Plätzen mit Arsen verseucht sind.
Bei km 105: Abzweigung nach links führt in die Indianersiedlung Carcross, mit dem berühmten Friedhof. Hier sind die Gräber

legendärer Geschwister zu finden: Tagish Charly, der von der Brücke fiel und ertrank! Skookum Jim, der sein Vermögen testamentarisch seinen Stamm vermachte, der es seiner Weisung gemäß zur Förderung der Wohlfahrt seines Volkes verwendet, und Kate „Carmack", die jener schnöde verließ, um im Süden „standesgemäß" — sprich: weiß — und richtig zu heiraten. Außerdem liegt hier auch Bischof Bompas, der anglikanische Missionar und erste Bischof des YT begraben, der sehr viel zur Entwicklung der Region und zur Förderung der Bevölkerung beigetragen hat.

Bei km 106: Brücke über den Nares Lake. Die Seen-Enge ist die Verbindung zwischen Lake Bennett im Westen und Tagish Lake im Osten.

Carcross, 320 Einwohner, ist durch seine Lage einst ein wichtiger Knotenpunkt im früheren Transportsystem gewesen, ein Stützpunkt der Eisenbahn und Umschlagplatz der Güter, die per Heckraddampfer über das Seensystem weitergefördert wurden, als rundum noch Bergbau betrieben wurde. Mit der Einstellung der Industrie und schließlich auch der Bahn und der Schiffahrt erlosch die Funktion der Siedlung. Sie ist heute im „weißen" Teil nur noch lebendig gehaltenes Museum, die Einwohner stellen fast nur die Tagish im Indianerdorf.

Der Name rührt aus einer Verkürzung der ursprünglichen Bezeichnung. Die Karibu-Herde der Region durchquerte früher die Seen-Enge, daher Caribou Crossing, heute Carcross.

Sehenswert sind die Bauten und Relikte aus der Boomzeit, das alte hölzerne Hotel hat noch immer dieselbe Funktion wie 1900, der Store bewahrt die Erinnerung an das Handelssystem, das einst das Land erschließen half. Am Ufer des Lake Bennett wartet die Ruine der ausgebrannten „Tutshi", des Heckraddampfers, auf Besichtiger, und auf der anderen Seite steht eine der historischen Lokomotiven, die einst die Goldhungrigen ins Land fuhren, „Duchess", Herzogin ihr fürstlicher Name. Carcross ist nur ab Mitte Mai bis Mitte September „geöffnet". In dieser Zeit sind die nachfolgenden Einrichtungen zu besichtigen.

Museum of Yukon Natural History Inc., Box 5449-A, Whitehorse YT Y1A 5H4, Tel. 403/668-1055. An Stichstraße 3 km abseits der Siedlung. Sehenswerte Sammlung von Fotos und Ausstellungsstücken zum Tier- und Pflanzenleben des Territoriums. Eintritt: 4 Can$, Kinder 2,50 Can$.

Carcross Visitor Reception Centre, Tel. 403/821-4431, beim Sternwheeler, Informationen und Schaubilder.

Matthew Watson General Store, Box 144, Carcross YT Y0B 1B0, Tel. 403/821-4591.

The Old Traindepot, Box 144, Carcross YT Y0B 1B0, Tel. 403/821-4591. Das historische WPYR-Gebäude mit Restaurant.

Riverboat Warehouse Luncheon Theatre, Box 144, Carcross YT Y0B 1B0, Tel. 403/821-4591. Allabendlich Goldrush-Revue im alten Lagerhaus am See. Eintritt: 14,50 Can$, Kinder 7,25 Can$.

Carcross Valley Services Ltd., Box 102, Carcross YT Y0B 1B0, Tel. 403/821-3351. Tankstelle, Restaurant, Campingplatz, Lebensmittel, Reparaturwerkstatt und Motel. 8 Räume ab 45 Can$.

Carcross YT Campground, einfach und permitpflichtig.

Chilkoot Boat Tours, Rundfahrt über den Lake Bennett zum historischen „Bennett"

und Besichtigung der Blockhauskirche, 25 Can$, Kinder 15 Can$. Wer zurück wandern will, zahlt nur 20 Can$. Die Gesamttour dauert mit Kirchenbesichtigung 4 Stunden.
Nares Boat Charters & Native Crafts, Charterboot für Seetouren, Kosten nach Vereinbarung, Ansprechpartner ist das Visitor Reception Centre.

Bei km 107: Abzweigung nach rechts. Der Yukon Highway Nr. 8 führt als „Tagish Road" in Ostrichtung zum Alaska Highway.
Bei km 109: Carcross Desert, die kleinste Wüste der Welt. Diese Minisahara mit echten Sanddünen entstand aus dem Sandboden eines Eiszeitsees, auf dem Pflanzen wegen der heftigen Luftbewegungen im Tal keinen Fuß fassen konnten. Etwa 2 km lang.
Bei km 116: „Spirit Lake Lodge", Box 75, Carcross, YT Y0B 1B0, Tel. 403/821-4337. 10 Räume ab 50 Can$, Restaurant, Tankstelle, Reparaturen, Bootsverleih, Pferdetouren und Campingplatz mit Duschen, 8 Can$, RV: 12 Can$.
Bei km 118: Ausfahrt nach links zum Emerald Lake. Die schimmernden Farben des Sees entstammen seinem weißsandigen Boden und den Sedimenten im Wasser.
Bei km 139: Abzweigung links, Annie Lake Road. Die 18 km lange Stichstraße führt zu einer Erholungszone mit Golfplatz, historischen Plätzen und einer Goldmine, die immer noch in Betrieb ist sowie einer Farm und einer Museumsanlage.
Bei km 154: Abzeigung rechts zum Picknickplatz Kookatsoon Lake.
Bei km 159: Einmündung des Highway in den Alaska Highway, dem man nun nach links in Richtung Whitehorse folgen muß. Erst ein gutes Stück hinter Whitehorse zweigt der Highway Nr. 2 wieder ab. Bis dorthin verlaufen beide Straßenzüge zusammen.
An der Einmündung Tankstelle mit Restaurant und Reparaturdienst.
Bei km 190: Abzweigung vom Alaska Highway und Fortsetzung des Klondike Highways. Die Fahrbahn ist asphaltiert.
Bei km 192: Eine Reihe von Farmen links und rechts der Straße sind nicht nur Viehzuchtbetriebe, auch Getreideanbau findet hier statt.

Bei km 198: Abzweigung links nach **Takhini Hot Springs.** Die Stichstraße von 10 km führt zum Thermalbad mit Restaurant. Die Quellen fließen anschließend dem Fluß zu, der in den Yukon mündet und den man 3 km zuvor überquert hat. „Takhini Hot Springs Campground", 90 Stell/-Zeltplätze, leider ohne einen Baum; ab 8 Can$, Duschen und Waschautomat. Reit-Touren.
„Country Inn Bed and Breakfast", Box 4563, Whitehorse YT Y1A 4S3, Tel. 403/633-5011, 2 Räume ab 40 Can$. (liegt nahe dem Bad an der Takhini Hot Springs Road!).

Bei km 212: Die Abzweigung „Shallon Bay Road" rechts führt zum Lake Labarge.
Bei km 224: Abzweigung rechts zum Lake Labarge. Der 50 km lange See ist ein Teil des Yukon River. Die 5 km Stichstraße führt zum YT Campground am See, einfach und permitpflichtig. Eine der Zugangsmöglichkeiten zum Yukon River, Booteinsetzplatz.
Bei km 248: Fox Lake YT Campground, einfach und permitpflichtig. Der wunderschöne langgestreckte See wurde von US-

Lt. Schwatka auf dessen Expedition 1883 „Richthofen See“ getauft, nicht etwa nach dem Flieger, sondern nach dem Landvermesser und Geologen Freiherr v. Richthofen. Der Name hat sich gegen die überlieferte indianische Bezeichnung nicht durchgesetzt, blieb aber an der großen Insel im Lake Labarge erhalten: Richthofen Island.

Bei km 281: „Braeburn Lodge“, Raststätte mit Restaurant und Motel, Tankstelle und Reparaturdienst. 9 Räume ab 45 Can$.

Abzweigung an der Lodge führt (schlechte Fahrspur) zum alten Dawson Trail (5 km).

Bei km 308: „Twin Lake YT Campground“, einfach und permitpflichtig.

Bei km 323: Montague House. Sehenswerte und gut erhaltene Ruine eines der 52 Roadhouses entlang der „Dawson Trail“ genannten Kutschenfahrbahn von Whitehorse nach Dawson City, die schon 1899 in Betrieb ging. Sie war die Winterverbindung zwischen beiden Städten. Der Trail kann noch heute bewandert werden.

Bei km 357: **Carmacks,** 400 Einwohner, das Dorf entstand als bedeutende Haltestation am Wegekreuz des Dawson Trails und Anlegepunkt der Heckraddampfer, die hier aus den großen Kohlevorkommen Steinkohle aufnahmen, um damit zu heizen. Carmack hatte nach seinem großen Fund und den dadurch ausgelösten Folgen hier ein Kohlenbergwerk betrieben. Da er sich frühzeitig hier niedergelassen hatte, erhielt die Siedlung seinen Namen. Heute überwiegend Indianersiedlung der Tutchone Dené, die sich hier ansiedelten, ist es aber auch noch immer ein Hauptversorgungspunkt am Highwaykreuz, denn hinter der Yukon-Brücke zweigt der Campbell Highway nach Watson Lake ab.

„Carmacks YT Campground“, vor der Brücke links am Yukon Ufer, einfach und permitpflichtig, Einsetzplatz für Boote nach Dawson City.

„Carmacks Hotel“, Box 160, Carmacks YT Y0B 1C0, Tel. 403/863-5221, 32 Räume ab 60 Can$, Restaurant, Bar, Lebensmittelladen und Tankstelle. Das Hotel bietet im Anbau die einzigen Duschen weit und breit, was der Hotelier natürlich ausnutzt. Für je 1 Can$-Münze bietet der Automat für 20 Sekunden kaltes und für 40 Sekunden heißes Wasser, danach ist der nächste „Loony“ fällig! Wer es sich bis Minto Resort und zum nächsten Tage verkneifen kann, darf dort für 1 Can$ jeweils 5 Minuten heiß duschen, ebenso in Dawson auf den dortigen Campgrounds!

„Sunset Motel“, General Delivery, Carmacks YT Y0B 1C0, Tel. 403/863-5266. 20 Räume ab 59 Can$. Restaurant mit Bar.

Bei km 358: Brücke über den Yukon River, einzige Flußbrücke seit Whitehorse.

Bei km 359: Post und Store.

Bei km 360: Abzweigung rechts Campbell Highway.

Bei km 381: Abzweigung links zu den Five Finger Rapids, dem einzigen nennenswerten Hindernis im Strom. Einfacher Picknickplatz.

Bei km 383: „Tatchun Creek YT Campground“, einfach und permitpflichtig. Stichstraße von 7 km führt hin und zum See Tutchun Lake. Der nicht immer einfach zu befahrende Weg führt weiter zum Campbell Highway, →Frenchman Road.

Bei km 411: Weiße Streifen in der Hanglage sind bekannt als „Sam McGee's Ashes“ in Anlehnung an die Ballade „The

Cremation of Sam McGee“ des Yukon-Barden Robert Service. Es handelt sich um eine Ablagerung von Vulkanasche, die im ganzen südlichen Yukon Territory anzutreffen ist. Sie wird auf das Jahr 700 n. Chr. datiert. Damals muß ein ungeheurer Vulkanausbruch eine Naturkatastrophe bewirkt haben — ohne daß man den Ort herausfinden kann. Es wird angenommen, daß seinerzeit einer der Berge im Kluane-Gebiet explodierte und die Relikte heute unter dem Eis der Gletscher verdeckt sind.
Bei km 430: Minto Resorts Ltd., moderner, komfortabler und sehr romantischer Campground direkt am Yukon-Ufer, hervorragend geführt von der Familie des örtlichen Indianerhäuptlings, kleiner Laden mit Bierverkauf, sehr zu empfehlen. Stellplatz/Zeltplatz 8 Can$! auf dem folgenden primitiven Government Campground zahlt man unangemessene 6 Can$ Gebühr!
Bei km 432: „Minto Landing YT Campground“, einfach und permitpflichtig. Eine Stichstraße von 2 km führt links ab zum Yukon-Ufer und dem Campingplatz am früheren Handelsposten.
Bei km 465: Pelly Crossing, Brücke über den Pelly River, Siedlung der Selkirk Tutchone Dené (210 Einwohner), die hier auch alle Dienstleistungsangebote mit ihrer Cooperative bedienen. Keine Unterkünfte. Tankstelle, Lebensmittel, kostenfreier Campingplatz, einfach! Postamt, Schule, Krankenstation, Sägewerk der Indianer. Northern Tutchone Tours, General Delivery, Pelly Crossing YT Y0B 1P0. Führung zu den historischen Plätzen am Fluß, Bootstouren, Bootsverleih.
Bei km 465: „Ethel Lake YT Campground“, einfach, gebührenfrei.
Bei km 538: Stewart Crossing, Brücke über den Stewart River.
„Stewart Crossing Lodge“, Tel. 403/996-2501, 9 Räume ab 35 Can$. Duschen, Restaurant, Lebensmittel.
Repairs Unlimited, Tankstelle und Reparaturwerkstatt.
„Whispering Willows RV Park“, Tel. 403/996-2501, mit Duschen und Waschautomat, Zelt 9,50 Can$, RV ab 12,50 Can$, liegt vor der Brücke am Fluß.
Bei km 562: „Moose Creek Lodge“, uriges Blockhausrestaurant mit 5 Hütten ab 40 Can$. Preiswerte Hausmannsküche, hausgebackenes Brot. Sehr zu empfehlen!
Bei km 562: gleich dahinter „Moose Creek YT Campground“, einfach und permitpflichtig.
Bei km 586: „Spruce Grove RV Park“, kleiner Platz für 11 Wohnmobile, 10 Can$, 3 Hütten ab 40 Can$.
Bei km 591: „Partridge Creek Farm Bed and Breakfast“, Bag 450, Dawson City YT Y0B 1G0. 3 Räume ab 50 Can$.
Bei km 678: Abzweigung des Dempster Highways nach Inuvik und „Klondike River Lodge“, Tel. 403/993-6892, 10 Räume ab 45 Can$, Restaurant, Bar, Tankstelle, Reparaturdienst.
Bei km 697: Stichstraße von 1 km nach Rock Creek: „Klondike Bed and Breakfast“, Box 884, Dawson City YT Y0B 1G0, Tel. 403/993-5050. 1 Hütte und 3 Räume, ab 35 Can$. Bootsverleih.
Bei km 698: „Klondike River YT Campground“, einfach und permitpflichtig.
Bei km 701: Dawson City Airport, links.
Bei km 705: Hunker Creek Road links. Hier an diesem Bach waren vor dem großen Fund am Rabbit Creek die ersten Claims abgesteckt worden. Albert Hunker hatte den ersten Fund gemacht, Robert Henderson wusch am Nebenbach Gold Bottom

Creek. Hier besuchte ihn Carmack Anfang August 1896, um sich nach den Aussichten in diesem Goldfeld zu erkundigen — und bekam kostenlos den Tip für den Rabbit Creek, ab dem 16. August dann Bonanza Creek.

Bei km 713: Bear Creek Road links. Ebenfalls Goldfeld und größere Siedlung zur Goldrushzeit nach Dawson City.

Bei km 714: Bonanza Creek Road links, führt über 16 km ins alte Goldfeld zur Dredge Nr. 4 usw. An der Abzweigung: „Guggie Ville Campground", 80 Stell-/Zeltplätze, Duschen, Waschautomat, Lebensmittel, Goldverkauf und Goldwaschen (gebührenpflichtig) ab 8 Can$, mit elektrischem Strom 11 Can$.

Bei km 715: der sagenhafte Klondike River.

Bei km 716: Stadteinfahrt Dawson City.

Dawson City (500 Einwohner)

Info: *Visitor Reception Centre,* Box 389, Dawson City YT Y0B 1G0, Tel. 403/993-5566, an der 1st Avenue (im Volksmund: Front Street), Ecke King Street.

Das Städtchen liegt auf einer Schwemmlandbank am Yukon River, nördlich der Einmündung des Klondike River, und zu Füßen des Midnight Dome. Der Berg hat seinen Namen von der Möglichkeit, auf seinem Gipfel zur Jahresmitte die Mittsommernacht erleben zu können, was unten im engen Flußtal unmöglich ist. Eine Fahrstraße führt bis oben hinauf. Die Lage des Ortes ist nicht sehr günstig, nämlich tief unten im hier stark eingeschnittenen und engen Yukon-Tal und ständig von Überschwemmung bedroht. Heute sichert ein häßlicher Hochwasserdamm das Wohngebiet.

Der Name der Stadt bewahrt, genau wie Dawson Creek am Startpunkt des Alaska Highways, den Namen eines der bekanntesten Männer in der Kartographie und Vermessung des Landes, George Mercer Dawson, Beamter des Geologischen Dienstes beim Innenministerium. Er war maßgeblich bei der Vermessung des Fortymile-Goldfeldes und der kanadischen Westgrenze beteiligt.

Noch vor dem Goldrush hatte sich einer der ersten Händler und Unternehmer der neuen Region hier mit einem Holzsägewerk niedergelassen. Mit ihm bediente Joe Ladue den Balken- und Bretterbedarf im Fortymile-Goldfeld, als der Goldfund 1896 alles veränderte. Die extrem günstige Lage an der Mündung des „Gold"flusses Klondike mußte zwangsläufig zur Anlage einer Schiffsanlegestelle und eines Stapelplatzes für Waren führen. Als dann die ersten Wellen des Zustromes 1897 ins Tal schwappten, schoß die Boomtown aus dem Boden. Als die Goldsucher 1898 eintrafen, stand die Stadt bereits, von dem Landvermesser William Ogilvie so angelegt, wie sie noch heute existiert, wenngleich ihre Ausläufer alle verschwunden sind. Nur das Zentrum am Fluß mit seinen acht Avenuen ist noch vorhanden. Wie die Vorstadt „Lousetown" auf der anderen Seite des Klondike sind auch alle anderen Siedlungen und Dörfer rundum, die einmal ca. 50.000 Menschen beherbergt und versorgt haben, verschwunden.

Die Indianer jener Zeit lebten 5 km flußab in ihrem Dörfchen Moosehide. Die Han-Dené gaben ihr Dorf erst viel später auf und stellen heute die Hauptbevölkerung von Dawson City. Im Zuge der Rückbesinnung auf ihre Tradition haben sie die alte

Siedlung restauriert. Sie dient Flußreisenden u.a. als Rastplatz.
Die Stadt, die um 1900 die größte Siedlung in Nordwestamerika war, wurde Sitz der Territorialverwaltung und blieb es bis 1953. Von den historischen Gebäuden sind die meisten Bränden zum Opfer gefallen oder der Zahn der Zeit hat das Seine getan. Einige markante Häuser blieben erhalten und werden sorgfältig gepflegt. Darin liegt auch der Reiz dieser Siedlung. So rasch, wie sie aus dem Boden schoß, so rasch wurde sie auch wieder verlassen. Es gab keine anschließende Weiterentwicklung mit den üblichen Veränderungen. Es blieb der historisch gewachsene Stadtkern mit vielen der alten Bauten bestehen, und so ist Dawson City insgesamt mehr ein Freilichtmuseum als eine lebendige Siedlung. Nur in den Sommermonaten zu künstlichem Leben erweckt und von Touristen überflutet, versinkt das Dorf im Herbst in einen achtmonatigen Winterschlaf.
Dabei wird rundum noch immer in beachtlichem Umfang Gold gewonnen, allerdings fast ausschließlich industriell.

i PRAKTISCHE INFORMATIONEN

Anreise
Dawson City Airport, liegt rund 20 km vor der Stadt am Klondike Highway. Es besteht täglich (im Sommer) Flugverbindung mit Whitehorse, im Winter nur an Werktagen. Flugdauer 2 Stunden, 210 Can$. Rundflug 315 Can$. Außerdem besteht Linienflugverbindung mit Inuvik. Vom und zum Flughafen gelangt man nur per Taxi. Im Sommer besteht Linienbusverbindung mit Whitehorse. Dreimal wöchentlich verkehrt ein Bus der Norline Coaches Ltd. zwischen beiden Orten.
Zwei Highways verbinden Dawson City mit Whitehorse bzw. Tok in Alaska.

Veranstaltungen
Spring Carnival, Wochenende Mitte März. Ausgelassenes Fest mit den hierzulande üblichen exotischen Wettbewerben. Erster Versuch, das Dorf aus dem Winterschlaf zu wecken.
Commissioner's Ball, zweites Wochenende im Juni. Traditioneller Ball des Gouverneurs, in dem Palace Grand Theatre nicht nur am historischen Ort, sondern auch in den Kostümen von damals. *Das* gesellschaftliche Ereignis des Yukon Territory und des Jahres. Wer nicht geladen ist, muß Eintritt zahlen.
Yukon Gold Panning Championship, Wochenende am 1. Juli. Yukonmeisterschaft im Goldwaschen.
Dawson City Talent Night, 3. Wochenende im Juli. Im Saal des Spielcasinos Diamond Tooth Gertie's zeigen Showtalente (Nachwuchs und Amateure) ihr Können.
Annual Dawson City Music Festival, vorletztes Wochenende im Juli. Open-Air- und Saalfest! Tanz-, Musik- und Gesangsdarbietungen von Künstlern aus USA und Kanada.

Karte Dawson City
Legende:
1. Str. Keno
2. Information Centre Yukon Territorial Government
3. Parks Canada Information Centre
4. Robert Service Cabin
5. Jack London Cabin

Discovery Days, Wochenende um den 16. August, sowie der anschließende Montag. Wettbewerbe, Paraden, Festlichkeit und Ballabende.

Great Klondike Outhouse Race, 1. Wochenende im September. Abschluß der Saison. „Outhouses" (Plumpsklos) auf Rädern werden von Vierergruppen auf einem 2,5 km Rundkurs durch die Straßen der Stadt geschoben.

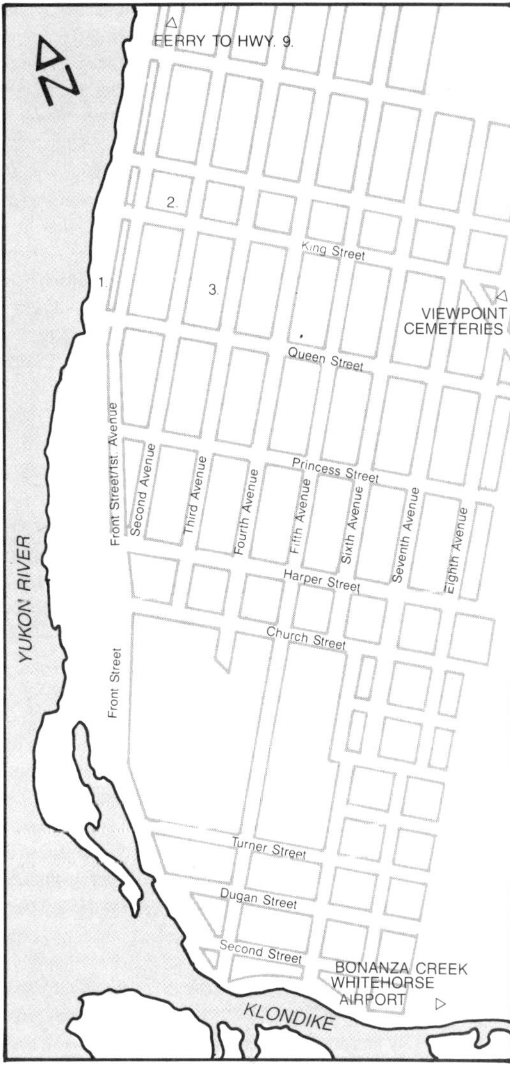

Sehenswürdigkeiten

Visitor Reception Centre, Front-Ecke King Street, Tel. 403/993-5566, in einem alten Gebäude untergebracht, vermittelt mehr als nur Informationen. Ausstellungsraum, Filmvorführungen und Diashows geben einen tiefen Einblick in die Vergangenheit.

Harrington's Store, 3rd Avenue Ecke Princess Street, Park's Canada zeigt eine umfassende Sammlung von Fotoaufnahmen aus dem Goldrausch. Kostenfrei.

Palace Grand Theatre, 3rd Avenue Ecke King Street. Rekonstruktion des Opernhauses, das Arizona Charlie Meadows 1899 erbaute und eröffnete. Im Sommer kostenlose Führung.

1901 Post Office, 3rd Avenue Ecke King Street. Das historische Postamt ist im Sommer in alter Funktion für Touristen geöffnet.

Steamer Keno, Front Street. Kostenfreie Besichtigung des historischen Heckraddampfers.

Robert Service Cabin, 8th Avenue, südlich Church Street. Die Hütte befindet sich mit einer Einrichtung aus jener Zeit noch im Originalzustand, wie der berühmte Yukon-Barde sie bewohnt hat, als er bei der Bank hinter dem Schalter saß und die Goldstaubeinzahlungen der Schürfer abwog. Im Sommer trägt ein Schauspieler gekonnt die berühmten Balladen am Haus vor: The Cremation of Sam McGee und The Shooting of Dan McGrew.

Jack London Cabin, 100 m südlich davon an der 8th Avenue, ist dagegen nur ein leeres Blockhäuschen, das einen Eindruck davon vermittelt, wie ärmlich der später berühmte Schriftsteller damals hier hauste. Nebenan liegt das Jack-London-Museum.

Gold Room Exhibit, im Obergeschoß des Gebäudes der Canadian Imperial Bank of Commerce, Front Street Ecke King Street, zeigt die seinerzeit gebräuchlichen Gerätschaften und natürlich Goldstaub und Nuggets.

Dredge Nr. 4, die letzte der mächtigen Goldwaschmaschinen, aus Schwimmbagger und Waschanlage bestehend, ist 16 km vom Zentrum an der Bonanza Creek Road zu besichtigen.

Dawson City Museum, 5th Avenue, südlich der Queen Street. Im alten Verwaltungsgebäude des Territoriums wird eine umfassende Sammlung historischer Relikte und Fotos gezeigt. Auch hier Film- und Diavorführungen über die Klondike-Ära. Das Museum dient als Archiv. Eintritt 3 Can$, Kinder bis sechs Jahre frei, Familieneintritt 7 Can$.

Bear Creek Camp, 13 km südlich von Dawson am Klondike Highway. Museumsdorf, eine Blockhausanlage, die hauptsächlich der handwerklichen Versorgung der Maschinenparks diente und bis 1966 ihrer Aufgabe nachging. Eintritt 3 Can$. Kinder frei.

Unternehmungen

Diamond Tooth Gertie's Gambling Hall, 4th Avenue Ecke King Street. Historische Spielhölle der Stadt, in der jeden Abend im Sommer Glücksspiele veranstaltet werden. Roulettetische, Glücksrad und Pokersowie Kartenspiele wie „Blackjack“ erlauben es jedem, sein Reisegeld wie in jeder anderen Spielbank der Welt zu verlieren — oder aufzubessern. Mehrfach abends Auftritt einer Saloonsängerin, die unter Klavierbegleitung Songs vorträgt, während Cancan-Girls die Beine zeigen. Eintritt 5 Can$, das kleine Bier auch.

Gaslight Follies, im Palace Grand Theatre, →oben, Revue im Stil der Goldrushzeit. Eintritt 8 bzw. 10 Can$, Kinder 3 Can$.

Yukon Queen Bootstour, Motorboot mit 50 Passagierplätzen fährt täglich mit 25 Sm/h die 175 km den Fluß nach Eagle hinunter und zurück. Fahrtzeit hin 4, zurück 5 Stunden. Abfahrt 8 Uhr Dawson City, Ankunft Eagle 13 Uhr. Einfache Fahrt 110 Can$, Rundfahrt 156 Can$. Letztere umfaßt auch zwei Mahlzeiten, die der Einwegfahrer nur gegen Bezahlung erhält. Die Fahrt ist auch „standby“ möglich: Plätze, die zur Abfahrtzeit nicht belegt sind, werden für 111 bzw. 61 Can$ abgegeben.

Pleasure Island Tour, die Yukon Lou fährt abends zur gleichnamigen Insel, 5 km flußab. Dort Grillpicknick, gegrillte Lachsscheiben, Tische und Bänke unter Dach. Erwachsene 35 Can$, Kinder 17,50 Can$. Mitfahrt ohne Teilnahme am Grillessen: Erwachsene 20 Can$, Kinder 10 Can$. Dauer: 2,5 Stunden.

Alle Fahrten bucht man in der Birch Cabin, Front Street, beim Heckraddampfer. Abfahrt ist am Dock hinter dem Hochwasserdeich.

Yukon River Cruise, mit dem Flußboot „Yukon Lou". Abfahrt täglich 13 Uhr am Dock zu einer Ausflugsfahrt von 1,5 Stunden flußab und zurück, mit Kaffee und Krapfen: Erwachsene 15, Kinder 7,50 Can$.

Außerdem sind ein Dutzend gewerblicher Unternehmen daran interessiert, Touristen zum Klondike zum Goldwaschen zu transportieren. Auch mit dem Hubschrauber über die Goldclaims zu fliegen ist möglich. Alle Angebote erhält man im Visitor Reception Centre, →oben.

Unterkünfte

„Gold Rush Campground", 5th Avenue Ecke York Street, 100 Stell-/Zeltplätze. Duschen, Waschautomaten, ab 10 Can$.

„Guggie Ville Campground", 2 km vor der Stadt, Abzweigung Bonanza Creek Road vom Highway, 80 Stell-/Zeltplätze, Duschen und Waschautomat, ab 10 Can$.

„Yukon River YT Campground", 100 Stell-/Zeltplätze gegenüber am Fluß, einfach und permitpflichtig. 8 Can$. Die Yukon River-Fähre verkehrt 24 Stunden täglich kostenlos.

„Bed and Breakfast"-Unterkünfte, ab 45 Can$, vermittelt das Visitor Reception Centre.

„Dawson City River Hostel", P.O. Box 32, Dawson City YT Y0B 1G0, jenseits des Flusses beim Fähranleger im Hang, 6 Zeltplätze 12,50 Can$, 5 Hütten für 2-4 Personen, pro Person 15 Can$! Familienraum, kein Telefon, keine Elektrizität, keine Kreditkarten, Kochküche; geöffnet Mitte Mai bis Mitte September.

„The Dawson City Bunkhouse", Front Street/Princess Street, sehr empfohlenes neues Haus mit 40 Räumen zu 45 Can$, Tel. 403/993-6164, Fax 403/993-6051.

„Eldorado Hotel", Box 338, Dawson City YT Y0B 1G0, Tel. 403/993-5451. 53 Räume ab 80 Can$.

„Gold Nugget Motel", Box 86, Dawson City YT Y0B 1G0, Tel. 403/993-5445, 19 Räume ab 46 Can$.

„Mary's Rooms", Box 777, Dawson City YT Y0B 1G0, Tel. 403/993-5491, ab 40 Can$.

„Midnight Sun Hotel", Box 840, Dawson City YT Y0B 1G0, Tel. 403/993-5495. 40 Räume ab 45 Can$.

„Triple „J" Hotel", Box 359, Dawson City YT Y0B 1G0, Tel. 403/993-5323. 47 Räume ab 85 Can$.

„Westmark Inn", Box 420, Dawson City YT Y0B 1G0, Tel. 403/993-5542. 52 Räume ab 85 Can$.

„Westminster Hotel", 3rd Avenue, Box 129, Dawson City YT Y0B 1G0, Tel. 403/993-5463. 25 Räume ab 35 Can$.

„Whitehorse Cabins", Bag 2020, Dawson City YT Y0B 1G0, Tel. 403/993-5576. 6 Hütten mit Küche ab 60 Can$.

„Gold Nugget Motel", Box 86, Dawson City YT YOB IGOM, Tel. (403) 993-5445, 10 Räume ab 46 Can$.

„McLondon's Bunkhouse", Box 100, Dawson City YT YOB IGO, Tel. 403/993-5538, 32 Räume ab 42 Can$.

Restaurants

„Nancy's", Front Street Ecke Princess Street, einziges preiswertes Restaurant in der Stadt. Frühstück ab 4 Can$, Mahlzeiten 10-17 Can$. Kanadische Hausmannskost, Bäckerei.

Die beste Küche am Platz hat „Marina's", 5th Avenue/Princess Street, aber auch das China-Restaurant im „Midnight Sun Hotel", 3rd Avenue/Queen Street, ist zu empfehlen.

Alle o.a. Hotels/Motels haben ein Restaurant, außerdem gibt es zwei Schnellimbiß-Gaststätten im Zentrum der Stadt.

Haines Road, YT Highway Nr. 3

Die Haines Road beginnt im Hafen von Haines, AK, dem westlichen Endhafen der Schiffahrtslinie Bellingham — Haines, auch Alaska Marine Highway genannt. Diesem Umstand verdankt sie auch ihre Entstehung. Als der Alaska Highway gebaut wurde, ergab sich als einzige Anbindung der Straße an einen Seehafen die Eisenbahnverbindung der WPYR von Skagway nach Whitehorse. Deren geringe Kapazität machte es nötig, die zweite vorhandene Chance, nämliche Haines, zu nutzen. Obwohl beide Städtchen am selben Fjord, dem Lynn Canal, liegen, sind sie nur 20 km mit dem Schiff — über Land jedoch 580 Straßenkilometer — voneinander entfernt!

Bei km 10: Picknickplatz am Chilcat River. Die Straße folgt dem Fluß hinauf in die Berge.

Bei km 13: Lachsfanganlage der Chilkat-(Tlingit-)Indianer am Fluß, sogenanntes „Fischrad", das wasserdruckgetrieben die Fische aus dem Fluß schaufelt.

Bei km 15: Beginn der Alaska Chilcat Bald Eagle Reserve. Hier versammeln sich im Herbst Hunderte von Adlern, weil die Flüsse der Region Millionen aufsteigender Lachse zu deren Eiablageplätzen in den kiesigen Bächen der Oberläufe führen. Herrliche Sicht auf die Gipfel und Hänge der Coastal Range, links die Chilcat Range.

Bei km 16: Raststätte, Restaurant.

Bei km 34: Abzweigung links nach Klukwan, dem Indianerdorf der Chilcat. Hier residierte einst Häuptling Kohkux, der auf dem bekannten Raid zum Yukon River Fort Selkirk vernichtete und sich so die Handelskonkurrenz der HBC vom Halse schaffte. Keine Versorgungsdienste.

Bei km 42: Abzweigung links führt über den Klehini River zum Chilcat Lake.

Bei km 44: „Mosquito Lake State Campground", einfacher und kostenfreier Zeltplatz, über Stichstraße 5 km am See.

Bei km 50: Ende des Adler-Schutzgebietes.

Bei km 54: „33 Mile Roadhouse", Restaurant, Getränkeshop, Tankstelle.

Bei km 57: Auf der anderen Seite des Flusses liegt die alte Porcupine Mine mit Ruinensiedlung. Von 1898 bis 1906 wurde hier Gold gefördert.

Bei km 58: Ausblick auf das Eisfeld des Saksaia Gletschers.

Bei km 64: US-Grenzstation „Dalton Cache". Der Händler hatte hier 1894 ein Lager. Die Grenze ist in Alaskazeit von 7-23 Uhr passierbar.

Bei km 65: Grenze USA-Kanada, Uhr eine Stunde weiterdrehen auf Pazifik-time.

Bei km 68: Kanadische Grenzstation, zeitentsprechend von 8-24 Uhr geöffnet.
Bei km 72: Abzweigung links führt zu US-Pumpstation, heute aufgegeben. Im letzten Krieg pumpte die US-Armee in einer Pipeline längs dieses Highways Kraftstoff nach Haines Junction.
Bei km 91: Three Guardsmen Pass, 980 m.ü.M.
Bei km 105: Chilcat Pass, 1065 m.ü.M., höchster Punkt der Straße, die nun im Taleinschnitt hinab zum Tatshenshini River abfällt, der aber zum Meer hin fließt. Die nächsten Bäche an der Fahrbahn stammen alle von Gletscherzungen ab.
Bei km 108: Straßenbaucamp, nur Notfalltelefon.
Bei km 151: Grenze British Columbia — Yukon Territory. Die Fahrbahn ist nun Grenze des links liegenden Kluane National Park.
Bei km 167: „Million Dollar Falls YT Campground", einfach und permitpflichtig Schöne Wasserfalle und gute Sicht auf die St. Elias Mountains. Die Takhanne River-Fälle bieten großartiges Fischen und Beobachtung der aufsteigenden Lachse im Juli.
Bei km 172: Abzweigung links nach Dalton Post. Die verlassene Siedlung ist noch in gutem Zustand, die Fahrbahn von etwa 10 km ist miserabel und führt zum Ufer des Tatshenshini River. Hier baute sich Jack Dalton seinen Hauptsitz. Er entdeckte die alten Handelspfade der Tlingit ins Innere und erkannte deren Bedeutung. Ab 1894 machte er sich daran, sie zu übernehmen, auszubauen und eine Handelslinie bis zum Yukon River aufzubauen, die er vorwiegend mit Packtieren betrieb. Als der 98er Ansturm auf das Gold losbrach, saß er genau am richtigen Platz, kassierte die Benutzer an seinem Pfad ab und beförderte Güter und ganze Viehherden nach Dawson City. So schnell wie der Boom begann, brach sein Geschäft auch wieder zusammen, als die Goldsucher weiterzogen. Die Straße verläßt den Tatshenshini River und steigt noch einmal über eine Wasserscheide zum Kathleen Lake. Dennoch sind alle Gewässer an dieser Straße Lachsflüsse, denn alle fließen, wenn auch auf Umwegen, nach Süden in den Pazifik ab.
Bei km 190: Klukshu, Indianersiedlung, nur im Sommer zum Fischfang bewohnt. Stichstraße von 1 km führt hin und zum Dalton Trail am Ufer des Klukshu River.
Bei km 204: „Dezadeash Lake YT Campground", einfach und permitpflichtig.
Bei km 216: „Dalton Trail Lodge", Box 5466, Haines Junction YT Y0B 1L0, 15 Räume ab 70 Can$, Restaurant, Bar, Bootsverleih, Führungen. Der Inhaber ist Schweizer.
Bei km 229: „Kathleen Lake YT Campground", einfach und permitpflichtig.
Bei km 230: „Kathleen Lake Lodge", Tel. 403/634-2319. Box 5318, Haines Junction YT Y0B 1L0. 6 Räume ab 40 Can$. Restaurant, Tankstelle, Reparaturen.
Bei km 256. **Haines Junction,** 570 Einwohner. Unterkünfte →Kluane National Park.

Campbell Highway, YT Highway Nr. 4

Der Campbell Highway ist benannt nach dem ersten Weißen, der für die HBC in das spätere Territorium vordrang, eine Reihe von Handelsposten errichtete und bis zum Yukon River kam. Die 573 km lange

Strecke folgt ziemlich genau Campbells Route, der allerdings rechts von ihr auf dem Wasserweg bis an den Yukon River gelangte.
Die Schotterstraße zweigt in Watson Lake vom Alaska Highway ab und eröffnet eine Alternative zur Fahrt nach Dawson City, die um etwa 35 km kürzer ist als die Fahrt über Whitehorse zum Klondike River. Es ist eine im Gegensatz zur anderen Route höchst einsame Fahrt durch kaum angetastete Wildnis. Die beiden einzigen Siedlungen mit Versorgungsmöglichkeiten liegen abseits vom Highway, an der alten Campbell Route, dem Pelly River, und sind über Stichstraßen zu erreichen.
Bei km 1: Watson Lake Hospital
Bei km 5: Watson Lake, der See, der dem Ort den Namen gab.
Bei km 10: Abzweigung links zum Watson Lake Airport. Ab hier nur noch Schotterbelag.
Bei km 11: beginnt der Aufstieg durch üppige Lärchen- und Kiefernwälder entlang dem Frances River. Der Fluß gilt als unbefahrbar, war dennoch zu Campbells Zeiten Teil des Handelsweges.
Bei km 80: „Simpson Lake YT Campground", erreichbar über 1,5 km Stichstraße links. Einfach und permitpflichtig. Sehr schöne und ruhige Lage im Hochwald am See. Ausgezeichnetes Fischwasser.
Bei km 93: Auf der linken Seite weitere Stichstraße zum ausgedehnten Simpson Lake.
Bei km 108: Cantung Junction, Abzweigung der Nahanni Range Road nach rechts. Die Wolfram Erzmine am Ende der 200 km Sackgasse liegt still, die Road ist in schlechtem Zustand. Gegenüber der Abzweigung „Miner's Junction", mit Notfalltelefon, kleinem Restaurant, Tankstelle, Hüttenvermietung, Bootsverleih, Camping.
Bei km 111: Straßenbaucamp, nur Notfalltelefon.
Bei km 171: Gute Sicht auf den ausgedehnten Frances Lake rechts und die Campbell Berge links.
Bei km 175: „Frances Lake YT Campground", einfach und permitpflichtig. Gut geeignet für ausgedehnte Bootstouren auf dem See. Gutes Fischwasser.
Bei km 176: Money Creek, benannt nach dem Goldgräber, der hier von 1929-1946 lebte.
Bei km 197: Fahrbahn verläuft aus dem Tal heraus und folgt dem Finlayson River hinauf zur Wasserscheide.
Bei km 233: Finlayson Creek, an dessen Mündung 1875 — vermutlich zum ersten Male im Yukon Territory — Gold gefunden wurde.
Bei km 234: Abzweigung rechts zum Picknickplatz am Ufer des Finlayson Lake.
Bei km 259: Distanzanzeigetafel steht auf der Kammhöhe bei 945 m.ü.M.
Bei km 264: Campbell Creek.
Bei km 269: Big Campbell Creek. Hier baute Campbell 1844 einen Handelsposten auf, der aber schon 1849 abbrannte. Der Highway folgt nun für etwa 150 km dem linken Ufer des Pelly River.
Bei km 306: Brücke über den Hoole Canyon. Ausfahrt nach rechts bietet eine Rastmöglichkeit.
Bei km 352: links Ausfahrt zum Picknickplatz am Coffee Lake.
Bei km 356: Kreuzung mit der Canol Road, YT Highway Nr. 6. Die nächste Abzweigung führt nach Ross River.
Bei km 362: Abzweigung rechts nach Ross River (Einzelheiten →Canol Road).

Hinter der Abzweigung einfacher Rastplatz.
Bei km 375: Brücke über die Schlucht des Lapie River. Dahinter „Lapie River YT Campground", einfach und permitpflichtig, mit Wanderpfad entlang der Schlucht.
Bei km 400: links Hardrock Goldmine.
Bei km 414: Blick nach rechts in das Pelly Valley mit dem Bergwerksstädtchen Faro.
Bei km 415: Abzweigung nach rechts führt (10 km) nach Faro hinunter.

Faro, 1300 Einwohner, wurde erst 1968 als Siedlung zum Bergwerk der Cyprus Anvil Mine gebaut. Eine Brandkatastrophe vernichtete das Dorf sofort wieder, und so wurde die Siedlung ein zweites Mal errichtet. Das Bergwerk ist geschlossen.
Faro bietet nicht nur eine Reihe von Einkaufsmöglichkeiten und Tankstellen mit Reparaturdienst, es hat auch einen staatlichen Liquor shop, man kann hier also alkoholische Getränke einkaufen und es gibt auch eine Bank.
„Faro Hotel", Box 238, Faro YT Y0B 1K0, Tel. 403/994-2610. 24 Räume ab 59 Can$, Restaurant zu vernünftigen Preisen, Bar.
„Redmont's Motel", 220 Campbell Avenue, Faro YT Y0B 1K0, Tel. 403/994-2430. 12 Räume ab 65 Can$. Restaurant sehr preiswert, Bar.
„Faro RV Park", Lorna Boulevard, Tel. 403/994-2288. Einfach, nur 5 Stellplätze, 12 Can$.

Bei km 427: „Johnson Lake YT Campground", einfach und permitpflichtig. Der Highway verläßt nun den Pelly und strebt dem Yukon Valley zu.
Bei km 438: Picknickplatz am Magundy River.
Bei km 483: „Drury Creek YT Campground", einfach und permitpflichtig. Der anschließende 25 km lange Little Salmon Lake ist ein ausgezeichnetes Fischwasser.
Bei km 484: Straßenbaucamp, nur Notfalltelefon. Gegenüber ein kleines Restaurant und Kfz-Reparaturservice.
Bei km 486: wunderbarer Ausblick über den Little Salmon Lake, dem die Straße nun für 23 km folgt. Der See hat seinen Namen von dem Fluß, der ihn durchfließt.
Bei km 517: „Little Salmon YT Campground", einfach und permitpflichtig.
Bei km 559: „Frenchman Lake YT Campground", einfach und permitpflichtig. Zu erreichen über eine 8 km lange Stichstraße, die rechts abführt. Der 20 km lange See ist ein gutes Fischwasser. Diese Stichstraße (Frenchman-Tatchun Road) führt noch weiter ins Hinterland und zum Klondike Highway. Nach 15 km und 42 km ab Highway zwei weitere YT Campgrounds, einfach und permitpflichtig.
Bei km 551: Links beginnt der Trail zum verlassenen Indianerdorf Little Salmon an der Mündung des Flusses in den Yukon River.
Bei km 562: Raststreifen links mit umfassender Sicht über das Yukon Valley. Der Fluß fließt hier tief unten um den Eagle Rock. In Höhe dieses Felsens explodierte 1906 der Heckraddampfer „Columbian", als ein Matrose versehentlich im Jagdeifer in die Decksladung, die aus Schießpulver bestand, schoß. Eine Gedenktafel erinnert an das Unglück. Die Toten liegen auf dem Pionier Friedhof in Whitehorse begraben, wo ein Steinmonument ihre Namen nennt.
Bei km 573: Einmündung in den Klondike Highway YT Nr. 2. Links an dieser Straße führt nach 3 km eine Brücke über den

Yukon River, dahinter gibt es Tankstellen, Restaurants, Hotel →Carmacks.

Canol Road, YT Highway Nr. 6

Zur Geschichte dieser Straße →Canol Heritage Trail.

Die Canol Road ist eine einfache Fahrstraße, nur Schotter, durch eine der schönsten und beeindruckendsten Regionen des Nordens. Sie ist nur im Sommer offen, und auch dann nur wenig befahren, da es wirtschaftliche Gründe für ihre Nutzung kaum gibt. An ihrem Lauf sind daher keine Tankstellen oder sonstige Dienstleistungsbetriebe vorhanden, außer in Ross River. Und am Ende der 430 km langen Piste endet sie als Sackgasse in den Mackenzie Mountains am MacMillan Pass. Von dort aus geht es nur noch ohne Auto weiter, auf dem Canol Heritage Trail bis Norman Wells.

Für den Touristen und für den Kanuten ist die Straße ein Glücksfall. Sie führt in die sonst wegelose Wildnis, eröffnet den Zugang zum Oberlauf von einem halben Dutzend interessanter Wasserwege und macht viele Outdoorsunternehmungen möglich.

Johnson's Crossing am Alaska Highway, km 1346, ist der Startpunkt. Tankstelle mit Reparaturdienst unmittelbar vor der Brücke (Südende) über den Teslin River. Einfacher Campingplatz, 23 Stell-/Zeltplätze, Dusche, 6 Can$, Restaurant, Waschautomat.

In Nordrichtung hinter der Brücke, im steilen Anstieg aus dem Tal, plötzlich links ein Einschnitt in der Böschung: Beginn der South Canol Road.

Bei km 6: einspurige Holzbrücke über den Fourmile Creek. Die Straße steigt nun an und klimmt hinauf zur Wasserscheide, quert dabei Dutzende von Wasserläufen und windet sich immer wieder in die Bachtäler hinab, jenseits in steilem Anstieg wieder bergauf.

Bei km 30: erster Blick auf die Höhen der Pelly Mountains, über die man hinweg muß.

Bei km 46: Waldweg rechts führt zum Sidney Lake, sehr gut als Lagerplatz und zum Fischen.

Von nun an folgt die Straße dem Lauf des Nisutlin River flußauf. Für 50 km kann der Fluß immer wieder rechts hinter den Bäumen gesehen und zum Fischen erreicht werden.

Bei km 64: Abzweigung rechts führt zu einfachem Campingplatz am Ufer des Nisutlin River, kostenfrei.

Bei km 77: Quiet Lake YT Campground, einfach, mit Handpumpe für Trinkwasser, permitpflichtig.

Bei km 83: Quiet Lake. Der 28 km lange See ist ein ausgezeichnetes Fischwasser, Quellsee des Big Salmon River und Startpunkt für Kanutouren auf diesem Fluß zum Yukon River hinunter. Die Straße folgt dem Ostufer des Sees auf 20 km Länge mit herrlichen Ausblicken und guten Lagerplätzen.

Bei km 93: Abzweigung links zum Booteinsetzplatz für Kanuten. Gleich dahinter Straßenbaucamp, keine Dienste, nur Notfalltelefon.

Bei km 150: Paßhöhe erreicht. Hier auf 1219 m.ü.M. ist die Vegetationsgrenze überschritten. Rechts ragt der Pass Peak mit 2162 m.ü.M auf. Noch in der Felsschlucht auf Paßhöhe links der Straße ei-

Einladung in den Mt. Robson Park: 3954 m Höhe mißt der höchste Gipfel der kanadischen Rocky Mountains, der Mt. Robson

Ein Muß für jeden Vancouver-Besucher: das Harbour Centre mit dem berühmten Dreh-Restaurant
Natur pur: Fahrt mit dem Kanadier über die glasklaren Seen Kanadas

nige Seen, die Quellen des Lapie River, dem die Straße jenseits talab folgt.
Bei km 182: Fahrbahn folgt dem Canyon des Lapie River für rund 20 km auf der linken Hangschulter, rechts unten rauscht 150 m tiefer der Fluß.
Bei km 198: An den Steilhängen ist deutlich die Lagerung der Gesteinsschichten zu sehen.
Bei km 201: rechts der Straße sind die Ascheablagerungen einer Vulkanerruption zu erkennen. Diese Schicht findet sich im gesamten Yukon Territorium, ist aber nur an wenigen Stellen zu sehen.
Bei km 205: Jackfisch Lake links, Dock für Wasserung von Buschflugzeugen.
Bei km 207: Einmündung in den Campbell Highway, YT Nr. 4. Nach Ross River biegt man links ein. Erst nach 8 km rechts Abzweigung nach Ross River. Einfacher Rastplatz an der Abzweigung. Ross River liegt am Ende einer Stichstraße von 10 km zum Ufer des Pelly River.

Ross River, 400 Einwohner, ist eine erst in diesem Jahrhundert entstandene Siedlung der Kaska-Indianer. Tom Smith, ein privater Unternehmer, baute 1903 einen Handelsposten jenseits des Flusses, an der Einmündung des Ross in den Pelly River. Zusammen mit der Einrichtung einer katholischen Mission sammelten sich die Kaska Dené allmählich dort und siedelten sich an.
Die einzige Siedlung am Kreuz beider Highways dient als Versorgungsstützpunkt an der Straße und für einige Prospektorencamps draußen im Busch.
Es gibt einen Store mit Lebensmitteln und Eisenwarenhandel, zwei Tankstellen, eine Autoreparaturwerkstatt und die üblichen staatlichen Dienststellen, Polizeiposten, Post, Krankenstation, zwei Buschflugunternehmen und zwei Unternehmen für Jagdführungen.
Unterkünfte
„The Welcome Inn Hotel", 23 Räume ab 75 Can$, General Delivery, Ross River YT, Tel. 403/969-2218, Restaurant, Bar.
„Sooley's Bed and Breakfast", Restaurant und vier Betten zu 45 Can$.
Unternehmungen
Werner Koser, General Delivery, Ross River YT Y0B 1S0, Tel. 403/969-2210. Der deutschkanadische Outfitter führt Wildnisexpeditionen (Pferde) durch und verfügt über ein ausgezeichnetes Grizzlygebiet, aber auch Karibu-, Elch- und Dallschafjagd.
Die North Canol Road beginnt erst jenseits des Pelly River. Die kostenlose staatliche Fähre verkehrt vom 15. Mai bis 15. Oktober, täglich von 8 — 17 Uhr. Wer die Fähre verpaßt hat, kann sein Fahrzeug am Fluß parken und über die Fußgängerhängebrücke ins Dorf und zu den Annehmlichkeiten der Zivilisation gelangen.

Bei km 1: Abzweigung rechts führt zum alten Siedlungsplatz und zur Mündung des Ross River.
Bei km 6: Ross River. Die Straße folgt dem Fluß nun ständig talauf bis zur Wasserscheide. Der Fluß ist aber fast immer rechts im Tal von Bäumen verdeckt.
Bei km 33: Brücke über den Marjorie Creek. Gleich dahinter links Abzweigung einer schlechten Fahrstraße zum See, der ein ausgezeichnetes Äschenwasser ist, wie alle weiteren großen Seen an der Straße.
Bei km 43: Zugang zum Orchie Lake links. Ein ideales Seengebiet, das sich für Outdoorsunternehmen geradezu anbietet. Am

und auf dem Wasser mit seinen Buchten und bewaldeten Inseln kann man trefflich einen Urlaub verbringen.
Bei km 48: Brücke über den Gravel Creek. Dahinter links Wohnhaus eines Indianer-Trappers.
Bei km 80: Langgestreckter Aufstieg über 5 km zur Kuppe der Blue Hills und drüben ebenso lang wieder zurück ins Tal des Ross River.
Bei km 99: Dragon Lake YT Campground, einfach und kostenfrei. Der 15 km lange See, eine tiefe „ertrunkene" Gebirgsschlucht, ist ein sehr gutes Forellenwasser.
Bei km 107: Abzweigung rechts zum Landestreifen für Regierungsflugzeuge.
Bei km 108: Straßenbaucamp, nur Notfalltelefon.
Bei km 116: rechts Abzweigung zum Lewis Lake, dem untersten der drei großen Seen, die als Flußlauf des Ross River durch Felsbarrieren gestaut sind. Zum mittleren, dem Field Lake, gibt es keinen Weg.
Bei km 121: rechts Abzweigung zum Jagdcamp der Indianer von Ross und zum Ufer des Sheldon Lake, gut fahrbar. Am Ufer schöner Sandstrand und guter Lagerplatz, einfacher Picknickplatz mit Feuerholz und Feuerstellen, kostenfrei.
Bei km 125: Aufstieg zur Wasserscheide beginnt.
Bei km 135: höchster Punkt erreicht, die Straße senkt sich jenseits ins Tal des South MacMillan River, dem sie bis hinauf zur Quelle folgt.
Bei km 142: links der Fahrbahn alte Fahrzeuge vom Bau der Straße.
Bei km 148: Brücke über den Boulder Creek, der als einziger in der Region Gold führt, zu wenig, daß sich die Arbeit lohnt.
Bei km 149: links Ausfahrt zum Ufer des South MacMillan River. Hier kann man einsetzen, um über South MacMillan River, Pelly und Yukon River nach Dawson City zu paddeln.
Bei km 153. wundervolle Fernsicht auf die Itsi Range voraus.
Bei km 173: Ausfahrt rechts vor der Brücke über den South MacMillan River führt zum Lagerplatz. Von hier aus zweite Möglichkeit, den South MacMillan River hinabzufahren.
Bei km 175: Abzweigung rechts führt zum ersten der aufgegebenen Bergwerke an der Straße. Privateigentum, bewacht und nicht zum Verkehr frei.
Bei km 187: links der Fahrbahn steht ein Wohnwagen für die RCMP. Die Beamten nutzen ihn im Sommer als Übernachtungshütte bei Streifenfahrten.
Bei km 193: Aufstieg zum MacMillan Pass, der Wasserscheide zwischen Yukon und Mackenzie River.
Bei km 202: Camp der Prospektion eines Bergwerksunternehmens.
Bei km 206: Kreuzung, nach links zum Landestreifen für Buschflugzeuge, nach rechts zu einer weiteren stillgelegten Mine.
Bei km 218: Grenze zu den NWT.
Bei km 220: Abzweigung nach links zu einem weiteren toten Bergwerk.
Bei km 221: wie bei km 220 und Ende der Straße, die von Vierradfahrzeugen noch einige Kilometer bis zum ersten brückenlosen Creek genutzt werden kann. Im übrigen bleibt nur noch — früher oder später — die Rückfahrt auf derselben Strecke.

Atlin Road, YT Highway Nr. 7

Die 100 km lange Atlin Road zweigt als Stichstraße in das tote Dörfchen Atlin bei

Jake's Corner und km 1392 vom Alaska Highway ab. Genauer: Knapp 2 km dahinter entspringt sie nach links der Tagish Road, die am o.a. Punkt am Alaska Highway beginnt bzw. endet.

Die staubige Schotterstraße führt durch eine zwar recht hübsche Landschaft, am einsamen Little Atlin Lake und dem Atlin Lake entlang ins Dorf Atlin, aber dann muß man dieselbe Strecke wieder zurück. Atlin hat dem Besucher nichts zu bieten außer Vergangenheit und Ruinen. Die Straße wurde zusammen mit dem Bau des Alaska Highways angelegt, um die Transportschiffe auf dem Wasserweg von Carcross her heranzuführen. Als sie 1949 fertiggestellt war, war sie überflüssig geworden.

Bei km 26: „Snafu Lake YT Campground", schlicht und kostenfrei.

Bei km 32: „Tarfu Lake YT Campground", schlicht und kostenfrei.

Bei km 41: Grenze YT/BC

Bei km 43: Rettungshütte an der Straße. Diese Unterschlupfmöglichkeiten folgen in regelmäßigen Abständen und dürfen nicht zum Campieren genutzt werden!

Bei km 52: einfacher Rastplatz am See.

Bei km 83: Abzweigung nach links führt über eine 65 km lange (schlechte) Strecke zur Ruffner Mine, einer kleinen maschinell ausgebeuteten Goldader.

Bei km 94: Discovery Road links ab führt ins alte Goldfeld am Discovery Creek. Von dessen einst 10.000 Einwohnern blieben nur Ruinen.

Bei km 98: Zentrum von **Atlin,** 200 Einwohner. Am 30. Juli 1898 fanden zwei der dem Goldrush nachhinkenden Spätankömmlinge auf dem Weg nach Dawson City Gold nahe Atlin. In den Jahren danach erwies sich, daß alle Bäche hier Gold führten und daß hier, nach Dawson City, die größten Funde im Nordwesten gemacht wurden. Noch heute werden ein paar Stellen ausgebeutet, aber nur in winzigem Umfang.

Atlin befindet sich in allen möglichen Stadien des Verfalles. Die Unentwegten halten aus und wohnen zwischen den Ruinen in ihren erhaltenen Häusern. Die meisten der Verbliebenen haben sich aber abseits in die Wälder verzogen. Im Dorf gibt es eine Tankstelle und einen Kramladen. Zwei Unterkünfte warten auf Gäste.

„The Atlin Inn", Box 39, Atlin BC V0W 1A0, Tel. 604/651-7546, primitiv, ab 45 Can$, 9 Räume.

„Kirkwood Cottages", Box 123, Atlin BC V0W 1A0, Tel. 604/651-7500, 10 Blockhütten ab 55 Can$.

Am Ortsrand liegt ein öffentlicher Zeltplatz ohne jeglichen Service, der sich bei Regen in einen Sumpfacker verwandelt — und hier in der Küstenregion regnet es recht oft.

Es gibt wirklich keinen einzigen nennenswerten Grund, sich der Plage der Zufahrt zu unterziehen. Zwar versuchen die verbliebenen Bewohner mit allerlei Tricks, Besucher dorthin zu locken. Aber was man dort an Natur erleben kann, sieht man viel besser an der Straße nach Skagway — und die ist asphaltiert und sowieso zu bereisen, um das sehenswerte Skagway zu erleben.

Tagish Road, YT Highway Nr. 8

Bei Jake's Corner, am Alaska Highway km 1392, zweigt die Tagish Road ab und führt als Abkürzung über 55 km nach Carcross.

Sie wurde im Zusammenhang mit dem Bau des Alaska Highways angelegt, um eine Pipeline warten zu können.

Bei km 2: Abzweigung links Atlin Road, YT Highway Nr. 7

Bei km 20: „Tagish YT Campground", auf der Landenge zwischen den Seen Marsh Lake und Tagish Lake, sehr hübsch am beide verbindenden Six Mile River, der richtig Yukon River heißen müßte.

Bei km 21: Hinter der Brücke rechts führt eine Abzweigung ins Indianerdorf Tagish, 110 Einwohner, mit Anlegesteg, Postamt, Gemeindehalle und Imbißstand.

Bei km 26: Abzweigung links führt zum See und zu Wochenendhäusern.

Bei km 40: links Craig Lake, die Straße steigt ins Gebirge hinauf.

Bei km 50: links Stichstraße zum Chooutla Lake.

Bei km 55: Einmündung in den Klondike Highway, YT Nr. 2. Nach links geht es nach Carcross, nach rechts nach Whitehorse.

Silver Trail, YT Highway Nr. 11

Info: *Silver Trail Tourism,* Mayo YT Y0B 1M0.

Diese 125 km lange Stichstraße zweigt in Stewart Crossing vom Klondike Highway ab, hinauf in die Berge der Wernecke Mountains. Sie bietet sich an für einen Tagesausflug im Vorbeifahren, aber auch für einen längeren Aufenthalt in der Region, z.B. am schönen Hochgebirgssee Mayo Lake. Der Reiz der Landschaft liegt in ihrer alpinen Ausformung, den dichten Wäldern, guten Fischgewässern und der herrlichen Aussicht von den Gipfeln, die sich — gemächlich angegangen — von jedermann ersteigen lassen.

Die Fahrbahn selbst ist gut ausgebaut. Schließlich diente sie den Erz-Trucks beim Abtransport nach Süden. Und wer mit einem leichteren Fahrzeug fährt, kann in einem Rundkurs über den alten und eigentlichen Silberpfad, die Duncan Creek Road, zurück und bergab fahren, eine romantische Straße durch Wildnis und die Vergangenheit des Silberbergbaues bzw. des Goldwaschens.

In Stewart Crossing am Klondike Highway, hinter der Brücke über den Stewart River und

bei km 538: Abzweigung rechts, nach Nordwesten und immer am Stewart River entlang flußauf. An der Abzweigung: „Whispering Willows RV Park", Tel. 403/996-2501, komfortabler Campingplatz, Zelt ab 2 Can$, RV ab 9,50 Can$.

Bei km 2: Blick auf den Stewart River. Die Straße steigt auf seiner rechten Hangschulter aufwärts und eröffnet immer wieder schöne Ausblicke ins Tal.

Bei km 18: Herrlicher Blick über Flußtal und zurück nach Süden.

Bei km 44: Rastplatz, einfacher Picknickplatz, kostenfrei.

Bei km 49: Straße schwenkt nach rechts (schöner Einblick ins Tal) und windet sich hinab zum Mayo River, einem Zufluß aus Norden in den Stewart River.

Bei km 50: einfacher Picknickplatz am Ufer vor der Brücke, kostenfrei.

Bei km 51: Hinter der Brücke Abzweigung nach rechts nach Mayo am Ufer des Stewart River.

Mayo, 500 Einwohner, liegt auf der Uferbank über der Einmündung des Mayo in den Stewart River. Der Ort hat Linienflugverbindung an den fünf Werktagen mit Whitehorse und Dawson City.

Die Siedlung begann als Anlegeplatz der Flußschiffahrt vom Yukon River herauf. Al Mayo, ein am Fortymile zu kurz gekommener Goldgräber, ließ sich hier als Händler nieder. Die damalige Siedlung der Tutchone Dené lag flußab auf dem anderen Stewart Ufer. Heute leben die Indianer in Mayo und stellen die Mehrzahl der Einwohner.

Bereits in der Goldrush-Zeit der Jahrhundertwende suchten zahlreiche am Klondike Zuspätgekommene hier am Stewart ihr Glück. Einzelne Goldfunde wurden gemacht. Der Aufschwung setzte aber mit den Silberfunden ein. Das Gebiet um Mayo war die silberreichste Gebirgsformation in Kanada. Zahlreiche — heute wieder aufgegebene — Erzbergwerke karrten ihre Abbauprodukte nach Mayo. Hier wurden sie per Heckraddampfer nach Whitehorse und von dort mit der WPYR-Eisenbahn aus dem Land befördert. Heute ist die United Keno Mine, in Elsa das beherrschende Unternehmen, geschlossen. Mayo hat alle Versorgungseinrichtungen, sogar einen staatlichen Liquor shop und ein Krankenhaus.

„North Star Motel", Box 34, Mayo YT Y0B 1M0, Tel. 403/996-2231, 9 Räume ab 50 Can$.

Bei km 52: Mayo Airport.

Bei km 56: Abzweigung zum Staudamm und E-Werk

Bei km 59: „Five Mile Lake YT Campground", einfach und permitpflichtig.

Bei km 61: rechts eine Rettungshütte, Campieren nicht erlaubt.

Bei km 64: Brücke über den Minto River. Vor der Brücke betreibt tatsächlich ein Landwirt eine Farm: Privatgrund!

Bei km 69: Straßenkreuzung, rechts Duncan Creek Road, die man besser bergab und zurück nutzt. Links Minto Lake Road, 20 km bis zum See, einsame Route in die Wildnis für den, der einige schöne Tage mit Boot, Zelt und Fischen am See verbringen möchte.

Bei km 75: „Silver Trail Inn", einsames Restaurant mit Bar am schönen Halfway Lake! keine Unterkünfte. Wer hier rastet, kann den Fußpfad zum Mount Haldane (1833 m.ü.M.) ein Stück hinaufsteigen, umfassende Rundsicht, herrliche Natur.

Bei km 87: Abzweigung links führt 8 km zum „Silver Centre Campsite", am South McQuesten River, städtischer einfacher Campingplatz, gebührenfrei.

Bei km 97: **Elsa,** 370 Einwohner. Der Ort war eine Bergwerkssiedlung der United Keno Mines, der ältesten, aber nicht mehr aktiven Silbermine (hardrockmining) im Yukon Territory. Besichtigung der Stollen ist nicht möglich. Der Name stammt vom Entdecker der Erzader, Charlie Brefalt, der sie nach seiner Schwester Elsa benannte und für 250.000 Can$ verkaufte.

Hier wie überall im Silbergebiet ist das Sammeln von Gesteinsbrocken oder gar Schürfen nach Silber verboten. Alle Rechte liegen bei der oben genannten Gesellschaft, der auch Grund und Boden gehören. Der Ort bietet nur Postamt und Lebensmittelladen.

Bei km 102: kurze Stichstraße nach links zu den Hanson und McQuesten Lakes.

Bei km 113: **Keno City,** 100 Einwohner. Von den ersten Goldschürfern wurde der Platz Sheep Hill genannt. In dieser hohen Lage lebte man in Nachbarschaft zu den Dallschafen. Als Louis Beauvette im Juli

1919 eine große Silberader fand, nannte er die Ader nach einem Glücksspiel. Zwei Bergwerke waren hier tätig und beuteten den Riesenfund aus. Eine Boomtown entstand, aber da Anschlußfunde ausblieben, ist sie heute nur noch eine kleine Wohnsiedlung mit pittoresken Blockhäusern am Ende einer Straße.

Ganz zu Ende ist die Straße hier nicht. Zunächst kann man — mit Vierradantrieb — bis auf den Keno Hill Summit 10 km zum Aussichtspunkt fahren, der eine umwerfende Sicht auf die Wernecke Mountains und die Flußtäler ermöglicht. Die Stichstraße beginnt westlich vom Museum und ist besser zu Fuß während eines Tagesausflugs zu gehen. Der Gipfel liegt mit 1890 m.ü.M. absolut im Bereich des „Spazierensteigens".

Sehenswert ist das Keno Mining Museum, Eintritt 3 Can$.

„Keno City Hotel", General Delivery, Elsa YT Y0B 1F0, Tel. 403/995-2312. Räume ab 30 Can$, Bar — aber keine Mahlzeiten! Kein Kaufladen und keine Tankstelle! Abends kann man im kleinen Café etwas zu essen bekommen.

Die Duncan Creek Road, 40 km, führt am Duncan Creek und Mayo River abwärts zurück nach Mayo. Die schmale Schotterstraße steigt zunächst steil und auf enger Fahrbahn ab und ist daher schweren Fahrzeugen nicht zu empfehlen. Wer mit einem Wohnmobil zum Mayo Lake möchte, muß den gut befahrbaren unteren Teil aufwärts benutzen.

Bei km 12: Ruine des Van Cleaves Roadhouse. Der Trail wurde um 1901 angelegt, als Duncan Patterson am Bach Gold gefunden hatte. Nach ihm sind Bach und Trail benannt.

Bei km 15: *Duncan Creek Golddusters,* aktive Goldwaschanlage, Besichtigung, Führungen. Anleitung zum Goldwaschen, Funde dürfen behalten werden, plus Erfrischungen: 10 Can$.

Bei km 17: Abzweigung links, 10 km den Mayo River aufwärts zum Damm des Mayo Lake. Fluß und See sind ausgezeichnete Angelgewässer.

Bei km 23: ehemaliges Stones Roadhouse.

Bei km 32: ehemals Fields Creek Roadhouse.

Bei km 40: Einmündung in den Silver Trail, nach links abwärts in 18 km nach Mayo. Über Mayo geht es zurück zum Klondike Highway.

Old Crow (280 Einwohner)

Hoch im Norden des Territoriums fließt der Porcupine River durch ein weites Plateau zum Eismeer hin. Am Fuß der Richardson Mountains wird ihm der Weg versperrt, und der Fluß ändert seine Richtung, biegt in einer weiten Kurve um mehr als 100 Grad nach Westen und schließlich Südwesten ab und fließt als mächtigster Zubringer ins Yukon Valley. Die in jeder Richtung 200 km weite Hochfläche wird, neben dem bereits genannten Gebirgszug, nach Süden durch die Ogilvie Mountains und nach Norden durch die British Mountains abgeschirmt.

Hier ist die Heimat der Indianer von Old Crow, der Loucheux, wie der ihnen angehängte Spottname lautet, den sie längst als Bezeichnung akzeptiert haben. Richtiger nennt man sie Kutchin, nach dem von ihnen gesprochenen Athabaska Dialekt. In ihrer eigenen Sprache bezeichnen sie sich

als „Vuntut Gwitch' in", was „Die Leute an den Seen" bedeutet.
Erst im frühen 19. Jahrhundert kamen die Kutchin erstmals mit Weißen in Berührung. Um 1804 zog deren Handelsposten Good Hope am unteren Mackenzie die Kutchin an, und die vermittelten bald den Handel hinüber ins Porcupine Valley, beschwerliche 500 km über die Richardson Mountains hinweg. Bald drang die Kunde von dem Landstrich mit den interessanten Pelzen zu den Herren der NWC! aber erst nach deren Aufgehen in der HBC (1821) bot das Ende der alten Rivalitäten die Chance zur weiteren Ausdehnung.
Dem Vorhaben standen die Kutchin-Zwischenhändler nicht gerade aufgeschlossen gegenüber, und ohne deren Hilfe war der Weg über das Gebirge nicht zu machen. Erst 1845 gelang es John Bell, sich die Dienste der nichtbetroffenen Hare-Indianer zu sichern. Mit deren Hilfe und Begleitung gelangte er über den nach ihm benannten Fluß hinab zum Porcupine. Er gründete La Pierre House und Old Rampart House am Porcupine. Zwei Jahre später baute sein Kollege Alexander Murray Fort Yukon an der Porcupine Mündung. Als dann 1867 nach der Grenzziehung zu Alaska festgestellt wurde, daß die beiden letztgenannten im Ausland lagen, wurden sie von der HBC geräumt. Amerikanische Händler übernahmen die Niederlassungen, die HBC gründete hinter der Grenze am Porcupine New Rampart House.

Zunächst erwiesen sich alle Handelsposten als Anziehungspunkte für die Indianer. Um 1862 ließ sich der anglikanische Reverend Robert McDonald am alten Treffpunkt bei der Old Crow Mündung und dem dortigen Fischcamp nieder. Er baute Kirche und Schule, erlernte das Kutchin und missionierte eifrig die Indianer. Als dann um 1900 noch ein privater Händler einen Store aufmachte, lief die Uhr für die HBC in dieser Ecke des Landes ab. Old Crow zog alle Indianer an sich und wurde zum einzigen Siedlungspunkt im Norden.
Old Crow — die Namen des Dorfes und des Flusses überliefern den Namen eines früheren Häuptlings — bietet noch heute einen interessanten Einblick in das rege und gesellige Leben einer weitgehend abgeschiedenen und daher den traditionellen Daseinsformen weit mehr verhafteten Indianergemeinschaft, die dennoch auf die Nutzung fortschrittlicher Einrichtungen nicht verzichtet. Aber hinter dem Ski-doo zieht man auch noch heute den selbstgefertigten Toboggan-Schlitten und läuft auf selbstgeflochtenen Schneeschuhen. Karibujagd, Bisamtrapping und Fischfang blieben die Existenzgrundlagen, wenngleich abgesichert durch die staatlichen Dienste und die Wohlfahrtseinrichtungen. Die Bedrohung durch die europäische Kampagne gegen das Trappen wird als sehr ernst empfunden und tief beklagt. Die Kutchin fürchten um den Fortbestand ihres Dorfs und ihrer überlieferten Gemeinschaft.
Die Native Cooperative betreibt alle örtlichen Versorgungsdienste und ist sehr bemüht, alle Möglichkeiten der touristischen Aktivitäten auszuschöpfen. Der Reisende aber tut gut daran, eine wohlgefüllte Börse mitzubringen. Eine Bank gibt es hier nicht, und die Preise sind beachtlich. Die kleine Oase in der Wildnis ist die einzige Rastmöglichkeit am Porcupine River. Bis nach Fort Yukon am Yukon River gibt es nur noch menschenfreie Wildnis.

PRAKTISCHE INFORMATIONEN

Anreise

Old Crow hat Linienflugverbindung mit Inuvik und Whitehorse. Jeweils montags und donnerstags wird das Dorf von Whitehorse aus angeflogen, dienstags und freitags aus Inuvik. Der Flug ab Whitehorse kostet 340 Can$, der ab Inuvik 157 Can$.

Alkan Air, Box 4008, Whitehorse YT Y1A 3S9, Tel. 403/668-2107 (oder im Inland kostenfrei: Tel. 1-800-661-0432).

Außerdem hat Old Crow ein Charterflugunternehmen. Die „North Yukon Air" der Native Co-op besitzt eine Cessna 185 und die größere Cessna 207. Damit kann man sich ab und bis Eagle Plains (→Dempster Highway) fliegen lassen, aber natürlich auch ab/bis Inuvik oder Whitehorse. North Yukon Air, General Delivery, Old Crow YT Y0B 1N0, Tel. 403/966-3024.

Die dritte und letzte Möglichkeit ist nur noch der Wasserweg. In jedem Jahr kommen einige Dutzend unternehmungslustiger Kanuten auf John Bells Spuren nach Old Crow und fahren weiter den Porcupine hinunter nach Fort Yukon. Die andere Fluß-Anreisemöglichkeit eröffnet der Dempster Highway ab Eagle River Bridge, 10 km nördlich des Eagle Plains Hotel (→Dempster Highway).

Veranstaltungen

Loucheux Gathering, dreitägiges Indianertreffen am Wochenende Juli/August mit diversen Darbietungen und Tänzen.

Feiertags Potlatch, traditionelles festliches Dinner an staatlichen Feiertagen in der örtlichen Country Hall. Indianische Speisen, jeder anwesende Besucher ist von der Dorfgemeinschaft eingeladen. Anschließend Tanz bis zum Morgen.

Unternehmungen

Kanutouren, z.B. für einige Tage in der Old Crow Flats über den Old Crow River. Leihboote bei der örtlichen Co-op.

Begleitung der örtlichen Jagdgruppen zur Karibujagd oder zum Fischfang.

Unterkünfte und Sonstiges

Old Crow hat einen Polizeiposten, eine Krankenstation, eine Schule und ein Postamt sowie eine Gemeindehalle (Country Hall).

„Old Crow Motel", 6 Betten in 2 Räumen, ab 65 Can$, Tel. 403/966-3005.

„Old Crow Co-op", Gemischtwarenhandel, Tel. 403/996-3241.

„Old Crow Arts & Crafts", Kunst- und Gebrauchsgegenstände der Indianer, Tel. 403/966-3261.

„Alice Frost", Shop für handgeschneiderte Bekleidung (Parkas), Tel. 403/966-3481.

„Fannie Charlie", Herstellung von Schuhen (Moccassins), Tel. 403/966-3004.

Kluane National Park

Anschrift und Auskünfte: Superintendent Kluane National Park, Haines Junction, YT Y0B 1L0, Telefon 403/634-2251.

Auskünfte: Tel. 403/2251.

Parkoffice: wie vor, Haines Junction. Außerdem zwei Außenstellen; in Destruction Bay und bei km 212 an der Haines Road.

Ausdehnung: 22.015 qkm.

Karten: 115 A (Dezadeash); 115 B/C (Mount St. Elias) (1 Blatt); 115 G/F (Kluane Lake) (1 Blatt).

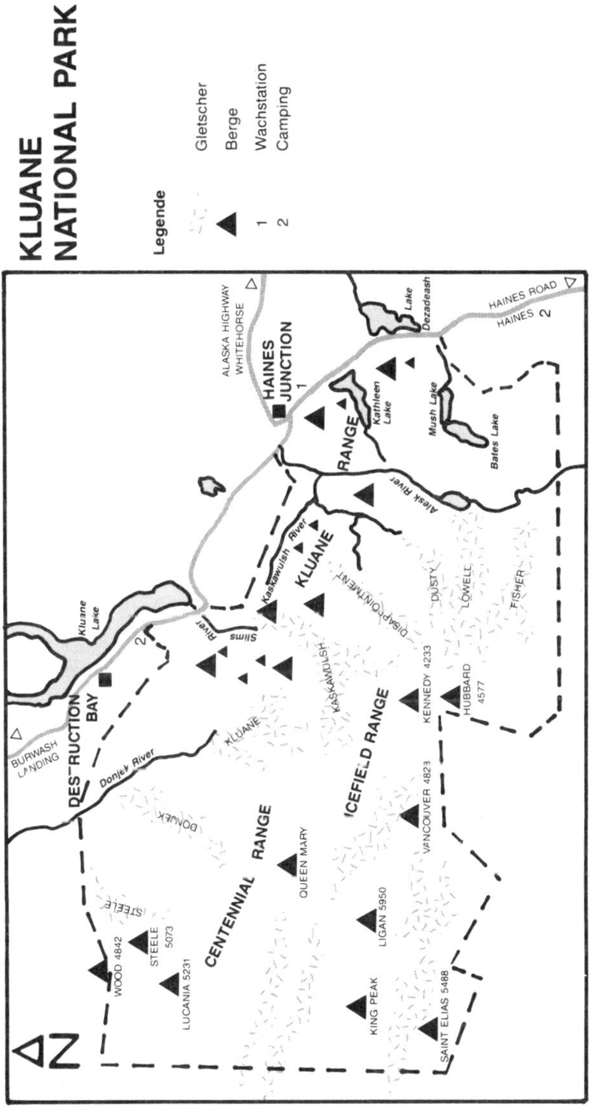
KLUANE NATIONAL PARK
Legende
Gletscher
Berge
1 Wachstation
2 Camping
HAINES JUNCTION
ALASKA HIGHWAY WHITEHORSE
HAINES ROAD
HAINES
Lake Dezadeash
Kathleen Lake
Mush Lake
Bates Lake
RANGE
Alsek River
Kaskawulsh River
KLUANE
DISAPPOINTMENT
DUSTY
LOWELL
FISHER
Kluane Lake
Slims River
KASKAWULSH
KENNEDY 4233
HUBBARD 4577
ICEFIELD RANGE
DESTRUCTION BAY
BURWASH LANDING
Donjek River
KLUANE
DONJEK
VANCOUVER 4823
CENTENNIAL RANGE
QUEEN MARY
STEELE
STEELE 5073
WOOD 4842
LUCANIA 5231
LIGAN 5950
KING PEAK
SAINT ELIAS 5488
N

Beschreibung

Hier in der Südwestecke des Yukon Territory sind die Gipfel des Küstengebirges am höchsten. Zwei Höhenzüge zeichnen sich deutlich ab, die parallel zur Küste des Golfes von Alaska nach Südosten und nach Nordwesten verlaufen. Die zur Küste hin gelegene *Icefield Range* weist einige von Kanadas höchsten Gipfeln auf, darunter den höchsten überhaupt: den Mount Logan (5954 m). Aber auch andere können sich sehen lassen: Mt. Hubbard (4577 m), Mt. Vancouver (4785 m), Mt. Augusta (4289 m) oder Mt. Lucania (5226 m) und Mt. St. Elias (5489 m). Die parallel zum Alaska Highway verlaufende Kluane Range bringt es dagegen nur auf Höhen bis 2500 m.

Zwischen beiden liegt die Duke-Senke, von der aber nichts zu sehen ist. Sie ist mit Eis gefüllt! Die Hälfte des Parkes umfaßt ein Andenken aus der letzten Eiszeit, eine einzige, zusammenhängende Eismasse von über 12.000 qkm, die größte außerhalb der polaren Regionen. Aus ihr ragen die Gipfel und Höhenzüge, die oben genannt sind, heraus, und mit über hundert Gletscherarmen schiebt sich das Eis durch die Täler ins Tiefland, wo sie entweder nach Süden verlaufen und in Alaska ins Meer kalben oder nach Westen und Norden zu ganze Flüsse gebären. Deren Oberläufe sind wahre Steinwüsten, da die Gletscher seit Jahrzehnten zurückweichen und ausgedehnte Geröllmassen freigegeben haben.

Der Park wird vom Eis und von den Höhen bestimmt. Auch das angrenzende Alaska hat dieser Tatsache Rechnung getragen und die im Westen verlaufenden Gletscher und Höhen der Wrangell Mountains unter Schutz gestellt. Der Wrangell-St. Elias National Park and Reserve ist noch einmal doppelt so groß wie der Kluane im YT.

Doch das ist noch nicht alles. Zum Kluane National Park gehört auch die vorgelagerte liebliche Mittelgebirgslandschaft zu Füßen der Kluane Range, mit ausgedehnten Alpenauen, weiten Bergwiesen, rauschenden Bächen und erlebnisreichen Wanderpfaden. Hier sind Karibu und Elch, Schwarzbär und Grizzly, kurz: die gesamte nordische artenreiche Tierwelt, zu Hause.

Straßen in den Park hinein gibt es nicht mehr.

Geschichte

Die Kluane Region, insbesondere rund um den riesigen Kluane Lake, mit 400 qkm der größte im Yukon Territory, war vor Ankunft der Weißen von nomadisierenden Indianern der südlichen Tutchone Dené bewohnt.

1892 gelang es dem ehemaligen Seemann Jack Dalton, sich des alten Tlingit-Handelsweges von Haines herauf ins Innere des Yukon Territory zu bemächtigen. Er baute ihn aus, legte Rasthäuser an und beschäftigte bald eine Horde Revolvermänner, die für ihn den Wegzoll kassierten, so jemand den Trail nutzen wollte. Dalton selbst nutzte ihn als Transportweg für Handelsgüter, die auf Packpferden und Maultieren zum Fortymile und später zum Klondike flossen. Der alte Trail kann noch heute bis zum Indianerdorf Champagne (zwischen Whitehorse und Haines Junction am Alaska Highway) gewandert werden. Er war die einzige Landverbindung von den Goldfeldern zum Meer. Um 1903 wurden Goldsucher, die am Klondike zu spät gekommen waren, in der Kluane Region fündig. Zunächst wurde am Sheep und Billion Creek, dann an Dutzenden von Bächen Gold gewaschen. Zwei Silbererzminen wurden entdeckt, Siedlungen entstanden. Snag und Silver City hatten eine Karrenwegverbindung nach Whitehorse. Einige tausend schaufelten, siebten, wuschen rund um den See und in den Bergen. Es war ein kleiner Abklatsch des Goldrushes zum Klondike, nur daß dieser länger anhielt. Erst nach dem 1. Weltkrieg sanken die Ergebnisse ab, Silver City erlosch 1926, und in den 30er Jahren lag der Kluane Lake wieder einsam. Nur einige wenige blieben, darunter die Händlerfamilie Jacquot, deren Nachkommen noch heute am See leben. 1942 wurde der Alaska Highway gebaut, die Haines Road zugleich als Stichstraße zur Seeversorgung angelegt. Sie folgt übrigens nicht dem Dalton Trail, sondern läuft westlich parallel mit ihm.

Noch 1942 folgten die ersten Schritte zur Einrichtung des Parkes, aber erst 1976 erging die gesetzliche Schutzregelung.

Auch dieser Park ist (1979) von der UNO in die World Heritage List aufgenommen worden.

i PRAKTISCHE INFORMATIONEN

Anreise

Der Park ist auf Straßen gut erreichbar. Seine Nordwestgrenze bildet auf ca. 200 km der Alaska Highway, die Ostgrenze auf 100 km die Haines Road. Beide Straßen treffen sich in Haines Junction (daher dieser Name). Da Haines, AK, mit der Bald Eagle Preserve eine weitere einmalige Sehenswürdigkeit zu bieten hat, sollte man beides, die Kluane und die Bald Eagle Preserve besuchen (→Haines).

Daher ist neben der Anfahrt auf der Straße auch die mit dem Fährschiff keine unattraktive Alternative — oder die Weiter- bzw. Rückreise in den Süden (→Inlandspassage).

Haines Junction und Destruction Bay, YT, sowie Haines, AK, sind mit Überlandbussen erreichbar.

Dreimal wöchentlich werden diese Haltepunkte von Whitehorse (→dort, Anreise) aus, und dreimal umgekehrt von Anchorage und Fairbanks aus angelaufen.

Unterkünfte

Im Park sind keinerlei Gebäude vorhanden.

„Kathleen Lake YT Campground", 27 km südlich von Haines Junction an der Haines Road, permitpflichtig: geöffnet Juni bis Oktober, 41 Stellplätze für Zelte und Wohnmobile, Tische mit Bänken, Feuerstelle und -holz sowie WC's, fließendes Wasser und Küchenkiosk.

„Pine Lake YT Campground", 5 km ostwärts von Haines Junction am Alaska Highway, einfacher Zeltplatz, permitpflichtig.

„Congdon Creek YT Campground", am Alaska Highway, 20 km nördlich des Kluane Lake Südendes, einfacher Zeltplatz, permitpflichtig.

Haines Junction „Gateway Motel", 13 Räume ab 35 Can$, 6 Zeltplätze: 10 Can$, Restaurant, Duschen, Münzwaschautomat. Box 5460, Haines Junction YT Y0B 1L0, Tel. 403/634-2371.

„Hottes Service Station", 16 Zeltplätze: 8 Can$. Tankstelle mit Reparaturdienst, Lebensmitteln. Box 5393, Haines Junction YT Y0B 1L0.

„Kluane Park Inn", 20 Räume ab 45 Can$, Restaurant. Box 5400, Haines Junction YT Y0B 1L0, Tel. 403/634-2261.
„Kluane RV Campground", komfortabel mit elektrischem Strom und Duschen, 12 Can$, Waschautomat. Box 5496, Haines Junction YT Y0B 1L0, Tel. 403/634-2709.
„Mother's Cozy Corner", 12 Räume ab 47 Can$, Restaurant, Box 5406, Haines Junction YT Y0B 1L0, Tel. 403/634-2511.
„Stardust Motel", 5 Räume ab 30 Can$, 10 Zeltplätze 10 Can$, Tankstelle, Reparaturdienst. Haines Junction YT Y0B 1L0, Tel. 403/634-2591.
Weitere Motels und Lodges liegen am Alaska Highway und an der Haines Road (→dort).

Unternehmungen
In der Aufzählung der Unterkünfte sind anfangs drei YT Campgrounds genannt. Auf diesen veranstalten Parkranger abends „Campfire Talks". Man bringt seine Teetasse mit und setzt sich in die Runde, lauscht den Erzählungen des Parkrangers über Geschichte und Geschichten um Kluane. Alle Fragen werden gern aufgegriffen und beantwortet.
Kathleen Lake Campground: dienstags; Pine Lake Campground: sonntags. Congdon Creek Campground: montags, freitags und sonntags, ab 20 Uhr.
Kluane Visitor Centre, Haines Junction, enthält eine umfassende Schau von historischen Aufnahmen und Tierfotos. Jeden Samstag ab 20 Uhr Filmvorführungen und Diashow.

Wandertouren
Die Parkverwaltung empfiehlt acht verschiedene Wanderpfade in den Park, die aber nur jeweils am Beginn oder an der Abzweigung gekennzeichnet sind. Sie folgen stets Bachtälern und führen über alte Fahrwege oder Trails. Es sind also genauere Karten erforderlich als die bereits genannten großen Übersichtskarten.
Im Park gibt es keinerlei Versorgungsmöglichkeiten, nur einige Plätze, an denen das Aufstellen des Zeltes empfohlen wird. Es versteht sich daher von selbst, daß Alleingänger der Parkverwaltung höchst unerwünscht sind. Zwei Trails seien hier beispielsweise vorgestellt:
Tour 1, Sheep Bullion Creeks Trail: Dies ist der kürzeste Pfad zu einem der Gletscher, dem Kaskawulsh, der die beiden Flüsse Slims und Kaskawulsh River speist. Wer also seinen Whisky abends mit echtem Gletschereis nehmen möchte, sollte diesen Trail gehen. Er führt über ca. 25 km in Einbahnrichtung zum Gletscher und muß daher auch wieder zurückgelaufen werden. Zwei Seitenabstecher in die beiden einmündenden Bachtäler, die dem Trail den Namen geben, sind empfehlenswert, kommen aber dann noch hinzu. Dies sind die beiden Goldbäche gewesen. Hier wurde erstmals und ergiebig im Kluane Gold gefunden. Man wandert also an beiden Bächen auf den Spuren der Goldgräber und wird durch allerhand Relikte an jene Zeit erinnert, die 1930 zu Ende war. Wer nur zum Gletscher will, muß dennoch wenigstens drei Tage ansetzen, um die Landschaft genießerisch zu erlaufen.
Start ist am Südende des Kluane Lake, bei km 1707 des Alaska Highways.
Der Pfad folgt einem kurzen Stück der alten Highwaytrasse und dann einem alten Karrenweg auf dem linken Ufer des Slims River. Nach ca. 5 km ist der Sheep Creek zu queren. Ein Seitenabstecher von rund 7 km am rechten Ufer den Bach hinauf

führt durch einen attraktiven Talgrund mit hübscher Aussicht über den Kluane Lake. Zweckmäßigerweise folgt man dem anderen Ufer abwärts zurück und hat dann den Bach oben gequert, ohne nasse Füße zu bekommen. Am Slims River empfiehlt es sich, sein Zelt aufzuschlagen.

Weitere 5 km talauf bringen den Wanderer an die Einmündung des Bullion Creek, der hier überquert werden muß. Ihm kann man auf dem anderen Ufer ebenfalls ca. 7 km bachaufwärts folgen und muß wieder auf demselben Pfad zurück. Wem jetzt die Füße wehtun, der zeltet am besten hier, denn bis zum Gletscher sind es noch immer rund 15 km den Slims River hinauf, wo man zu Füßen des Mount Observation, nun schon oberhalb der Baumgrenze am Rand des Kies- und Schotterfeldes zelten kann. Das Begehen des Gletschereises wird wegen der damit verbundenen Gefahren (Spalten, Abbrüche) nicht gewünscht.

Am nächsten (vierten) Tage kann man dann in einem Zug zum Ausgangspunkt zurückkehren, schließlich geht es jetzt bergab und durch bekanntes Gelände.

Der Reiz dieser Tour besteht neben dem Besuch der Goldbäche und des Gletschers im Aufstieg aus der Waldzone durch liebliche Talregionen und über Almwiesen bis hin zur Schotterwüstenei der Gletscherablagerungen. Karte 1:50 000 = 115 B/15.

Tour 2, Cottonwood Trail: Startpunkt ist der Zeltplatz am Kathleen Lake, an der Haines Road. Eigentlich handelt es sich um den Cottonwood Creek, der sich mehrfach zu Seen, den Kathleen Lakes, weitet. Der Pfad folgt dem südlichen Seeufer auf einer alten Zuwegung zum See. Unterwegs sind gut ein Dutzend seiner Zuflüsse zu überqueren. Etwa nach 18 km sucht man sich am zweiten Kathleen Lake einen ansprechenden Zeltplatz.

Am nächsten Tag und etwa 3 km hinter dem oberen Ende des Sees schwenkt der Pfad nach Süden um den Höhenzug herum. Man wandert oben auf der Hangschulter und genießt den herrlichen Blick rückwärts, den zweiten Talzug des Alsek River hinunter.

Nach etwa 10 km folgt man einem tiefen Einschnitt aufwärts und nach Osten bis zur Quelle des Victoria Creek. Spätestens hier, nach etwa 20 km Tagesmarsch, sollte man zelten.

Am nächsten Tag folgt man dem Creek rechts etwa 4 km talabwärts und schwenkt dann rechts in einen schmalen Einschnitt talauf über die kleine Wasserscheide zur Quelle des Dalton Creek. Dem folgt man rechts für etwa 15 km und schwenkt kurz vor seiner Mündung rechts nach Westen ab. In 20 Minuten hat man den einfachen Lagerplatz am Mush Lake erreicht, da läßt es sich besser zelten — und angeln kann man hier auch. Am vierten Tag kann man den Alder River hinauf nach Osten und bergauf in etwa 20 km die Haines Road erreichen. Der Pfad folgt links dem Alder River, bis dieser nach Norden schwenkt. Eine letzte Klettertour bringt den Wanderer nach der Bachüberquerung über einen Höhenrücken zur Haines Road. Die erreicht man bei km 202 und dem Rangerposten.

Von hier aus sind es 27 km entlang der Haines Road zurück zum Campground am Kathleen Lake. Der Reiz dieser Strecke liegt im Aufstieg aus der Waldzone zu Almwiesen und weiter Fernsicht, die auch durch die weiten Becken der genannten Seen begünstigt wird.

An Gletscher kommt man hier nicht heran. Dazu brauchte es die doppelte Strecke in Südwestrichtung. Auch das ist eine feine Sache, aber der beachtlich höhere Aufstieg und die fehlenden Pfade im gleichwohl offenen Gelände sprechen dafür, daß dies nur erfahrene Bergwanderer unternehmen. Und die für den Trail hier aufgeführten vier Tage sind das mindeste, was man an den (rund 85 km) Gesamtweg ansetzen muß, soll das Wandern noch Spaß machen! sechs Tage anzusetzen, ist sicher klüger!

Karten 1 : 50 000 = 115 A/6 und 115 A/11.

„Sha-Tan Tours", ein Unternehmen der einheimischen Indianer, der Tutchone Dené aus Champagne, bietet eine Reihe von Touren und Unternehmungen im und am Park an:

Tagestour zu Pferd durch den Park! ab Jarvis Creek Bridge, ca. 30 km nordwestlich von Haines Junction am Alaska Highway, 60 Can$.

5-Tages-Tour durch den Park, Wandern und Kanu, rund um Mush Lake (→Tour 2) ab Haines Road, alles inklusive (außer Schlafsack), 47 Can$.

Tatshenshini River, Bootstour, Angeln auf Lachse, Tagestour ab Dalton Post Entrance an der Haines Road, 150 Can$.

Sha-Tan Tours, 101-307 Jarvis Street, Whitehorse YT Y1A 2H3, Tel. 403/668-3763.

Kanu-Tour MacMillan River

Einige hundert Wasserwanderer fahren jährlich von Whitehorse nach Dawson City den Yukon River hinunter. Nur wenige nutzen die interessante Alternativstrecke ab Canol Road den MacMillan hinunter und weiter über Pelly und Yukon River nach Dawson City, obwohl diese Fahrt sogar in den Katalogen der Reiseunternehmen zu kaufen ist.

Diese Strecke bietet einige Schwierigkeiten. Gute und erfahrene Kanuten können die sechs Stromschnellen im Oberlauf fahren. Mehr als Wildwasser der Stufe drei ist da nicht drin. Der Vorsichtige muß die Stromschnellen umtragen. Bis auf die Nr. 4 nur kurze Strecken bis 400 m und mit guten Tragepfaden am Ufer.

Danach folgen ruhige Wochen einfacher Wasserfahrt durch einsame Wildnis, auch hier auf den Spuren der Goldgräber. Denn auf diesem Fluß fuhren einst die Heckraddampfer bis zum Russel Creek und zum dortigen Goldfeld, und der Naturforscher Sheldon fuhr sogar bis fast an die unteren Schnellen per Dampfschiff.

Karten: 1 : 250 000 (genügen im Hauptteil); 115 i (Carmacks); 105 M (Mayo); 105 L (Glenlyon); 105 N (Lansing Range); 105 K (Tay River); und für den Oberlauf 105 J (Sheldon Lake); doch von dieser nimmt man besser die Ausschnitte im Maßstab 1 : 50 000. Die Nummern 105 J, Blatt 13, 14 und 15 zeigen den genauen Oberlauf und als einzige die Stromschnellen — aber auch nur an, denn präzise sind die Einzeichnungen nicht.

Die Länge der Flußfahrt beträgt ca. 600 km bis Pelly Crossing, dem ersten möglichen Punkt zum Ausschiffen. Man setzt etwa 2 Wochen mindestens für diese Strecke an, wenn man die Rapids umtragen muß und auch unterwegs ein wenig verweilen möchte.

Anreise

Der South MacMillan River ist in seinem Oberlauf von der North Canol Road aus zugänglich. Der Fluß berührt bei km 149 die Trasse, und bei km 173 führt eine Brücke hinüber.

Um an diese Punkte zu gelangen, muß man entweder in Watson Lake oder Whitehorse (beides Haltepunkte der Greyhound Buslinie) auf eigene Faust weiterkommen. Es gibt aber eine öffentliche Verkehrsverbindung, die nach Ross River und zur Canol Road führt, 3 x wöchentlich ab Whitehorse Busterminal.

In beiden Orten sind mühelos Transportmittel anzuheuern (teuer). Die Kosten für einen Flug mit dem Buschpiloten sind geringer als für den — umständlichen — Antransport über die Highways.

Wer billig ans Ziel kommen will, sollte versuchen, auf dem Robert Service Campground in Whitehorse einen Urlauber zu finden, der diesen Trip mit seinem Fahrzeug unternimmt.

Im übrigen ist die Anreise mit dem Daumen — sprich per Anhalter — kein Problem.

Die Anreise von Whitehorse führt über den Alaska Highway zum Klondike Highway, Carmacks und über den Campbell Highway nach Ross River. Hier letzte Versorgungsmöglichkeit. Mit der Fähre geht es über den Pelly River und dann die Canol Road nach Norden. Das sind rund 550 Straßenkilometer!

Die einsame South Canol Road erlaubt die Zufahrt auch, ist viel romantischer, aber für Anhalter keinesfalls zu empfehlen. Und wenngleich kürzer, so doch mit viel mehr Zeitverlust verbunden, denn diese Strecke fährt man auf Dauer nur mit 30 km/h.

Flußbeschreibung

Der South MacMillan River ist ein unberührter Wildwasserfluß. Er kommt aus der Itsi Range herunter und führt Sedimente mit. Auch im Sommer bleibt er um 10 °C kühl.

Ab der Brücke an der North Canol Road, km 173, ist er bereits ein breiter und ruhiger Wasserzug von rascher Strömung. Einzige Probleme sind die unterspülten Ufer mit herabhängenden umgestürzten Bäumen, Hindernisse, denen man ausweicht, indem man sich möglichst immer in Flußmitte hält.

Tückischer sind abgetriebene Stämme, die im Fluß unter Wasser hängen und gelegentlich mit der Spitze aus dem Strom schnellen. Und schließlich die Blocks, aufgetürmte Holzhaufen, in die der Wasserstrom hinein- und hindurchzieht. Wer da mit seinem Boot nicht rechtzeitig ausweicht, wird unter Wasser gedrückt!

Der Fluß befördert mächtige Kiesmengen und Geröll zu Tal, die nach Kehren und Kurven als ausgedehnte kahle Kiesinseln dem Ufer vorgelagert sind. Hier läßt sich gut ein Zeltplatz finden.

Zunächst fließt das Wasser durch das enge Tal der endlosen Reihe von Selwyn Mountains. Die hohen Gipfel engen das Gebirgstal ein und zwingen den Fluß zu unaufhörlichen Schlängeln. Selten ist mehr als nur 200 m flußauf zu übersehen, gespannte Aufmerksamkeit daher unerläßlich. Beidseits begrenzt Hochwald die Sicht, der nach Durchbrechen des dichten Ufergestrüpps offen und leicht zu durchstreifen ist.

Schwierigkeiten: Nach etwa einer Tagesfahrt gelangt man an die ersten Stromschnellen. Der Fluß zwängt sich hier durch ein doppeltes Felsentor, stürzt in schrägem Schwall etwa 2 m tiefer und strudelt dann etwa 300 m weit eine geneigte und mit Hindernissen gespickte Strecke hinab, ehe er sich vor einer Steilwand nach rechts wendet und ruhig davonfließt. Nur dieser erste Schwall ist kritisch, der Rest kann gut befahren werden. Die Stromschnellen kündigen sich lange vorher durch ihr Rauschen an. Vor dem Felsentor liegt links eine flache Kiesinsel von über 100 m Länge. Hier legt man besser an und treidelt bis kurz vor den Absturz. Erst hier beginnt die Portage. Der Pfad steigt um steile 5 m auf die Bergschulter am Fluß. Von hier aus gute Sicht, die jedem die Entscheidung leicht macht, ob er tragen oder fahren will.

Nach nur 100 m am Ufer über dem Fluß entlang befindet sich die Einsetzstelle für die Boote. Von hier aus läßt sich das rauhe Wasser bei einiger Vorsicht fahren.

Wer dennoch bis zur unteren Kehre tragen will, muß sich sehr plagen, denn die weiteren 200 m des Trails sind sehr schlecht, weil kaum genutzt. Ein letztes Stück führt am Fuß eines Felsens durch das Uferwasser, dann ist man im Marschland vor der Biegung. Hier am Fuß des Steilufers sollte man nicht lagern, da es sumpfig ist. Dafür ist von hier aus die Weiterfahrt problemlos möglich, wenn man sich vor der folgenden Insel im linken Arm und in der Mitte hält.

Als Lagerplatz sind die beiden Stellen am Anfang zu empfehlen, die Kiesinsel vor den Stromschnellen und die flache Stelle unter den Bäumen beim ersten Einsetzplatz.

Nach nur 2 km ruhiger Flußfahrt zwischen hohen Bäumen meldet das unüberhörbare Rauschen die nächste Tragestrecke an. Der Trail beginnt unmittelbar vor der Gebirgsschwelle an den Klippen, links am Ufer. Er ist einfach und nur 80 m lang. An seinem Ende liegt einer der romantischsten Lagerplätze, am Pool der Stromschnellen. Entsprechend ausgiebig wird er genutzt. Der Fluß springt am Anfang dieser Stromschnellen über eine Schwelle und rauscht nach links eine Neigung von 80 m Länge hinunter. Nur der Schwall am Anfang ist mit 1m schrägem Abfallen ein Problem, der Rest ist eine Frage des richtigen Kurses.

Die Stromschnellen Nr. 3 folgen kaum 2 km dahinter. Sie sind die einfachsten, aber auch auf der linken Uferseite zu umtragen. Es handelt sich um eine Schräge von etwa 80 m in einer Linkskurve vor einer Steilwand, ohne Schwelle am Beginn, aber mit diversen Hindernissen im Lauf abwärts. Dahinter folgen 2 km unruhiges Wasser, viele Kiesinseln und Flachstellen. Wer sich festfährt, muß aus dem Boot und schieben.

Die Stromschnellen Nr. 4 kündigen sich lange vorher an. Wieder stürzt der Fluß in einer Linkskurve durch ein Felsentor, geteilt durch einen Felsenkeil in zwei Arme. Der breitere links ist befahrbar, doch je nach Wasserstand mit 2 m Falltiefe schräg hinunter, nicht gerade jedermanns Sache. Dahinter folgen zunächst 500 m schwieriges Wasser in einem Canyon, übersät mit Blöcken und Schwemmholzhindernissen, dann folgt eine Felsbank quer durch den Fluß. Links der Mitte ist sie durchfahrbar. Der folgende ca. 1000 m lange Teil mit Stromschnellen läuft in Schwällen und Untiefen bei zwei romantischen, baumbestandenen Inseln aus. Wer sich entschließt, die gesamte Strecke zu umtragen, muß links anlegen, und zwar besser ca. 100 m vor dem Felsentor. Zwar kann man auch kurz vor diesem links den Hang hochklettern, aber an dieser Stelle liegt ein scharfkantiger Felsklotz unter Wasser, der schon manches Luftboot angeschnitten hat.

Der Tragepfad links führt weg vom Fluß und — gut ausgetreten — durch den Wald. Aufpassen heißt es nur wegen diverser Seitenpfade, die schon manchen in die Irre geführt haben.

Etwa 500 m westlich des Felsentores gelangt man ans Hochufer zurück. Hier liegt ein idealer Lagerplatz. Unweit dahinter geht es rechts zum Fluß hinunter. Man kann hinter der geschilderten schwierigen Strecke einsetzen. Man quert ihn und hält sich am rechten Ufer bis hinter die Inseln. Hier kann man allenfalls mit flachem Wasser Probleme bekommen und muß dann aus dem Boot steigen. Wer lieber weiter an Land bleibt, hat noch 1 km Portage über einen gutausgetretenen Pfad vor sich, der auf dem letzten Stück über einen Steilhang oberhalb des Flusses verläuft. Wer ohnhin die zweite Hälfte fahren will, hat rechts am Fluß den einfacheren Weg für die Portage. Vor dem Felsentor liegt rechts eine ausgedehnte Kiesinsel. An deren Ende geht es um 10 m steil hinauf. Der Pfad folgt fast immer am Canyonrand dem Fluß. Nach 500 m endet er unwiderruflich im Gestrüpp und an einer Bergwand. Kurz vorher geht es erstmals links zur Einbootstelle ans Wasser hinunter.

Die Stromschnellen Nr. 5 und 6 folgen nach weiteren 2 km Flußfahrt kurz hintereinander. Die erste liegt in einer Rechtskurve und ist auf dieser Seite zu umtragen, was bei normalem Wasserstand nicht nötig ist.

Die letzten liegen wieder hinter einem Schwall und in einer Linkskurve. Auch sie bereiten keine besonderen Fahrschwierig-

In tiefster Wildnis

Was nun folgt, sind ruhige Wandertage durch einsame Wildnis. Lästig kann es werden, daß man zu oft in Untiefen gerät. Der träge, durchs breite Tal mäandernde Fluß legt seinen Weg zurück, oft mehrarmig, durch Kiesinseln unterteilt. Dafür gelangt man nun in ein übersichtliches Tal, immer noch umrahmt von Gebirgszügen, die aber weiter zurückliegen. Hier gibt es am frühen Morgen reichlich Wild aller Arten am Fluß, Elche ziehen zur Tränke, Karibus am Ufer entlang, und Bären sind immer wieder am Wasserlauf zu treffen, in dem es im Mittsommer im Unterlauf viele Lachse gibt. Wer in der hellen Nacht eine Strecke den Fluß hinabtreibt, wird immer wieder auf Biber treffen, die in den Abendstunden aktiv sind.

Wer etwas fürs Angeln übrig hat, sollte, wenn der Wasserstand es erlaubt, eine Schleppangel mitziehen. Der Fluß enthält neben aufsteigenden Lachsen große Whitefishes, eine Felchenart, und in der raschen Strömung stehen Unmengen von Äschen. In ruhigen Gumpen und langsamen Wassern gibt es reichlich Hechte zu fangen, und sie alle geben delikate Fischmahlzelten ab. Gute Plätze, um einen Tag zu verweilen, sind die Mündungen des Riddell River (von links), in dessen Strömung sich viele Forellen und Äschen tummeln.

Ideal ist auch die Einmündung des North MacMillan River von rechts, der den Fluß nun doppelt so breit weiterfließen läßt. Von hier ab heißt er nur noch MacMillan River.

keiten. Wer vorsichtig ist und tragen möchte, findet den Pfad auf der linken Seite.

Gold am Fluß

Gleich dahinter kommt der Russel Creek von rechts aus der Russel Range herab. An der Mündung des Russel Creek liegt eine noch gut erhaltene Blockhaussiedlung, ein alter Handelsposten, der früher durch Heckraddampfer mit Waren versorgt wurde. Um 1915 wurden aufwärts am Russel Creek einige Goldfunde gemacht. Ein kurzer Boom setzte ein. Wer hier am Russel Creek sein Glück versuchen möchte, darf es unbegrenzt tun. Niemand erhebt mehr Anspruch auf die Schürfrechte. Ein einsamer Trapper lebt direkt an der Bachmündung und verkauft gerne Gemüse an Flußwanderer!

Weitere 150 Flußkilometer abwärts trifft man den nächsten großen Zufluß, den Moose River von rechts.

Nach weiteren 100 km flußabwärts fließt rechts der Kalzas River hinzu, der aus den gleichnamigen Bergen herabkommt. An seiner Mündung liegt eine verlassene Ruinensiedlung der Indianer, gegenüber einer der Indianerfriedhöfe mit den Grabhäuschen, jetzt auch im Verfall begriffen. Dann folgen noch rund 120 km bis Pelly Crossing. Vor der Brücke des Klondike Highways liegt rechts am Ufer ein Landesteg. Das Dörfchen ist eine Bushaltestelle an der Linie Whitehorse — Dawson City. Ab hier kann man mitfahren, zurück in die bewohnte Welt.

Wer auf dem Pelly bleibt, gelangt nach etwa 80 km in den Yukon River. Den hinunter geht es in weiteren ca. 200 km bis Dawson City. Diese Strecke muß befahren werden, denn es gibt keine Möglichkeit, vom Fluß auf die Straße zu gelangen.

British Columbia

Ausdehnung: 952.263 qkm — etwa viermal so groß wie die alte Bundesrepublik Deutschland.
Einwohner: 3 Millionen.
Hauptstadt: Victoria, auf Vancouver Island, 250.000 Einwohner.
Feiertag: Columbia Day, am 1. Augustwochenende.

Geographie

Die Provinz British Columbia (BC) erstreckt sich auf 1300 km Luftlinie am Pazifik entlang, von den USA im Süden bis zum Yukon Territory im Norden. Die Nordhälfte der Küstenzone des rund 700 km breiten Landes nimmt bereits der Panhandle von Alaska ein.

British Columbia ist im wesentlichen ein Gebirgsland. Ganz deutlich sind die drei Regionen erkennbar, die auch südlich in den USA und nördlich an British Columbia anschließend, die Landschaft kennzeichnen.

Die bereits erwähnten Rocky Mountains bestimmen mit unzähligen Höhenzügen in Nord-Südrichtung den Osten des Landes. Westlich davon liegt das Hochplateau zwischen den Gebirgszügen, niederschlagsarm und mit kleinen Ansätzen zur Wüstenregion, wie sie in den USA in dieser Zone ausgeprägt ist. Zum Pazifik türmt sich dann die Coastal Range auf, das Küstengebirge mit dem Mount Waddington als höchster Erhebung (4016 m.ü.M.). Das Küstengebirge schirmt das Binnenhochland gegen die Regenzone des Pazifik ab. An den Hängen der Berge bis hinunter ans Meer und auf die vorgelagerte Fjord-, Insel- und Schärenwelt erstrecken sich die Wälder der Riesenbäume, der boreale Regenurwald. Douglastannen, Zedern, Fichten, Hemlocktannen und ein Dutzend anderer Nadelbäume füllen die Gebirgshänge und machen den Reichtum des Landes aus, das sein Einkommen zu 50 % auf Holzwirtschaft gründet.

Geschichte

Die Besiedlung Nordamerikas erfolgte von Osten nach Westen. Und auf diesem Wege kam man nur langsam durch den Kontinent.

Viel früher, lange bevor der erste weiße Amerikaner auf dem Landwege an den Pazifik gelangte, kamen spanische Schiffe die Küste herauf und trafen auf die hochausgebildete Kultur der Küstenindianer. Aber mehr als ein paar mißglückte Siedlungsansätze und auf den Landkarten fortdauernde Ortsbezeichnungen bewirkten die Spanier nicht.

Erst Anfang 1700 begannen sich die Mächte des alten Kontinents zu regen. Der russische Zar ließ die Meere ostwärts seines Riesenreiches erforschen, die russische Besiedlung von Alaska folgte. England entsandte Kapitän James Cook zur Erforschung der Seewege, und das gerade erst selbständig gewordene Staatswesen der USA mischte mit. Die Regierung in Washington entsandte ihren Kapitän Gray um Kap Horn, damit er die Besitzansprüche am Pazifik sichere. Am 12. Mai 1792 lief er in die Mündung eines mächtigen Stromes ein, benannte ihn nach seinem Schiff „Columbia River" und sicherte diese Region für die USA. Zu gleicher Zeit erforschte Kapitän George Vancouver für die britische Krone die Region weiter nördlich und benannte den Küstenstreifen zur Abgrenzung von der US-Region im Süden „British" Columbia.

Und noch ein Dritter schrieb in diesen Tagen seinen Namen in das Geschichtsbuch: Alexander Mackenzie. Er erreichte als erster Weißer auf dem Weg durch das Binnenland die Küste von Osten her.

1821 schlossen sich HBC und NWC zusammen. Bald stand an allen Kreuzungen der damaligen Verkehrswege ein Handelsfort der HBC. Aber von Süden drängten auch erste US-Siedler ins Land.

Die britische Krone grenzte 1846 in einem Vertrag mit den USA ihren Teil von Nordamerika ab, der 49. Breitengrad trennt seither die Nachbarn.

1849 wurde die schon etwas besiedelte Insel Vancouver zur Kronkolonie erhoben, das Hauptdorf Victoria wurde Verwaltungssitz.

1853 lösten erste Goldfunde an der Küste einen Zustrom von Goldsuchern aus den USA aus. Die Queen Charlotte Inseln wurden daher formal in die Kronkolonie einbezogen. Aber schon 1856 brachten weitere Goldfunde am unteren Fraser River neue Schwierigkeiten. Eine neue Kronkolonie auf dem Festland wurde installiert, dem später das Stikine Territorium angegliedert wurde. Wieder war ein Goldfund auslösende Ursache. Weitere folgten rasch hintereinander. Bald wimmelte der Süden und die Mitte des heutigen British Columbia von Schürfern und Goldhungrigen. England handelte und faßte 1866 alle Gebiete zum heutigen Bundesstaat und der damaligen Kronkolonie British Columbia zusammen. Am 25. Mai 1868 traten Parlament und Verwaltung ihre Arbeit an. Parallel dazu hatte die britische Krone auch im Osten dauerhafte Entscheidungen getroffen. Am 20. Juli 1870 trat British Columbia förmlich dem Krondominium Kanada im fernen Osten bei. Entscheidend war die Zusage der kanadischen Regierung, eine Eisenbahnlinie von Küste zu Küste zu bauen, damit British Columbia auch verkehrsmäßig an den Bundesstaat angegliedert werden konnte.

Mit vielen Schwierigkeiten wurde die Eisenbahnlinie der Canadian Pacific Railroad quer durch den Kontinent geführt und über Calgary und die Rocky Mountains nach Vancouver gebaut.

Bis zum Beginn des ersten Weltkrieges wurde noch eine zweite Parallelstrecke gebaut, die Canadian National Railway. Beide Bahnen brachten dem Land den erwarteten Aufschwung und zwei berühmte Nationalparks ein, Banff und Jasper, jeweils am Durchbruch der Bahn in den Pässen durch die Rockies gelegen.

Nachdem die Zwischenregionen der HBC ebenfalls besiedelt, erschlossen und verselbständigt worden waren, ist British Columbia heute der westlichste Bundesstaat in der Reihe derer, die den Kontinent von Ost nach West einnehmen.

Urlaubsland British Columbia

Guestranches

Guestranches sind Rinderfarmen, die sich auf die Aufnahme von Gästen spezialisiert haben, ohne ihre Tätigkeit als Viehzuchteinrichtungen deshalb aufzugeben. Das ist die kanadische Form von Ferien auf dem Bauernhof, nur daß es sich hier im-

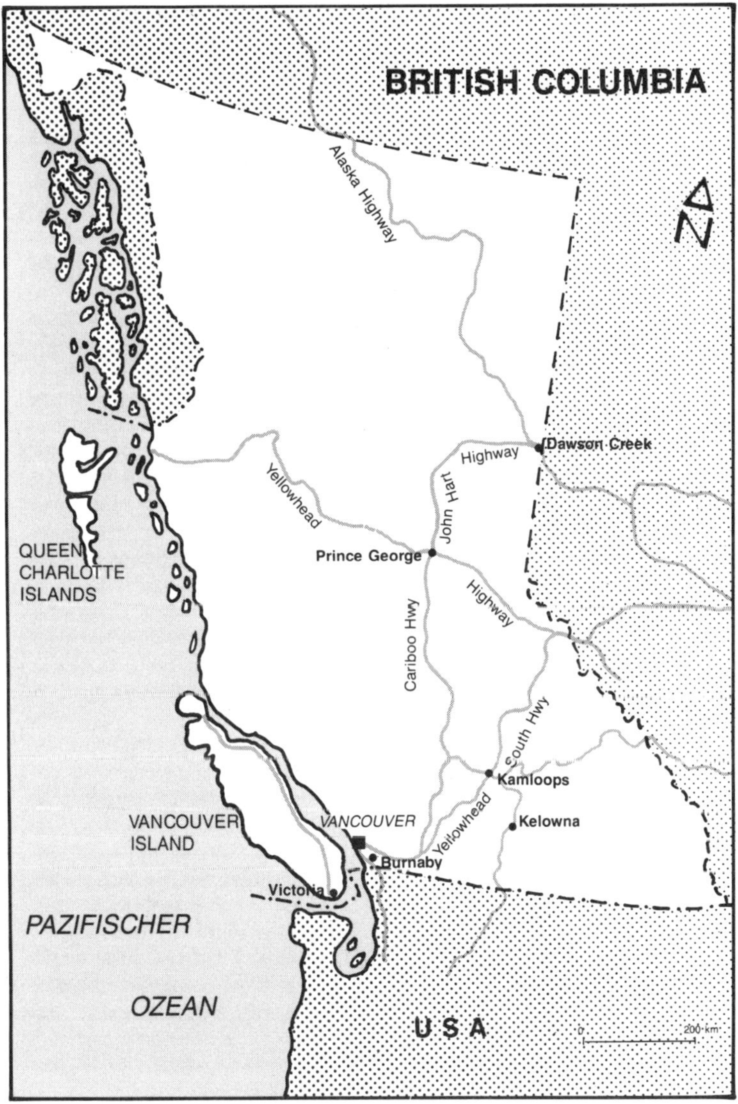
BRITISH COLUMBIA
N
Alaska Highway
Dawson Creek
Highway
John Hart
Yellowhead
Prince George
Highway
Cariboo Hwy
South Hwy
Kamloops
Yellowhead
Kelowna
QUEEN CHARLOTTE ISLANDS
VANCOUVER ISLAND
VANCOUVER
Burnaby
Victoria
PAZIFISCHER
OZEAN
USA
0
200 km

Indianer

Eine Reise nach British Columbia ist eine Fahrt zu den Totempfählen und Langhäusern.

Entlang der Küste leben noch heute die Küstenindianer in ihren — oft abgelegenen und nicht auf Straßen erreichbaren — Dörfern. Trotz aller kulturellen Übereinstimmungen handelt es sich aber keinesfalls um eine einheitliche Bevölkerung. Nur die nördlichen Tlingit, die Haida auf den Queen Charlotte Inseln, und die Tsimshian sind Athabaska. Die Nutka und die Kwakiutl gehören ihrer Sprache nach zu den Salish, dennoch ist ihnen allen die kulturelle Ausformung gemeinsam. Sie lebten in Langhäusern, oft über 100 m lang, geschmückt mit geschnitzten Giebeln und Balken, unterteilt in Innern in Familienwohnräume.

Am eindrucksvollsten sind die kunstvollen Totempfähle, die eine heraldische Bedeutung haben, vergleichbar den Ritterwappen unserer Vorzeit. Ihre Potlatsches, Ratsversammlung, Clanfeier und Rangwettbewerb in einem, sind samt ihrer späteren Entartungserscheinungen gut überliefert.

Im Inneren von British Columbia saßen und sitzen noch heute die verschiedenen Clans der Bergindianer, alle den Athabaska zugehörig. Obwohl den Küstenindianern seit jeher durch intensive Handelsbeziehungen verbunden, lebten sie doch ständig in kriegerischer Auseinandersetzung mit ihnen.

In den Auseinandersetzungen zwischen den Indianern im Nordwesten fällt auf, daß der Kampf immer auf Vernichtung der Feinde ausgerichtet war. Aus der Zeit der Besiedlung der Region wissen die Weißen von manchem Massaker zu berichten, bei dem die unterlegene Gruppe gnadenlos ausgelöscht wurde. Wohin immer man in British Columbia fährt, stößt man heute auf friedliche Dörfer der Indianer. Sie ziehen es vor, sich in ihren eigenen Dorfgemeinschaften innerhalb der modernen Zeit zurechtzufinden. Es werden einige 40.000 Menschen sein, die insgesamt in British Columbia zu den Natives zählen. Sie ziehen ihren Lebensunterhalt genau wie die weiße Bevölkerung aus der Ausbeutung der natürlichen Quellen. Sie sind Fischer im Rahmen der Berufsfischerei an der Küste, mit Verarbeitungsanlagen innerhalb der Cooperativen. Im Binnenland betreiben sie Holzabbau und -handel. Im Chilcotin haben die Dorfgemeinschaften Rinderfarmen aufgezogen und widmen sich der Viehwirtschaft.

Wo immer ein Highway durch ein Indianerdorf führt, halten sie die notwendigen Versorgungsdienste bereit. Kaufladen und Raststätte sind dann oft Eigentum der Cooperative. Wenn man in ein abseits liegendes Dorf gelangt, sollte man mit der angebrachten Zurückhaltung Kontakt aufnehmen. Man hat es nicht mit exotischen Fotoobjekten zu tun, die man einfach ablichten kann. Der höfliche Ton und vorsichtiges Anbahnen eines Gespräches, ohne aufdringlich zu sein, schaffen dann bald freundschaftlichen Kontakt.

Und man wird oft auf Indianerland geraten. Das ist nicht immer so ohne Weiteres erkennbar. Man sollte das Vorrecht der Eigentümer respektieren und auch vermeintlich aufgegebene Dörfer oder Häuser nicht betreten.

mer um Rinderfarmen mit ausgedehntem Pferdebestand handelt. Und diese Farmen liegen immer weit ab vom Nachbarn — und erst recht vom nächsten Nachtlokal. Es handelt sich gewöhnlich um Pauschalaufenthalte. Man muß mit einem Wochenpreis von ungefähr 1200 DM rechnen, in dem alles enthalten ist: Unterbringung in Zimmern im Ranchgebäude oder in Einzelhütten (Cabins) nahebei, immer mit Dusche und fließend Warmwasser, sowie die tägliche Vollverpflegung — durchaus im Sinne der Vorsilbe. Außerdem stehen einem Pferde und Führer nach Belieben zur Verfügung. Egal, ob man sich allein auf einen Ritt macht, auf der Ranch erst mal Reiten lernt und dazu angeleitet wird, an geführten Tagesausritten und Ausfahrten teilnimmt — oder ganz einfach auf der Ranch bleibt und faulenzt, der Preis ist derselbe.

Auch alle sonstigen Angebote, die auf der Ranch offeriert werden, sind enthalten, so das unerläßliche BBQ, auch Barbq geschrieben, der Grillabend am Lagerfeuer. Man ist also sehr frei in der Gestaltung seines Aufenthaltes. Und wer lieber das Boot nimmt und den Tag beim Angeln verbringt, ist genauso willkommen wie der Reitlehrling.

Die Anreise, und zwar auch im Lande bis zur Ranch, sowie Sonderwünsche müssen natürlich extra bezahlt werden.

Wer sich für diese Form des Urlaubes begeistern kann, möge sein Augenmerk auf das Chilcotin richten. Ausgangsort zur Ranch ist jeweils Williams Lake, dessen Lage die Umgebung über mehrere Highways und Landstraßen zugänglich macht. Die Rinderstadt liegt am Highway 16 und am Anfang des Highways Nr. 20, →dort. Und wem vielleicht doch mit einem Tip gedient ist: Die „Springhouse-Trails-Ranch“ der deutschsprachigen Inhaber Moessner ist etwas für Urlauber, die weniger den Rummel mögen. Buchung über CRD, Rathausplatz 2, 22926 Ahrensburg. Und wer mehr dem Gruppenerlebnis zuneigt, wende sich an die renommierte Sundance Guest Ranch, Box 489, Ashcroft BC V0K 1A0.

Trekkingreiten

Trekkingreiten ist eine Urlaubsspezialiät, die vermutlich sogar in British Columbia erfunden wurde. Mit Führer und Vorräten, mit dem Zelt und auf dem Rücken gutwilliger Pferde geht es tagelang hinaus ins Gebirge und die Wildnis. Es ist das komfortable Gegenstück zum Rucksackwandern. Man reitet in British Columbia im bequemen Cowboysattel.

Die geführten Reitertouren machen die Wildnis erlebbar — und genau darauf sind sie auch alle abgestellt. Einsame Gebirgstäler, unzugängliche Wasserfälle, Almwiesen von einmaliger Blütenpracht, dunkle Wälder, enge Schluchten mit Wildwassern und kahle Felswände am Rande der Gletscherzone werden so erreichbar.

Diese Form des Urlaubes wird ebenso als Pauschalpaket in Wochenhäppchen verkauft. Man muß mit 1200 bis 1500 DM rechnen. Darin eingeschlossen ist der Aufenthalt in einer Lodge, was man am besten mit „Gasthaus“ übersetzt. Hier macht man sich mit Land, Leuten und Pferden vertraut — und dann bricht man zur vereinbarten Reittour auf. Die Lodges liegen meist abgelegen in der Wildnis und haben sehr unterschiedliche Standards zu bieten, aber ohne Warmwasser und Dusche gibt es keine. Die Gäste werden in kleinen Cabins untergebracht. Die Unternehmun-

gen beschränken sich selten nur auf Reiterausflüge, auch andere Freizeitgestaltung ist vorgesehen und absprechbar, aber eben immer auf Naturerlebnisse abgestimmt. Auch hier ein Tip für eine Lodge unter deutscher Führung: ab Williams Lake in die Chilcotins zur Elkins Lake Lodge, Box 4150, Williams Lake BC V2G 2V2, von Steffen Kreutzer. Sie liegt sehr abseits in den Bergen im Nemayah Valley.
Wer es rauher und wilder haben möchte, auf den warten in den Höhen der Rocky Mountains viele Lodges; z.B.: Monashee Outfitting, Box 2958, Revelstoke BC V0E 2S0 (bei Volker und Hanne Scherm). 700 DM kostet die Woche mit Einweisung ins Reiten. Die geführten Touren oder das Ausleihen des Pferdes sind dann bereits Extras.
Und wer es komfortabel haben möchte: Da gibt es die renommierte Helmcken Falls Lodge im Wells Grey Park, Box 239, Clearwater BC V0E 1N0, auch zu buchen über CRD, →oben.

Vorsicht bei Lodges!

Auch hier gibt es mittlerweile viel zu viele schwarze Schafe unter den Anbietern! Wer die Angebote durchsieht, wird manchmal von unglaublich günstigen Preisen beeindruckt, die sich bei näherem Hinsehen als bloße Basispreise erweisen, z.B. für Unterkunft ohne alles. Jeder weitere Service muß zusätzlich bezahlt werden; Wer also selbst aktiv werden will, muß bis ins Detail das Preis-Leistungsverhältnis überprüfen. Es ist auch ein Irrtum, man könne bei Buchung vor Ort günstiger wegkommen. Die Pauschalpakete der in den Katalogen angebotenen Reisen sind so vorteilhaft geschnürt, daß meist das Gegenteil bei eigener Aktion herauskommt. Und ohne Vorausbuchung läuft nichts! British Columbia ist in der Saison ein überlaufenes Land, dafür sorgen schon die reichen Nachbarn im Süden.
Und wer zu Hause bucht, hat im — hoffentlich nicht nötigen — Streitfall den Vorteil, daß er den haftenden Veranstalter um die Ecke findet.

Riverrafting

Riverrafting ist bei den vielen Wildwassern im Lande ein weitverbreitetes Angebot. Es richtet sich gerade nicht an den erfahrenen Flußschiffer, den Kanuten mit den Schwimmhäuten zwischen Fingern und Zehen, sondern an jeden, ob alt ob jung, ob wassererfahren oder nicht. Die Kurse sind auf verschiedene Schwierigkeitsgrade abgestellt.
Je nach Interesse und Geldbeutel kann man eine Stunde oder mehrere Tage auf Flußtouren verbringen. Ein halber Tag auf den Wassern des Thompson River und seinen Stromschnellen ist schon für 30 Can$ zu genießen, und eine fünftägige Rivertour per Schlauchboot kostet um 500 Can$.
Unternehmen in großer Zahl bieten ihre Dienste an. Da die Ecke mit dem Thompson und dem Clearwater River
die größte Auswahl und die meisten Möglichkeiten bietet, hier einige Adressen: Clearwater Expeditions, Box 2506, Clearwater BC V0E 1N0. Kumsheen Raft Adventures, Box 339, Lytton BC V0K 1Z0. Interior Whitewater Expeditions, Box 129, Celista BC V0E 1L0. Alpine Rafting Company, Box 1409, Golden BC V0A 1H0.

Nützliche Adressen

Informationen über British Columbia allgemein erhält man durch: Ministry of Tourism, Parliament Buildings, Victoria BC V8V 1X4.

In Europa bekommt man sie schneller durch: Tourism British Columbia, 1 Regent Street, London SW1Y 4NS, England: Tel. 01-930-6857.

Aber: Hier bekommt man nur generelle Informationen! Wer Genaueres wissen möchte, muß sich entweder direkt an die jeweilige Parkverwaltung oder an eine der folgenden neun regionalen Tourismus-Organisationen wenden:

Tourism Association of Vancouver Island, 302 — 46 Bastion Square, Victoria, British Columbia V8W 1J1, Tel. 604/382-3551.

Tourism Association of Southwestern British Columbia, Box 48610, Bentall PO, 101 — 1425 W. Pender Street. Vancouver, British Columbia V6G 2S3, Tel. 604/688-3677.

Okanagan/Similkameen Tourist Association, 207 — 347 Leon Avenue, Kelowna, British Columbia V1Y 8C7, Tel. 604/861 8494.

Kootenay Country Tourist Association, Suite 2 — 11 (Castlegar Airport) R.R. 1, Castlegar, British Columbia V1N 3H7, Tel. 604/365-8486.

High Country Tourism Association, 386-186 Victoria Street, P.O. Box 962, Kamloops, British Columbia V2C 5N4, Tel. 604/372-7770.

Cariboo Tourist Association, 190 Yorston, P.O. Box 4900, Williams Lake, British Columbia V2G 2V8, Tel. 604/392-2226 oder 1-800-663-5885.

North by Northwest Tourism Association of British Columbia, P.O. Box 1030, 3840 Alfred Avenue, Smithers, British Columbia V0J 2N0, Tel. 604/847-5227.

Peace River Alaska Highway Tourist Association, P.O. Box 6850, 10631 — 100th Street, Fort St. John, British Columbia V1J 4J3, Tel. 604/785-2544.

Rocky Mountain Visitor's Association, P.O. Box 10, 495 Wallinger Avenue, Kimberley, British Columbia V1A 2Y5, Tel. 604/427-4838.

Allgemeine Auskünfte über das Parksystem von British Columbia erteilt:

Canadian Park Service, Senior Communications Officer, 220 Fourth Avenue, Box 2989, Station M, Calgary AB T2P 3H8.

Informationen über Jagd in BC und das Verzeichnis der Guides und Outfitters in British Columbia erhält man kostenfrei durch:

Ministry of Environments and Parks, Wildlife Branch, Parliament Buildings, Victoria, British Columbia V8V 1X4, Tel. 604/387-4573.

Informationen über das Angeln in British Columbia gibt es durch:

Ministry of Environment and Parks, Recreational Fisheries Branch, 780 Blanchard Street, Victoria BC V8V 1X5, Tel. 604/387-9737.

Vancouver (440.000 Einwohner)

Info: *Travel Infocentre,* Suite Pavillon, Four Bentall Centre, 1055 Dunsmuir Street, Box 49296, Vancouver BC V7X 1L3, Tel. 604/683-2000. Die größte Stadt von British Columbia, in deren Einzugsbereich zwei Drittel aller Bewohner der Provinz British Columbia zu Hause sind, liegt im Schwemmland der Mündungsarme des mächtigen Fraser River, von der vorgelagerten Vancouver Island gegen den Ozean abgeschirmt und durch die Strait of Georgia von ihr getrennt.

Obwohl schon Kapitän George Vancouver mit der „Discovery" 1792 durch die English Bay kreuzte und sogar in den Burrard Inlet einlief, tat sich hier vorerst nichts. Die Squamish-Indianer durften erst noch eine Weile ungestört an und in der Bucht leben. Das verschaffte dem wesentlich früher und als Handelsposten der HBC startenden Victoria den entscheidenden Vorsprung.

Auch als 1808 Simon Fraser im Auftrage der HBC den später nach ihm benannten Strom erkundete, ihn bis zur Mündung erforschte und als erster Weißer im heutigen Vancouver übernachtete, folgten keine Siedler, und die übliche Gründung eines Handelspostens unterblieb. Die holte dann 1867 ein gewisser John Deighton nach. Um 1870 zählte man die Einwohner der Stadt und fand heraus, daß hier knapp 200 Menschen lebten, Männer natürlich nur, denn der Rest waren Indianer, Frauen und Kinder und somit als Stimmvolk nicht zu werten.

Immerhin reichte es dazu, daß die 1867 gegründete Kronkolonie in ihrem Anschlußbestreben an die ostwärts aufblühende Kronkolonie Kanada den Endpunkt einer Eisenbahnlinie für Vancouver einforderte. Und so geschah es. Im Jahre 1886 nahm die spätere Canadian Pacific Railway ihre durchgehende Ost-Westlinie in Betrieb, und im selben Jahr wurde Vancouver selbständige Stadt.

Der Aufschwung der Stadt hielt an. 1890 fuhr die elektrische Straßenbahn durch die City, und als 1897 Zehntausende mit dem Zug ins gelobte Goldland anreisten, blieben viele zurück.

Ungeachtet der verschiedenen schmückenden Beinamen, die sich die Stadt der Superlative zugelegt hat: Vancouver ist einmalig. Niemand kann diese Mischung aus Orient und Okzident, aus Hafenstadt und Wolkenkratzercity, eingerahmt von den Wäldern der Wildnis und umfaßt von den Wasserwegen des Fraser und der Buchten, zusammenfassend beschreiben — das muß man sehen und erleben.

i PRAKTISCHE INFORMATIONEN

Anreise

Vancouver International Airport, liegt unmittelbar südlich in der Stadt, auf einer Schwemmlandinsel des Fraser River, auf beiden Seiten durch je einen Mündungsarm des North Fraser vom Festland getrennt. Hier landen die vom alten Kontinent Vancouver anfliegenden Maschinen. Von hier besteht Anschluß zu allen großen „International Airports" in Kanada, Alaska, aber auch Seattle und den Lower Forty-eight. (Der Airport führt intern den Namen „Richmond Airport".)

Den *Greyhound Bus Terminal* findet man in 150 Dunsmuir Street, Vancouver V6B 1W9, Tel. 604/662-3222. Dies ist der Überland-Busbahnhof, von dem aus die verschiedenen Buslinien starten oder wo sie enden. Von dieser Station fährt man mit den Überlandbussen in den Süden, die USA, oder nach Westen und Norden, zur Küste Kanadas am Atlantik oder Fairbanks und Anchorage in Alaska.

Der Bus Terminal liegt im Norden der Stadt, im Zentrum und unmittelbar bei den pittoresken Stadtteilen Gastown und Chinatown, also nahe dem Burrard Inlet und dem False Creek.

BC Railway Station, liegt 1311 West First Street, jenseits des Burrard Inlet in North Vancouver, zwischen der Brücke über die First Narrows und dem Sea-Bus Fährschiff

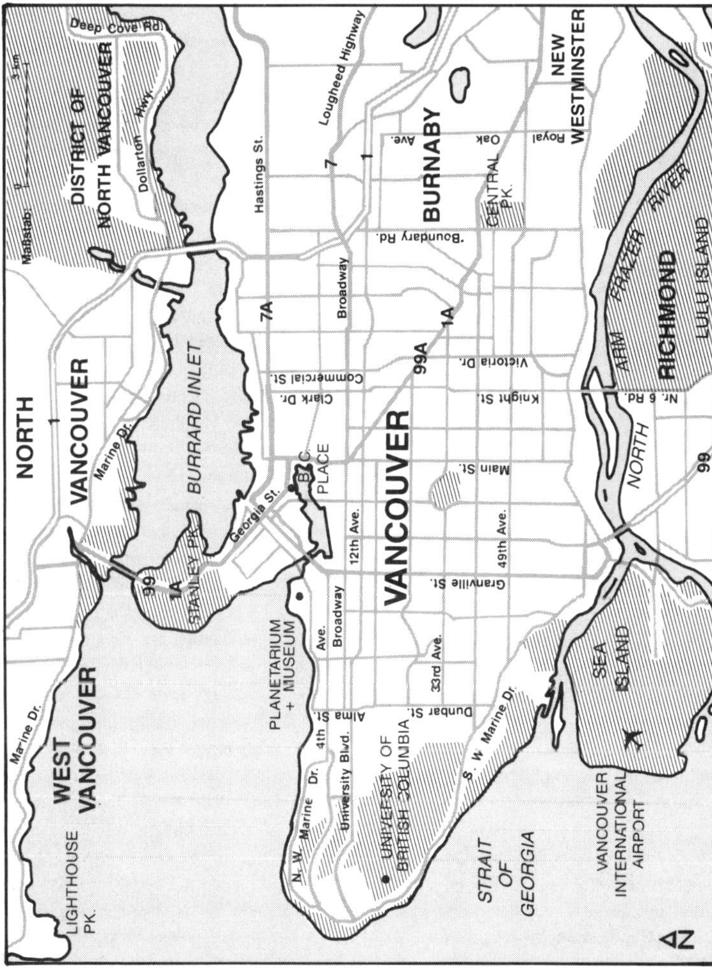

Terminal. Info: BC Rail Ltd., Box 8770, Vancouver BC V6B 4X6, Tel. 604/984-5246. Mit British Columbia Rail fährt man im Personenverkehrsbereich nach Squamish, Whistler, Pemberton, Lillooet und (im Sommer) Prince George sowie zu den Orten an der Strecke.

Via Rail Canada Inc. hat einen eigenen

Kulinarische Tips

Auf drei ungewöhnliche Eckpfeiler der Küche in Vancouver sei hier hingewiesen. Ein Restaurant im altenglischen Stil und mit guter Küche bei akzeptablen Preisen findet man im „The Elefant and Castle" in der Pacific Centre Mall, dem Einkaufszentrum am Ende der Granville Street.

Eine wunderbare Sicht eröffnet das drehbare Restaurant auf dem Dach des Harbour Centre an der West Hastings Street. Ein unvergeßlicher Abend über der Stadt — wenn klares Wetter weite Sicht erlaubt und man vom Hellen in die Nacht hinein dort oben zu Abend ißt, später die flimmernden Lichter der Stadt zu Füßen.

Der dritte Tip betrifft kein einzelnes Restaurant, sondern die vielen kleinen Bistros auf *Granville Island* unterhalb der Granville Bridge. Die zum Bummeln und Flanieren umgestaltete Hafeninsel ist ein Mittelpunkt des großstädtischen Lebens, spät nachmittags, wenn die Büros schließen.

Bahnhof 1150 Station Street, Vancouver BC V6A, 2X7, Tel. 1-800-665-8630 kostenfrei.

Diese Bahnstation liegt nahe dem Zentrum und der oben genannten Greyhoundstation. Von hier aus starten und hier enden die Personenzugverbindungen mit Inner-Kanada sowie Kammloops und Prince Rupert. Nach Süden und in die USA existiert keine Eisenbahnverbindung aus Vancouver.

Innerhalb Vancouver gibt es ein großstädtisch ausgebautes Liniennetz des öffentlichen Nahverkehrs. Mit dem Linienbus gelangt man von jedem der o.a. vier Terminals zu jedem anderen.

Sehenswürdigkeiten

Die Stadt bietet Sehenswertes im Überfluß, daher sei nur einiges exemplarisch angeführt.

Gastown und *Chinatown* liegen dicht beieinander. Man durchstreift sie am besten zu Fuß und schaut in die Winkel, Gassen und Läden. Gefährlich ist das nicht. Es handelt sich um ganz normale Geschäftsviertel, die Besucher sind willkommen. Man kann tagelang die exotischen Ecken erwandern und in einem der vielen Chinarestaurants fast ebenso viele Varianten der Gerichte kennenlernen, wie es Speiselokale in Chinatown gibt.

Auch die Robsonstraße ist einen Besuch wert. Sie hat wenig von unseren ungemütlichen Einkaufspalästen an den Fußgängerzonen übernommen. Viele kleine Läden, Boutiquen, Straßen- und andere Restaurants bestimmen das Bild.

Es gibt in Vancouver jede Menge Parks, unter denen einer hervorragt, der *Stanley Park,* im Westen vom Zentrum gelegen. Diese ausgedehnte Waldlandschaft mit Fahrstreifen, Strandpromenaden, Yachthäfen, Unterhaltungseinrichtungen und der Discovery auf Deadmen's Island, mit seiner schaurigen Historie, kann man nicht erwandern, man muß sie schon erfahren — in beiderlei Hinsicht dieses Begriffes. Auch hier sind die Totempfähle immer wieder Anlaß zum Staunen.

Und wer die Gegensätze liebt, möge sich das Gelände der Weltausstellung vornehmen. In der umwerfenden Vielfalt kulinarischer Stätten wird mancher die Übersicht verlieren.

Unterkünfte

„Capilano Mobile Park“, 295 Tomahawk Avenue, Vancouver BC V7P 1C5, Campground ab 20 Can$.

„Caribou Trailer Park“, 2555 Kingsway, Vancouver BC V5R 5H3, Campground ab 21 Can$; Motelräume ab 44 Can$.

„Vancouver Youth Hostel“, 1515 Discovery Street, Tel. 604/224-3208, 14 Can$, Nichtmitglieder 18 Can$.

„Vancouver YMCA Hotel“, 955 Burrad Street, Vancouver BC V6Z 1Y2, Tel. 604/681-0221, ab 30 Can$ (im Dreibettzimmer: 18 Can$) weitere Personen 7 Can$ pro Bett.

„Vancouver YWCA Hotel“, 580 Burrad Street, Vancouver BC V6C 2K9, Tel. 604/662-8188, ab 45 Can$ (im Dreibettzimmer: 20 Can$/Bett) jede weitere Person 10 Can$.

„SFU Housing and Conference Services“, in dor Simon Fraser Universität, Raum 239, Burnaby V5A 1S6, Tel. 604/291-4201, ab 17 Can$, im Dreibettzimmer 9 Can$/Bett.

„UBC Conference Centre“, Universität von BC, 5961 Student Union Boulevard, Vancouver BC V6T 2C9, Tel. 604/228-2900, ab 20 Can$. Im Dreibettzimmer: 15 Can$/Bett. Jede weitere Person 5 Can$.

„Bed and Breakfast“-Unterkünfte ab 40 Can$ über Tourist Information.

„Hazelwood Hotel“, 344 East Hastings Street, Victoria BC V6A 1P4, Tel. 604/687-9126, ab 35 Can$.

„Kingston Hotel“, 757 Richards Street, Vancouver BC V6B 3A6, Tel. 604/684-9024, ab 40 Can$.

„Kingsway Travellodge“, 2075 Kingsway, Vancouver BC V5N 2T2, Tel. 604/876-5531, ab 40 Can$.

„Palms Motel“, 3505 Kingsway, Vancouver BC V5R 5L8, Tel. 604/435-3347, ab 45 Can$.

„Nelson Place Hotel“, 1000 Granville Street, Vancouver BC V6Z 1L5, Tel. 604/681-6341, ab 45 Can$.

„Dufferin Hotel“, 900 Seymour Street, Vancouver BC V6B 3L9, Tel. 604/683-4251, ab 45 Can$.

„Horseshoe Bay Motel“, 6396 Bruce Street, West Vancouver BC V7W 2G4, Tel. 604/921-7454, ab 45 Can$.

„Lynnwood Inn“, 1515 Barrow Street, North Vancouver BC V2J 1B7, Tel. 604/988-6161, ab 50 Can$.

Unternehmungen

Gleich jenseits des Stadtrandes beginnt die Wildnis, durch Wege erschlossen und mit dem Auto durchfahrbar. Trails und Aussichtspunkte machen selbst kurze Ausflüge aus der Stadt zum Erlebnis.

Gleich im Zentrum führt die *Lions Gate Bridge* über die First Narrows. Die Capilano Road führt dahinter durch den *Capilano Canyon* in den Park und zu einem schönen See. Die *Suspension Bridge* hoch über der Schlucht des wilden Capilano River überbrückt filigranhaft den Schlund. Einige mächtige Zedern und Douglastannen hat man zur Besichtigung stehen gelassen. Schließlich gelangt man ins Wintersportgebiet der Bewohner von Vancouver. Eine Seilbahn führt hinauf auf den *Grouse Mountain*. Die Sicht von hier oben ist überwältigend. Über die innere Brücke, die *Second Narrows Bridge*, gelangt man zum *Mount Seymour Provincial Park*, wenn man hinter der Brücke nach rechts auf den Seymour Parkway einbiegt. Die Fahrstraße führt hoch in die Wälder über dem Indian Arm und eröffnet wundervolle Blicke auf Stadt und die Fjorde.

Ein Ausflug mit der BC Rail und ihrem nostalgischen dampfgetriebenen Zug nach Squamish ist ein Erlebnis eigener Art.

Nördlich von Squamish schließt sich der größere *Garibaldi Provincial Park* an. Er ist über den Highway 99 zu erreichen. Dieser führt ebenfalls mit herrlicher Aussicht auf die Buchten der Georgia Strait nach Squamish, vorbei am 200 m hohen Fall des Shannon. Die Felswände schimmern durch ihren Erzgehalt farbig. Einst wurde hier Kupfer abgebaut.

Im Park ragt der *Mount Garibaldi* 2679 m.ü.M auf. Der Park ist eine erste unzugängliche Wildnis, auch wenn er so nahe am dichtbesiedelten Zentrum des Landes liegt.

Schon im kleinen Pemberton, nördlich des Parkes, endet der Highway und einige wenige Fahrstraßen führen in die Wildnis der Coastal Range rundum, die meisten enden dann doch in Lillooet am Fraser River — aber eine einsame Straße führt als Sackgasse am Lillooet River entlang zum schönen *Harrison Lake;* auch dies ist ein einmaliges Erlebnis!

Vancouver Island

Infos für die Insel erteilt: *Tourism Vancouver Island,* K302-45 Bastion Square, Victoria BC V8W 1J1, Tel. 604/382-3551.

Wie ein riesiger Felsbrocken, der sich vom Festland gelöst hat, liegt die Insel vor der Festlandküste von British Columbia. Mit 32.000 qkm und einer Ausdehnung von 450 zu ca. 140 km ist sie die größte Insel an der amerikanischen Westküste. Obwohl für kanadische Verhältnisse relativ dicht besiedelt, ist sie doch weitgehend Wildnis, in weiten Bereichen völlig unzugänglich. Nur die nach Osten und dem Festland zugewandte Seite ist erschlossen und bewohnt — und natürlich die Südspitze, die von der Hauptstadt Victoria mit rund 250.000 Einwohnern im Großraum der Stadt eingenommen wird.

Den Namen hat sie von Kapitän George Vancouver, obgleich dieser sie nicht entdeckt hat.

Die Gebirgsketten geben der Insel nicht nur den Anschein eines ins Meer gefallenen Gebirges, sie schützen auch das Festland vor den Einflüssen des Pazifiks und verwöhnen die in der Talsenke des Fraser Rivers lebende Bevölkerung mit angenehmem Klima. Im Schutz der Gebirgszüge hat sich daher auch die Bevölkerung an der Ostküste der Insel niedergelassen und den Westen gemieden. Dort und im Gebirge der Insel herrscht nach wie vor Urwald, dichter Regenwald mit mächtigen Douglastannen und Zedern. Seit hundert Jahren wird der Holzreichtum ausgebeutet, ohne daß dies besonders auffällt. Holzwirtschaft, Fischfang und Tourismus sind die Wirschaftszweige, wie auf dem Festland auch. Etwas Bergbau findet statt, und der Südwesten wirkt an vielen Orten eher wie eine der Gartenlandschaften Südenglands, Kent z.B. sieht nicht viel anders aus. Eine Reihe von Schutzzonen und Nationalparks tragen dazu bei, einiges von dem ursprünglichen Charakter zu erhalten. Am großartigsten ist sicher die Bergwildnis des Strathcona Provincial Parks. Für Besucher und Touristen interessant scheint hier die einmalige Schutzzone an der Westküste, wo der großartige Pacific Rim National Park eine Küstenregion von herrlicher Schönheit und rauhem Charme bewahrt.

Anreise und Verkehrswege

Auf der Insel gibt es eine Eisenbahnlinie, die von Victoria im Süden bis Courtenay verkehrt. Via Rail dient für 220 km dem Personenverkehr zwischen beiden Endpunkten.

Info: 450 Pandora Avenue, Victoria BC V8W 3L5, Tel. 604/383-4324 (kostenfrei: 1-800-665-8630). Das Highway-System mit asphaltierten Straßenzügen folgt der Ostküste, von Victoria im Süden bis Port Hardy im Norden (500 km). Einige wenige Seitenstraßen führen ins Innere, um irgendwo in Holzwege auszufasern und als Sackgasse zu enden — allerspätestens an der Westküste. Öffentlicher Linienbusverkehr besteht nur nach Alberni und den Endpunkten Tofino sowie Bamfield; in der Nord-/Südrichtung zwischen Victoria und Port Hardy dagegen in nahezu europäischem Standard.

Es gibt sieben Fährverbindungen zwischen der Insel und dem Festland, drei davon nach Süden in die USA, drei

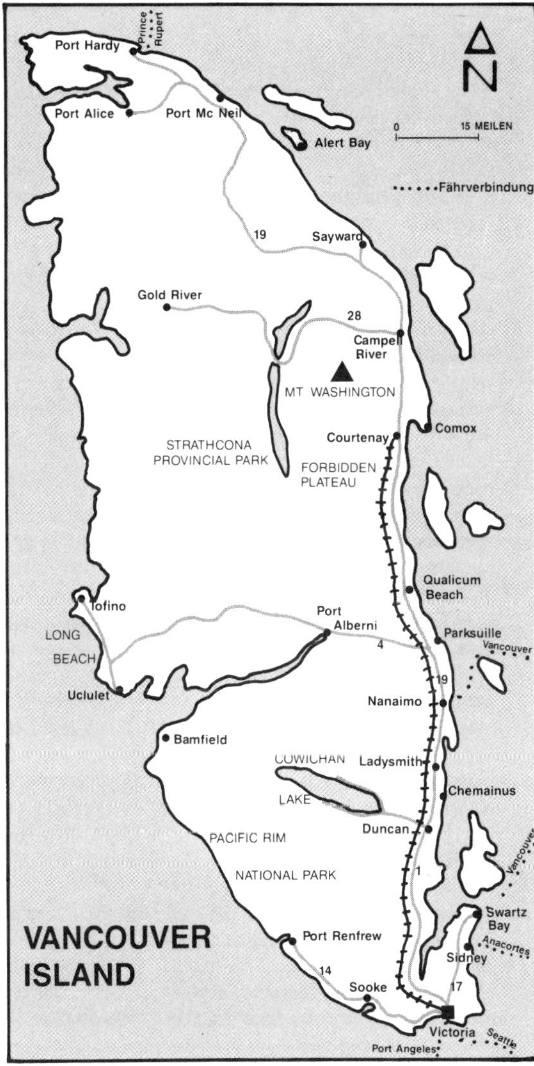

nach Osten und eine nach Norden nach British Columbia.
1. Seattle WA/USA nach Victoria, BC
2. Port Angeles WA/USA nach Victoria, BC
3. Anacortes WA/USA nach Sidney, BC
4. Tsawwassen, BC, nach Swartz Bay via Gulf Islands
5. Horseshoe Bay, BC, nach Nanaimo. Die Verbindungen Nr. 4 und 5 sind die beiden einzigen mit Vancouver auf dem Festland und weiter ins Hinterland von BC. Sie fahren 8mal täglich in 1,5 Stunden hin und ebenso zurück.
6. Powell River, BC, nach Comox (Little River), bindet zwar den BC Highway Nr. 101 auf dem Festland an — aber der hat keinen Anschluß an das Straßensystem von BC. Nach Süden bis Vancouver muß man noch zweimal Fähren benutzen, ehe dieser hergestellt ist.
7. Port Hardy nach Prince Rupert, →dort, ist die Verbindung zum nördlichen Highwaysystem des Festlandes und zum Alaska Highway. Linienflugverbindung besteht zwischen Victoria International Airport in Sidney, 25 km nördlich von Victoria, und allen großen Airports in Kanada sowie Seattle WA/USA.

Von Victoria aus besteht Linienflugverbindung mit fast allen selbständigen Orten auf der Insel.

Victoria (250.000 Einwohner)

Info: *Tourism Victoria,* 812 Wharf Street, Victoria BC V8W 1T3, Tel. 604/382-2127. Das Visitor Centre liegt unmittelbar am inneren Hafen.

Die Stadt liegt an der Südspitze von Vancouver Island, am inneren Ende der Juan de Fuca Straße und deren Einmündung in die Strait of Georgia, die Victoria von Vancouver Stadt und dem Festland trennt.

Der Ursprung der Stadt lag in einer Gründung eines Handelspostens der HBC. In diesem Fall war es James Douglas, der 1843 im Auftrage der Handelsgesellschaft hier Fort Victoria am Ende der schützenden Camosun Bucht errichtete. Die Niederlassung befand sich dort, wo heute Bastion Square an die Wharf Street grenzt. Robert Campbell folgte bald mit einer Handvoll schottischer Siedler nach, und der innere Hafen entwickelte sich rasch zu einem Zentrum des Güterumschlages an der Pazifikküste. Noch um 1858 lebten hier erst ca. 100 Menschen — da fand man in der Caribou Region auf dem Festland Gold. Es gab den üblichen Goldrush, und Victoria nahm weiter Aufschwung als Handelszentrum.

Mit der Einrichtung einer selbständigen Kronkolonie auf Vancouver Island war Victoria als Hauptstadt und als Verwaltungssitz nicht zu umgehen. Und als dann 1867 die Kronkolonie British Columbia zusammengefügt wurde, war das heute viel größere und günstiger auf dem Festland liegende Vancouver erst einmal eine Blockhauskneipe.

Das Victoria von heute ist unübersehbar eine britische Stadt. Wer mit einem der Schiffe im Hafen anlandet, glaubt irgendwo in England anzukommen. Die Waterfront, überragt vom vielbestaunten Empress Hotel, das eher ein Zwilling eines der Königsschlösser in England zu sein scheint, denn ein normales Hotel, vermittelt den Eindruck, man lebe zur Zeit der Namenspatronin der Stadt. Parks und Gärten, Parlamentsgebäude und die an das Zentrum angrenzenden Vorortvillen, das alles ist unverkennbar altes Empire. Bastion Square und Wharf Street sind aus London-City verpflanzte Straßenfronten.

Hier gibt´s noch reichlich Wildwest-Idylle: Fort St. James in British Columbia

Vancouver, Metropole von British Columbia, war 1986 der Veranstaltungsort der Expo, der Weltausstellung

„All you can eat" - günstige Lunchangebote gibt es häufig, man kann sich so lange bedienen, wie man hungrig ist

VICTORIA ZENTRUM

Legende:
1. Inner Harbour
2. Ogden Point
3. Tourism Victoria
4. Parliament Buildings
5. Royal B.C. Museum
6. Thunderbird Park
7. Conference Centre
8. Royal Theatre
9. Art Gallery of Greater Victoria
10. Craigdarroch Castle
11. Bastion
12. Postamt
13. E.M. Station
14. Memorial Arena

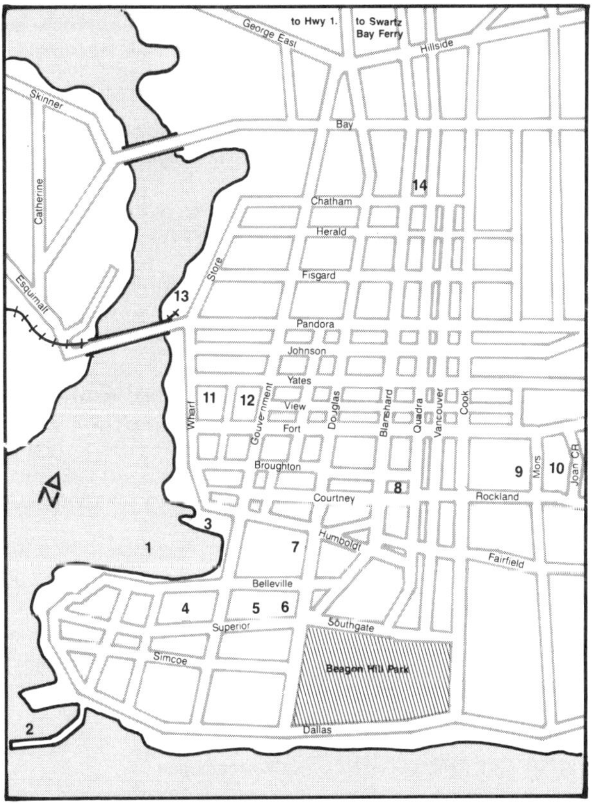

Natürlich ist das meiste renoviert und gekonnt erneuert. Die Hafenspeicher dienen als Restaurants, Geschäfte und Galerien sind dem Tourismus geweiht.

Sehenswürdigkeiten

Ein Rundgang durch die Hafenzeile mit der anschließenden City führt den Besucher rasch zu den sehenswerten Bauwerken. Auch das Parlamentsgebäude schließt sich an der Südseite am inneren Hafen an. Wer es bequem haben möchte, kann sich eine Droschke für eine Rundfahrt anheuern oder in einen der roten Doppeldeckerbusse steigen.

Die Zahl der Museen, Gärten, Gebäude ist so groß, daß man für ein intensives Kennenlernen einen Urlaub in der Stadt verbringen müßte — und mancher tut's. Vorher sollte man sich jedoch im Visitor Centre mit dem Paket einschlägiger Broschüren eindecken.

Craighdarroch Castle, heute ebenso kostenfrei zu besichtigen wie Hatley Castle, sind sicher interessante Objekte für jeden Besucher. Vater und Sohn Neureich haben sich hier ein Denkmal gesetzt, indem sie sich ein Schloß im englischen Stil errichten ließen, der eine mehr Tudor, der andere mehr normannisch.

Aber Victoria lebt nicht als Museumsstadt, die Hauptstadt von British Columbia ist Verwaltungs- und Handelszentrum geblieben, hat nichts von der alten Aktivität eingebüßt, ist eine moderne Tagungsstätte und Verkehrszentrum mit Hafen und internationalem Airport.

i PRAKTISCHE INFORMATIONEN

Unterkünfte

„Royal Oak RV Park", 4726 Elk Lake Drive, Victoria BC V8Z 5M1, Campground ab 14 Can$.

„Victoria Youth Hostel", 516 Yates Street, Tel. 604/385-4511, ab 12 Can$. Nichtmitglieder 14 Can$.

„Victoria YWCA Hotel", 880 Courtney Street, Victoria BC V8W 1C4, Tel. 604/386-7511, ab 28 Can$. (Bett im Dreierzimmer: 15 Can$).

„U Vic Housing and Conference Services", Box 1700, Victoria BC V8W 2Y2, Tel. 604/721-8396, liegt Sinclair, Finnerty Road, bietet 1000 Zimmer ab 28 Can$ (6 km ostwärts downtown).

„Bed and Breakfast"-Unterkünfte ab 40 Can$, durch das Travel Infocentre zu buchen.

„Western 66 Motel", 2401 Mount Newton Cross Road, Saanichton BC V0S 1M0, Tel. 604/652-1325, ab 42 Can$ (am Highway 17).

„James Bay Inn", 270 Government Street, Victoria BC V8V 2L2, Tel. 604/384-7151, ab 45 Can$.

„Hotel Douglas", 1450 Douglas Street, Victoria BC V8W 2G1, Tel. 604/383-4175, ab 45 Can$.

„Cherry Bank Hotel", 825 Burden Street, Victoria BC V8W 1B3, Tel. 604/385-5380, ab 45 Can$, inklusive Frühstück.

„Craigmyle Guest House", 1037 Craigdarroch Road, Victoria BC V8S 2A5, Tel. 604/595-5411, ab 65 Can$ (Frühstück inklusive).

„Daffodil Inn", 680 Garbally Road, Victoria V8T 2K2, Tel. 604/386-8351, ab 60 Can$.

„Slumber Lodge", 3110 Douglas Street, Victoria BC V8Z 3K4, Tel. 604/388-4345, ab 60 Can$. (Telefon kostenfrei: 1-800-663-2831).

Unternehmungen

Eine der sich hier anbietenden größeren Unternehmungen ist eine Tour in den *Pacific Rim National Park.* Egal, ob man sich intensiv mit ihm einläßt oder nur mal eben mit der „Lady Rose" eine Rundtour ab Port Alberni unternimmt, ein beeindruckendes Erlebnis kommt immer dabei heraus.

Aber auch in Reichweite der Stadt liegen einige einsame, schöne und geschützte Regionen. Auf dem Highway 14 gelangt man zum *East Sooke Park,* einer Wildnis mit markierten Wanderwegen.

Ein Stück weiter draußen kommt man nach *Jordan River,* einem Holzfällerdorf. Von diesem aus wandert man in 30 Minuten durch urwüchsigen Regenwald — und steht plötzlich an einer der einsamsten und schönsten Küstenregionen der Insel, *China Beach.*

Nach Norden zu und von der Nr. 1 aus zu erreichen, liegt der *Goldstream Park,* vom Goldstream River durchflossen, mit Wanderwegen zu den Goldstream Falls und den idyllischen Niagara Falls.

Und in der geschützten Georgia Strait liegen einige Dutzend dünnbesiedelter Inseln, die man mit der Fähre erreichen kann. Kleine Dörfchen, einsame Strände, romantische Buchten und Fjorde auf den *Gulf Islands* sind mit dem Auto erreichbar und erlauben wochenlanges Umherstreifen durch Inselwelt und Schärengärten.

Das alles sind Tagesziele ab Victoria für denjenigen, der sich an Gärten, Museen und historischen Gebäuden mude gesehen hat und mal zur Abwechslung Wildnis, Wald und Wasser auf dem bequemen Wege erleben möchte.

Pacific Rim National Park

Info: *Superintendent Pacific Rim National Park,* Box 280, Ucluelet BC V0R 3A0, Tel. 604/726-7721.

Das Information Center liegt 5 km südlich von Bamfield am Trail, Tel. 604/728-3234.

Der Park liegt an der West- und Pazifikküste von Vancouver Island. Er besteht aus drei Teilen, die sich stark unterscheiden: im Süden von Port Renfrew liegt der Westcoast Trail nach Bamfield (77 km), ein romantischer Küstenwanderweg, hart, anstrengend, einsam und eindrucksvoll.

Daran nach Norden anschließend liegt die 25 km breite und ebenso tiefe Bucht „Barkley Sound", gefüllt mit mehr als hundert romantischen Inseln und Schären, der „Broken Group Islands Unit". Die Inseln liegen mitten in der zum Pazifik offenen Bucht auf 10 zu 15 km in einer Gruppe, mit Fjorden und Wasserstraßen, ein Paradies für den Kanuten. Auf acht der größeren Inseln gibt es Campgrounds der Parkverwaltung.

Und hinter dem Barkley Sound folgt ein weiterer wilder Küstenstreifen von 35 km, zwischen Ucluelet und Tofino im Norden. Dies ist der leichtest zugängliche Teil der Wildnis. Eine Fahrstraße verbindet, weit abseits der Küste, die beiden Orte und erlaubt es, mit dem Fahrzeug in die „Long Beach Unit" zu gelangen. Zahlreiche Stichstraßen führen zu den Campgrounds und Picknickplätzen der Parkverwaltung an der Küste, die in weiten Bereichen Sandstrand ist, den anrollenden Wogen und der Dünung des Pazifik zugekehrt. Dieser Parkteil ist mehr für den bequemen Zugang gedacht und für Besucher, die sich nichts aus der Einsamkeit des Westcoast Trails machen.

Port Alberni (20.000 Einwohner)

Info: Port Alberni Travel Infocentre, RR Nr. 2, Suite 215, Comp. 10, Port Alberni BC V9Y 7L6, Tel. 604/724-6535, am Highway Nr. 4 am Ortseingang. Port Alberni ist ein wunderschön gelegenes Städtchen, einzige größere Siedlung im Innern der Insel, der zentrale Knotenpunkt für Handel und Verkehr am Highway Nr. 4 und der Wasserstraße Alberni Inlet, die 70 km von Bamfield aus und dem Barkley Sound ins Land schneidet. Das ermöglicht dem unternehmerischen Kanuten die Wasserwanderung ab Port Alberni in den Pacific Rim National Park mit Zugang zu allen drei Parkabschnitten.

Die Stadt ist Zentrum der Holzwirtschaft der umliegenden Gebirgszüge und ein wichtiger Fischfanghafen und nennt sich die „Lachsfanghauptstadt" der Welt. Am „Labour Day Wochenende" findet der jährliche und mit 40.000 Can$ an Preisen ausgestattete Angelwettbewerb auf Lachse statt.

Über den Highway Nr. 4 hat die Stadt nach Westen und Osten eine Zuwegung zu den beiden Küsten der Insel. Vom 200 km entfernten Victoria besteht via Parksville täglich Linienbusverbindung.

Island Coach Lines Ltd., 710 Douglas Street, Victoria BC V8W 2B3, Tel. 604/385-4411.

Mit Victoria besteht tägliche Linienflugverbindung.

Unternehmungen

Die Umgebung von Port Alberni, das seinen Namen einer spanischen Gründung verdankt, lädt zu einer unendlichen Zahl von Outdoors-Unternehmungen ein. Dutzende, zum Teil recht großer und vorwiegend einsamer Seen liegen im Umkreis der Stadt und alle an einer Zuwegung, von der aus man über die Wasser in die Einsamkeit paddeln kann.

Der nahe *MacMillan (Cathedral Grove) Provincial Park,* 16 km ostwärts der Stadt an der BC Route 4, vermittelt mit seinen mächtigen Bäumen, die 800 Jahre alt sein sollen, einen intensiven Eindruck vom Riesenwuchs dieser Zedern. Der schmale Wanderpfad schlängelt sich im Halbdunkel um Stämme, die mehrere Meter im Umfang und manchmal sogar im Durchmesser aufweisen.

Und die 500 m hohen Della Falls sind zwar nicht die mächtigsten, gehören aber bestimmt zu den höchsten dieser Erde. Sie liegen, schwer zu erreichen, ca. 50 km nördlich am Rand des Strathcona Provincial Parks. Man muß von der Staumauer des Great Central Lake 17 km nach Norden paddeln und dann noch 14 km wandern, ehe man die Fälle erreicht.

Zwischen den alten Indianerdörfern Ucluelet und Tofino, heute Fischerei- und Tourismusschwerpunkte, kommen die Grauwale auf ihrer jährlichen Wanderung bis an die Sandstrände heran. Die auch hervorragend zum Surfen geeigneten Küstenstreifen bieten ihnen ein ansprechendes Nahrungsangebot. Das zieht auch Killerwale an, denn ihnen ist mit den Robben an der Küste der Tisch gedeckt.

Unterkünfte

„Coombs Country Campground", 2619 Alberni Highway, 10 km westlich Parksville, komfortabel, ab 15 Can$.

„Junction Service Campground", am Ortseingang Port Alberni, Highway Nr. 4, ab 15 Can$.

„Dry Creek Park", Public Campground, Napier Street Ecke 3rd Avenue, komfortabel, ab 10 Can$.

„China Creek Marina & Campground", am Highway Nr. 4, 15 km westlich Port Alberni, komfortabel, ab 12 Can$.

„Redford Motor Inn", 3723 Redford Street, Port Alberni BC V9Y 3S3, Tel. 604/724-0121, ab 40 Can$.

PACIFIC RIM NATIONAL PARK

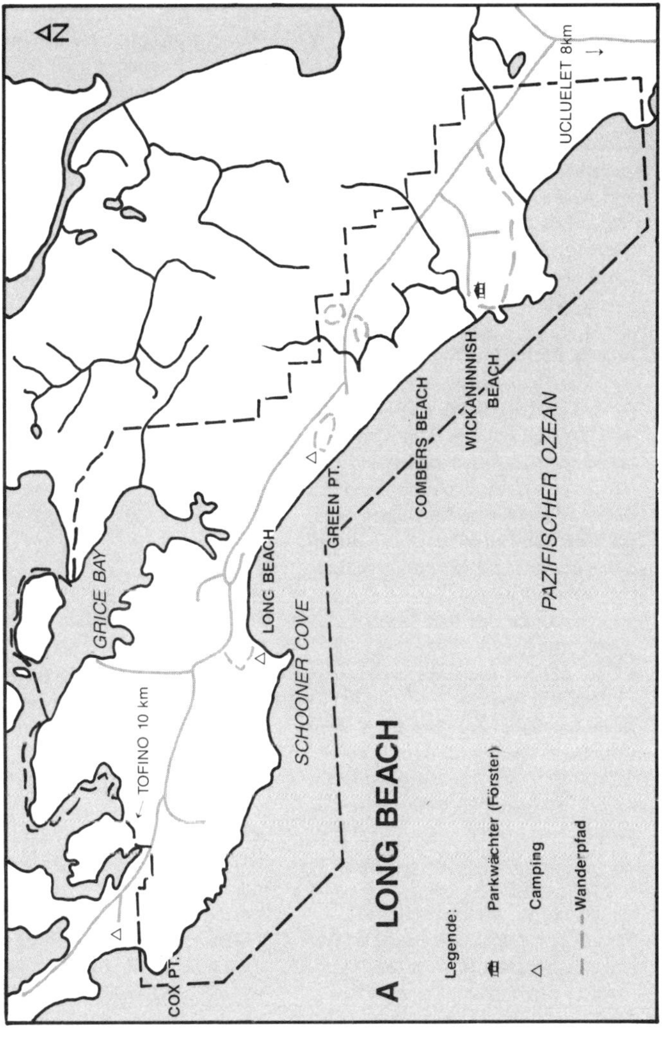

„Sunset Motel", 3611 McIntyre Drive, Port Alberni BC V9Y 3S6, Tel. 604/723-2231, ab 50 Can$.
„Somass Motel", 5279 River Road, Port Alberni BC V9Y 6Z3, Tel. 604/724-3236, ab 46 Can$.
„Esta Villa Motel", 4014 Johnston Road, Port Alberni BC V9Y 5N3, Tel. 604/724-1261, ab 50 Can$.
„Harbour Way Hotel", 3805 Redford Street, Port Alberni BC V9Y 3S2, Tel. 604/723-9405, ab 40 Can$.

Anreise Pacific Rim National Park

Nach Port Renfrew (180 Einwohner, Indianerdorf) führt der Highway Nr. 14 von Victoria aus (105 km). Die Indianersiedlung hat nur einen Kaufladen vorzuweisen. Den Natives gehört hier auch alles Land! Da die Straße am Ufer des San Juan River endet, muß man sich mit der Fähre der Indianer übersetzen lassen (gebührenpflichtig), denn drüben erst liegen Trailbeginn und das Office des Park Warden, Tel. 604/647-5434.
Es gibt keinerlei öffentliche Verkehrsmittel nach Port Renfrew.
Nach **Bamfield,** 240 Einwohner (Info: Chamber of Commerce, Box 5, Bamfield BC V0R 1B0), fährt man auf der Landstraße ab Port Alberni (20.000 Einwohner, Zentrum der Region) 95 km. Bamfield ist stark auf Tourismus ausgerichtet, das kleine Fischerdorf beiderseits des Bamfield Inlet hat alle nötigen Versorgungsdienste.
Es gibt eine Linienbusverbindung mit Port Alberni, am Montag, Mittwoch und Freitag: Pachena Bay Express, Chester Clappis, Anacla Indian Reservation, Pachena BC V0R 1B0, Tel. 604/728-3448.
Und im Sommer verkehrt ab Port Alberni ein Fährschiff, die „Lady Rose", bis Bamfield. Der jeweils vier Stunden dauernde Trip, hin oder zurück, nur Dienstag, Donnerstag oder Samstag, durch die Inselwelt der Broken Islands und den Alberni Inlet ist ein Erlebnis.
Alberni Marine Transportation Co., Box 188, Port Alberni BC V9Y 7M7, Tel. 604/723-8313.
Somit hat der Parkbesucher an den sechs Werktagen alternativ Bus- und Fährschiffverbindung von Port Alberni nach Bamfield bzw. umgekehrt.
Unterkunft:
„Bamfield Trails Motel", Box 7, Bamfield BC V0R 1B0, Tel. 604/728-3231, Motelzimmer ab 60 Can$; liegt an der Frigape Road.
„Seabeam Fishing Resort", General Delivery, Bamfield BC V0R 1B0, Tel. 604/728-3286, Lodge ab 20 Can$ pro Bett, Campground ab 18 Can$; liegt am Ufer des Grappler Inlet.
„Bamfield Lodge", Box 23, Bamfield BC V0R 1B0, Tel. 604/728-3419, Fax 604/524-0608, Lodge ab 33 Can$ pro Bett; liegt am Cape Beale Trail, Ortsrand Bamfield.
„Bamfield Inn", Box 111, Bamfield BC V0R 1B0, Tel. 604/728-3354, Lodge ab 56 Can$ pro Bett; liegt am Hafen.
Nach **Ucluelet,** 1700 Einwohner (Travel Information, 1620 Peninsula Road, Box 428, Ucluelet BC V0R 2Z0, Tel. 604/726-4355) gelangt man über den Highway Nr. 4 ab Port Alberni (100 km).
Über diesen Highway gibt es eine tägliche Busverbindung von Port Alberni via Ucluelet nach Tofino. Der Bus fährt durch den Park, die Long Beach Unit, und erlaubt auf diesem Weg die Anfahrt. Man kann an jedem beliebigen Punkt an der Küste aussteigen und auf Handzeichen auch wieder zusteigen.

Orient Stage Lines Ltd., Box 46, R.R. Nr. 2, Port Alberni BC V9Y 7L6, Tel. 604/723-6924. Außerdem fährt auch die o.a. Fährschifflinie von Port Alberni nach Ucluelet und zurück, jeweils 4,5 Stunden, alternativ zu Bamfield nur am Montag, Mittwoch und Freitag. Diese Fähre läuft im Sommer die Insel Gibraltar in den Broken Islands an (nur Personenverkehr!) und ermöglicht damit die Anreise in diesen Teil des Parkes, Boote werden als Deckladung auf der „Lady Rose" mitgenommen.

Unterkünfte

„Ucluelet Campground", am Hafen nahe dem Dorfzentrum, ab 14 Can$.

„Ucluelet Lodge Hotel", Box 20, Ucluelet BC V0R 3A0, Tel. 604/726-4324, ab 32 Can$.

„Burley's", Box 550, 1078 Helen Road, Ucluelet BC V0R 3A0, Tel. 604/726-4444, ab 35 Can$.

„Peninsula Motor Inn", Box 433, Ucluelet BC V0R 3A0, Tel. 604/726-7751, ab 37 Can$.

Und dazu noch sieben weitere Hotels/Motels bis 50 Can$ pro Zimmer.

Im übrigen bietet Ucluelet alle Versorgungsmöglichkeiten, und die Pacific Rim Airlines bieten täglich Linienflugverbindung nach Vancouver via Port Alberni.

Nach **Tofino,** 950 Einwohner (Travel Infocentre, 351 Campbell Road, Box 476, Tofino BC V0R 2Z0, Tel. 604/725-3414), gelangt man über den Highway Nr. 4 von Port Alberni via Ucluelet. Von hier aus sind es weitere 42 km bis ans Ende der befahrbaren Welt. Man muß auf derselben Strecke wieder zurück. Neben der Anreise mit dem eigenen Fahrzeug kann man auf den o.a. Bus zurückgreifen. Pacific Rim Airlines fliegen auch diesen Ort via Ucluelet an.

Unterkünfte

Es gibt drei private Campgrounds im bzw. am Dorf, alle ab 20 Can$ pro Nacht und Stellplatz, aber auch alle mit Zusatzabgaben für mehr als zwei Personen, für Wasser usw. Preiswert ist nur der staatliche Campground 12 km nördlich von Ucluelet, am Highway BC Nr. 4, ab 6 Can$.

„Pacific Breeze Motel", 760 Campbell Street, Box 294, Tofino BC V0R 2Z0, Tel. 604/725-3269 (deutsch!), ab 50 Can$.

„Dolphin Motel", 1190 Pacific Rim Highway, Box 116, Tofino V0R 2Z0, Tel. 604/725-3377, ab 40 Can$.

„Orca Lodge", Pacific Rim Highway, Box 246, Tofino BC V0R 2Z0, Tel. 604/725-2323, ab 55 Can$.

„Weigh West Marine Resort", 634 Campbell Street, Tofino BC V0R 2Z0, Tel. 604/725-3277, ab 50 Can$.

Daneben gibt es noch weitere 12 Hotels/Motels zwischen 60 und 120 Can$.

Westcoast Trail

Karten 1 : 50.000 = 92 C (Cape Flattery), Blatt 9 — 11. Es gibt aber auch eine zusammenhängende Trailkarte 1 : 50.000. The West Coast Trail Contour Map, zu beziehen durch BC Map Production, Ministry of the Environment, 553 Superior Street, Parliament Buildings, Victoria BC V8V 1X4. Zusätzlich empfiehlt es sich, vom Park Warden die Gezeiten-Tabelle zu erbitten!

Geschichte

Die Westküste der Vancouver Island ist durchweg offene Pazifikküste. Dieser Ozean bekam seinen „friedlichen" Namen von den Spaniern, als diese ihn bei der Durchquerung des Kontinents in Mittelamerika zum ersten Mal erblickten. Der Gegenbeweis fällt nicht schwer. Ungezählte Wracks an der Küste des Erdteiles widerlegen sei-

ne Friedfertigkeit. Der Westcoast Trail trägt dazu bei.
Nun war diese Küste schon lange als „Graveyard of the Pacific" verrufen gewesen. Noch immer liegen die Wracks an der Küste. Wer sich retten konnte, kam vom Regen in die Traufe: die weitgehend unbewohnte Küste ist auch heute noch eine Wildnis. Undurchdringlich dichter Regenwald läßt dem Schiffbrüchigen keine Chance. Im Gestrüpp schlummert manches Gerippe eines Menschen, der sich schon gerettet glaubte, als er an Land gekrochen war.
Diesmal handelte die Verwaltung. Ein Leuchtturm wurde an der Unglücksstelle errichtet und ein Team von 60 Mann angesetzt, die von 1907 bis 1912 den Pfad anlegten. Ursprünglich auf 4 m Breite und befahrbar geplant, mußte man diese Absicht wegen der Naturverhältnisse aufgeben. Am Ende war es ein Trail von 1,5 m Breite, schwer begehbar, mit Furten und waghalsigen Kliffdurchquerungen. Dabei lief hier schon längst eine alte Telegrafenlinie her, deren Pfad und Schneise man sich bedienen konnte!
Die Entwicklung der Navigation und der Verkehrsmittel machten den Pfad überflüssig. Er fiel an die Wildnis zurück.
In den 60ern begann man sich der Küste und ihrer Schönheit bewußt zu werden. Der Streifen wurde als Teil des Pacific Rim National Parks unter Schutz gestellt und der Pfad in mühsamer Arbeit bis 1980 renoviert.

Pfadbeschreibung

Es ist nach wie vor ein schwer gehbares Stück Wildnis mit sumpfigen, felsigen und sandigen Strecken. Es ermöglicht ein seltenes Naturerlebnis aus Hoch- und Urwald, Felsenküste und Meereswogen. Obwohl die Park Warden wöchentlich mindestens einmal den Pfad abgehen, um nach Hilflosen zu suchen, darf man sich nicht darauf verlassen, daß man schnell und umfassend Hilfe bekommt, wenn etwas passiert.
Es gibt keine eingerichteten Campgrounds am Trail, aber schöne Plätze zum Campieren finden sich genug. Die Bäche müssen durchfurtet werden. Nur an schwierigen Stellen gibt es Stege aus Baumstämmen, und an einigen Stellen führt eine Seilzugplattform über eine Schlucht.
Man sollte mindestens 6 Tage für die Wanderung ansetzen, das Mehr ist für erholsame Rast in der Einsamkeit am Meer — oder für das Abwarten von Sturm und Regen im gemütlichen Zelt.

Tourvorschlag

Ausgangspunkt ist Port Renfrew. Am Nordarm des San Juan River befindet sich eine Fähre. Am anderen Ufer meldet man sich beim Park Warden und erfragt Tourkonditionen und Gezeitentabelle. Der Pfad folgt dem San Juan Fjord und umrundet dessen Nordende. Die Mündung des Gordon River ist nicht passierbar, gegen Bezahlung setzt der wartende Indianer die Wanderer über. Die nächsten 6 km führen durch morastigen Grund und Hochwald. Erst an der Trasher Cove wird es besser. Die Bucht ist felsig, bietet wunderbare Ausblicke auf das Meer und die Juan de Fuca Straße. Hier am Bach sollte man sein erstes Lager aufschlagen.
Am Folgetag muß man sich entscheiden, ob man dem Strand folgt oder den Pfad einhält. An tiefeingeschnittenen Bächen und undurchdringlichen Creeks muß man zwar zurück zum Pfad, zur Brücke oder Seilbahngondel, aber dazu findet man Leitern in den Felsen.

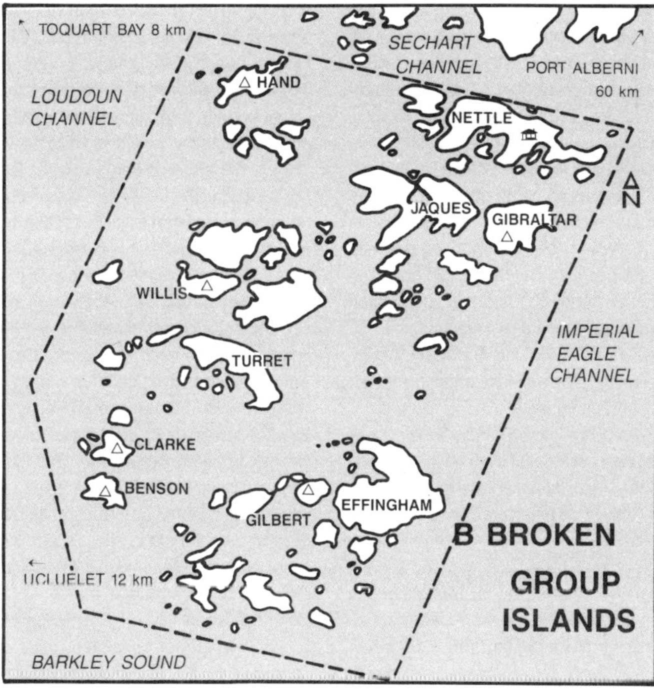
TOQUART BAY 8 km
SECHART
CHANNEL
PORT ALBERNI
60 km
LOUDOUN
CHANNEL
HAND
NETTLE
N
JAQUES
GIBRALTAR
WILLIS
IMPERIAL
EAGLE
CHANNEL
TURRET
CLARKE
BENSON
EFFINGHAM
GILBERT
B BROKEN
GROUP
ISLANDS
UCLUELET 12 km
BARKLEY SOUND

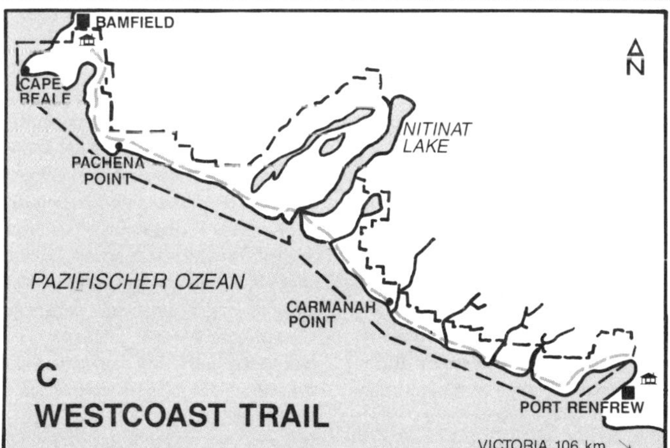
BAMFIELD
N
CAPE
BEALE
NITINAT
LAKE
PACHENA
POINT
PAZIFISCHER OZEAN
CARMANAH
POINT
C
WESTCOAST TRAIL
PORT RENFREW
VICTORIA 106 km

Hinter Owen Point ist der Felsengrund am Ufer voller ausgewaschener Becken, die bei Ebbe manchen Fisch gefangen halten. Am Thrisle Creek liegt ein ausgedehnter Windbruch. Die Douglastannen, Zedern, Fichtenarten liegen wie ein Riesenmikado übereinander. Mancher Baum hat es wohl auf fast tausend Jahre gebracht, ehe ihn der Sturm endlich doch noch fällte.

Am Camper Creek trifft man auf die erste der Seilgondeln. Wer diese nicht benutzen möchte, kann im Sommer den Bach durchwaten, an Leitern gelangt man sicher an die Küste und zum Bach hinunter. Wer den Pfad in Muße angeht: Hier läßt es sich zünftig zelten.

Die nächsten 2 km bis Sandstone Creek läuft man leichter auf dem ebenen Felsen an der Küste, muß aber ab und zu waten. Am Creek muß man zum Pfad zurück, wobei die Leitern wiederum hilfreich sind. Hinter dem Cullite Cove folgt ein kilometerlanger Holzsteg durch Sumpfgelände zum Logan Creek, wo man wieder auf einen schönen Lagerplatz trifft. 5 km weiter im Einschnitt des Walbran Creek findet man ein schönes Becken für ein Bad, und der Lagerplatz ist auch sehr angenehm. Über den Bach führt wieder eine Seilbahn, die problemlos zu bewältigen ist, wenn Weggefährten ziehen helfen. Nur auf der Berghälfte tut man sich sehr schwer.

Was dann folgt, sind wohl die landschaftlich reizvollsten Strecken des Pfades, der sich nun leichter läuft. Dichte Wälder mit idyllischen Bächen und Wasserfällen erfreuen das Auge, Ausflüge zum Strand und den Buchten, die hier Sandstrände aufweisen, Höhlen im Felsgestein, Schwemmholzberge und kleine Bäche zeichnen das Bild einer bizarren Küstenlandschaft.

Hinter der Bay of Cribs liegen die Reste eines Dampfers auf den Klippen. Dann kommt man in Indianerland. Früher war der folgende Streifen dicht besiedelt, zwei Dörfer und eine Missionsstation lagen hier, aber die abgelegenen Orte sind längst verlassen, die Indianer weggezogen. Dennoch ist das ihr Land, sie kommen im Sommer manchmal zum Fischfang heraus, und ihr Eigentum wahren sie energisch, also bitte nichts verändern!

Am Landvorsprung Carmanah Point steht ein Leuchtturm, der damals eine Rolle spielte, als man noch kein Radar besaß. Am Cheewhat River geht es über eine Hängebrücke. Zeugnisse indianischer Landwirtschaft und Obstbäume zeugen von der früheren Besiedlung. Das Indianerdorf Cloose ist eine Geistersiedlung mit verwilderten Gärten und Häusern in allen Stadien des Verfalles. Hier lebten einst auch weiße Siedler und die Missionare. Aber das ist schon lange vorbei. Als am folgenden Nitinat Inlet die Fischfangstation schloß, war an der gesamten Küste der Zeitpunkt für die Abwanderung gekommen. Vieles an Gerätschaften blieb zurück, der Abtransport lohnte nicht.

4 km hinter Cloose, durch hohe Klippen mit schöner Sicht auf den Ozean, gelangt man an die Sommersiedlung der Indianer in Whyac. Durch Vertrag mit der Parkverwaltung ist sichergestellt, daß immer jemand mit dem Boot zur Verfügung steht, um Wanderer — gegen Entgelt — über die folgende Nitinat Enge zu setzen. Die heute sehr friedlichen und hilfsbereiten Nitinat Indianer waren lange Zeit wegen ihrer kriegerischen Aktivität gefürchtet.

Hier bietet sich eine hübsche Seitenstrecke an. Man kann bei den Nitinats ein Boot ausleihen, damit für einige Tage den

Nitinat Lake hochfahren, zum Hobiton Lake übersetzen und den Tsusiat River hinab an die Küste zurückkehren. Hier heißt es aufpassen, der Fluß stürzt in Fällen ins Meer, an dessen Küste man dann zum Dorf zurückpaddeln und die Nitinat Enge queren muß.

Hier sei warnend darauf hingewiesen, wie wichtig die Einhaltung der Gezeitenspannen ist! Das Reservoir des Nitinat Lake stürzt, von der Enge zurückgehalten, rauschend seine Wassermassen durch den Schlund, wenn das Wasser tiefgefallen ist. Umgekehrt wirkt das Wasser teichstill, wenn der Wassergleichstand wieder hergestellt wird. Keine Angst vor dem Übersetzen, die Nitinat Indianer kennen ihren See und fahren nur zum richtigen Zeitpunkt. Hinter der Enge folgt der Pfad dem Strand. Neben schöner Sicht auf das Meer sind auch zwei Höhlen sehenswert, die am Tsusiat Point und am Tsuquadra Point. Hinter den Fällen des Tsusiat River, einem weiteren Höhepunkt am Trail, mit Wasserfall aus der grünen Wand des Hochwaldes in die rauschenden Wogen des Pazifik, verläuft der Pfad wieder im Waldesgrün. Man sollte auf dem Pfad bleiben, der Weg zur Küste ist jedesmal sehr schwierig zu begehen. Der Klawana River hat eine lange Gondelbahn, und am Michigan Creek liegt ein weiteres Schiffswrack, die „Michigan", die dem Creek ihren Namen hinterließ. Der alte Schoner lief hier schon 1893 auf die Felsen.

Der Rest ist eine letzte leichte Tagesstrecke zurück in die Zivilisation. Einige Dutzend kleiner Wasserläufe stellen dem nun geübten Wanderer keine Probleme mehr. Vor Pachena Point und dem Leuchtturm liegen noch die Flat Rocks entlang der Küste, auf der sich eine Robbenkolonie befindet.

Am Ende des Trails folgen Camp Ross und das Visitor Centre an der Pachena Bay. Hier kann man nochmals die Erlebnisse Revue passieren lassen und sich Informationen über die Broken Islands geben lassen, ehe man sich auf die letzten 5 km nach Bamfield macht. Es war Absicht, den Weg in dieser Ablauffolge zu schildern. Bis an den Trailbeginn kann man ab Victoria per Anhalter gelangen. Ab Bamfield geht's mit der Fähre nach Port Alberni, und man kann mit der „Lady Rose" weiterfahren — oder man macht sich nun auf, um die Broken Islands zu besuchen.

Broken Group Islands Unit

Wer die Abwechslung liebt, sollte sich nach den Wandertagen auf dem Westcoast Trail auf das Wasser begeben und den Broken Islands einen Besuch abstatten. Ein Boot kann man sich in Bamfield leihen und ablegen.

Wer es lieber vorsichtig angehen läßt, muß erst nach Port Alberni zurück und von dort am nächsten Tag mit der Fähre zur Insel Gibraltar mitfahren, auch diese Strecke fährt die „Lady Rose" ab. In diesem Fall muß man sich sein Boot in Port Alberni leihen.

Von einem aufblasbaren oder sonst leicht verletzlichen Boot muß abgeraten werden. Die Eilande sind felsig, es gibt scharfe Klippen und Grate unter Wasser am Ufer, die einem solchen Schiff übel zusetzen. Innerhalb der Schärenwelt der hundert Islands kann man dann von Insel zu Insel gleiten, immer mehr und immer wieder neue Eindrücke sammeln, fischen und sich erholen. In den einsamen Buchten

der Eilande, an windabgekehrter Seite und von den hohen Waldmauern geschützt, läßt es sich trefflich verweilen. Organisierte Zeltplätze findet man auf den acht großen Inseln, auf Jaques und Clark sogar Schutzhütten, und auf Nettles befindet sich ein Posten der Park Warden.
Eine weitere Möglichkeit ist, schon in Bamfield ein Charterboot anzuheuern und sich von dort zu den Inseln bringen zu lassen; die Fischer im Hafen übernehmen das gerne.
In jedem Fall aber muß man eine gute Karte zur Hand haben. Neben den seemännischen (nautischen) Karten genügt aber auch die normale geographische im Maßstab 1 : 50.000, Cape Flattery 92 C, Blatt 14. Sie deckt die ganze Gruppe ab.

Long Beach Unit
Karten 1 : 50.000 = Cape Flattery 92 C, Blatt 13 und Alberni 92 F, Blatt 4.
Aber diese sind nicht unbedingt erforderlich, hier genügen die Skizzen der Parkverwaltung — und die sind kostenfrei.
Die langen Sandstrände der Küste sind durch Stichstraßen bis zu fünf km Länge zu erreichen. Wer dann von den organisierten Bereichen abseits wandert, hat auch hier Einsamkeit und ruhige Wildnis für sich. Versorgungsmöglichkeiten gibt es im Park nicht. Man muß schon alles für seinen Aufenthalt mitbringen — oder ab und zu eine der Siedlungen zum Einkaufen besuchen. James Cook taufte übrigens Cape Flattery und wunderte sich darüber, wo sein Kollege de Fuca wohl eine Meeresstraße gesichtet haben wollte, er sehe nichts! Dabei ist Cape Flattery die Landspitze an der Einfahrt zur Juan de Fuca Straße!

Ein Wermutstropfen: Im Zuge der allgemeinen Verarmung des Staates hat man auch hier den üblichen Ausweg gefunden. Wer mit dem eigenen Fahrzeug anreist, muß täglich 5 Can$ Parkgebühr entrichten, egal wo er im Nationalpark sein Auto abstellt.

Westcoast Rundtrip

British Columbia offenbart sich dem Besucher auf vielfältigere Weise als der Rest von Nordwestamerika. Die Rocky Mountains sind dichter besiedelt, besser erschlossen und auf vielen Wegen zu durchstreifen. Wollte man sie alle befahren, müßte man mehr als nur ein paar Wochen Urlaub investieren. Und die Coastal Range ist mehr durch die guten Fährschiffverbindungen zu erleben als auf vier Rädern zu erfahren. Wer sich einen bleibenden Eindruck von der Vielfalt der Landschaften British Columbias in kurzer Zeit verschaffen möchte, dem sei zu einer kombinierten Tour geraten. Ausgangsort ist Victoria.
Von der Hauptstadt der Provinz aus fährt man auf dem Transcanada Highway nach Norden. Schon bald geht es durch dichten Nadelwald auf die Malahat Ridge hinauf. Oben eröffnet sich vom Parkplatz neben der Straße eine weite Aussicht auf den Saanich Inlet, die Gulf Islands und die Küste des Festlandes im Hintergrund.
Dahinter führt die Fahrt hinunter ins Cowichan Valley. Die Region ist dicht besiedelt. Zwar fällt es kaum auf, aber das alles ist noch immer Einzugsbereich von Victoria. Rund um den Shanigan Lake leben 10.000 Menschen, Cowichan Bay und Duncan haben jeweils 4000 Einwohner,

aber alles wirkt einfacher, rustikaler und provinzieller.

In **Duncan** findet man ein nettes kleines Forstmuseum und Totempfähle — und das Flaschenhaus, das sich jemand ganz aus leeren Flaschen gebaut hat.

Das Freilichtmuseum der Forstverwaltung ist wirklich den Aufenthalt wert. Eine alte Dampflok zieht den Oldtimerzug durch den Wald. Alte Holzfällermethoden werden demonstriert und das ganze Drumherum vorgeführt, die Schlosser und Schmiede, die Sägewerker und die Papiermacher bei der Arbeit.

Wenige Kilometer hinter Duncan führt der Highway Nr. 18 für 30 km in die Berge zum romantischen Cowichan Lake und der „Honeymoon Bay".

Weiter nördlich muß man rechts abbiegen, um nicht an dem kleinen Holzarbeiterdorf **Chemainus** vorbeizufahren. Geschichte und Tradition der Siedlung ist auf großflächigen Wandmalereien festgehalten, die die Hauswände zieren.

Ladysmith ist ein weiteres 4000-Seelen-Dorf am Highway. Das Städtchen begann als Retortensiedlung für die Kohlengruben jener Kohlenbarone, die Victoria mit neuen Schlössern im alten Stil versahen. Auch diese Siedlung bemüht sich um die Erhaltung der alten Gebäude, und im Bahnmuseum werden alte Loks, Waggons und Geräte vorgezeigt.

Nanaimo mit seinen 50.000 Einwohnern ist der Hauptort der Region. Hier endet der Highway Nr. 1, denn der führt auf die Fähre und zum Festland hinüber, um quer durch Kanada zum Atlantik zu streben. Wir aber bleiben noch auf der Insel und fahren auf dem Highway Nr. 19 weiter nach Norden.

Die rührige Stadt mit Ansätzen zu einer City lebt wie die übrige Insel von den drei Wirtschaftszweigen Landwirtschaft, Fischen und Waldausbeutung, zieht aber auch Touristen an. Im Sommer wird hier das „Badewannenrennen" veranstaltet, ein Riesenspektakel. Interessant ist der *Petroglyphen Park* mit seinen in Sandstein gehauenen Indianerbildern.

Etwa 30 km nördlich von Nanaimo zweigt der Highway Nr. 4 ab. Er führt hinein in die Wildnis und über das Gebirge, an malerischen Seen und Wasserfällen vorbei zur Westküste, nach Port Alberni und dem Pacific Rim National Park. Der Highway Nr. 19 dagegen führt nun ins Land der Fischerdörfchen und der Sandstrände an der Küste.

Parksville, Qualicum Beach, Lighthouse Country und die Kette der kleinen Orte dazwischen offerieren Badestrände, Sand und Erholung.

Courtenay, ein Landstädtchen von 10.000 Einwohnern an der Comox Bucht, ist Endpunkt der Eisenbahnlinie. Bis hierher konnte man auch mit Via Rail anreisen. Eine Reihe Nebenstraßen führt in die Berge hinauf zum Comox Lake und Comox Gletscher, einem interessanten Skigebiet. Entgegengesetzt gelangt man mit der Fähre nach Westview zum Festland, das mit dem Highway Nr. 101 eine etwas beschwerliche, aber ebenso einsame wie romantische Rückreise durch szenische Gebirgs- und Fjordlandschaft nach Vancouver ermöglicht.

Courtenay ist im Sommer durch sein Musikertreffen ein Anziehungspunkt für Musikenthusiasten aus aller Welt.

Campbell River, ein Fischereischwerpunkt von etwa 40.000 Einwohnern, ist der letzte Ort am Sandküstenstrich, ca. 45 km nördlich von Courtenay. Hier drängeln sich im Sommer die Angler mit ihren Booten. Hier zweigt die zweite Straße ab, die quer über das Inselgebirge zur Westküste führt. Der Highway Nr. 28 steigt an den Campbell Lakes entlang hinauf in den *Strathcona National Park,* der das hochgebirgliche Herz der Insel einnimmt. Es ist eine wunderschöne und einsame Fahrtstrecke von 90 km, die als Sackgasse in **Gold River** am Muchalat Inlet endet. Das Fischerdörfchen bietet eigentlich nur Anglern ein abgeschiedenes Erholungsgebiet, aber eine Personenfähre erlaubt einen informativen Ausflug nach Zeballos und Tahsis über Nootka. Dieses berühmte Dorf der Küstenindianer ist heute weitgehend verlassen, aber die alten Bauten und Totems imponieren dem Besucher noch immer. Die Indianersiedlungen in den Fjorden hat schon Kapitän Cook besucht. In den beiden ersteren Dörfchen, die auch über eine schlechte Schotterstraße zu erreichen sind, ist man auf Tourismus und Sportangler eingestellt, es gibt Unterkünfte und Kfz-Dienste.

Der Highway Nr. 19 folgt noch ein kurzes Stück der Küste und klettert dann hinauf ins bergige Inland. Die folgenden 200 km windet sich der Highway durch einsame Berglandschaft, folgt den Creeks ins Tal und steigt einem anderen Bach folgend wieder hinauf, einige niedere Pässe und Wasserscheiden überquerend. Dies ist das Land der Bergwanderer, einsam und wildromantisch. Die Talzüge und die Holzabfuhrwege machen es möglich, zu diversen Höhen aufzusteigen und von See zu See zu streifen.

Nur der kleine Ort **Woss** mit seinen 400 Einwohnern bietet dem Reisenden Versorgungsmöglichkeiten. Von hier aus geht es die letzten 60 km wieder hinunter vom Plateau, durch das Nimpkish River Valley und am eindrucksvollen Nimpkish Lake entlang, der 30 km lang neben der Fahrbahn im Tal liegt, die in **Port Neill** wieder einen Küstenort erreicht. Der Hafen mit 3000 Einwohnern ist der Holzindustrie gewidmet. Von der nun Queen Charlotte Strait heißenden Meerenge zum Festland schwingt sich die Straße noch einmal in die Wälder, ehe sie nach weiteren 35 km in Port Hardy endet. Von der Hardy Bay aus führt nur noch der Wasserweg nach Norden.

Die Nordspitze von Vancouver Island ist durch unbegehbare Wildnis gekennzeichnet. Der Cape Scott Park ist nicht durch Wege erschlossen und steht im Ruf einer üblen Wetterküche. Regen und Nebel gestalten das Klima am Kap der Insel. Eine Schotterstraße von Port Hardy aus führt zwar bis an den Provincial Park, aber durchstreifen kann man ihn nicht. Der einzige Trail vom Campground am Ende der Fahrstraße führt in einer Stunde zur Küste.

Port Hardy (5000 Einwohner)

Info: Port Hardy & District Tourist Information Centre, Box 249, Port Hardy BC V0N 2P0, Tel. 604/949-7622.

Auch dieses Städtchen nahm vor über 100 Jahren seinen Anfang mit einem HBC Handelsposten für die Kwakiutl Indianer. Kohlenminen und Bergwerke folgten. Ei-

Die Inside Passage — eine der schönsten Wasserstraßen der Welt

Eine der schönsten Wasserstraßen der Erde ist die Fährlinie durch die Fjorde der nordamerikanischen Küste. Mehrere Eiszeiten haben die Wasserstraßen durch die Inseln der Coastal Range geformt. Noch immer reichen viele der nach Osten verlaufenden Fjorde an die Gletscher auf den Höhen heran. Die im Meer liegenden Gebirgsinseln lassen eine Reihe von Durchfahrten und Kanälen frei, die parallel zur Festlandsküste verlaufen. In diesem geschützten Bereich bewegen sich seit Hunderten von Jahren die Tlingit und Haida mit ihren hölzernen Großbooten. Dann folgten die Entdecker. Auch sie bevorzugten die geschützten Wege und suchten sich einen Pfad durch das Insellabyrinth. Auf der Leeseite der Felseneilande siedelten die Menschen, liegen heute noch die Indianer- und Fischerdörfchen und ziehen die Frachtschiffe und Fährdampfer ihre Wellen.

Von Port Hardy aus quert die große Fähre „Queen of the North" nur einmal ein kurzes Stück offenen Meeres, ehe sie drüben vor der Festlandsküste in den Smith Sound eintaucht und sich nach Norden wendet. An Bord der Fähre sind fast nur Urlauber, die ihr Auto oder Reisemobil im Bauch der Fähre verstaut haben, um dann bequem vom Deck aus das Naturschauspiel zu genießen. In diesen Gewässern, die für ihren Fischreichtum bekannt sind, tummeln sich auch Wale verschiedener Arten, Robben und Delphine. Fischerboote und Frachter begegnen dem Fährschiff in der engen Durchfahrt. Die Ufer rücken bis auf wenige hundert Meter an den Dampfer heran, und man kann mit bloßem Auge jede Einzelheit am Ufer und an den Hängen erkennen. Dichter Regenwald mit himmelhohen Nadelbäumen säumt die Strände. Die wenigen Dörfer sind abseits in Buchten verborgen. Die Inseln und Wälder scheinen unbewohnte Wildnis zu sein, gekrönt von eisigen Schneelagen und Gletschern auf den Höhen. Einmal nur stoppt die Fähre auf ihrem Weg und läuft *Bella Bella* an, ein Fischerdorf mit 2000 Einwohnern. Der einzige größere Ort in der Inselwelt hat keine Landverbindung. Hier wird der wirtschaftliche Hintergrund der Fährverbindung sichtbar, die Versorgung der Region mit Gütern, die nicht so leicht per Frachtflugzeug eingeflogen werden können. Spät am immer noch hellen Abend läuft die Fähre dann in den Hafen von Prince Rupert ein und macht am Fairview Dock fest, gut 5 km südlich des Zentrums an der Park Avenue gelegen, dem Highway Nr. 16.

ne Schotterstraße verbindet noch heute die Siedlung von Port Hardy mit Coal Harbour, 15 km südlich am Holberg Inlet, und der Kupfermine Utah am Rupert Inlet. Sie können im Sommer besichtigt werden. Port Hardy ist heute nicht nur Fährhafen, sondern auch wichtiger Versorgungsort der Holzindustrie und der Fischerei im Norden von Vancouver Island.

Der Fährschiff-Terminal liegt südlich vom Zentrum und ist per Buslinie mit der Stadtmitte verbunden. BC Ferries, 1112 Fort Street, Victoria BC V8V 4V2, Tel. 604/386-3431.

Die Fähre benötigt 15 Stunden, legt in Bella Bella an und fährt jeweils an einem Tag nach Norden und am zweiten zurück. Unterwegs kann man die wundervolle Strecke ausgiebig genießen, ob man nach Prince Rupert unterwegs ist oder umgekehrt nach Port Hardy. Preise: Erwachsene 90 Can$, Pkw plus Fahrer 275 Can$ eine der Strecken.

Unterkünfte

„Wildwoods Campsite", an der Straße zur Fähre, ab 10 Can$, komfortabel.

„Sunny Sanctuary Campground", an der Abzweigung der Straße zur Fähre vom Highway 19, komfortabel, ab 10,50 Can$.

„Kay's Bed and Breakfast", 7605 Canarvan Road, Port Hardy BC V0N 2P0, Tel. 604/949-8525, ab 30 Can$.

„Seagate Hotel", Box 28, Port Hardy BC V0N 2P0, Tel. 604/949-6348, ab 40 Can$.

„The Pioneer Inn", Box 699, Port Hardy BC V0N 2P0, Tel. 604/949-7271, ab 56 Can$.

Außerdem gibt es noch weitere 4 Hotels/Motels für 60-70 Can$.

Prince Rupert (18.000 Einwohner)

Die Stadt liegt auf Kaien Island, nördlich der Mündung des Skeena River.

Info: *Visitor Information:* 1st Avenue Ecke McBride Street, Prince Rupert BC V8J 3S1, Tel. 604/624-5637. Der Ort wurde erst 1905 gegründet. Die zweite Eisenbahnlinie quer durch den Kontinent suchte eine Küstenanbindung abseits von Vancouver. Es dauerte dann doch noch bis 1914, ehe die Bahnlinie in Betrieb ging. Danach begann die dauerhafte Entwicklung zum Verkehrskreuz und Knotenpunkt für den Güterumschlag. Der Yellow Head Highway BC Nr. 16 ergänzt die See- und die Eisenbahnverbindung zum Anschluß an das innerkanadische Straßennetz und die Zufahrt nach Alaska.

Anreise

Der *Airport* liegt auf Digby Island. Die Insel ist wie ein Wellenbrecher dem Hafen vorgelagert und schützt ihn gegen die offene See. Zufahrt ist nur per Airport-Fähre möglich, die unmittelbar am Dock des Fährschiff-Terminals abgeht.

Der Airport hat täglich Linienflugverbindung mit Vancouver und Terrace, BC.

Der *Bahnhof* liegt dem Zentrum direkt vorgelagert am Hafen. Mit Via Rail hat man Anschluß an das kanadische Eisenbahnnetz und zurück nach Vancouver.

Der *Bus Terminal* liegt 1st Avenue Ecke 6th Street. Von hier aus hat man Anschluß an das Greyhound- und Überland-Busnetz in Kanada.

Prince Rupert ist außerdem Ausgangsort für den Zugang zu den Queen Charlotte Islands, die draußen am Pazifik der Stadt vorgelagert sind. Abfahrt der BC Ferries von demselben Dock, an dem die Fähre von Port Hardy anlegt. Das Fährschiff geht fünfmal wöchentlich nach Skidegate auf Graham Island und benötigt sieben Stunden für die Überfahrt. Erwachsene zahlen 20 Can$ für eine Strecke, PKW plus Fahrer kosten zusammen 90 Can$. Informationen wie o.a. in Prince Rupert Tel. 604/624-9627.

Unterkünfte

„Park Avenue Campground", 1750 Park Avenue, ab 10 Can$.

„Neptune Motor Inn", 1051 Chamberlin Avenue, Prince Rupert BC V8J 4J5, Tel. 604/627-1377, ab 40 Can$.

Auf den Spuren der Indianer — Kultur der Haida

Ein weiterer Anziehungspunkt ist die erhalten gebliebene Kultur der Haida. Ihre Siedlungen sind alle aufgegeben und verlassen. Sie liegen abseits auf Indianerland in der Wildnis. Nur mit Erlaubnis des Stammes darf man sie besichtigen. Man muß ohnehin per Boot oder Flugzeug anreisen und schließt sich besser einer Gruppe an. Das mit seinen Langhäusern und Totempfählen schönste Dorf liegt ganz im Süden auf Anthony Island und ist als United Nations Heritage Site zusätzlich geschützt. Die Haida leben heute bei den Weißen in deren Siedlungen oder in ihrem einzigen verbliebenen Dorf Haida an der Nordküste. Sie haben ihre handwerkliche Kunstfertigkeit beibehalten und ausgeformt. Ihre Produkte kann man in jeder Siedlung kaufen. Besonders auffällig sind die Kunstwerke aus dem schwarzen Schiefergestein, das nur auf den Inseln zu finden ist. Jede größere Siedlung hat ein Museum, wo man sich einen Überblick über die Werke der Haidakunst verschaffen kann. Sie liegen alle im Norden, auf der Hauptinsel Graham Island.

„Aleeda Motel", 900-3rd Avenue West, Prince Rupert BC V8J 1M8, Tel. 604/627-1367, ab 40 Can$.

„Parkside Resort Hotel", 11th Avenue Ecke Highway 16, Prince Rupert BC V8J 2W2, Tel. 604/624-9131, ab 44 Can$.

„Slumber Lodge", 909-3rd Avenue West, Prince Rupert BC V8J 1M9, Tel. 604/627-1711, ab 55 Can$. (Tel. kostenfrei: 1-800-663-2831).

Außerdem noch 8 Unterkünfte zu 55 bis 70 Can$.

Queen Charlotte Islands

Info: *Chamber of Commerce,* Box 357, Queen Charlotte City BC V0T 1S0, Tel. 604/557-4661.

Die Inselgruppe der Queen Charlotte Islands draußen im Pazifik, gut 100 km vor dem Festland, liegt ein wenig abseits ausgetretener Touristenpfade. Es handelt sich um zwei große Inseln, getrennt durch einen schmalen Meeresarm, und einige Dutzend Schären und größere Eilande, die alle dichtgedrängt beisammen liegen. Zwischen den beiden Hauptinseln betreiben die BC Ferries eine täglich neunmal verkehrende Fähre, Fahrtdauer 20 Minuten von Skidegate nach Alliford Bay. Von Prince Rupert aus besteht tägliche Linienflugverbindung.

Die 265 km lange Inselgruppe, im Norden an der breitesten Stelle um 80 km weit, ist zwar am Highway Nr. 16 gelegen, der in Massett endet, hat aber dem Fahrer eines Wohnmobiles wenig Fahrmöglichkeit zu bieten. Das ausgedehnte und weitverzweigte System der Holzabfuhrwege erschließt viele schöne Winkel und Buchten, ist aber nur für Vierradantrieb geeignet. Obwohl die Inseln schon 1774 von dem spanischen Seefahrer Juan Perez gesichtet wurden, blieben sie lange von den Weißen unbeachtet. Rund 20 Siedlungen der Haida, einem Stamm besonders künstlerisch begabter Küstenindianer, gab es auf den Inseln. Von 8000 Haida überlebten gerade 500. Heute sind es 1500 Menschen. Um die Jahrhundertwende versuchte Kanada, die weitgehend unbewohnten Inseln

mit Weißen zu besiedeln. Obwohl sich die Landwirtschaft nicht bewährte, leben nun etwa 6000 der Siedler auf den Inseln, hauptsächlich vom Fischfang und der Holzindustrie.
Die Queen Charlotte Inseln bieten vor allem unberührte Natur, ausgedehnte Wälder, einsame Sandstrände und rund 1000 km Holzwege, die die Einsamkeit zugänglich machen.
Auf Moresby Island (die andere große Insel) gibt es nur einige, wenige Kilometer lange Straßen zwischen Alliford Bay und Sandspit. Der Rest von Moresby Island ist Waldwildnis, die durch einige Holzwege etwas zugänglicher gemacht wurde.
Die Inseln sind Abenteuerland im wahrsten Sinne des Wortes. Obwohl kaum bewohnt und einsame Wildnis, findet der Besucher zumindest auf der Nordinsel alle nötigen Versorgungsdienste und kann sich der freundlichen Unterstützung der Insulaner sicher sein.

Unterkünfte
„Haida Lions RV & Campground", Tow Hill Road, Masset, 2 km ostwärts der Town, Duschen, 10 Can$.
„Naikon Park Motel", Box 467, Masset BC V0T 1M0, Tel. 604/626-5187, ab 35 Can$.
„Naikoon Guest Ranch", Box 32, Tlell BC V0T 1Y0, Tel. 604/567-4308, ab 40 Can$.
„Premier Hotel", Box 268, Queen Charlotte City, BC V0T 1S0, Tel. 604/559-8415, ab 25 Can$.
„Hecate Inn", Box 124, Queen Charlotte City, BC V0T 1S0, Tel. 604/559-4543, ab 55 Can$.
„Inlet Lodging", RR Nr. 1, Queen Charlotte City, BC V0T 1S0, Tel. 604/559-4649, ab 40 Can$.
„Moresby Island Guest House", 385 Alliford Bay Road, Sandspit V0T 1T0, Tel. 604/637-5300, ab 35 Can$.
Daneben gibt es in Sandspit, Queen Charlotte City, Tlell und Masset noch zehn weitere Unterkünfte zwischen 35 und 70 Can$.

Der Yellowhead Highway, BC Nr. 16

Das erste Stück des Highways führt über 145 km nach Terrace, einem kleinen Verkehrskreuz mehrerer Seitenwege, darunter dem Cassiar Highway, einem einsamen Wegeband hinauf nach Norden, nach Watson Lake ins Yukon Territory und zum Alaska Highway. Gemeinsam mit der Railroad folgt der Yellowhead Highway dem Tal des *Skeena River* hinauf in die Berge der Hazelton Mountains. Die Fahrbahn ist durchweg asphaltiert und gut zu fahren, nur die gelegentlichen Schienenübergänge mit ihren abrupten Kurven stören ein wenig das Fahrvergnügen.
Der breite Skeena River wurde früher als alle großen Flüsse, die zum Meer führen, von Heckraddampfern befahren.
Mit zunehmender Bergfahrt rücken die Talhänge an die Straße, zwängen Fluß, Fahrbahn und Schienenweg ein. Langsam wechselt die Vegetation, die Küstenbäume bleiben mit den Küstenbergen zurück. Steilhänge mit Wasserfällen und den hellen Bändern der rauschenden Bächlein, Seen und Zuflüsse zum Skeena ziehen vorbei. An jedem schöneren Platz, einer Brücke über einen romantischen Creek oder einer Flußmündung, findet man Rast- und Campingplätze, einfach und kostenfrei.

Kurz vor Terrace mündet von links die Nass Road ein, eine Holz- und Privatstraße, die in die Wildnis und die Berge führt. Man darf sie benutzen und kann einige hundert Kilometer Stichstraße ins Gebirge hinauf und wieder hinab ans Meer, zum Nass River und seiner Mündung in den Nass Inlet fahren.

Besser nutzt man die erst hinter dem Kitsumkalum River abzweigende öffentliche Parallelstrecke über die Kalum Lake Road. Sie führt ebenfalls zum schön liegenden Gebirgssee, aber am Ostufer entlang, und trifft dann dahinter im Tal des Cedar River auf die Nass Road. Über einsame 120 km hinauf, entlang den Gebirgszügen der Nass Ranges, erreicht man dann den Cassiar Highway am oberen Cranberry River bei Cranberry Junction. Unterwegs fährt man an einem Lavafeld vorbei. Der Tseax Lava Lake wurde durch die jüngste Vulkantätigkeit in Kanada geboren. Vor etwa 200 Jahren spie der Nass Vulkan Feuer, der erkaltete Lava-Strom ist noch immer wüst und kahl.

Die Nutzung beider Straßen muß mit gebührender Rücksichtnahme auf die Logging Trucks erfolgen. Die schweren Holzlaster haben immer Vorfahrt! An beiden Fahrwegen findet man nur einige Holzfäller-Camps und die kleine Siedlung Rosswood am Ende des o.a. Sees, mit Tankstelle und Store.

Terrace (12.000 Einwohner)

Info: Travel Infocentre, Box 107, Terrace BC V8G 4A2, im Haus Nr. 4511 an der Keith Avenue. Anfang des Jahrhunderts gründeten Siedler den Ort an der Mündung des Kitsumkalum Rivers in den Skeena. Durch ihre günstige Lage zu den verschiedenen Verkehrswegen ist diese Stadt heute der wichtigste Verkehrsknotenpunkt der Region. Neben der obligatorischen Forstindustrie stützt sich die Wirtschaft aber stark auf den Tourismus. Ort und Umgebung, Indianerdörfer und alpine Gebirgszüge, prähistorische Indianer-Felsmalereien und der berühmte weiße Schwarzbär, der hier tatsächlich vorkommt, lassen manchen Touristen hier sein Standlager aufschlagen. Von Terrace aus kann man dann zu zahlreichen Touren über immer wieder andere Straßen aufbrechen und sich im einsamen Gebirge der Hazelton Mountains verlieren. Ein Dutzend unterschiedlicher Campingplätze am und rund um den Ort bieten sich als Standplätze an. Und wer sich nicht von den romantischen Namen der Höhen an der Stadt, dem Sleeping Beauty (Dornröschen) Mountain oder den Seven Sisters festhalten läßt, mag seinem technisch begründeten Hang folgen und im nahen Kitimat (60 km) die weltgrößte Aluminiumschmelze besichtigen. Auch dieses kurze Stück Highway (Nr. 37) den Kitimat River hinunter und zurück zum Meer und dem Kitimat Arm des Douglas Fjordes ist eine interessante Gebirgsfahrt.

Unterkünfte

„Copper River Motel", 4113 Highway 16 East, Terrace BC V8G 3N4, Tel. 604/635-6124, ab 35 Can$.

„The Cedars Motel"! 4830 Highway 16 West, Terrace BC V8G 1L6, Tel. 604/635-2258, ab 35 Can$.

„Alpine House", 4326 Lakelse Avenue, Terrace BC V8G 1N8, Tel. 604/635-7216, ab 42 Can$.

„The Rainbow Inn", 5510 Highway 16 West, Terrace BC V8G 4R6, Tel. 604/635-6415, ab 37 Can$.

Die nächsten 200 km führen von Terrace nach Smithers. Der Highway folgt weiter dem Skeena River in die Berge hinauf, die nun immer mehr alpinen Zuschnitt und offenere Wälder zeigen.
Ein gutes Stück lief der Highway Nr. 37 (→dort) auf dieser Strecke mit. Am Knotenpunkt Kitwanga zweigt er nach Norden ab und führt durch wundervolle Szenerie und einsames Gebirge, die Skeena, Stikine und Cassiar Mountains hinauf zum Alaska Highway, eine abenteuerliche Strecke von 740 km bis nahe Watson Lake. Kitwanga bietet nochmals die nötigsten Versorgungsdienste. Das 1000-Seelen-Nest liegt gleich hinter der Abzweigung an der Nr. 37. Der Yellowhead Highway erreicht nach 145 km ab Terrace das Dörfchen Hazelton.

Hazelton (1200 Einwohner)
Info: Travel Infocentre, New Hazelton BC, V0J 1Y0, Tel. 604/842-6071, liegt am Knotenpunkt der Highways 16 und 62.
Die Hazeltons, wie man gemeinhin die drei Dörfer unter diesem Namen nennt, sind uraltes Siedlungsgebiet der Indianer und der Weißen. Die HBC gründete hier am Zusammenfluß des Bulkley und des Skeena River einen Handelsposten. Als der Goldrush am Klondike ruchbar wurde, suchten einige tausend von hier aus den Weg nach Norden, den man heute als Cassiar Highway kennt, der damals aber direkt ab Hazelton am Kispiox River als Telegraf Trail nach Telegraf Creek im Norden führte. Dieser alte Indianertrail war 1878 schon als Packpferd-Saumpfad erschlossen, führte aber nur durch einsame Wildnis bis nach Atlin, gut 1000 km weiter nördlich. Verwegene Wildniswanderer gehen ihn noch heute, eine der großen Herausforderungen dieses Landes: ein Marsch durch einsame Gebirgstäler entlang der alten Überland-Telegrafenlinie ins Yukon Territory. Es ist eine Expedition, nur möglich mit erfahrenen Wildniswanderern, denn es gibt auf der ganzen Strecke keine Versorgungsmöglichkeiten und nur zweimal, beim Queren des Highways 37 und einer Stichstraße nach Telegraf Creek, die Chance zum Aufgeben.
Für Autoreisende ist es ein interessanter Seitentrip. Eine Stichstraße führt in Hazelton über den Skeena River zu zwei alten Indianerdörfern mit Totempfählen und Langhäusern und dann noch ca. 12 km ins Tal des Kispiox River hinauf, ehe der Telegraf Trail als Grease Trail unwegsam wird. Hazelton verlor mit dem Ende der Heckraddampferära seine Bedeutung. Es gab seine Funktion an die Nachbarstädte ab, die günstiger an den neuen Straßenkreuzen liegen. Dem Reisenden blieb so die anschauliche Erinnerung an die alten Tage erhalten. Old Hazelton — der Name rührt tatsächlich von den vielen Haselnußsträuchern im weiten Tal — mit seinem Gesicht einer Westernfilmstadt weckt romantische Gefühle.
Ab Hazelton folgt der Highway dem Bulkley River hinauf ins Gebirge, während der Skeena, der zum einsamen Gebirgsfluß wird, im Norden zurückbleibt. Es geht um knapp 60 km nach Süden, nach Smithers, das sich hoch in den Rocky Mountains um einen Ruf als Winterskiort bemüht. Gleich am Ortseingang steht ein Alphornbläser aus Stein und bläst, lautlos zwar, aber haushoch, dem Reisenden Salut. Bavarian Style nennt man die rührenden Versuche, auf gute alte Westernart die Häuser statt mit falschen Giebelbauten mit solchen im Schweizerstil auszustatten.

Smithers (4700 Einwohner)
Info: Travel Infocentre, Box 2379, Smithers BC V0J 2N0, Tel. 604/847-9854, 1425 Main Street.

Der Ort nutzt seine wunderschöne Gebirgslage mit weitem bewaldeten Talzug und einem ausgebauten Tourismusangebot, um Reisende festzuhalten. Neben diversen anderen Unternehmungen locken einige, die tatsächlich einen Aufenthalt lohnen.

Eine Stichstraße von 25 km führt ins Wintersportgebiet am Hudson Bay Mountain (2652 m.ü.M.), von dessen Plateau über der Waldlinie man eine herrliche Sicht über die Wälder und Täler genießt.

Am Westrand des Dorfes zweigt eine Stichstraße zu den Twin Falls und der Glacier Gulch ab. Über der Schlucht ragt der Lake Kathleen Gletscher auf, und die Fälle sind sehenswert, obgleich noch Dutzende dieser Art voraus am Highway auf Besichtigung warten.

Eine weitere wundervolle Stichstraße führt ostwärts in die Babine Mountains, am Provinzialpark vorbei und zum Nordende des langgestreckten mächtigen und einsamen Babine Lake, 100 km Schotterwege, die sich lohnen!

Weitere 65 km nach Süden führen nach Houston, einem rührigen Industriestädtchen, das von Forstwirtschaft und Bergbau lebt. Erst hinter der Stadt wird es wieder interessanter. Zahlreiche Seitenstraßen führen auf Rundkursen weg vom Highway und hinein ins Land. Hier beginnt eine der beliebtesten Ferienlandschaften in British Columbia. Auf dem Hochplateau erstrecken sich nördlich und südlich ein Dutzend riesiger Seen mit Lodges und Fahrstraßen, Bootsverleih und Anglerrevieren. Dennoch bleibt die ausgedehnte Hochfläche einsames Gebirgsland.

Eine der schönsten Unternehmungen führt von Houston nach Süden, zum Nordeingang in den Tweedsmuir Provincial Park, wo ein Wasserweg von 160 km Länge auf den Kanuten wartet, teils innerhalb des Parkes gelegen. Der Kenney Staudamm hat den Nechako River im Osten so hoch aufgestaut, daß sich in seinem Quellgebiet ein geschlossenes Seensystem in den engen Gebirgstälern gebildet hat, das ohne Portagen ineinander übergeht. Wochenlang kann man auf glattem Wasser durch die Täler und die Wildnis paddeln, an romantischen Punkten sein Camp aufschlagen und verweilen, um zuletzt wieder über eine andere romantische Wasserstraße an den Ausgangsort zurückzukehren.

In Topley, 30 km ostwärts von Houston, zweigt eine weitere Straße nach Osten zum Babine Lake ab, ins Anglerparadies dieses Sees. Und noch 50 km weiter östlich erreicht man den Mittelpunkt des Seengebietes, Burns Lake.

Burns Lake (800 Einwohner)
Info: Travel Infocentre, Box 339, Burns Lake BC V0J 1E0, Tel. 604/692-3773, am Highway 16 im Dorf.

Dieses voll auf Tourismus eingestellte Städtchen begann als Baucamp der Eisenbahnlinie. Die voll erschlossene Seenplatte rund um den Ort bietet nicht weniger als 4500 km Uferlandschaft, ein himmlisches Angebot für jeden Angler — zumal die berühmten Fänge auf einen ungefährdeten Fischbestand in den Gewässern schließen lassen. Und da die Landschaftsformen dem nicht nachstehen, strömen im Sommer die Urlauber herbei. Zahlreiche

Campgrounds bieten jedem am Abend ein ruhiges Plätzchen.
Noch weitere 70 km ostwärts, und man gelangt in die historisch bedeutsamen Täler, durch die einstmals die HBC die Provinz erschloß. Fraser Lake trägt seinen Namen nach Simon Fraser, der um 1806 am anderen See-Ende Fort Fraser anlegte, damals noch Pelzhandelsstation der NWC. Von hier aus den Nechako River hinunter führte früher der Handelsweg zum Fraser River Valley, Bahn und Highway folgen heute derselben Route, über Vanderhoof nach Prince George an der Mündung des Nechako in den Fraser River.
Vanderhoof ist ebenfalls ein Kind der Railroad, die dann Holzwirtschaft und Viehzucht zum Blühen brachte. Den Touristen interessiert hier die Abzweigung aus der Stadt (4000 Einwohner) nach Norden zum Stuart Lake und Fort St. James.
Während von Fort Fraser nichts außer den Grundmauern blieb, hat Fort St. James, ebenso von Simon Fraser gegründet, dank rechtzeitiger Maßnahmen zu seiner Erhaltung überlebt. Der im Original erhaltene Handelsposten war nach seiner Gründung rasch zum zentralen Verwaltungsposten der NWC und später HBC in New Caledonia, dem späteren British Columbia, geworden.

Prince George (70.000 Einwohner)
Info: Travel Infocentre, 1198 Victoria Street, Prince George BC V2L 2L2, Tel. 604/562-3700.
Auch diese Siedlung nahm ihren Anfang mit der Gründung eines Handelspostens, den Simon Fraser an der Mündung des Nechako in den Fraser River um 1806 errichtete. Aber erst die sich hier kreuzenden Eisenbahnlinien und Highways von Nord nach Süd und Ost nach West brachten den Aufschwung zur Mittelstadt. Das alte Fort George liegt als Freilichtmuseum am Fraserufer und am Stadtrand. Aber Handels- und Versorgungsschwerpunkt der Region ist Prince George geblieben, Viehzucht und Forstwirtschaft sind heute die Grundlagen des anhaltenden Aufschwunges.
Im übrigen bringt die moderne Stadt dem Touristen wenig. Sie bietet sich an als Ausgangsort für eine Reihe von Touren auf dem Inneren Plateau von British Columbia, auf dem Yellowhead Highway weiter nach Osten in die Parks Banff und Jasper und nach Norden zum Williston Lake, dem W.A.C. Bennett Staudamm und dem Peace River Valley. Auf den, der sich gern in der Wildnis zu Fuß durchschlägt, wartet eine besondere Herausforderung: der *Alexander Mackenzie Heritage Trail!* So wie Mackenzie damals vor fast 200 Jahren kann man die 250 km vom Fraser River nach Bella Coola durch wegelose Wildnis wandern (→Tweedsmuir).
Unterkünfte
„West Heights Motel“, Box 2002, Prince George BC V2N 2J6, Tel. 604/964-4708, ab 27 Can$ (am Highway 16,5 km westlich vom Zentrum).
„Jacob's Inn“, 1401 Queensway, Prince George BC V2L 1L4, Tel. 604/563-9236, ab 38 Can$.
„Queensway Court Motel“, 1616 Queensway, Prince George BC V2L 1L7, Tel. 604/562-5068, ab 32 Can$.
„Anco Motel“, 1630 Central Street, Prince Georg BC V2M 3C2, Tel. 604/563-3671, ab 36 Can$.
„Downtown Motel“, 650 Dominion Street, Prince George BC V2L 1T8, Tel. 604/563-9241, ab 34 Can$.

„Bel Air Motel", 1811 Victoria Street, Prince George BC V2L 2L6, Tel. 604/562-1191, ab 35 Can$.
„Roblyn Motel", 3755 John Hart Highway, Prince George BC V2K 2Z4, Tel. 604/962-7081, ab 36 Can$.

In Prince George fährt man ab vom Yellowhead Highway. Der läuft weiter nach Westen in den Jasper National Park, übersteigt den Paß in den Rockies, der ihm den Namen gab, und schwingt sich dann nach Edmonton in die Prärie.
Nach den bisherigen 720 km von Prince Rupert bis Prince George in Ostrichtung folgen nun weitere 800 km auf dem Hart Highway Nr. 97 nach Vancouver, nach Süden.

Der John Hart Highway

Von Prince George aus geht es um 120 km nach Süden bis Quesnel durch das Tal des Fraser, begleitet von Fluß und Eisenbahnlinie. Rechts und links in den weiten Tälern des inneren Plateaus wird ausgiebig Viehwirtschaft betrieben. Nach Osten zu liegen die Berge der Cariboo Mountains, ziehen die Goldflüsse Willow, Lightning, Swift und Quesnel zum Fraser hin. In den Tälern ihrer Nebenbäche lag das Gold. Die Indianer wußten darum, und so bekamen auch bald die Händler der HBC die Nuggets zu sehen. Ihr Job war der Handel, und so beließen sie es dabei, ab und zu den Indianern ein paar gelbe Kiesel billig abzuschwatzen.
Aber dann fand ein schottischer Seemann, den die Neugier weit ab vom Meer ins Landesinnere geführt hatte, 1857 eine Handvoll Nuggets am Ufer des Tranquille Creek. Als die Kunde vom Gold am Fraser River in die Welt drang, brach der übliche Goldrausch aus. Tausende von Menschen drängten im Frühjahr 1858 ins Land. Ab Hope mußten sie sich auf Indianerpfaden nach Norden durchkämpfen. Dann schwärmten sie aus in die Cariboo Mountains und wuschen das Gold aus den Bächen. 1861 ließ die Kolonialverwaltung einen Karrenweg bauen, der von Fort Hope über Fort Kamloops durch die Cariboo Mountains nach Fort Alexandria bei Quesnel führte. Orte wie 70mile und 100mile House erwarben sich damals ihre Namen, Entfernungsangaben nach Yale am unteren Fraser, wo die Schiffahrt endete und die Landstraße begann. Barkerville wurde 1862 zum Mittelpunkt der Cariboo, als Billy Barker auf seinem Claim am Williams Creek den Jahrhundertfund machte. Über Nacht war er Millionär, und Tausende strömten herbei, um auch ein Vermögen zu machen.
Von Quesnel aus fährt man auf dem Highway 26 um 50 km nach Osten, dann erreicht man das **Barkerville** von heute, eine ausgedehnte Goldgräberstadt mit hundert mehr oder weniger historischen Gebäuden. 1868 hatte ein Großbrand weite Teile der Stadt vernichtet. Zwar wurde sie wieder aufgebaut, Saloons, Stores, Shops und das Theater entstanden neu — genauso wie Ställe, Absteigen, Bordelle, Kirche und Gerichtsgebäude. Aber die Goldausbeute ließ nach, die Stadt fiel an die Wildnis zurück.
Die renovierte und nochmals erneuerte Museumsstadt von heute bietet einen erstaunlichen Einblick in das Leben von damals. Im Sommer ist der Ort mit Einwohnern in den historischen Kostümen belebt. Von Barkerville und dem Highway aus er-

reicht man in der Verlängerung den einsam in der Höhe der Cariboos liegenden kleinen *Bowron Lake Park*. Visitor Centre und Campground liegen gleich am Parkbeginn. Mit einigen Portagen erschließt er mehrere Hochgebirgstäler auf einem Viereckskurs über mehrere aneinandergrenzende Seen, an deren Ufern eine ganze Reihe von Campgrounds der Parkverwaltung auf Naturfreunde warten. Der 150 km lange Wasserweg erschließt einsame Hochgebirgswildnis und sollte nur von erfahrenen Wildniscampern angegangen werden.

Auf der Rückfahrt nach Quesnel achte man auf „Blessing's Grave", in dem der auf geheimnisvolle Weise ermordete Goldgräber 1868 begraben wurde. Wer sein Gold auf diese Weise erwarb, kam nie ans Tageslicht.

Und Cottonwood House, das vor 120 Jahren eine wichtige Station am Trail zu den Goldfeldern war, ist auch einen Besuch wert. Es dürfte eines der ältesten Häuser im Lande sein, das noch erhalten blieb.

Von Quesnel aus führt der Highway nur 120 km weiter südlich nach Williams Lake, das genau wie das mit 8000 Einwohnern nur halb so große Quesnel eine Holz- und Viehstadt mit einem Verkehrs- und Handelszentrum ist.

Von Williams Lake zweigt erstmals wieder ein Highway nach Westen und zum Meer ab. Der Highway 20, halbwegs Schotterpiste, führt in den Südteil des Tweedsmuir Provincial Parks (→dort) und über 465 km durch einsame Hochgebirge nach Bella Coola. Eine wundervolle Fahrt durch eindrucksvolle Täler des Chilcotin, aber am Ende gibt es nur die Umkehr und Rückfahrt auf derselben Straße.

Entgegengesetzt führen von Williams Lake eine ganze Reihe kleiner Straßen in die Cariboo, zum schönen Quesnel Lake und zum noch interessanteren Wells Grey Provincial Park. Von Süden aus, vom Highway Nr. 5 und ab Clearwater, kann man in den Park hineinfahren, bis zum Clearwater Lake. Dieser Park ist gut durch Trails erschlossen, mit Campgrounds der Parkverwaltung ausgestattet und bietet durch seine Seen und den berühmten Helmcken Falls Wasserfall ausgiebig Erholungsmöglichkeiten in spektakulärer Hochgebirgslandschaft. Ebenso bietet eine Sommerstraße durch das Gebirge nördlich des Quesnel Lake einen romantischen Fahrweg zum Golddorf Barkerville (→oben).

Hinter Williams Lake folgt der Highway nicht mehr direkt dem Fraser River. Er schwenkt nach Osten aus dem Tal, steigt bis 100mile House über 90 km auf die Höhen und folgt diesen 75 km lang bis Clinton, dem früheren 47mile House an der Cariboo Waggon Road. Danach folgen die letzten 40 km der 97, im Tal des Bonaparte River hinunter nach Cache Creek zum Transcanada Highway Nr. 1 und dem Tal des Thompson River. Alle die kleinen Orte am Wege sind aus Roadhouses, aus Raststätten an der alten Waggon Road entstanden. Cache Creek hieß damals Bonaparte House und auch heute dient das Dorf mit 1000 Einwohnern als Versorgungspunkt am Straßenkreuz.

Von hier aus führt der gutausgebaute Transcanada Highway durch das Tal des Thompson River ins Fraser Valley zurück, das in Lytton erreicht wird. Wer aber erst noch dem aus Goldgräberzeiten berühmten Lillooet am oberen Fraser einen Besuch abstatten will, kann noch vor Cache

Creek von der 97 auf dem Highway Nr. 12 abbiegen und auf dieser einsamen Hochgebirgs- und Schotterpiste über Lillooet im Frasertal nach Lytton fahren. Noch uriger ist die Piste von Lillooet nach Westen bis Gold Bridge und dann nach Süden nach Pemberton, wo man Anschluß an die Straße 99 nach Whistler, dem Wintersportort für Vancouver findet. Beide Highways, der von Whistler wie der von Lytton, führen dann durch dichtbesiedelte Landschaft bis Vancouver. Auch dieses letzte Stück Straße bis zur Rückkehr an die Georgia Strait ist noch immer sehenswerte und erlebenswerte Bergwelt.

Schlußbemerkung

Natürlich ist die beschriebene Rundstrecke nur ein Anbieten der Zugangswege, die in diese überwältigende Natur führen. Welchen Teil man für sich aussucht, muß jeder selbst abwägen. Die gesamte Strecke sinnvoll abzureisen ist durchaus empfehlenswert, aber dann benötigt man viel Zeit hierfür. Und ein Fahrzeug als rollendes Zuhause, das man, wie eine Schnecke ihr Haus, jederzeit zur Hand hat, um an interessanten Orten zu verweilen. Aber notwendig ist es nicht.

Die gesamte Strecke kann auch mit öffentlichen Verkehrsmitteln bereist werden. Dabei reist man natürlich preiswerter, gelangt aber nur umständlich in die sehenswerten Winkel abseits der Hauptroute. Immerhin ist die Strecke mit dem Überlandbus und der Fähre durch die Inside Passage zu bereisen. Außerdem bietet gerade die Eisenbahnlinie auf dem Festland eine höchst überdenkenswerte Alternative an. Mit der Railroad durch das Fraser Valley nach Vancouver — das ist schlechthin das Nonplusultra des möglichen Naturerlebnisses. Kein Fahrweg bringt dem Reisenden die sehenswerten Abschnitte so nahe wie die kühn durch das Tal gebaute Eisenbahn — und man kann völlig ungestört die herrliche Natur aus dem bequemen Polstersessel durchs Abteilfenster betrachten.

Zum Tweedsmuir — im Land der Chilcotin

Der Highway Nr. 20 von Williams Lake nach Bella Coola erschließt das Innere Plateau, das Rinderland im Schutze der Coastal Range. Es ist und war das Land der Chilcotin-Indianer, die zur Sprachgruppe der Athabaska gehören. Im weiten Binnenbecken, einem stark gewellten Hügelland, weiden heute die Rinderherden der Provinz. Die Chilcotin hat man nicht erst um Erlaubnis gebeten, sie wurden beiseite gedrängt und ihr Land von den Rinderbaronen übernommen.

Es ist kein Gebirgsland mit spektakulären Gipfeln und Gletschern. Die gibt es zwar auch, aber erst am Rande des Beckens und am Ende der Staße, wo sie die Coastal Range übersteigt und in den Fjord nach Bella Coola hinabführt.

Der Highway ist eine Sackgasse. Wer ihn befährt, muß auf derselben Strecke wieder zurück. Bella Coola hat keinen Anschluß an den Fährbetrieb des Marine Highways. Der läuft nur Bella Bella an, wo man als Reisender ohne Fahrzeug per Boot Anschluß bekommen kann. Zwischen den beiden Belladörfern findet man

immer eine Mitfahrmöglichkeit für die 100 km durch den Fjord.
Im Sommer kann man die Straße bis Bella Coola zweimal wöchentlich mit der Buslinie ab Williams Lake befahren: Cariboo West Stages Ltd., 215 Donald Road, Williams Lake BC V2G 4K4, Tel. 604/392-4283. Haltepunkt ist auch das Park Office im Park.
Zwar ist der Highway im ersten und im letzten Drittel asphaltiert, und Versorgungsprobleme bekommt man nicht, aber es ist ein Weg durch ein stilles und offenes Land, eine Mittelgebirgslandschaft mit ausgedehnten Almwiesen und schütteren Bauminseln, die ab und zu in Hoch- und Urwald übergehen. Das Klima ist im Sommer dem Urlauber wohlgesonnen. Im Schutze des Küstengebirges bleibt es im Inneren warm und trocken.
Am Ende der Straße, wo es hinaufgeht in das Küstengebirge, liegt der *Tweedsmuir Provincial Park,* eine ausgedehnte Waldwildnis von über einer Million Hektar, die vom Highway aus zugänglich ist. Dort gibt es dann zur Belohnung für die lange Anfahrt Gebirge und Gletscher, Seen und Wasserfälle zuhauf.
Der Park ist so ausgedehnt, daß man ihn in zwei Management-Regionen unterteilt hat. Der Süden mit dem interessanten Gebirgsteil ist ein wenig befahrbar und gut zu Fuß zu durchwandern. Der gegensätzliche Nordteil ist das Revier der Kanuten, eine nur durch weite Wasserstraßen zugängliche Waldwildnis mit gemäßigterem voralpinem Charakter.
Der Highway BC Nr. 20 biegt bei Williams Lake vom Highway Nr. 97 ab.

Williams Lake (10.500 Einwohner)
Info: Travel Infocentre, 1148 Broadway, Williams Lake BC V2G 1A2, Tel. 604/392-5025. Es liegt genau an der Highwayabzweigung.
Der Hauptort des Chilcotin und des Rinderlandes liegt am gleichnamigen See, der seinen Namen nach dem Häuptling der damals hier ansässigen Salish Indianer erhielt, Chief Willyum.
Der Ort begann als Haltepunkt der Eisenbahn, die 1919 fertig war. Er entwickelte sich zum Mittelpunkt der Viehauktionen und des herbstlichen Auftriebs mit Rodeo. Er wäre noch heute die verschlafene Viehverladestation, wenn nicht die Highways hinzugekommen wären.
Vier Tage um das erste Wochenende im Juli herrscht Trubel in der Stadt. Das jährliche Rodeofest mit den üblichen Attraktionen einer Westernstadt läßt Zehntausende herbeieilen.
Anreise
Williams Lake ist Haltepunkt der BC Rail-Eisenbahn und der Greyhound-Überlandbusse und hat täglich Linienflugverbindung mit Vancouver.
Unterkünfte
„Deep Creek Campground", am Highway 97, etwa 20 km nördlich der Stadt, komfortabel, 7,50 Can$.
„Wildwood Campsite", 13 km nördlich am Highway 97, 10 Can$, komfortabel.
„Jamboree Motel", 845 Carson Street, Williams Lake BC V2G 3N7, Tel. 604/398-8208, ab 35 Can$.
„Valley View Motel", 1523 Cariboo Highway South, Williams Lake BC V2G 2W3, Tel. 604/392-4655, ab 35 Can$.
„Lakeside Motel", 1505 Cariboo Highway South, Williams Lake BC V2G 2W3, Tel. 604/392-4181, ab 42 Can$.

Campground 7,50 Can$, komfortabel, aber nur 10 Stellplätze. (Tel. 1-800-663-4938 kostenfrei).
„Drummond Lodge Motel", 1405 Cariboo Highway East, Williams Lake BC V2G 2W3, Tel. 604/392-5334, ab 47 Can$.
„Slumber Lodge", 27 South 7th Avenue, Williams Lake BC V2G 1L2, Tel. 604/392-7116, ab 55 Can$.
Und einige weitere und teurere Häuser.

Der Highway BC Nr. 20 führt gleich zu Beginn an den ausgedehnten Anlagen der „Williams Lake Stampede" vorbei, wo das Rodeo im Juli abgehalten wird.

Bei km 24 taucht die Straße in langen Windungen ins Fraser Valley und überquert den tiefeingeschnittenen Flußlauf. Der hier schon mächtige Strom hat ein wildes und steiniges Bett gegraben, das wie eine Urstrom-Mondlandschaft anmutet. Jenseits steigt die Straße ebenso serpentinenhaft auf die Hochfläche zurück, die sie nun bis Hanceville überquert.

Bei km 35 zweigt rechts eine Schotterstraße ab. Sie führt zum Dörfchen Meldum Creek und weiter, eine hübsche und ruhige Nebenstrecke über 120 km nach Quesnel. Sie verläuft genau gegenüber dem Highway 97 auf dem anderen Fraserufer und lädt zum gemütlichen Bummeln durch einsame Mittelgebirgslandschaft ein.

Bei km 45 biegt links eine gutbefahrbare Forststraße ab. Sie ermöglicht einen Parallelkurs durch die westlichen Chilcotin Berge, zum Bighorn Sheep Reservat, dem Dörfchen Big Creek, dem Farewell Canyon und schließlich zurück zum Highway bei Hanceville. Die knapp 200 km sind ein lohnender Seitentrip, den man geruhsam angehen sollte. Von dieser Art gibt es ein Dutzend Schotter- und Nebenstraßen am Highway, die allesamt durch erlebenswerte Natur führen, aber auch der Holzabfuhr dienen. Auf schmalen und unübersichtlichen Bergstrecken ist entsprechend vorsichtige Fahrweise angesagt.

Bei km 48 fährt man an Riske Creek vorbei. Das Dörfchen bietet die nötigen Versorgungsdienste. Rechts vom Highway führt ein Sträßchen zur historischen Chilcotin Lodge, einem alten Gasthaus im Blockhausstil, mit Restaurant, Zimmern ab 35 Can$ und einigen Stellplätzen ab 8 Can$.

Bei km 65 zweigt rechts die Lake Forest Road ab, ein Parallelkurs durch bewegte Hochfläche mit welligen Grasalmen, ausgedehnten Kiefernwäldern und blauschimmernden Wasserflächen. Bei Alexis Creek erreicht man nach 140 km wieder den Highway — oder schlägt den dreimal so langen Bogen durchs Bergland nach Redstone, wo man wieder auf die BC Nr. 20 zurückkehren muß.

Bei km 83 trifft man auf einen Rastplatz, ehe es um 10 Neigungsgrad hinab zum Chilcotin River geht.

Auf dem Rastplatz steht eine mächtige Erinnerungstafel an den „Yukon Cattle Drive", noch eine Story, die zum Klondike Goldrush zählt. Unten im Tal liegt Hanceville, eigentlich nur aus der Raststätte „Lee's Corner" bestehend.

Um eben diesen Lee geht es, dessen Nachkommen im Tal das Rasthaus mit Tankstelle und Kaufladen betreiben.

Um 1884 hatte sich Norman Lee hier mit einigen Rindern niedergelassen. Als der Goldrush am Yukon ruchbar wurde, war er schon einer der etablierten Rinderbarone. Er witterte ein Geschäft am Klondike, wo man frisches Rindfleisch gegen Gold aufwog, und beschloß, 500 Rinder dorthin zu treiben. Im Frühjahr 1898 brach er mit einigen seiner Cowboys auf. Trails gab es genug, um die Herde ans Ziel zu bringen, aber mit den unzähligen Flüssen hatte der Rancher nicht gerechnet, die damals noch keine Brücke überquerte. Und seine Rinder waren nicht immer so einfach dazu zu bewegen, die zum Teil mächtigen nordischen Flüsse zu durchfurten.

Mit großer Verspätung traf er im Herbst am Teslin Lake ein. Um noch rechtzeitig ans Ziel zu gelangen, faßte er einen weiteren verwegenen Entschluß: Er ließ seine Leute zwei große Flöße bauen und die Herde schlachten, die Rinderviertel wollte er über den Yukon River verschiffen. Ein Sturm machte allem ein Ende. Flöße und Rinderviertel versanken im Teslin Lake. Seither soll es dort besonders große Seeforellen geben. Lee und seine Männer retteten ihr Leben und ritten nach Hause. An diese umständliche Fischfütterung erinnert die Tafel am Highway.

Wer in Hanceville auf die bereits erwähnte Forststraße nach Süden abbiegt, erlebt dann eben auf seiner Rückreise vom Tweedsmuir her die herrlichen Forellengewässer des Big Creek, der Mons, Fletcher, Konni und Taseko Lakes. Wer hier auf den Highway zurückkehrt, hat bereits erholsame Tage verbracht.

Bei km 99 Rastplatz mit großartiger Sicht auf den Chilcotin Canyon und über das Land.

Bei km 101 gelangt man ins Indianerdorf Anahim! keine Versorgungsdienste, aber Kirche und Häuser sind rustikale Sehenswürdigkeiten.

Bei km 114 folgt das Dorf Alexis Creek, mit 1200 Einwohnern der Hauptort im Chilcotin. Man findet hier alle Versorgungsdienste, Polizei, Forstbüro und den Gesundheitsdienst. Hinter dem Dorf endet die asphaltierte Strecke. Die folgenden 250 km bis zum Parkeingang sind gut gewartete Schotterstraße.

Bei km 122 folgt ein Campground der Provinzialverwaltung, Bull Canyon, einfach und kostenfrei, links der Straße am Ufer des Chilcotin River.

Bei km 125 zweigt links eine Straße von 27 km zum hübschen Alexis Lake ab.

Bei km 133 kann man links auf dem Forstweg zum mächtigen Chilco Lake fahren, eine interessante Strecke von 90 km durch das Chilco River Valley hinauf in die Coastal Mountains.

Der prachtvolle See, 30 km lang, liegt schon zu Füßen der Gletscherberge, die man ab und zu im Süden erblicken kann.

Bei km 143 schwingt sich der Highway mit 9 % Gefälle ins Flußtal des Chilcotin und überquert den Fluß bei km 147.

Am jenseitigen Hang liegt das Indianerdorf Redstone mit Tankstelle und Supermarkt.

Bei km 167 liegt neben dem Highway ein alter Indianerfriedhof.

Bei km 169 folgt wieder eines der Indianerdörfer. Auch die Chilcotins haben sich heute der Viehzucht gewidmet, die sie zuerst als Knechte der Weißen kennenlernten. Sie halten ihre Herden als Gemeinschaftseigentum und sind nicht minder perfekt in der Viehnutzung. So mancher Teilnehmer an den Rodeos der Region ist ein Chilcotin.

Bei km 175 liegt Chilanko Forks, wieder ein Rasthaus mit Restaurant, Tankstelle, Kaufladen. Das Dorf bemüht sich sehr um den Tourismus. Am Ende der Seitenstraße nach rechts liegt in 8 km Entfernung vom Highway ein ganzes Freizeitdorf am Puntzi Lake mit fünf separaten Lodges am See,

alle mit Campingplatz. Die Hütten sind ab 25 Can$, die Zeltplätze ab 10 Can$ zu haben. Das Dorf hat auch einen Landestreifen mit Linienflugverbindung zu Williams Lake.
Von Chilanko Forks aus folgt der Highway dem Tal des Tatla River aufwärts, der beim Dorf in den Chilanko mündet. Der Fluß weitet sich bald zum langgestreckten Tatla Lake neben dem Highway.
Bei km 212 liegt ein hübscher Rastplatz am See.
Bei km 223 zweigt links eine Straße zum Tatlayoko Lake ab (35 km). Auch dieser große Gebirgssee liegt kurz vor der Gletscherzone der Coastal Range. Die Straße endet am See bei einer Lodge. Am entgegengesetzten Nordufer entläßt der See den Homathko River, der durch einen tiefen Canyon nach Süden in den Pazifik fließt.

Bei km 226 gelangt man zum Dorf **Tatla Lake,** das am Ende dieses Sees liegt und alle Versorgungsdienste bietet.
Graham Inn, Tatla Lake BC V0L 1V0, Tel. 604/476-1112, ab 25 Can$.
Hinter dem Dorf folgt wieder einmal ein abgestorbener Wald. Was der Borkenkäfer nicht besorgt, schafft die Sitkalaus. In diesen Totenwäldern besteht in hohem Maße Brandgefahr, deshalb sollte man hier nicht lagern.

Bei km 248 liegt die Chilanko Lake Lodge mit Restaurant.
Bei km 256 erreicht man das Rasthaus Kleena Kleene. Der aus dem See hinter der Siedlung fließende Klinaklini River nutzt eine weitere Gebirgsschlucht in den Pazifik. Zwischen ihm und dem erwähnten Homathko liegt der massive Felsklotz des Mount Waddington, mit 4016 m.ü.M. der höchste Berg im Küstengebirge und im Süden klar zu erkennen.
Bei km 278 findet man einen einfachen Campground am Weg.

Bei km 302 folgt die Abzweigung zum Feriendorf **Nimpo Lake.** Direkt im Anschluß an die Siedlung liegen sechs voneinander unabhängige Lodges mit Campgrounds am See. Die Preise sind stark unterschiedlich. Am günstigsten ist die Wilderness Rim Lodge mit 35 Can$ für die Hütte und 10 Can$ für den Campingplatz. Gleich daneben verlangt die Pine Point Lodge 55 Can$ pro Cabin, und die Stewart Lodge will 15 Can$ für einen Zeltplatz haben! Im Dorf sind alle Versorgungsdienste zu bekommen.

Bei km 308 zweigt links eine Zufahrt zum Dean River ab, der sich hier aus dem Nimpo Lake erst einmal auf einen weiten Umweg nach Norden aufmacht, dann nach Westen den Tweedsmuir Park durchquert und bei Kimsquit, einem einsamen Indianerdorf an der Küste, in einem Fjord endet. Gegenüber der Abzweigung erinnert ein Gedenkstein an eines der seltenen Gefechte zwischen Weißen und Chilcotin-Indianern.
Bei km 321 liegt das Dorf Anahim Lake mit allen Versorgungsdiensten. Drei Lodges bieten ihre Räume für 45 Can$ an, Zeltplätze kann man ab 12 Can$ bekommen. Das herbstliche Rodeo des Dorfes gilt als eines der größten am Highway.
Der Anahim Lake rechts des Highways ist eine seeartige Erweiterung des Dean River, dessen Tal die Straße nun verläßt. Der Highway wendet sich nach Westen und erreicht die Höhen zum Heckman Pass

(1524 m.ü.M.). Zugleich verläßt man das Rinderland und taucht in die hohen und dichten Wälder der Coastal Range.
Die ersten 6 km geht es mit 10 % Steigung bergauf.
Bei km 325 liegt der Little Anahim Lake Rastplatz.
Bei km 355 passiert man ein Gatter, das bei Lawinengefahr im Winter abgesperrt wird.
Bei km 361 fährt man in den Tweedsmuir Provincial Park ein. Der Highway durchquert den Park auf 50 km, die nun folgen.
Bei km 364 Parkplatz mit Startpunkten der Parkwanderwege Rainbow und Octopus Trail.
Bei km 366 fällt die Straße steil ab, die Neigung auf den folgenden 6 km beträgt 18 %, dann folgt ein flaches Stück mit der Brücke über den Young Creek, von dem aus sich der Highway weitere 9 km mit derselben Neigung abwärts schwingt, teilweise nur noch einspurig! Dieses gefährliche Stück heißt beschönigend „The Hill", ist aber für größere Campmobile eine böse Überraschung.
Bei km 384 passiert man das zweite Tor, mit dessen Gatter die Lawinenzone gesperrt werden kann.
Bei km 385 erreicht man den Rastplatz links der Fahrbahn für Unternehmungen in den Südteil des Parkes, zum Turner Lake und dem Hunlen Wasserfall, 30 km vom Highway entfernt. Ab hier ist der Highway wieder asphaltiert.
Bei km 386 liegt der Atnarko River Campground der Parkverwaltung, einfach und 10 Can$.
Von hier ab folgt der Highway dem Tal des Atnarko River, an den sich sofort das Parkzentrum anschließt.
Bei km 397 Rastplatz Rock Picnic mit kurzem Wanderweg zum Pothole Lake.
Bei km 400 folgen die Stuie Lodges mit Tankstelle.
Bei km 404 zweigt die Zufahrt zum Fisheries Pool Campground der Parkverwaltung ab, einfach und 10 Can$.
Bei km 413 Rastplatz mit dem Trail zum Atnarko River.
Bei km 414 steht eine Informationstafel über den hier einmündenden Alexander Mackenzie Heritage Trail, der nach Norden zu über 300 km einer alten Indianerroute nach Quesnel folgt. Mackenzie kam 1793 über diesen Pfad nach Bella Coola.
Die Straße folgt dem Bella Coola River zu Tal.
Bei km 422 liegt die Firvale Tankstelle.
Bei km 444 folgt die Siedlung Hagensborg mit Raststätte und Kaufladen.
Bei km 449 zweigt die Straße zum Airport von Bella Coola ab. Von diesem hat man zweimal wöchentlich Linienflugmöglichkeit nach und von Williams Lake.

Bei km 462 fährt man ins Dorf **Bella Coola** (2000 Einwohner). Das alte Indianerdorf an der Mündung des gleichnamigen Flusses in den North Bentinck Arm des Burke Fjordes liegt ebenso auf dem ausgedehnten Schwemmlandstreifen an der Flußmündung wie die benachbarten Häuser der Weißen. Die Bella Coola Indianer leben wie ihre Nachbarn heute vom Tourismus und wie in alten Zeiten vom Fischfang.
Das Dorf hält alle Versorgungsdienste bereit, es gibt sogar eine Bank.
Travel Infocentre: Box 670, Bella Coola BC V0T 1C0.

Unterkünfte
„Tweedsmuir Lodge", Bella Coola BC V0T 1C0, Tel. 604/982-2402, ab 89 Can$ (sie liegt in Stuie, s.o. km 400).
„Bay Motor Hotel", Box 216, Bella Coola BC V0T 1C0, Tel. 604/982-2212, ab 45 Can$ (es liegt beim Airport von Bella Coola).
„Bella Coola Motel", Box 188, Bella Coola BC V0T 1C0, Tel. 604/799-5323, ab 43 Can$ (es liegt im Zentrum am Ufer des Flusses).
„Cedar Inn", Box 38, Bella Coola BC V0T 1C0, Tel. 604/799-5316, ab 45 Can$ (im Zentrum).

Der Tweedsmuir Provincial Park

Info: *Ministry of Parks,* District Manager, 540 Borland Street, Williams Lake BC V2G 1R8, Tel. 604/398-4414.

Das Park Office liegt am Highway 20 mitten im Park. Der Park südlich des Highways 20 ist wilder, sehr viel alpiner im Zuschnitt als der Teil nördlich des Highways, der zum Mittelgebirge des Inneren Plateaus gehört.

Im Süden liegt auch der Turner Lake mit seinem Hunlen-Wasserfall, dem großen Spektakel des Parkes. Der See fällt an seinem Nordende über eine Steilwand 260 m tief in den Hunlen River. Die Wasser haben eine tiefe Schlucht in die Felsen gesägt, aus der die stürzenden Wasser nach Norden zum Atnarko River und zum Highway ziehen. Der Trail von etwa 30 km läuft entgegengesetzt und steigt um 600 m an, ehe er den Fall erreicht. Der Pfad ist gut begehbar, es ist eine alte Holzabfuhrstraße, die man auf den ersten 13 km sogar noch mit vierradangetriebenen Fahrzeugen befahren kann.

Am entgegengesetzten Ende des 10 km langen Turner Lake liegt die einzige Lodge innerhalb der Parkwildnis:
„Hunlen Wilderness Camp", Box 308, Bella Coola BC V0T 1C0.

Von hier aus kann man den Park bis zur höchsten Erhebung an der Südgrenze durchstreifen, zum 3533 m.ü.M. hohen Monarch Mountain. Innerhalb des Parkes gibt es keinerlei Schutzhütten oder Campgrounds, aber entlang der Seenkette im Anschluß an den Turner Lake nach Süden gibt es jeweils einen einfachen Wildnis-Zeltplatz.

Der gemäßigtere Nordteil des Südparkes wird beherrscht von der Rainbow Range, einem Bergzug vulkanischen Ursprunges, der durch sein verschieden eingefärbtes Gestein auffällt. Mitten im Herz des Nordteiles liegen die einzigen Schutzhütten im Park, die Rainbow Cabin am Knotenpunkt mit dem Mackenzie Heritage Trail, und weiter nördlich an diesem die Tanya Lake Cabin. Die nach Norden vom Highway in den Park führenden Trails münden alle in den Mackenzie Heritage Trail, der den Park von Südwesten am Highway nach Nordosten durchzieht. Für die Wanderstrecke bis nach Quesnel gibt es eine ausführliche Pfadbeschreibung durch: The Alexander Mackenzie Trail Ass., Box 425, Station A, Kelowna BC V1Y 7P1.

Im übrigen ist der Park nördlich des Trails unerschlossene Wildnis. Das braucht niemanden zu schrecken, denn das offene Bergland mit seinen weiten Almen, Seen, Bächen und Wasserfällen ist leicht zu durchstreifen, so man sich mit Karte und Kompaß auskennt. Wer nicht, halte sich an die Lodges in Anahim Lake: Sie alle veranstalten Reitertouren mit Führung in den Park. Dem Fahrer eines leichteren Motorfahrzeuges sei noch verraten, daß ab Anahim Lake zwei Holzabfuhrwege vom Highway 20 nach Norden führen. Sie folgen beidseits dem Tal des Dean River abwärts und bleiben außerhalb des Parkes. 30 km nördlich Anahim Lake vereinigen sie sich, und die Straße führt noch weitere 30 km nach Norden, wo sie auf den Alexander Mackenzie Heritage Trail nahe dem Gatcho Lake trifft.

Diese sehr einfache Straße führt noch weiter nördlich in die Berg- und Waldwildnis und erlaubt mit Ausflügen und Angeltouren einen ebenso schönen Aufenthalt in einsamer Natur wie das Wandern im Park — nur eben bequemer.

Karten 1 : 50.000, Anahim Lake 93 C, Blatt 4 und 5 umfassen den Südteil, Blatt 12 und 13 den Nordteil. Für den geschilderten Holzweg außerhalb benötigt man die Blätter 6, 11 und (wer weit hinaus will) 14. Innerhalb der Parkgrenzen gibt es keinerlei Einkaufs- oder Versorgungsmöglichkeiten.

Nordteil

Info: Ministry of Parks, District Manager, Bag 5000, Smithers BC V0J 2N0, Tel. 604/847-7322.

Der eigentliche Nordteil des Tweedsmuir Provincial Parks ist nicht auf Straßen zu erreichen. Die Anreise führt am zweckmäßigsten zum Wistaria Provincial Park, einer Campinganlage am Nordufer des Ootsa Lake, die von der Parkverwaltung zu diesem Zweck angelegt wurde. Hierher gelangt man am besten — und nur mit einem Fahrzeug — über die Schotterstraße ab Houston am Highway 16, 96 km nördlich von Wistaria. Öffentliche Verkehrsmittel gibt es nicht.

Infolge der Kraftwerksanlage des Kenney Dammes, der südlich von Fraser Lake den Oberlauf des Nechako River aufstaut, legen sich heute die aufgestauten Arme um den Nordteil des Parkes. Der vermeintlich dadurch entstandene wunderschöne Rundkurs hat nur den Nachteil, daß man seinerzeit „vergessen" hat, die Bäume in den Tälern zu fällen, sie stehen noch immer im bzw. am Wasser und verhindern den Zugang zur Uferzone. Das macht die Seen für den Kanuten unbrauchbar.

Das gilt nicht für den wundervollen Eutsuk Lake, das Herzstück des Parkes. Er ist von den Staumaßnahmen nicht betroffen. Dieser herrliche Wasserweg in einsamer Wildnis ist der Anziehungspunkt des Parkes. Mit über 80 km Länge und vielfach verzweigten Uferpartien, felsigen Fjorden und Schären, aber auch lieblichen Inseln und Sandstränden, bietet er einen erholsamen Urlaub am Wasser in der Einsamkeit ungeschändeter Natur, mit einigen einfachen Zeltplätzen an den Ufern und schönen Wanderpfaden vom See (860 m.ü.M.) hinauf in die Berge und Almen mit zahllosen weiteren Gebirgsseen, Bächen und Wasserfällen.

Sowohl der Eutsuk wie all die vielen Bäche und Seen auf den Höhen sind ausgezeichnete Fischwasser.

Anfahrt erfolgt ab Wistaria über den Stausee Ootsa Lake und Whitesail Lake nach Südwesten, ca. 60 km mit dem Boot. Am Südufer des letzteren findet man die Chikamin Bay mit der Portage zum Eutsuk Lake. Eine Schmalspur Schienenlore auf einer Bahn von 350 m erlaubt das problemlose Hinüberschieben auch größerer Boote bis zu 7 m Länge. Drüben tauchen

Sonnenbaden vor der Skyline von Vancouver: Die English Bay Beach bietet dieses Vergnügen

Eine der Sehenswürdigkeiten Vancouvers: die imposante Lions Gate Bridge

die Gleise in die Wasser der St. Thomas Bucht des Eutsuk, das Boot schwimmt auf, und der Urlaub beginnt. Innerhalb des Parkes gibt es weder Versorgungsmöglichkeiten noch ein Park Office oder Parkwarden-Posten. Man ist völlig der Wildnis und seinen eigenen Fähigkeiten überlassen.

Karten 1 : 50.000 = Whitesail Lake 93 E, Blatt 1, 2, 6, 7 und 8.

Und: Natürlich kann man sich und sein Boot auch von Fraser Lake aus für viel Geld in den Park einfliegen lassen.

Lockende Wildnis: Cassiar Highway

Der Cassiar Highway, BC Road Nr. 37, ist eine der jüngsten Straßen des Landes, erst 1972 fertiggestellt und noch immer im Ausbau befindlich. Obwohl das mittlere Drittel der 740 Straßenkilometer zwischen dem Knotenpunkt Kitwanga und Watson Lake im Yukon Territory noch Schotterstraße ist, stellt sie heute nicht mehr die Anforderungen, die aus der Zeit nach ihrer Fertigstellung von den Erstbefahrern überliefert wurden.

Dafür führt sie in und durch eine der ruhigsten und abgelegensten Ecken von British Columbia, durch einsame Wildnis und weite Wälder, an rauschenden Bächen und schweigenden Seen entlang, in altes Indianerland und zu den historischen Trails der Telegraph Line. Noch älter ist der Indianerpfad, auf dem die Tlingit früher ihren Handel mit den Inlandsindianern abwickelten.

An der Straße findet man ausreichend Versorgungspunkte, um mit Abstechern einen ganzen Urlaub auf und an der Straße und in den Tälern der Rockies zu verbringen, die sie erschließt. Wer als Angler und Jäger einmal in die zugängliche Wildnis eintauchen möchte, ist hier richtig, er stört niemanden und fällt nirgends auf.

Auf der anderen Seite muß man berücksichtigen, daß der Cassiar Highway eine der wichtigsten Zuwegungen zum Alaska Highway und ins Yukon Territory sowie nach Alaska ist. Eine nicht immer sehr rücksichtsvoll fahrende Meute von Trucks kann auf der Schotterstrecke mehr als nur eine Windschutzscheibe kosten. Außerdem hat der Highway seinen Namen von der am Wege liegenden Asbestmine in Cassiar. Deren Abbauprodukte werden aber nicht mehr durch Trucks über diesen Highway nach Süden und Stewart gefahren, die Mine ist geschlossen, die Stadt aufgegeben worden. Wenn sich dennoch irgendwo auf der Welt defensives Fahren bezahlt macht, dann hier! Die Straße beginnt in Höhe von Kitwanga am Yellowhead Highway Nr. 16. Eine Rast und Auftanken an der Abzweigung ist sinnvoll.

Am Startpunkt geht es über die Brücke des Skeena River nach Norden. Gleich hinter dem Fluß zweigt ein Seitenweg ins Indianerdorf Gitwangak ab. Einige Totempfähle und die wohl älteste noch erhaltene Kirche des Landes sind sehenswert. St. Paul's Anglican Church ist eine hölzerne Kirche (1893).

Bei km 6 Abzweigung in die Siedlung der Weißen. **Kitwanga**ist der von den Neubürgern verballhornte Name der alten Indianersiedlung. Das Dorf von 1200 Einwohnern bietet nur Postamt, Store und zwei Restaurants. Ein kostenfreier Campground erlaubt Übernachtung. Sehenswert ist der nahegelegene Kitwanga National Historic

Site am Battle Hill, wo erstmals in British Columbia ein historischer Sitz der Eingeborenen unter staatlichen Schutz genommen wurde.

Bei km 7 zweigt rechts die alte Straße nach Old Hazelton ab.
Die Straße steigt nun hinauf ins Gebirge. Ab km 10 ziehen, links der Fahrbahn sichtbar, die „Sieben Schwestern" mit, Gebirgsgipfel der Coastal Range.
Ab km 20 folgt der Highway dem Kitwanga River aufwärts.

Bei km 22: Abzweigung der Road ins Indianerdorf **Kitwancool.** Keine Versorgungsmöglichkeiten. Auch dieses Dorf hat ansprechende Totempfähle vorzuzeigen. Der Name weist auf eine der Tragödien hin, die im Gefolge des Handels mit den Weißen eintraten. Wer zuerst im Besitz von Feuerwaffen war, hatte damit das Mittel in der Hand, alte Rechnungen zu begleichen. Das geschah vielerorts — und so auch hier. Nur wenige Einwohner überlebten das Massaker der früher mit Schießeisen bewaffneten Küsten-Tlingits, und so heißt der Ort seither Kitwancool, was etwa „Dorf der wenigen Übriggebliebenen" heißt.

Bei km 29 mündet die zweite Zugangsstraße zum erwähnten Kitwancool in den Highway.
Bei km 32: Brücke über den Moon Lit Creek. Dahinter führt rechts ein Weg zum Rastplatz am Creek. Die linke Abzweigung führt hinab zum Kitwanga Lake. Da es sich um den alten und nicht mehr gewarteten Highway-Abschnitt handelt, ist vorheriges Abgehen sinnvoll, ehe man zu einem Aufenthalt am See und Fluß abbiegt. Beide sind ausgezeichnete Fischwasser, und am alten Highway läßt es sich gut campen. Die Seitenstraße kehrt 8 km weiter nördlich wieder zum Highway zurück, doch muß man abwägen, ob man das Risiko des Rundtrips wagt.
Bei km 36 bekommt man einen schönen Ausblick über den Kitwanga See im Tal zur Linken.
Bei km 70: Brücke über den Cranberry River; den Rastplatz kann man auch für einen längeren Aufenthalt nutzen.
Bei km 76: Einmündung der Nass Road von links und von Terrace her. Sie bietet Zufahrt zu einer Reihe von sehenswerten Orten, →Yellowhead Highway — Terrace. Es ist aber zu beachten, daß es sich um eine private Holzabfuhrstraße handelt, die bei Cranberry Junction einmündet, doch ist es jedermann gestattet, sie zu benutzen.
Bei km 95: namenloser See am Highway mit Rastplatz.
Bei km 104: guter Blick ins Tal des Nass River, in das der Highway nun hinunterführt.
Bei km 108: Herrliche Sicht auf die Gipfel des Küstengebirges im Westen. Der Highway folgt dem Nass River Valley aufwärts.
Bei km 124: erste Sicht auf einen Gletscher im Westen, das Cambrian Icefield.
Bei km 138: Raststreifen links, ermöglicht nur Besichtigung der Nass River Rapids.
Bei km 143: einspurige Brücke über den Nass River. Der Fluß hat hier ein tiefes Bett gegraben, das die Brücke mit 60 m Höhe überwindet. Achtung; Falls Trucks bergab entgegenkommen — anhalten und rechts ranfahren! Außerdem ist die Brückenauf- und -abfahrt tückisch durch ausgefahrene Schlaglöcher.

Bei km 153 trifft man auf den Hanna Creek, der für den Lachsaufstieg im Herbst bekannt ist. Es ist untersagt, diese Lachse zu fangen!
Bei km 156: „Meziadin Lake Provincial Campground“. Der mächtige Meziadin Lake lohnt einen längeren Aufenthalt. Der 10 km lange und 21 km breite See bietet Anglerfreuden und Bootstouren — so man ein Boot mitführt. Ansonsten kann man am See-Ende eines leihen.
Bei km 157 zweigt der Highway Nr. 37 A nach Westen und nach Stewart und Hyder ab. An der Abzweigung liegt die Raststätte „Meziadin Lake Resort“ mit Tankstelle, Restaurant, Bar und sechs Motelräumen, Bootsverleih und Duschen.
Der Highway 37 A ist nur 68 km lang und erlaubt eine Stippvisite in Alaska, denn Hyder ist bereits US-Territorium, → Hyder/Stewart im Kapitel „Alaska Panhandle“.
An der Stichstraße erreicht man nach 5 km das Straßenbaucamp mit Notfalltelefon.
Bei km 25 passiert man zwischen den Zungen je eines Gletschers von rechts und von links hindurch. Der Bear River Gletscher kalbt direkt in den See an der Straße.

Bei km 40 fährt man durch den engen Canyon des Bear River. Der Highway folgt dem Flußbett nach **Stewart** und war früher einmal Eisenbahndamm.
In Stewart findet man dann alle Versorgungsdienste und in **Hyder** noch ein paar Saloons dazu, weshalb der Ort als kneipenreichster in Nordamerika gilt — bezogen auf seine fünf Dutzend Einwohner, Säuglinge mitgezählt!
Im Sommer herrscht einiger Trubel in beiden Dörfern, wenn die Fähre vom Alaska Marine Highway anlegt, die Urlauber von Bord drängen und Heimfahrer aufs Einschiffen warten.
Zurück am Cassiar Highway endet gleich hinter Meziadin Lake Junction die Asphaltdecke. Nach Norden geht es jetzt auf Schotterstraße weiter.
Die Fahrbahn steigt kräftig an, das Nass River-Tal bleibt zurück.

Bei km 170: Rastplatz mit gutem Blick zurück.
Bei km 185: hübscher Blick auf Mount Bell-Irving über den Teich westlich der Fahrbahn.
Bei km 205: Brücke über den Bell-Irving River, dahinter einfacher Campground, kostenfrei. Der Highway folgt nun dem Fluß hinauf in die Berge.
Bei km 262: einfacher Campground, kostenfrei.
Bei km 264: Raststätte Bell II mit Tankstelle, Restaurant, Hüttenvermietung.
Bei km 290: taucht die Fahrbahn in den Canyon des Ningunsaw River. Dieser Paß liegt auf nur 470 m.ü.M. und ist die Wasserscheide zwischen dem Nass River und dem Stikine River. Der Ningunsaw River ist bereits ein Nebenfluß des Stikine.
Bei km 303: Rastplatz mit Erinnerungstafel an die Yukon Telegraph Line, die früher am ersten Trail hier entlang nach Atlin verlief.
Gleich dahinter im Echo Lake sieht man noch die überfluteten Ruinen der früheren Telegrafenstation.
Bei km 309: Bob Quinn Lake mit gutem Forellenbestand neben der Fahrbahn.
Bei km 312: Bob Quinn Straßenbaucamp, nur Notfalltelefon. Der Highway dient hier auch als Fluglandestreifen, daher die Verbreiterung vor dem Camp.

Bei km 329: einfacher Campground, kostenfrei

Bei km 333: passiert die Straße ein ausgedehntes Gebiet, das 1958 von Waldbränden heimgesucht wurde, heute gut fürs Beerensammeln.

Bei km 335: einfacher Campground am Creek. Der Highway folgt jetzt dem Tal des Iskut River aufwärts, einem weiteren Nebenfluß des Stikine.

Bei km 350: gute Sicht hinab ins Iskut River Valley voraus.

Bei km 360: Rastplatz am Eastman Creek. Übersichtstafel über die vorausliegende Siedlung Iskut.

Bei km 368: „Willowridge Park Campground", ein guter privater Zelt- und Stellplatz für Campmobils, mit Duschen, Waschmaschine, kleinem Kaufladen. Hüttenmiete 20 Can$, Zeltplatz 8 Can$.

Bei km 380: „Kinaskan Campground", einfach und kostenfrei. Der ausgedehnte See ist mit rund 20 km Länge ein ausgezeichnetes Fischwasser und gut für Bootsausflüge. Am Campground beginnt der Trail von 25 km zum Mowdade Lake im nahen Mount Edziza Provincial Park.

Bei km 405: Tatogga Lake Resort, Raststätte mit Tankstelle, Restaurant und Bar, Campingplatz und Bootsverleih. Vermietung von Blockhütten ab 20 Can$.

Bei km 411: Seitenweg zum Eddontenajon Lake, gutes Forellenwasser.

Bei km 415: Iskutine Lodge, Box 39, Iskut BC V0J 1K0, Tel. 604/234-3456, Zimmer ab 40 Can$, Campground ab 10 Can$; mit Duschen, Münzwaschmaschinen, Store.

Bei km 417: „High Watermark Campsite", ein weiterer guter Campground.

Bei km 418: Kaufladen für alles, „Black's Market".

Bei km 420: Kleines Kraftwerk der folgenden Siedlung.

Siedlung **Iskut,** 300 Einwohner. Indianerdorf mit Postamt, Supermarkt und Tankstelle,

„Black Sheep Motel", Box 120, Iskut BC V0J 1K0 Tel. 604/234-3141, ab 50 Can$.

„A-E Guest Ranch", Box 3, Iskut BC V0J 1K0, Tel. 604/234-3333, 5 km von Iskut entfernt am Kluachon Lake, Hütten ab 50 Can$, Campground ab 12 Can$.

„Red Goat Lodge", Box 101, Iskut BC V0J 1K0, Tel. 604/234-3261, mit Frühstück ab 60 Can$, Campground 10 Can$.

Bei km 428: „Bear Paw Resort", General Delivery, Iskut BC V0J 1K0, Zimmer und Hütten ab 65 Can$, Restaurant; nur Funktelefon 2M3-858 Meehaus Channel.

Bei km 437: Rastplatz mit Sicht auf den derzeit ruhenden Vulkan Mount Edziza (2787 m.ü.M.) im Westen. Im gleichnamigen Provinzialpark findet man Lavafelder und Ascheberge vom letzten Ausbruch vor etwa 200 Jahren. Der Highway senkt sich nun ins Tal des Stikine River, das Teil des angrenzenden Spatsizi Wilderness Parkes ist.

Bei km 452: Brücke über den Stikine River. Der Highway steigt dahinter steil auf zum Höhenzug, mit 820 m.ü.M. die Wasserscheide zwischen Pazifik und Eismeer. Der Stikine River ist von hier abwärts ein nur von erfahrenen Wildwasserkanuten zu befahrendes Bootswasser. Der interessante Trip erreicht nach knapp 100 km die Siedlung Telegraph Creek am Westufer. Bis zu diesem Ort reicht die Flußschiffahrt den Stikine herauf. Weitere 250 km den Fluß gemächlich abwärts erreicht man bei Wrangell den Stikine Fjord zum Pazifik.

Wer einen mehrtägigen Trip mit Rückkehr beabsichtigt, muß den Stikine aufwärts in die Wildnis fahren und später wieder zurück. Die Kiesinseln im Fluß bieten gute Zeltplätze, das Fischwasser ist vom besten, und die umgebende Wildnis der Berge des Spatsizi Plateaus lädt immer wieder zu Wanderungen ein.

Diese Tour wird auch von den Outfittern im nahen Iskut angeboten. Sie fahren mit Motorbooten den Besucher den Fluß hinauf. 12 km flußauf ab der Brücke liegt der „Stikine River Campground" der Parkverwaltung am Nordufer. Der Platz ist nur auf dem Fluß zu erreichen. Im Zentrum des Parkes liegt ein weiterer Campground, der über eine Schotterstraße von 25 km ab Highway zu erreichen ist. Eine andere Stichstraße führt von Iskut aus gut 120 km an der südlichen Parkgrenze entlang ins Gebirge. Die Nutzung dieser Holzabfuhrstraße ist besser zuvor im Dorf abzustimmen (Befahrbarkeit, Stärke des Holz-Truck-Verkehrs).

Info über den Spatsizi Wilderness Park und den Mount Edziza Park erhält man durch: Ministry of Environment and Parks, Parks and Outdoor Recreation Division, Skeena District Office, Bag 5000, 3726 Alfred Street, Smithers BC V0J 1N0, Tel. 604/847-7320.

Der Cassiar Highway steigt aus dem Tal des Stikine, und bei km 476 erreicht man den Upper Gnat Lake. Die Schneise durch den Gnat Pass an der Ostseite ist ein Teil der Trasse des Eisenbahnbaues. Das Werk wurde 1977 aufgegeben. Die BC Railway wollte damals die Bahn bis Dease Lake bauen und die Region an Prince George anschließen. Es ging noch um Erschließung, Bergbauabsichten und Holzausfuhr — mittlerweile ausgeträumte Industriewünsche. Bei km 495 schöner Campground am Tanzanilla River, der ein gutes Äschenwasser ist.

Bei km 502: Paßhöhe und Wasserscheide, 820 m.ü.M. Dahinter geht es steil hinunter zum Dease Lake.

Bei km 503: Einmündung der Telegraph Creek Road. Sie führt über 120 km durch herrliche Natur zum Stikine River Unterlauf, und an diesem entlang noch weitere 20 km nach Glenora, das nur Landeplatz für Großschiffe ist. Dieser Seitentrip führt in den Ort Dease Lake. Nach 2 km Abzweigung der eigentlichen Straße. Sie ist schon 1922 erbaut worden, um Dease Lake an die Flußschiffahrt anzuschließen, d.h. den Ort und die Bergwerksaktivitäten um den See. Sie ist seither nicht weiter ausgebaut worden, in einzelnen Abschnitten steil und eng. An große Campingmobils hat man damals noch nicht gedacht! Vierradantrieb macht die Rückkehr bei Regenwetter sicherer. Es ist gut, zuvor in Dease Lake beim dortigen Straßenbaucamp die Fahrbedingungen des Jahres und des Monates zu erfragen.

Die Road folgt strikt dem Tanzanilla River auf seiner rechten Schulter zum Stikine River hinunter.

Bei km 13: Tatsho Creek

Bei km 58: altes Waldbrandgebiet

Bei km 60: zweigt ein Stück alter Straße hinab zum Fluß ab. Sie kehrt 18 km weiter wieder zurück und taugt nur zum Rasten — aber auch ans Wenden denken!

Bei km 63: gute Sicht auf den Mount Edziza.

Bei km 79: taucht die Straße in einen engen Canyon.

Bei km 84: Brücke über den Tuya River

Bei km 89: ein Ranchgebäude

Bei km 93: quert die Fahrbahn einen alten Lavastrom, den Stikine River tief im Tal zur Linken, den Tahltan River zur Rechten. Herrliche Aussicht auf den Canyon des Stikine voraus.
Bei km 96: Tahltan River Brücke.
Bei km 98: verengt sich die Fahrbahn noch mehr, hängt am Steilhang des Stikine Canyon, tief unten liegt der Fluß.
Bei km 102: Indianerdorf Tahltan oberhalb der Straße. Besuch unerwünscht.
Die Tahltan-Indianer waren die Züchter eines kleinen und leichten Bärenhundes, des Tahltan.
Bei km 105: erste Siedler-Cabins.
Bei km 106: Brücke über den Eightmile Creek. Ein spektakulärer Wasserfall links unter der Brücke.

Bei km 118: befindet sich die Indianersiedlung von Telegraph Creek. Dahinter zweigt die Straße nach Glenora ab. Sie überquert einen Canyon auf einer schmalen Brücke und führt dann in die alte Siedlung **Telegraph Creek,** ein enger Abstieg führt in Serpentinen ins Flußtal. Bei km 120 liegt das Dorf mit 300 Einwohnern nur auf 335 m.ü.M. und war früher Endpunkt der Flußschiffahrt auf dem Stikine River vom Pazifik herauf.
An der Straße nach Glenora, 4 km von der o.a. Brücke, liegt ein öffentlicher Campground. Glenora ist lediglich Schiffsanlegestelle. Ursprünglich wollte man hier eine Eisenbahn beginnen lassen, daher der neue Anlegeplatz, der keinerlei Versorgungsmöglichkeiten bietet. Die weiterführenden Wege sind Privatstraßen zu Fischplätzen der Indianer usw., sie sollte man nicht benutzen.

Telegraph Creek hat Postamt und Supermarkt, Sanitätsstation und Gasthaus mit Restaurant, Tankstelle.
„Stikine River Song Lodge", Telegraph Creek, BC V0J 2W0, Tel. 604/235-3196, ab 45 Can$.
„Glenora Guest Ranch", Telegraph Creek, BC V0J 2W0, nur für längere Aufenthalte, mit Vollpension 175 Can$.
Von hier aus kann man nur zurück oder mit dem Boot den Fluß hinunter bis Wrangell.

Dease Lake (600 Einwohner) wurde 1941 als einer der Versorgungspunkte beim Bau des Alaska Highways angelegt. Ab Dease Lake eröffnete sich ein Wasserweg für Frachtboote über den See und den Dease River zum Liard River und nach Watson Lake. Das Dorf ist heute Versorgungspunkt für diese Gegend. Supermarkt, Restaurant, Postamt, zwei Tankstellen mit Reparaturdienst und die staatlichen Verwaltungsdienste findet man hier. Der Landestreifen am Dorf ermöglicht zweimal wöchentlich Linienfluganschluß nach Terrace.
„Northway Motor Inn", Dease Lake BC V0C 1L0, Tel. 604/771-5341, ab 60 Can$.
„The Grayling Inn", Dease Lake BC V0C 1L0, Tel. 604/771-4101, ab 48 Can$.
Die Einwohner behaupten, sie seien Bewohner der Jadehauptstadt von British Columbia. Jade wird jedenfalls in der Region gefunden und abgebaut. Von hier aus eröffnet sich dem Reisenden ein weiterer interessanter Wasserweg, der 200 km bis Watson Lake führt — und wer will, über Liard und Mackenzie River ins Eismeer, wohin diese Wasser ab Dease Lake eilen, ohne dem Kanuten größere Hindernisse

zu bereiten. Die Fahrt durch die Cassiar Mountains führt durch eine einsame Bergwelt mit unvergeßlichen Eindrücken. Da der Fluß nach 140 km wieder den Highway berührt, kann man auch eine Teilstrecke befahren. Der Highway folgt nun präzise dem Ostufer des 40 km langen Dease Lake. An seinem Nordende beginnt wieder die Asphaltdecke. Dort liegt jenseits des aus dem See fließenden Dease River die alte Geisterstadt von Laketon. Nur einige wenige Ruinen erinnern daran, daß hier einst 8000 Menschen lebten und nach Gold schürften. Schon 1880, lange vor dem Goldrush im Norden, wusch man Gold aus dem Kies des Dease River und seinen Nebenbächen. Als dann der Ruf vom Klondike und vom Atlin Lake erscholl, verschwand die Stadt über Nacht, da sie überwiegend eine Zeltstadt gewesen war. Der Highway folgt nun dem Dease River, hinein in die Cassiar Mountains. Die Höhenzüge rahmen das abwärts führende Tal ein. Der Fluß ist ein gutes Äschengewässer.

Bei km 569: Rastplatz am Pyramid Creek
Bei km 570: Raststätte Dease River Wilderness Park. Tankstelle, Reparaturen, Hüttenvermietung und Campground mit Duschen und Münzwaschautomat. Kleiner Laden.
Dahinter führt die Brücke mit nur einer Fahrspur über den Dease River.
Bei km 572: eine Abzweigung nach Westen. Sie führt zum Joe Irwin Lake, der zum Verweilen einlädt.
Bei km 578: Rastplatz am Pine Tree Lake, sehr idyllisch unter hohen Nadelbäumen gelegen.
Bei km 580 führt eine Stichstraße zum See-Ende und weiter weg von der Straße.
Bei km 581: befindet sich ein Waldbrandgebiet. Der Brand wurde erst 1982 durch ein schlecht gelöschtes Campfeuer ausgelöst.
Bei km 586: „Mighty Moe's Place", privater Campground mit Komfort am Ufer des Cotton Lake, Bootsverleih.
Bei km 597: Cottonwood River-Brücke mit Rastplatz hinter der Brücke. Die Straße verläßt das Flußtal des Dease und steigt über einen Höhenzug.
Bei km 605: Campground am Simmons Lake, einfach und kostenfrei.
Auf einem Damm zwischen den beiden Seen gelangt man bei km 611 zum Rastplatz am Ufer des Vines Lake, einem guten Forellengewässer.
Bei km 615 am Osthang ist die Erickson Goldmine zu erkennen, wo noch Gold abgebaut wird. Kein Zugang.
Bei km 616: Abzweigung rechts zum McDame Lake.

Bei km 618: Abzweigung der Seitenstraße nach **Cassiar** (vormals 1000 Einwohner). Das Dorf ist eine reine Bergwerkssiedlung der Cassiar Asbestos Mine der Brinco Mining Ltd. gewesen. Es gibt weder Restaurants noch Unterkünfte für Reisende.
Seitdem die Asbestmine aufgegeben worden ist, wohnen nur noch wenige Menschen dort. In Cassiar gibt es keinen Supermarkt, keine Post und keinen Liquor Shop, d.h. keine Versorgungsmöglichkeit.

Bei km 633: Raststreifen mit Erinnerungstafel an den Cassiar Goldrush.
Hier lag das um 1875 entstandene Städtchen **Centreville,** damals von 3000 Menschen bewohnt. Im nahegelegenen Bach machte Alfred Freeman sein Glück: Er

fand im Jahre 1877 den größten Nugget, den es je in British Columbia gab. Er wog volle 72 Unzen!
Bei km 640: Good Hope Lake, eine kleine Indianersiedlung von etwa 100 Einwohnern. Im Dorfladen kann man Lebensmittel und Benzin bekommen. Daneben liegt das Straßenbaucamp (für Notfälle).
Beim Dorf beginnt eine Seitenstraße von 15 km nach Osten, zum Ufer des Dease River und der Mündung des McDame Creek. Hier lag früher zu Goldrauschzeiten ein Handelsposten. Das abgelegene Plätzchen eignet sich gut für einen längeren Stop zum Fischen und zu Flußwanderungen mit dem Boot.
Bei km 643: Zufahrt zum Good Hope Lake.
Bei km 653: Zufahrt von 3 km in den Boya Lake Provincial Park. Ein Campingplatz der Parkverwaltung liegt am Ufer des Sees, der ein Provincial Park ist. Es ist der übliche einfache Campground der Parkverwaltung, aber unglaublich idyllisch im Wald am schönen See von 4 qkm Ausdehnung gelegen.
Bei km 653: Raststreifen vor der Brücke über den Powder Creek. Die im Osten sichtbare Gebirgskette der Horseranch Range ist eine geologische Rarität. Sie ist die älteste Gebirgsformation in British Columbia und gehört ins Kambrium, während die Gebirgszüge rundum wesentlich jünger sind. Sie bergen zahlreiche Arten von Quarzen, Halbedelsteinen und Kristallen. Der Highway folgt nun wieder dem Tal des Dease River.
Bei km 655: endet das Cassiar Gebirge, der Highway führt in das Yukon Plateau.
Bei km 682: Brücke über den French Creek.
Bei km 692: Brücke über den Twentyeightmile Creek.
Bei km 706: Brücke über den Blue River.
Bei km 711: Campground am Blue Lake, kostenfrei.
Bei km 728: Rastplatz am Cormier Creek
Bei km 735: Grenze von British Columbia zum Yukon Territory. Von hier ab heißt das letzte Stückchen YT Highway 16.
Bei km 738: Brücke über den Albert Creek. Ein gutes Fischwasser mit Äschen — wenn man die YT Fischlizenz besitzt.
Bei km 740: Mündung des Highways in den Alaska Highway, links in Richtung Whitehorse, noch 440 km nach Westen und Norden, rechts in Richtung Watson Lake, 22 km nach Osten. An der Einmündung wartet der „Junction 37 Service" auf Reisende, eine Raststätte mit Tankstelle, Reparaturdienst, Restaurant, Kaufladen, Campingplatz.

Rundfahrt Südost British Columbia

Der Süden von British Columbia ist am dichtesten besiedelt, ohne daß dies in weiten Bereichen auffällt. Auch hier kommen weniger Menschen vor als in den dünnbesiedelten Randzonen Europas. Dafür ist diese Region mit ihrer spektakulären Gebirgswelt am besten durch Verkehrswege erschlossen. Per Straße, Überlandbus und Eisenbahn gelangt man überall hin, wo die Erde am schönsten, wildesten und einsamsten ist.
Mit einer Rundfahrt durch den Südosten erreicht man die Schönheiten der Rockies, fährt quer durch die wundervolle Gebirgskulisse entlang der Grenze zu den USA, sieht die beiden berühmtesten Parks Banff und Jasper — und kann durch das Tal des wilden Fraser nach Vancouver zurückfah-

ren, mit Muße und Ausnutzung von Seitentrips, mindestens drei — besser noch: vier Wochen.

Andere mögen sich Teile dieser Strecken herauspicken und mit andern Touren eigener Wahl kombinieren. Phantasie und Entdeckerwille ist gefragt, soll ein Urlaub auch Outdoorserlebnisse bescheren.

Dem ganz peniblen Leser sei eingestanden, daß die Nationalparks Banff und Jasper im benachbarten Alberta liegen — aber die Highways sind so geführt, daß man bei einer Rundfahrt durchs Gebirge kurz über die „Grenze" muß. Und die meisten Besucher der Parks reisen durch British Columbia in die Parks, eben weil alle Verkehrswege so liegen.

Am Fraser entlang nach Hope

Die Fahrt beginnt in Vancouver. Auf dem Transcanada Highway, hier Stadtautobahn, geht es nach Westen. Die Post Mann Bridge führt über den Fraser, der müde und schmutzig seiner Auflösung im Ozean zustrebt. Über 40 km ist er beidseits in das Hafenkorsett gezwängt und bietet hier nur Technikfreaks einen sehenswerten Anblick.

Der Highway folgt dem Südufer durch die Vororte nach Osten. Rasch nehmen die Siedlungsflecken ab. Farmland breitet sich im weiten Trogtal aus, das fruchtbare Schwemmland vor den Toren der Großstadt wird intensiv genutzt. Aber jetzt kann das Auge frei schweifen, und hinter der Ebene ragen beidseits die bewaldeten Höhenzüge der Coastal Range auf, gekrönt von den weißbemützten schroffen Höhen weit im Hintergrund.

Das geschäftige Städtchen Abbotsford, schon ein gutes Stück abseits des Fraser Ufers, ist der landwirtschaftliche Mittelpunkt des Fraser Valleys. Rund 75.000 Menschen leben hier direkt oder indirekt vom Landbau.

Rund 150 km hinter Vancouver erreicht man Hope.

Hope (4000 Einwohner)

Info: Travel Infocentre, 919 Water Avenue, Hope BC V0X 1L0, Tel. 604/869-2021. Greyhound- und Railway-Terminal.

Der Ort liegt auf dem Schwemmland am Ufer des Fraser und der Mündung des Nebenflusses Coquihalla. Hier endet der breite und gemächliche Lauf des Flusses, der sich oberhalb von Hope seinen Gebirgsdurchbruch geschaffen hat. Noch gut 20 km ins engere Flußtal hinein könnte man Schiffahrt betreiben, aber dann ist es aus. Oberhalb bricht der Fraser durch Hell's Gate, da fährt kein Schiff mehr, und so entstand am äußersten Ende der Fraserschiffahrt **Yale** an der Mündung des gleichnamigen Seitenflusses.

Das günstiger liegende Hope nahm etwa um 1848 als Fort Esperanza der HBC seinen Anfang. Nur kurz darauf fand sich Gold in den Kiesinseln des Fraser, und ab 1856 strömten einige tausend Goldsucher herbei. Hope und das ebenso aufschießende Yale waren zehn betriebsame Jahre lang Kopfstationen der Schiffahrt und Startpunkt der Trails zur Goldregion der Cariboo, die anschließend entdeckt wurde. Yale ist heute ein winziges Relikt aus jener Zeit. Hope blieb dieses Schicksal erspart, weil es als Wegkreuzung benötigt wurde. Das Städtchen, an dem die Highways vorbeiführen, bietet auf einem kurzen Rundgang durch den historischen Bezirk ein romantisches Bild vergangener Tage. Es bietet sich durch seine Lage und die ansprechende Umgebung geradezu als Standort für einen längeren Aufenthalt an.

Von hier aus ziehen sich die Gleise beider Eisenbahnlinien durch das Frasertal, 280 km bis Kamloops, ehe sie sich trennen. Das bedeutet: Man kann per Bahn, auf einer Seite des Canyons hinauf, durch das Steilufer fahren und den stürmischen Fraser, seine Rapids und Schnellen erleben, was von der Straße aus unmöglich ist.

Der Harrison Lake, Harrison Hot Springs, der Coquihalla Canyon, Silver Lake-, Sasquatch-, Manning- und der North Cascada Park in den nahen USA sind weitere Anziehungspunkte unter einem weiteren Dutzend schöner Unternehmungen.

Unterkünfte

„Hunterville Campsite", 13 km westlich von Hope an der Elmo Road, ab 12 Can$.

„Wild Rose Camgpround", 6 km westlich von Hope, Flood Road, ab 14 Can$.

„Telte — Yet Campsite", im Zentrum am Fraser Ufer, 15 Can$.

Und noch sechs weitere Zeltplätze am Stadtrand.

„Park Motel", 832 Fourth Avenue, Hope BC V0X 1L0, Tel. 604/869-5891, ab 32 Can$.

„Windsor Motel", 778-3rd. Avenue, Hope BC V0X 1L0, Tel. 604/869-9944, ab 35 Can$.

„Mount Hope Motel", 318 Hope-Princeton Highway, Hope BC V0X 1L0, Tel. 604/869-5502, ab 35 Can$.

„Thunderbird Motel", 63030 Flood Hope Road, Hope BC V0X 1L0, Tel. 604/869-2711, ab 28 Can$.

„City Centre Motel", 455 Wallace Street, Hope BC V0X 1L0, Tel. 604/869-5411, ab 32 Can$.

Yale, ebenso Eisenbahn- und Greyhound-Haltepunkt, bietet einen weiteren Campground ab 10 Can$ und drei Motels ab 28, 30 und 32 Can$.

Ins Okanagan Valley

Während sich der Transcanada Highway Nr. 1 strikt ans Fraser-Ufer hält, ins Städtchen Hope taucht und dann über den Fraser nach Westen und später nach Norden einschwenkt, folgt der Straßenzug des Highways Nr. 3 zusammen mit dem Highway Nr. 5 dem Tal des Coquihalla River aufwärts in die Rocky Mountains. Der in Hope beginnende Crowsnest Highway trennt sich rasch vom Highway Nr. 5, schwingt sich aus dem Flußtal und folgt einem Creek in die Cascade Mountains und zur Wasserscheide, dem Allison Pass (1342 m.ü.M.), der nur 60 km von Hope entfernt liegt.

Beim Aufstieg in die Berge und Wälder trifft man gelegentlich auf historische Erinnerungen, meist durch Tafeln am Highway angekündigt. Man durchfährt eine Ferienlandschaft, im Winter Skigebiet, mit Lodges, Ferienhaussiedlungen und Erholungsparks. Mit zunehmender Höhe locken Aussichtspunkte, Wasserfälle und Rastplätze zu kurzen Aufenthalten, für längere findet man zahlreiche Campgrounds am Wege.

Bei km 17 hinter Hope, am Hope Slide Viewpoint, verschüttete 1965 ein Erdrutsch nach einem Erdbeben das Tal.

Hinter Allison Pass, mitten im Manning Park, stößt der Highway auf die Quellwasser des Similkameen River und folgt diesem hinunter nach Princeton.

Bei km 29 ab Hope passiert man eine alte Waggonroad, nördlich des Highways

gelegen und 1860 gebaut: der Ursprung des Crowsnest Highways.
Bei km 68 ab Hope liegt das Manning Park-Verwaltungsgebäude. Im Office erhält man Skizzen und Informationen zu den zahlreichen Trails im Park.
Bei km 83 verläßt man den Park, den ein mächtiger Bär bewacht. Da er aus Holz geschnitzt ist, hält er auch bei Erinnerungsfotos brav still. Nur 4 km weiter bieten sich die Similkameen Wasserfälle als Fotomotive an. Im weiteren gewundenen Lauf der Straße in engen Kehren und durch bizarre Berglandschaft gelangt man aus den Cascade Mountains ins Innere Plateau. Das gebirgige Becken um Princeton war in vorgeschichtlichen Zeiten ein tropischer Urwald. Die daraus entstandenen mächtigen Kohlenflöze wurden im Tagebau ausgebeutet.

Princeton (4000 Einwohner)
Info: Travel Infocentre, 167 Vermilion Avenue, Princeton BC V0X 1W0, Tel. 604/295-7816.
Der Bergbau-Ort mit Kupfer- und Kohleabbau war schon uralte Indianersiedlung, ehe 1860 die erste Waggon Road ins Tal angelegt wurde. Der hier einmündende Nebenfluß „Tulameen" hat seinen Namen „Rote Erde Fluß" aus den Bergen von Rotem Ocker, aus denen er kommt. Der für die Kriegsbemalung unentbehrliche rote Farbstoff war eine begehrte Handelsware und wurde bis weit in die westlichen und südlichen Prärien gehandelt.
Die Zeit des Bergbaues ist auch in Princeton längst vorbei. Landwirtschaft und Holzverwertung sind die Grundlagen, auf denen der Ort weiterlebt.
Princeton liegt im Mittelpunkt eines Tafellandes, das sich nach Osten neigt. Folgerichtig sammelt der Similkameen hier seine Quellflüsse zusammen und strömt als mächtiger Hauptfluß hinab ins Okanagan Valley. Der Crowsnest Highway folgt dem Fluß, wendet sich nach Osten bergab und in die „Wüste". Hier im Inneren Plateau erstreckte sich dieselbe Felswüste, die man aus den südlichen Becken der USA kennt, wenn nicht die konsequente Bewässerung der Erosion entgegenwirken würde. Nicht nur das trockene und wärmere Klima unterscheidet die Region von der Küstenlandschaft hinter dem zurückliegenden Paß, auch sehr viele Pflanzenarten entsprechen denen der Wüstenzone. Wüste findet man nicht am Wege. Die Täler voraus sind intensiv bewässertes und genutztes Farmland. Das Innere Becken am Okanagan/Similkameen River ist der Garten British Columbias. Ausgedehnte Gemüseplantagen und Weinberge nutzen die so günstige klimatische Konstellation im Schutze der eisbedeckten Gebirgszüge rundum.

Bei km 173 führt der Highway an Hedley vorbei, einem Goldgräberdorf, heute nur noch Raststätte. Am 20mile Creek wurde bis 1955 Gold gefördert, rund 50 Millionen Can$ warf der Bach ab.
Bei km 180 sieht man südlich der Straße einen Staketenzaun im Feld. Ein alter Indianerfriedhof blieb hier bewahrt. In der Nähe sind gut erhaltene indianische Felsmalereien zu sehen.
Bei km 198 zweigt eine Schotterstraße von 22 km zum Cathedral Provincial Park ab. Der Park ist berühmt wegen seiner Gebirgsseen in den Tälern der Okanagan Range, und durch Wanderwege sowie Campgrounds und zwei Lodges gut erschlossen.

Nach einigen Siedlungen neben der Straße fährt man bei km 241 am Spotted Lake vorbei, dessen Schaumkronen von seinem hohen Gehalt an Magnesium und Soda herrühren. Danach wendet sich der Highway aus dem Flußtal und springt über eine kleine Höhe ins Okanagan Tal, das bei Osoyoos erreicht wird. Gleich südlich des Ortes liegt die Grenze zu den USA. Nach Norden erstreckt sich das Landwirtschaftsgebiet am aufgestauten Okanagan River. Eine reizvolle Rundfahrt bietet sich an: rund 50 km talauf bis Armstrong, und am anderen Ufer der Seenkette zurück. Aber man kann sie auch zwischendurch abbrechen und auf einer der Brücken an den Engstellen zur Rückfahrt gegenüber starten. Nach den Gebirgs- und Waldpartien der Anreise ist der Gegensatz zwischen der Seenfläche und den intensiv bewirtschafteten Talhängen ein erholsamer Anblick. Städte wie Penticton (24.000 Einwohner), Kelowna (65.000 Einwohner) und Vernon (22.000 Einwohner) bieten auf dem kurzen Weg durch intensiv besiedeltes Gebiet zahlreiche Unterkünfte und zahllose Trips und Unternehmungen an.

Im Grenzland nach Osten

Hinter Osoyoos steigt der Highway sofort wieder in engen Windungen zum nächsten Paß hinauf. Unterwegs ergeben sich immer wieder herrliche Ausblicke ins Tal. Nach nur 35 km ist man schon auf dem Anarchist Summit (1352 m.ü.M.), immer knapp nördlich der Grenze zu den USA. Und da alle Flüsse den Tälern nach Süden und zum Columbia River hin folgen, ist der Highway zu einer Folge von Auf- und Abstiegen von Wasserscheide zu Wasserscheide gezwungen. Nicht immer zur Freude des Autofahrers, der leider nicht so oft die Ausblicke genießen kann, da die schwierige Streckenführung in Kehren und Engpässen höchste Konzentration verlangt.

Bei km 320, im kleinen Dorf Midway, verläßt der Highway das Tal des Kettle River und erklimmt eine weitere Wasserscheide. In den Bergen beidseits waren einmal über 20 Gold- und Kupferbergwerke aktiv, doch davon sieht man heute nichts mehr, man muß schon danach suchen. Nur in den kleinen Siedlungen erhält man Aufschluß und kann auch noch vor Ort Überbleibsel der Bergbauzeit sehen.

Hinter Greenwood, bei km 335, zweigt eine Schotterstraße nach Norden ab. Über 10 km führt sie zum Jewel Lake, der seinem Namen Ehre macht und wie ein Schmuckstück im Rahmen der Berge eingefaßt ist. Hier oben lag einmal eine Bergbaustadt, aber nur noch Ruinen künden von Long Lake City.

In Grand Forkes, einer anderen kleinen Bergwerkssiedlung, erreicht der Highway den Talgrund, um gleich wieder in die nächste Steigung zu gehen. Das Grand Forkes von heute ist ein Hauptort der Doukhobor, einer russischen und sehr konservativen Sekte. Russische Züge weist nicht nur das Dorf auf, auch auf der Speisekarte entdeckt man Borschtsch und Piroggen.

Im Aufstieg aus dem Talgang umrundet der Highway den wunderschönen Christina Lake und erklimmt dann mit 1535 m.ü.M. den Bonanza Pass bei km 435. Beim Aufstieg zur Paßhöhe ist die Paulson Bridge über den McRae Canyon ein Höhepunkt. Beim folgenden Abstieg ins Tal des Columbia River und nach Castlegar ist es die Gebirgszenerie mit ihren überwältigenden Blicken, die hinter jeder Serpentine zum Halten verlockt.

Castlegar (6500 Einwohner)

Info: Travel Infocentre, 1995-6th Avenue, Castlegar BC V1N 4B7, Telefon 604/365-6313.

Die Stadt liegt im Tal des Columbia River, kurz bevor der mächtige Fluß und Namenspatron des Staates das Land nach Süden verläßt, um sich durch die USA seinen Weg ins Meer zu suchen. Nördlich der Stadt mündet der Kootenay River ein.

Als zentraler Verkehrsknotenpunkt bietet der Ort mit Dutzenden ansprechender Ziele rundum ein weiteres Mal einen Standort für Urlaub und Unternehmungen: Am Columbia aufwärts die Arrow Lakes, die Gebirgsparks am Mount Revelstoke und der Glacier National Park. Touren in die Parks Valhalla, Kokanee Glacier, Champion Lakes und Nancy Greene sowie zu den hübschen Städtchen Trail, Rossland und Nelson. Ostwärts wartet der ausgedehnte Kootenay Lake auf Kanuten und in Castlegar selbst, ebenfalls ein Zentrum der Besiedlung durch die Doukhobors, darf man das Freilichtmuseum, die Anlage eines Doukhobor Dorfes nicht auslassen — mit seinem russischen Restaurant, in dem es ausschließlich Doukhobor-Gerichte zum kanadischen Wein gibt.

Unterkünfte

„Hislop's Hi-Way Campsite", 1725 Mannix Road, komfortabel, ab 12 Can$.

„Pass Creek Regional Park", 2101-6th Avenue, 2 km westlich an der Kootenay Brücke und dem Columbia River, ab 10 Can$, gut ausgestattet.

„Twin Rivers Motel", 1485 Columbia Avenue, Castlegar BC V1N 1H8, Tel. 604/365-6900, Motelraum ab 39 Can$.

„Flamingo Motel", 1660 Columbia Avenue, Castlegar BC V1N 1H9, Tel. 604/365-7978, ab 35 Can$.

„Sandman Inn", 1944 Columbia Avenue, Castlegar BC V1N 2W7, Tel. 604/365-8444, ab 63 Can$.

Daneben bieten die o.a. Nachbarorte eine Reihe preiswerter Motels. In Trail z.B. „Beaver Valley Motel", 16 km ostwärts von Trail am Highway 3b, ab 30 Can$.

Mount Revelstoke National Park

Info: Superintendent Mount Revelstoke National Park, Box 350, Revelstoke BC V0E, 2S0, Tel. 604/837-5155.

Der nur 260 qkm große Park liegt am Westhang der Selkirk Mountains und am Ostufer des Columbia River. Der Transcanada Highway führt direkt südlich daran vorbei. Der Park ist durch eine Fahrstraße erschlossen, die es erlaubt, bis zum Aussichtspunkt auf dem Gipfel des Mount Revelstoke (1938 m.ü.M.) hinaufzufahren und die exzellente Fernsicht zu genießen. Schon die Auffahrt durch den dschungelhaften Regenwald mit seinen Riesenbäumen ist die Fahrt wert. Auf der Höhe gibt es einige schöne Wanderpfade, aber die alpine Wiesenregion mit ihren ausgedehnten Almen ist erst im Juli schneefrei!

Glacier National Park

Info: Superintendent Glacier National Park, Box 350, Revelstoke BC V0E 2S0, Tel. 604/837-5155.

Der nur 20 km weiter ostwärts als der o.a. Park auf den Höhen des Gebirges liegende Glacier Park macht seinem Namen Ehre. Er ist eine nicht erschlossene Ansammlung von über 100 Berggipfeln und Eisfeldern. Der jährliche Schneefall soll in den Gipfellagen über 20 m ausmachen! Dennoch ist er einen Ausflug wert: der Transcanada Highway durchschneidet den Park und führt mittendrin über den Rogers Pass (1382 m.ü.M.).

Gemeinsam mit dem Highway und gelegentlich etwas von ihm entfernt fährt die Eisenbahn der Canadian Pacific ebenfalls durch den Park und über den Rogers Pass. Unterkünfte gibt es weder im Revelstoke noch im Glacier Park. In letzterem liegen allerdings drei Campgrounds der Parkverwaltung am Highway, und die machen ein Verweilen möglich. Pfade sind keine angelegt. Und oben am Rogers Pass findet man im Sommer die einzige Zuflucht, eine kleine Raststätte mitten im Park.

Aus Castlegar geht es über die Columbia River Bridge nach Osten. In steilem Anstieg überwindet der Highway die Gebirgsbarriere, die den Kootenay River zu einem weiten Umweg zwingt. Die Streckenführung ist teilweise gewagt und immer interessant. Sie führt von Castlegar am Kootenay River nach Creston am oberen Kootenay River über 120 einsame Kilometer durchs Gebirge. Vom Kootenay Pass auf 1775 m.ü.M. schwingt sie sich dann in nur 30 km ins Tal auf nur noch 610 m.ü.M. Unterwegs ist nur der kleine Gebirgsort Salmo ein Versorgungspunkt.

Unten in Creston findet man sich plötzlich in Farmland wieder. Auch hier gedeihen Getreide und Kartoffeln. Durch Wiesen und Äcker führt die Straße sofort wieder in die Berge. In 38 km hinauf ins Gebirge erreicht man den kleinen Kurort Yahk. Hier schwenkt der Highway nach Norden in die Purcell Mountains. Nur 10 km hinter Yahk liegt die Zeitgrenze, die Uhr muß eine Stunde weitergestellt werden.

Kimberley:
American Way of Holiday Life

Der alte Bergwerksort besann sich im Niedergang der Aktivität in den Minen auf seine herrliche alpine Lage in den Bergen und mutierte in kurzer Zeit zu einem Abklatsch eines Schweizer Kurortes, den man einfach sehen muß, um sich am American Way of Holiday Life zu delektieren.

Zum Beispiel an der — natürlich weltgrößten — Kuckucksuhr im Hausformat. Wer einen Quarter in den Automaten wirft, bringt das Uhrwerk zum Leben, und es erscheint nicht etwa ein Vogel — sondern eine Art Almöhi am Fenster, der dem Besucher etwas vorjodelt.

Der „Happy Hans" ist der Anziehungspunkt für die US-Touristen, und im „Platzl", der Fußgängerzone mit Restaurants und Läden im „Bavarian Style", kann man sich dann wie zu Hause in Garmisch fühlen. Die Maderln und die Bubn traben im Dirndl und in Lederhosen herum, und aus jedem Fenster ragt der Blumenkasten mit den bekannten bunten Blüten. Im „Alpenhaus" oder im „Gasthaus Cuckoo" gibt es Knödel mit Sauerkraut und Schweinebraten.

Auf halbem Wege nach Cranbrook bietet der Moyie Lake, ein langgestreckter Gebirgssee, Aufenthalt an einem ausgezeichneten Fischwasser mit zwei großen Campgrounds.

Cranbrook mit seinen 15.000 Einwohnern ist Mittelpunkt der Region, obgleich die Zeiten des Bergbaues auch hier vorüber sind. Die günstige Lage zwischen den

Goldfeldern von Moyie im Westen und Wildhorse im Osten ließ die Stadt aufblühen.

Nach Norden in die Parks

Hinter Cranbrook senkt sich die Straße weiter zu Tal, bis man erneut zum Kootenay River gelangt. Hier steht man am Scheidepunkt zweier Verkehrswege. Nach Norden führt der Highway Nr. 95 nach Kimberley.

Wer sich am Scheideweg noch einmal für ein Stück Crowsnest Highway entschieden hat, den führt er nach Osten, wo man im Tal des Kootenay auf unverfälschte kanadisch-amerikanische Vergangenheit stößt.

In **Fort Steele** hat man den Kootenay Goldrush konserviert. Die Geschichte der Stadt führt zurück ins Jahr 1864, als nach dem Cariboo der Kootenay Goldrush folgte. Die Stadt wurde mittlerweile als historisches Denkmal und Freilichtmuseum vom Staat übernommen, aufs Feinste renoviert und — wo nötig — erneuert.

Im Sommer wird mehr daraus. Über hundert Menschen lassen in historischen Kostümen die Stadt zum Leben erwachen. Das Postamt ist wieder tätig, und die Beamten der NWMC sorgen wie damals für Ordnung. In den Saloons und Geschäften wird wie früher verkauft, die Pferdekutsche fährt Besucher durch das Gelände und die Straßen. In der Kirche wird Gottesdienst abgehalten und im Schulhaus Unterricht erteilt. Eine Dampflok zieht tutend den Passagierzug ins Städtchen, der damals die Siedlung umging. Und natürlich gehört die Vaudeville Show im Theater dazu, wo man die alten Zeiten als Revue aufleben läßt.

Der Name der Siedlung birgt außerdem eine berichtenswerte Episode aus der Besiedlung des Gebietes. Obwohl der Goldrush schon abgeebbt war und keine Zwischenfälle mit den zahlreichen Indianergruppen in den Bergen ausgelöst hatte, kam es danach anders. Alkohol und Gewalttaten brachten die Indianer gegen die zurückgebliebenen Weißen auf, es drohte ein Indianeraufstand. Rechtzeitig traf ein Detachement von 75 Beamten der NWMC im damaligen Galbraith's Ferry ein und sorgte für Frieden. Dem energischen Superintendenten Samuel B. Steele gelang es 1887, die weißen Eindringlinge von ihren Übergriffen abzubringen und die Indianer zu einem Friedensschluß zu überreden, der Indianerkrieg wurde abgesagt. Zum Dank für diese Vermittlungsarbeit tauften die Städter ihren Ort in Fort Steele um.

Egal, ob man Kimberley, 30 km von Cranbrook nach Westen, oder Fort Steele, 20 km von Cranbrook im Osten angesteuert hat (oder sich beides antat), hier muß man vom Crowsnest Highway Abschied nehmen. Der schwingt sich ostwärts in die Gipfellinie der Rocky Mountains, durchstößt sie im Crowsnest Pass auf nur 1396 m.ü.M. und schlängelt sich hinunter in die Prärie von Alberta. Der Paß ist es, der dem Highway seinen Namen gab. Nach Norden in die Parks aber führen die kombinierten Highways 93 und 95, die sich oberhalb von Fort Steele bzw. Kimberley im Tal des Kootenay River vereinen und diesem aufwärts folgen. Von Hope bis hierher liegen schon 750 km hinter uns.

Wieder einmal geht es hinauf in die Berge, immer am Ufer des Kootenay, der seinen Ursprung ja im Kootenay National Park hat, einem Anhängsel an den Banff National Park, letzterer jenseits der Rocky Mountains Wasserscheide in Alberta, ersterer diesseits in British Columbia.

Bei km 755 liegt der Ort Skookumchuck am gleichnamigen River. Außer einer Raststätte gibt es hier die Abzweigung in den kleinen Premier Lake Provincial Park mit Campground, 15 km vom Highway.

Bei km 778 zweigt die Schotterstraße in den Whiteswan Lake Park ab, 22 km an Highway, mit Campground. Am Parkanfang liegt eine Thermalquelle, Lussier Hot Springs. Ein einfaches Steinbecken faßt das 43 °C heiße Wasser und lädt zum Bade. Im Sommer kann man 35 km weiter hoch in den Top of the World Provincial Park gelangen, obwohl die Schotterpiste dorthin sehr problematisch ist, je nach Jahr und Regen sollte man die Fahrt unterlassen. Der Park ist gut erschlossen, mit Pfaden und Zeltplätzen sowie einer Schutzhütte. Der Reiz des Parkes liegt in seiner offenen hochalpinen Lage über der Baumgrenze, mit weiten Almwiesen in den Talzügen und zahllosen schroffen Felsen in Gipfellage. Die Straße führt nur bis zum Park, ab dort gibt es nur Wanderpfade.

Bei km 810 erreicht der Highway wieder einmal eine Wasserscheide. Während in Canal Flats der Kootenay River weiter nach Süden rauscht, quert der Highway den Fluß nach Westen ins Tal des hier entspringenden Columbia River. Der verläßt seinen Geburtsort, den 20 km langen Columbia Lake, in Richtung Norden und fließt zunächst für 350 km ins Innere von British Columbia, ehe er sich eines besseren besinnt und parallel dazu nach Süden aus dem Land „emigriert".

Die nur 2 km breite Landbrücke zwischen dem Columbia Lake und dem südlich von Canal Flats ebenfalls seeartig geweiteten Kootenay River, ließ natürlich jemanden auf die Idee kommen, beide Systeme mittels eines Kanales zu verbinden und so den Kootenay bis in seinen Oberlauf schiffbar zu machen. Das Werk ist noch heute zu besichtigen, obwohl es bald nach Fertigstellung aufgegeben wurde. Die Anlagen des William Baillie-Grohman von 1886 liegen westlich des Highways.

Die Straße folgt nun dem Seeufer über das Plateau. Am jenseitigen Ufer liegt Fairmont Hot Springs, ein kleines Thermalbad und ein Luftkurort, aber auch Indianerreservat. Die Kirche im 20 km weiter gelegenen Dorf Windermere hat eine eigene Geschichte. Sie heißt völlig zu Recht „The stolen Church", denn sie wurde in einer Nacht- und Nebelaktion aus dem Bahnbaucamp Donald gestohlen, das im Zuge des Weiterbaues der Bahn schon aufgegeben war. Die Kirche aber sollte nach Revelstoke umgesiedelt werden. Die Diebe schafften sie zerlegt nach Golden, wo andere Diebe sich die Glocke beschafften, während die Kirchendiebe schliefen und auf das Dampfschiff warteten, das sie und ihre Beute zum heutigen Standort bringen sollte. So steht die gestohlene Kirche heute in Windermere.

Bei km 830 passiert der Highway eine Farm, und ehe der Reisende an Halluzinationen zu glauben beginnt, sei verraten, daß das tatsächlich Lamas sind, die hier ihrer wertvollen Wolle halber auf den Wiesen weiden.

Bei km 835 erreicht die Straße wieder eine Siedlung mit allen Versorgungsdien-

sten: **Invermere** mit 2000 Einwohnern. Das Dorf ist eine der ältesten Stationen am alten Handelsweg über Kootenay und Columbia River.
Das nahe **Radium Hot Springs** mit seinen 1000 Seelen ist dann wirklich nur Bade- und Erholungsort, das Thermalbad zieht jährlich viele Besucher an.
Der Highway Nr. 95 läuft weiter im Tal des Columbia River flußab, der Highway Nr. 93 dagegen wendet sich aus dem Tal nach Osten, übersteigt die Wasserscheide zum Kootenay River und führt hinein in die Parks.

Durch die Nationalparks

Informationsmaterial erhält man durch:
Superintendent Banff National Park, Box 900, Banff AB T0L 0C0, Tel. 403/762-3324. Das Park Office liegt am Ende der Banff Avenue im Süden vom Zentrum und jenseits des Bow River.
Superintendent Jasper National Park, Box 10, Jasper AB T0E 1E0, Tel. 403/852-6161. Das Park Office befindet sich im Townsite Information Centre am Connaught Drive im Zentrum von Jasper.
Superintendent Kootenay National Park, Box 220, Radium Hot Springs BC V0A 1M0, Tel. 604/347-9615. Das Park Office liegt im West Gate Information Centre, am Parktor zu Radium Hot Springs.
Superintendent Yoho National Park, Box 99, Field BC V0A 1G0, Tel. 604/343-6324. Das Park Office liegt mitten im Park am Highway Nr. 1, in der Siedlung Field.

Vorbemerkung

Es ist unvermeidbar, daß der Parkbesucher in den Touristenrummel gerät. Banff rühmt sich z.B., daß jährlich 2,5 Millionen Besucher durch die Siedlung spazieren. Das sind rein statistisch schon 7000 pro Tag. Zwar wird in Banff und Jasper auch ausgiebig dem Wintersport gefrönt, Pisten, Loipen und Lifts sichern auch dann einen guten Besuch — aber die Masse strömt und drängt im Sommer hindurch. Das soll niemanden abschrecken, die Gebirgswelt in den hohen Rockies ist einfach zu schön — und nirgends so einfach zu erreichen.
Ein paar Tips gilt es zu beherzigen, dann bleibt man von dem Massenandrang verschont. Die meisten Reisenden kommen mit Bussen, werden über die Highways durch die Dörfer geschleust und an erreichbare Punkte gekarrt. Wer also dem Busstau am Lake Louise entkommen will, muß morgens um 7 Uhr oder abends nach 20 Uhr aufkreuzen — oder sich morgens zu einem Wandertrip am See aufmachen und abends erst zurückkehren.
Abseits der Fahrstraßen ist man fast völlig allein und kann sich der Wildnis erfreuen. Schließlich bieten die beiden Parks über 2000 km Wanderwege an!
Und wer motorisiert ist, sollte in Siedlungen außerhalb der Parks übernachten. Schließlich hat der Icefields Parkway am Südende vier Highway-Anschlüsse aus den Parks nach Süden und Osten hinaus, und im Norden zwei, einen nach Norden und einen nach Westen.
Wer sein fahrbares Haus mitführt, ist fein raus. Die schön gelegenen Campgrounds der Parkverwaltung sind so zahlreich an den Highways angelegt, daß jeder unterkommt. Wer aber ein idyllisches Plätzchen ergattern will, muß auch hier frühzeitig einen Campground ansteuern.

Wer preiswert absteigen möchte, hat in den beiden Parks reichlich Herbergen zur Verfügung, insgesamt 13 an der Zahl. Sie werden nachfolgend mit genauer Anfahrt aufgezählt.
Im übrigen benötigt man kein Fahrzeug, um in die Parks zu gelangen. Banff und Jasper liegen beide je an einem der beiden Schienenstränge, die durch die Rockies nach Alberta führen. Sie teilen sich in Kamloops auf und führen nach Edmonton bzw. Calgary. Auf den Highways parallel zu den beiden Railroads verkehrt Greyhound. Jasper und Banff haben gleich am Bahnhof den Busterminal der Überlandbusse.
Die 285 km zwischen Banff und Jasper kann man mit den täglich mehrfach zwischen den beiden Busterminals verkehrenden Bussen der Greyhound Gesellschaft (Brewster Transportation) bewältigen, hier gilt der „Greyhound Canada Pass".

i PRAKTISCHE INFORMATIONEN

Preiswerte Unterkünfte im Park
„Banff YMCA/YWCA Mountain Lodge", 414 Muskrat Street, Banff AB T0L 0C0, Tel. 403/762-3560, ab 20 Can$.
„Jugendherbergen": Banff, Tunnel Mountain Road, Tel. 403/762-4122, 14 Can$, Nichtmitglieder 18 Can$.
Das Haus liegt 2 km nordwestlich downtown. Spray River Fire Road, Tel. 403/283-5551, 10 Can$, Nichtmitglieder 12 Can$.
Dieses Haus liegt 5 km südlich vom Zentrum, an der Road im Anschluß an die Spray Avenue.

Innerhalb der beiden Parks Banff und Jasper liegen acht weitere Jugendherbergen in Abständen zwischen beiden Orten, und zwei weitere am Stadtrand von Jasper. Sie liegen nicht alle nahe dem Highway, und man muß schon sehr auf die Hinweise achten. Die Verteilung ist sehr zweckmäßig darauf abgestellt, dem Wanderer zu ermöglichen, von Banff nach Jasper durch den Park zu streifen und immer wieder eine Herberge zu finden. Sie haben keine eigenen Rufnummern und sind telefonisch nur durch die Vermittlung der Zentrale zu erreichen!
Im Banff Park: Tel. 403/283-5551
Im Jasper Park: Tel. 403/439-3089.
„Castle Mountain", 30 km nördlich von Banff am Highway 1 A (und nur über diesen zu erreichen!), 5 (8) Can$.
„Corral Creek", 5 km südlich von Lake Louise Village, am Highway 1 A (und nur über diesen zu erreichen!), 5 Can$, Nichtmitglieder 7 Can$.
„Mosquito Creek", 18 km nördlich von Lake Louise Village, am Highway 93, 5,50 (8) Can$.
„Ramparts Creek", 88 km nördlich von Lake Louise Village am Highway 93, 5 (7) Can$.
„Hilda Creek", noch im Banff Park, südlich der Grenze zum Jasper, am Highway 93, 5 (6) Can$.
„Beauty Creek", 22 km nördlich der Parkgrenze im Jasper, am Highway 93, 4 (6) Can$.
„Athabasca Falls", 44 km weiter nördlich am Highway Nr. 93, bei der Parkwarden Station, 4,50 (7) Can$.
„Mt. Edith Cavell", zu Füßen des Berges und über Stichstraßen 13 km ab Highway 93 A zu erreichen (und nur über diese Sei-

tenstrecke!), 25 km südlich von Jasper, 4,50 (6) Can$.
„Whistler's Mountain Skytram Road", 5 km westlich von Jasper an dieser Seitenstraße/Ecke Highway 93, 6 (9) Can$.
„Maligne Canyon", 15 km ostwärts von Jasper an der Road zum Maligne Canyon, 4 (6) Can$.
In den anderen Parks sind keine Jugendherbergen vorhanden.
Die Jugendherbergen nehmen jedermann auf. Die Belegung erfolgt nach dem üblichen Prinzip, wer zuerst kommt, erhält ein Bett usw., bis das Haus voll ist. Reservierungen sind nicht möglich, Einlaß ab 17 Uhr. Da fast alle direkt mit einem Campground der Parkverwaltung zusammenliegen, kann man dorthin ausweichen, wenn man nicht mehr in der Herberge unterkommt.
Die Übernachtungspreise variieren je nach Ausstattung zwischen 10 und 12 Can$ für Mitglieder, Nichtmitglieder zahlen jeweils 3 Can$ mehr.

Der **Kootenay National Park** ist der erste am Wege. Der Highway Nr. 93 durchläuft und erschließt ihn in Längsrichtung. Er ist ein langgestreckter Schlauch von 1406 qkm, ein wenig abseits und ruhiger als seine überlaufenen berühmteren Brüder in der Gipfelzone der Rocky Mountains. In diesem Park gibt es — zum Glück? — keine Siedlungen.
Das Parkzentrum liegt gleich am Highway hinter dem Parktor. Ein Halt ist hier nicht nur wegen der Informationen unerläßlich, sondern auch, um sich mit dem Campingplatz-Permit und der Anglerkarte zu versorgen. Natürlich benötigt nur der einen der beiden Scheine bzw. Aufkleber, der ausgiebig davon Gebrauch machen will. Für 20 Can$ bekommt man die Jahreserlaubnis, jeden Campground in einem kanadischen Nationalpark zu benutzen, auf denen sonst die Übernachtung mindestens 3 Can$ kostet.
Petrijünger haben die Wahl zwischen der Jahreskarte für 10 Can$ oder der Siebentageskarte für 5 Can$. Auch sie gelten in sämtlichen Nationalparks, man braucht sie also während eines Urlaubes nur einmal zu kaufen.
Außerdem bietet sich gleich am Eingang in den Park Gelegenheit, aus zwei weiteren Becken der Thermalquellen Nutzen zu ziehen — die sind kostenlos, im Gegensatz zum riesigen Swimmingpool in Radium Hot Springs vor den Toren des Parkes. Die Quellen sind identisch. Sie stammen nur aus verschiedenen Quelltöpfen und haben zwischen 35 und 50 °C zu bieten. Neben verschiedenen Mineralien weisen sie auch eine leichte radioaktive Strahlung auf, daher der Name.

Die Straße begibt sich nun auf eine neue Klettertour, diesmal hinauf zu der Gipfelzone der Rockies und dem **Banff National Park.** Park-, Rast- und Zeltplätze säumen die Fahrbahn, jeder ein Startpunkt zu gut begehbaren Wandertrails, für die man Skizzen im Park Office bekommt. Mindestens aber sind es immer Haltepunkte mit geologischen Besonderheiten, Canyons, Wasserfällen und einmaligen Aussichten. Der Park ist besonders für seine Farberden bekannt, die den Prärieindianern bis vor hundert Jahren begehrte Handelsobjekte waren.
Nach nur 15 km durch das Tal des Sinclair Creek aufwärts erreicht man den Sinclair Pass (1486 m.ü.M.) und dahinter einen Aussichtspunkt mit großartiger Sicht auf

das Kootenay Valley — in das es jetzt wieder einmal hinunter geht. Der Highway folgt dann auf der westlichen Talschulter einen Fluß hinauf zu seinen Quellen. Es ist der Vermilion River, ein Neben- und Quellwasser des Kootenay, an dem die Straße schließlich entlangführt. In Kaskaden und Fällen rauscht er zu Tal. Rechts und links der Fahrbahn werden die ersten Dreitausender sichtbar, Mount Foster, Stanley, Storm und mit 3618 m.ü.M. einer der höchsten, der Mount Assiniboine. Den Mount Stanley Gletscher erreicht man über einen Trail in vierstündiger Wanderung.

Kurz vor dem letzten Aufstieg zur Paßhöhe kommt man an den Paint Pots und dem Marble Canyon vorbei, beide durch kurze Wanderungen ab dem Parkwarden-Posten erreichbar. Erstere sind besonders prachtvolle Erdfärbungen, die von Mineralienzusätzen verursacht werden! der Canyon ist eine Bachschlucht im Kalkgestein, das teilweise zu Marmor geworden ist. Der Rundwanderweg bis zum Wasserfall von nur 2 km Länge ist einer der interessantesten im Park.

Den verläßt der Highway nach letztem Aufstieg und insgesamt rund 100 km Fahrstrecke über den Vermilion Pass (1651 m.ü.M.), einer kontinentalen Wasserscheide, aber immer noch unterhalb der Baumgrenze! Die bisherigen Fließgewässer am Highway zogen alle zum Columbia River und mit diesem in den Pazifik. Jenseits des Passes, im Banff National Park und in der Provinz Alberta, startet der Bow River und führt die Gewässer zum Eismeer im Norden, in die Hudson Bay.

Gut 5 km weiter trifft der Highway Nr. 93 auf den Transcanada Highway, der zusammen mit der Eisenbahn von Hope durch den Yoho National Park heraufkommt. An Castle Junction wenden wir uns rechts nach Banff, das rund 30 km südlich liegt. Auch der Banff National Park ist intensiv durch Seitenpfade für Wanderer erschlossen. Darüber hinaus weist er noch eine Reihe Fahrstraßen auf, die es dem motorisierten Besucher leicht machen, sehr viele der besondes sehenswerten Punkte zu erreichen. Allein 25 der Gipfel dieses Parkes von 6641 qkm sind im Club der Dreitausender, auch im Sommer mit einer Schneemütze ausgestattet und meist von Gletschern begleitet. Einige davon sind durch Lifte erschlossen.

Banff mit seinen 4000 Einwohnern liegt auf 1384 m.ü.M. im Tal des Bow River. Es ist der typische hochfeudale Hochgebirgskurort mit allen bekannten Begleiterscheinungen des Massentourismus, wie man ihn auch in anderen Ecken der Welt findet. Da sowohl die Schönheit der Rockies als auch die Linienführung der Straßen den Besuch der Stadt nahelegen, sollte man sie besuchen und den Versorgungspunkt nutzen, ohne sich durch die Touristenmelkmaschine drehen zu lassen.

Unterkünfte haben z.B. die üble Angewohnheit, mit gleitenden Preisen zu arbeiten. Die Saisonpreise sind doppelt so hoch wie zu ruhigen Zeiten. Wer also in einem der 40 Hotels/Motels der Stadt wohnen möchte, sollte vorher sorgfältig das Preisgefälle mit seinen drei Stufen low/regular/holiday beachten. Die günstigsten Holidaytarife bieten an:

„Irwin's Motor Inn", 419 Banff Avenue, Banff AB T0L 0C0, Tel. 403/762-4188, ab 70 Can$.

„Cascade Inn", 124 Banff Avenue, Banff AB T0L 0C0, Tel. 403/762-3311, ab 70 Can$.
„Spruce Grove Motel", 545 Banff Avenue, Banff AB T0L 0C0, Tel. 403/762-2112, ab 68 Can$.
„Pinewoods Motel", 600 Banff Avenue, Banff AB T0L 0C0, Tel. 403/762-5575, ab 78 Can$. (Tel. kostenfrei 1-800-661-1272).

Unternehmungen

Unter den zahlreichen Möglichkeiten ist ein Rundgang durch die Banff Avenue unerläßlich, Zentrum der Siedlung und des Touristenverkehrs mit einigen historischen Bauten.
Das Luxton Museum bietet anschaulichen Einblick in die Lebensweise der Prärieindianer.
Der Lake Minnewanka, der größte im Park, bietet Wanderwege und Anglerfreuden sowie Mietboote.
An der Lake Minnewanka Road nördlich der Stadt findet man auch weitere Campgrounds der Parkverwaltung.
„The Cave and Basin Centennial Centre", südlich der Stadt am Ende der Cave Avenue, bietet Thermalbad und Informationsshow zugleich.
„Upper Hot Springs", 5 km südlich der Stadt, am Fuß der Gondelbahn auf den Sulphur Mountain, ermöglichen Thermalbad und Ausflug zum Aussichtspunkt auf der Höhe.
„The Buffalo Paddock" im Nordteil der Stadt, 6 km vom Zentrum, Fahrt durch das Büffelgehege.
Reitertouren durch die Täler im weiteren Einzugsgebiet der Stadt ermöglichen mehrere Reitställe mit Mietpferden und geführten Gruppen.
Und schließlich warten rund 20 verschiedene Wanderpfade.

Banff muß man wieder auf dem Highway verlassen und entgegengesetzt nach Jasper aufbrechen. Um dieselbe Fahrstrecke zurück zu vermeiden, zweigt gleich außerhalb der Stadt, noch vor der Bow River Bridge rechts der Bow Valley Parkway ab. Als Highway 1 A läuft diese Straße parallel zum Transcanada Highway bis zum Lake Louise. Sie führt an einer Reihe guter Campgrounds entlang.

Der **Lake Louise** ist ein recht hübscher Gebirgssee, umrundet von eindrucksvollen Gipfeln und Gletschern und mit dem Hotelklotz des Chateau Lake Louise am Ufer. Ob all die vielen Superlative, die von der Touristenwerbung beschworen werden, auch zutreffen, mag der herausfinden, der sich dorthin bemüht. Vom Highway aus sind es nur 5 km auf der Seitenstraße „Lake Louise Drive" ab Lake Louise Village, aber die ist im Sommer meist von Bussen und Hunderten anderer Motorfahrzeuge verstopft. Angeblich sollen schon eine Milliarde Menschen sich den See angesehen haben. Wer also zur zweiten beitragen möchte, stelle sich in der Schlange an und warte, bis er ans Wasser gelassen wird. Sechs Gletscher speisen den See und füllen ständig mit frischem grünem Gletscherwasser auf, was der Louise Creek in den Bow River hinüberschafft. Er ist sicher ein Juwel, eine Perle der Rockies, als die er angepriesen wird, aber es gibt in British Columbia noch Dutzende mindestens ebenso schöne Seen — nur einsamer und vom Touristenrummel verschont.

Gleich hinter dem Lake biegt der Transcanada Highway nach Westen und verläßt über den Kicking Horse Pass Park und Alberta in Richtung British Columbia und Yoho National Park. Nun führt der Highway Nr. 93 allein weiter nach Norden und Jasper. Er trägt den hübschen Beinamen „Icefield Parkway" und macht dem Ehre. Immer wieder werden die Gletscherzungen, die links von den Höhen herabreichen, sichtbar.

20 km hinter Lake Louise erklimmt der Highway den höchsten Punkt der Straße, den Bow Pass (2070 m.ü.M.). Die Quellbäche des Bow River bleiben zurück, und die Fahrt geht hinab ins Tal des Saskatchewan River. An seinem Ufer zweigt nach weiteren 40 km in Saskatchewan Crossing der Highway Nr. 11 ab, hinunter in die Prärie und nach Rocky Mountains House. Das Dorf an der Abzweigung hat alle Versorgungsdienste für den Reisenden. Und aus dem Tal des Saskatchewan geht es wieder aufwärts bis zu dessen Quellwassern, und nach 35 km wird der nächste, der Sunwapta Pass (2035 m.ü.M.) überquert. Wenige Kilometer danach passiert man die Grenze zwischen Banff und Jasper National Park. Der empfängt den Reisenden mit der spektakulärsten Gletscheransicht vom Highway aus, an den der Athabasca Glacier heranreicht. Im Information Centre erfährt man eine Menge über die Eisfelder, die auch hier jährlich um 10 m zurückweichen. Das zusammenhängende Columbia Icefield umfaßt heute noch knapp 400 qkm des Jasper Parkes, der mit 10.878 qkm etwas größer als die anderen drei zusammen ist.

Der Highway folgt dem Sunwapta Valley vom Paß hinunter ins Tal des Athabasca River.

50 km hinter der Parkgrenze liegen die Sunwapta Fälle neben dem Highway, mit tiefem Canyon. Abseits des Icefields Highway mündet der Sunwapta in den Athabasca River, der hier durch ein anderes Tal vom Columbia Icefield gespeist wird.

Bei km 77 ab Parkgrenze zweigt der Highway Nr. 92 A ab. Er führt zu den sehenswerten Athabasca Fällen, während der Icefields Parkway diesseits weiterführt. Kurz vor Jasper vereinigen sich beide Straßen wieder.

Jasper wirkt mit seinen 4000 Einwohnern wesentlich ruhiger als Banff im Nachbarpark. Das Städtchen liegt etwas freier auf der Hochfläche im weiten Gebirgstal und am Ufer des Athabasca River, der hier den Miette River aufnimmt. Der Icefields Parkway endet hier und mündet in den Yellowhead Highway, der den Jasper Park von Ost nach West durchläuft, begleitet von der Eisenbahnlinie der Canadian National. Von den 15 Motels und Hotels in Jasper läßt sich wenig Besseres berichten als von denen in Banff. Auch in Jasper nimmt man je nach Touristenansturm drei verschiedene Preise. Der Holidaytarif des preiswertesten Hauses am Platz, es ist das Athabasca Hotel, Nr. 510 Patricia Street, beträgt 70 Can$. Die anderen Häuser liegen im Preis zwischen 100 und 300 Can$.

Unternehmungen

In Jasper bieten sich ähnlich wie in Banff eine Menge Touren in die Täler der Umgebung an, zu Fuß oder auf dem Pferderücken.

Eine sehr schöne Strecke ist die zum größten aller Parkseen. Der Maligne Lake liegt gut 25 km südlich an einer Stichstraße einsam in einem Hochgebirgstal und ist mindestens ebenso schön und überlaufen wie der Lake Louise. Zwei Campgrounds laden zum Verweilen ein.

Zum Mount Whistler hinauf, bis auf 2285 m.ü.M., führt eine Gondelseilbahn für 6,50 Can$. Der Blick vom Hausberg der Stadt ist überwältigend. Zum Gipfel hinauf führt dann noch ein kurzer Pfad.

Die Seenplatte rund um Jasper ist durch Pfade zu erwandern, die meisten sind mit dem Fahrzeug zu erreichen, und die haben dann auch jeweils einen Campground. Am Pyramide Lake gibt es Mietboote.

Der Athabasca River hat in Jasper bereits seine stürmische Phase hinter sich. Von hier aus kann man gefahrlos in die Prärie hinunterpaddeln.

Und wer bereits wieder ein heißes Bad benötigt, kann auch hier in Thermalquellwasser planschen. Das Park Information Centre veranstaltet regelmäßig kostenfrei Führungen und Wanderungen.

Auf dem Yellowhead Highway nach Westen

Wer sich an Jasper und dem Nationalpark sattgesehen hat, muß sich nun entscheiden, ob er den Yellowhead Highway entlang dem Tal des schon mächtigen Athabasca River nach Osten und in die Prärie folgt, oder entgegengesetzt den Rundkurs fortsetzt. Dieser folgt ab Jasper dem Tal des Miette River aufwärts. Zusammen mit den Gleisen der Canadian National Railroad erklimmt der Highway Nr. 16 den Yellowhead Pass (1146 m.ü.M.), der dem Highway den Namen gab. Yellowhead (englisch) oder Tête Jaune (französisch) bedeutet einfach „Blondschopf". Die Bezeichnung des Passes soll von einem frankokanadischen Händler der HBC herrühren, der Anfang 1800 am Paß ansässig war — und erstaunlicherweise blondes Haar hatte, was bei franko-kanadischen Indianermischlingen selten ist.

Das Paß ist zugleich Grenze des Nationalparks zum angrenzenden Mount Robson Provincial Park und Grenze der Zeitzone. Die Uhr muß um eine Stunde zurückgestellt werden, sowie man Alberta verläßt und nach British Columbia wechselt. Der Mount Robson Provincial Park ist ein kleineres Schutzgebiet von 2172 qkm um den mit 3954 m.ü.M. höchsten Gipfel der kanadischen Rocky Mountains. Neben dem imposanten Felsklotz des Mount Robson mit seinem Eisfeld birgt er die Quellwasser des Fraser River, Dutzende weitere Gipfel, Wasserfälle, Gebirgsseen und sehr schöne Trails.

Informationen: Ministry of Environment and Parks, Regional Director, Parks and Outdoors Recreation Division 308, 1011-4th. Avenue, Prince George BC V2L 3H9, Tel. 604/565-6270. Der Highway folgt dem Südufer des 7 km langen Yellowhead Lake und folgt dann dem Tal des Fraser abwärts.

Bei km 35 ab Parkgrenze weitet sich der Fraser zum 15 km langen Moose Lake.

Bei km 60 erreicht man die jenseitige Parkgrenze mit dem Park Office und Visitor Centre. Von diesem Punkt aus hat man eine gute Sicht auf Mount Robson; Raststätte und Campground liegen gleich am Parkeingang.

Bei km 18 ab dem Park erreicht man die Einmündung des Highways Nr. 5 mit Tete Jaune Cache. Die unbedeutende Siedlung besitzt immerhin Tankstelle, Kaufladen und ein Restaurant. Weitere 65 km Fraser abwärts durch einsame Wildnis liegt das Dörfchen McBride, dessen 700 Einwohner

Zur Weinprobe nach Kanada? — Willkommen im Okanagan Valley!

Frankreich kennt man als Weinland, doch Kanada? Immer mehr Europäer kommen auf den Geschmack — und probieren kanadischen Wein. Auch die Kanadier lassen schon häufiger mal vom Bier ab *(→Essen und Trinken)* und probieren ein Gläschen, auch wenn sie ihren eigenen Wein noch gerne als „headache material" bezeichnen!

Eines der beiden großen Weinbaugebiete Kanadas liegt im Westteil des Landes, im Okanagan Valley. Ein hervorragendes Klima, trocken-heiße Sommer, milde Winter, lassen das Tal zum Altersruhesitz Nr. 1 und zur Obst- und Weinanbauregion werden. In den Obstgärten können Pfirsiche, Aprikosen, Birnen, Äpfel und Pflaumen geerntet werden, ein Pfirsichfest in Penticon (→dort) beschließt die Ernte. Beim Wein geht es ein wenig später zur Sache.

Trockene Rot- und Weißweine sind die Spezialität des Gebietes, zudem werden aber auch europäische Tropfen angebaut, z.B. Chardonnay, Gewürztraminer, Pinot Noir, Cabernet Sauvignon und Riesling. Probieren und Kaufen kann man in zehn verschiedenen Kellereien. Und wer dann noch mehr wissen möchte, ein paar der Kellereien lassen sich in die Fässer schauen: Besuchen kann man die Mission Hill in Westbank, Calona und Uniacke Estate in Kelowna und Gray Monk im Okanagan Centre.

alle Versorgungsdienste für den Reisenden bereithalten.

Erst weitere 150 km durch die Wildnis das Frasertal hinunter findet man wieder eine Raststätte mit Tankstelle am Purden Lake. Und nach weiteren 60 km fährt man in Prince George ein.

Ein Weg in die Wildnis

Der Yukon River war hundert Jahre lang die „Straße" in und durch das Landesinnere, vom Eismeer herauf oder entgegengesetzt, vom Rand der Küstenberge bei Skagway 3000 km bis zum Meer. Die einmalige Erdformation des Yukon-Beckens machte es möglich, daß die Heckraddampfer den Fluß bis zu den Quellen hinauf befuhren — allerdings mit einigen „Portagen" dazwischen.

Die Quellbäche des Flusses liegen noch nicht einmal 1000 m hoch über Skagway. Gleich hinter der Wasserscheide beginnt der Fluß sofort schiffbar als Lake Lindeman. Von hier aus bis zu seiner Mündung braucht man — fast — nicht anzulanden. Das sind 3000 km Wasserstraße durch die Nordwestecke des Kontinents, einfach und von jedermann zu befahren. Keine Hindernisse werfen Probleme auf, kein Wunder, daß so viele Wasserwanderer jedes Jahr von diesem Angebot Gebrauch machen. Es ist eine Fahrt durch einsame, aber keineswegs verlassene Wildnis. Immer wieder trifft man an den Ufern des Yukon, von der Quelle bis zur Mündung, auf Menschen, die sich angesiedelt haben. Manche leben ständig an oder nahe beim Wasser, andere kommen nur im Sommer hierher. Dutzende von Fischcamps mit Fischnetzen im Wasser oder Fischrädern gehören Berufsfischern oder Indianerfamilien. Dennoch hat man über weite Strecken den Eindruck, durch einsame Wildnis zu fahren, denn an den meisten Siedlungen oder Sommercamps treibt man unwissend entlang. Der Fluß ist viel zu groß, hat Hunderte verschiedener Arme und Tausende Inseln, achtlos und ahnungslos fährt man vorbei. In den breiteren Kanälen der Hauptströmung begegnet man dann häufiger den Motorbooten der Einheimischen. Besonders dicht ist im Sommer der Verkehr zwischen Whitehorse und Dawson City. Dann sind auf diesem Flußstück die Touristen unterwegs. Es sollen mehrere tausend sein, die jährlich diese Teilstrecke abfahren, entsprechend belebt ist es da. Außerdem ist in diesem Zeitraum die kommerzielle Flußschiffahrt aktiv. Im unteren Teil fahren die Motorfrachter flußauf und -ab, und zwischen Whitehorse und Eagle sind täglich Ausflugsboote auf dem Wasser anzutreffen.

Diese Ausführungen sollen verdeutlichen, daß man zur Jahresmitte nicht allein auf dem Wasser ist. Aber es soll niemand dadurch abgeschreckt werden, diesen Wasserweg selbst einmal — ganz oder einen Abschnitt davon — zu befahren. Er eröffnet den einmaligen Zugang zu einer schier endlosen Folge unterschiedlichster Landschaften und führt den interessierten Flußwanderer durch eine geschichtsträchtige Region. Einige Dutzend alter und verlassener Siedlungen lassen den Besucher noch immer erkennen, wie es damals war, als der Fluß den einzigen Verkehrsweg abgab.

Start in den Bergen — nach Whitehorse (150 km)

Wenn man den Chilkoot Pass hinter sich hat, gelangt man über ein weites Schneebrett zum Crater Lake, der in eine kahle Mondlandschaft eingebettet ist. Falls der See seine Eisdecke schon abgeworfen

hat, kann hier die Fahrt beginnen. Das erspart den Weg durch den Schotter am Ufer, wo man sich nur allzu leicht den Knöchel verletzen kann.
Mit kurzem Umtragen geht es über Long Lake und Deep Lake endlich in den Lake Lindeman. Umringt von der majestätischen Gebirgskulisse paddelt man über die klaren Bergseen. Vom Ostufer des Lake Bennett grüßt ein altes Holzkirchlein. Deutlich sind die Konturen der alten Eisenbahnlinie zu verfolgen, der Damm zieht immer rechts am Ufer mit. Der endlose, schmale See, meist nicht mehr als 1000 m breit, wird bei der alten Bahnstation Pennigton von der „Grenze" des Bundesstaates British Columbia zum Yukon Territory gekreuzt. Durch eine kleine Inselgruppe gelangt man in den Hauptteil des gut 40 km langen Sees, der sich nun weitet und den Westarm aufnimmt.

Kanuten: Vorsicht!
Auf den ausgedehnten Wasserflächen gilt das eherne Gebot für jeden Kanuten: immer in Ufernähe bleiben! Die eiskalten gletschergeborenen Wasser der Gebirgsseen lassen Schiffbrüchigen keine große Überlebenschance, wenn wirklich mal eine der gefährlichen Windböen zugeschlagen hat. Bei stürmischem Wetter muß ohnehin abgewartet werden, bis die Wasser sich wieder beruhigt haben, ehe man den Weiterweg unter den Kiel nimmt.

Campplätze findet man überall, die Uferregion ist leicht zugänglich. Empfehlenswert ist, an einem der kleinen Zuflüsse zu zelten, deren Wasser besser genießbar ist als das der Seen und des Flusses. Carcross, das erste Yukondorf, ist dann zwangsläufig ein Stop am Wege. Hier verengt sich der Lake Benett zum Übergang in den Nares Lake, der nur eine kurze Etappe auf dem Weg zum folgenden Tagish Lake ist. Die Fahrt folgt dem linken Ufer des Sees, weil von rechts der breite Windy Arm einmündet. Der bringt oft mit starken Wellen Schwierigkeiten für den Kanuten, der ihn am rechten Ufer queren will. Der Taku-Arm wird so auch ausgespart. Er mündet knapp 10 km weiter, auch am rechten Ufer, in den See. Längst hat die Szenerie gewechselt, ragen dichte Wälder an den Ufern auf, und die Höhen liegen gemäßigter und weiter ab.
Der Tagish Lake verengt sich zum Fluß, der sanft in den Marsh Lake übergeht. Der Tagish River wird kurz vor seinem Ende von der Tagish Road überspannt. Dahinter liegt das Indianerdorf Tagish, dann der Marsh Lake. Einer letzten Muskelprüfung über gut 30 km wird der Kanute unterzogen, dann beginnt der Fluß endlich, das Kanu weiterzutreiben. Im Marsh Lake folgt man ebenfalls am besten dem kurzen Weg am linken Ufer. Am anderen liegen Wochenendhäuser und Ferienhaussiedlungen. Da kündigt sich das nahe Whitehorse an. Motor- und Segelboote tummeln sich jenseits, wo zur Mitte des Seeufers noch der Alaska Highway sich anschließt. Etwa 10 km hinter dem Marsh Lake, der Yukon River heißt jetzt Lewes River, fließt das Wasser eng und mäßig. Das erste Hindernis liegt gleich hinter der Highwaybrücke über dem Fluß: Das Stauwehr, das den Marsh Lake reguliert, muß umgangen werden, was rechts am Ufer einfach ist. Dahinter folgt ein Wechsel der Landschaft. Der Fluß fließt enger zwischen Steiluferpartien, manche unterspült, am linken Ufer liegen immer wieder Wochenendhäu-

ser im Busch. Der Lewes River mäandert und windet sich um die Höhen am Ufer. Auf einem Plateau am rechten Ufer, vor dem Beginn der Felsenschlucht des Miles Canyon, lag die 1898 entstandene Stadt Canyon City. Von ihr künden nur noch wenige Pfosten im Boden. Von hier aus umtrugen die Stampeder des Goldrushes ihre Habe. Bis Whitehorse führt am rechten Ufer der gut begehbare Pfad.

Gleich hinter Canyon City strömt der Lewes River in den Miles Canyon. Nach einer Rechtskurve übersieht man den etwa 2 km langen Steiluferbereich. Beiderseits ragen die Felswände ca. 20 m senkrecht empor. Ein Anlanden ist unmöglich. Das Wasser fließt rasch durch den engen Schlund, kreiselnd und mit Kehrwasser am Ufer. In der Mitte hindurch geht es einfach und rasch in den Schwatka Lake, den Stausee, der die gefürchteten Rapids in glattes Wasser verwandelt hat.

Den See überquert man besser am rechten Ufer. Am linken liegt der Wasserflughafen von Whitehorse. Rechts ist der folgende Staudamm einfach zu umtragen. Die über den Damm führende Fischleiter erlaubt den aufsteigenden Lachsen, dem Weg zu ihren Laichgründen zu folgen. Einige von ihnen werden zur Schau hinter Glasfenstern festgehalten.

Hinter dem Damm liegt erst der Vorort Riverdale. Bis downtown Whitehorse sind es noch gut 7 km auf dem Fluß. Am linken Ufer vor der Stadt liegt der Zeltplatz im Wald. Gleich dahinter folgen der Sternwheeler Klondike als Denkmal am Ufer des Flusses und die einzige Brücke von Whitehorse. Wer downtown anlanden will, hat dazu mehrere Möglichkeiten vor bzw. hinter dem Regierungsgebäude am linken Ufer. Einige Rampen führen ins Wasser. Wer nur einkaufen will, sollte am hölzernen Bahnhof anlanden. Gegenüber liegt die Mainstreet (Einkaufszone). Gut 30 km flußab weitet sich das Tal, voraus liegt Lake Laberge.

Karten 1 : 250.000 = Skagway 104 M und Whitehorse 105 D.

Vom Lake Laberge nach Carmacks (350 km)

Der Auslauf des Lewes River führt zu den ersten historischen Relikten. Pfahlreihen aus der Zeit der Flußschiffahrt engen das Fahrwasser ein. Rechts, am Ufer des Sees liegt Upper Laberge, ein ehemaliges Indianerdorf. Die verfallenen Blockhütten sind wie alle Relikte am Fluß entweder Privateigentum oder staatlich geschützte Überbleibsel des Goldrushes. Nichts darf angetastet oder verändert werden.

Die Indianer sind neuerdings bemüht, die alten Ortschaften zu renovieren, die Hütten werden repariert oder neu aufgebaut. Ähnliches geschieht seitens der Regierung bzw. historischer Gesellschaften mit den Siedlungen der Weißen. In beiden Fällen ist es den Reisenden unbenommen, die Hütten zum Übernachten zu nutzen — aber pfleglich und mit der angebrachten Rücksichtnahme. Die Wasserqualität des Flusses (Whitehorse!) ist nun so dürftig, daß niemand Flußwasser zu Trinkzwecken entnehmen sollte.

Auf dem Lake Laberge folgt man dem linken Ufer. Da gibt es Straßenanbindungen und einen Campground der Verwaltung, wo man seinen Müll los wird.

Die Richthofeninsel im See ist reiner Urwald mit Felsufern und als Lagerplatz nicht gerade geeignet. Außerdem verbietet sich das Übersetzen wegen der offenen Fläche — wer weiß, ob es in den nächsten Tagen stürmt und die Wellen die Weiterfahrt verbieten?

Der See war nun wirklich die letzte Prüfung für den Kanuten. Gut 50 km Paddelei enden erst am flachen und kiesigen Nordende, wo man rechts das ehemalige Indianerdorf Lower Laberge findet. Die alte Telegrafenstation der Linie nach Dawson City ist als Denkmal geschützt. Die Pfostenlinie, manchmal noch mit Drähten, folgt nun dem Fluß am rechten Ufer. Die Reste des alten Sternwheelers Casca I liegen nahe dem Dorf am Ufer.

Der von Kiesbänken gebildete Mittelkanal ist der Hauptabfluß, der von hier an Thirtymile River heißt. Der nun sehr schmale Wasserzug windet sich durch eine dichte Waldzone mit Uferbergen im Hintergrund. Hier erst beginnt der Baugrund für unternehmungslustige Wasserwanderer, die mit dem Floß nach Dawson driften wollen. Über den langen Lake Laberge bekommt man ein Floß nur mit Motorkraft — oder per Segel, wenn Zeit genug da ist, um auf Rückenwind zu warten.

Die Uferformen wechseln nun in der für den Yukon River typischen Weise. In den Kehren sind Kiesstreifen vorgelagert, Lehmwände steigen empor, meist unterspült, und gelegentlich ragen steile Felswände an einer Uferfront bis zu 150 m stracks in den Himmel. Der Thirtymile bietet davon die wohl abwechslungsreichsten Uferpartien. Der Flußabschnitt hat seinen Namen von der Entfernung ab Lake Laberge bis zur Einmündung des Teslin River, von rechts. Auf halber Strecke passiert man ein einsames Blockhaus am Uferrand, eine alte Holzstation für die Sternwheeler. Es gab diese Stationen alle 50 km. Die Dampfer konnten so stets kurz anlegen und Heizmaterial aufnehmen.

Auf dem linken Hochufer, gegenüber der Mündung des Teslin River, liegt Hootalinqua, ein verlassenes Indianerdorf. Einige Hütten sind noch gut erhalten. Ebenso die alte Polizeistation der NWMP, das Gebäude ist unter staatlichen Schutz gestellt, wie alle derartigen Relikte am Strom.

Mit dem Zufluß des Teslinwassers biegt der nun Seventymile heißende River wesentlich breiter — und vor allem schmutziger — in die nächste Kurve. Nur 1 km flußab folgt Shipyard Island. Auf der Insel wurden im Herbst die Sternwheeler ins Trockendock genommen und über Winter gewartet. Als letzter davon schläft die „Evelyn" an Land ihren letzten Schlaf. Zahlreiche Gerätschaften aus alter Zeit leisten ihr Gesellschaft. Gleich hinter der Insel liegt das Wrack des Sternwheelers Klondike am Ufer, das hier angeschwemmt wurde.

Der Big Salmon River ist der nächste große Zufluß, auch er mündet von rechts ein. An seinem Mittellauf wird noch heute Gold gewonnen.

An den Einmündungen der Bäche und vor allem der größeren Flüsse ist es immer richtig, sich am gegenüberliegenden Ufer zu halten. Jeder Bach und erst recht jeder Fluß ist ständig damit beschäftigt, das Gebirge abzutragen und die Geröll- und Sandmengen, die er mitbringt, in den Yukon zu kippen. Folglich liegt hinter jeder Einmündung ein Geröllberg quer zur Strömung im Yukon. Das Flachwasser läßt nicht nur Boote auflaufen, es hält auch die ständig dem nagenden Wasser nachgebenden Bäume fest. Manche liegen dicht unter der Oberfläche und lauern auf un-

achtsame Kanuten, um sie in den Strom zu kippen!
Ungeachtet dieser Tatsache ist es am Big Salmon River ratsam, gerade hinter der Einmündung am rechten Ufer anzulegen, denn dort liegt das gut erhaltene Indianerdorf Big Salmon Village. Die verlassene Siedlung samt ehemaligem Handelsposten wurde repariert und erneuert.
Einige Kilometer flußab liegen rechts auf dem Hochufer die Anlagen eines verlassenen Holzfällercamps, Erickson's Wood Camp. Vom Fluß aus sind die schlecht erhaltenen Blockhäuser kaum zu sehen, da sie hoch über dem Wasser liegen.
An der Flußschleife „4th-of-the-July-Bend" liegt eine alte Dredge, eine Goldwaschanlage, am Ufer. In diesem Abschnitt wurde immer wieder Gold in den Kiesinseln des Flusses gefunden — kein Wunder, der Big Salmon und seine Bäche waren und sind ergiebige Fundorte. Aber was davon bis in den Fluß gelangte, war schon so gut verteilt, daß im Yukon selbst nie lohnende Mengen erwaschen werden konnten. Auch die dazu eingesetzten mechanischen Goldwaschanlagen, die Dredges, zahlten sich nie aus.
An der Mündung der Twin Creeks liegt eine guterhaltene Hütte der Telegrafenlinie, die ebenfalls noch gebrauchsfähig wirkt.
In dem sich immer mehr weitenden Tal schlängelt sich der breite Yukon-Flußlauf seltener an Steilwände heran, aber die mittleren Höhen, die seine Richtung bestimmen, lassen sich gut besteigen und offerieren alle eine wundervolle Weitsicht über das Urstromtal.
Kurz vor der Mündung des Little Salmon River endet die Einsamkeit der Wildnis. Der Campbell Highway begleitet den Fluß bis Carmacks. Rechts erhebt sich ein besonders steil aufragender Berg, der seinen Abhang bis in das Wasser senkt, Eagle Rock mit Eagle Bluff. Hier ereignete sich in der langgezogenen Kurve, die heute mit ihrem Namen Columbian Bend daran erinnert, das größte Schiffsunglück auf dem Strom. Der Sternwheeler Columbian, 1906 mit einer Decksladung Sprengpulver auf dem Weg nach Dawson, flog zu Füßen des Felsens in die Luft. Ein Denkmal auf dem Pionierfriedhof in Whitehorse erinnert an die dort begrabenen Opfer. Eine Gedenktafel steht oben auf der Hangschulter, wo der Campbell Highway nun an den Yukon River aufschließt und ihn rechts nach Carmacks begleitet.
An der Einmündung des Little Salmon River liegt das Indianerdörfchen gleichen Namens. Auch das wird von den Indianern aus Carmacks wiederhergestellt. Man will mit den alten Siedlungen in Rückbesinnung an die Vergangenheit an die Zukunft anknüpfen. Sie dienen den verschiedenen Clans als Sommerlager und Fischcamps, aber auch z.B. der Gruppentherapie von Suchtkranken, abseits der Versuchung und eingebunden in die Hilfe der Clangemeinschaft. Es ist also im Sommer immer möglich, in den alten Dörfern Arbeitsgruppen oder Therapieeinheiten anzutreffen.
Abseits der alten Indianerdörfer und meist etwas im Wald verborgen findet man die alten und sehenswerten Friedhöfe mit den Seelenhäuschen und den umzäunten Grabstellen. Die von Little Salmon River liegen etwas stromauf im Gestrüpp.
Kurz vor Carmacks befinden sich rechts am Ufer der Flugplatz des Dorfes und oben am Hang deutlich sichtbar die Anlagen einer alten Kohlenmine, die einstmals auch zur Treibstoffgewinnung für die Dampfer diente. Hinter der weitgespann-

ten Brücke des Klondike Highways über den Fluß liegt links der Campground auf dem Ufer, die Landestelle ist nicht zu verfehlen. Das Gasthaus gleich daneben bietet den Campern für 1 Can$ pro Minute die teuersten Duschen, zudem Waschmaschine, Lebensmittelladen und Versorgung mit dem Nötigsten. Der Ort ist nur der Verkehrsversorgung gewidmet. Das Postamt liegt weit jenseits am anderen Ufer am Highway und das Indianerdorf etwas stromab hinter der Gaststätte.

Karten 1 : 250.000 = Laberge 105 E und Carmacks 115 I.

Von Carmacks nach Dawson City (420 km)

Hinter Carmacks verengt sich das Flußtal. Die Seitenwände ragen steiler auf, und der Klondike Highway verläuft gut 150 m hoch auf dem Hang zur Rechten.

Dem linken Ufer folgt für etwa 100 km eine alte Bergwerksstraße, die heute der Holzabfuhr dient. Kurz vor den Five Finger Rapids liegt eine alte Kohlenmine. Die Five Finger Rapids und die direkt im Anschluß folgenden Rink Rapids waren nur den Goldsuchern echte Hindernisse im Strom. Sie sind heute gefahrlos zu befahren, wenn man sich rechts hält. Die früher störenden Unterwasserhindernisse wurden schon damals am rechten Ufer weggesprengt, hier verlief das schiffbare Wasser für die Dampfer, und hier fährt auch der Kanute gefahrlos hindurch.

Die Five Finger Rapids haben ihren Namen von vier nebeneinander im Strom aufragenden Felsen. Nur der am weitesten rechts liegende Kanal ist befahrbar. Um die Sternwheeler gegen die Strömung heraufzuholen, war hier eine Dampfseilwindenstation installiert, rechts am Ufer vor den Rapids. Die Anlage ist noch deutlich erkennbar. Der Weg vom Ufer führt als Pfad zum Klondike Highway hinauf, daher trifft man hier am Fluß auch häufig Autofahrer an, die sich die Rapids ansehen. Während der nur 100 m langen Fahrt durch den rechten „Finger“ muß man sich unbedingt in der Strommitte halten. An beiden Steilwänden laufen Querwellen auf, nur in der Mitte ist das Wasser rasch und ruhig. Wer seine Aufmerksamkeit teilen kann, möge auf die Schwalbennester hoch in den Felsen achten. Etwa 10 km hinter den vier Klippen im Fluß folgen die Rink Rapids, die rechts am Strom nur rasches Wasser sind, Rapids waren sie einmal, vor ihrer Entschärfung.

Etwa 2 km hinter den Rink Rapids verlangsamt sich der Fluß, das Tal weitet sich, immer mehr Inseln tauchen auf, die Felsbarriere, die einzige am Fluß, ist überwunden. Ab den Rink Rapids ist am rechten Steilufer deutlich die Ablagerung von „McGee's Asche“ zu sehen, wie die Legende sagt und die Karte es bezeichnet. Es ist die Vulkanascheschicht jener unbekannten Naturkatastrophe vor ca. 1000 Jahren.

Am linken Ufer folgt Yukon Crossing, die alte Ortschaft an der früheren Fähre in Zeiten des Dawson Trails. Die ehemalige Kutschenlinie von Whitehorse nach Dawson überquerte hier den Fluß, wo er breit und gemächlich ist. Von der Siedlung sind noch Reste des Roadhouse und des Polizeipostens sowie eine Menge Gerätschaften geblieben.

Etwa 70 km flußab von Carmacks folgt rechts am Ufer die Stelle, wo einst das alte Indianerdorf Minto lag. Die alte Siedlung

wurde 1954 von den Indianern fluchtartig verlassen, als ein unbekannt gebliebener Mörder nacheinander sieben Menschen in der Nacht ermordete — und die famose RCMP unfähig war, dem zu begegnen. Mit der Räumung des Dorfes endete die Mordserie, der Täter wurde nie bekannt.
Rechts auf dem Yukon-Hochufer liegt zunächst der komfortable Campground „Minto Resorts Ltd.", hervorragend geführt von der Familie des örtlichen Indianerhäuptlings: kleiner Laden mit Bierverkauf, Zelt- oder Stellplätze 8 Can$, Waschmaschinen und Duschen (5 Minuten für 1 Can$, während in Carmacks beim Hotel für 1 Minute 1 Can$ eingetrieben wird!).
Gleich hinter dem privaten folgt am selben Ufer (ca. 5 km weiter) der YT Campground, sehr primitiv und mit 6 Can$ überteuert!
Das Dorf ist verschwunden. Ein Campground am Ufer erlaubt ein etwas bequemeres Lagern. Der Fahrweg führt zum Highway und zum Dorfladen von Minto (→dort).
Der Highway und der Fluß trennen sich nun. Bis Dawson City geht es wieder etwas einsamer zu.
Etwa 30 km flußab mündet von rechts der Pelly River ein. Schon vorher deutlich sichtbar, ragen rechts hinter der Flußmündung die Pelly Ramparts auf, eine Steilwand von 150 m Höhe aus dunklem Basalt. An der Einmündung liegt Fort Selkirk, der erste Handelsposten im Yukon, der schon 1848 von Campbell errichtet wurde und den vier Jahre später die Küstentlingit niederbrannten. Im Zuge des Goldrushes erlebte der Posten seine Erneuerung, zumal die Pellyschiffahrt hier einen Knotenpunkt hatte. Von dem ehemaligen Dorf sind eine ganze Reihe Häuser erneuert worden: Polizeistation und Handelsposten, Kirche und Schule. Sie liegen auf dem linken Yukon Ufer etwas zurück, aber genau gegenüber der Einmündung des Pelly, mit Campground.
Im Klassenzimmer findet man die alte Einrichtung vor. Es wirkt, als seien die Kinder gerade erst zur Pause hinausgestürmt. Alle diese Dinge stehen unter Denkmalschutz! Es ist auch keineswegs erforderlich, die Glocke im Kirchturm ertönen zu lassen. Damit wenigstens etwas Aufsicht vorhanden ist, weilt im Sommer ein indianisches Ehepaar in der Siedlung. Die Kulturpflanzen hinter der Siedlung stammen von ehemaligen Farmen am Dorfrand.
Die dominante Felswand gegenüber Fort Selkirk findet ihr Ende an den Twin Falls. Bis zu diesem Punkt wirkt der Yukon fast wie ein norwegischer Fjord.
Etwa 150 km flußab mündet von links der mächtigste Nebenfluß auf diesem Abschnitt ein, der White River. Er wälzt seine sedimentbeladenen Gletscherwasser vom Kluane Gebirge heran und färbt einen Teil des Yukon deutlich milchig trüb ein, wogegen der Fluß ansonsten braun wirkt. Dieses Nebeneinander zweier Wassermassen in einem Flußbett hält bis Dawson hinunter an, ehe sich beide vermischt haben.
Auf dem Flußabschnitt vom Pelly zum White River liegen zahlreiche alte Bergwerksorte an den Mündungen von Seitenbächen, aber meist etwas zurück und vom Yukon aus selten zu sehen.
Isaac Creek war erst Goldsucherdorf, dann Holzcamp.
Brittania Creek ist der Ausgangspunkt eines Trails, der 40 km landein zu einer Bergwerksanlage führt, die längst aufge-

geben wurde. Der Maschinenpark wurde seinerzeit abmontiert und weggebracht. Ballerat Creek hat einige Hütten von Neusiedlern, die heute hier leben. Auch hier führt ein Trail 25 km landein zu einer Mine, die einstmals eine große Menge Gold erbrachte. Coffee Creek besteht nur aus dem Rest des Handelspostens von einst und einigen Hütten. Von hier aus führt ein Trail bis nach Alaska. Er wurde im Zuge der Chisana Goldrushes von 1913 angelegt. An seinem Verlauf lagen Raststätten für die Packtierkarawanen, die damals den Pfad hinaufzogen.
Kirkman Creek ist heute wieder bewohnt. Hier leben einige Aussteigerfamilien auf Farmen. Das alte Postamt von 1898 ist noch gut erhalten. Thistle Creek ist völlig erneuert worden. Ein altes zweistöckiges Roadhouse stammt aus der Zeit des Coachline des Dawson Trails. Ein alter Flußkahn und ein alter Truck künden von vergangenen Tagen.
Alle diese Orte kann man besuchen, die freien Cabins stehen jedermann zur Verfügung und werden z.B. im Winter auch von Trappern beim Ablaufen ihrer Fallenstrecke benutzt. Im Sommer prunken alle diese alten Siedlungen mit verwilderten Rosen. Ganze Felder umgeben manche der alten Cabins.
Nur 16 km flußab mündet von rechts der Stewart River ein, auch er ein alter Wasserweg aus Goldrauschzeiten, bis 1955 noch von Motorschubschiffen bis Mayo befahren, wo die größte Silbermine des Yukon in Betrieb war.
Auf einer ausgedehnten Insel mitten im Yukon River liegt hier Stewart City, das nach und nach vom Strom verschlungen wird. Es war einst ein wichtiger Verkehrsknotenpunkt mit allen Versorgungsdiensten. Hier lebte zuletzt noch die Familie Burian und unterhielt einen Campground mit kleinem Kaufladen für Flußfahrer und Siedler am Yukon. Außerdem gibt es ein kleines Museum über die Historie und Funde der Siedlung. Die Erben der Burians versuchen derzeit, die Anlagen zumindest im Sommer für die Wanderer offen zu halten.
Weitere 15 km flußab mündet von links der Sixtymile River ein. Sein klares Wasser sticht deutlich vom Schmutzigbraun des Yukon ab. Hier ist ein guter Fischplatz zum Angeln erreicht. Etwas flußauf läßt es sich romantisch lagern. Der Fluß führt ins alte und noch heute intensiv genutzte Goldfeld an seinen Bächen im Mittel- und Unterlauf. Es braucht sich also niemand über den Motorbootverkehr in den Abend- und Nachtstunden zu wundern.
Genau gegenüber der Flußmündung liegt das alte Ogilvie auf der gleichnamigen Insel, einst das erste staatliche Postamt im Yukon. Heute sind hier nur noch Ruinen. Etwas weiter flußab folgt die Mündung des Indian River von rechts. Die Goldfunde hier waren gerade so interessant, daß sie seinerzeit den Digger Henderson davon abhielten, selbst am Klondike die Nuggets einzusammeln. Das besorgten auf seine Empfehlung hin Carmack, Skookum Jim und Tagish Charlie. Sie wurden reich, und Henderson blieb ein Hungerleider.
Vor Dawson liegen rechts am Ufer einige Farmen und die alte Goldgräbersiedlung Bear Creek sowie der Airport. Dann aber sollte man ganz nach links steuern, denn der Klondike River hat ganz besonders ausgedehnte Kiesfelder in den Yukon gehäuft. Erst danach kann man rechts in Dawson City anlegen, das man hinter seinem Hochwasserdamm fast nicht sieht.

Vorsicht vor der ständig pendelnden Flußfähre! Wer den Campground sucht: gegenüber dem Dorf und links am Flußufer hinter dem Fähranleger. Dawson City (→dort), Karten 1 : 250.000 = Carmacks 115 I, Snag 115 J & K (1 Blatt), Stewart River 115 O & N (1 Blatt) und Dawson 116 B & C (1 Blatt).

Von Dawson City nach Fort Yukon (480 km)

Flußab von Dawson City folgt rechts am Ufer nach 5 km die alte Indianersiedlung Moosehide. Die Bauten werden fortlaufend erneuert und stehen Wanderern als Obdach zur Verfügung. Zumeist leerstehend, kann man im Sommer doch ein Arbeitskommando der Indianer aus Dawson antreffen, wohin ein Fahrweg führt.

Gegenüber auf dem anderen Yukonufer liegen die alten aufgegebenen Sternwheeler auf dem Trockenen, ein weiterer Shipyard.

Von der einst wichtigen Handelsstation Fort Reliance kündet nichts mehr. Von ihr aus berechnet, entstanden die Flußnamen mit der "-mile" Bezeichnung. Zum Beispiel der rechts nach 25 km einmündende Fifteenmile River.

Dort befinden sich keine historischen Erinnerungen. Aber die Bewohner von Dawson unterhalten hier und auf anderen Flußabschnitten im Sommer ihre Fischcamps mit Netzwerken und Fischrädern, um den Lachsen nachzustellen. Nicht nur sie, auch die Ausflugsboote von Dawson nach Eagle rauschen mit Motorkraft den Fluß hinauf und hinunter, es herrscht reger Verkehr auf dem Wasser.

Auch von dem einst so wichtigen Silver City blieb nichts übrig. Dafür hat Fortymile mehr zu bieten. Der Fluß mündet seinem Namen gemäß 40 Meilen vom ehemaligen Fort Reliance entfernt von links ein. Von der ersten Stadt im Yukon Territory stehen noch einige Bauten an der Flußmündung. Ein Fahrweg führt landein zur stillgelegten Asbestmine von Clinton Creek und weiter, hinauf zum Top of the World Highway (→dort). Es ist daher nicht ungewöhnlich, Kraftfahrzeuge in Fortymile anzutreffen, deren Fahrer sich die alten Baulichkeiten ansehen.

Der Fortymile River und seine Bäche waren das erstentdeckte Goldfeld im Yukon Territory. Es liegt zum Teil schon jenseits der Landesgrenze in Alaska und wird noch heute intensiv ausgebeutet.

Ab Dawson fließt der Fluß gemächlich zwischen den einengenden Höhen. Sie zwängen ihn unterhalb des Fifteenmile River zwischen Steilwände. Der Canyon ist nur kurz, dann weiten sich die Wasser, und ab dem Fortymile fließt der Yukon River breit und gemächlich durch das weite Tal nach Alaska, immerfort in Kurven und Windungen.

Die Staatsgrenze liegt 150 km flußab von Dawson City und ist unübersehbar: Eine schnurgerade Schneise, 6 m breit, beginnt rechts und links am Flußufer. Nach Norden hin läuft sie so über Berg und Tal bis ans Eismeer! Von hier bis zum Mündungsdelta des Yukon River benötigte Jack London mit einem Ruderboot gerade 19 Tage. Er hatte es allerdings eilig und einen Begleiter, der mitruderte. Unter Ausnutzung der hellen Nächte und abwechselnd rudernd oder schlafend schafften sie eine Rekordfahrt, die heute wohl kein Kanute nachvollziehen will.

Etwa 30 km hinter der Grenze liegt links am Ufer Eagle (→dort) zuerst das Indianerdorf Eagle Village, dann läuft die Fahrstraße am Ufer mit, die zur Siedlung der Weißen führt, etwa 7 km weiter flußab. Hier muß man anlanden und sich beim Postbeamten die Einreiseerlaubnis samt Stempel holen. Bei der Forstbehörde bekommt man Jagd- und Angelschein. Zwar ist der Yukon River in Alaska fast durchweg von National Wildlife Refuges gesäumt, aber diese einfachste Schutzform läßt die sportliche Jagd zu. Detaillierte Informationen erhält man zusammen mit dem Jagdschein.

Die unterhalb Eagle folgenden Uferlandschaften gehören beiderseits zur Reservation der Hangwitchin Dené von Eagle Village. Sie dulden kein Campen auf ihrem Land. Auch Jagen und Angeln sollte man hier lassen. Die Reservation endet an der Mündung des Tatonduk River, der von rechts zufließt. Hier befindet man sich bereits im Yukon-Charlie Rivers National Wildlife Refuge, das nun bis kurz vor Circle den Yukon River einfaßt. Der Charlie River mündet von links mitten ins Refugium. Es gilt als eine der romantischsten Strecken am Yukon, mit ein wenig Schwarzwaldcharakter. Dichtbewaldete Höhen engen den Fluß ein, der sich zwischen ihnen durchschlängelt. Nur selten mal eine hohe Steilwand, die dann umso auffälliger wirkt. Der Fluß ist nun mit ca. 500 m Breite schon zum Strom geworden. Die Strömung zieht gleichmäßig mit 12 km/h zum Meer.

Da widrige Winde auf der weiten Fläche üble Wellen erzeugen können, bleibt hier besonders angeraten, nicht allzu weit von einem der Ufer zu fahren.

Das Refugium ist keineswegs einsame Wildnis. Auch hier sind alte Goldstädte zu finden, und einige Unentwegte waschen an den Bächen nach Gold. Aussteigerfamilien haben sich an manchem Bach angesiedelt. Man findet sie meist nur durch die Landestege und die folgenden Pfade an Bacheinmündungen. Am Trout Creek, 70 km flußab von Eagle lebt eine deutsche Familie. Junge amerikanische Paare haben sich an anderen Mündungen niedergelassen, z.B. am Kandik und am Eureka River. Gleich hinter der Einmündung des Tatonduk River liegt Miller's Camp. Seit Jahren beutet die Holzindustrie die Wälder aus, Flußschiffe bringen die Ladung zur Mündung des Yukon bzw. über den Tanana nach Fairbanks usw., und die Indianer haben alle 50 Meilen ein Fischcamp an einer Flußmündung.

Am Südufer des Yukon findet man die alte Miningtown Nation oder Nation City, 4 km unterhalb der Einmündung des Nation River und diesem gegenüber. Sie war einmal ein wichtiger Versorgungspunkt für das Goldfeld am nahem Fourth of July Creek und Stop der Flußschiffahrt bis 1924. Zwei Bauten sind noch in brauchbarem Zustand, der Rest Ruinen.

Die wichtigste Goldregion im Refugium folgt an der Einmündung des Coal Creek von links, etwa 20 km unterhalb der Mündung des Charlie River.

An der Mündung des Coal Creek liegt die Ruine von Slaven's Roadhouse, der ehemalige Hafen. Eine Fahrstraße von 30 km führt bachauf und landein durchs alte Minengebiet. Sogar eine alte Dredge steht am Weg im Bach! Die Straße endet in Woodchopper Creek, einer alten Goldgräberstadt, die erst mit Beginn des letzten Weltkrieges aufgegeben wurde. Sie liegt an der Mündung des Iron Creek in den Woodchopper Creek und ist noch immer Privateigentum der Bergwerksgesellschaft. Sowohl am Coal Creek wie an der Mine liegen Landestreifen für Buschflieger, die heute noch genutzt werden. Die Straße dient zeitweilig ebenfalls der Holzabfuhr und noch immer den Goldsuchern. Ab Grenze des Refugiums sind es noch 25 km bis Circle (→dort), wo man links am Ufer einen Campground findet. In Circle hat man mit dem Steese Highway eine Landverbindung nach Süden. Bereits vor Circle machen sich die Yukon Flats bemerkbar: Das Yukon Valley weitet sich zu einem riesigen Becken mit weiter Talsohle. Hunderte von Inseln und Tausende von Untiefen splittern den Fluß für die nächsten 500 km in eine unübersichtliche amphibische Landschaft auf, das Yukon Flats National Wildlife Refuge, das hauptsächlich Millionen von Wasservögeln beheimatet.

Wer also in Circle einkaufen oder ausbooten will, muß sich in den Kanälen ganz links halten, wer ungesehen vorbeigleiten möchte, hat in den übrigen Kanälen reichlich Gelegenheit dazu. Weitere 100 km durch die Flats bringen den Wasserwanderer nach Fort Yukon. Es liegt ganz rechts im Inselgewirr und vor der Einmündung des mächtigen Porcupine River, der aber ebenfalls im Mündungsdelta Teil der Flats und kaum zu erkennen ist. Am besten hält man sich an einen der Einheimischen, die im Sommer überall im Inselgewirr und den Kanälen dazwischen ihre Fischcamps warten — daher die vielen Boote in dieser Region.

Fort Yukon (670 Einwohner)

Info: City of Fort Yukon, Box 269, Fort Yukon AK 99740, Tel. 90//662-2379.

Fort Yukon liegt nun wirklich — im Gegensatz zu Circle — nördlich des Polarkreises, wenn auch nur 10 km. Es begann als 1847 gegründeter Handelsposten der HBC, der 1867 an Alaska übergeben werden mußte, als die Grenze feststand. Die Siedlung hat eine große historische Vergangenheit, die Sammlung im Museum ist sehr aufschlußreich. Im Dorf gibt es alle Versorgungseinrichtungen, schließlich ist es heute Hauptstützpunkt der Flußschiffahrt und Zentrum für die Bevölkerung am Yukon River. Sämtliche Hilfsdienste sind verfügbar, und der Airport hat tägliche Linienverbindung mit Fairbanks. Hier, nördlich des Polarkreises, stoppt der Yukon River seinen Lauf nach Nordwesten, er wendet sich westwärts und schließlich nach Südwesten.

Karten 1 : 250.000 = Dawson City B & C (1 Blatt) für Kanada, für Alaska: Eagle, Charley River, Circle und Fort Yukon (jeweils 1 Blatt).

Von Fort Yukon zum Meer (1800 km)

Nur 30 km westlich von Fort Yukon mündet von rechts der Chandalar River ein. Der Fluß weist einige alte Goldstädte im Oberlauf auf, wie Chandalar, Caro und Venetie. Letzteres hat als Indianerdorf überlebt. An der Flußmündung liegt Venetie Landing, nur Sommer- und Fischcamp sowie Umschlagshafen für die Versorgung der Siedlung, die 30 km flußauf liegt. Weiter oben in der Brooks Range liegen Christian am Chandalar und der Hauptort Arctic Village. Etwa 100 km hinter Fort Yukon folgt am rechten Flußufer das Native Dorf Beaver. Seine 65 Einwohner sind übrig geblieben, nachdem die umfangreichen Bergwerksaktivitäten im Norden um 1935 erloschen und der Hafen seine Bedeutung einbüßte.

Weitere 60 km flußab liegt das Indianerdorf Stephans Village am rechten Yukon Ufer. Es bietet beschränkt Einkaufsmöglichkeit.

Die 100 Einwohner haben ein Gemeindezentrum, in dem Duschen und Waschautomat zugänglich sind. Etwa 30 km flußab kommt die hoch über dem Tal sichtbare Yukonbrücke des Dalton Highways (→dort) in Sicht. Wer hier ausbooten oder einkaufen will, muß sich lange vorher nach links wenden. Etwa 5 km vor der Brücke kann man ausbooten und auf dem Fahrweg zum Highway hinauf.

Fast 90 km weiter flußab liegt links am Ufer Rampart, 50 Einwohner, ein Indianerdorf ohne weitere Versorgungsmöglichkeiten und ohne Straßenanschluß. Aber wie alle Dörfer am Fluß hat auch diese Kleinsiedlung einen Landestreifen für das Postflugzeug. Alle größeren Dörfer erhalten täglich die Post. Das Flugzeug dient auch dem Personenverkehr, so wie in Europa die Postbusse früher den Personenverkehr mit übernahmen. Weitere 100 km flußab mündet von links der Tanana River ein. Rechts gegenüber und hinter der Einmündung folgt das Dorf Tanana, mit 400 Einwohnern wieder ein Hauptversorgungspunkt am Strom.

Von hier ab wird der Flußschiffverkehr noch dichter. Der Tanana ist ein wichtiger Versorgungsstrang nach Fairbanks und der Region um die größte Stadt im Innern. Fairbanks (→dort) liegt 200 km den Tanana aufwärts.

120 km flußab folgt am rechten Yukonufer Kokrines, ein kleines Indianerdorf ohne Versorgungsmöglichkeit. Die bietet sich erst wieder in Ruby, das mit 230 Einwohnern auch ein Relikt eines vorübergehenden Goldrausches ist. Eine Straße von 100 km führt landein ins ehemalige Goldfeld, zu Long Creek und Poorman, den alten Fundorten.

80 km flußab folgt am rechten Ufer Galena, mit knapp 1000 Einwohnern schon fast eine Stadt. Es bietet alle nötigen Versorgungsdienste. Obwohl überwiegend Indianerdorf, hat es doch eine Reihe von Outdoorsunternehmen und dient als Ausgangsort für Wildnistrips. 50 km flußab mündet von rechts der Koyukuk River ein. Hinter dem Mündungsdelta liegt rechts auf dem Hochufer der Ort Koyukuk. Die Indianer des Dorfes leben wie alle Indianer am Fluß im Sommer in Fischcamps und gehen dem Lachsfang nach. Im Dorf kann man in beschränktem Umfang Einkäufe tätigen.

40 km flußab folgt am rechten Ufer Nulato, dessen 400 Einwohner einige Versorgungsmöglichkeiten bereithalten, Store und Lodge findet man auch. Der Ort hat eine grausige Historie. Hier lag vor 150 Jahren ein Handelsposten der Russen, den gerade ein durchreisender US-Leutnant besuchte. Aus unbekannten Gründen überfielen die Indianer vom Koyukuk den Posten und metzelten alle nieder, 50 Indianer, den US-Leutnant John Barnard und den russischen Händler Darabin. Das Grab liegt 500 m flußab downtown.

50 km flußab folgt rechts am Ufer Kaltag, ein Indianerdorf von 300 Seelen mit

Store. Für fast 200 km mäandert der Yukon River dann südwärts ohne Siedlungen an seinem Ufer. Dennoch ist er keine einsame Wasserstraße, denn auch hier liegen Fischcamps und täglich rauschen Motorfrachter flußauf und ab. Vieles davon entgeht dem Kanuten, weil der Yukon wieder durch Inseln aufgeteilt ist.

Auf dem linken Ufer liegt das Innoko Refugium, aber das rechts vorbeigleitende Hügelland ist ungeschützt.

Es folgen nun in regelmäßiger Folge die Natives Dörfer, die meist schon zur Zeit der russischen Herrschaft existierten. Ein gutes Dutzend liegt rechts auf dem Hochufer, manche etwas landein und nicht sofort vom Fluß aus zu sehen. Es beginnt mit Greyling, das wieder Einkaufsmöglichkeiten bietet und 250 Einwohner hat. Das Dorf liegt gegenüber der Refugiumsgrenze des Innoko Schutzgebietes.

150 km flußab folgt Russian Mission, das nach Anvik, Paradise Hill, Holy Cross wieder Einkaufsmöglichkeiten bietet.

Von hier sind es noch 250 km bis zur Flußmündung durch das Yukon Delta National Wildlife Refuge. Mitten drin liegt St. Mary's, das mit seinen 600 Einwohnern über die nötigen Versorgungsdienste verfügt. Es ist eine Inuit Siedlung, genau wie alle folgenden, die an den verschiedenen Mündungsarmen liegen. Am besten steuert man Emmonak am Kwiguk Arm oder Alakanuk am Alakanuk Arm an. Beide zählen 600 Einwohner und haben als die größten Dörfer am Meer Linienflugverbindung mit Nome und Bethel. Die Airports beider Dörfer werden täglich mit Jets angeflogen. In beiden findet man gleichermaßen sämtliche Versorgungsdienste.

Karten 1 : 250.000 = Fort Yukon, Beaver, Livengoods, Tanana, Melozitna, Ruby, Nulato, Unalakleet, Holy Cross, Russian Mission, Marshall, Kwiguk, St. Michael (je 1 Blatt = 13 Stück).

Alaska Highway, YT Nr. 1 / BC Nr. 97

Eine der berühmtesten und bekanntesten Überlandstraßen der Welt beginnt in Dawson Creek, BC, und endet nach rund 2400 km in Fairbanks, Alaska. Der Wildnistrail, als der sie einst begann, ist sie nicht mehr. Durchgehend asphaltiert und heute gut ausgebaut, stellt sie keine besonderen Anforderungen an Fahrer und Fahrzeug. Es gilt noch immer, daß sie die einzige Überlandstraße in den Nordwesten des Erdteiles ist — und geblieben ist die wilde, urwüchsige, ursprüngliche Natur, die sie durchzieht und zugänglich macht.
Startpunkt ist Dawson Creek, BC, wo alle anderen Highways aus dem Westen, Süden und Osten zusammenlaufen.

Dawson Creek, BC

(10.500 Einwohner)
1879 entsandte die Bundesregierung in Ottawa den Landvermesser George Mercer Dawson hierher. Der Bundesstaat British Columbia hatte das Land am Peace River für eine Eisenbahnlinie zur Verfügung gestellt, die die unbewohnte Prärie und die anschließenden Rocky Mountains erschließen helfen sollte. Daraus wurde zunächst nichts, aber die Besiedlung und Erschließung als Farmland begann. Dawson Creek entwickelte sich rasch zum Zentrum der Peace River Prärie, das Land ringsum kam unter den Pflug und gleicht heute dem Ackerland im benachbarten Weizengürtel. Als dann 1930 doch noch die Eisenbahn bis hierher ausgebaut war, schien die Entwicklung abgeschlossen. Erst der letzte Krieg brachte mit dem Bau des Alaska Highways einen neuen Schub. 1958 wurde Dawson Creek zur Stadt erhoben. Neben Landwirtschaft und der Rolle als Verkehrsknotenpunkt und Versorgungszentrum stellt heute die Erdöl- und Erdgasgewinnung in der Region die wirtschaftliche Basis. Dennoch blieb das Städtchen in seinem Charakter als einfache und schlichte Provinz- und Prärietown unangetastet.

i PRAKTISCHE INFORMATIONEN

Anreise
Das Städtchen ist im innerstaatlichen Fluglinienverkehr mit Vancouver, Edmonton und Calgary verbunden.
Die Eisenbahnlinie der Northern Alberta Railways endet hier, befördert aber keine Personen, sondern nur Güter.
Die zweite Eisenbahnverbindung der British Columbia Railway erlaubt die Anreise von Vancouver, aber nur bis Prince George.
Greyhound Busterminal, 12th Avenue Ecke 102nd Street, ist Endpunkt der Linien von Edmonton, Alberta, Vancouver, BC und Startpunkt der anderen Linie über den Alaska Highway nach Whitehorse, YT, und dortigem Anschluß nach Alaska.
Auskünfte: Tourist Information, Travel Infocentre, 900 Alaska Avenue, Dawson Creek, BC V1G 4T6, Tel. 604/782-9595.

Veranstaltungen
Dawson Creek Fall Fair and Rodeo, Ende August, Landwirtschaftsmesse mit vielen

Veranstaltungen und natürlich dem Rodeo.
Mile 0 Day, erste volle Juliwoche, wochenlanges Volksfest mit Markt, Darbietungen aller Art und bäuerlichen „Wettbewerben" wie Schweinereiten usw.

Sehenswürdigkeiten
Walter Wright's Pioneer Village Museum, Freilichtmuseum am Highway Nr. 2, ca. 4 km südlich dem zentralen Verkehrskreisel. Sammlung landwirtschaftlicher Gebäude und Geräte aus der Gründerzeit. Eintritt 5 Can$.
NAR Park, Alaska Avenue und 10th Steet, nahe dem Verkehrskreisel. Zugleich Sitz des Touristenbüros. Eisenbahnmuseum.

Unterkünfte
„Tubby's R.V. Park", 20th Street/Highway 97 South, Dawson Creek BC V1G 4H4, Tel. 604/782-2584, mit allem Komfort, ab 10 Can$.
„Mile 0 Campground", 800 m westlich der Highway 97 Kreuzung mit dem Hart Highway. P.O. Box 2329, Dawson Creek BC V1G 4P2, Tel 604/782-2590. Komfortabel, ab 10 Can$ (nur Zelte).
„Irall Motel", an vorgen. Kreuzung, Box 667, Dawson Creek BC V1G 4H7, Tel. 604/782-8595 (oder 1-800-663-2749 kostenfrei in BC). 41 Räume ab 48 Can$.
„Peace Villa Motel", 1641 Alaska Avenue, Dawson Creek BC V1G 1Z9, Tel. 604/782-8175. 46 Räume ab 42 Can$.
„Dawson Creek Travel Lodge", 1317 Alaska Avenue, Dawson Creek BC V1G 1Z4, Tel. 604/782-4837. 40 Räume ab 36 Can$.
„Central Motel", 1301-101 Alaska Avenue, Dawson Creek BC V1G 1Z4, Tel. 604/782-8525. 12 Räume ab 34 Can$.
„Econo Lodge", 632-103rd Avenue, Dawson Creek BC V1G 2E8, Tel. 604/782-9181. 20 Räume ab 36 Can$.
„Cedar Lodge Motel", 801-110th Avenue, Dawson Creek BC V1G 2V9, Tel. 604/782-8531. 41 Räume ab 32 Can$.
„The George Dawson Inn", 11705-8th Street, Dawson Creek BC V1G 4N9, Tel. 604/782-9151. 79 Räume ab 59 Can$.

Im übrigen bietet Dawson City jede gewünschte Versorgungseinrichtung.
Unter den mehreren Dutzend *Restaurants* ist zu empfehlen:
„The Alaska Cafe", 10th Street, gleich südlich des Milepost Zero (10th/102nd Avenue). Eines der ältesten am Ort, bietet nur die herkömmliche Prärieküche, urige Atmosphäre, nicht gerade billig, steht auf der Liste: „Where to eat in Canada", einer Art nordamerikanischem „Michelin".

Alaska Highway, YT Nr. 1 / BC Nr. 97

Der Alaska Highway beginnt heute am zentralen Verkehrskreisel von Dawson Creek mit einem kleinen Monument am Fahrbahnrand. Der eigentliche Mile Post Zero steht aber am alten Platz in der Geschäftszeile, mitten auf der Kreuzung 102nd Avenue/10th Street, einen Block südlich der jetzigen Trasse, der Alaska Avenue, die jedoch die 101st Avenue ist. Nach amerikanischer Manier ist das eigentlich die *1st* Avenue, die ersten 100 hat man gleich übersprungen und mit der 101st Avenue angefangen.
Bei km 2: Einmündung von links ist der John Hart Highway, Zufahrt zu den beiden o.a. Campingplätzen.

Bei km 24: Siedlung Farmington mit Tankstelle und Reparaturdienst, Lebensmittel. Alaska Highway Campground, komfortabel, ab 10 Can$. Kiskatinaw Provincial Park, staatlicher Zeltplatz, einfach, 7 Can$. Beide Campingplätze liegen hintereinander an einer Stichstraße, dem alten Stück des Highways, 3 bzw. 4 km vom jetzigen ab. Diese Seitenstraße führt zum Highway zurück und mündet bei km 28 wieder ein.

Bei km 49: Rastplatz rechts, dann beginnt der Highway seinen steilen und gewundenen Abstieg ins tief eingeschnittene Tal des Peace River.

Bei km 55: Taylor Landing Provincialpark, einfacher staatlicher Picknickplatz.

Bei km 56: Brücke über den Peace River mit Erdölpipeline parallel dazu. Sie führt bis Vancouver und mit einer dortigen Abzweigung in die USA.

Am jenseitigen Hang liegt die Siedlung „Taylor", 850 Einwohner, Fabrikstadt zur Aufbereitung des Erdöles und -gases aus den nahen Bohrungen.

„Crystal Park Motel", Box 21, Baldonnel BC, V0C 1C0, Tel. 604/789-3145. 7 Räume ab 35 Can$.

Bei km 65: Alcan Trailer Park, komfortabel, ab 8 Can$.

Bei km 74: Stadt **Fort St. John** (13.500 Einwohner), im Jahre 1793 fuhr Alexander Mackenzie den nahen Peace River hinunter und erreichte als erster nach Durchquerung des Inlandes den Pazifik. In Stein gehauen steht das Denkmal am Highway, an der Abzweigung zur Stadt. Die nahm ihren Ursprung aus dem von Mackenzie am Fluß für die NWC gegründeten Handelsposten „The Rocky Mountain Fort", das dem Handel mit den Sikanni in den Rocky Mountains diente, ebenso wie den Beaver-Indianern hier in der Prärie. Später wurde das Fort auf die Höhen verlegt und wurde dann der eigentliche Anlaß zur Besiedlung der Region, die mit der 98er Goldrush Stampede von Edmonton herauf einsetzte. Hier am Fuß der Rocky Mountains verloren viele den Mut zum Weiterwandern durch die Rockies nach Dawson City, blieben und bauten sich hier eine Farm auf.

1942 wurde der Ort Hauptstelle des Highway-Baues. Bis hierher gab es schon einen Fahrweg für Ochsenkarren von Dawson Creek herüber. Die Eisenbahn wurde 1958 gebaut, die Erdöl- und -gasfunde machten das Städtchen größer. Seine wirtschaftliche Basis sind Landwirtschaft, Erdöl und -verarbeitung, Holzwirtschaft und Transportwesen.

Anreise/Verkehrsanbindung

Fort St. John Airport ist im Inlandslinienflugnetz mit Vancouver, Edmonton und Whitehorse verbunden, mit Zwischenlandungen in Prince George, BC, Grand Prärie, BC und Watson Lake, YT. Greyhound Terminal, 10355-101st Avenue.

Visitor Information Centre, 9323-100th Street, Fort St. John BC V1J 4N4, Tel. 604/785-6037.

Unternehmungen: Eine empfehlenswerte Unternehmung ist ein Abstecher zum W.A.C. Bennet Dam am Ende der BC Road Nr. 29, hinter Hudson's Hope, ca. 85 km von Fort St. John. Der 183 m hohe Damm staut den Peace River zum Williston Lake auf, einem riesigen Binnenmeer. Besichtigung der Kraftwerksanlage.

Unterkünfte

„Fort St. John Centennial R.V. Park", 9323-100th Street, Ft. St. John BC V1S 4N4, Tel. 604/785-3033. Komfortabler Campingplatz, ab 7 Can$.

„Esta Villa Motel", 9603 Alaska Road, Ft. St. John BC V1J 1A4, Tel. 604/785-6777. 16 Räume ab 30 Can$.
„Blue Belle Motel", 9705 Alaska Road, Ft. St. John BC V1J 1A4, Tel. 604/785-2613. 16 Räume ab 30 Can$.
„Caravan Motel", 9711 Alaska Road, Ft. St. John BC V1J 1A4, Tel. 604/785-1191. 28 Räume ab 30 Can$.
„The Roost Motel", 9207 Alaska Road, Ft. St. John BC V1J 1A1, Tel. 604/785-2906. 9 Räume ab 30 Can$.
„The Alexander Mackenzie Inn", 9223-100 Street, Ft. St. John BC V1J 3X3, Tel. 604/785-8364 (oder 1-800-663-8313 kostenfrei). 70 Räume ab 45 Can$.
„The Coachman Inn", 8540 Alaska Road, Ft. St. John BC V1T 5L6, Tel. 604/785-0651. 72 Räume ab 41 Can$.

Hinter Fort St. John verläßt der Highway die offene Prärie und taucht in die endlosen Wälder zu Füßen der Rocky Mountains ein, denen die Straße zunächst in gleichbleibendem Abstand folgt. Gelegentlich sind die Gipfel links im Westen zu sehen, wenn die Trasse im endlosen Auf und Ab eine Höhe erklommen hat.
Bei km 80: Abzweigung zum Beatton Provincial Park nach rechts. Einfacher Zeltplatz am Charlie Lake, 10 Can$.
Bei km 82: Siedlung Charlie Lake mit einigen Versorgungseinrichtungen, Lebensmittel, Tankstelle.
Bei km 86: Abzweigung links BC Road 29 nach Hudson's Hope und dem W.A.C. Bennett Dam. Hier preiswerte Tankstelle!
Bei km 115: „The Shepherds Inn", Box 6425, Ft. St. John BC V1J 4H8, Tel. 604/827-3676, Motel, 24 Räume ab 30 Can$. Zeltplatz ab 6 Can$. Raststätte mit Restaurant und Tankstelle.

Bei km 162: **Wonowon** (Verballhornung von Mile 101), 150 Einwohner, 3 Tankstellen, jeweils mit einfachem Restaurant, Lebensmittel.
„Blueberry Motel", Wonowon BC V0C 2N0, Tel. 604/772-3322. 15 Räume ab 30 Can$. Restaurant, Stop für Greyhound Busse.

Bei km 226: **Pink Mountain,** 300 Einwohner. Lebensmittel, Tankstellen, Post.
„Pink Mountain Campsite", einfacher Zeltplatz, 12 Can$.
„Pink Mountain Motor Inn", Mile 143, Alaska Highway BC V0C 2B0.
Motel, 28 Räume ab 40 Can$. Zeltplatz ab 5 Can$. Restaurant, Bar, Tankstelle, Haltepunkt der Greyhound Busse.
„Sportsman's Inn", Mile 143, Alaska Highway BC V0C 2B0, Tel. 604/772-3220. Motel, 6 Räume ab 36 Can$. 7 R.V. Stellplätze 5 Can$. Restaurant, Tankstelle, Reparaturen.
„Mae's Kitchen", Mile 147, Alaska Highway BC V0C 2B0, Tel. 604/772-3215. Motel, 11 Räume ab 25 Can$, Zeltplatz, 5 Can$. Restaurant, Tankstelle, Reparaturwerkstatt.

Bei km 253: Steile Abfahrt zum Sikanni Chief River, Brücke mit alter Holzbrücke links, dahinter Sikanni Chief Lodging, Tankstelle mit einfachem Restaurant und Zeltplatz. 10 Can$.
Bei km 278: Bucking Horse River Bridge, dahinter rechts Abfahrt zum staatlichen Campingplatz, einfach 7 Can$.
Der neue, nun folgende Abschnitt verläuft im Tal des Prophet River. Früher stieg der Highway rechts davon zum Trutch Mountain (1260 m.ü.M.) hinauf mit einem überwältigenden Rundblick nach Westen auf die Rockies.

Bei km 350: Prophet River Provincial Park, einfacher staatlicher Zeltplatz, 7 Can$, und über 600 m Stichstraße zu erreichen.
Bei km 365: Prophet River Indianersiedlung rechts, Kirche links der Trasse.
Bei km 366: Prophet River Tankstelle, Restaurant, Post, Campingplatz. Lebensmittel.
Bei km 430: Abfahrt rechts hinter der Brücke über den Jackfish Creek führt in 11 km zum einsamen Provincial Park, Zeltplatz einfach, 7 Can$.
Bei km 465: **Fort Nelson** (→dort).

Fort Nelson (3700 Einwohner)

Info: *Town of Fort Nelson Travel Infocentre,* Bag Service 399, Fort Nelson BC V0C 1R0, Tel. 604/774-2541! liegt am westlichen Ortsausgang, am Alaska Highway neben dem Museum.

Die Stadt liegt auf der Hochebene über dem Mündungsdelta dreier Flüsse, die ab hier gemeinsam den Fort Nelson River bilden: Muskwa, Prophet und Sikanni Chief River. Der Ort begann seine farbenreiche Geschichte als Fort Nelson, einem Handelsposten der NWC, errichtet 1805 und nach dem Seehelden von Trafalgar benannt, der zu jener Zeit auch hier in aller (Weißen) Munde war. Die Station lag unten im Tal des Muskwa (Bären) River, am Ende des Handelsweges vom Liard River herauf und diente dem Pelzhandel mit den Slavey-Indianern, die bis hier an den Fuß der Rocky Mountains nomadisierten. Ihren Vettern in den Bergen, den Sikanni Dené aus derselben Sprachfamilie der Athabaska gefiel das weniger.

1813 brannten die Sikanni den Posten nieder und massakrierten die acht Händler und Voyageure. Erst 1865 gründete die HBC den Posten erneut. Diesen schwemmte die große Frühjahrsflut von 1890 den Fluß hinunter, und so wurde das nächste Fort Nelson auf der Hochebene über den Flußtälern erbaut. Aus ihm erwuchs die heutige Stadt. Aber noch 1920 war der isolierte Ort ein kleines Trappernest von etwa 200 Slaveys mit dem Handelsposten der HBC.

Erst der Bau des Alaska Highways 1942 rückte das Dorf in die Neuzeit. 1960 wurden die Erdöl- und Erdgasfelder entdeckt. 1971 baute man die BC Railway bis zu ihrem heutigen Endpunkt aus, um die endlosen Wälder rundum der Holzwirtschaft zu öffnen.

Heute ist die Stadt der wichtigste Versorgungsstützpunkt am Alaska Highway, 400 km vom nächsten im Süden, Fort St. John, und 530 km von Watson Lake im Norden entfernt. Und sie ist Mittelpunkt für die Öl- und Gasförderung der Region. Am Südausgang der Siedlung unübersehbar die große Fabrikanlage der West Coast Transmission, hier startet die Pipeline zur Küste. Die BC Railway dient ausschließlich dem Güterverkehr, vor allem dem Abtransport der Güter der Holzindustrie.

Und schließlich basiert das Wirtschaftsleben noch immer auf Trapping und Pelzhandel, den alten Grundlagen der Entstehung der Siedlung. Der Ort verfügt über alle Dienstleistungsbetriebe zur Versorgung der Durchreisenden. Sie liegen durchweg in der Geschäftszeile parallel zum Highway, darunter auch zwei Banken. Postamt und Liquor shop liegen an der abzweigenden Airport Road.

Zwei Charterflugunternehmen am Ort haben sich speziell dem Ausflugs- und Zubringerdienst zum Nahanni National Park gewidmet:

Liard Tours, Box 3190, Fort Nelson BC V0C 1R0, Tel. 604/774-2909.
Villers Air Service, Box 3190, Fort Nelson BC V0C 1R0, Tel. 604/774-2072.

PRAKTISCHE INFORMATIONEN

Anreise
Canadian-Air fliegt täglich die Linie Vancouver — Whitehorse mit Zwischenlandung in Fort Nelson.
Der Fort Nelson Airport liegt 10 km nördlich des Zentrums und ist nur per Taxi zu erreichen. Außerdem ist Fort Nelson Haltepunkt der Greyhound Buslinie von Dawson Creek nach Whitehorse. Die Strecke wird im Sommer an sechs Tagen, im Winter an drei Tagen in der Woche befahren.

Sehenswürdigkeiten
Fort Nelson Heritage Museum, interessante Sammlung aus der Geschichte der Stadt. Am Alaska Highway, westlicher Ortsausgang, neben dem Visitor Travel Infocentre, Eintritt 2 Can$.

Unternehmungen
Neben einigen Touren zu Unternehmen am Ort, die das o.a. Infocentre organisiert, bieten die beiden Charterflugunternehmen eine Fülle von Möglichkeiten zum Absprung in die Wildnis, darunter zum Nahanni National Park, s.o.
Und wer aus der Wildnis zurückkehrt, findet hier manche Erholungsmöglichkeit, z.B. Golfplatz, Zutritt werktags 6 Can$, Wochenende 9 Can$! Tennisanlage, Nutzung kostenfrei, oder Schwimmhalle mit Whirl Pool und Sauna, Eintritt 1,45 Can$.

Unterkünfte
„Husky 5th Wheel RV Park", Mile 293 Alaska Highway, Fort Nelson BC V0C 1R0, Tel. 604/774-727, 8 km östlich der Stadt, komfortabel, 50 Stell-/Zeltplätze ab 12 Can$.
„Westend Campground", Box 398, Alaska Highway, Fort Nelson BC V0C 1R0, Tel. 604/774-2340. 100 Plätze, komfortabel, ab 12 Can$ (beim Travel Infocentre).
„Fort Nelson Motor Hotel", Box 240, Fort Nelson BC V0C 1R0, Tel. 604/774-6971. 110 Räume ab 36 Can$.
„Mini Price Inn", Box 1813, Fort Nelson BC V0C 1R0, Tel. 604/774-2136. 19 Räume ab 32 Can$.
„Pioneer Motel", Box 2009, Fot Nelson BC V0C 1R0, Tel. 604/774-6459. 12 Räume ab 36 Can$.
„Shannon Motel", Box 480, Fort Nelson BC V0C 1R0, Tel. 604/774-6000. 56 Räume ab 39 Can$.
„Coachhouse Inn", 4711-50th Avenue, Fort Nelson BC V0C 1R0, Tel. 604/774-3911, 70 Räume ab 56 Can$.
Alle diese Häuser liegen in der Geschäftszeile am Alaska Highway. Daneben sind noch vier weitere (und teurere) Hotels am Ort.

Bei km 500: Abzweigung rechts Liard Highway, zum Nahanni National Park und in die NWT.
Der Highway steigt nun ostwärts in die Berge der Rocky Mountains und überquert sie hinab zum Liard River.
Bei km 554: Steamboat River, Raststätte mit Restaurant, Tankstelle, Reparaturen. Steamboat Mountain und der folgende Indian Head Mountain sind zwei pittoreske Tafelberge mit einer Ausformung, die den Namen abgab.

Bei km 576: Abzweigung (2 km) zum Tetsa River Provincial Park, einfacher staatlicher Zeltplatz, 10 Can$.
Bei km 595: Tetsa River Services, Raststätte mit Restaurant, Tankstelle, Reparaturen und Zeltplatz.
Bei km 618: Stone Mountain Provincial Park. Der Highway durchschneidet den Park auf den folgenden 16 km. Eine Hochgebirgslandschaft (Schotter- und Geröllandschaft) in steilgeschnittenen Tälern, der höchste Paß des Highways und der schöne Summit Lake werden hier geschützt.
Bei km 622: Summit Lodge, Raststätte wie vorher.
Bei km 623: Höchster Punkt am Alaska Highway (1295 m.ü.M.) am Ende des Summit Lake, einfacher Campground, 5 Can$.
Bei km 630: Mountain Lodge, Raststätte mit Tankstelle, Lebensmitteln, Restaurant und Zeltplatz.
Bei km 674: „Toad River Lodge", Mile 422, Alaska Highway BC V0C 2X0, Tel. 604/232-5401. 13 Räume ab 36 Can$, Restaurant, Bar, Tankstelle, Reparaturen, Greyhound Busstop, Postamt.
Bei km 679: The Poplar's Campground, Campingplatz für RV und Zelte mit einigem Komfort, 10 Can$, Restaurant, Tankstelle.
Bei km 681: Straße führt in den Muncho Lake Provincial Park, der die Umgebung des gleichnamigen Sees mit seiner hochalpinen Landschaft schützen soll. Diese Hochtäler in den Rocky Mountains sind überwiegend Schutt- und Geröllhalden unterhalb von Steilwänden und Gipfeln. Die größeren weißen Flecken sind Schnee- und Eisfelder, die kleineren meist Schneeziegen und Bergschafe.
Bei km 728: Muncho Lake, Double „G" Services, Raststätte mit Postamt, Mile 456, Muncho Lake BC V0C 1Z0, Tel. 604/776-3411. Motel, 4 Räume 40 Can$, Campground 5 Can$. Restaurant, Tankstelle, die teuerste am See!
„Grant's Highland Glen Cabins Ltd.", Mile 462, Alaska Highway BC V0C 1Z0, Tel. 604/776-3481. Motel, 14 Räume ab 49 Can$, Campground ab 8 Can$. Restaurant, Lebensmittel, Tankstelle.
„Mucho Lake Lodge", Mile 463, Alaska Highway BC V0C 1Z0, Tel. 604/776-3456. Motel, 12 Räume ab 40 Can$, Zeltplatz ab 10 Can$, komfortabel. Restaurant, Bar, Tankstelle, Greyhound Busstop.
„J & H Wilderness Motel", Mile 463, Alaska Highway BC V0C 1Z0, Tel. 403/776-3454. Motel, 8 Räume ab 43 Can$. Campground ab 10 Can$. Restaurant. Bootsverleih und Wildnisführungen.
Der wunderschöne, 11 km lange Muncho Lake schillert bei einfallendem Sonnenlicht in diversen Farbabstufungen, die von metallischen Auswaschungen verursacht werden. Der See ist ein mit Wasser gefüllter Gebirgsspalt und über 200 m tief. Da die Straße ihm in vielen Windungen folgt, eingeklemmt zwischen Steilhang und ungeschützt tief abfallendem Ufer, ist äußerste Vorsicht geboten. Schon mancher Truck und Trailer wurde nach Jahren entdeckt und gehoben — den Tod am Steuer! Hinter dem See senkt sich die Fahrbahn hinab ins Tal des Liards River und folgt diesem abwärts, aus dem Hochgebirge in die Vorgebirgszone jenseits der Rockies.

Bei km 771: Highway verläßt den Muncho Lake Provincial Park.
Bei km 800: Brücke über den Liard River. Dahinter links: „Liard River Lodge", Mile

496, Alaska Highway BC V1G 4J8, Tel. 604/776-3341. Ab 40 Can$.
Raststätte mit Restaurant, Tankstelle, Campingplatz, Lebensmitteln. Greyhound Busstop und einzige Versorgungsquelle an den Liard Hot Springs.
Bei km 801: Abzweigung rechts zu den Liard Hot Springs, Freibad (kostenlos) in den Thermalquellen mit ausgedehntem staatlichen Campground, 12 Can$. Üblicher einfacher RV und Zeltplatz ohne Versorgungsdienste.
Bei km 830: Smith River Brücke. Gleich rechts dahinter zweigt ein unauffälliger Waldweg zum eindrucksvollen Wasserfall des Smith River ab, der in zwei Stufen um 20 m in einen engen Canyon fällt. Vorsicht: nur einspuriger Waldweg führt hin, nicht für große Fahrzeuge geeignet, Fahrstrecke: 2 km.
Bei km 859: „Coal River Lodge" Mile 533, Alaska Highway BC V1G 4J8, Tel. 604/776-3306. Motel, 5 Räume ab 40 Can$. Campground ab 10 Can$, Restaurant, Tankstelle, Reparaturen, Lebensmittel.
Bei km 868: links zweigt eine ganz unauffällige Einfahrt zu einem kostenlosen und im Sommer stets überfüllten Campground der Forstverwaltung ab. Gleich dahinter, nur 200 m vom Highway entfernt, der sehenswerteste der Liard River Wasserfälle, der Whirlpool Canyon, den man vom Highway aus nicht sieht!
Bei km 875: Fireside, Raststätte mit Tankstelle, Restaurant.
Bei km 918: Rastplatz mit herrlichem Ausblick auf den Liard River im Tal. „Allen's Lookout", von hier aus soll der Bandenführer Flußboote überfallen und ausgeraubt haben.
Bei km 944: Contact Creek. Rastplatz mit Gedenktafel. Hier trafen sich die Arbeitskolonnen von Osten und Westen: Der Highway war fertig.
Bei km 948: Grenze BC/Yukon Territory. Der Highway schlängelt sich noch sechsmal hinüber und herüber, ehe er im YT bleibt.
Bei km 950: „Contact Creek Lodge", Raststätte mit Restaurant, Tankstelle, Campingplatz, 5 Can$.
Bei km 960: „Iron Creek Lodge", Box 409, Watson Lake YT Y0A 1C0, Tel. 403/536-2266. Motel, 5 Räume ab 35 Can$, Campground 7 Can$, Restaurant, Tankstelle, Reparaturen.
Bei km 997: Lower Post, Abzweigung zur Indianersiedlung von Watson Lake.
Bei km 1017: „Camp Ground Services Ltd.", Box 345, Watson Lake YT Y0A 1C0, Tel. 403/536-7448.
Bei km 1018: Watson Lake.

Watson Lake (1500 Einwohner)
Info: Visitor Information Centre, Watson Lake YT Y0B 1C0, Tel. 403/536-7469. Am Sign Forest, Zufahrt vom Campbell Highway Ecke Alaska Highway.
Der gleichnamige See liegt rechts hinter dem Dorf, zwischen den Armen des Alaska und des Campbell Highways. Ursprünglich hieß der See und sein Indianercamp „Fish Lake". Im Zuge des Goldrushes schlug sich einer der Teilnehmer an der Stampede von Edmonton bis hierher durch, dann gab er auf und blieb. Frank Watson aus Yorkshire in England heiratete ein Mädchen aus dem Clan der Kaska Dené, und ihre Nachkommen siedeln noch heute hier. Die Umgebung war bis 1942 unbesiedelt. Im Zuge des Baues des Alaska Highways wurde ein Flughafen in den Busch geschlagen und von diesem aus die Fahrbahn in zwei Richtungen ge-

baut. Damit begann eine Siedlung, die später ihren Aufschwung als Versorgungspunkt an den beiden Highways nahm. Neben den Diensten für Durchreisende gibt es noch etwas Holzwirtschaft.

Das Dorf hat heute alle Versorgungsdienste für den Fahrzeugverkehr, Hospital, Postamt usw.

Linienflugverbindung besteht nach Whitehorse und Fort Nelson, jeweils mit Anschluß an das innerkanadische Linienflugnetz. Greyhound hat nur den Busstop am Watson Lake Hotel.

Sehenswürdigkeiten

„Sign Forest", an der Abzweigung des Campbell Highways. Seit dem Bau des Highways — damals heftete einer der US-Soldaten einen Hinweis zu seinem Heimatort an den Militärwegweiser — haben einige tausend Reisende aus aller Welt ihr Pkw-Kennzeichen hier angenagelt — oder das Ortsschild ihrer Heimatgemeinde.

„Alaska Highway Interpretive Centre", Film- und Diashow, Foto- und Kartenausstellung. Ein Museum über den Highwaybau, direkt am Sign Forest, zugleich Visitor Information Centre.

„Heritage House Museum", gleich gegenüber dem Watson Lake Hotel und am Sign Forest. Ältestes Haus am Ort, Blockhaus von 1948 mit Museum über die Tierwelt, Ausstellung von Indianer-Kunst und -Kunsthandwerk. Eintritt 2 Can$.

„Canteen Show", im Armeezelt neben dem Sign Forest. Showrevue über die 40er Jahre. Vom 1. Juni bis 1. September, allabendlich ab 20 Uhr, Eintritt 8 Can$, Kinder 5 Can$.

„Watson Lake Library", Filmvorführungen über Yukon Natur und Tierleben.

Unterkünfte

„Downtown RV Park", Box 609, Watson Lake YT Y0A 1C0, Tel. 403/536-2646, komfortabel, 70 Stell- und Zeltplätze, 12 Can$.

„Watson Lake YT Campground", 8 km weiter am Alaska Highway, einfach und permitpflichtig.

„Alcan Motel", Box 257, Watson Lake YT Y0A 1C0, Tel. 403/536-7774, 45 Räume ab 45 Can$.

„Belvedere Hotel", Box 288, Watson Lake YT Y0A 1C0, Tel. 403/536-7712. 48 Räume ab 45 Can$.

„Cedar Lodge Motel", Box 243, Watson Lake YT Y0A 1C0, Tel. 403/536-7406. 8 Räume ab 70 Can$.

„Gateway Motor Inn", Box 560, Watson Lake YT Y0A 1C0, Tel. 403/536-7744, 58 Räume ab 80 Can$.

„Watson Lake Hotel", Box 370, Watson Lake YT Y0A 1CO, Tel. 403/536-7781, 48 Räume ab 80 Can$,

„D&H Enterprises", Bed and Breakfast, Box 292, Watson Lake YT Y0A 1C0, Tel. 403/536-2765. 2 Räume ab 45 Can$.

Bei km 1025: YT Campground, s.o.

Bei km 1032: Green Valley Trailer Park, privater Campingplatz besserer Qualität, 10 Can$.

Bei km 1032: Brücke über den Liard River. Der Highway schwenkt jetzt aus dem Tal und über die Wasserscheide zur Yukon Drainage.

Bei km 1033: Upper Liard River, Indianerdorf der Kaska von Watson Lake mit sehenswerter Kirche.

Bei km 1034: „Liard River Resort", Tel. 403/536-2271, Motel, 13 Räume ab 35 Can$, Campground ab 8 Can$. Restaurant, Lebensmittel, Tankstelle.

George Johnson — ein Indianerschicksal
Das Museum liegt neben dem Supermarkt innerhalb der Indianersiedlung auf der Halbinsel im See. Johnson war eine bemerkenswerte Persönlichkeit unter den Tlingit, dem Fortschritt zugeneigt. Er fotografierte das Leben seines Volkes und hielt seinen Alltag im Bild fest. Er fuhr das erste Auto auf dem Alaska Highway — 1928, lange bevor an den Bau des Highways gedacht wurde. Er mußte sich erst eine eigene Straße in Teslin bauen, damit er den Pkw, einen Chevrolet Vierzylinder — für 926 Can$ in Whitehorse als Neuwagen gekauft, per Heckraddampfer „Thistle" über Yukon und Teslin River nach Teslin verschifft — auch benutzen konnte. Johnson wurde später Stammesführer, sein Neffe Abgoordneter in der Legislative.

Bei km 1044: Einmündung des Cassiar Highways, BC Highway Nr. 37. Junction 37 Services, Raststätte mit Tankstelle, Restaurant, Camping.
Bei km 1085: Big Creek YT Campground, einfach und permitpflichtig.
Bei km 1143: „Rancheria Motel", Tel. 403/851-6456, 28 Räume ab 40 Can$. Campground ab 7 Can$. Restaurant, Tankstelle, Reparaturen.
Bei km 1144: Rancheria YT Campground, einfach und permitpflichtig.
Bei km 1160: „Rainbow Inn", Tel. 403/851-6452. Raststätte mit Campground, Restaurant, Tankstelle, Lebensmitteln.
Die Straße quert die Cassiar Mountains und folgt dem Swift River abwärts zum Teslin Lake. Nach Überquerung der Wasserscheide fließen ab jetzt alle Wasser in den Pazifik, während die bisher berührten zum Mackenzie River und zum Eismeer abflossen.
Bei km 1180: „Swift River Lodge", Tel. 403/851-6401, Motel, 13 Räume ab 35 Can$, Restaurant, Tankstelle mit Reparaturdienst. Außerdem Straßenbaucamp, kein Zutritt.
Bei km 1251: „Morley River Lodge", Tel. 403/390-2639, Motel, 7 Räume ab 40 Can$, Campingplatz ab 7 Can$, Restaurant, Tankstelle, Reparaturen, Bootsverleih.
Bei km 1281: „The Territory Campground", Tel. 403/390-2606, 90 Stell-/Zeltplätze ab 8 Can$, komfortabel, Restaurant, Tankstelle.
Bei km 1293: Nisutlin Bridge, mit 585 m Spannweite die größte am Highway. Sie überspannt den bekannten Kanufluß Nisutlin an dessen Mündung in den Teslin Lake. Dieses Wort bedeutet in Athabaska „Enges Wasser". Der See ist 138 km lang und nur 3 km breit. Die größere Südhälfte wird von der Straße aus nicht sichtbar, die folgt der Nordhälfte auf dem Ostufer. Hinter der Brücke liegt das Indianerdorf Teslin.

Teslin (110 Einwohner)
Hier an der Südkante des Yukon Territory liegen mehrere Dörfer der Küstenindianer, die über den Taku River einen gesonderten Zugang zum Pazifik hatten und haben. Teslin wird von Tlingit bewohnt, die sich ab 1903 hier ansiedelten, als an der Mündung des Nisutlin River ein Handelsposten angelegt wurde.
Sehenswert das von der Indianer Co-op unterhaltene Dorfmuseum, das u.a. die Erinnerung an George Johnson bewahrt.

George Johnson Museum, General Delivery, Teslin YT Y0A 1B0, Tel. 403/390-2550.
Unterkünfte
„Yukon Motel", General Delivery, Teslin YT Y0A 1B0, Tel. 403/390-2575. 13 Räume ab 40 Can$, Restaurant, Tankstelle, Reparaturen. Greyhound Busstop.
„North Lake Motel", General Delivery, Teslin YT, Y0A 1B0, Tel. 403/390-2571. 13 Räume ab 53 Can$. Restaurant.
„Halstead's Teslin Lake Resort", General Delivery, Teslin YT Y0A 1B0, Tel. 503/390-2608. 9 Räume ab 45 Can$, 70 Stell- und Zeltplätze ab 8 Can$.
Restaurant, Bäckerei, Bootsverleih, Tankstelle.

Bei km 1307: „Mukluk Annie's Lakeshore Campground", Hütten ab 32 Can$, Restaurant, Duschen, Bootsverleih.
Bei km 1309: „Teslin Lake YT Campground", einfach und permitpflichtig.
Bei km 1345: Abzweigung rechts Canol Road, Yukon Highway Nr. 6.
Bei km 1347: „Johnson's Crossing Services", hinter der Brücke über den Teslin River, Tankstelle mit Restaurant und Zeltplätzen, ab 6 Can$. Der Name bewahrt ein weiteres Mal den des unternehmerischen Indianers aus Teslin, der hier vor dem Brückenbau eine Fähre über den Teslin River unterhielt. Der Teslin River ist ab hier ein beliebter Kanuweg hinab zum Yukon River und nach Dawson City. Der einfach zu befahrende Fluß mündet beim ehemaligen Indianerdorf Hootalinqua in den Yukon, und man hat damit den Lake Laberge, aber auch Whitehorse umfahren.
Der Highway verläßt das Teslin Valley und quert in einem Hochgebirgstal eine kleine Wasserscheide zum eigentlichen Yukon River.
Bei km 1368: Squanga Lake YT Campground, einfach und permitpflichtig.
Bei km 1392: Einmündung des YT Highways Nr. 8 nach Carmacks, zugleich YT Highway Nr. 7 nach Atlin, BC, der nach 2 km links von der Nr. 8 abzweigt.
„Crystal Palace Hotel", Tel. 403/668-2727. 20 Räume ab 35 Can$, Restaurant, Bar, Tankstelle, Reparaturen. Diese Straßenabzweigung wird auch „Jake's Corner" genannt.
Bei km 1414: Abzweigung nach links führt zum Marsh Lake und der „Lakeview Resort & Marina", Box 4759, Whitehorse YT Y1A 4N6, Tel. 403/668-4042. Motel, 20 Räume ab 45 Can$. 10 Hütten am See, ab 55 Can$. 35 Stell-/Zeltplätze ab 8 Can$. Komfortabel, Tennisplatz, Restaurant, Bar, Store, Bootsanlegeplatz und -verleih.
Bei km 1417: Gute Sicht auf den Marsh Lake, der eigentlich der Yukon River ist. Bevorzugtes Wochenendgebiet mit vielen Hütten der Whitehorser Bürger. Der Name stammt von dem US-Lt. Schwatka, der damit einen seiner Lehrer in Yale ehrte, den Professor Othniel Charles Marsh.
Bei km 1429: Marsh Lake YT Campground, einfach und permitpflichtig, Sandstrand am See.
Bei km 1438: „Black Mike's Gold Mines Ltd.", Camp eines Goldwäschers mit interessanter Waschanlage, Anleitung zum Goldwaschen durch einen Profi! Kleines Goldwäscher Museum. Eintritt und Goldwaschen 10 Can$. Das Ergebnis darf mitgenommen werden.
Bei km 1442: Brücke über den Yukon River, Ende des Marsh Lake, der durch das Stauwehr rechts der Brücke auf gleichem Stand gehalten wird.

Bei km 1454: Sourdough Country Campsites, 1. großer Stell-/Zeltplatz vor Whitehorse, komfortabel, ab 8 Can$.

Bei km 1455: Abzweigung des YT Highways Nr. 2 links nach Skagway.

Carcross Corner Services, Raststätte mit Restaurant, Tankstelle und Reparaturdienst.

Bei km 1459: Wolf Creek YT Campground, einfach und permitpflichtig. Ab hier →Whitehorse für detaillierte Beschreibung.

Bei km 1467: Abzweigung rechts führt zum Miles Canyon. An diesem entlang führt eine gutausgebaute Straße parallel nach Whitehorse.

Bei km 1470: Abzweigung nach rechts führt hinab ins Zentrum von Whitehorse (South Access Road), zum städtischen Campingplatz Robert Service Campground, zum Heckraddampfer „Klondike" und zur Brücke über den Yukon River nach Riverdale.

Bei km 1474: Abzweigung rechts zum Inlandsflughafen und International Airport von Whitehorse.

Bei km 1476: Zweite Zufahrt ins Zentrum von Whitehorse, die „North Access Road".

Bei km 1487: Abzweigung nach rechts, Klondike Highway nach Dawson City, YT Highway Nr. 2.

Bei km 1507: Rastplatz mit Tafel über den alten Dawson Trail. Der Highway folgt diesem bis Takhini Crossing, wo die alte Kutschenstraße abbiegt. Sie war bis 1950 in Betrieb.

Bei km 1536: Deutlich erkennbar die Folgen der großen Brandkatastrophe von 1958, als hier 630.000 ha Wald vernichtet wurden.

Bei km 1542: Takhini River YT Campground, einfach und permitpflichtig. Abzweigung nach links zum herrlich einsam liegenden Kusawa Lake, der 72 km lang und 3 km breit in einem Tal der Coastal Mountains liegt. Am Ende der 28 km Stichstraße liegt der Kusawa Lake YT Campground, einfach und permitpflichtig, am See.

Bei km 1568: Champagne, altes Indianerdorf, mit früherem Handelsposten und Friedhof. Der Ort war einmal am Dalton Trail und später an der Bullion Creek Road gelegen, der heute der Highway bis Kluane Lake folgt. Die Bevölkerung vom Clan der Champagne-Aishihik Dené lebt heute überwiegend in Haines Junction, wo auch ihr Bandoffice liegt.

Bei km 1602: Abzweigung rechts, 30 km zum Otter Falls YT Rastplatz, einfach und kostenfrei. Ab hier Stichstraße zum Aishihik Lake und Indianerdorf, 50 Einwohner, aber nur im Sommer. Die 42-km-Straße mit miserabler Fahrbahn führt zum Aishihik Lake YT Campground, einfach und permitpflichtig. Das Dorf liegt erst am Nordende des wunderschönen Sees, noch etwa rund 70 km über den See nach Norden. Der See wurde mit einem Damm zur Stromgewinnung ausgestattet, als man noch an einen hohen Energiebedarf der Bergwerke glaubte. Informations-Tafel an der Highway Abzweigung.

Bei km 1603: vor der Aishihik River Bridge Ausfahrt rechts zur historischen Canyon Creek Bridge. Die sehenswerte Holzkonstruktion war 1920 als Teil der Wagonstraße zum Kluane gebaut worden, jetzt renoviert.

Bei km 1605: wundervolle Sicht voraus auf die Kluane Gletscher und Berge.

Bei km 1622: Rastplatz mit Kluane National Park Informationen.

Bei km 1628: Pine Lake YT Campground, einfach und permitpflichtig. Im Sommer hier Campfire Talks mit Park-Rangern, →Kluane National Park.

Bei km 1635: **Haines Junction,** 560 Einwohner. Das Dorf, Sitz der Parkverwaltung, verdankt seine Entstehung ausschließlich der Einmündung der Haines Road. Einzelheiten →dort und Kluane National Park.

Bei km 1644:„MacIntosh Lodge", Tel. 403/634-2301. Motel, 12 Räume ab 50 Can$. Campground ab 13 Can$, komfortabel, Restaurant, Tankstelle, Store.

Bei km 1690: höchster Punkt des Highways zwischen Whitehorse und Fairbanks mit 1000 m.ü.M. und großartiger Fernsicht auf Kluane Lake und Mountains. Der See ist der größte im Yukon Territory mit knapp 400 qkm.

Bei km 1695: Schotterstraße nach rechts führt in 4 km zur verlassenen Ruinenstadt von Silver City, einst (1904-1920) Zentrum der Bergwerksaktivitäten in dieser Region.

Bei km 1699: Kluane Lake Lodge, Raststätte mit Tankstelle, Restaurant. Campingplatz und 2 Räume, 45 Can$.

Bei km 1707: Sheep Mountain Visitor Centre der Kluane-Parkverwaltung. Nach Umrundung des See-Südendes folgt der Highway für 60 km dem Westufer des Sees nach Norden, immer wieder hübsche Blicke von Raststellen auf den See.

Bei km 1708: Soldier's Summit, eine Tafel rechts des Highways erinnert an die hier erfolgte feierliche Eröffnung des „fertigen" Highways am 20. November 1942.

Bei km 1712: „Bayshore Motel", Tel. 403/841-4551, 6 Räume ab 40 Can$, Restaurant, Tankstelle, Anglertouren, Bootsverleih.

Bei km 1717: Cottonwood Park, 50 Stell-/Zeltplätze, komfortabel, Lebensmittel, ab 8 Can$.

Bei km 1722: Congdom Creek YT Campground, einfach und permitpflichtig. Im Sommer auch hier Campfire Talks mit Park Rangern.

Bei km 1743: **Destruction Bay,** 60 Einwohner, Straßenbaucamp. Das erste wurde bei einem Sturm weggeblasen, daher der Ortsname.

„Talbot Arm Motel", Tel. 403/841-4461. 32 Räume ab 60 Can$. Campground ab 9 Can$, komfortabel. Restaurant, Tankstelle, Reparaturwerkstatt, Lebensmittel.

„Kluane Lake Tours", 60 Stell-/Zeltplätze, komfortabler Campingplatz, ab 5 Can$, Restaurant, Lebensmittel, Bootsverleih, Anglertouren.

Bei km 1759: **Burwash Landing,** 95 Einwohner, hauptsächlich Indianerdorf, mit sehenswertem historischen Museum der Kluane Tutchone Dené. Eintritt 2 Can$.

„Burwash Landing Resort", Mile 1093, Alaska Highway YT Y0A 1H0, Tel. 403/841-4441. Motel, 32 Räume ab 50 Can$. Campingplatz ab 5 Can$, Restaurant, Tankstelle, Reparaturen, Bootsverleih, Angeltouren, Lebensmittel.

Bei km 1787: stillgelegte Nickelmine

Bei km 1798: „Kluane Wilderness Village", Tel. 403/841-4141, Motel mit 6 Räumen ab 48 Can$. Campingplatz ab 12,50 Can$, komfortabel. Restaurant, Bar, Tankstelle mit Reparaturen, Lebensmittel. Anglertouren.

Bei km 1820: Brücke über den Donjek River. Der sedimentbeladene Gletscherfluß fließt zum White River und mit diesem zum Yukon River. Er kann mit dem Kanu befahren werden, gilt aber als mühsam, wenn das Wasser im Sommer niedrig ist.

Bei km 1846: „Pine Valley Motel", Tel. 403/862-7407. 3 Räume ab 45 Can$, Campingplatz ab 8 Can$, mit Duschen. Restaurant, Tankstelle, Reparaturen.
Bei km 1853: Lake Creek YT Campground, einfach und permitpflichtig.
Bei km 1873: „Koidern River Fishing Lodge", 10 Räume ab 45 Can$, Restaurant. Lebensmittel, Tankstelle, Reparaturen.
Bei km 1876: „Bear Flats Lodge", Tel. 403/862-7401. 3 Räume ab 45 Can$, Campground ab 8 Can$. Restaurant, Tankstelle, Reparaturen.
„White River Lodge", Tel. 403/862-7408. 8 Räume ab 40 Can$. Campground ab 6 Can$. Restaurant, Tankstelle, Reparaturen.
Dahinter Brücke über den White River, einen wichtigen Nebenfluß des Yukon River. Sein Name rührt von den mit Vulkanasche gefärbten, milchig trüben Wassern her, die den Yukon River auf eine lange Strecke flußabwärts trüben.
Kann als Kanuweg zum Yukon genutzt werden. Unproblematisch, aber schwierig bei Niedrigwasser.
Bei km 1913: Abzweigung zur verlassenen Siedlung Snag, 15 km schlechte Fahrbahn. Hinter der Abzweigung Snag Junction YT Campground, einfach und permitpflichtig.

Bei km 1924: **Beaver Creek** (90 Einwohner), Straßenbaucamp, Grenzsiedlung mit Visitor Information Centre im Sommer. Hübsche Kirche.
„Customs Campground", komfortabel ab 20 Can$, mit Restaurant und Lebensmittelverkauf.
„Far West Gas Bar", Tankstelle mit Reparaturdienst, Campingplatz, schlicht, 7 Can$. Lebensmittel.
„Ida's Motel", Tel. 403/862-7223. 14 Räume ab 60 Can$, Restaurant, Tankstelle.
„Marvin's Roost", Tel. 403/862-7516. 10 Räume ab 45 Can$. Restaurant, Bar.
„Westmark Inn", Tel. 403/862-7516. Ein Haus aus der bekannten Hotelkette, komfortabel, ab 124 Can$. Restaurant, Bar, Tankstelle.

Bei km 1937: kanadische Grenzstation, ganzjährig durchgehend geöffnet.
Bei km 1969: Grenze. Eine 6 m breite Lichtung rechts und links verläuft vom Pazifik bis zum Eismeer. Sie wurde 1904 bis 1920 freigeschlagen, um die Grenze zu Alaska entlang dem 141. Längengrad präzise zu bezeichnen.
Uhrzeit muß um eine Stunde zurückgestellt werden.
Bei km 1970: US-Grenzstation, ganzjährig durchgehend geöffnet! „Port Alcan" genannt. Gleich dahinter Tankstelle mit Postamt und Liquor shop der USA.
Bei km 2015: Abzweigung links, 2 km zum Deadman Lake State Campground, einfach und kostenlos.
Bei km 2016: Straßenbaucamp, nur Notfalltelefon.
Bei km 2022: Lakeview State Campground, einfach und gebührenfrei.

Bei km 2034: Abzweigung links zur Siedlung **Northway** (360 Einwohner).
Das Dorf liegt an einer Stichstraße vom Alaska Highway, etwa 12 km, im „Tetlin National Wildlife Refuge". An der Stichstraße, bei km 5 und der Brücke über den Chisana River liegt ein Picknickplatz. Der Fluß ist ein gutes Fischwasser. Das Dorf ist eine Siedlung der Tutchone Dené. Der Name rührt von einem früheren Häuptling, der ihn von einem Sternwheeler-Kapitän

übernahm. Die etwa 200 Indianer pflegen immer noch die alten Traditionen, jagen und trappen, betreiben Kunsthandwerk und bieten Tanzvorführungen.
Der überdimensionale Flugplatz ist ein Erbe des Weltkrieges, mit Zollabfertigung und Buschpilotendienst. Zusammen mit der überwiegend am Alaska Highway angesiedelten Infrastruktur läßt das Dorf eher einen modernen Eindruck aufkommen. Schule, Feuerwehrstation, Gemeindesaal, Motels, Supermarkt, Liquor shop, Campingplatz, Postamt, Münzwäscherei, Tankstellen und Läden für Kunsthandwerk sind vorhanden. Northway ist das Eingangstor zum „Tetlin National Wildlife Refuge", dessen Grenze der Alaska Highway und die kanadische Grenzlinie sind. Eine hügelige, stark bewaldete Vorgebirgslandschaft mit unzähligen Wasserläufen, Seen, Teichen und Sümpfen nimmt Hunderttausende von Wasservögeln auf. Enten und Gänse, Taucher und Kraniche kehren hier zum Brutgeschäft ein und sind darin geschützt. Dennoch ist das Refugium allen Aktivitäten offen: Campen, Wandern, Fischen — und sogar Jagen (aber nur in der Jagdzeit) ist erlaubt.
Einzelheiten: Refuge Manager, Tetlin National Wildlife Refuge, Box 155, Tok AK 99780, Tel. 90/883-5312.
Straßen oder Campingplätze im Schutzgebiet gibt es nicht. Trails und ein Boot erlauben auf einem Dutzend Flüssen und Bächen den Zugang.
„Northway Campground", komfortabel, Restaurant, ab 6 US$.
„1260 Inn", Milepost 1260-TP, via Tok AK 99780, Tel. 90/778-2205. Motel ab 50 US$. Restaurant, Lebensmittel mit Liquor shop, Tankstelle, Reparaturdienst.

Bei km 2075: Trail links ab zum Indianerdorf Tetlin, 16 km von der Straße ab Midway Lake.
Bei km 2095: Tetlin Junction, Abzweigung rechts Alaska Route Nr. 5 nach Dawson City und Eagle, „Top of the World Highway".

Tok (1200 Einwohner)

Info: *Information Center,* Box 359-TP, AK 99780, Tel. 907/883-5667. Am Alaska Highway, unmittelbar vis-à-vis der Einmündung des Glenn Highway, Alaska Route Nr. 1.
Die Siedlung liegt hochwassersicher zu Füßen der Alaska Range, auf dem Plateau über dem Tanana River (3 km nördlich bzw. 18 km östlich des Ortes) und seinem einmündenden Nebenfluß Tok River (8 km ostwärts der Siedlung).
Früher verlief hier ein alter Indianer-Trail, der die kleinen Siedlungen der Athabaska rundum miteinander verband: Tanacross, Dot Lake, Tetlin, Eagle, Mentasta und Northway, wie sie heute heißen.
1886 kam die Western Union Telegraph Expedition hier durch, um den Lauf der geplanten Überlandverbindung zu erkunden. Ihr wissenschaftlicher Leiter überliefert die Namen der Indianer für die Flüsse mit „Tan-Uh-Naw", was er mit „Gebirgsfluß" übersetzte, und „Tok-Y-O", was „Friedenswasser" bedeuten soll. Früher lag hier ein Begegnungsplatz der Dené, der zu friedlichen Treffen diente.
Im letzten Weltkrieg wurden die beiden Highways gebaut, und hier wurde ein Straßenbaucamp in den Busch gesetzt. Heroische Zeiten verlangen nach heroischen Taten, und so wurde zunächst der verfängliche Namen des Platzes, der zu sehr an den der japanischen feindlichen Haupt-

stadt erinnerte, abgeändert. Abkürzungen waren auch damals schon beliebt, und so verloren Fluß und Ort die unbeliebte Endung.
Die auf den ersten Blick unscheinbare Ansiedlung ist ein Hauptknotenpunkt am Alaska Highway. Die US-Armee-Pioniere stellten 1942 ihr Camp in die Wildnis, weil der nahe Tanana River das Herbeischiffen von Baumaterial und Versorgungsgütern ermöglichte. Die Highways wurden ab hier in drei Richtungen gebaut: nach Osten in Richtung Kanada und Whitehorse, nach Westen in Richtung Delta Junction und Fairbanks sowie nach Südwesten in Richtung Anchorage als Glenn Highway (Alaska Route Nr. 1).
Etwa 20 km ostwärts von Tok mündet von Norden her ein vierter Straßenzug, der Taylor Highway (Alaska Route Nr. 5). Von ihm zweigt in Jack Wade der Yukon Highway Nr. 9 nach Dawson City ab. Zusammen sind beide als „Top of the World Highway" bekannt und eine zweite Landverbindung ins Yukon Territory — allerdings nur im Sommer, denn nur dann verkehrt die kostenlose Regierungsfähre über den Yukon River.
Das wirtschaftliche Leben des Knotenpunktes ruht auf drei soliden Fundamenten, die sich aufs beste ergänzen. Neben den Dienstleistungen für Reisende ist der Ort das Handelszentrum der Region und der genannten Indianersiedlungen; die dritte Einkommensquelle ist die Schlittenhundzucht. Wenn Alaska das Land des Schlittenhundesportes ist, dann ist Tok dessen Hauptstadt. Ein Drittel der Bevölkerung bezieht sein Einkommen aus Zucht und Training der berühmten reinrassigen und massiven Malemutes sowie des meist blauäugigen Sibirian Husky, der wesentlich kleiner ist. Daneben werden aber auch diverse Mischungen gefördert, unter denen man auch eingekreuzte Halbwölfe antrifft.
Das ergänzt sich deshalb so günstig, weil im Sommer die Touristen die Highways bevölkern und so an Tok nicht vorbeikönnen, im Winter ziehen die Schlittenhundrennen die Besucher ins Dorf. Beides nützt den einheimischen Dienstleistungsbetrieben, und das indianische Kunstgewerbe profitiert davon.

Mukluks und Moccassins — originelle Souvenirs
Indianisches Kunstgewerbe boomt. Originelle Angebote sind u.a. die traditionellen Birkenrindenkörbchen, mit gefalteten Ecken und Kanten sowie wasserdicht mit feinen Tannenwurzelfäden vernäht. In diesen Körbchen wurde früher auch gekocht, mit Hilfe glühender Steine, die man in die Flüssigkeit warf. Die angebotenen, aufwendig hergestellten Mukluks oder Moccassins werden noch nach Altväterart aus selbstgegerbten Häuten der selbstgejagten Elche und von Hand gefertigt.

Betrachtet man unvoreingenommen das örtliche Angebot und die günstigen Verkehrsanbindungen in alle vier Himmelsrichtungen, zu Wasser und in der Luft, so kann man schon zum Entschluß kommen, Tok zum Mittelpunkt eines Urlaubsaufenthaltes und zum Ausgangspunkt diverser Fahrten und Wanderungen in die Wildnis zu machen.
Vermerk: In Tok und dessen Nähe ist es nicht möglich, ein Fahrzeug (außer Fahrrädern) zu leihen.

Banken gibt es hier nicht. Die nächste findet man in Delta Junction (175 km westlich) oder Glennallen (225 km südlich Tok).

PRAKTISCHE INFORMATIONEN

Anreise

Mit dem Fahrzeug ist die Anreise aus den vier Himmelsrichtungen und auf den genannten Highways möglich. Von Dawson City her nur im Sommer. Auch dann wird diese Route nicht von öffentlichen Verkehrsmitteln gefahren.

Norline Coaches (Yukon) Ltd., Second Avenue, Whitehorse YT Y1A 1G6, Tel. 403/668-3355, verkehrt zweimal wöchentlich von Whitehorse (→dort, Anreise) nach Fairbanks über Tok.

Alaska-Yukon Motorcoaches, 349-TP Wrangell Street, Anchorage AK 99501, Tel. 907/276-1305, fährt dreimal wöchentlich die Strecke Anchorage — Haines über Tok.

Der Flughafen „Tok state Airstrip" liegt ostwärts Tok, am Alaska Highway bei km 2113 und ca. 1,5 km ostwärts der Highway-Einmündung von Tok.

40 Mile Air Ltd., Box 539-TP, Tok AK 99780, Tel. 907/883-5191, fliegt im Liniendienst viermal wöchentlich die Strecke Tok — Fairbanks und zweimal wöchentlich die Strecke Eagle — Dawson City — Tok.

Veteran's Air Service Inc., Box 129-TP, Tok AK 99780, Tel. 907/883-2202, fliegt im Charterflug ab Tok jeden gewünschten Punkt an, sofern dort gelandet werden kann.

Veranstaltungen

Tok ist berühmt für seine Schlittenhundrennen. Sie werden im Winter, ab Januar bis April, wöchentlich mit hoher Beteiligung durchgeführt. Darunter im Februar die Damen- und im März die Herrenmeisterschaften von Alaska, national und international.

Einzelheiten: Tok Dog Musher Association, Box 45, Tok AK 99780, Tel. 907/883-2852.

Schneemobilrennen, Märzwochenende, auf dem alten Flughafen Tanacross.

Bootsrennen, Memorial Day, letztes Wochenende im Mai, auf dem Tanana River, zwischen Tanacross und Alaska Highway Brücke, ca. 100 km.

Automobil(crash)rennen, mehrfach an Wochenenden im Sommer, auf dem alten Flughafen Tanacross.

Verfassungstag, 4. Juli, Feiertag mit Festlichkeiten, Parade, Vorführungen.

Bootsrennen, Labour Day-Wochenende, Anfang September, wie o.a., aber bis Northway; Einzelheiten, der jährlich wechselnden Termine erlangt man über Tok Information Center, s.o.

Dia- und Filmshow, jeden Abend ab 20.30 Uhr im Saal des Westmark Hotels. Gezeigt werden Natur- und Landesmotive, Nordlichtfotos. Eintritt 7 US$.

Tok Information Center Museum, im Information Center am Abzweig, informiert über die kurze Historie, Tierwelt u.a., Eintritt frei, Kaffee auch.

Eska Trading Post, 1,5 km ostwärts Abzweig, Gemischtwarenladen im historischen Stil, Speiseeis, Buchladen mit großer Auswahl nordischer Bücher.

Mukluk Land, 4,5 km westlich Abzweigung. Origineller kleiner Unterhaltungspark — weltgrößter Mukluk(schuh) und dito Mosquito, Eskimo-„Iglu", das Zelt, in dem eine vierköpfige Familie den -69 °C-Winter überlebte. Echtes Goldwaschen mit

Anleitung, Unterhaltung. Eintritt 4 US$, Kinder 2 US$.
Burnt Paw, 200 m westlich Abzweigung. Ursprüngliches Blockhaus, Verkauf von Native Produkten. Ab 19.30 Uhr Hundeschlittenvorführungen, im Sommer auf Rädern.
Bush Minigolf & Goldpanning, 1,7 km ostwärts Abzweig, Minigolfanlage, Goldwaschen unter Anleitung am Nachmittag, Indianerprodukte, Fahrradverleih.
Jack Wade Gold Co., 200 m südlich Abzweig am Glenn Highway. Goldwaschen, Goldnuggets, Goldverarbeitung zu Schmuck, Antiquitäten.
Fahrrad-Rundkurs, asphaltiert, etwa 20 km vom ostwärtigen Ortsanfang, ab Dog Musher Association bis Tanacross Abzweig westlich Tok. Natürlich können auch die Highways mit dem Fahrrad abgefahren werden, Verleih s.o., Bush Minigolf.
Dog Musher Association, Clubhaus der 1954 gegründeten Vereinigung, 2,3 km ostwärts Abzweig. Schlittenhundvorführungen. Start/Ziel winterlicher Schlittenhundrennen auf dem 50 km Rundkurs. Film- und Diashows, Schlittenhundmuseum. Jeden Dienstag ab 19.30 Uhr Bingo, ohne das keine Amerikanerin im Dorf zu halten wäre.
Carson's River Trips, alle Outdoorsunternehmungen, Box 271-TP, Tok AK 99780, Tel. 907/883-5315.
Fahrt durch das Fortymile Goldfeld, auf dem Top of the World Highway (→dort) nach Dawson City und/oder Eagle sowie Flußschiffahrt auf dem Yukon mit dem Ausflugsboot.

Unterkünfte
Staatliche Campgrounds, einfach und kostenfrei:
„Tok River Wayside“, am Ufer des Flusses und am Alaska Highway, 7 km ostwärts Abzweigung.
„Moon Lake Wayside“, am gleichnamigen See und ca. 300 m vom Alaska Highway, 28 km westlich der Abzweigung.
„Eagle Trail Wayside“, am Glenn Highway, 25 km südlich der Abzweigung.
Private Campgrounds, komfortabel und gebührenpflichtig:
„Alaska North Camper Park“, 2 km ostwärts der Abzweigung am Alaska Highway, ab 6 US$.
„North Star Grocery“, 1,5 km ostwärts der Abzweigung am Alaska Highway, ab 8 US$.
„Tok RV Village“, gleich daneben, ab 6 US$.
„Tok Safeway Motel“, 1 km südlich der Abzweigung am Glenn Highway, ab 6 US$.
„The Golden Bear“, gleich daneben, ab 6 US$.
„Sourdough Campground“, 2,2 km südlich Abzweigung am Glenn Highway, ab 5 US$.
Hotels/Motels
„Snowshoe/Gateway Motel“, Box 559, Tok AK 99780, Tel. 907/883-4511, ab 55 US$. 500 m ostwärts Abzweigung am Alaska Highway.
„Safeway Motel“, Box 410, Northway AK 99674, Tel. 907/883-5389, ab 55 US$. 1 km südlich Abzweigung am Glenn Highway.
„Tok Lodge“, Box 135, Tok AK 99780, Tel. 907/883-2851, genau gegenüber Safeway Motel. Ab 65 US$.
„The Golden Bear“, Box 276, Tok AK 99780, Tel. 907/883-2561, neben Safeway Motel. Ab 55 US$.
„Tundra Lodge“, Post: Mile 1315, Tok AK 99780, Tel. 907/883-2291, ab 60 US$, 1 km ostwärts Abzweigung am Alaska Highway.

„Youngs Motel", Box 482, Tok AK 99780, Tel. 907/883-4411, ab 58 US$. 1,2 km ostwärts Abzweig am Alaska Highway.
„Westmark Hotel", Box 130, Tok AK 99780, Tel. 907/883-5174 (o. kostenfrei in AK = 1-800-544-1111, in Nordamerika = 1-800-544-0970), ab 130 US$, unmittelbar an der Abzweigung.
Jugendherberge: ohne Postanschrift/Telefon. 3 US$ für Mitglieder, 5 US$ für andere. Liegt 13 km westlich Abzweig, an der Pringle Road und ist ein Hauszeltlager.
Bed and Breakfast: E. Culver, Box 515, Tok AK 99780, Tel. 907/883-5621, ab 30 US$. Außerhalb der Siedlung, Anruf vom Information Center, dann werden Gäste abgeholt.

Restaurants
„Husky Lounge & Liquor", 1 km ostwärts am Alaska Highway, landesübliche Trinkgaststätte.
„Fast Eddy's Pizze", Schnellrestaurant, 1 km ostwärts Abzweig am Alaska Highway.
„Gateway Salmon Bake", 1,5 km ostwärts Abzweig am Alaska Highway, Landesspezialitäten: gegrillte Lachs- oder Heilbuttschnitten, Rentierwurst.
„Sourdough Pancake", auf dem gleichnamigen Campground 2,2 km südlich Abzweig. Pionierspezialitäten, morgens Sauerteig-Pfannkuchen-Frühstück.
„Northstar Truckstop", 1,5 km ostwärts Abzweig, einfaches Schnellrestaurant, aber mit Bar, Liquor shop.
„Tastee freeze", 100 m ostwärts Abzweig am Alaska Highway, Schnellrestaurant mit Salatbar. Außerdem haben alle Hotels/Motels Restaurants.

Alaska Highway, Alaska Road Nr. 2

Bei km 2097: Brücke über den Tanana River. Der Highway folgt nun diesem wichtigen Wasserweg, früher Heckraddampferroute, hinunter nach Fairbanks.
Bei km 2107: Tok River state wayside, einfacher staatlicher Campingplatz, gebührenfrei.
Bei km 2115: Tok. Hier zweigt die Alaska Route Nr. 1 nach Anchorage ab. Näheres →Tok.
Bei km 2126: BLM, Verwaltungsgebäude des „Bureau Land Management", dem z.B. die state waysides und state campgrounds an den Highways unterstehen.
Bei km 2134: Tanacross Junction, Abzweigung rechts zum Fluß, dem Indianerdorf und Flughafen aus dem Weltkrieg, heute Landestreifen für Privatflugzeuge.
Bei km 2143: Moon Lake wayside, staatlicher Campground, einfach und gebührenfrei.

Bei km 2191: **Dot Lake** (80 Einwohner), Indianersiedlung mit einigen Versorgungsdiensten, Postamt.
„Dot Lake Lodge", Box 255, Dot Lake AK 99737, Tel. 907/882-2691. Rasthaus mit Restaurant, Tankstelle, Lebensmitteln.
Bei km 2229: Bison Range, eine freilaufende Herde von Büffeln, etwa 600 Stück insgesamt, lebt hier in der Region bis Delta Junction.
Bei km 2242: Gerstle River state wayside, einfacher staatlicher Campground, gebührenfrei. Gleich dahinter Militäranlage, hier werden Material und Kleidung fürs Militär kältegetestet.

Bei km 2259: Sawmill Creek Road rechts. Landwirtschaftliches Versuchsgelände, Anbau von Gerste usw.
Bei km 2260: „Silver Fox Roadhouse“, Tel. 907/895-4157, Restaurant, Lebensmittel, Tankstelle. Hüttenvermietung, ab 28 US$. Wildnistouren.
Bei km 2273: „Cherokee Two Lodge“, Raststätte mit Campingplatz ab 5 US$, komfortabel. Restaurant, Tankstelle, Reparaturen, Lebensmittel.

Bei km 2288: **Delta Junction** (1230 Einwohner)
Einmündung des Richardson Highways, AK Road Nr. 4, von Süden, Anchorage und Valdez usw. Dieser Highway, schon nach dem 1. Weltkrieg gebaut und 1920 bis Fairbanks fertiggestellt, führt von hier aus weiter. Der Alaska Highway endet in Delta Junction.

Delta Junction

Delta Junction ist Haupt- und Versorgungsort für die Region, seinen Namen hat es vom gleichnamigen Fluß, der dem Tanana River zufließt. Es liegt auf dem Plateau zwischen beiden Wassern in der Niederung nur 360 m.ü.M., zwischen der Alaska Range im Süden und den Höhen der White Mountains im Norden. Als 1919 hier ein Straßenbaucamp angelegt wurde, um den Richardson Highway zu bauen, wurde der Ort begründet. Später folgten in den 30er Jahren einige Landwirte und betrieben hier ihre Farmen. Ab 1970 hat der Staat gezielt die Urbarmachung gefördert, um die Versorgung Alaskas mit Lebensmitteln eigener Produktion zu sichern. Daher bildet dieser Landstrich einen krassen Gegensatz zu den vorherigen 2000 km fast ausschließlicher Wald- und Gebirgswildnis. Auch hier sind die schroffen Höhen rundum mit annähernd 4000 m Höhe unübersehbar nahe — aber dazwischen liegen Felder, Äcker, Wiesen, Weideland und Farmen.
Als dann 1974 der Bau der Alaska Pipeline begann, bekam der Ort einen weiteren Schub in seiner Entwicklung. Die Rohre überqueren heute in der Nähe nördlich den Tanana River und verlaufen durch Delta Junction nach Süden.

Anreise

Der Ort hat einen Bedarfsflughafen und liegt an der Flugstrecke Fairbanks, →Tok. Die Linie wird viermal wöchentlich beflogen, Zwischenlandungen in Delta Junction nur auf Anforderung.
40 Mile Air Ltd., Box 539, Tok AK 99780, Tel. 907/883-5191.
Alaska-Yukon Motorcoaches Inc., 349-TP Wrangell Street, Anchorage AK 99501, Tel. 907/276-1305, fährt viermal wöchentlich die Strecke Anchorage — Fairbanks mit Halt in Delta Junction.
Norline Coaches (Yukon) Ltd., 3211A-TP Third Avenue, Whitehorse YT Y1A 1G6, Tel. 403/668-3355, verkehrt zweimal wöchentlich, aber nur im Sommer, von Whitehorse nach Fairbanks (und zweimal entgegengesetzt) und hält jeweils in Delta Junction. Ganzjährig wird die Strecke von Whitehorse durch die „Alaska Direct Busline, Inc.“ bedient (→Whitehorse, Anreise).

Veranstaltungen

„Deltana Fair“, erstes Augustwochenende, plus den Freitag davor. Landwirtschaftsmesse, Volksfest, Wettbewerbe, Spiele usw.
„Buffalo Wallow“, Memorial Day (letztes Wochenende im Mai). Großes Treffen der Square Dancer mit Vorführungen und Volksfest.

Sehenswürdigkeiten

Die 1920 hier angesiedelte Bison-Herde, am besten zu sehen vom Aussichtspunkt am km 388 des Richardson Highways südlich der Stadt. Fernglas ermöglicht bessere Sicht!

Unterkünfte

„Bergstad's Trailerpark", Box 273-TP, Delta Junction AK 99737, Tel. 907/895-4856. Am Alaska Highway, bei km 2286, komfortabel, ab 6 US$.

„Delta State Campground", einfach und kostenfrei, 2 km nördlich der Einmündung, am Richardson Highway.

„Clearwater State Campground", einfach und kostenfrei, bei km 2277 rechts ab auf Clearwaterroad und nach 8 km rechts ab auf Remington Road. Nach 5 km am Fluß.

„Delta Youth Hostel", Box 971-TP, Delta Junction AK 99737, Tel. 907/895-5074. 7 US$ bzw. 10 für Nichtmitglieder.

„Bay Hotel", Box 160-TP, Delta Junction AK 99737, Tel. 907/895-4646. Ab 40 US$, Restaurant und Bar.

„Kelly's Motel", Box 824, Delta Junction AK 99737, Tel. 907/895-4667. Ab 45 US$.

„Alaska 6 Motel", Box 1115, Delta Junction AK 99737, Tel. 907/895-4848. Ab 50 US$.

„Evergreen Inn", Box 485-TP, Delta Junction AK 99737, Tel. 907/895-4666. Ab 48 US$.

Alle Hotels/Motels an der Highway Mündung, downtown. Außerdem ein Dutzend Restaurants und alle Versorgungsdienste.

Register

Weitere Bücher von
Jo Bentfeld — zu beziehen
über Versandbuchverlag
Iris Güniker, 33129 Delbrück,
Fax 05250 / 7968:

Zu Hause in der Yukon Wildnis

320 Seiten, 40 Farbbilder, 35 DM als Paperback, 45 DM gebunden.
Ein abenteuerlicher Bericht über des Autors Jahre im kanadischen Busch des Yukon Territoriums, unterhaltsam und witzig geschrieben.

»Alaska Highway« — Traumstraße des Nordwestens

360 Seiten, 40 Farbbilder, 35 DM als Paperback, 45 DM gebunden.
Die spannende Geschichte des Yukon Flusses und seiner Menschen, eingebunden in die Gesamtdarstellung der Landschaft und der Straße.

Abenteuer im Yukon Land

310 Seiten, 40 Farbbilder, 35 DM als Paperback, 45 DM gebunden.
Die Fortsetzung als Band 2 zum Buch ,,Zu Hause in der Yukon Wildnis''.

Demnächst erhältlich:

Tod eines Trappers

Die aufregende Geschichte vom »Mad Trapper«